Report of Mutual Funds in China 2021

2021年中国公募基金研究报告

曹泉伟 陈卓 等 / 著

中国财经出版传媒集团
经济科学出版社
Economic Science Press

课题组成员

组　　长：曹泉伟

副组长：陈　卓

成　　员（按姓氏笔画为序）：

门　垚　王平凡　石　界

李　想　姜白杨　滕立雅

前言

2020年，新冠肺炎疫情席卷全球，世界各国经济遭遇重创，为缓解疫情造成的经济下行危机，各国政府纷纷出台一系列经济促进政策。此外，全球金融市场也屡屡震荡，股票、债券、贵金属等资产价格接连大幅下跌，国际原油期货首次出现负价格，而随着流动性的持续释放，各类资产价格逐步反弹。在实施严密的隔离防疫措施后，我国经济在短暂停摆后实现快速复苏，央行采取宽松的货币政策，股票市场随之回暖，A股市场成为全球许多风险资产的"避风港"。2020年全年我国主要股指均迎来上涨，其中，上证综指上涨13.9%，沪深300指数上涨27.2%，中小板指数上涨43.9%，创业板指数上涨65.0%。与此同时，我国资本市场并未停下前进的脚步，2020年3月1日，修订后的《中华人民共和国证券法》（以下简称"新证券法"）正式实施，创业板实施注册制试点，新三板转板制度发布，改革持续深化。

我国公募基金行业在经历了20余年的规范化发展后，已经成为金融机构服务实体经济的重要主体。2020年，得益于股票市场的上涨，投资者借"基"入市热情高涨，公募基金特别是权益类公募基金受到人们的追捧，爆款"百亿级"基金频出。全年新成立的公募基金数量达到2275只，创历史新高，继续运营的基金数量超过1.1万只。同时，公募基金的资产管理规模再创新高，至2020年底已超过20万亿元，较2019年增长36.5%。公募基金凭借其专业的投资能力，为投资者提供了专业化理财服务和分散风险的渠道，越来越多的投资者选择以基金的途径参与权益市场的博弈，新"基民"数量持续攀升。

本书以中国公募基金为研究对象，从发展现状、业绩表现、选股择时能力和业绩持续性等角度进行了细致的分析。在第一章中，我们回顾公募基金市场的发展历程，并从不同维度剖析我国公募基金的发展现状。2020年，根据市场环境的变化，证监会对基金销售办法进行了第三次修订，在规范基金销售行为等方面进行了一系列重大调整。同时，证监会出台《公开募集证券投资基金投资全国中小企业股份转让系统挂牌股票指引》，允许公募基金投资新三板精选层，扩大了公募基金投资范围，帮助新三板优质企业融通资本，助力实体经济发展。

第二章，我们以主动管理的股票型公募基金为研究对象，与覆盖市场上所有股票的万得全A指数的业绩表现进行综合比较。从收益的角度来看，2020年，股票型公募基金上涨59.4%，同期万得全A指数上涨25.6%。将样本区间拉长，近三年（2018~2020年）股票型公募基金的年化收益率为21.3%，近五年（2016~2020年）年化收益率为11.7%，在这两个时间段内公募基金的业绩都跑赢了万得全A指数。在考虑风险因素后，近三年（2018~2020年）和近五年（2016~2020年）股票型公募基金的夏普比率和索丁诺比率也要优于万得全A指数，说明无论是从整体风险还是下行风险的角度出发，当股票型公募基金承担同样的风险时，皆能够取得高于万得全A指数的风险调整回报。

第三章，我们假设一只基金由一家基金管理公司的一支团队管理，并以基金数据为主线，分析基金的选股和择时能力，本章中的"基金经理"指的是"一支管理团队"。回归结果显示，在近五年（2016~2020年）具有完整历史业绩的609只股票型基金中，有235只（占比39%）基金表现出正确的选股能力，有75只（占比12%）基金表现出正确的择时能力。经过自助法（bootstrap method）检验后，有197只基金（占比32%）的选股能力源于基金经理自身的投资能力，有66只基金（占比11%）的择时能力源于基金经理自身的投资能力，而非运气。

第四章，我们分别使用基金收益率的Spearman相关性检验、绩效二分法检验、描述统计检验和基金夏普比率的描述统计检验，研究公募基金过往业绩与未来业绩的关系。检验结果显示，过去半年收益率较高的基金在未来半年有较大概率继续获得较好的收益，过去半年收益偏低的基金在未来半年有很大概率仍然收益不佳。同时，过去夏普比率排名靠前或靠后的基金在未来一年有较大概率仍然排名靠前或靠后。这些信息能够作为投资者选择基金时的参考依据。

第五章，我们以2020年12月31日为界，将基金经理划分为在职基金经理和离职基金经理，并以基金经理管理所有产品的合并收益序列为主线，对其选股能力和择时能力进行研究。结果显示，在选股能力方面，分别有49%和21%的在职和离职的基金经理具有显著的选股能力；在择时能力方面，分别有12%和11%的在职和离职的基金经理具有显著的择时能力，相较选股能力，择时能力更难获得。值得关注的是，基金经理的选股和择时能力呈现出负相关关系，即基金经理的选股能力越强，其择时能力越弱；而择时能力越强的基金经理，其选股能力越弱。

本书通过定性的归纳总结和大量的数据分析，力求以客观、独立、深入、科学的方法，对我国公募基金行业的一些基础性、规律性的问题作出深入分析，使读者对公募基金行业整体的发展脉络有一个全面而清晰的认识，加深对公募基金发展现状的理解。同时，也为关注公募基金行业发展的各界人士提供一份可以深入了解公募基金的参阅材料。

目 录 CONTENTS

第一章 中国公募基金行业发展概览 / 1

  一、公募基金简介 ·· 1

  二、行业发展历程 ·· 4

  三、2020年行业发展新动态 ·· 8

    （一）证监会修订基金销售办法 ·· 9

    （二）公募基金投资新三板精选层 ·· 11

  四、发展现状 ··· 11

    （一）基金数量 ·· 12

    （二）基金资产管理规模 ·· 13

    （三）基金分类 ·· 16

    （四）基金费率 ·· 21

  五、小结 ·· 23

第二章 股票型基金能否跑赢大盘指数 / 25

  一、绝对收益分析 ·· 27

    （一）年度收益率的比较 ·· 28

    （二）基金超越大盘指数的比例 ·· 30

    （三）累计收益率的比较 ·· 31

  二、风险调整后收益分析 ··· 32

    （一）夏普比率 ·· 32

    （二）索丁诺比率 ··· 40

  三、股票型基金的收益率、夏普比率和索丁诺比率的相关性 ··················· 48

  四、小结 ·· 49

第三章 股票型基金的优秀业绩从何而来 / 51

  一、回归模型及样本 ··· 52

二、选股能力分析 ·· 54

三、择时能力分析 ·· 68

四、选股能力与择时能力的稳健性检验 ··· 74

五、区分基金经理的能力与运气 ··· 79

六、小结 ·· 88

第四章　公募基金的业绩表现能否持续　/　89

一、收益率持续性的 Spearman 相关性检验 ······································ 90

二、收益率持续性的绩效二分法检验 ·· 95

三、收益率持续性的描述统计检验 ·· 102

四、夏普比率持续性的描述统计检验 ·· 110

五、小结 ·· 116

第五章　股票型基金经理的选股与择时能力　/　118

一、样本空间 ··· 119

（一）在职与离职基金经理数量 ··· 119

（二）基金经理的任职期限 ·· 120

（三）基金经理合并收益序列 ··· 122

二、基金经理的选股能力 ··· 125

（一）在职基金经理选股能力 ··· 125

（二）离职基金经理选股能力 ··· 143

三、基金经理的择时能力 ··· 150

（一）在职基金经理择时能力 ··· 150

（二）离职基金经理择时能力 ··· 157

四、小结 ·· 162

附录一　股票型公募基金近五年业绩描述统计表（按年化收益率排序）：2016~2020 年 ··· 164

附录二　股票型公募基金经理的选股能力和择时能力（按年化 α 排序）：2016~2020 年 ··· 195

附录三　收益率在排序期排名前 30 位的基金在检验期的排名（排序期为一年、检验期为一年）：2017~2020 年 ··· 230

附录四	收益率在排序期和检验期分别排名前 30 位的基金（排序期为一年、检验期为一年）：2017~2020 年 **235**
附录五	夏普比率在排序期排名前 30 位的基金在检验期的排名（排序期为一年、检验期为一年）：2017~2020 年 **240**
附录六	在职基金经理与同期万得全 A 指数业绩对比表（按当前任职公司排序）：1998~2020 年 **245**
附录七	离职基金经理与同期万得全 A 指数业绩对比表（按离职前任职公司排序）：1998~2020 年 **290**
附录八	在职股票型基金经理选股与择时能力（按当前任职公司排序）：1998~2020 年 **322**
附录九	离职股票型基金经理选股与择时能力（按离职前任职公司排序）：1998~2020 年 **368**

参考文献 **401**

后记 **403**

中国公募基金行业发展概览

2020年是不平凡的一年,新冠肺炎疫情蔓延全球,年初中国经济也因这一"黑天鹅"事件备受打击,各行各业都受到了不同程度的影响。随着我国防疫政策的实施和全社会的团结努力,抗疫成果突出,第二季度经济触底反弹。至第三季度,我国经济恢复状况良好,GDP恢复正增长。公募基金行业也随着市场变化而变动:第一季度整体收益低迷;第二季度收益逐渐提升,5~6月出现认购高潮,公募基金发行数量和规模都增长迅速;下半年随着股市震荡回调,公募基金整体收益呈波动上升状态。总体来看,2020年我国公募基金取得了不错的业绩,股票型公募基金年度收益率为59%,远超万得全A指数(26%)。

我国公募基金行业诞生于1991年,到目前为止已有将近30年的历史。伴随着我国金融体制的持续改革,公募基金行业不断成长,逐渐走向正规化、法制化和市场化。本章分为四个部分。第一部分介绍公募基金的基本概念与特征,对比公募基金与私募基金的主要区别;第二部分介绍我国公募基金行业发展的三个阶段:萌芽阶段、规范化发展阶段和市场化发展阶段;第三部分主要从市场动向和监管政策等角度入手,对2020年我国公募基金行业发展的新动态进行分析;第四部分通过量化数据分析,结合直观的图表形式从公募基金的数量、资产管理规模、基金分类以及基金费率等多个维度介绍公募基金行业的发展现状。

一、公募基金简介

我国的证券投资基金按照资金募集方式分为公募证券投资基金(以下简称"公募基金")和私募证券投资基金(以下简称"私募基金")。公募基金是指通过发售基金份额,将众多不特定投资者的资金汇集起来,形成独立财产,委托基金管理人进行投资管理,基金托管人进行财产托管,由基金投资人共享投资收益、共担投资风险的集合投资方式。基金管理机构和托管机构分别作为基金管理人和基金托管人，按照基金的资产规模收取管理费和托管费。因此，公募基金具有集合理财、专业管理、组合投资、分散风险、严格管理、信息透明、独立托管等特点。

公募基金是通过向不特定投资者公开发行受益凭证进行资金筹集的基金，最低投资额门槛较低，投资者为普通大众和机构投资者；而私募基金是通过向少数特定投资者以非公开方式进行资金筹集的基金，对投资者的风险承受能力有一定的要求，最低投资额门槛较高。通过与私募基金的对比，我们可以更好地理解公募基金的特点及其优势。

首先，公募基金与私募基金的募集对象（即投资者来源）不同。公募基金的募集对象是广大的社会公众，包括个人投资者和机构投资者，公募基金份额持有人不少于200人。私募基金的募集对象必须是合格投资者，即符合条件的个人投资者和机构投资者。2018年4月27日，中国人民银行、中国银行保险监督管理委员会（以下简称"银保监会"）、中国证券监督管理委员会（以下简称"证监会"）以及国家外汇管理局联合发布的《关于规范金融机构资产管理业务的指导意见》（以下简称《资管新规》）出台，指出合格投资者需要符合一定条件，"一定条件"是指具有2年以上投资经历，且满足以下条件之一：家庭金融净资产不低于300万元，家庭金融资产不低于500万元，或者近3年本人年均收入不低于40万元；最近1年末净资产不低于1 000万元的法人单位；金融管理部门视为合格投资者的其他情形。由于公募基金的募集对象是广大社会公众，公募基金采取公开发售的方式募集资金；而私募基金则采取非公开发售的方式，针对合格投资者定向发售募集资金。

其次，二者对信息披露的要求和受监管的程度不同。公募基金实行信息公开披露制度，信息透明度高，便于接受公众投资者的监督，而私募基金的信息披露要求低，只对合格投资者负责，保密性较强。《资管新规》规定了公募基金应向投资者公开披露产品净值或者投资收益情况，并定期披露其他重要信息，其中开放式公募基金按照开放频率披露，封闭式公募基金至少每周披露一次。而私募基金的信息披露方式、频率和内容则按合同约定，并至少每季度向投资者披露产品净值和其他重要信息即可。由于涉及众多投资者，社会影响面广，所以监管部门对于公募基金的募集、份额的申购、赎回和交易等诸多方面都有严格的规范和监管。而私募基金是向特定投资者募集资金，实行合格投资者制度，社会影响面窄，运作方式灵活，因此监管约束少，投资运作等方面主要依照基金合同，以行业自律管理为主。

另外，从收费标准来看，公募基金只按照固定比例收取管理费，没有业绩提成，不同类别的公募基金收取的管理费率不同。2020年底，我国主动管理的公募基金的平均管理费率如下：普通股票型为0.90%，债券型为0.42%，混合型为1.15%，货币市场型为0.26%。私募基金的收费方式为固定管理费加收益提成，通常采用国际通用的"2-20"收费模式，即2%的固定管理费和20%的业绩报酬，其中2%的固定管理费与私募基金业绩无关，20%的业绩报酬需要满足私募基金产生盈利和达到合同条款要求这两个条件后才能提取,后者又被称为"浮动管理费"。

在投资限制方面,公募基金和私募基金也有较大差异,公募基金的投资方向和比例都受到严格限制,私募基金则受限较少,可以采取相对灵活的投资策略。2014年8月,证监会发布的《公开募集证券投资基金运作管理办法》开始实施,规定了公募基金的投资方向和比例,例如一家公募基金管理人的单只公募基金产品投资一家上市公司发行的股票的市值,不得超过该只公募基金产品资产净值的10%;同一家公募基金管理人管理的全部公募基金产品投资一家上市公司发行的股票的市值,不得超过该家公司市值的10%,等等。《资管新规》对公募基金产品的投资比例限制做了修改,将同一家公募基金管理人管理的全部公募基金产品投资一家上市公司发行的股票的市值,不得超过该公司市值的10%这一比例改为30%,同时规定同一家公募基金管理人的全部开放式公募基金产品投资单一上市公司发行的股票不得超过该上市公司可流通股票的15%,同一家公募基金管理人的全部公募基金产品投资单一上市公司发行的股票不得超过该上市公司可流通股票的30%。私募基金则没有严格限制,能够在符合基金合同的约定下选择合适的策略,自主调整各类投资标的的仓位,综合运用买入、卖空、杠杆等方式强化投资回报。

最后,公募基金和私募基金管理人的追求目标不同。公募基金管理人比较关注基金业绩在同类基金中的排名,追求相对于某一基准的业绩,而私募基金管理人关注基金的绝对收益,不论市场是上涨还是下跌,都追求正的基金收益。表1-1总结了以上对比分析的公募基金与私募基金的区别,供读者参考。

表1-1 公募基金和私募基金的区别

项目	公募基金	私募基金
募集对象	广大社会公众,即社会不特定的投资者,包括机构和个人	少数特定的合格投资者,包括机构和个人
募集方式	公开发售	非公开发售
信息披露	信息披露要求非常严格,有一套完整的公开信息披露制度	信息披露要求较低,保密性强
监管程度	基金的募集、份额的申购、赎回和交易,投资的方向与比例,收益的分配次数、比例及方式,信息的披露内容及时间等各方面都有严格的规范和监管	监管约束少,信息披露要求低,投资运作等方面主要依照基金合同,以自律管理为主
收费标准	按固定比例收取管理费,无业绩提成	2%固定管理费+20%业绩提成
投资限制	严格限定基金的投资方向和比例	灵活控制投资方向、比例和策略等
追求目标	基金业绩在同类基金中的排名,追求相对于某一基准的业绩	基金的绝对收益

二、行业发展历程

第一阶段：公募基金行业萌芽阶段（1991~1997年）。1991年我国证券市场开始建立，同年7月经中国人民银行珠海分行批准设立了"珠信基金"，该基金由地方性金融机构珠海国际信托投资公司独家发起和管理，是我国最早的基金。随后各地发行基金的速度加快，仅1992年一年就有多达57只基金被批准成立。1992年6月由中国人民银行深圳经济特区分行颁布《深圳市投资信托基金管理暂行规定》，该规定成为当时唯一一部证券投资基金监管方面的地方性法规，其适用范围仅限于在深圳注册或在深圳证券交易所上市的基金。这造成了证券投资基金法律监管体系缺失的局面，使得公募基金的设立和管理体系相对混乱，具体表现为当时央行、央行的省级分行以及各地政府都可以批准设立基金和基金管理公司，由此设立的基金在运作过程中往往维护各地政府、部门及个别企业的利益，不规范行为也普遍存在。为整顿基金市场秩序，1993年5月，中国人民银行总行发出《关于立即制止不规范发行证券投资基金和信托受益债券做法的紧急通知》，收拢基金审批的权力，明确规定基金的发行和上市、基金管理公司的设立以及中国金融机构在境外设立基金和基金管理公司，一律须由中国人民银行总行批准，任何部门不得越权审批。同时，中国人民银行全面清理整顿1993年4月以前未经总行批准成立的基金。截至1997年，我国经整顿重组后的基金共计22只。

第二阶段：公募基金行业规范化发展阶段（1997~2012年）。1997年11月14日，国务院正式发布了《证券投资基金管理暂行办法》，对基金设立、募集和交易，基金托管人、基金管理人和基金持有人的权利义务等作了详细规定。同时，中国证监会替代中国人民银行成为基金管理的主管机关，从此，我国公募基金进入了规范化发展的新阶段。从1998年3月起，我国第一批规范的封闭式基金"基金金泰""基金开元"等陆续发行。公募基金作为机构投资者，可以使个体投资者通过购买基金间接投资于股市，实现储蓄资金向直接投资的转化，更好地满足企业发展的资金需求。因此，为实现1998年中央提出的国有企业三年脱困的目标，解决企业融资难的问题，我国开始大力发展公募基金。1998~2000年期间，新发行的基金拥有新股配售的特权；1999年10月，国务院批准保险资金以购买公募基金的方式进入证券市场；2001年12月，财政部和劳动保障部发布了《全国社会保障基金投资管理暂行办法》，允许社保基金投资上市流通的公募基金。这一系列政策法规的出台，推动了公募基金的发展，不仅基金数量迅速增加、基金规模快速跃升，公募基金在规范化监管方面也有了很大的进步。

由于当时我国金融制度尚不完善，金融市场开放程度较低且规模较小，封闭式基金由于其自身资金规模固定等特点正好适用于这种市场情况，因此我国最初发行的公募基金皆为封闭式基金。然而，此时的监管重点仍在基金的发起设立方面，对基金的交易监管力度不足，而基金的封闭性使得基金管理公司的投资和运作没有任何硬性约束，为基金管理公司向本公司和关联方进行利益输送提供了便利，出现了基金管理公司利用基金的封闭性进行投机的"基金黑幕"事件。同时，随着市场的发展，封闭式基金已不能满足投资者的要求。2000年10月，证监会发布《开放式证券投资基金试点办法》，开启了我国开放式公募基金试点的新历程。2001年9月，首只开放式公募基金"华安创新"设立，随后开放式基金发展进程加快，封闭式基金发行逐渐减少，2002年9月之后基金公司不再发行封闭式基金。此后，规范基金运作的法律法规相继出台。2003年10月，十届全国人大常委会五次会议通过了《中华人民共和国证券投资基金法》（以下简称《证券投资基金法》），以法律的形式确认了公募基金行业在证券市场中的地位和作用，明确了市场主体的准入和约束机制，强化了基金管理人和托管人的法律责任和义务。

随着我国加入世界贸易组织（WTO），国外机构投资者进入了我国公募基金市场。2002年11月，证监会和中国人民银行联合发布《合格境外投资者境内证券投资管理暂行办法》，开展合格境外机构投资者（qualified foreign institutional investors，QFII）试点，2003年QFII正式进入实施阶段。与此同时，开放式基金发行速度明显加快，基金品种和数量迅速增加，除了传统价值型基金、成长型基金和平衡型基金外，新的基金品种债券型基金和指数型基金逐渐被开发出来，公募基金的创新层出不穷。然而，2004年私募基金出现，其在投资决策和分配制度等方面存在优势。由于受到诸多约束性规定的限制，公募基金呈现出明显的劣势。因此，在激烈的市场竞争中公募基金行业人才流失严重。综上所述，在1997~2012年这一阶段中，公募基金受到政策扶持而快速发展，受到法律监管而更加规范，同时也面临着愈加激烈的市场竞争。

第三阶段：公募基金行业市场化发展阶段（2012年至今）。随着我国金融市场的发展和全面资产管理时代的到来，2012年基金行业迎来中国金融创新元年，"放松管制、加强监管"成为我国金融监管改革的总体思路，也是证券市场改革的方针，一系列法律法规相继出台实施，公募基金行业步入市场化发展阶段。表1-2总结了2012年至今，我国监管部门在公募基金行业市场化发展阶段所发布的重要政策。

表1-2　　　　　　　　公募基金行业市场化发展阶段重要政策一览

正式施行日期	监管政策名称
2012年11月1日	《基金管理公司特定客户资产管理业务试点办法》
2012年11月1日	《证券投资基金管理公司子公司管理暂行规定》
2013年1月25日	《黄金交易型开放式证券投资基金暂行规定》

续表

正式施行日期	监管政策名称
2013年4月2日	《证券投资基金托管业务管理办法》
2013年6月1日	《中华人民共和国证券投资基金法》
2013年6月1日	《资产管理机构开展公募证券投资基金管理业务暂行规定》
2013年6月1日	《证券投资基金销售管理办法》
2013年9月3日	《公开募集证券投资基金参与国债期货交易指引》
2014年8月8日	《公开募集证券投资基金运作管理办法》
2015年3月27日	《公开募集证券投资基金参与沪港通交易指引》
2016年2月1日	《货币市场基金监督管理办法》
2016年9月11日	《公开募集证券投资基金运作指引第2号——基金中基金指引》
2017年6月14日	《通过港股通机制参与香港股票市场交易的公募基金注册审核指引》
2017年6月28日	《基金募集机构投资者适当性管理实施指引（试行）》
2017年9月13日	《证券投资基金管理公司合规管理规范》
2017年10月1日	《公开募集开放式证券投资基金流动性风险管理规定》
2018年4月27日	《关于规范金融机构资产管理业务的指导意见》
2018年6月13日	《关于进一步规范货币市场基金互联网销售、赎回相关服务的指导意见》
2018年8月3日	《公开募集证券投资基金信息披露管理办法》
2019年1月15日	《公开募集证券投资基金投资信用衍生品指引》
2019年1月18日	《证券投资基金投资信用衍生品估值指引（试行）》
2019年6月14日	《公开募集证券投资基金参与转融通证券出借业务指引（试行）》
2019年6月21日	《证券投资基金参与转融通证券出借业务会计核算和估值业务指引（试行）》
2019年8月16日	《证券投资基金侧袋机制操作规范（征求意见稿）》
2019年9月1日	《公开募集证券投资基金信息披露管理办法》
2019年9月1日	《关于实施〈公开募集证券投资基金信息披露管理办法〉有关问题的规定》
2019年9月1日	《公开募集证券投资基金信息披露管理办法》提示性公告模板的通知
2019年9月12日	《证券交易所风险基金监管指引》
2019年12月27日	《证券投资者保护基金实施流动性支持管理规定》
2020年3月12日	《基金经营机构及其工作人员廉洁从业实施细则》
2020年3月20日	《公开募集证券投资基金信息披露管理办法（2020年修订）》
2020年4月17日	《公开募集证券投资基金投资全国中小企业股份转让系统挂牌股票指引》
2020年5月1日	《基金经理兼任私募资产管理计划投资经理工作指引（试行）》
2020年7月10日	《证券投资基金托管业务管理办法》
2020年8月1日	《公开募集证券投资基金侧袋机制指引（试行）》
2020年8月6日	《公开募集基础设施证券投资基金指引（试行）》
2020年10月1日	《公开募集证券投资基金销售机构监督管理办法》
2020年10月1日	《关于实施〈公开募集证券投资基金销售机构监督管理办法〉的规定》
2020年10月1日	《公开募集证券投资基金宣传推介材料管理暂行规定》

资料来源：证监会、中国证券投资基金业协会、中国人民银行。

2012年11月，证监会发布的《证券投资基金管理公司管理办法》开始实施，该办法降低了基金管理公司的准入门槛和业务监管，延长了主要股东持股锁定期，进一步规范股东和实际控制人的行为，建立起了公司风险控制指标监控体系和监管综合评价体系，强化监管措施，维护基金持有人利益。2012年12月，《证券投资基金法》经过重大修订（修订后被称为"新基金法"），于2013年6月正式实施，在市场准入、投资范围、业务运作等方面为公募基金大幅"松绑"，增强公募基金管理公司的管理能力，打造其竞争优势。2013年，政府又相继发布了一系列与其配套的法律法规，这将公募基金行业推入巨大的市场变革之中，为公募基金行业的发展构建更健全的制度，也带来了私募基金等机构竞争者，使得基金市场发展更加规范的同时，竞争也更加激烈。这一时期证监会也发布了多项规定，使得基金管理公司的投资范围开放到股市、债市、商品等二级市场之外的股权、收益权等实体经济领域。

2015年以来，随着内地与香港基金互认，公募基金逐步参与沪港通交易，推出基金中基金（FOF），规范分级基金、保本基金和委外定制型基金等基金品种，整个公募基金行业在全面市场化之路上更加健康发展。

2016年，基金中基金兴起。2016年12月，首批公募FOF产品的申请获得受理，包括广发基金、招商基金、天弘基金和富国基金等基金管理公司旗下的产品。基金管理公司热情参与公募FOF，监管层也在多方面给予大力支持。

2017年，金融行业的监管力度加大。不论是中央政治局会议、全国金融工作会议，还是党的十九大报告和中央经济会议，都对新形势下金融风险的防控、金融行业的定位等方面提出了更为具体的要求，维护国家金融安全被列为重中之重，公募基金作为金融行业中不可或缺的一环而备受关注。监管部门相继出台多项政策法规，规范并推动多种类型基金产品的发展，并聚焦防范系统性金融风险。同时，我国正式落地了公募FOF产品和养老目标公募基金产品，公募基金在拓展投资范围和业务领域，为普通投资者提供专业化的选基服务的同时，也为推进养老金市场化改革贡献积极力量。

2018年是养老目标公募基金创立元年，证监会于2018年3月发布的《养老目标证券投资基金指引（试行）》，将我国养老基金产品带入了规范化的运作阶段，为公募基金行业服务个人养老投资提供了规范。2018年4月，随着《资管新规》发布，规模已达百万亿元的资管产品从此被统一监管，大资管时代来临，公募基金以外的资管行业也可以推出公募产品。面对《资管新规》的各项规定，公募基金可以凭借其专业程度高、管理体制先进、风控措施较为完善等优势在公募产品市场中站稳脚跟，但同时也面临着理财子公司等强劲的竞争对手。公募基金相较于其他资管行业的一项重要的制度优势是公开信息披露，该制度已经沿用14年，2018年8月证监会发布了《公开募集证券投资基金信息披露管理办法》的征求意见稿，致力于解决信息披露内容复杂和形式烦琐、投资者不易获取信息、管理人不够重视信息披露等问题，以提高公开信息披露的透明度，提高公募基金市场化竞争力。2018年以交易型开放式指数基金（exchange traded funds，ETF）为代表的指数基金大爆发，受市场行情和监管改善的影响，ETF 的规模和份额迅猛增长。

2019 年，监管层出台了《公开募集证券投资基金投资信用衍生品指引》《公开募集证券投资基金参与转融通证券出借业务指引（试行）》等政策法规，并重新修订发布了《公开募集证券投资基金信息披露管理办法》，进一步加强公募基金行业各项业务规范，为公募基金行业健康发展保驾护航。

2020 年 4 月，证监会出台了《公开募集证券投资基金投资全国中小企业股份转让系统挂牌股票指引》，允许公募基金投资新三板精选层股票。2020 年 8 月，经过向社会征询意见，国家发展改革委、中国证监会联合推进公募不动产投资信托基金（REITs）试点规则落地，出台了《公开募集基础设施证券投资基金指引（试行）》，首批公募 REITs 试点项目正在积极申报。证监会对基金销售办法进行了修订，并发布《公开募集证券投资基金销售机构监督管理办法》，于 2020 年 10 月 1 日起正式施行，同时废止《证券投资基金销售管理办法》。本次对销售办法的修订涉及几项重大变革，适应了市场环境变化和基金行业发展，将着力提升基金销售机构专业服务能力和合规风控水平，积极培育基金行业形成良性发展生态。

三、2020 年行业发展新动态

2020 年，受新冠肺炎疫情影响，我国社会经济经历了巨大波动，人们的生活和消费投资观念也受到一定程度的影响。得益于我国出色的疫情防控能力，2020 年下半年，我国经济快速回暖，股市随之上涨，投资者借"基"入市，公募基金受到人们追捧，截至 2020 年底，市场上继续运营的公募基金数量约为 1.1 万只，公募基金规模约为 20 万亿元，数量和规模都有了大幅增长。这一年，为适应市场环境的变化、满足基金行业发展需求，监管层对基金销售办法进行了修订，在强化基金销售机构持牌要求、规范基金销售行为、加强基金销售机构风控能力等方面进行了一系列重大调整。这一年，公募基金首次获批投资新三板，华夏、富国、南方等基金公司申报的可投资新三板的公募基金获批，可参与新三板精选层股票投资，丰富了公募基金投资标的和范围。这一年，第一家外资公募诞生，全球资产管理规模最大的资产管理公司贝莱德投资管理有限公司（BlackRock，以下简称"贝莱德"）拿到业内第一张外资全资公募基金管理牌照，标志着外资正式进军中国公募基金市场，与内资公募基金管理公司同台竞争。这一年，国家发展改革委、中国证监会联合推进公募REITs试点规则落地,《公开募集基础设施证券投资基金指引(试行)》正式实施后,首批公募REITs试点项目正在紧锣密鼓筹备中,即将填补中国资产管理行业关于公募REITs产品的空白。这一年,养老目标基金数量和规模呈现稳健发展态势,业内多家头部基金公司纷纷布局养老目标基金。这一年,公募大力布局指数基金,ETF基金逐渐为投资者所青睐,多家公募基金管理公司密集发行ETF联接基金,为投资者提供多样化的选择。2020年公募基金行业热度持续升温,热点话题不断,下面我们对公募基金行业新动态和最新政策进行重点解读。

(一) 证监会修订基金销售办法

《证券投资基金销售管理办法》(以下简称《销售办法》)作为《证券投资基金法》的基础配套规则,在规范基金销售业务、保护投资者合法权益等方面发挥了重要作用。《销售办法》自2004年发布后,经历了2011年和2013年两次修订。近年来,资本市场改革持续深化,市场环境也随之发生变化,为适应行业发展需要,证监会于2020年再次修订《销售办法》,提出基金销售行为底线要求,旨在提升基金销售机构的专业能力和风控水平,树立长期理性投资的理念,培育以投资者利益为核心的基金市场环境和基金行业良性发展生态。经过长达一年半的征求意见,证监会完成了对《销售办法》的修订,并于2020年8月底发布《公开募集证券投资基金销售机构监督管理办法》及配套规则(以下简称"基金销售新规")。基金销售新规于2020年10月1日起正式实施,同时废止原《销售办法》。总体来看,本次销售办法修订主要涉及以下四个方面。

第一,本次修订明确了从事基金销售活动机构的持牌要求,并规定了基金销售机构及相关基金服务机构的不同职责,厘清二者边界。基金销售新规指出,基金销售机构是指"经中国证券监督管理委员会或者其派出机构注册,取得基金销售资格的机构"。近年来,随着我国数字化进程逐步加快,拥有海量用户的互联网平台机构兴起,出现了基金销售机构借助相关互联网平台进行公募基金销售的现象,常见的方式有发布广告、插入跳转链接、系统嵌入等,这类业务即所谓的引流,目的是引导互联网平台客户浏览相关基金信息,从而产生购买意图和购买行为。在这一过程中,互联网客户(潜在投资者)可能并不清楚基金销售方是互联网平台还是背后的基金销售机构。针对这一现象,基金销售新规强调了公募基金的销售只能由取得基金销售资格的"持牌"基金销售机构进行,强调非持牌的互联网平台机构为基金服务机构,为基金销售机构销售公募基金提供渠道服务,基金销售机构应当向通过互联网平台购买基金的客户表明基金销售业务主体为基金销售机构并充分进行信息披露和风险揭示。在引流过程中,投资者会在互联网平台上留下大量个人信息和交易信息，为保护投资者合法权益，基金销售新规规定互联网平台机构不得收集、留存、传输投资者的个人和交易信息。

第二，调整了基金销售机构的准入和退出机制，简政放权，促进行业生态进退有序、良性发展。本次修订对基金销售机构准入和退出机制的优化主要体现在以下三个方面。其一，实行"先批后筹"，即将由申请人先行筹备、证监会实施现场检查后再批准的做法改为由证监会先批准、申请人再进行筹备，通过证监会现场检查后再开展业务，优化调整了基金销售资格的注册程序，便利审批手续，降低成本，有利于推动基金行业健康规范发展。其二，本次修订整合了各类金融机构的注册条件，完善独销机构及其股东的准入要求。例如，提高了对持有独销机构5%以上股权股东的资本实力要求；强化了停止业务、吊销牌照等制度，对于不符合要求的基金销售机构严格实施退出机制，进行市场化淘汰。其三，本次修订发布后，对新注册机构实施牌照续展制度，即对基金销售业务许可证有效期进行延续；同时，限定了三种不予续展的情形，包括基础展业条件不满足、合规内控严重缺失、未实质开展公募基金销售业务等。

第三，本次修订夯实了业务规范与机构管控的各项要求，坚持以投资者利益为核心、建立长期理性投资的体制机制。公募基金行业长期以来存在着高比例的客户维护费（尾随佣金）的问题，这是基金销售恶性竞争的结果，一些名气不高的小型基金销售机构为了拉拢客源，往往通过返给客户高比例的佣金来达成交易。针对这一问题，基金销售新规首次规定了客户维护费的比例上限，向个人投资者销售基金的，客户维护费占基金管理费的比率不得超过50%；向非个人投资者销售基金的，客户维护费占基金管理费的比率不得超过30%。这一规定将使得通过高比例尾随佣金获取客户的基金销售机构备受打击，有益于规范整顿行业秩序，形成可持续发展的良好行业生态。

第四，完善独销机构监管，促进独销机构专业合规稳健发展。基金销售新规对独销机构也作了特别规定。首先，提高了独销牌照申请标准。例如，在注册资本方面，提高了注册资金金额；在人员配置方面，提高了具有基金从业资格的人数要求。同时，为提高独销机构内部风控水平，要求独销机构明确其合规风控负责人为高级管理人员，并对其职责、任免条件等作出详细规定。基金销售新规将独销机构的股东分为控股股东、持有5%以上股权的股东、境外股东三类，适用不同的股东条件，这与公募基金管理公司的要求对标。另外，本次修订完善了对独销机构股权管理和内部治理的要求，实行"一参一控"（即独销机构股东以及股东的控股股东、实际控制人参股独销机构的数量不得超过2家，其中控制独销机构的数量不得超过1家），同时独销机构的实际控制人也被纳入监管。基金销售新规在独销机构完善公司治理方面也作出了规定，要求独销机构设立专门的合规风控管理部门。此外，基金销售新规对独销机构的展业独立性、分支机构管理、自有资金运用等方面都作出了适度调整。

(二) 公募基金投资新三板精选层

全国中小企业股份转让系统（以下简称"新三板"）是非上市股份有限公司的股权交易平台。作为主板的补充，新三板为尚不能达到主板上市标准的中小企业提供了直接融资的机会。自2013年正式运营以来，新三板已经成为中小企业股权融资的重要平台，是中国多层次资本市场的重要环节。然而，在新三板的发展过程中，出现了融资规模下降、流动性较差等问题。因此，2019年10月25日，证监会宣布启动新三板全面深化改革，公募基金投资新三板精选层正是本次新三板改革的重要组成部分。

精选层的设立是本次新三板改革的核心内容，即在新三板市场原来分为基础层和创新层的基础上增设精选层。精选层位于新三板市场的"金字塔"顶部，由符合条件的创新层公司组成。精选层的组成公司多为创新创业型实体企业，一般有较大额融资需求，并且处于快速成长期。精选层设立以前，公募基金并不能直接投资新三板，主要通过其子公司的基金专户进行投资，而专户产品认购门槛为100万元以上，合格投资者门槛较高，这本质上属于私募投资的范畴。新三板的机构投资者以私募基金和券商为主，公募基金等机构投资者"不能投"，制约了新三板市场的流动性，投资者投资新三板存在困难，使得新三板的中小企业融资环境恶化。本次改革允许公募基金参与投资新三板精选层，从实际运作来看，多只新三板公募基金产品将起售点设为10元，使得投资者通过公募基金投资新三板几乎没有门槛，激发了投资者入市积极性，对于丰富新三板机构投资者队伍、提高新三板市场流动性、改善快速发展的中小企业融资环境、助力实体经济发展具有重要意义，同时，也扩大了公募基金的投资范围，有利于投资者分享优质创新创业型企业的成长红利。

四、发展现状

本书的研究范围为1998~2020年间发行的所有公募证券投资基金，为了防止研究结果受到生存偏见（survivorship bias，即在筛选数据时只考虑目前还在运营的基金而忽略停止运营的基金）的影响，本书所使用的数据包括目前正在运营和已经停止运营的全部公募基金的数据，所用数据均来自万得（Wind）资讯数据库。接下来我们将通过数据分析，从公募基金的数量、资产管理规模、基金分类以及基金费率等多个维度，对公募基金行业的总体发展情况及现状进行研究和展示。

（一）基金数量

图 1-1 和表 1-3 分别展示了 1998～2020 年和 1991～2020 年我国每年新成立、停止运营以及继续运营的公募基金数量。截至 2020 年底，我国累计成立的公募基金总量为 12 906 只，其中，继续运营的基金为 11 001 只，停止运营的基金为 1 905 只。

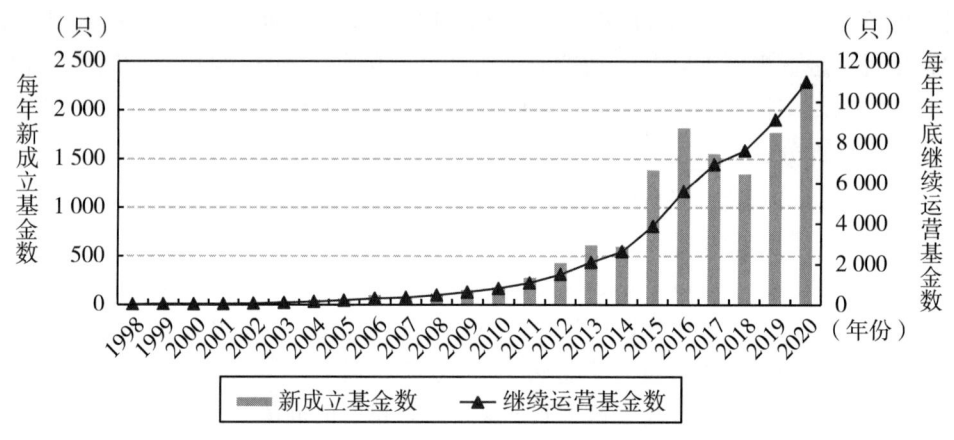

图 1-1　新成立及继续运营的公募基金数量：1998～2020 年

在我国公募基金行业的萌芽阶段（1991～1997 年），公募基金行业发展尚不规范。1993 年，经央行发文整顿重组后，公募基金仅存 21 只。从 1998 年开始，公募基金规范发展艰难起步，公募基金行业在 1998 年仅发行 5 只新基金。2000 年新发行的公募基金数量仅为 2 只，2001 年新发行的基金数量也仅为 8 只。2004 年，《证券投资基金法》开始正式施行，这为公募基金行业提供了法律保障，促使行业开始进入快速发展的轨道，这一年新成立的公募基金数量为 51 只。此后每年新成立的基金数量不断增加，尤其是 2008～2013 年期间，基金发行数量逐年攀上新高，于 2013 年新发行的基金数量已经超过了 600 只。2014 年新基金发行量与 2013 年基本持平，稍有回落。到 2015 年，由于股市的火爆，新基金发行量猛增至 1 385 只。此后几年新发行的公募基金数量一直维持在较高水平。2016 年，公募基金新成立的数量再创新高，达到 1 817 只，其中机构定制型基金占比很大，这得益于委外定制型基金的大幅发展。2017 年，监管机构重拳出击，整治金融行业乱象，加强了对公募基金行业监管，对委外定制型基金、保本型基金和分级基金等基金品种都有所规范，因此新成立的基金数量相较 2016 年有所回落，为 1 552 只。2018 年公募基金行业持续整治，新发行的基金数量较上一年仍有回落，为 1 347 只。2019 年新发行的基金数量有所回升，为 1 769 只。2020 年新发行的基金数量为 2 275 只，截至2020年底，继续运营的公募基金总数为11 001只，较2019年底继续运营的基金增加了1 875只。总体来看，随着我国资本市场的迅速发展，公募基金行业市场化程度不断加深，基金品种日益丰富，公募基金的数量不断增长，整个行业呈现出良好的发展趋势。

表1-3　　新成立、停止运营以及继续运营的公募基金数量：1991~2020年　　　　单位：只

年份	新成立	停止运营	继续运营	年份	新成立	停止运营	继续运营
1991	1	0	1	2006	100	1	322
1992	18	0	19	2007	67	22	367
1993	2	0	21	2008	117	6	478
1994	1	0	22	2009	154	2	630
1995	0	0	22	2010	179	1	808
1996	0	0	22	2011	278	3	1 083
1997	0	0	22	2012	431	9	1 505
1998	5	0	27	2013	612	16	2 101
1999	16	0	43	2014	599	69	2 631
2000	2	0	45	2015	1 385	132	3 884
2001	8	0	53	2016	1 817	110	5 591
2002	18	0	71	2017	1 552	208	6 935
2003	39	0	110	2018	1 347	670	7 612
2004	51	0	161	2019	1 769	250	9 126
2005	63	1	223	2020	2 275	400	11 001

（二）基金资产管理规模

接下来我们将对公募基金资产管理规模的变化情况进行分析。图1-2展示了1998~2020年公募基金行业历年的资产管理规模及其增长率。表1-4则具体分析了每年年底公募基金资产管理规模的数值及其对应的变化比例。总体来看，公募基金在资产管理规模上的发展非常迅猛，1998~2002年完成了资产管理规模由百亿元到千亿元的跨越，2003~2007年则实现了由千亿元到万亿元的跨越。在1998~2007年10年的时间里，公募基金资产管理规模扩容300多倍。2007年以前，公募基金资产规模基数小，在8 500亿元左右，变化比例的波动幅度大，除2001年外每年的变化率都在40%以上；2007年以后，公募基金的资产管理规模攀升到万亿元级

别，变化比例的波动幅度趋缓。2017 年，经过整整十年的发展后，公募基金行业的资产管理规模突破 10 万亿元，实现了新的跨越。2018 年，公募基金行业经历了监管规范化过程和大规模清盘。2019 年，公募基金行业的资产管理规模为 14.7 万亿元，接近 15 万亿元大关。2020 年公募基金管理规模高速增长，截至 2020 年底已超过 20 万亿元，较 2019 年增长 36.5%。

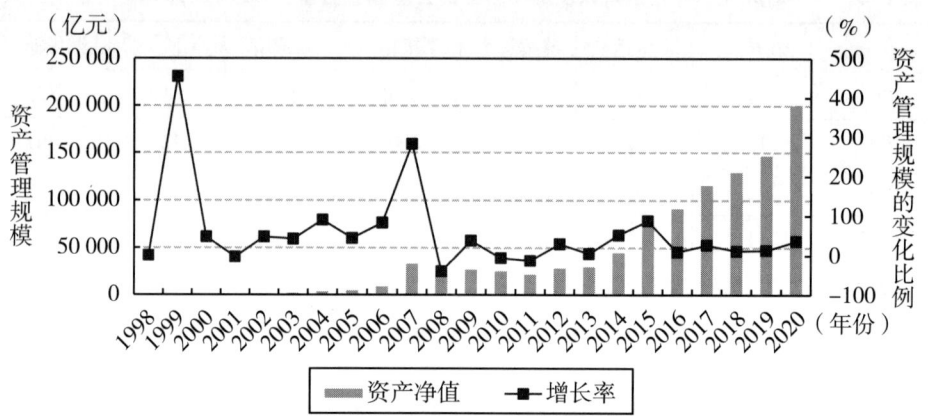

图 1-2　公募基金资产管理规模：1998~2020 年

注：图中资产规模为每年最后一个交易日的资产净值。

表 1-4　每年年底公募基金资产管理规模及变化比例：1998~2020 年

年份	资产管理规模（亿元）	变化比例（%）	年份	资产管理规模（亿元）	变化比例（%）
1998	104	—	2010	24 972	-6.45
1999	574	454.05	2011	21 676	-13.20
2000	846	47.26	2012	27 970	29.04
2001	818	-3.26	2013	29 293	4.73
2002	1 207	47.52	2014	44 520	51.98
2003	1 716	42.17	2015	83 476	87.50
2004	3 258	89.91	2016	91 060	9.09
2005	4 691	43.98	2017	115 506	26.85
2006	8 565	82.57	2018	129 257	11.90
2007	32 756	282.46	2019	146 638	13.45
2008	19 389	-40.81	2020	200 160	36.50
2009	26 695	37.69			

随着互联网金融的发展和投资者理财意识的觉醒，货币市场型基金自 2013 年

开始爆发，自2014年开始成为公募基金管理规模最大的一类基金，占据公募基金行业的大半江山，货币市场型基金的发展对公募基金行业整体规模的增长起了重大的推动作用。截至2018年底，货币市场型基金的规模达到一个高峰，接近8.2万亿元，占比达到63%，规模遥遥领先于各类基金。到2019年底，货币市场型基金规模略有回缩，约为7.4万亿元，占比为53%，同上年相比下降了10个百分点。截至2020年，货币市场型基金规模较上年扩大，规模超过8万亿元，未超过2018年。这可能是因为随着大资管行业的发展，市场越来越重视参与者的主动管理能力，关注非货币市场型基金的规模。如图1-3所示，非货币市场型基金的管理规模在2016~2018年三年内比较稳定，维持在4.5万亿元左右，在2019年有了较大的提升，规模约为7.3万亿元，几乎与货币市场型基金持平。2020年，非货币市场型基金继续保持高速增长，截至2020年底，非货币市场型基金规模已反超货币市场型基金，规模接近12万亿元，占比约为60%。

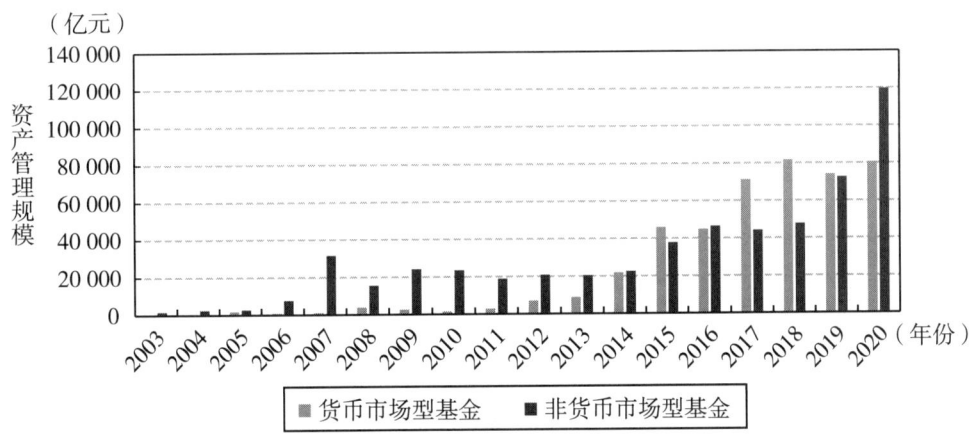

图1-3 货币市场型基金和非货币市场型基金资产管理规模：2003~2020年

注：图中资产规模为每年最后一个交易日的资产净值。

图1-4展示了2003~2020年股票型、混合型和债券型三类公募基金资产管理规模变化情况。从图1-4可见，混合型基金的资产管理规模一直处于较高的水平，这得益于它不受资产仓位水平的约束，投资策略更为灵活，受众范围更广。相比之下，股票型基金和债券型基金则对投资比例有严格限制，2015~2017年规模均不及混合型基金。2018年之后，债券型基金的规模超过混合型基金。2020年混合型基金与债券型基金规模相当。

图1-5展示了2003~2020年按照万得资讯数据库对公募基金一级分类标准划分的不同类型公募基金的资产管理规模。可以看出，货币市场型基金从2014年开始占比一直稳定在50%左右，其中，2017年和2018年占比约为60%；2020年占比

稍有回落,为40%左右。另外,可以看出,QDII基金和另类投资基金分别出现于2007年和2013年,发展较为缓慢,占比较低。

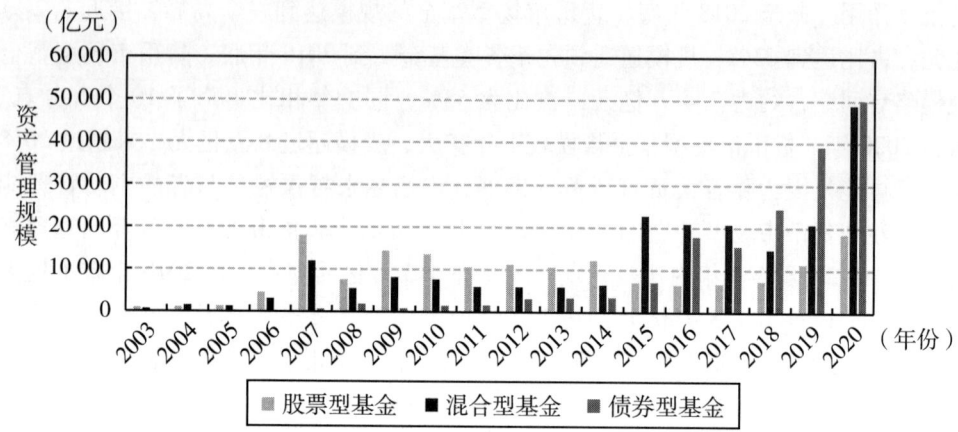

图1-4 股票型、混合型和债券型公募基金的资产管理规模:2003~2020年

注:图中资产规模为每年最后一个交易日的资产净值。

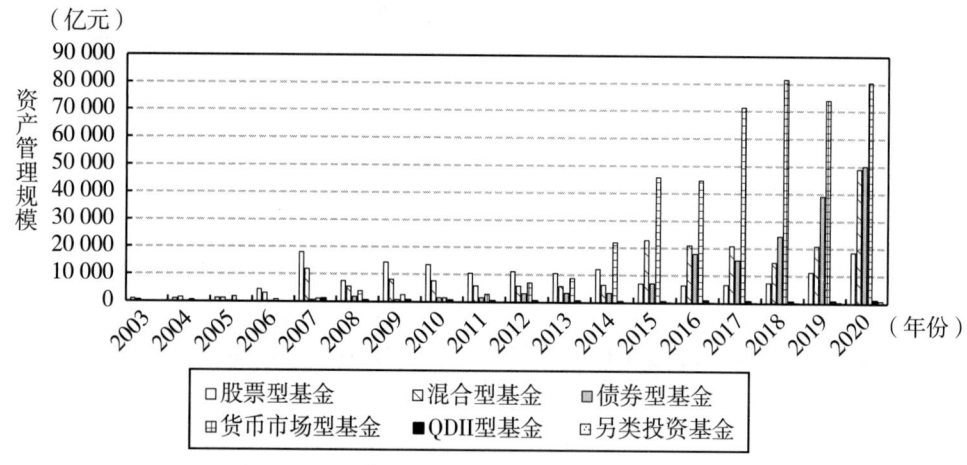

图1-5 不同类型公募基金的资产管理规模:2003~2020年

注:图中资产规模为每年最后一个交易日的资产净值。

(三) 基金分类

我国公募基金行业产生之初,市场上发行的公募基金主要为契约型封闭式基金。2000年,证监会发布《开放式证券投资基金试点办法》,2001年发行首只契约型开放式基金,此后开放式基金逐渐占据了公募基金行业的主导地位。截至2020年底,我国共有431只契约型封闭式基金和12475只契约型开放式基金,分别约占公募基金市场的 3.3% 和 96.7%。

在公募基金行业的发展过程中,市场上开始推出侧重于各类投资标的和不同投资风格的基金产品,公募基金的品种日益丰富。根据万得资讯数据库对公募基金的两级分类体系,表 1-5 列示了截至 2020 年底,公募基金一级分类和二级分类下各类基金的发行总量和百分比。其中,股票型基金为股票投资的比例占基金资产 80% 以上的基金;债券型基金为债券投资比例占基金资产 80% 以上的基金;货币市场型基金是指投资于货币市场工具的基金;混合型基金为投资于股票、债券和货币市场工具,但是投资股票和债券的比例不满足股票型基金和债券型基金要求的基金。从一级分类的角度看,混合型基金数量最多,达到 4 993 只,占比 38.7%;其次是债券型基金,为 4 344 只,占比 33.7%,股票型基金为 2 261 只,占比约 17.5%;再次是货币市场型基金,为 884 只,占比约 6.8%;最后是 QDII 基金与另类投资基金,合计 424 只,占比约 3.3%。前四种类型的基金市场占比超过 96%,占领绝大部行业市场。2018 年在市场低迷的行情下,占据大半公募基金资金规模的债券基金和货币基金大规模增长,带动了公募基金总体规模的上升。过去几年表现平平的债券指数基金在 2018 年迅速升温,多只债券指数基金首发规模达到数十亿元。2019 年债券型基金进一步发展,占比较 2018 年提高了 3 个百分点。2020 年混合型基金、债券型基金和股票型基金数量增幅较大,三者合计占所有类型公募基金数量的 90%。

表 1-5　　　　公募基金一级和二级分类发行总数量及百分比:截至 2020 年底

基金分类	一级分类基金数(只)	一级分类百分比(%)	二级分类基金数(只)	二级分类占一级分类的百分比(%)
股票型基金	2 261	17.5		
被动指数型基金			1 414	62.5
普通股票型基金			615	27.2
增强指数型基金			232	10.3
债券型基金	4 344	33.7		
中长期纯债型基金			2 600	59.9
混合债券型二级基金			782	18.0
混合债券型一级基金			277	6.4
被动指数型债券基金			314	7.2
短期纯债型基金			365	8.4
增强指数型债券基金			6	0.1

续表

基金分类	一级分类基金数（只）	一级分类百分比（%）	二级分类基金数（只）	二级分类占一级分类的百分比（%）
混合型基金	4 993	38.7		
灵活配置型基金			2 429	48.6
偏股混合型基金			1 588	31.8
偏债混合型基金			842	16.9
平衡混合型基金			134	2.7
货币市场型基金	884	6.8		
货币市场型基金			884	100.0
合格境内机构投资者（QDII）基金	345	2.7		
国际（QDII）股票型基金			156	45.2
国际（QDII）混合型基金			56	16.2
国际（QDII）债券型基金			89	25.8
国际（QDII）另类投资基金			44	12.8
另类投资基金	79	0.6		
股票多空型基金			36	45.6
商品型基金			42	53.2
REITs			1	1.3
总计	12 906	100.0	—	—

从二级分类的角度来看，股票型基金分为普通股票型基金、被动指数型基金和增强指数型基金。其中，普通股票型基金指主要投资于股票，由基金经理主动管理的基金；被动指数型基金指对股票指数进行完全复制，投资于标的指数成分股的基金；而增强指数型基金是指以追踪某一股票指数为目标，实施优化策略或增强策略的基金。从表1-5可见，股票型基金中数量最多的是被动指数型基金，达到1 414只，占比约62.5%；主动管理的股票型基金达615只，占比约27.2%；而数量最少的是增强指数型基金，仅为232只，占比约10.3%。普通股票型基金是我国基金市场中最早产生的基金。指数型基金在2004年末才开始出现，但是由于其具有交易费用低廉、不过度依赖基金经理、能够有效分散和防范风险等特点，基金数量增长迅速。

混合型基金分为偏股混合型基金、平衡混合型基金、偏债混合型基金和灵活配置型基金。其中，偏股混合型基金的主要投资标的是股票；偏债混合型基金的主要投资标的是债券；灵活配置型基金在股票和债券大类资产之间可以以任意比例灵活配置；而平衡混合型基金在股票和债券之间的投资比例相对均衡，有一定的限制。在混合型基金中，灵活配置型基金数量最多，为2 429只，占比约为48.6%；偏股混合型基金次之，数量为1 588只，占比约为31.8%。在债券型基金中，中长期纯债型基金数量最多，有2 600只，占比约为59.9%；其次为混合债券型二级和一级基金，占比分别约为18%和6.4%。在合格境内机构投资者（QDII）基金中，国际（QDII）股票型基金占比最大，约为45.2%，这表明此类基金对境外资本市场的投资主要是通过股票市场进行的。

表1-6展示的是对2020年公募基金一级和二级分类下各类基金资产管理规模的统计分析结果。从一级分类的角度来看，货币市场型基金的资产管理规模最大，接近8万亿元，占比约40%；其次是债券型基金，规模超过5万亿元，占比约25%，比去年增长了约1.5亿元。此外，混合型基金的资产规模约为4.4万亿元，比2019年增加了约2.5亿元，与债券型基金的差距大大缩小，占比大幅提升，约为24.5%。而股票型基金的资产管理规模接近1.9亿元，比2019年增长约8 000亿元。各类基金的资产管理规模的排序与其发行数量的排序并不一致。例如，货币市场型基金的发行数量为884只，但其资产管理规模超过8万亿元；混合型基金的发行数量为4 993只，而资产管理规模为4.4万亿元。在股票型基金中，被动指数型基金的资产管理规模最大，为10 442亿元，占比约为56%；普通股票型基金次之，为6 967亿元，占比约为38%，较上年提高了超过15个百分点。在债券型基金中，中长期纯债型基金不仅发行数量最大，而且规模也最大，其资产管理规模超过3.7万亿元，占比约为74%，远远大于规模次之的混合债券型二级基金。在混合型基金中，规模最大的是偏股混合型基金，约为2.8万亿元，占比约57%，超过了灵活配置型基金占比。灵活配置型基金规模接近1.4万亿元，占比约29%。合格境内机构投资者（QDII）基金中国际（QDII）股票型基金规模最大，为726亿元，占比约61%。

表1-6　　公募基金一级和二级分类资产管理规模及百分比：截至2020年底

基金分类	一级分类基金资产管理规模（亿元）	一级分类百分比（%）	二级分类基金资产管理规模（亿元）	二级分类占一级分类的百分比（%）
股票型基金	18 546	9.3		
被动指数型基金			10 442	56.3
普通股票型基金			6 967	37.6
增强指数型基金			1 136	6.1

续表

基金分类	一级分类基金资产管理规模（亿元）	一级分类百分比（%）	二级分类基金资产管理规模（亿元）	二级分类占一级分类的百分比（%）
债券型基金	50 055	25.0		
中长期纯债型基金			37 041	74.0
混合债券型二级基金			5 209	10.4
混合债券型一级基金			1 074	2.1
被动指数型债券基金			4 120	8.2
短期纯债型基金			2 610	5.2
增强指数型债券基金			1	0.0
混合型基金	44 386	24.5		
灵活配置型基金			13 986	28.6
偏股混合型基金			28 107	57.4
偏债混合型基金			5 242	10.7
平衡混合型基金			1 620	3.3
货币市场型基金	80 536	40.2		
货币市场型基金			80 536	100.0
合格境内机构投资者（QDII）基金	1 200	0.6		
国际（QDII）股票型基金			726	60.5
国际（QDII）混合型基金			262	21.9
国际（QDII）债券型基金			146	12.2
国际（QDII）另类投资基金			65	5.4
另类投资基金	869	0.4		
股票多空型基金			570	65.6
商品型基金			266	30.6
REITs			33	3.8
总计	200 160	100.0	—	—

表1-7展示了股票型基金、债券型基金和混合型基金等不同类型基金投资股票、债券等不同性质资产时所受到的比例限制。其中，股票型基金持有股票的比例不得低于80%，债券型基金持有债券的比例不得低于80%。持有股票的比例低于80%且持有债券的比例低于80%的基金则为混合型基金，混合型基金细分为灵活配

置型基金、偏股混合型基金、偏债混合型基金和平衡混合型基金，每一类基金的投资比例要求各不相同，具体如表 1-7 所示。其中，灵活配置型基金可以持有任意比例的任何一类资产，因此灵活配置型基金的投资比例可以根据市场情况灵活调节，任何一类资产都有可能占主导。由于灵活配置型基金的这一特性，本书在接下来的章节中在对股票型基金的研究和讨论中将不包括灵活配置型基金，以提高结论的针对性。表 1-7 中对于各类基金持股持债比例的规定仅为一般情况，供读者参考，实际中各类资产比例可能视具体情况调整，并不一定严格遵守这一规定。

表 1-7　　　　各类基金投资不同性质资产的比例限制　　　　单位：%

基金分类	持有股票的限制		持有债券的限制		持有现金的限制	
	下限	上限	下限	上限	下限	上限
股票型基金						
普通股票型基金	80	100	0	20		
债券型基金						
中长期纯债型基金	0	20	80	100		
混合债券型二级基金	0	20	80	100		
混合债券型一级基金	0	20	80	100		
短期纯债型基金	0	20	80	100		
混合型基金						
灵活配置型基金	0	100	0	100	0	100
偏股混合型基金	50	70	20	40		
偏债混合型基金	20	40	50	70		
平衡混合型基金	40	60	40	60		

（四）基金费率

公募基金管理过程中产生的主要费用有两项，分别为基金管理费和基金托管费，这两项费用是依照基金净值按比例提取的。另外还有一项基金销售服务费用需要承担，销售服务费是从基金资产中扣除的第三方销售机构的佣金、基金的营销广告费等方面的费用，一般只有不存在申赎费用的货币市场型基金在收取，故在此不作深入讨论。一般来说，基金管理费与基金的类型和规模密切相关：公募基金承担的风险越高，其管理费率越高。表 1-8 展示了截至 2020 年底股票型、债券型、混合型和货币市场型基金的管理费率的整体情况，其中，混合型基金的管理费率最高，平均费率为 1.15%，而费率最低的是货币市场型基金，平均费率仅为 0.26%。股票型基金和债券型基金的管理费率介于前述二者之间，均值分别是 0.90% 和 0.42%，较 2019 年都稍有下降。

表 1-8　　　　　公募基金的管理费率：截至 2020 年底　　　　　单位：%

项 目	股票型基金	债券型基金	混合型基金	货币市场型基金
平均值	0.90	0.42	1.15	0.26
最大值	2.00	2.75	3.00	0.40
75%分位数	1.25	0.60	1.50	0.33
50%分位数	1.00	0.30	1.50	0.27
25%分位数	0.50	0.30	0.70	0.20
最小值	0.15	0.04	0.10	0.14

表 1-9 具体分析了股票型基金的二级分类基金的管理费率。从表 1-9 可以看出，普通股票型基金的管理费率的平均值最高，为 1.46%，该类基金的管理费率分布在 0.80%~2.00% 之间；被动指数型基金收取的费率分布在 0.15%~1.20% 之间，其平均管理费率是三者中最低的，为 0.64%；增强指数型基金收取的费率居中，收取的比率在 0.50%~1.30% 之间，平均收取 0.94%。

表 1-9　　　　股票型公募基金的管理费率：截至 2020 年底　　　　单位：%

项 目	被动指数型基金	增强指数型基金	普通股票型基金
平均值	0.64	0.94	1.46
最大值	1.20	1.30	2.00
75%分位数	1.00	1.00	1.50
50%分位数	0.50	1.00	1.50
25%分位数	0.50	0.80	1.50
最小值	0.15	0.50	0.80

基金的托管费率和基金的管理费率一样，也与基金的类型和规模有一定关系。表 1-10 主要统计了截至 2020 年底，股票型、债券型、混合型和货币市场型基金这四种不同类型公募基金的托管费率，其中，混合型基金托管费率最高，平均费率达到 0.20%，分布在 0.03%~0.35% 之间；货币市场型基金的费率最低，平均费率仅为 0.07%，分布在 0.04%~0.10% 之间；股票型基金和债券型基金介于前述二者之间，其托管费率的均值分别为 0.17% 和 0.12%，其中，股票型基金的平均托管费与 2019 年持平，债券型基金的平均托管费较 2019 年略有下降。

表 1-10　　公募基金的托管费率：截至 2020 年底　　单位：%

项　目	股票型基金	债券型基金	混合型基金	货币市场型基金
平均值	0.17	0.12	0.20	0.07
最大值	0.28	0.25	0.35	0.10
75%分位数	0.22	0.20	0.25	0.10
50%分位数	0.18	0.10	0.25	0.08
25%分位数	0.10	0.10	0.15	0.05
最小值	0.05	0.05	0.03	0.04

五、小结

中国公募基金行业自产生以来，经历了艰难曲折的成长历程。1991 年，我国公募基金行业伴随着资本市场的发展开始萌芽。1997 年，我国开始从国家层面规范公募基金行业。2013 年，新基金法开始施行，配套措施相继颁布，极大地推进了我国公募基金行业的市场化发展。目前，我国公募基金行业已经跨入了全面市场化的发展阶段。

本章对比分析了公募基金与私募基金的区别，从募集对象、募集方式、监管程度、投资限制等方面向读者展示了公募基金的行业特点。同时，我们研究分析了 2020 年我国公募基金行业的新动态。2020 年，全球经济普遍受到新冠肺炎疫情冲击，由于中国防疫政策及时有效，下半年中国经济回暖，股市反弹，大量投资者借助公募基金入市，公募基金数量和规模都有了大幅增长。为适应市场环境的变化，满足基金行业发展需求，证监会对基金销售办法进行了第三次修订，在规范基金销售行为等方面进行了一系列重大调整。2020 年 4 月，证监会出台《公开募集证券投资基金投资全国中小企业股份转让系统挂牌股票指引》，允许公募基金投资新三板精选层，扩大了公募基金投资范围，帮助新三板优质企业融通资本，助力实体经济发展。2020 年 8 月，全球最大资产管理公司贝莱德拿到业内第一张外资全资公募基金管理牌照，中国公募基金行业或将迎来全球机构同台竞争的时代。中国公募基金市场在监管导向和市场推动的双重作用下，正朝着长期理性持续规范的方向发展。

另外，本章从基金数量、资产管理规模、基金分类和费率四个方面对我国公募基金行业发展的总体情况进行了分析。截至 2020 年底，公募基金累计发行数量为 12 906 只，市场上运行的公募基金数量将近 11 001 只，管理的资产规模超过 20 万亿元。在公募基金的分类中，混合型基金数量最多，为 4 993 只，占比 39%；货币市场型基金资产管理规模最大,超过 8 万亿元,占比 40%。从整体上看,我国公募基金行业的发展规模和成熟度还有待进一步提升,但是公募基金行业伴随我国资本市场一路走来,无论从基金数量,还是从管理规模等多个维度,都已然成为我国资产管理行业不可忽视的专业化投资管理机构。

  本书接下来将深入探讨我国公募基金行业的一些基础性、规律性问题,如公募基金能否战胜大盘指数、基金经理是否具有选股能力和择时能力,以及公募基金的业绩是否具有持续性等。我们认为,将这些如行业基石般的问题探讨清楚,将有利于投资者对我国公募基金的全貌进行系统化的了解,推动我国公募基金行业健康持续发展。

股票型基金能否跑赢大盘指数

大多数基金投资者都十分关心一个问题：在公募基金行业中，主动管理的股票型基金（以下简称"股票型基金"）能否战胜被动管理的指数型基金（以下简称"指数型基金"），如果一小部分公募基金的业绩好过指数基金的业绩，那么哪些基金更值得投资？本章将回答这个问题。

追溯公募基金行业的发展，不难发现，主动管理的公募基金行业产生于投资者对专家理财的社会需求，而为投资者带来长期稳定的超额收益则是这类基金的价值所在。在基金产品日渐丰富的今天，投资者可以根据自身的风险承受能力和对投资收益的预期做出适合自身投资风格的资产配置决策。他们可以选择将资金以一定比例投资到货币市场型基金、债券型基金或股票型基金产品中，把所投基金组合中特定证券的选择权留给基金经理。罗荣华、兰伟和杨云红（2011）研究发现，公募基金的基金经理通过主动管理显著提升了基金的业绩。对于投资于主动管理的股票型基金的投资者来说，在承担了较高风险的同时，自然也希望得到与之匹配的较高回报，因此基金业绩就成为投资者决定是否投资于股票型基金的关键因素。但是，如何评估股票型基金的业绩呢？这个看似简单的问题其实非常难以回答。要回答这个问题，我们首先要找到评价主动管理基金业绩的客观标准。由于各类基金的投资标的不同，它们的风险与收益也是不同的，通常我们不将股票型基金与其他类型的基金如债券型基金或货币市场型基金的业绩放在一起进行比较。

在中国A股市场，股票型基金的平均表现好过大盘指数，但在美国市场得到的结论却完全相反——绝大多数股票型公募基金跑不赢大盘指数。造成这一差异的主要原因在于中美市场所处环境的不同。美国股票市场的有效程度比较高，股票价格基本上反映了所有可以获得的信息，很难发现长期被低估或被高估的股票，因此整体而言，基金经理只能赚取市场平均回报。Jensen（1968）的研究发现，平均来看公募基金的收益并不能战胜市场的收益。在由博迪等撰写的《投资学》一书中也佐证了上述观点，作者将1971~2009年间美国资本市场上的威尔希尔5000指数（Wilshire 5000 index）收益与主动管理的股票型基金的平均业绩进行比较后发现，威尔希尔 5000 指数的年化收益为 12%,比同期股票型基金的年化收益高出 1 个百分点,有 23 个年份的指数收益都要好于股票型基金的收益。

作为一个新兴的资本市场,中国市场通常被认为处于"弱有效"到"半有效"之间,市场有效程度并不高,中国股票的股价对信息的消化能力和反应速度远没有美国市场那么迅速。因此,在中国 A 股市场,基金经理有可能通过调研以及对公开信息的解读与分析来获取超额回报。另外一个重要原因就是美国和中国的投资者结构差异很大。美国股票市场的投资者中长期稳定且机构投资者占比大,截至 2020 年第三季度,美国家庭投资者(散户投资者)和机构投资者持有美国股票投资的市值约为 57 万亿美元,其中,机构投资者持有股票市值 34.75 万亿美元,占美国股票市场投资者持有股票总市值的 61%;家庭投资者持有 22.32 万亿美元,占总额的 39%。[1] 然而,截至 2020 年第三季度,中国机构投资者持股市值占 A 股流通总市值的 13%。[2] 也就是说,你的对手里平均每十个人中,才有一个专业机构投资者。显然,在诸如美国这样一个成熟的资本市场,基金经理要战胜大盘指数十分困难,而在中国 A 股市场主动管理的基金跑赢大盘指数却是有可能的。

根据现代金融理论,投资者投资于股票的收益是基于所购买股票的上市公司未来分享红利的增长变化而产生的。综合全球投资市场,长期来看,大盘指数提供了超越通胀和债券市场收益的绝对回报,而被动管理的指数型基金可以使投资者以较低的成本获取大盘指数上涨的收益。由此来看,投资者对股票型基金收益的预期是以指数型基金的收益,或者说是以大盘指数的收益为基准的。由此,我们的研究将从投资者的角度出发,对主动管理的股票型基金的业绩能否超越被动管理的指数型基金的业绩这一命题进行分析。在选取比较基准时,鉴于指数型基金品种繁多,收益也各不相同,我们选取了最具代表性的大盘指数——万得全 A 综合指数(以下简称"万得全 A 指数"),作为指数型基金的替代与股票型基金进行比较。

我们的研究结果显示,从收益指标来看,在 2003~2020 年的多数年份里,我国股票型基金的收益率都高于万得全 A 指数的收益率,这期间股票型基金的累计收益率也远高于万得全 A 指数的累计收益率。从近三年和近五年股票型基金与万得全 A 指数的夏普比率(Sharpe ratio)和索丁诺比率(Sortino ratio)的对比结果来看,股票型公募基金的业绩都要优于大盘指数。我们通过分析股票型基金收益率、夏普比率和索丁诺比率间的相关性,发现选择夏普比率作为评估股票型基金业绩的

---

[1] 2020 年第三季度美国联邦储备银行资金流动账户,L. 223(Federal Reserve Flow of Funds Accounts, table L. 223)。家庭投资者包括非谋利机构组织;机构投资者包括互惠基金、外国投资者、交易所买卖基金(ETF)、州和地方政府基金、私人退休基金、人寿保险公司、财产保险公司、联邦政府退休基金、经纪、州和地方政府、美国注册存储机构、封闭式基金、联邦政府、货币局、其他和非金融公司 16 个类别。

[2] 万得资讯数据库。参考中国证券投资基金业协会的数据统计框架,根据投资管理机构的类型,可以将境内专业机构分为公募基金、私募基金、证券机构、保险机构、社保基金、信托机构、其他机构(期货公司资管、财务公司、银行等)共七大类。

代表指标最为恰当。

本章内容主要分为三个部分。第一部分，从年度收益率和累计收益率两个角度分别对比股票型基金与万得全A指数二者之间的差异；第二部分，将风险因素加入业绩比较的考量中，选用不同的风险调整后收益指标，对股票型基金与万得全A指数的收益进行分析；第三部分，对股票型基金的收益率、夏普比率和索丁诺比率这三个指标进行相关性分析，选择评估基金业绩的恰当指标。

一、绝对收益分析

在分析、评估主动管理的股票型公募基金时，我们将万得数据库中公募基金二级分类的普通股票型和偏股混合型基金定义为"股票型基金"。在整理数据过程中我们看到有许多基金的名字相同，却带有不同的后缀（如A、B、C等），通过比较可以发现这些基金的净值几乎相同，但在费率结构上有所差别。关于基金的字母后缀大体可分为两种情况。第一种，货币基金的A类和B类。货币基金A类投资门槛低，有的平台甚至低至1元，大部分投资者购买的就是此类货币基金；货币基金B类投资门槛一般在500万元以上，专为机构或高净值客户打造，通常情况下此类货币基金的服务费率也比较低，但也有些基金公司为了吸引投资者购买而降低B类的购入门槛，如"南方天天利货币B"的最低买入金额仅为100元。第二种，其他开放式基金的A类和C类。我们以"中欧永裕混合A"[①]和"中欧永裕混合C"为例，它们实际上是同一只基金，运作模式完全一样，在计算基金规模时，A类和C类的规模合并计算，两者的主要区别就在于收费方式。A类基金通常采用前端收费模式，在申购时直接扣除申购费，赎回时根据持有时间收取赎回费，为了鼓励投资者长期持有基金，一般来说持有时间越长赎回费率越低。例如，"中欧永裕混合A"的申购费率为1.50%，在互联网基金销售平台的申购费一般都是打1折，费率为0.15%，这笔费用在申购时一次性缴纳，而持有期限<7日、7日≤持有期限<30日、30日≤持有期限<365日、365日≤持有期限<730日、持有期限≥730日的赎回费率分别为1.50%、0.75%、0.50%、0.25%、0.00%。C类基金免申购费，而赎回费的规定不尽相同，并按日提取销售服务费。例如，"中欧永裕混合C"每年要收取0.80%的销售服务费，费用按日计提，如投资者持有半年，则扣除0.40%的销售服务费，其赎回费是持有30日及以上免除；"汇丰晋信大盘波动股票C"每年要收取0.50%的销售服务费，

---

① 申购金额<100万元，申购费率为1.50%；100万元≤申购金额<500万元，申购费率为1.00%；申购金额≥500万元，申购费为1 000元/笔。

持有期限<7日、7日≤持有期限<30日、30日≤持有期限<6个月、持有期限≥6个月的赎回费率分别为1.50%、0.50%、0.20%、0.00%，也就是说，持有时间必须大于等于6个月才可免除赎回费。不同基金的赎回费率会有所不同，不再赘述。投资者在购买基金时是选择A类还是C类基金呢？我们以"中欧永裕混合"基金为例，如果投资者是短期投资（投资期限为一年以内），假设持有半年，A类的持有费用为0.65%(0.15%+0.5%)，C类的持有费用不超过0.40%，此时选择C类划算；如果投资者是长期投资（投资期限为一年以上），假设持有两年，A类的持有费用为0.15%(0.15%+0.00%)，C类的持有费用为1.60%，此时可选择A类。其他货币基金后缀如D、E、F等一般为新增份额，面向特定渠道发售，在此不再赘述。投资者在选购基金时应根据自身实际需求，仔细阅读基金的分类方式进行选择投资。对于这些带有后缀的基金，本报告仅选择相似产品中的一只基金进行分析研究。

（一）年度收益率的比较

图2-1给出了2003~2020年股票型基金与大盘指数年度收益率的比较结果。[①] 首先，我们可以看出，在此期间的多数年份里，除了在2007年、2009年、2011年、2014年和2016年未跑赢万得全A指数以外，股票型基金的业绩都超越了大盘指数。例如，2005年指数下跌12%，而股票型基金的年度收益率为3%，高出指数15个百分点；在2006年的牛市行情中，指数上涨112%，而股票型基金的年度收益率更高，达到122%。此外，股票型基金的抗跌能力要强于大盘指数。在8个万得全A指数下跌的年份（2003~2005年、2008年、2010年、2011年、2016年、2018年）中，有4年股票型基金不但没有给投资者造成损失，反而带来了正回报。例如，2010年指数下跌7%，而股票型基金的年度收益为4%。俗语常言"不亏就是赢"，财富的增值首先要以保值为基础，在市场下跌时能做到不亏损，这是非常难能可贵的。最后，相比于大盘指数，股票型基金年度收益率的波动幅度更小。据图2-1可知，指数在部分上涨年份中的涨幅比基金的涨幅更高，在多数下跌年份中的跌幅比基金更大。例如，2007年万得全A指数上涨幅度达166%，股票型基金年度收益率为125%；2008年万得全A指数下跌了63%，股票型基金年度收益率降幅为50%，这说明投资指数型基金波动会更剧烈，而波动意味着风险，因此投资波动幅度相对较小的股票型基金风险会更低。

[①] 我们也使用基金的加权平均业绩进行分析。在计算加权平均年度收益率时，我们采用每只基金的年初资产管理规模作为权重进行加权平均，以年度收益率作为评判业绩的标准。分析的结论与使用等权平均业绩得出的结论相差不大。考虑到后续章节要对比公募基金和私募基金的整体业绩，而许多私募基金不披露基金规模，因此我们汇报的结果以基金的等权平均业绩为主。

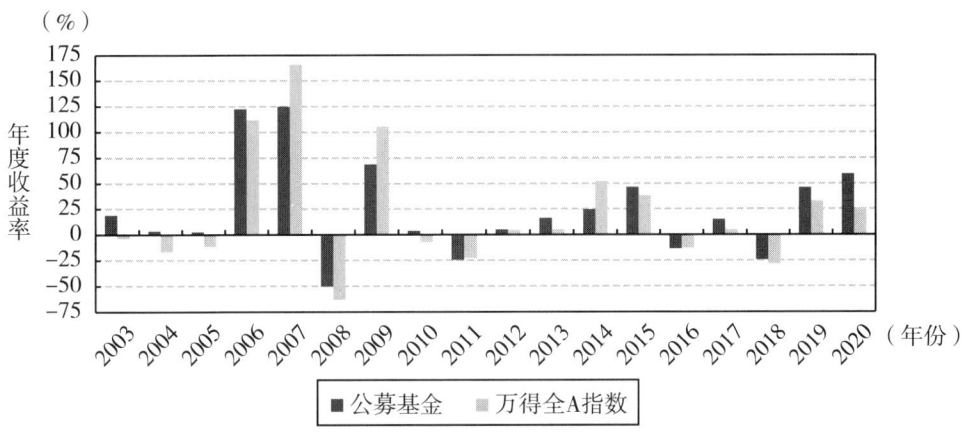

图 2-1　股票型基金与万得全 A 指数年度收益率的比较：2003~2020 年

根据上述对年度收益率的直观分析，我们发现股票型基金的平均收益要好于大盘指数，大盘指数收益比股票型基金的收益波动得更加剧烈，而波动（风险）也是我们投资时需要考虑的重要问题之一。我们用基金和指数的月度收益率计算它们的年化波动率，以进一步分析股票型基金和大盘指数的收益率波动情况。其中，年化波动率代表基金收益或指数收益的波动程度，年化波动率越大，说明基金收益或者指数收益的波动幅度越大，相应的风险也越高。

图 2-2 展示了 2003~2020 年股票型基金与大盘指数年化波动率的比较结果。结果发现，在风险指标上，股票型基金好于大盘指数。在 2003~2020 年的 18 年中，有 11 年指数的波动率高于股票型基金。具体来看，除了 2006 年、2011 年、2014 年、2015 年、2017 年、2018 年和 2020 年以外，股票型基金的波动率都小于指数的波动率，并且在上述年份中股票型基金的波动率也仅仅是略高于指数。例如，在 2015 年

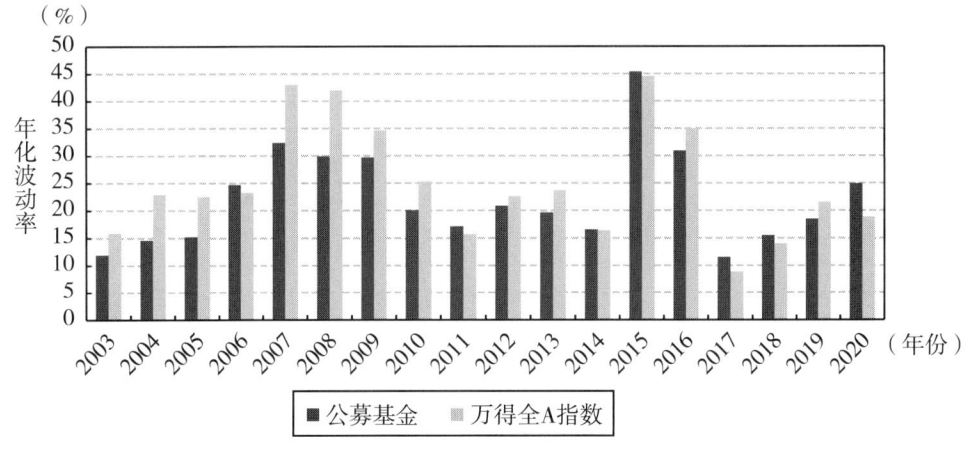

图 2-2　股票型基金和万得全 A 指数收益率的年化波动率比较：2003~2020 年

6~7月发生了罕见股灾的年份,指数收益率的波动率与股票型基金的波动率持平,均为45%。因此,2003~2020年股票型基金的整体风险要小于指数型基金。

(二) 基金超越大盘指数的比例

每年有多少比例的股票型基金的收益率高于指数的收益率呢?我们从每只基金的收益率出发,在图2-3中详细统计了2003~2020年股票型基金收益率超过万得全A指数收益率的比例。整体来看,我国主动管理的股票型基金在2003~2020年的绝大多数年份里都能够获得优于大盘指数的回报。首先,在2003~2020年的18个年份中,有12个年份的股票型基金收益率超越万得全A指数收益率的比例都在50%以上,分别是2003~2006年、2008年、2010年、2013年、2015年和2017~2020年。哪怕是在指数下跌或涨幅较小的年份中,如2003~2005年、2010年、2012年、2013年、2016年和2017年,基金战胜市场的比例也都在45%以上。再如,在指数上涨112%的2006年的牛市行情中,也有68%的股票型基金战胜了市场指数。其次,在牛市年份里股票型基金战胜指数的比例相对较小。股票型基金超越指数比例较低的年份均是在市场出现难得一遇的大牛市,这时作为一个行业从整体上战胜市场是很难的,只有少数业界精英才能站在市场的潮头。在2006年、2007年、2009年和2014年这四个股指收益相对较高的年份中,战胜市场的股票型基金的比例分别为68%、6%、2%和6%。在指数快速上涨时,大多数基金经理很难踩准每一个进出市场的节点并提前找到导致大盘指数上涨的股票,加上公募基金对股票仓位的限制,短时间内基金无法大幅调整仓位,因此大部分股票型基金的业绩在牛市中很难超越大盘指数。

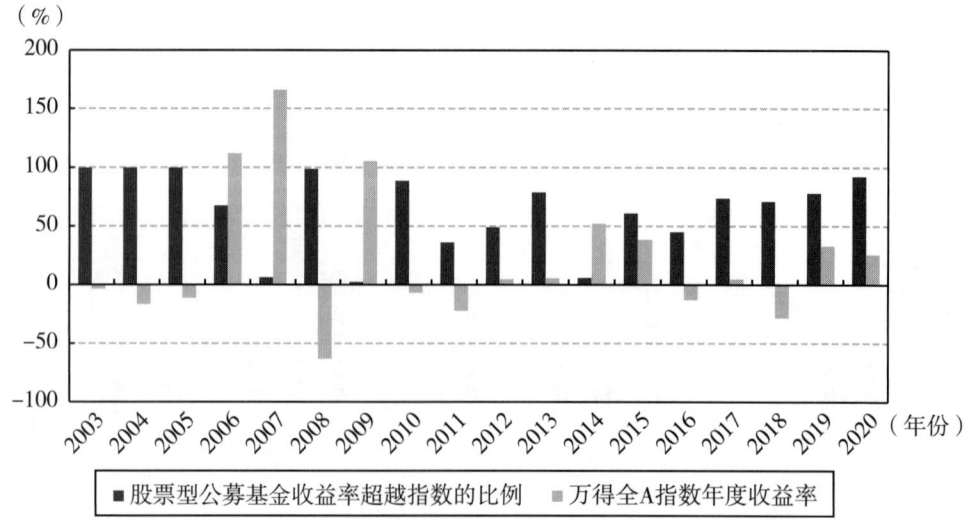

图2-3 股票型基金收益率超越万得全A指数的比例:2003~2020年

（三）累计收益率的比较

除了基金的年度收益率之外，很多投资者更关注长期投资于股票型基金或指数基金的累计收益情况。基金的累计收益是否也能超越指数的累计收益？如果能够超越，其差距是多大？我们对过去三年和过去五年的股票型基金和万得全A指数的年化收益率作比较。在选取样本时，我们要求基金在 2018～2020 年或 2016～2020 年具有完整的三年或五年基金复权净值数据，其中近三年基金的样本量为 774 只，近五年基金的样本量为 609 只。图 2-4 给出过去三年（2018～2020 年）和过去五年（2016～2020 年）大盘指数与股票型基金的年化收益率。可以看出，近三年股票型基金的年化收益率为 21.33%，高于万得全A指数的年化收益率（6.23%）；近五年股票型基金的年化收益率为 11.71%，同样高于指数的年化收益率（1.84%）。总体来看，股票型基金的中长期收益率都要好于大盘指数的表现。另外，我们在附录一中汇报了近五年股票型基金的年化收益率、夏普比率和索丁诺比率。其中，夏普比率和索丁诺比率分析的是基金风险调整后的收益，我们将在后面的内容中进行详细讨论。

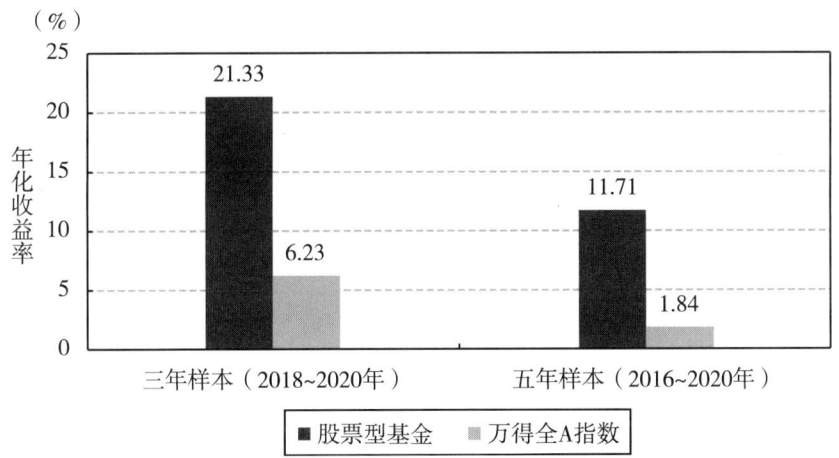

图 2-4　近三年（2018～2020 年）和近五年（2016～2020 年）股票型基金和万得全A指数的年化收益率比较

图 2-5 是股票型基金与万得全A指数累计收益率比较，我们将 2002 年最后一天的股票型基金和万得全A指数的初始值设为 100 元，以方便读者观察二者之间的差别。① 可以看出，在过去的 18 年中，万得全A指数的累计收益率是 464%（年

---

① 在此我们只讨论等权平均累计收益的结果。

化收益率为10%），而股票型基金的累计收益高达1534%（年化收益率为17%），是万得全A指数累计收益率的3倍。因此，在不考虑风险因素的情况下，2003~2020年间投资于主动管理的股票型基金可以获取比投资于指数型基金更高的回报。

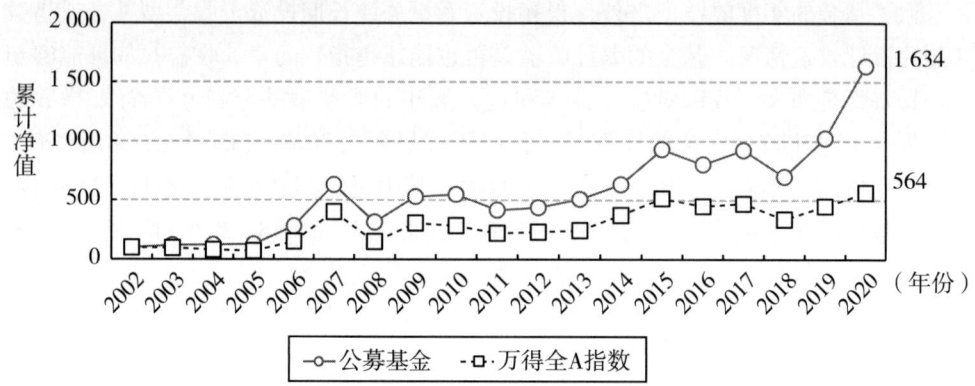

图2-5　股票型基金与万得全A指数的累计收益率比较：2003~2020年

二、风险调整后收益分析

仅从收益的角度来评价基金的表现，我们认为是不够的。收益和风险如同一枚硬币的两面，在投资活动中相伴而生。因此，我们在评估基金收益时，还应考虑为了获取收益所承担的风险大小。了解股票型基金是否真的战胜了大盘指数，进行收益率的对比只是第一步，若要深入分析这一问题，还需在考虑风险的情况下对比二者的收益高低。由于不同的基金承担的风险是不同的，在考虑了风险调整后的收益指标后，我们可以回答以下问题：在承担相同风险的情况下，两类基金的收益有什么差别？我们选取夏普比率和索丁诺比率两个指标来对比基金和指数的风险调整后收益。我们以近三年（2018~2020年）和近五年（2016~2020年）作为样本期间，在选取基金样本时，同样要求基金具有完整三年和五年的基金复权净值，其中近三年基金的样本为774只，近五年基金的样本为609只。

（一）夏普比率

夏普比率用某一时期内基金的平均超额收益率除以这个时期超额收益率的标准差来衡量基金风险调整后的回报，该比率意味着每承担一个单位的风险所获得的超额收益的多少，因此夏普比率越高，表明基金在风险相同的情况下获得的超额收益

越高。其公式如下:

$$Sharpe_M = \frac{MAEX}{\sigma_{ex}} \quad (2.1)$$

$$Sharpe_A = Sharpe_M \times \sqrt{12} \quad (2.2)$$

其中,$Sharpe_M$ 为月度夏普比率;$Sharpe_A$ 为年化夏普比率;$MAEX$ 为超额收益率的月平均值(monthly average excess return),σ_{ex} 为月度超额收益率的标准差(standard deviation)。基金的月度超额收益率为基金的月度收益率减去市场月度无风险收益率,市场无风险收益率采用整存整取的一年期基准定期存款利率。

图 2-6 展示了过去三年(2018~2020 年)和过去五年(2016~2020 年)万得全 A 指数与股票型基金夏普比率比较结果。① 如图 2-6 所示,近三年股票型基金的年化夏普比率为 0.89,远高于大盘指数的年化夏普比率(0.32);近五年股票型基金的年化夏普比率为 0.54,同样高于最近五年大盘指数的年化夏普比率(0.13)。这说明,从中长期来看,基金经理所贡献的收益高于无风险的银行存款利率,并且高于大盘指数的收益。因此,从夏普比率的比较来看,无论是过去三年还是过去五年,股票型基金风险调整后收益都超越了万得全 A 指数,这说明在承担相同风险的情况下,股票型基金能取得更高的收益。

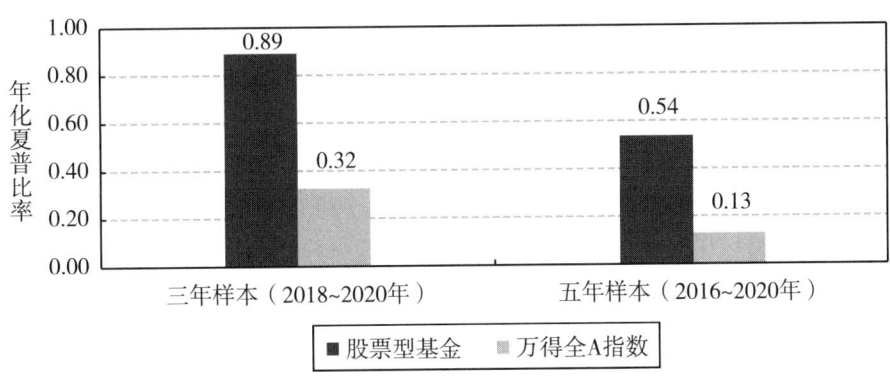

图 2-6 近三年(2018~2020 年)和近五年(2016~2020 年)股票型基金与万得全 A 指数的年化夏普比率

我们继续对股票型基金和大盘指数的夏普比率进行更加深入和详细的对比。图 2-7 为股票型基金近五年(2016~2020 年)年化夏普比率的分布直方图。可以看出,股票型基金夏普比率的峰值出现在 [0.51, 0.68) 区间内,占比为 24%;夏普比率较为集中的区间是 [0.34, 0.51),占比为 23%;夏普比率在区间 [0.68, 0.85) 内的基金占比为 19%,位居第三。万得全 A 指数近五年年化夏普比

---

① 股票型基金夏普比率是所有股票型公募基金夏普比率的平均值。

率（0.13）出现在[0, 0.17）区间内。具体而言，在609只基金中，近五年年化夏普比率的最大值为1.51，最小值为-0.35，而中位数为0.54，高于大盘指数的夏普比率（0.13），意味着有超过半数的股票型基金的夏普比率超过了万得全A指数的夏普比率。

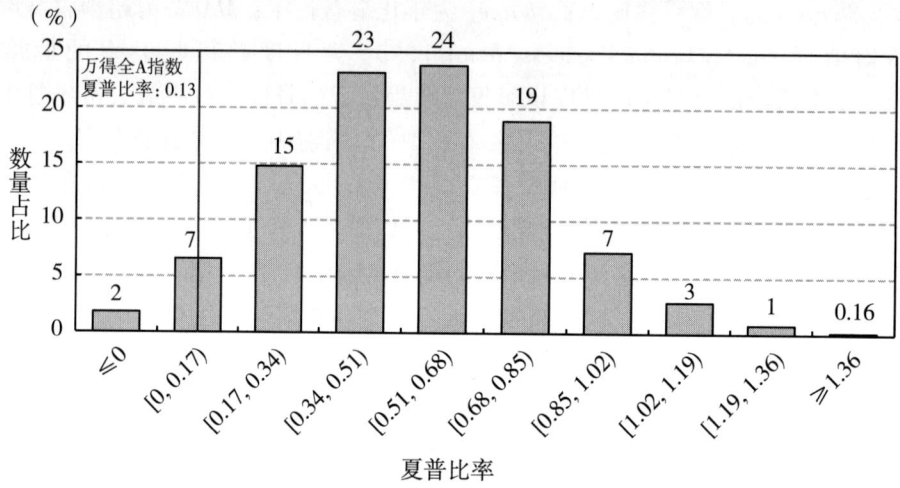

图2-7　股票型基金近五年年化夏普比率分布直方图：2016~2020年

图2-8是股票型基金近五年（2016~2020年）夏普比率由高到低的排列图。我们选取万得全A指数的夏普比率作为比较基准，值为0.13，图中以横线表示。根据夏普比率的定义，万得全A指数在承担单位百分比的风险时产生的年化超额收益为0.13%。从图2-8可以看出，夏普比率高于万得全A指数的基金有409只，占比82%，表明有82%的股票型基金在近五年的风险调整后收益超越了万得全A指数。同时，有2%的基金（11只）的夏普比率小于0，也就是说，这些基金的超额收益为负，它们的年化收益率要低于无风险的银行存款利率。

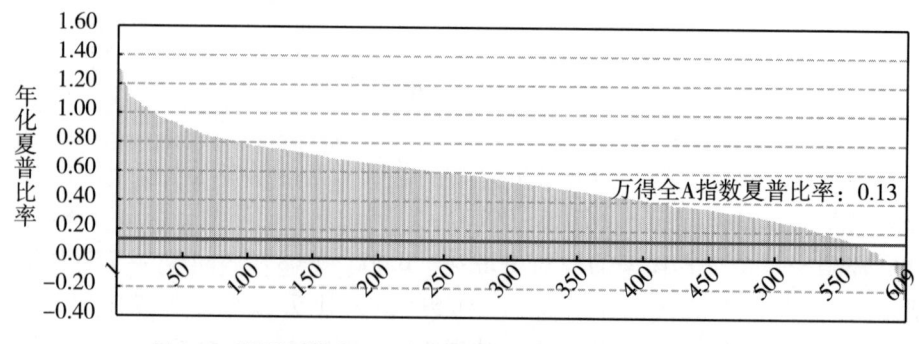

图2-8　股票型基金近五年年化夏普比率排列：2016~2020年

图2-9（a）展示了609只股票型基金近五年（2016~2020年）年化夏普比率

的散点分布情况，横轴为基金超额收益的年化标准差（风险），纵轴为基金的年化超额收益率（超额收益），夏普比率为从原点到每一只基金所对应的由年化超额收益率和年化标准差（风险）所确定的点的斜率。可以发现，近五年所有股票型基金的年化夏普比率均分布在斜率为-0.35和1.51这两条射线所夹的扇形区间内，大多数基金的夏普比率分布在中间偏右部分，基金的超额收益多位于-5%~25%之间，风险水平主要分布在20%~30%之间。如果将基金的超额收益与风险因素综合考虑，年化超额收益率最高的基金其夏普比率不一定是最高的。因此，单独考虑基金的超额收益或风险都不足以判断基金的优劣，只有综合考量这两个因素，才能对基金业绩有更深入全面的了解。

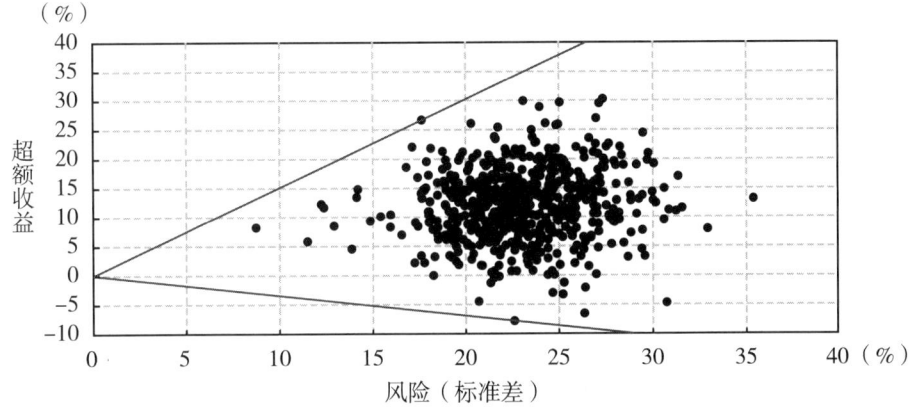

图 2-9（a） 股票型基金近五年年化夏普比率散点图：2016~2020 年

图 2-9（b）展示了近五年（2016~2020 年）年化夏普比率排名在前 10 位的基金名称及其夏普比率。由于夏普比率是结合基金的超额收益与风险因素的考量指标，因此夏普比率高的基金并不能说明其年化超额收益率也高，同理，也不能说明它的风险水平很低。观察前 10 名基金的超额收益和风险，不难发现，不同基金产生较高夏普比率的原因各有不同。有些是因为能将风险控制在相对较低的水平，如"圆信永丰优加生活"基金，其超额收益率为 22%，风险水平为 17%，该基金采取"自下而上"的选股策略，在严格控制风险的前提下，追求基金资产的长期稳健增值，从风险控制角度看，该基金中长期风险相对较小。再如"交银新成长""兴全精选"基金等，它们的风险均控制在 18% 左右，同时它们的超额收益率也均未超过 23%。而另外一些基金则是凭借优越的超额收益在这前 10 名中占有一席之地，如"景顺长城鼎益"基金，其超额收益为 30%，风险水平为 27%，该基金通过主动的基本面选股和最优化风险收益配比获取超额收益，从而使基金获得长期稳定的回报。再如"易方达中小盘""易方达消费行业"基金等，它们的年化超额收益都在 29% 以上，而它们的风险也都在 23% 以上。因此，单独评估基金的超额收益或风险都不足以判断基金的优劣，只有综合考量这两种因素，才能对基金业绩有更深

入全面的了解。

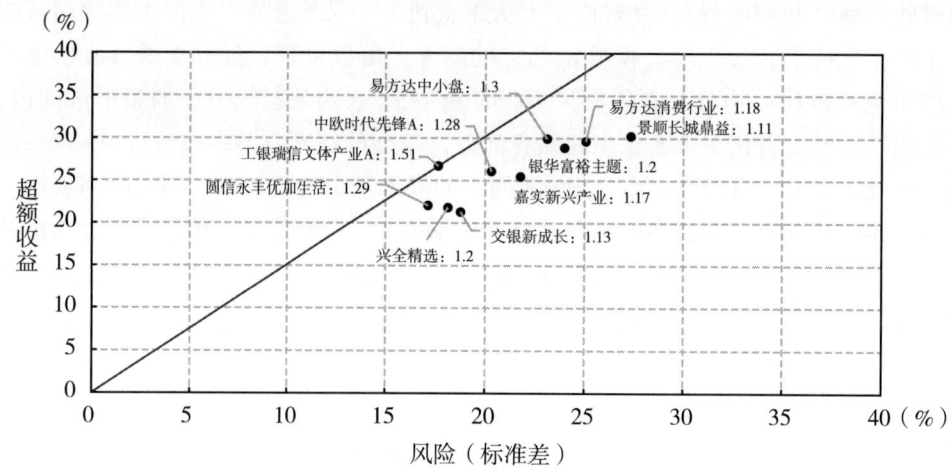

图 2-9（b） 股票型基金近五年年化夏普比率散点图（前 10 名）：2016~2020 年

图 2-9（c）展示了近五年（2016~2020 年）夏普比率排名在后 10 位的基金名称及其年化夏普比率。举例来讲，"富国低碳环保"基金的年化夏普比率为 -0.02，其年化超额收益及风险分别为 -0.43% 和 21.53%；而"长城双动力"基金的年化夏普比率为 -0.05，其年化超额收益及风险分别为 -1.26% 和 25.27%。当在这两只基金中进行选择时，肯定是"富国低碳环保"基金胜出，因为在夏普比率相差不大时，该基金在将风险控制相对较低的同时，取得了相对较高的超额收益。此外，通常收益率越差的基金其夏普比率也越低，而对于这些夏普比率为负的基金，夏普比率大小的决定性因素更侧重于超额收益率指标。总体而言，如果基金的夏普比率为 0 或为负值，说明基金经理所贡献的收益连银行存款利息都赶不上，投资者应该避免投资夏普比率小于零的基金。

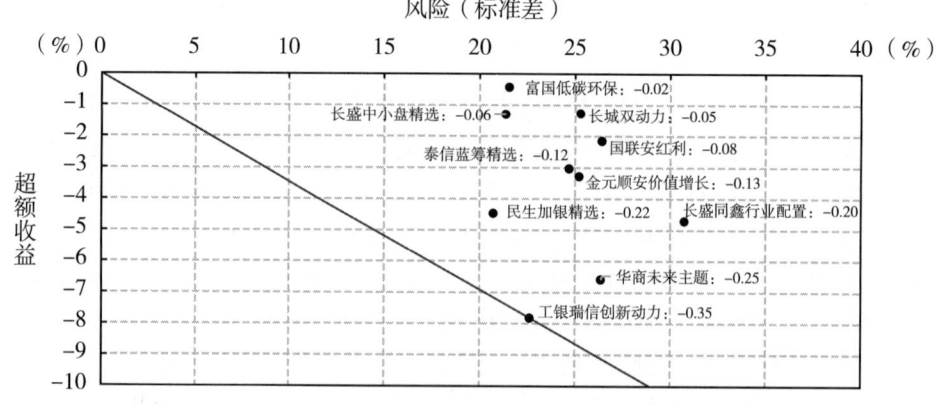

图 2-9（c） 股票型基金近五年年化夏普比率散点图（后 10 名）：2016~2020 年

我们将 2016~2020 年按照夏普比率排名在前 5% 和排名在后 5% 的基金单独挑出，分别与万得全 A 指数进行比较，在超额收益和风险的综合作用下，进一步观察夏普比率较优秀和较差的股票型基金与大盘指数表现上的显著差异。表 2-1 列出了 2016~2020 年按照基金年化夏普比率排名在前 5% 的基金。如果用万得全 A 指数作为比较基准的话，其近五年的夏普比率为 0.13，假设指数的风险（年化超额收益率的标准差）为 21%，那么可以计算得出它的年化超额收益率为 2.73%（21%×0.13）。从表 2-1 可以看到，前 5% 的基金的年化超额收益率标准差的平均值为 21%，而这些基金的年化超额收益率的平均值为 23%，远高于以万得全 A 指数的夏普比率（0.13）和这前 5% 基金的平均年化超额收益率的标准差（21%）计算而得的年化超额收益率（2.73%）。此外，我们可以通过表 2-1 的数据验证之前的观点，即这些基金产生较高夏普比率的原因各不相同。由于较强的风险控制能力产生高夏普比率的基金有"诺德成长优势"（风险：12.22%）和"南方潜力新蓝筹"（风险：14.21%），但它们的超额收益率并不高，分别为 12.28% 和 14.84%，都没超过 15%。而由于超强的盈利能力产生高夏普比率的基金有"景顺长城鼎益"（超额收益率：30.26%）、"易方达中小盘"（超额收益率：29.94%）和"易方达消费行业"（超额收益率：29.66%）等，都取得了超过 29% 的超额收益，同时它们的风险也都超过了 23%。

表 2-1　近五年年化夏普比率排名在前 5% 的股票型基金：2016~2020 年

编号	基金名称	年化超额收益率（%）	年化超额收益率标准差（%）	年化夏普比率
1	工银瑞信文体产业 A	26.69	17.66	1.51
2	易方达中小盘	29.94	23.10	1.30
3	圆信永丰优加生活	22.06	17.14	1.29
4	中欧时代先锋 A	26.07	20.31	1.28
5	银华富裕主题	28.89	23.98	1.20
6	兴全精选	21.83	18.14	1.20
7	易方达消费行业	29.66	25.05	1.18
8	嘉实新兴产业	25.44	21.76	1.17
9	交银新成长	21.30	18.78	1.13
10	景顺长城鼎益	30.26	27.33	1.11
11	工银瑞信新蓝筹	18.60	16.81	1.11
12	交银消费新驱动	23.78	21.56	1.10

续表

编号	基金名称	年化超额收益率（%）	年化超额收益率标准差（%）	年化夏普比率
13	中银战略新兴产业A	19.57	17.91	1.09
14	景顺长城新兴成长	29.51	27.14	1.09
15	华安新丝路主题	23.44	21.62	1.08
16	嘉实环保低碳	26.11	24.29	1.08
17	泓德战略转型	21.21	19.86	1.07
18	富国低碳新经济	24.96	23.55	1.06
19	广发消费品精选A	19.83	18.94	1.05
20	南方潜力新蓝筹	14.84	14.21	1.04
21	万家行业优选	25.93	24.97	1.04
22	汇添富消费行业	25.78	24.86	1.04
23	兴全商业模式优选	20.38	19.72	1.03
24	华安核心优选	20.92	20.64	1.01
25	嘉实新消费	19.79	19.63	1.01
26	工银瑞信战略转型主题	23.76	23.59	1.01
27	诺德成长优势	12.28	12.22	1.00
28	信达澳银新能源产业	26.95	26.98	1.00
29	交银精选	18.83	19.02	0.99
30	大成高新技术产业	20.20	20.40	0.99
	指标平均值	23.29	21.04	1.11

在分析了年化夏普比率表现最好（前5%）的基金数据后，我们再来分析夏普比率排名在后5%的基金表现。表2-2列出了2016~2020年按照年化夏普比率排名在后5%的基金。从中可以发现，夏普比率排名在后5%的30只基金的风险（即年化超额收益率标准差）均值为23%。其中，在这30只基金中，年化超额收益率最大的为"博时第三产业成长"基金，其超额收益率为2.48%，仍然低于以万得全A指数的夏普比率（0.13）和这后5%基金的年化超额收益率的标准差均值（23%）计算而得的年化超额收益率3%（23%×0.13）。同时，我们发现，这30只基金的年化超额收益平均值仅为-0.47%。其中，有11只基金的超额收益率和夏普比率均为负数，这些年化夏普比率为负的基金，其平均年化超额收益率为-3.20%，平均年化超额收益率标准差为24.24%，平均年化夏普比率

为-0.13。正如前面提到的，影响这些基金业绩的主要因素是它们的超额收益率，表2-2中的数据也支持这一观点。年化超额收益率越小的基金，它们的年化夏普比率也偏小。例如，夏普比率最小的"工银瑞信创新动力"基金，其风险为22.62%，在表2-2中并不是最高的，但是其较低的年化超额收益率（-7.81%）使其成了"吊车尾"的角色。在表2-2中，年化夏普比率为负的基金占比为37%（11只），这些基金的特点是在承担较大风险的同时取得的收益率水平普遍较低，因而夏普比率也很低。

表2-2　　　　近五年年化夏普比率排名在后5%的股票型基金：2016~2020年

编号	基金名称	年化超额收益（%）	年化超额收益标准差（%）	年化夏普比率
1	工银瑞信创新动力	-7.81	22.62	-0.35
2	华商未来主题	-6.58	26.36	-0.25
3	民生加银精选	-4.46	20.70	-0.22
4	金鹰核心资源	-4.70	30.74	-0.15
5	金元顺安价值增长	-3.28	25.21	-0.13
6	泰信蓝筹精选	-3.03	24.67	-0.12
7	国联安红利	-2.15	26.40	-0.08
8	长盛中小盘精选	-1.29	21.34	-0.06
9	长城双动力	-1.26	25.27	-0.05
10	富国低碳环保	-0.43	21.53	-0.02
11	泰信优质生活	-0.20	21.79	-0.01
12	华商领先企业	0.01	18.27	0.00
13	工银瑞信稳健成长A	0.09	24.41	0.00
14	富国改革动力	0.10	24.76	0.00
15	华夏盛世精选	0.16	26.98	0.01
16	华润元大量化优选A	0.50	21.39	0.02
17	华夏领先	0.74	24.63	0.03
18	中邮核心成长	0.71	22.73	0.03
19	方正富邦创新动力A	0.71	22.46	0.03
20	泰信先行策略	0.73	21.53	0.03
21	易方达策略成长	0.80	23.60	0.03

续表

编号	基金名称	年化超额收益（%）	年化超额收益标准差（%）	年化夏普比率
22	工银瑞信互联网加	1.54	26.58	0.06
23	中邮战略新兴产业	1.78	25.06	0.07
24	华宝行业精选	1.68	21.79	0.08
25	易方达策略2号	1.81	23.37	0.08
26	宝盈策略增长	2.04	25.84	0.08
27	长盛同鑫行业配置A	1.68	20.91	0.08
28	华宝国策导向	1.70	20.83	0.08
29	长安宏观策略	1.84	19.63	0.09
30	博时第三产业成长	2.48	23.30	0.11
	指标平均值	-0.47	23.49	-0.02

从上述夏普比率业绩较优及较差基金与指数表现的对比分析可知，年化夏普比率排名在前5%的优秀基金（30只）和排名在后5%的较差基金（30只）的年化超额收益率的标准差（风险）均值相差2%，然而前5%和后5%基金的年化超额收益率均值的差距却达24%。这说明，排名在后5%的基金经理的选股择时能力较差。在承担同样风险的情况下，排名在前的基金经理比排名在后的基金经理获得的收益高出很多。此外，排名在前5%的基金皆取得了超越万得全A指数的超额收益率，而排名在后5%的基金收益率均低于万得全A指数的业绩。这一结果表明，在相同的风险水平下，优秀的基金不仅可以取得超越同行的超额收益，还可能战胜大盘指数，而夏普比率较差的基金的表现则相反。有些读者比较关心基金在更短时间段内的夏普比率表现。在进一步研究中，我们将样本时间缩短至近三年（2018~2020年），用同样的方法比较股票型基金与万得全A指数的夏普比率后发现，结论与近五年的比较结果基本保持一致，因此不再赘述。

（二）索丁诺比率

我们采用的另一个风险调整后的收益指标是索丁诺比率，它与夏普比率类似，所不同的是它区分了收益波动的好坏，因此在计算风险时它采用的是下行风险（下行标准差），即将大于零的超额收益设为零，将小于零的超额收益保持原值来计算调整后的超额收益的标准差。索丁诺比率的含义是，投资组合的正回报符合投资人的需求，因而在考虑风险时不计入调整范围之内。索丁诺比率越高，表明基金

在相同单位下行风险下的超额收益率越高。其计算公式如下:

$$Sortino_M = \frac{MAEX}{D\sigma_{ex}} \quad (2.3)$$

$$Sortino_A = Sortino_M \times \sqrt{12} \quad (2.4)$$

其中,$Sortino_M$ 为月度索丁诺比率;$Sortino_A$ 为年化索丁诺比率;$MAEX$ 为超额收益率的月平均值,$D\sigma_{ex}$ 为月度超额收益率的下行风险标准差(downside standard deviation)。基金的月度超额收益率为基金的月度收益率减去市场月度无风险收益率,市场无风险收益率采用整存整取的一年期基准定期存款利率。

图 2-10 展示了过去三年(2018~2020 年)和过去五年(2016~2020 年)万得全 A 指数与股票型基金索丁诺比率的比较结果。如图 2-10 所示,近三年股票型基金的年化索丁诺比率为 2.06,高于大盘指数的索丁诺比率(0.65);近五年股票型基金年化索丁诺比率为 0.94,同样高于大盘指数的年化索丁诺比率(0.19)。从索丁诺比率的比较来看,无论是最近五年还是最近三年股票型基金风险调整后收益均战胜了万得全 A 指数。

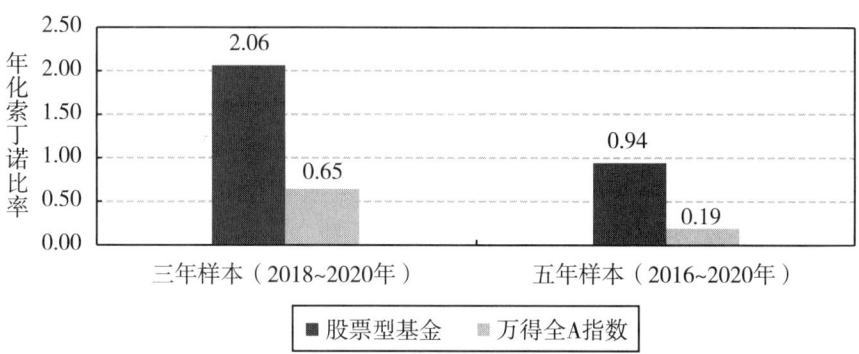

图 2-10 近三年(2018~2020 年)和近五年(2016~2020 年)股票型基金与万得全 A 指数的年化索丁诺比率

我们继续对股票型基金和大盘指数的索丁诺比率进行更加深入的分析。图 2-11 是近五年(2016~2020 年)股票型基金年化索丁诺比率的分布直方图,我们将股票型基金按索丁诺比率的大小划分为 10 个区间。可以看出,股票型基金索丁诺比率的峰值出现在 [0.6,1) 这一区间,基金占比为 31%;索丁诺比率较为集中的区间是 [1,1.4),基金占比 27%。索丁诺比率分布在这两个区间的基金合计占比为 58%。在五年样本中基金业绩较为优秀(索丁诺比率大于 1)的基金占比为 43.5%(265 只)。此外,万得全 A 指数年化索丁诺比率(0.19)出现在 [-0.2,0.2) 区间内。在 609 只基金中,近五年基金年化索丁诺比率的最大值为 3.68,最小值为 -0.47,而中位数值为 0.90,远高于万得全 A 指数的索丁诺比率（0.19），这表明近五年有多于半数的股票型基金的索丁诺比率超过了万得全A指数。

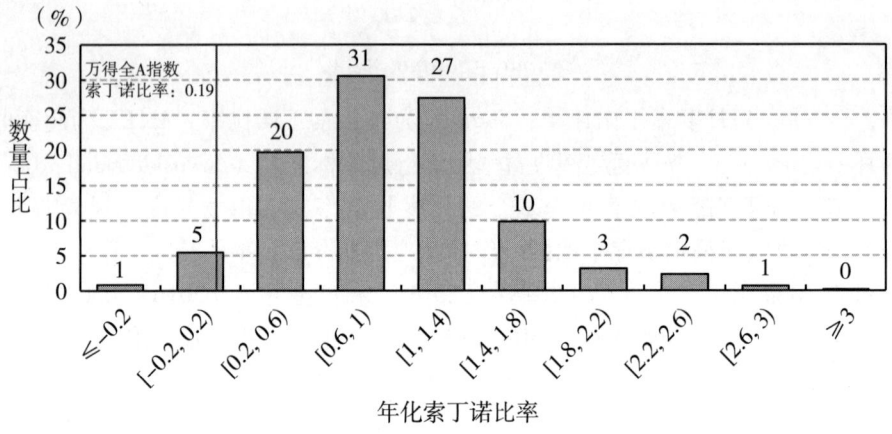

图 2-11　股票型基金近五年年化索丁诺比率分布：2016~2020 年

图 2-12 展示了近五年（2016~2020 年）股票型基金索丁诺比率由高到低的分布。我们选取万得全 A 指数的索丁诺比率（0.19）作为比较基准，以横线表示。具体含义为，在承担单位下行风险（由负收益的标准差计算）时，股指可以获得 0.19% 的超额收益。可以看出，在这 609 只基金中，有 94%（571 只）的股票型基金的年化索丁诺比率高于万得全 A 指数的年化索丁诺比率（0.19），表明这 571 只基金在承担相同年化下行风险的同时，可以获得高于万得全 A 指数的年化超额收益。可见，如果用索丁诺比率来衡量基金的业绩，大多数股票型基金的业绩超过万得全 A 指数的业绩，仅有 6% 的股票型基金的业绩不如大盘指数。同时，与夏普比率的情况类似，有 11 只（2%）基金近五年年化索丁诺比率小于 0。

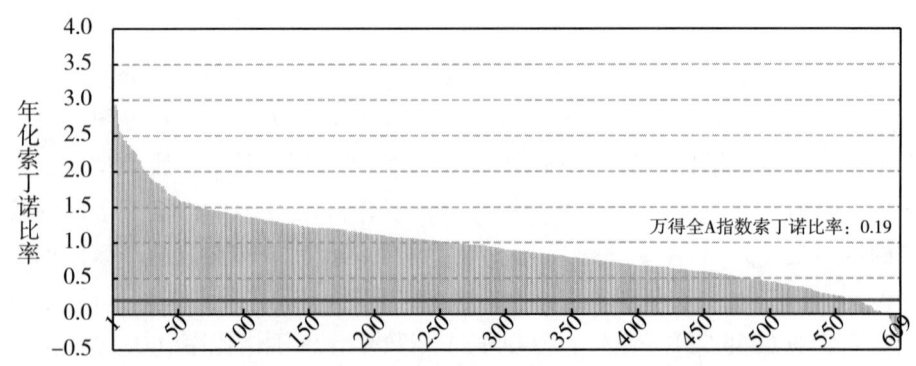

图 2-12　股票型基金近五年年化索丁诺比率分布：2016~2020 年

图 2-13（a）展示了近五年（2016~2020 年）股票型基金年化索丁诺比率的散点分布情况，横轴代表基金超额收益的年化下行标准差（风险），纵轴代表基金的年化超额收益率（超额收益），索丁诺比率即为从原点到每一只基金对应的由超额收益和下行风险所确定的点的斜率。可以看出，近五年股票型基金的年化索丁诺比率均分布在斜率为-0.47 和 3.68 这两条射线所夹的扇形区间内。大多数基金的年化索丁诺比率分布在图 2-13（a）中间偏右部分，基金的超额收益率多位于-5%~25%之间，风险水平聚集在 10%~20%之间。

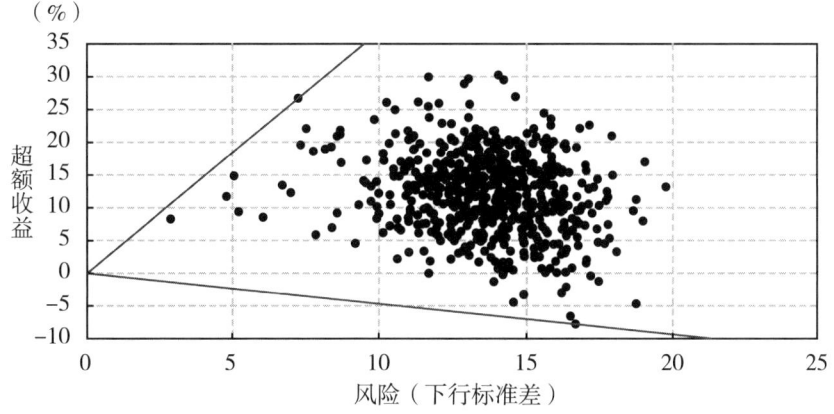

图 2-13（a）　股票型基金近五年年化索丁诺比率散点图：2016~2020 年

图 2-13（b）展示了近五年（2016~2020 年）索丁诺比率排名前 10 位的基金名称和对应的索丁诺比率。索丁诺比率综合了基金的年化超额收益率和年化下行标准差来对基金的业绩进行考量，也就是说，这两个因素共同影响着年化索丁诺比率。即年化索丁诺比率高的基金，其年化下行标准差也不一定小，而每只基金产生高年化索丁诺比率的原因也不尽相同。如图 2-13（b）所示，像"诺安鸿鑫""南方中小盘成长""南方潜力新蓝筹"基金皆是因为把控下行风险能力较强而获得了较高的索丁诺比率，它们的年化下行风险均在 5%以下，年化超额收益都没有超过15%；而像"易方达中小盘""工银瑞信文体产业 A""中欧时代先锋 A"基金则是凭借较强的盈利能力获得了较高的年化索丁诺比率，它们的年化超额收益均在26%以上，相比较而言它们的年化下行风险也略大一些，皆在 7%以上。

图 2-13（c）展示了索丁诺比率排名后 10 位的基金名称和对应的索丁诺比率。我们发现这 10 只基金的年化超额收益均为负值。对于年化收益率为负的基金而言，超额收益率和索丁诺比率基本呈现同向变化趋势。年化超额收益率越小的基金，其年化索丁诺比率也越小。其中，"工银瑞信创新动力"基金的索丁诺比率最小（-0.47），同时它的超额收益率也最小（-7.81%）。这说明，这些索丁诺比率为负的基金提升业绩的关键就是提升超额收益率。

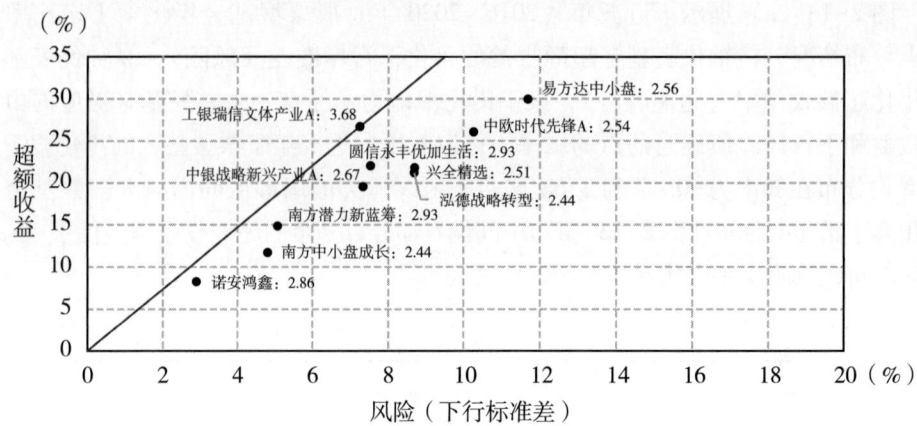

图 2-13（b） 股票型基金近五年年化索丁诺比率的散点图（前 10 名）：2016~2020 年

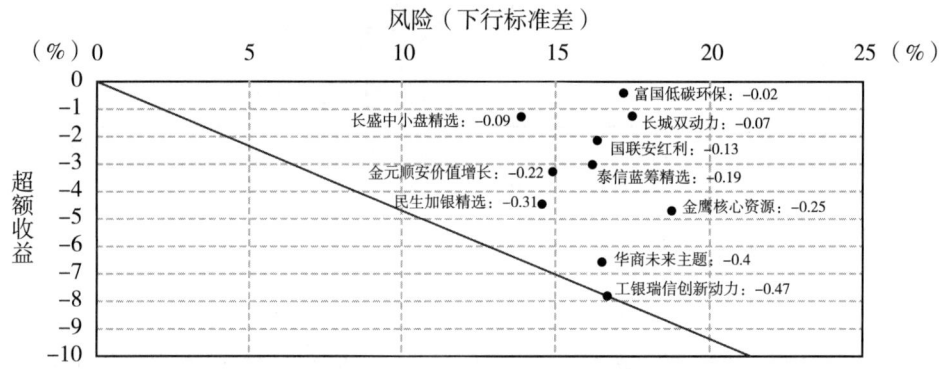

图 2-13（c） 股票型基金近五年年化索丁诺比率的散点图（后 10 名）：2016~2020 年

我们将近五年年化索丁诺比率排名位于前 5% 和后 5% 的基金单独挑出，分别与万得全 A 指数进行比较分析，进一步观察较优秀及较差的股票型基金与指数在超额收益和下行风险综合作用下索丁诺业绩表现的显著差异，并在表 2-3 和表 2-4 中列示。表 2-3 展示了近五年（2016~2020 年）年化索丁诺比率排名在前 5% 的基金。如果用万得全 A 指数作为比较基准，取其近五年的年化索丁诺比率（0.19），假设指数的下行风险（年化下行标准差）为 10%，那么可以计算得到它的年化超额收益率为 2%（10%×0.19）。从表 2-3 可以看出，前 5% 基金的年化下行标准差均值为 10%，前 5% 基金的年化超额收益率均值为 22%，高于以万得全 A 指数的索丁诺比率（0.19）和这前 5% 基金的平均年化下行标准差（10%）计算而得的年化超额收益率（2%）。

此外，我们也可以通过表 2-3 的数据验证之前的观点，即这些基金获得较高年化索丁诺比率的原因各不相同。由于出色的下行风险控制能力而得到较高索丁诺比率的基金有"诺安鸿鑫"（下行风险：2.89%）、"南方中小盘成长"（下行风险：4.80%）等，它们的年化超额收益率普遍没能超过12%。其中，"诺安鸿鑫"基金的年化超额收益仅为8.26%，从风险控制角度看，该基金中长期风险较小，通过对企业基本面深入的研究分析，挖掘出具有长期发展潜力和估值优势的上市公司，进而实现基金资产的长期稳定增值；而"南方中小盘成长"基金的年化超额收益率为12%，该基金通过对具备良好成长潜力及合理估值水平的中小盘股票的投资，在有效控制组合风险的基础上，持续实现超越业绩基准的超额收益，同时取得了较高的索丁诺比率。得益于高超的超额收益能力从而产生很高的索丁诺比率的基金有"景顺长城鼎益"（超额收益率：30.26%）、"易方达中小盘"（超额收益率：29.94%）等，它们均获得了30%左右的年化超额收益率，同时其年化下行标准差相对较低。

表2-3 近五年年化索丁诺比率排名在前5%的股票型基金：2016~2020年

编号	基金名称	年化超额收益（%）	年化下行标准差（%）	年化索丁诺比率
1	工银瑞信文体产业A	26.69	7.25	3.68
2	南方潜力新蓝筹	14.84	5.06	2.93
3	圆信永丰优加生活	22.06	7.53	2.93
4	诺安鸿鑫	8.26	2.89	2.86
5	中银战略新兴产业A	19.57	7.34	2.67
6	易方达中小盘	29.94	11.68	2.56
7	中欧时代先锋A	26.07	10.26	2.54
8	兴全精选	21.83	8.70	2.51
9	南方中小盘成长	11.72	4.80	2.44
10	泓德战略转型	21.21	8.69	2.44
11	华安核心优选	20.92	8.58	2.44
12	工银瑞信新蓝筹	18.60	7.78	2.39
13	华安新丝路主题	23.44	9.85	2.38
14	富国低碳新经济	24.96	10.55	2.37
15	华宝资源优选	18.95	8.18	2.32
16	嘉实环保低碳	26.11	11.33	2.30
17	广发大盘成长	19.28	8.39	2.30
18	易方达消费行业	29.66	13.04	2.28

续表

编号	基金名称	年化超额收益（%）	年化下行标准差（%）	年化索丁诺比率
19	银华富裕主题	28.89	12.89	2.24
20	嘉实新兴产业	25.44	11.67	2.18
21	万家行业优选	25.93	12.03	2.15
22	景顺长城鼎益	30.26	14.05	2.15
23	景顺长城新兴成长	29.51	14.23	2.07
24	交银消费新驱动	23.78	11.69	2.03
25	交银新成长	21.30	10.56	2.02
26	国泰金鹿	13.44	6.71	2.00
27	民生加银景气行业A	21.74	10.98	1.98
28	汇添富消费行业	25.78	13.07	1.97
29	诺安先进制造	16.86	8.72	1.93
30	广发消费品精选A	19.83	10.35	1.92
	指标平均值	22.23	9.63	2.37

在分析了年化索丁诺比率排名在前5%（30只）的股票型基金的情况之后，我们再来看排名在后5%的基金的具体数据。表2-4列出了近五年（2016~2020年）年化索丁诺比率排名在后5%的基金。从中可以发现，后5%基金超额收益率的年化下行标准差的平均值为15%。如果用万得全A指数作为比较基准，取其近五年的索丁诺比率（0.19），假设指数的下行风险（年化下行标准差）为后5%基金的平均年化下行标准差（15%），那么它的年化超额收益率为3%（15%×0.19）。在年化索丁诺比率排名后5%的基金中，年化超额收益率最大的基金为"华商盛世成长"，其超额收益率为2.39%，仍然低于以万得全A指数的索丁诺比率（0.19）和这后5%基金的平均年化下行标准差（15%）计算而得的年化超额收益率（3%）。此外，这30只基金的年化超额收益率的平均值为-0.47%。我们观察其中11只索丁诺比率为负的基金，不难发现，分析结果与之前的结论一致，即当超额收益率为负的时候，年化索丁诺比率的变动方向与超额收益率的变动方向一致。例如，"金元顺安价值增长"基金与"泰信蓝筹精选"基金相比，前者的年化下行标准差（14.91%）小于后者（16.20%），但前者（-3.28%）比后者（-3.03%）更糟糕的年化超额收益率使前者的索丁诺比率更低。总体来看，这后5%的基金在承担更大的下行风险的同时，年化超额收益率普遍过低，因此它们的年化索丁诺比率也更低。

表 2-4　近五年年化索丁诺比率排名在后 5% 的股票型基金：2016~2020 年

编号	基金名称	年化超额收益（%）	年化下行标准差（%）	年化索丁诺比率
1	工银瑞信创新动力	-7.81	16.68	-0.47
2	华商未来主题	-6.58	16.50	-0.40
3	民生加银精选	-4.46	14.57	-0.31
4	金鹰核心资源	-4.70	18.76	-0.25
5	金元顺安价值增长	-3.28	14.91	-0.22
6	泰信蓝筹精选	-3.03	16.20	-0.19
7	国联安红利	-2.15	16.35	-0.13
8	长盛中小盘精选	-1.29	13.89	-0.09
9	长城双动力	-1.26	17.47	-0.07
10	富国低碳环保	-0.43	17.19	-0.02
11	泰信优质生活	-0.20	14.20	-0.01
12	华商领先企业	0.01	11.69	0.00
13	工银瑞信稳健成长 A	0.09	16.03	0.01
14	富国改革动力	0.10	15.64	0.01
15	华夏盛世精选	0.16	16.33	0.01
16	华润元大量化优选 A	0.50	14.55	0.03
17	中邮核心成长	0.71	15.51	0.05
18	华夏领先	0.74	15.80	0.05
19	易方达策略成长	0.80	16.55	0.05
20	方正富邦创新动力 A	0.71	14.04	0.05
21	泰信先行策略	0.73	14.33	0.05
22	工银瑞信互联网加	1.54	17.04	0.09
23	易方达策略 2 号	1.81	15.99	0.11
24	长盛同鑫行业配置 A	1.68	14.41	0.12
25	华宝行业精选	1.68	14.20	0.12
26	宝盈策略增长	2.04	17.05	0.12
27	华宝国策导向	1.70	13.39	0.13
28	中邮战略新兴产业	1.78	13.94	0.13
29	长安宏观策略	1.84	11.73	0.16
30	华商盛世成长	2.39	15.27	0.16
	指标平均值	-0.47	15.34	-0.02

从上述索丁诺比率较优及较差基金与指数表现的对比分析可知,年化索丁诺比率排名在前5%的优秀基金(30只)和排名在后5%的较差基金(30只)的年化超额收益率的下行标准差(下行风险)均值相差6%左右,然而排名在前5%和排名在后5%基金的年化超额收益率均值的差距却达到23%。这说明,排名在后5%的基金经理的选股择时能力较差,在每承担一份下行风险的同时,他们会比排名在前5%的基金经理损失更多的收益。排名在前5%的基金皆取得了超越万得全A指数的超额收益率,而排名在后5%基金的收益率均低于万得全A指数的业绩。这一结果表明,在相同的风险水平下,优秀的基金不仅可以取得超越同行的超额收益,还可能战胜大盘指数,而业绩较差的基金表现则相反。有些读者比较关心基金在更短时间段内的索丁诺比率表现。在进一步研究中,我们将样本时间缩短至近三年(2018~2020年),用同样的方法比较股票型基金与万得全A指数的年化索丁诺比率。我们发现结论与近五年的比较结果基本保持一致,因此不再赘述。

三、股票型基金的收益率、夏普比率和索丁诺比率的相关性

在对股票型基金和万得全A指数的业绩作了收益率和风险调整后的收益率两种情况的对比后,我们要回答的问题是:在基金的夏普比率和索丁诺比率这两个收益指标中,用哪个指标评估基金业绩更为合适?接下来我们将分析股票型基金的收益率、夏普比率和索丁诺比率这三个指标的相关性,以便从中选出一个恰当的指标,用来评估基金的业绩。我们首先计算2007~2020年间每五年基金在三个收益指标下的相关性系数,继而将考察的时期缩短至每三年,再次分析三者的相关性。所选样本需要满足在每三年或五年中都有完整的基金净值数据。表2-5展示了2007~2020年每五年的三个指标间的相关性结果。可以看出,三个指标的相关性较高,而且收益率与后两者间的相关性十分接近。除了2013~2017年,三个指标间的相关性均在92%以上。总体来看,夏普比率与索丁诺比率的相关性明显高于同期二者分别与收益率的相关性,这说明基金收益的波动性主要是由下行风险主导。接着我们对2007~2020年间每三年的三个指标间的相关性进行了对比,与表2-5中的结果非常接近,不再进行讨论。

表2-5　　每五年中股票型基金的三个指标的相关性:2007~2020年　　单位:%

年份	收益率—夏普比率	收益率—索丁诺比率	夏普比率—索丁诺比率
2007~2011	99	99	99
2008~2012	92	93	100

续表

年份	收益率—夏普比率	收益率—索丁诺比率	夏普比率—索丁诺比率
2009~2013	98	98	99
2010~2014	99	99	99
2011~2015	98	97	99
2012~2016	97	96	99
2013~2017	93	88	97
2014~2018	97	96	99
2015~2019	97	94	99
2016~2020	97	93	97
2007~2020	99	99	99

综上所述，因为收益率与风险调整后的收益指标之间的相关性很高，所以选择收益率或者风险调整后的收益指标的任意一个都能在一定程度上预示着另外一个指标的变化。我们认为风险调整后的收益指标能更好地反映基金的真实业绩。因此，在这两类指标中，我们建议选择风险调整后的收益作为评估基金业绩的指标。夏普比率和索丁诺比率之间的相关系数较高，任选其中一个作为基金业绩的评估指标都是可以的。考虑到夏普比率在业界使用更加广泛，而且夏普比率的分母是整体风险，它能间接地把下行风险也考虑在内，因此，我们认为选择夏普比率作为风险调整后收益的代表指标更为恰当。

四、小结

作为一个市场有效程度有限的新兴资本市场，中国股票市场上机构投资者的数量占比并不高，那么主动管理的股票型基金能否战胜被动管理的指数型基金，为投资者创造更高的投资回报呢？本章着重研究了这一问题，分别从收益率和风险调整后的收益率这两个角度，对比了主动管理的股票型基金和万得全A指数所代表的被动管理的指数型基金的业绩差异。

在进行收益率指标比较时，以2003~2020年为研究期间，我们分别对股票型基金和万得全A指数就年度收益率比较、各年基金业绩超越指数的比例和累计收益率这三个方面作了相应分析。研究发现，在2003~2020年间的多数年份里，股票型基金的年度收益率超过了万得全A指数的年度收益率，这一期间内基金的长期累计收益率也远高于万得全A指数的累计收益率，股票型基金累计收益率是万得全 A 指数累计收益率的 3 倍。

接着我们在考虑风险因素的情况下，选取夏普比率、索丁诺比率这两个风险调整后的收益指标，将股票型基金与万得全 A 指数近三年和近五年的夏普比率及索丁诺比率进行了对比。研究发现，无论是从整体风险还是从下行风险的角度出发，在 2018~2020 年和 2016~2020 年间，当股票型公募基金承担同样的风险时，皆能够取得高于万得全 A 指数的风险调整回报。之后，我们就 2016~2020 年间夏普比率和索丁诺比率排名在前 5% 的基金和排名在后 5% 的基金分别进行了分析，并对夏普比率和索丁诺比率的影响因素进行了讨论。最后，我们将股票型公募基金与万得全 A 指数的夏普比率和索丁诺比率的比较期间缩短至近三年，结论与近五年的分析基本一致。以上分析表明，从长期数据来看，主动管理的股票型基金的业绩从总体上看优于指数型基金。

在本章的最后，我们通过分析基金的收益率、夏普比率和索丁诺比率三个指标的相关性，发现夏普比率能够综合反映基金的表现，并与其他的指标保持较好的相关性，因此，我们认为选择夏普比率作为评估股票型基金业绩的指标较为恰当。

股票型基金的优秀业绩从何而来

随着我国证券基金市场的发展和相关法律制度的不断完善,近年不少研究调查表明,我国投资者的投资偏好正悄然从"影子银行"系列理财产品转向股票、基金等传统资本市场金融工具,加上2020年宽松的货币政策环境,公募基金市场的基金存量和增量都再创新高。截至2020年12月31日,我国基金市场上的公募基金数量达到了11 001只,相较于2019年底增加了1 875只。而与快速增长的公募基金数量相对应的是,不同基金资产管理能力差异日益明显,投资者对公募基金经理的才能越发关注。明星基金经理的辉煌业绩会在媒体上广为流传,如美国著名的公募基金经理彼得·林奇在1977~1993年给投资者创造了年化28%的收益;我国的明星基金经理王亚伟在2005~2012年所管理的"华夏大盘精选"基金的净值翻了10倍。然而,真正能够完成穿越牛市和熊市的基金经理依然凤毛麟角,对那些以主动管理的股票型公募基金为投资标的的投资者而言,如何通过基金产品的历史业绩来甄别基金经理的资产管理能力是获取超额收益的关键。

我国投资者使用的基金交易软件和订阅的基金评价报告都会基于不同时间区间对基金产品的历史业绩排名进行详细列举。历史排名固然重要,但排名往往基于绝对收益率或夏普比率等单一指标,投资者能从中提取出的有用信息较少,对作出投资决策的帮助也有限。例如,各种公募基金排行榜常常出现"冠军魔咒",也就是说,上一年的投资冠军,下一年往往会跌到后1/4去。因此,如何对公募基金的业绩进行解读,如何通过历史业绩评价基金管理者的投资才能,如何判断优秀业绩是来源于能力还是运气,以及如果来源于能力,是来源于有潜力个股的选择还是仓位调整时机的把控,这些都是本章将要回答的问题。另外,同一只基金可能由一位或多位基金经理在不同的时间段管理。在本章,我们假设一只基金由一家基金管理公司的一支团队管理,因此,本章中的"基金经理"指的是"一支管理团队"。在本书的第五章,我们以基金经理为研究对象,评估每一位在职和已经离职的基金经理的业绩。

在本书中,我们将主动管理的股票型基金的收益来源分为两部分:一部分来源于已知风险因子的溢价，包括市场系统性风险、账面市值比、市值规模以及动量因子；另一部分来源于主动管理的股票型基金经理的选股和择时能力。其中，基金经理的选股能力体现在基金经理是否可以发掘出被市场低估的股票，而择时能力则体现在基金经理对市场走势的预判上。如果一位基金经理具有择时能力，那么在市场上涨前，他会将更多的资金投资于高风险资产（如股票），最大化市场的上涨收益；在市场下跌前，他会提前降低高风险资产的比例，将更多的资金投资于低风险资产（如债券），回避市场的下跌风险。因此，具有择时能力的基金经理，会主动改变投资组合的风险以适应市场的变化并谋求超额收益。

我们选用基于 Carhart 模型改进后的 Treynor-Mazuy 四因子模型，从选股能力和择时能力的角度对主动管理的股票型公募基金经理投资能力进行量化研究，并使用自助法对基金业绩是源于基金经理的投资能力还是运气作出判断和验证。因为上述统计分析要求每只基金有足够长的历史业绩，因此我们的样本期选为过去五年（2016~2020 年）。另外，我们也会对过去三年（2018~2020 年）和过去七年（2014~2020 年）样本的选股能力和择时能力进行分析，并对结果进行稳健性检验。

我们的研究结果显示，在 2016~2020 年的五年样本期内，在 609 只主动管理的股票型公募基金样本中，有 235 只基金（占比 39%）的经理具有显著的选股能力，经自助法检验，我们发现这 235 只基金中，有 197 只基金（占 609 只基金的 32%）的基金经理是靠自身能力取得了优秀的业绩，其他基金经理所表现出来的选股能力是运气因素造成的。我们还发现 75 只基金（占比 12%）的基金经理具有显著的择时能力，经自助法检验，我们发现其中 66 只基金（占 609 只基金的 11%）的基金经理具有真正的择时能力，其他基金经理体现在收益中的择时能力来自运气。总体来看，2016~2020 年，在我国主动管理的股票型公募基金经理中，有占比 1/3 的基金经理表现出选股能力，另外，有占比 10%左右的基金经理展示出择时能力。

本章接下来的主要内容有五个部分。第一部分，我们对回归模型和样本进行说明；第二部分，我们使用 Treynor-Mazuy 四因子模型对基金的选股能力进行考察；第三部分，使用 Treynor-Mazuy 四因子模型对基金经理的择时能力进行考察；第四部分，我们将分析的样本从五年扩展到三年和七年，对基金经理的选股能力和择时能力进行稳健性检验；第五部分，在上述回归结果的基础上，运用自助法验证那些显示出显著选股能力或择时能力的基金经理，区分这些表现优秀的基金产品的五年期业绩是来自基金经理的投资才能还是运气。

一、回归模型及样本

Carhart（1997）在 Fama-French 三因子模型基础上，在模型中加入一年期收益的动量因子，构建出四因子模型。Carhart 四因子模型综合考虑了系统风险、账面市值比、市值规模以及动量因素对投资组合业绩的影响，并因其强大的解释力而得到国内外基金业界的广泛认可。例如，Cao，Simin 和 Wang（2013）等在分析相关问题时就使用了该模型。Carhart 四因子模型如下：

$$R_{it}-R_{ft}=\alpha_i+\beta_{im}\times(R_{mt}-R_{ft})+\beta_{ismb}\times SMB_t+\beta_{ihml}\times HML_t+\beta_{imom}\times MOM_t+\varepsilon_{it} \quad (3.1)$$

其中，$R_{it}-R_{ft}$ 为 t 月基金 i 的超额收益率；$R_{mt}-R_{ft}$ 为 t 月大盘指数（万得全 A 指数）的超额收益率；R_{ft} 为 t 月无风险收益率；SMB_t 为规模因子，代表小盘股与大盘股之间的溢价，为 t 月小公司的收益率与大公司的收益率之差；HML_t 为价值因子，代表价值股与成长股之间的溢价，为 t 月价值股（高账面市值比公司）与成长股（低账面市值比公司）收益率之差；MOM_t 为动量因子，代表过去一年内收益率最高的股票与最低的股票之间的溢价，为过去一年（$t-1$ 月到 $t-11$ 月）收益率最高的 30% 的股票与过去一年（$t-1$ 月到 $t-11$ 月）收益率最低的 30% 的股票在 t 月的收益率之差。我们用 A 股所有上市公司的数据自行计算规模因子、价值因子和动量因子。α_i 代表基金经理因具有选股能力而给投资者带来的超额收益，它可以表示为：

$$\alpha_i \approx (\overline{R}_{it}-\overline{R}_{ft})-\widehat{\beta}_{im}\times(\overline{R}_{mt}-\overline{R}_{ft})-\widehat{\beta}_{ismb}\times\overline{SMB_t}-\widehat{\beta}_{ihml}\times\overline{HML_t}-\widehat{\beta}_{imom}\times\overline{MOM_t} \quad (3.2)$$

当 α_i 显著大于零时，说明基金经理 i 为投资者带来了统计上显著的超额收益，表明基金经理 i 具有正向的选股能力；当 α_i 显著小于零时，说明基金经理 i 为投资者带来的是负的超额收益，表明基金经理 i 具有错误的选股能力；当 α_i 接近于零时，表明基金经理 i 没有选股能力。

择时能力也可以给投资者带来超额收益。择时能力是指基金经理根据对市场的预测，主动改变基金对市场的风险暴露以谋求更高收益的能力。如果基金经理预测未来市场会上涨，那么他会加大对高风险资产的投资比例；相反，如果他预测未来市场会下跌，则会降低对高风险资产投资的比例。一些文献也对此问题进行了研究，如 Henriksson（1984）、Bollen 和 Busse（2001）等。Treynor 和 Mazuy（1966）提出在传统的单因子 CAPM 模型中引入一个大盘指数超额收益的平方项，用来检验基金经理的择时能力。我们将 Treynor-Mazuy 模型里的平方项加入 Carhart 四因子模型中，构建出一个基于四因子模型的 Treynor-Mazuy 模型：

$$R_{it}-R_{ft}=\alpha_i+\beta_{im}\times(R_{mt}-R_{ft})+\gamma_i\times(R_{mt}-R_{ft})^2+\beta_{ismb}\times SMB_t+\beta_{ihml}\times HML_t \\ +\beta_{imom}\times MOM_t+\varepsilon_{it} \quad (3.3)$$

其中，γ_i 代表基金经理 i 的择时能力，其他变量和式（3.1）中的定义一样。如果 γ_i 显著大于零，说明基金经理 i 具有择时能力，具备择时能力的基金经理应当能随着市场的上涨（下跌）而提升（降低）其投资组合的系统风险。

我们使用基于 Carhart 四因子模型的 Treynor-Mazuy 四因子模型来评估基金经理

的选股能力和择时能力。当前国内的开放式基金大致可以分为普通股票型、混合型、债券型和货币市场型四类,我们定义万得数据公募基金二级分类中的普通股票型公募基金和偏股混合型公募基金为主动管理的股票型公募基金,利用这些基金在过去五年(2016~2020年)的月度数据进行分析。由于灵活配置型基金对于持有股票的下限没有固定标准,因此这类基金在股市行情不好的时候会大量持有债券,正是出于这个原因,我们在分析选股、择时能力时,使用的股票型基金样本中不包括灵活配置型基金。

出于统计意义显著性对样本量的需求,我们要求每只基金都有完整的复权净值数据。在本章,我们将一只基金与该只基金的经理等同对待,不考虑基金经理的更迭。我们用最小二乘法(OLS)估计基金经理的选股能力,模型中的 α 以月为单位。为方便讨论,以下汇报的 α 均为年化 α。我们以股票型基金的复权单位净值月度数据来计算基金的月度收益率。我们将全区间(2014~2020年)划分为三个样本区间,分别为过去三年(2018~2020年)、过去五年(2016~2020年)和过去七年(2014~2020年)。表3-1展示了各样本区间内的样本数量。

表3-1　　　　　　　　样本区间内的样本数量　　　　　　　单位:只

样本区间	基金数量
过去三年(2018~2020年)	774
过去五年(2016~2020年)	609
过去七年(2014~2020年)	440

二、选股能力分析

表3-2展示了过去五年(2016~2020年)股票型基金选股能力 α 显著性的估计结果。图3-1为609只股票型基金 α 的 t 值(显著性)由大到小排列。由于我们主要关心基金经理是否具有正的选股能力,因此我们使用单边假设检验。据表3-2可知,在5%的显著性水平下,有235只基金的 α 呈正显著性,其 t 值大于1.64,说明这235只基金(占比为39%)的基金经理表现出了显著的选股能力。有369只基金(占比为61%) α 的 t 值是不显著的。同时我们还看到,有5只基金(占比为1%)的 α 为负显著,其 t 值小于-1.64,说明这5只基金的基金经理具有明显错误的选股能力。总体来看,在过去五年内,有近四成(39%)主动管理的股票型基金的基金经理具备正确的选股能力,而大部分公募基金经理不具备选股能力。

表 3-2　股票型基金的选股能力 α 显著性的估计结果：2016~2020 年

显著性	样本数量（只）	数量占比（%）
正显著	235	39
不显著	369	61
负显著	5	1
总计	609	100

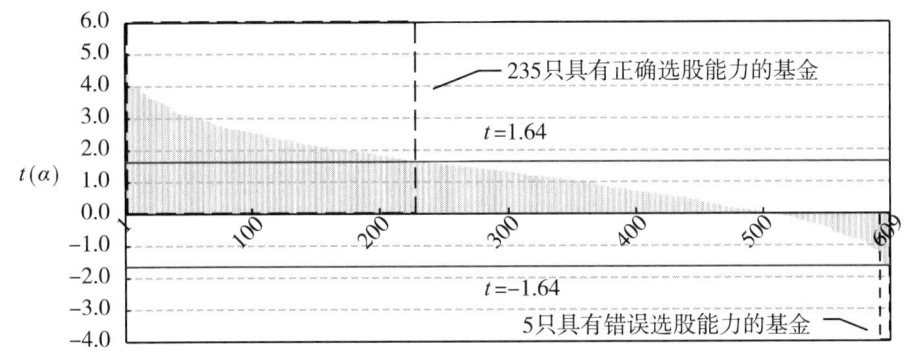

图 3-1　股票型基金的选股能力 α 的 t 值（显著性）排列：2016~2020 年

注：正确选股能力代表 $t(\alpha)>1.64$；错误选股能力代表 $t(\alpha)<-1.64$；未表现出选股能力代表 $-1.64\leq t(\alpha)\leq 1.64$。基金具有选股能力是指基金表现出正确的选股能力，基金不具有选股能力代表基金表现出错误的或未表现出选股能力。

在分析选股能力时，我们除了关注选股能力 α 的显著性，还需要观察 α 的估计值。我们采用 Treynor-Mazuy 模型对拥有五年历史业绩的 609 只股票型基金的选股能力进行讨论。图 3-2 和表 3-3 展现的是 Treynor-Mazuy 四因子模型的回归结果。我们按照选股能力 α 把基金等分为 10 组。第 1 组为 α 最高的组，第 10 组为 α 最低的组。表 3-3 汇报的是每组基金所对应的选股能力（α）、择时能力（γ）、市场因子（β_{mkt}）、规模因子（β_{smb}）、价值因子（β_{hml}）、动量因子（β_{mom}），以及反映模型拟合好坏的调整后 R^2 的平均值。

从图 3-2 和表 3-3 可以看出，Treynor-Mazuy 四因子模型的年化 α 在 -5%~17% 之间，其中最后两组基金的平均选股能力皆为负数。还可以看出，无论年化 α 是高还是低，β_{mkt} 都在 0.89 上下浮动，这意味着股票型基金对大盘指数的风险暴露都比较大。各组基金的规模因子对应的敏感系数 β_{smb} 在 0.07~0.18 之间，并且随着每组基金经理选股能力的降低，规模因子风险暴露 β_{smb} 有小幅提高，这说明基金经理所持小盘股或大盘股股票的仓位与其选股能力大致成反比例关系，那些具有较高年化 α 的基金往往重仓大盘股，而那些不具有选股能力的年化 α 较低的基金往往

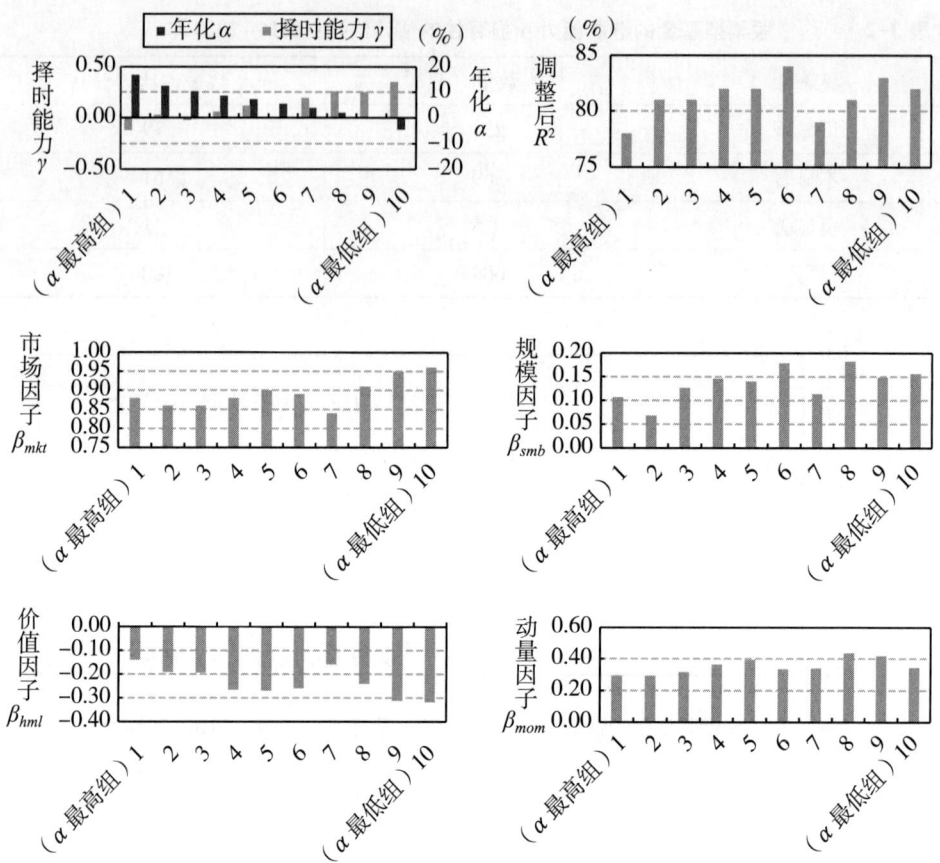

图 3-2 Treynor-Mazuy 四因子模型的回归结果（按选股能力 α 分组）：2016~2020 年

表 3-3　　　　　Treynor-Mazuy 四因子模型的回归结果
（按选股能力 α 分组）：2016~2020 年

组别	年化 α（%）	γ	β_{mkt}	β_{smb}	β_{hml}	β_{mom}	调整后 R^2（%）
1（α 最高组）	16.72	-0.12	0.88	0.11	-0.14	0.29	78
2	12.45	0.03	0.86	0.07	-0.19	0.29	81
3	10.34	-0.02	0.86	0.13	-0.19	0.32	81
4	8.62	0.06	0.88	0.15	-0.27	0.36	82
5	7.28	0.12	0.90	0.14	-0.27	0.39	82
6	5.52	0.01	0.89	0.18	-0.26	0.34	84
7	3.89	0.20	0.84	0.11	-0.16	0.34	79
8	1.98	0.26	0.91	0.18	-0.24	0.44	81
9	-0.21	0.25	0.95	0.15	-0.31	0.42	83
10（α 最低组）	-4.53	0.35	0.96	0.16	-0.32	0.34	82

注：此表汇报每一组基金对应的 α、γ、β_{mkt}、β_{smb}、β_{hml}、β_{mom}，以及调整后 R^2 的平均值。

重仓小盘股。各组基金的价值因子对应的敏感系数 β_{hml} 的变化范围在 -0.32~-0.14 之间，并且随着每组基金经理选股能力的降低，价值因子风险暴露 β_{hml} 也有较为明显的降低，这说明基金经理持有价值股或成长股股票的仓位与其仓位大致成正比例关系。也就是说，具有较高年化 α 的基金倾向于重仓价值股，而不具有选股能力的年化 α 较低的基金往往重仓成长股。不同组别的基金对动量因子 β_{mom} 的风险暴露与选股能力间并没有明显规律。最后，可以看到不同组别的基金用四因子模型的拟合优度都在80%上下浮动，说明该模型可以很好地解释基金的超额收益的方差。

下面我们具体分析在过去五年中呈正显著选股能力的235只基金。表3-4为过去五年（2016~2020年）在Treynor-Mazuy四因子模型中 α 为正显著的股票型基金的检验结果，同时我们也给出了这些基金在过去三年（2018~2020年）选股能力的估计结果。通过观察表3-4中数据可以看出，这些基金对应的年化 α 在5%~26%之间，其中有206只基金在过去三年和过去五年中都表现出显著的选股能力，占609只基金的34%。股票型公募基金经理在选股能力上的不足主要是受到风险控制要求的制约，由于对个股持有比例上的限制，公募基金必须持有一定数量的个股以达到分散风险的目的，在很大程度上导致公募基金未能表现出显著的选股能力，其次也受到同期市场的影响。在本书的附录二中，我们给出过去五年（2016~2020年）每只基金的选股能力、择时能力及各 β 的风险暴露程度，供读者参考。

表3-4　　　　　　　　　过去五年具有选股能力的股票型基金

编号	基金名称	过去五年（2016~2020年）		过去三年（2018~2020年）		过去三年、五年都具有选股能力
		年化 α(%)	$t(\alpha)$	年化 α(%)	$t(\alpha)$	
1	易方达消费行业	25.64	3.11	37.95	2.96	√
2	景顺长城鼎益	23.34	2.73	33.28	2.36	√
3	易方达中小盘	23.01	3.14	34.10	3.14	√
4	景顺长城新兴成长	22.62	2.77	32.81	2.49	√
5	银华富裕主题	22.03	3.09	26.46	2.22	√
6	信达澳银新能源产业	20.08	2.84	15.37	1.27	
7	交银消费新驱动	19.60	3.51	29.71	3.36	√
8	大成高新技术产业	19.46	4.05	26.19	4.25	√
9	鹏华养老产业	19.23	2.58	28.67	2.41	√
10	国泰金马稳健回报	18.82	2.73	30.92	3.06	√
11	中欧时代先锋A	18.69	4.05	19.87	3.02	√
12	建信大安全	18.67	4.03	27.66	3.78	√

续表

编号	基金名称	过去五年(2016~2020年)		过去三年(2018~2020年)		过去三年、五年都具有选股能力
		年化 α(%)	t(α)	年化 α(%)	t(α)	
13	工银瑞信战略转型主题	18.53	3.55	20.20	2.34	√
14	汇添富消费行业	18.45	2.65	28.81	2.54	√
15	交银新成长	18.15	4.63	19.23	3.40	√
16	华安生态优先	17.98	3.04	22.81	2.77	√
17	博时行业轮动	17.77	2.41	23.53	2.06	√
18	易方达行业领先	17.63	3.73	26.74	3.93	√
19	交银先进制造	17.48	3.78	20.45	2.57	√
20	交银阿尔法	17.34	3.97	17.61	2.82	√
21	景顺长城资源垄断	17.29	3.39	15.91	1.85	√
22	富国高新技术产业	17.11	2.40	29.20	2.85	√
23	鹏华消费优选	16.93	2.33	21.87	1.88	√
24	嘉实新消费	16.76	3.08	19.35	2.35	√
25	诺安低碳经济 A	16.60	4.12	18.94	3.53	√
26	汇丰晋信消费红利	16.44	4.03	15.91	2.70	√
27	嘉实新兴产业	16.34	3.15	17.52	2.78	√
28	万家行业优选	16.32	2.34	28.39	2.36	√
29	景顺长城优选	16.32	3.63	15.19	2.14	√
30	交银精选	16.29	4.47	19.53	3.50	√
31	华安安信消费服务	16.28	3.38	21.57	3.17	√
32	国泰事件驱动	16.25	2.83	17.84	2.08	√
33	泰达宏利稳定	16.16	2.93	30.34	3.20	√
34	景顺长城核心竞争力 A	16.06	3.50	18.75	3.31	√
35	民生加银内需增长	15.93	3.03	22.60	2.77	√
36	景顺长城精选蓝筹	15.82	3.57	20.06	3.62	√
37	上投摩根医疗健康	15.77	2.43	14.31	1.49	
38	易方达改革红利	15.76	2.16	30.93	2.68	√
39	华宝资源优选	15.73	2.26	20.40	2.33	√
40	安信价值精选	15.59	3.58	20.76	3.44	√
41	景顺长城内需增长	15.32	2.02	27.83	1.99	√

续表

编号	基金名称	过去五年(2016~2020年)		过去三年(2018~2020年)		过去三年、五年都具有选股能力
		年化 α(%)	t(α)	年化 α(%)	t(α)	
42	长城中小盘成长	15.30	3.83	12.51	2.17	√
43	海富通内需热点	15.04	2.33	25.71	2.54	√
44	鹏华先进制造	15.02	3.90	20.43	4.00	√
45	兴全商业模式优选	14.65	3.59	26.99	4.95	√
46	广发消费品精选A	14.63	2.55	16.87	1.93	√
47	农银汇理策略精选	14.53	3.39	12.98	1.89	√
48	华安行业轮动	14.37	3.40	24.62	3.67	√
49	嘉实价值优势	14.27	3.21	28.03	4.10	√
50	工银瑞信新金融	14.16	3.20	29.29	4.45	√
51	兴全合润分级	14.16	3.25	23.96	4.36	√
52	景顺长城内需增长贰号	14.15	1.83	27.05	1.91	√
53	嘉实优化红利	14.08	2.32	22.94	2.76	√
54	银华中小盘精选	13.90	2.75	14.26	1.82	√
55	工银瑞信美丽城镇主题	13.89	3.95	20.12	3.47	√
56	富国文体健康	13.83	2.65	18.20	2.19	√
57	华夏大盘精选	13.78	2.49	24.21	2.93	√
58	国泰央企改革	13.72	3.45	18.37	3.12	√
59	华安核心优选	13.68	2.56	20.37	2.23	√
60	工银瑞信消费服务	13.58	2.72	26.37	3.46	√
61	华安策略优选	13.55	2.81	20.73	3.35	√
62	汇丰晋信大盘A	13.52	4.55	16.02	4.47	√
63	工银瑞信文体产业A	13.50	2.68	23.06	5.55	√
64	长信内需成长A	13.50	1.94	24.25	2.22	√
65	富国天合稳健优选	13.48	3.97	19.07	4.85	√
66	诺德价值优势	13.43	2.20	17.37	1.69	√
67	交银趋势优先	13.32	1.96	20.64	1.85	√
68	工银瑞信大盘蓝筹	13.29	3.13	23.59	3.59	√
69	国富弹性市值	13.25	3.82	18.62	3.77	√
70	民生加银景气行业A	13.10	3.11	13.41	2.02	√

续表

编号	基金名称	过去五年(2016~2020年)		过去三年(2018~2020年)		过去三年、五年都具有选股能力
		年化 α(%)	t(α)	年化 α(%)	t(α)	
71	景顺长城品质投资	13.00	2.97	14.49	2.50	√
72	国联安优势	13.00	2.67	21.33	2.92	√
73	景顺长城优势企业	12.97	1.96	24.62	2.51	√
74	富国通胀通缩主题	12.96	2.32	24.87	2.68	√
75	华安新丝路主题	12.95	2.57	21.58	2.76	√
76	中欧行业成长A	12.89	3.18	15.99	2.57	√
77	新华优选消费	12.79	2.71	24.70	3.10	√
78	华安升级主题	12.77	2.67	19.35	3.01	√
79	天弘周期策略	12.73	2.24	18.42	2.09	√
80	景顺长城成长之星	12.72	2.52	15.89	1.99	√
81	大摩基础行业	12.72	3.71	15.92	3.31	√
82	上投摩根大盘蓝筹	12.72	2.55	15.83	2.45	√
83	大摩进取优选	12.70	2.05	24.24	2.36	√
84	申万菱信消费增长	12.70	2.39	13.95	1.69	√
85	富国天益价值	12.68	2.33	13.59	1.46	
86	民生加银稳健成长	12.66	2.33	17.28	1.99	√
87	建信内生动力	12.62	2.60	21.31	3.14	√
88	富国天瑞强势精选	12.61	2.18	15.74	1.95	√
89	诺德周期策略	12.61	2.23	18.86	2.15	√
90	方正富邦红利精选A	12.61	2.64	19.83	2.52	√
91	工银瑞信国企改革主题	12.54	2.80	28.87	4.29	√
92	南方天元新产业	12.54	3.64	12.18	2.45	√
93	国富中小盘	12.52	3.62	18.44	3.63	√
94	国泰区位优势	12.49	3.49	17.62	3.64	√
95	招商行业精选	12.46	2.09	17.22	1.84	√
96	鹏华环保产业	12.31	2.05	17.80	1.69	√
97	大成优选	12.23	2.93	13.90	2.16	√
98	农银汇理行业领先	12.19	2.88	12.22	1.78	√
99	工银瑞信金融地产A	12.19	3.16	21.96	3.43	√

续表

编号	基金名称	过去五年(2016~2020年)		过去三年(2018~2020年)		过去三年、五年都具有选股能力
		年化 α(%)	t(α)	年化 α(%)	t(α)	
100	广发新经济 A	12.15	1.85	10.77	1.04	
101	前海开源再融资主题精选	12.14	2.56	6.12	0.87	
102	银华中国梦 30	12.06	2.05	18.38	1.93	√
103	诺安先进制造	12.04	2.38	19.05	2.77	√
104	兴全轻资产	12.01	2.81	22.50	4.68	√
105	嘉实低价策略	11.96	2.64	21.29	3.17	√
106	汇添富价值精选 A	11.86	3.54	20.04	4.44	√
107	博时丝路主题 A	11.80	2.56	20.06	2.70	√
108	安信消费医药主题	11.79	2.45	13.09	2.27	√
109	汇添富成长焦点	11.74	2.08	15.97	2.03	√
110	建信创新中国	11.73	2.37	19.55	2.24	√
111	信达澳银中小盘	11.70	2.13	19.56	2.01	√
112	大成新锐产业	11.69	1.93	17.71	1.70	√
113	圆信永丰优加生活	11.67	2.89	20.64	4.07	√
114	大摩品质生活精选	11.60	2.63	14.30	1.97	√
115	鹏华盛世创新	11.60	3.09	18.60	2.98	√
116	工银瑞信新蓝筹	11.58	2.56	25.46	3.97	√
117	光大国企改革主题	11.53	3.02	14.51	2.47	√
118	交银蓝筹	11.50	2.27	9.69	1.07	
119	银河康乐	11.45	3.06	16.64	4.13	√
120	中海医疗保健	11.42	1.76	1.97	0.20	
121	安信新常态沪港深精选	11.37	2.18	18.25	2.79	√
122	民生加银优选	11.35	2.19	14.45	1.79	√
123	中欧新动力 A	11.35	3.05	13.27	2.18	√
124	建信改革红利	11.26	2.11	15.72	1.73	√
125	建信健康民生	11.20	2.61	19.66	2.95	√
126	大摩主题优选	11.19	2.86	14.41	2.39	√
127	工银瑞信量化策略	11.02	3.07	21.07	3.80	√
128	融通行业景气 A	10.99	2.00	26.18	3.21	√

续表

编号	基金名称	过去五年(2016~2020年)		过去三年(2018~2020年)		过去三年、五年都具有选股能力
		年化α(%)	t(α)	年化α(%)	t(α)	
129	大成行业轮动	10.97	2.55	13.32	1.99	√
130	信诚新机遇	10.95	3.08	20.92	4.37	√
131	中欧新趋势A	10.93	3.00	16.24	3.17	√
132	大成创新成长	10.85	2.42	20.40	3.46	√
133	建信核心精选	10.83	2.20	26.41	3.72	√
134	工银瑞信养老产业	10.82	1.70	6.96	0.67	
135	长信恒利优势	10.81	2.26	11.86	1.39	
136	诺安研究精选	10.68	2.65	14.91	2.08	√
137	大成精选增值	10.67	2.78	13.31	3.36	√
138	国泰金鑫	10.66	1.77	0.63	0.08	
139	中欧价值发现A	10.64	2.35	12.23	1.79	√
140	大成互联网思维	10.62	2.91	14.51	3.32	√
141	上投摩根双核平衡	10.61	2.19	10.40	1.34	
142	长信银利精选	10.61	3.57	14.87	3.44	√
143	国泰成长优选	10.53	1.82	2.17	0.31	
144	诺安主题精选	10.40	2.05	10.64	1.29	
145	景顺长城沪港深精选	10.35	2.63	10.84	2.01	√
146	中信保诚盛世蓝筹	10.34	3.46	16.80	4.44	√
147	金元顺安消费主题	10.28	1.83	22.72	3.03	√
148	富国低碳新经济	10.19	2.04	13.77	1.95	√
149	华安逆向策略	10.10	2.34	18.54	2.58	√
150	银河蓝筹精选	10.09	1.82	15.37	1.79	√
151	农银汇理策略价值	10.08	2.68	10.64	1.78	√
152	大成中小盘	10.00	1.91	17.27	2.25	√
153	泰达宏利效率优选	9.92	2.21	15.80	2.30	√
154	新华策略精选	9.88	1.99	19.47	2.39	√
155	华安宏利	9.84	1.68	28.48	3.57	√
156	景顺长城公司治理	9.84	2.21	17.57	3.86	√
157	诺德成长优势	9.84	3.20	13.27	2.89	√

续表

编号	基金名称	过去五年（2016~2020年）		过去三年（2018~2020年）		过去三年、五年都具有选股能力
		年化α(%)	t(α)	年化α(%)	t(α)	
158	嘉实研究阿尔法	9.83	3.95	15.09	4.23	√
159	易方达价值精选	9.81	2.11	16.85	2.40	√
160	工银瑞信研究精选	9.80	2.11	21.65	2.76	√
161	国泰金鹿	9.80	2.11	21.39	3.00	√
162	大摩卓越成长	9.79	2.94	18.21	3.89	√
163	广发轮动配置	9.74	1.89	17.27	2.30	√
164	银河稳健	9.73	2.63	14.92	2.42	√
165	富国低碳环保	9.72	1.75	6.53	0.89	
166	汇添富逆向投资	9.67	1.98	16.10	2.07	√
167	大成内需增长 A	9.63	2.04	11.52	1.50	
168	华安科技动力	9.62	3.26	12.16	3.02	√
169	金鹰行业优势	9.61	1.84	10.59	1.24	
170	农银汇理平衡双利	9.59	2.71	8.96	1.61	
171	招商行业领先 A	9.55	1.90	14.29	1.79	√
172	长盛量化红利策略	9.52	2.58	20.78	3.54	√
173	银河竞争优势成长	9.52	1.96	18.13	2.26	√
174	长城医疗保健	9.49	1.99	5.46	0.71	
175	申万菱信盛利精选	9.45	2.11	7.40	1.05	
176	天弘永定成长	9.43	1.69	10.95	1.17	
177	泓德战略转型	9.25	2.12	21.88	3.44	√
178	国富潜力组合 A 人民币	9.19	3.11	15.35	3.40	√
179	信诚周期轮动	9.17	1.98	21.47	2.70	√
180	南方绩优成长 A	9.16	2.33	11.16	2.07	√
181	中欧盛世成长 A	9.10	2.05	19.11	2.58	√
182	招商先锋	8.99	1.79	14.11	2.00	√
183	信达澳银转型创新	8.93	2.49	9.42	1.67	
184	招商中小盘精选	8.90	1.95	12.43	1.78	√
185	易方达科翔	8.86	1.83	8.45	1.10	
186	富国天惠精选成长 A	8.79	2.33	10.25	2.04	√

续表

编号	基金名称	过去五年(2016~2020年)		过去三年(2018~2020年)		过去三年、五年都具有选股能力
		年化 α(%)	t(α)	年化 α(%)	t(α)	
187	光大新增长	8.78	1.97	15.52	2.10	√
189	南方隆元产业主题	8.75	3.03	8.41	2.08	√
190	中银收益 A	8.71	1.93	14.79	1.96	√
191	大成产业升级	8.69	1.96	11.50	1.84	√
192	工银瑞信核心价值 A	8.61	1.88	23.87	3.44	√
193	鹏华价值优势	8.58	1.94	13.16	2.04	√
194	国泰金牛创新成长	8.52	2.10	10.51	1.54	
195	新华中小市值优选	8.50	1.74	13.75	1.65	√
196	建信信息产业	8.49	1.69	15.69	1.80	√
197	鹏华新兴产业	8.23	1.71	5.12	0.71	
198	光大银发商机主题	8.16	2.17	13.55	2.15	√
199	南方成份精选 A	8.15	1.87	12.52	2.36	√
200	大摩资源优选	8.13	1.65	12.02	1.73	
201	建信优势动力	8.13	1.85	17.29	2.43	√
202	国泰金鹏蓝筹价值	8.12	1.99	13.02	2.28	√
203	景顺长城能源基建	8.10	2.53	2.16	0.47	
204	长信双利优选 A	8.09	1.82	12.48	2.15	√
205	景顺长城中小盘	8.08	1.69	5.78	0.68	
206	前海开源股息率 100 强	7.99	2.40	13.10	2.49	√
207	农银汇理大盘蓝筹	7.90	3.75	10.53	2.95	√
208	嘉实先进制造	7.86	1.75	13.66	1.91	√
209	中欧永裕 A	7.83	1.76	17.90	2.43	√
210	嘉实增长	7.77	1.93	15.44	2.71	√
211	国泰金鼎价值精选	7.76	2.43	14.62	3.26	√
212	泓德优选成长	7.72	2.63	14.41	2.90	√
213	博时主题行业	7.71	2.14	9.66	1.80	√
214	南方稳健成长 2 号	7.66	2.16	13.62	2.73	√
215	泰达宏利首选企业	7.59	1.78	10.05	1.40	

续表

编号	基金名称	过去五年(2016~2020年)		过去三年(2018~2020年)		过去三年、五年都具有选股能力
		年化 α(%)	$t(\alpha)$	年化 α(%)	$t(\alpha)$	
216	南方稳健成长	7.58	2.16	13.54	2.73	√
217	富国天博创新主题	7.57	1.69	12.75	2.16	√
218	汇添富策略回报	7.53	1.73	14.92	2.35	√
219	新华趋势领航	7.53	1.68	14.54	1.86	√
220	国投瑞银成长优选	7.52	2.03	17.28	3.18	√
221	富国高端制造行业	7.50	1.67	12.89	2.22	√
222	兴全绿色投资	7.38	2.26	13.69	2.50	√
223	诺安中小盘精选	7.36	1.82	11.35	1.90	√
224	大成策略回报	7.35	1.78	3.65	0.68	
225	景顺长城支柱产业	7.25	2.06	16.83	4.45	√
226	招商大盘蓝筹	7.21	2.05	16.63	3.24	√
227	汇丰晋信中小盘	7.06	1.67	11.74	1.65	√
228	中银中国精选	7.02	1.82	12.75	2.10	√
229	建信消费升级	6.99	1.91	5.09	0.79	
230	华泰柏瑞量化增强A	6.95	2.56	9.44	2.29	√
231	中银动态策略	6.54	1.65	12.68	2.09	√
232	大成核心双动力	5.97	2.37	12.72	3.47	√
233	浙商聚潮新思维	5.72	1.73	16.13	3.23	√
234	嘉实稳健	5.44	1.91	13.46	5.10	√
235	诺安多策略	5.24	1.65	9.06	2.10	√

注：表中"√"代表在过去三年和过去五年都具有选股能力的股票型基金。

我们选取"易方达消费行业"基金作为研究对象，分析其基金经理在近五年中的选股能力（见表3-5和图3-3）。在分析比较时，除了将万得全A指数作为比较标的以外，我们还将该基金的业绩比较基准（中证内地消费主题指数收益率×85%+中债总指数收益率×15%）与该基金进行比较。"易方达消费行业"基金成立于2010年8月20日，选股以大盘股为主，专精于消费板块酿酒、家电、汽车及商贸零售领域的优质个股，且能做到在有效控制风险的前提下，追求基金资产的长期增值和稳定回报。

表 3-5　　　　"易方达消费行业"基金净值年度涨幅与阶段涨幅　　　　单位：%

名称	2016年度	2017年度	2018年度	2019年度	2020年度	近五年（2016~2020年）
易方达消费行业	7	65	-23	71	73	300
万得全A指数	-13	5	-28	33	26	10
易方达消费行业基金基准	-5	40	-22	46	54	133

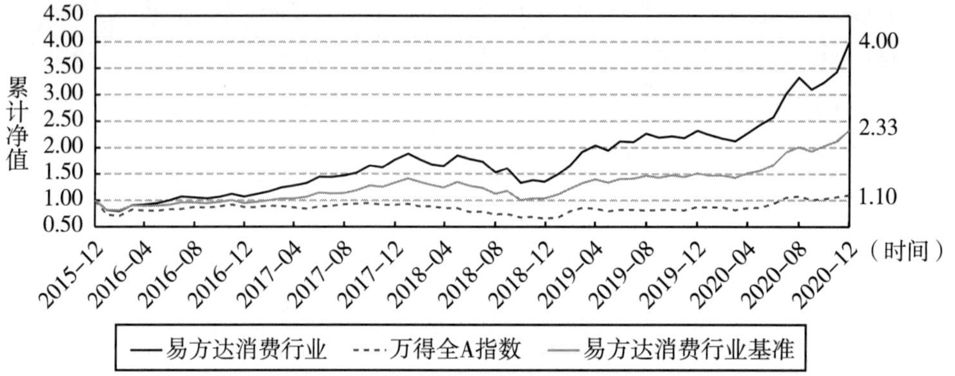

图 3-3　"易方达消费行业"基金的累计净值：2016~2020年

从历史业绩来看，"易方达消费行业"基金自成立以来，历史业绩极其优秀。总体来看，该基金近五年涨幅为300%，同期万得全A指数与易方达消费行业基金基准分别上涨10%和133%，这只主动管理型公募基金的业绩远远超过了大盘及其基金基准，在Treynor-Mazuy四因子模型中的年化α高达26%。从长期表现来看，该基金的业绩表现也非常亮眼。2016年，万得全A指数下挫13%，基金基准下跌了5%，而该基金以7%的正收益率实现了逆市上涨；2017年，该基金大涨65%，同期万得全A指数和基金基准涨幅分别仅为5%和40%；2018年的熊市，该基金超过万得全A指数5个百分点，但落后基金基准1个百分点；2019年，该基金净值涨幅高达71%，超过大盘指数38个百分点，超过基金基准25个百分点；2020年，该基金更是超越大盘47个百分点，超越基金基准19个百分点。具体来看，该基金自2016年第一季度以来，持续布局酿酒和家电板块的深度价值股和优质成长股，包括贵州茅台、五粮液、泸州老窖、美的集团、格力电器等个股，重仓股前五名基本保持不变，仓位十分稳定。例如，自2016年第一季度至2020年底，该基金重仓股表现极为突出，其中，贵州茅台涨幅高达927%，五粮液上涨1 148%，美的集团涨幅为472%，考虑持股仓位后，贵州茅台对该基金所贡献的收益比重最大。此外，2020年个股山西汾酒在经历2018年的低谷和2019年的估值修复后，在2020年单年实现了331%的上涨，而该基金正是在2020年年初开始重仓山西汾酒,同时调低了2020年市场表现较为跌宕起伏的格力电器的仓位。总体来看,通过该基金的投资收益表现足可看出,该基金经理板块挑选、个股选择、个股仓位调整方面的能力均十分突出,展现了优秀的选股能力。

下面我们再选取"信达澳银新能源产业"基金作为研究对象,分析其基金经理在近五年中的选股能力(见表3-6和图3-4)。在分析比较时,我们除了将万得全A指数作为比较标的以外,还将该基金的业绩比较基准(沪深300指数收益率×85%+上证国债指数收益率×15%)与该基金进行比较。从表3-6和图3-4可以看出,该基金近五年累计收益达到241%,远超万得全A指数和"信达澳银新能源产业"基金基准的累计收益(10%和38%),在Treynor-Mazuy四因子模型中的年化α高达20%。在这五年中,涨势最好的是2017年、2019年和2020年。该基金在2017年上涨39%,超过基金业绩基准21个百分点,超过万得全A指数34个百分点;在2019年上涨94%,超过基金业绩基准63个百分点,超过万得全A指数61个百分点;在2020年该基金上涨了60%,超过基金业绩基准36个百分点,超过万得全A指数34个百分点。

表3-6　"信达澳银新能源产业"基金净值年度涨幅与阶段涨幅　　　　单位:%

名称	2016年度	2017年度	2018年度	2019年度	2020年度	近五年(2016~2020年)
信达澳银新能源产业	-6	39	-16	94	60	241
万得全A指数	-13	5	-28	33	26	10
信达澳银新能源产业基金基准	-9	18	-21	31	24	38

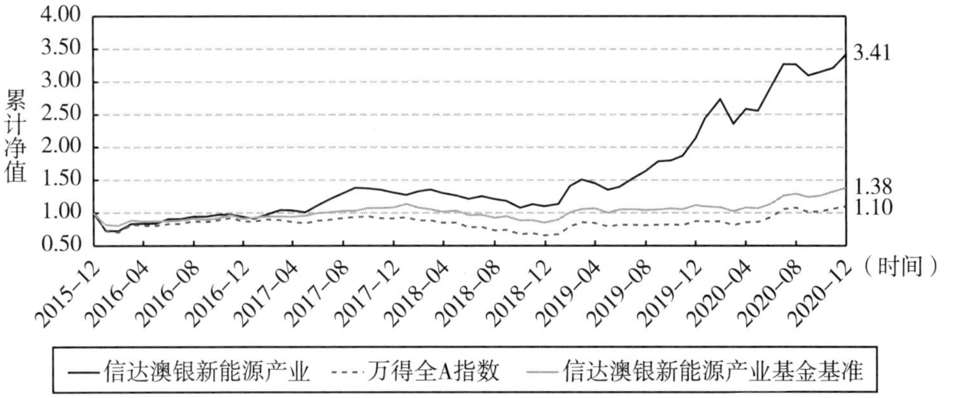

图3-4　"信达澳银新能源产业"基金的累计净值:2016~2020年

从基金的持仓来看,近五年来仅有两个季度的股票市值占比低于87%,一直保持着高仓位运作,展现了基金经理对自身选股能力的自信。2017年对基金收益贡献最大的个股是科森科技,单季度涨幅高达117%。科森科技于2017年2月9日上市,上市前后业绩有明显先增后降的趋势,2013~2015年归母净利润年年上涨,2016年增收不增利,营业收入上涨19%,但归母净利润下跌5%。上市首年归母净利润涨幅达到18%,但之后由于固定成本增加、产品降价和新项目开发投入增加等原因业绩连年下降,且接连出现控股股东股份质押、董监高减持股份等公司基本面恶化信号,市场对这些预期的反应也较为明显,股价从2017年第二季度后开始连连下跌。而"信达澳银新能源产业"基金正是自2017年第一季度起持有该个股两季度后就进行了高位撤出,展现了基金经理扎实的调研能力和对个股基本面的精准把握。2019年下半年,苹果爆款产品无线耳机AirPods Pro问世,深受全球消费者的欢迎。而A股市场与苹果产业链深度关联的下游公司正是歌尔股份,世界上每卖出4副AirPods Pro,就有1副来自歌尔股份。"信达澳银新能源产业"基金于2020年初进入歌尔股份,单季度获得80%的收益率,体现了基金经理对全球消费电子产业链价值传导机制的深刻理解。综观该基金2016~2020年历史持仓,该基金的持股极其分散,近五年来前十大重仓股持仓集中度从未超过48%,且近两年从未超过31%,有明显逐年递减趋势。另外,虽然该基金投资范围是新能源及其相关行业的优秀企业,但实际重仓的都是子领域较为分散的科技股,风格漂移十分明显。因此,该基金的超额收益主要来自个股选择,而对特定行业的普涨行情依赖较小,这使得该基金在近五年获得了杰出的业绩,该基金经理的选股能力得以体现。

三、择时能力分析

表3-7是具有五年历史业绩的基金择时能力的估计结果统计。图3-5是采用Treynor-Mazuy模型估计出来的609只股票型基金择时能力γ的t值,由于我们主要关心基金经理是否具有正的择时能力,因此我们使用单边假设检验。在5%的显著水平下,仅有75只基金(占比12%)的γ呈正显著性,其t值大于1.64,说明这75只基金的基金经理表现出了显著的择时能力。有487只基金(占比为80%)γ的t值是不显著的。我们还看到,有47只基金(占比为8%)的γ为负显著,其t值小于-1.64,说明这47只基金的基金经理具有明显错误的择时能力。总体来看,在过去五年(2016~2020年)内,仅有12%的主动管理的股票型基金经理具备择时能力,绝大部分股票型基金的基金经理(88%)不具备择时能力。

表 3-7　　　　股票型基金的择时能力 γ 显著性的估计结果：2016~2020 年

显著性	样本数量（只）	数量占比（%）
正显著	75	12
不显著	487	80
负显著	47	8
总计	609	100

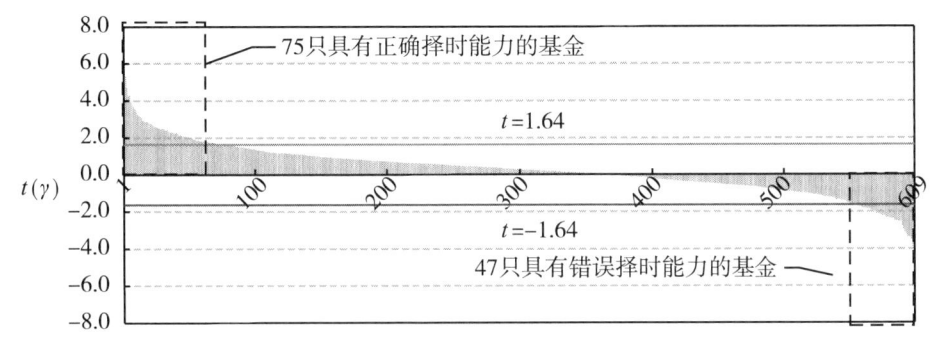

图 3-5　股票型基金的择时能力的 t 值（显著性）排列：2016~2020 年

注：正确择时能力代表 $t(\gamma)>1.64$；错误择时能力代表 $t(\gamma)<-1.64$；未表现出择时能力代表 $-1.64\leqslant t(\gamma)\leqslant 1.64$。基金具有择时能力是指基金表现出正确的择时能力，基金不具有择时能力代表基金表现出错误的或未表现出择时能力。

我们采用 Treynor-Mazuy 模型对五年样本（2016~2020 年）中每只基金的择时能力进行回归分析。图 3-6 和表 3-8 展现的是 Treynor-Mazuy 四因子模型的回归结果。我们按照基金的择时能力 γ 把基金等分为 10 组。第 1 组为 γ 最高的组，第 10 组为 γ 最低的组。表 3-7 汇报的是每一组基金所对应的择时能力（γ）、选股能力（α）、市场因子（β_{mkt}）、规模因子（β_{smb}）、价值因子（β_{hml}）、动量因子（β_{mom}），以及调整后 R^2 的平均值。

从表 3-8 中结果可得，择时能力 γ 在 -0.76~1.03 之间，择时能力与选股能力之间呈反向变动的关系，即选股能力强的基金往往对应较差的择时能力。此外，无论 γ 是高还是低，各组基金的 β_{mkt} 都在 0.89 上下变动，这意味着股票型基金对大盘指数的风险暴露基本差不多。各组的规模因子对应的敏感系数 β_{smb} 在 0.01~0.23 之间，随着每组基金经理择时能力的减小，规模因子风险暴露 β_{smb} 明显降低，这说明基金经理所持小盘股或大盘股股票的仓位与其择时能力大致呈正比例关系，即重仓小盘股的基金经理更注重预测市场走势并调整自己的风险暴露，而重仓大盘股的基金经理更倾向于保持仓位的稳定。不同组别的基金对价值因子 β_{hml} 的风险暴露则不存在明显的规律性。我们还发现，每组基金的动量因子对应的敏感系数 β_{mom} 与

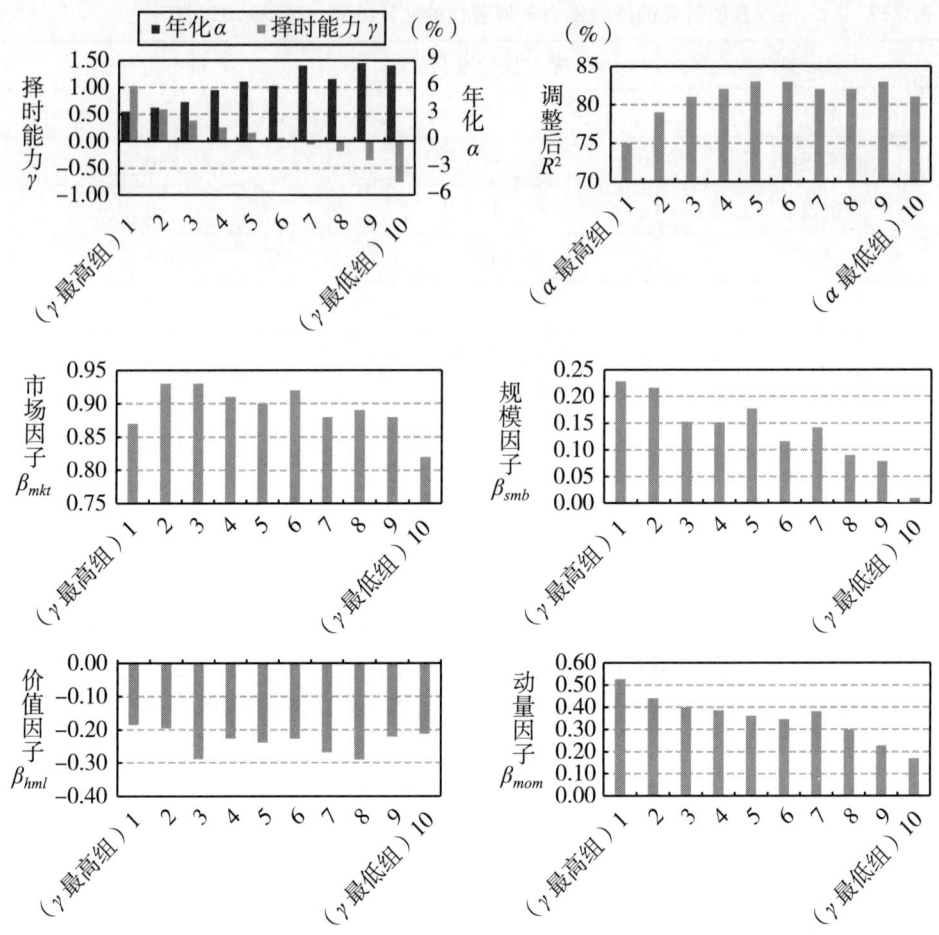

图 3-6　Treynor-Mazuy 模型的回归结果（按择时能力 γ 分组）：2016~2020 年

表 3-8　　Treynor-Mazuy 模型的回归结果（按择时能力 γ 分组）：2016~2020 年

组别	γ	年化 α（%）	β_{mkt}	β_{smb}	β_{hml}	β_{mom}	调整后 R^2(%)
1（γ 最高组）	1.03	3.31	0.87	0.23	-0.18	0.53	75
2	0.59	3.76	0.93	0.22	-0.19	0.44	79
3	0.39	4.36	0.93	0.15	-0.29	0.40	81
4	0.26	5.69	0.91	0.15	-0.23	0.39	82
5	0.16	6.63	0.90	0.18	-0.24	0.36	83
6	0.06	6.15	0.92	0.12	-0.23	0.35	83
7	-0.06	8.40	0.88	0.14	-0.27	0.38	82
8	-0.19	6.91	0.89	0.09	-0.29	0.30	82
9	-0.36	8.67	0.88	0.08	-0.22	0.23	83
10（γ 最低组）	-0.76	8.41	0.82	0.01	-0.21	0.17	81

注：此表汇报每一组基金对应的 γ、α、β_{mkt}、β_{smb}、β_{hml}、β_{mom} 以及调整后 R^2 的平均值。

择时能力大致成正比例关系，β_{mom} 的变化范围在 0.17~0.53 之间，说明从第 1 组到第 10 组基金经理的投资偏好是由趋势投资向反转投资转变，基金经理具有追涨杀跌的能力。最后，调整后 R^2 在 81% 左右，这说明该模型可以很好地解释基金超额收益的方差。

表 3-9 给出在过去五年（2016~2020 年）Treynor-Mazuy 模型中 γ 为正显著的基金，即具有择时能力的基金，同时我们也给出了这些基金在过去三年（2018~2020 年）择时能力的估计结果，这里我们主要关心反映择时能力的系数 γ 的显著性。从表 3-9 可以看出，仅有"南方潜力新蓝筹"和"大成景恒 A"这两只基金在过去三年（2018~2020 年）和过去五年（2016~2020 年）都表现出正确的择时能力。公募基金经理在择时能力上缺失的原因，一方面是由于股票型基金持股量较大，在短时间内作出大幅调整较难；另一方面则是由于股票型公募基金经理更倾向于长期保持较高的仓位，以确保能够抓住市场的反弹机会，获得较高的业绩，因此在市场下跌时股票型基金的防御能力较弱。

表 3-9　　过去五年具有择时能力的股票型基金

编号	基金名称	过去五年（2016~2020 年）		过去三年（2018~2020 年）		过去三年、五年都具有择时能力
		γ	$t(\gamma)$	γ	$t(\gamma)$	
1	嘉实腾讯自选股大数据	1.69	6.28	0.28	0.59	
2	南方潜力新蓝筹	1.79	5.30	1.57	2.06	√
3	富国低碳新经济	1.80	4.75	0.04	0.04	
4	工银瑞信文体产业 A	1.64	4.29	-1.34	-2.40	
5	圆信永丰优加生活	1.31	4.28	-1.50	-2.21	
6	泓德战略转型	1.31	3.97	-1.94	-2.27	
7	大成景恒 A	1.47	3.80	2.76	3.37	√
8	南方中小盘成长	1.28	3.68	-0.06	-0.06	
9	嘉实环保低碳	2.35	3.60	-2.78	-1.71	
10	大摩多因子策略	0.85	3.45	0.01	0.02	
11	浙商聚潮新思维	0.82	3.27	-0.64	-0.95	
12	博时特许价值 A	1.32	3.18	1.81	1.51	
13	南方量化成长	1.00	3.14	0.49	0.53	
14	兴全精选	1.38	3.10	-2.01	-2.33	
15	申万菱信量化小盘	0.59	2.94	0.20	0.40	
16	前海开源强势共识 100 强	0.78	2.89	-1.09	-2.00	

续表

编号	基金名称	过去五年(2016~2020年)		过去三年(2018~2020年)		过去三年、五年都具有择时能力
		γ	$t(\gamma)$	γ	$t(\gamma)$	
17	诺安策略精选	1.07	2.87	1.22	1.18	
18	长盛同德	0.79	2.87	−1.06	−1.57	
19	鹏华价值精选	0.98	2.86	−0.28	−0.27	
20	中银战略新兴产业A	1.26	2.79	−2.26	−2.18	
21	长信量化中小盘	0.75	2.75	0.32	0.41	
22	汇添富新兴消费	1.35	2.72	−2.01	−1.86	
23	光大中小盘	0.94	2.67	0.92	0.89	
24	鹏华动力增长	0.86	2.63	−0.29	−0.30	
25	泓德优选成长	0.57	2.58	−0.84	−1.25	
26	泰达宏利逆向策略	0.67	2.55	−0.66	−1.00	
27	长信量化先锋A	0.73	2.54	−0.88	−1.19	
28	民生加银景气行业A	0.80	2.52	0.62	0.70	
29	国寿安保成长优选	1.07	2.49	−1.44	−1.27	
30	海富通国策导向	1.53	2.48	−1.00	−0.55	
31	华夏收入	0.59	2.48	−0.55	−0.87	
32	长盛电子信息产业A	1.14	2.42	−0.20	−0.15	
33	工银瑞信新蓝筹	0.83	2.42	−2.41	−2.80	
34	银华内需精选	1.42	2.42	1.61	0.84	
35	国泰互联网+	1.15	2.36	−0.54	−0.41	
36	华夏复兴	1.17	2.31	0.07	0.04	
37	广发大盘成长	1.21	2.30	−1.91	−1.31	
38	鹏华优质治理	0.78	2.29	−0.16	−0.17	
39	华安核心优选	0.92	2.26	0.41	0.34	
40	中欧新趋势A	0.62	2.26	−0.38	−0.55	
41	汇添富民营新动力	0.67	2.25	−0.75	−0.88	
42	汇丰晋信龙腾	0.61	2.21	−0.85	−1.17	
43	大摩量化多策略	0.44	2.14	−1.35	−2.83	
44	嘉实事件驱动	0.53	2.14	−0.64	−0.85	
45	诺安价值增长	0.73	2.12	−0.42	−0.39	
46	建信优选成长A	0.77	2.11	0.94	1.18	

续表

编号	基金名称	过去五年（2016~2020年）		过去三年（2018~2020年）		过去三年、五年都具有择时能力
		γ	$t(\gamma)$	γ	$t(\gamma)$	
47	长盛城镇化主题	0.95	2.07	-1.21	-0.84	
48	信诚周期轮动	0.72	2.06	-0.72	-0.67	
49	博时主题行业	0.55	2.03	-0.98	-1.36	
50	华安新丝路主题	0.76	1.99	-1.10	-1.05	
51	金元顺安价值增长	0.73	1.97	1.06	1.02	
52	大成精选增值	0.57	1.96	-1.50	-2.82	
53	汇丰晋信科技先锋	1.20	1.95	2.33	1.15	
54	华泰柏瑞积极成长A	0.56	1.91	0.20	0.28	
55	银华领先策略	0.71	1.91	-1.79	-2.13	
56	海富通精选2号	0.69	1.88	0.12	0.11	
57	海富通精选	0.69	1.86	0.21	0.20	
58	招商国企改革	0.70	1.84	-0.14	-0.13	
59	信诚四季红	0.57	1.82	-1.91	-2.71	
60	汇丰晋信新动力	0.90	1.82	2.13	1.34	
61	国泰金龙行业精选	0.95	1.82	-0.90	-0.67	
62	招商核心价值	0.46	1.81	-0.74	-1.11	
63	长安宏观策略	0.66	1.79	-0.45	-0.49	
64	长城医疗保健	0.64	1.79	1.08	1.04	
65	鹏华精选成长	0.67	1.77	-0.77	-0.88	
66	天弘医疗健康A	0.96	1.77	1.26	0.98	
67	光大行业轮动	0.75	1.76	-1.06	-0.91	
68	光大红利	0.48	1.75	-0.83	-1.10	
69	景顺长城量化精选	0.34	1.73	0.51	0.94	
70	华宝新兴产业	0.61	1.72	-1.20	-1.35	
71	天弘永定成长	0.72	1.70	-0.50	-0.40	
72	国寿安保智慧生活	0.61	1.68	-1.14	-1.11	
73	银华核心价值优选	0.55	1.68	-1.95	-2.68	
74	富国消费主题	0.93	1.67	0.11	0.08	
75	浙商聚潮产业成长	0.68	1.66	-1.14	-0.95	

注：表中"√"代表在过去三年和过去五年都具有择时能力的股票型基金。

四、选股能力与择时能力的稳健性检验

在之前的研究中,我们所用的样本为2016~2020年的五年样本。那么当分析的样本时间加长或缩短时,我们所得出的相关结论是否会发生变化?即当样本所选取的时间不同时,对于基金经理的选股能力和择时能力的结论是否有影响?如果有影响,这种影响是由于不同样本时间内基金之间的差异所带来的,还是由于相同基金所处的市场环境的不同所带来的?为了回答上述问题,我们使用三年样本(2018~2020年)和七年样本(2014~2020年)来对基金经理的选股能力和择时能力进行稳健性检验,并将分析结果与之前的五年样本(2016~2020年)的结果进行对比,从而判断样本时间选取的不同是否会影响基金经理的选股和择时能力。在三年和七年的样本中,我们同样要求每只基金有完整的净值数据。各样本区间内包含的样本数量具体见表3-1。时间跨度较长的样本区间内的基金与时间跨度较短的样本区间内的基金是部分重合的。例如,三年样本中的基金个数为774只,五年样本中的基金个数为609只,七年样本中基金个数为440只,七年样本的440只基金都在三年和五年样本中,五年样本的609只基金也都在三年样本中。

图3-7展示了2014~2020年,不同时间长度的样本区间内具有选股能力的股票型基金的数量占比,仍以5%的显著性水平进行分析。在三年样本(2018~2020年)中,有50%的基金的基金经理具有显著的选股能力;在五年样本(2016~2020年)中,该比例与上一区间相比小幅下降,为39%;在七年样本(2014~2020年)中,该比例降至32%。可见,在不同的样本时期,具有显著选股能力的基金经理的比例还是有差异的,随着样本区间的拉长,具有选股能力的基金经理的比例也随

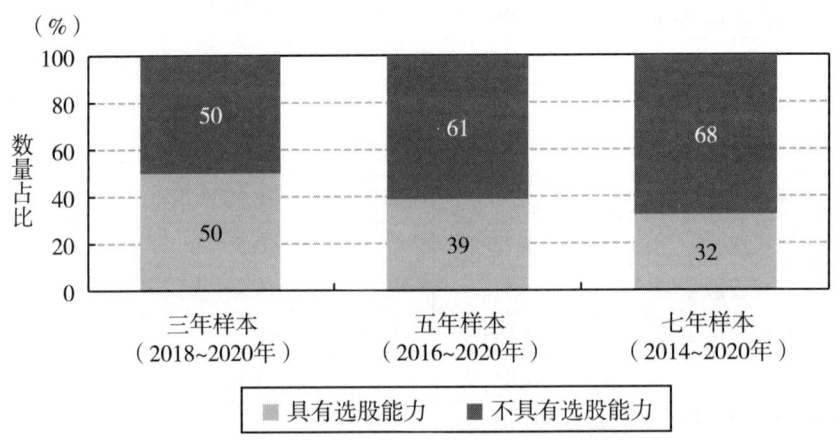

图3-7 样本区间内具有选股能力的基金数量占比

之下降。整体来看，只有少数主动管理的股票型基金的基金经理具备选股能力，大部分基金经理不具备选股能力。同时我们发现，时间越长，跨越的市场环境越多（即牛市、熊市等），具有选股能力的基金经理数量越少。

表3-10为在不同样本区间中选股能力α显著性估计的更详细的结果，除给出不同样本区间中具有选股能力的基金经理的比例外，还给出了选股能力分别为不显著、负显著的基金经理比例，以及同期万得全A指数的累积涨幅。尽管三个样本区间的终点皆为2020年底，但每个样本区间的起始点不同，因此它们所对应的市场环境不同。在过去三年（2018~2020年），万得全A指数上涨幅度趋近于20%；在过去五年（2016~2020年），万得全A指数上涨了10%；在过去七年（2014~2020年），万得全A指数上涨了131%。三个样本区间中具有选股能力的基金经理数量占比依次为50%、39%和32%。通过与前两年研究报告结果的对比，可以发现在三年、五年和七年样本中，具有选股能力的基金经理数量占比和股票市场的涨幅都呈正向变动的关系。当股票市场上涨幅度较大时，具有选股能力的基金经理的比例相对较高；反之，当股票市场上涨幅度较小时，体现出选股能力的基金经理比例相对较低。

表3-10　　　三年、五年、七年样本的选股能力显著性的估计结果

样本区间	正显著	不显著	负显著	基金数（只）	万得全A涨幅（%）
过去三年（2018~2020年）	386（50%）	386（50%）	2（0.26%）	774	20
过去五年（2016~2020年）	235（39%）	369（61%）	5（1%）	609	10
过去七年（2014~2020年）	141（32%）	298（68%）	1（0.23%）	440	131

注：括号中的数字为相应的基金数量占比，显著性水平为5%。

在三年、五年和七年样本中，具有显著选股能力的基金经理的比例除了受不同样本所处市场环境的不同影响外，还与所分析的样本之间的差异有关。因为每年都有新成立和停止运营的基金，不同的样本中所包含的基金数量是不同的。我们在以下分析中控制这种样本之间的差异，重新对比不同样本区间内具有显著选股能力的基金的比例。

表3-11展示了七年样本（2014~2020年）中的440只基金，在三年样本（2018~2020年）和五年样本（2016~2020年）中通过Treynor-Mazuy四因子模型估计出来的选股能力的表现。如果我们考察这440只基金的三年期业绩，那么有221只（占比50%）基金的基金经理具有显著的选股能力，当考察期变为五年和七年后，分别有173只（占比39%）和141只（占比32%）基金的基金经理具有显著的选股能力。在这440只基金中，无论考察三年、五年还是七年的样本，每类样本中都有至少50%的基金经理不具有选股能力。整体来看，较小部分基金管理团

队具有稳定的选股能力，而大部分基金管理团队是不具备稳定的选股能力的。

表3-11　　具有七年完整数据的股票型基金在过去三年、五年、七年的选股能力显著性的估计结果

样本区间	正显著	不显著	负显著	基金数（只）	万得全A涨幅（%）
过去三年（2018~2020年）	221（50%）	218（50%）	1（0.23%）	440	20
过去五年（2016~2020年）	173（39%）	264（60%）	3（1%）	440	10
过去七年（2014~2020年）	141（32%）	298（68%）	1（0.23%）	440	131

注：括号中数字为相应的基金数量占比，显著性水平为5%。

我们同样分析了在三年样本（2018~2020年）和五年样本（2016~2020年）中都有数据的609只基金选股能力的差异，具体见表3-12。在三年样本中，有301只基金（占比49%）的基金经理具有显著的选股能力。在五年样本中，具有显著选股能力的基金下降到235只（占比39%）。同时我们发现，从近三年到近五年中，具有选股能力的基金数量有所下降。

表3-12　　具有五年完整数据的股票型基金在过去三年、五年的选股能力显著性的估计结果

时间区间	正显著	不显著	负显著	基金数（只）	万得全A涨幅（%）
过去三年（2018~2020年）	301（49%）	307（50%）	1（0.16%）	609	20
过去五年（2016~2020年）	235（39%）	369（61%）	5（0.82%）	609	10

注：括号中数字为相应的基金数量占比，显著性水平为5%。

上述分析的结论同样和之前分别使用三年或五年全部样本的结论近似（见表3-10）。可见，并不是由于基金个体之间的不同导致在三年、五年、七年样本区间内具有选股能力的基金经理比例的差异。因为我们在选取相同的基金时，这个差异在三年、五年、七年样本区间内也是同样存在的。故而我们认为，是由于不同分析时间内我国股票市场环境的不同，导致使用最近三年、五年和七年样本的分析结果产生差异。虽然这三个样本时期都经历了股票市场剧烈波动的影响（如2016年或2018年），但每个样本区间大盘指数的收益是不同的。在三年样本（2018~2020年）中，万得全A指数涨幅为20%；在五年样本（2016~2020年）和七年样本（2014~2020年）中，万得全A指数分别上涨了10%和131%。通过与过去两年

研究报告显著性结果的对比，可以发现在三年、五年和七年样本中，具有选股能力的基金经理数量占比和股票市场涨幅都呈正向变动的关系。当股票市场上涨幅度较大时，体现出选股能力的基金经理的比例相对较高；反之，当股票市场上涨幅度较小时，体现出选股能力的基金经理比例相对较低。

接下来，我们利用同样的方法来分析基金经理的择时能力。图 3-8 展示了在不同样本区间中具有显著择时能力的基金的比例，还是以 5% 的显著性水平进行讨论。在三年样本（2018~2020 年）中，有 1% 的基金的基金经理具有显著的择时能力；在五年样本（2016~2020 年）中，该比例为 12%；在七年样本（2014~2020 年）中，该比例为 3%。可见，在不同的样本区间内，具有显著择时能力的基金经理的比例都非常低。

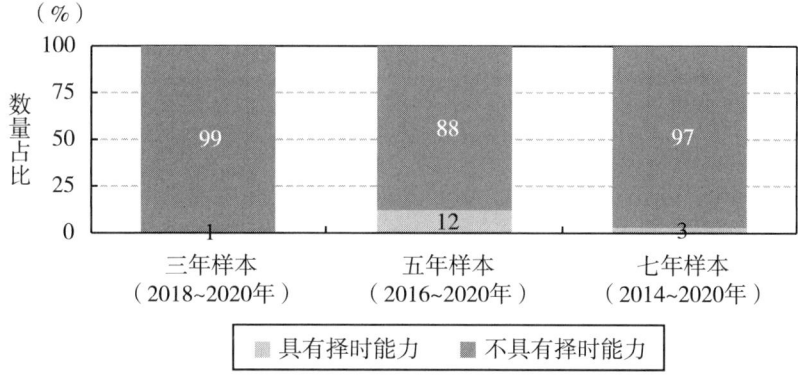

图 3-8 样本区间内具有正确择时能力的股票型基金的数量占比

表 3-13 展示了在不同样本区间中择时能力 γ 显著性估计的更详细的结果。我们发现，无论是在三年、五年还是七年样本中，都至少有 88% 以上的基金经理不具备择时能力。由此可见，对股票市场未来涨跌的判断是一件非常困难的事情，具有择时能力的基金经理实属凤毛麟角。

表 3-13　　　　三年、五年、七年样本的择时能力显著性的估计结果

样本区间	正显著	不显著	负显著	基金数（只）	万得全A涨幅（%）
过去三年（2018~2020 年）	7（1%）	549（71%）	218（28%）	774	20
过去五年（2016~2020 年）	75（12%）	487（80%）	47（8%）	609	10
过去七年（2014~2020 年）	13（3%）	407（92%）	20（5%）	440	131

注：括号中数字为相应的基金数量占比，显著性水平为 5%。

同样，我们选取在三年、五年、七年样本中相同的基金来分析其在不同样本区间内择时能力显著性的差异，从而判断是否是由于基金样本的不同导致具有显著择时能力的基金经理比例的不同。我们首先选取在三年、五年和七年样本中都有数据的 440 只基金，分析这些基金在这三个不同的样本中的择时能力的差异，其结果在表 3-14 中给出。如果我们考察这 440 只基金的三年期业绩，那么有 3 只（占比 0.68%）基金在三年样本中具有显著择时能力；当考察期变为五年和七年后，分别有 47 只（占比 11%）和 13 只（占比 3%）基金的基金经理具有显著的择时能力。在这 440 只基金中，无论选取的分析样本时间是长还是短，都有 89% 以上的基金经理不具有择时能力，其中有 5%~28% 的基金是具有错误的择时能力的，投资者应避免投资类似基金。整体来看，绝大部分基金管理团队是不具有判断市场走向的择时能力的。

表 3-14　具有七年完整数据的股票型基金在过去三年、五年、七年的择时能力显著性的估计结果

样本区间	正显著	不显著	负显著	基金数（只）	万得全A涨幅（%）
过去三年（2018~2020）	3（0.68%）	315（72%）	122（28%）	440	20
过去五年（2016~2020）	47（11%）	353（80%）	40（9%）	440	10
过去七年（2014~2020）	13（3%）	407（92%）	20（5%）	440	131

注：括号中的数字为相应的基金数量占比，显著性水平为 5%。

表 3-15 展示了在三年样本和五年样本中都有数据的 609 只基金择时能力的差异。在这 609 只基金中，有 6 只基金（占比 1%）在三年样本中具有显著的择时能力。在五年样本中，有 75 只基金（12%）具有显著的择时能力。在每类样本中，都有 88% 以上的基金经理不具有择时能力，分别有 167 只（占比 27%）和 47 只（占比 8%）基金的基金经理具有错误的择时能力。

表 3-15　具有五年完整数据的股票型基金在过去三年、五年的择时能力显著性的估计结果

时间区间	正显著	不显著	负显著	基金数（只）	万得全A涨幅（%）
过去三年（2018~2020）	6（1%）	436（72%）	167（27%）	609	20
过去五年（2016~2020）	75（12%）	487（80%）	47（8%）	609	10

注：括号中的数字为相应的基金数量占比，显著性水平为 5%。

结合表 3-13 可以发现,上述分析的结论同样和之前分别使用三年或五年全部样本的结论近似。我们认为,虽然不同样本所处的股票市场环境将会影响基金经理择时能力的体现,但在这三个样本区间内,基金经理的择时能力和市场涨幅的关系并不明显。

综上所述,采用五年样本数据与采用七年样本数据所得结论近似。基金所处市场环境的不同对基金经理择时能力表现的影响并不大,而基金经理的选股能力与股票市场涨幅呈正向变动的关系,并且当股票市场处于上涨状态时,有更多的基金经理体现出选股能力。总体而言,我国仅有少部分主动管理的股票型基金经理具有选股能力,绝大部分基金经理不具有判断市场走向的择时能力。

五、区分基金经理的能力与运气

之前的回归分析结果表明,部分基金经理具有显著的选股能力或择时能力,那么这些基金经理的能力会不会是由运气带来的呢?由于基金的收益率不是严格服从正态分布,因此回归分析的结果虽然表明某些基金经理具有显著的选股能力或择时能力,但这些结果可能是由于样本的原因,即运气的因素所带来的,而不是来自基金经理自身的投资能力。那么在具有显著的选股能力或择时能力的基金经理中,哪些基金经理是因为运气而取得了良好的业绩,哪些基金经理又是真正拥有投资能力呢?

Efron(1979)提出的自助法可以从一定程度上解决这个问题。自助法是对原始样本进行重复抽样以产生一系列"新"的样本的统计方法,图 3-9 展示了自助法的抽样原理。如图 3-9 所示,我们观察到的样本只有一个,如某只基金的历史收益数据,因此只能产生一个统计量(如基金经理的选股能力)。自助法的基本思想是对已有样本进行多次抽样,即把现有样本的观测值看成一个新的总体再进行有放回的随机抽样,这样在不需要增加额外的新样本的情况下,会获得多个统计量,即获得基金经理选股能力的多个估计值,通过对比这多个统计量所生成的统计分布和实际样本产生的统计量,就可以判断基金经理的能力是否来源于运气。在以下的

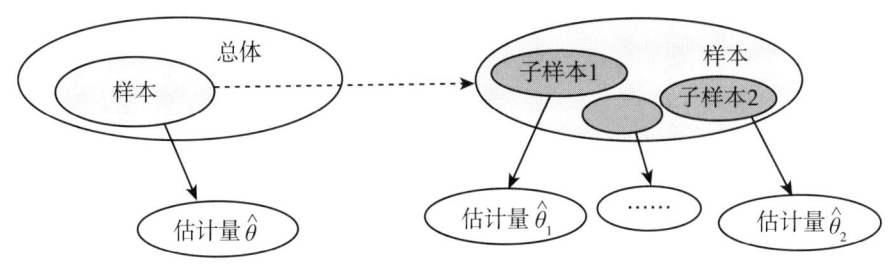

图 3-9 自助法抽样示意

检验中，我们对每只基金的样本进行1 000次抽样。我们也使用5 000次抽样来区分基金经理的能力和运气。因这些结果与使用1 000次抽样的结果十分类似，结论不再赘述。

我们以基金i的选股能力α进行自助法检验为例。通过Treynor-Mazuy四因子模型对基金i的月度净收益的时间序列进行普通最小二乘法（OLS）回归，估计模型的$\hat{\alpha}$、风险系数（$\hat{\beta}_{mkt}$、$\hat{\beta}_{smb}$、$\hat{\beta}_{hml}$、$\hat{\beta}_{mom}$）、残差序列，具体模型见式（3.3）。我们通过自助法过程对获得的残差序列进行1 000次抽样，根据每次抽样后的残差和之前估计出来的风险系数（$\hat{\beta}_{mkt}$、$\hat{\beta}_{smb}$、$\hat{\beta}_{hml}$、$\hat{\beta}_{mom}$）构造出1 000组不具备选股能力（$\hat{\alpha}=0$）的基金的超额收益率，获得1 000个没有选股能力的基金的样本，每一个新生成的基金样本与基金i有同样的风险暴露（$\hat{\beta}_{mkt}=\hat{\beta}_{smb}=\hat{\beta}_{hml}=\hat{\beta}_{mom}$）。然后，我们对这1 000个样本再次进行Treynor-Mazuy四因子模型回归，就获得了1 000个选股能力α的估计值。由于这1 000个α是出自我们构造的没有选股能力的基金的收益率，在5%的显著性水平下，如果这1 000个α中有多于5%比例的（该比例为自助法的P值）α大于通过Treynor-Mazuy四因子模型回归所得到的基金i的$\hat{\alpha}$（真实α），则表明基金i的选股能力α并不是来自基金经理自身的能力，而是来自运气因素和统计误差。反之，如果这1 000个α中只有少于5%的α大于基金i的α，则表明基金i的选股能力α并不是来自运气因素，而是来自基金经理的真实能力。Kosowski、Timmermann、White和Wermers（2006），Fama和French（2010），Cao、Simin和Wang（2013），以及Cao、Chen、Liang和Lo（2013）等利用该方法来研究美国基金经理所取得的业绩是来自他（她）们的能力还是运气。

在之前的分析中我们得到，在五年样本（2016~2020年）的609只样本基金中，有235只基金表现出正确的选股能力，我们进一步对这235只基金的选股能力进行自助法检验。图3-10展示了部分基金经理（10位）通过自助法估计出来的1 000个选股能力α的分布和实际α的对比。图3-10中的曲线为通过自助法获得的选股能力α的分布，垂直线为运用Treynor-Mazuy四因子模型估计出来的实际选股能力α的结果。例如，对于"易方达消费行业"基金而言，通过自助法估计的选股能力α有99.6%的比例大于通过Treynor-Mazuy四因子模型估计的真实α（25.64%），即自助法的P值为0.004，从统计检验的角度讲，在5%的显著性水平下，我们有95%的信心确信该基金经理的选股能力来自其自身的投资才能。

表3-16为通过Treynor-Mazuy四因子模型估计出来的具有显著选股能力的235只股票型基金的自助法结果。在这235只基金中，有197只基金的自助法的P值小于或等于5%，如"易方达消费行业"基金、"景顺长城鼎益"基金、"银华富裕主题"基金等，这些基金在表3-16中用"*"标出；有38只基金自助法的P值大于5%，如"富国低碳环保"基金、"浙商聚潮新思维"基金、"中银动态策略"基金等。从统计学假设检验的角度讲，我们有95%的信心得出以下结论：这197只

基金（占609只基金的32%）的基金经理的选股能力并不是来自运气，而是来自他们的选股能力；另外38只基金（占609只基金的6%）的基金经理的选股能力并不是来自其自身的能力，而是来自运气和统计误差。

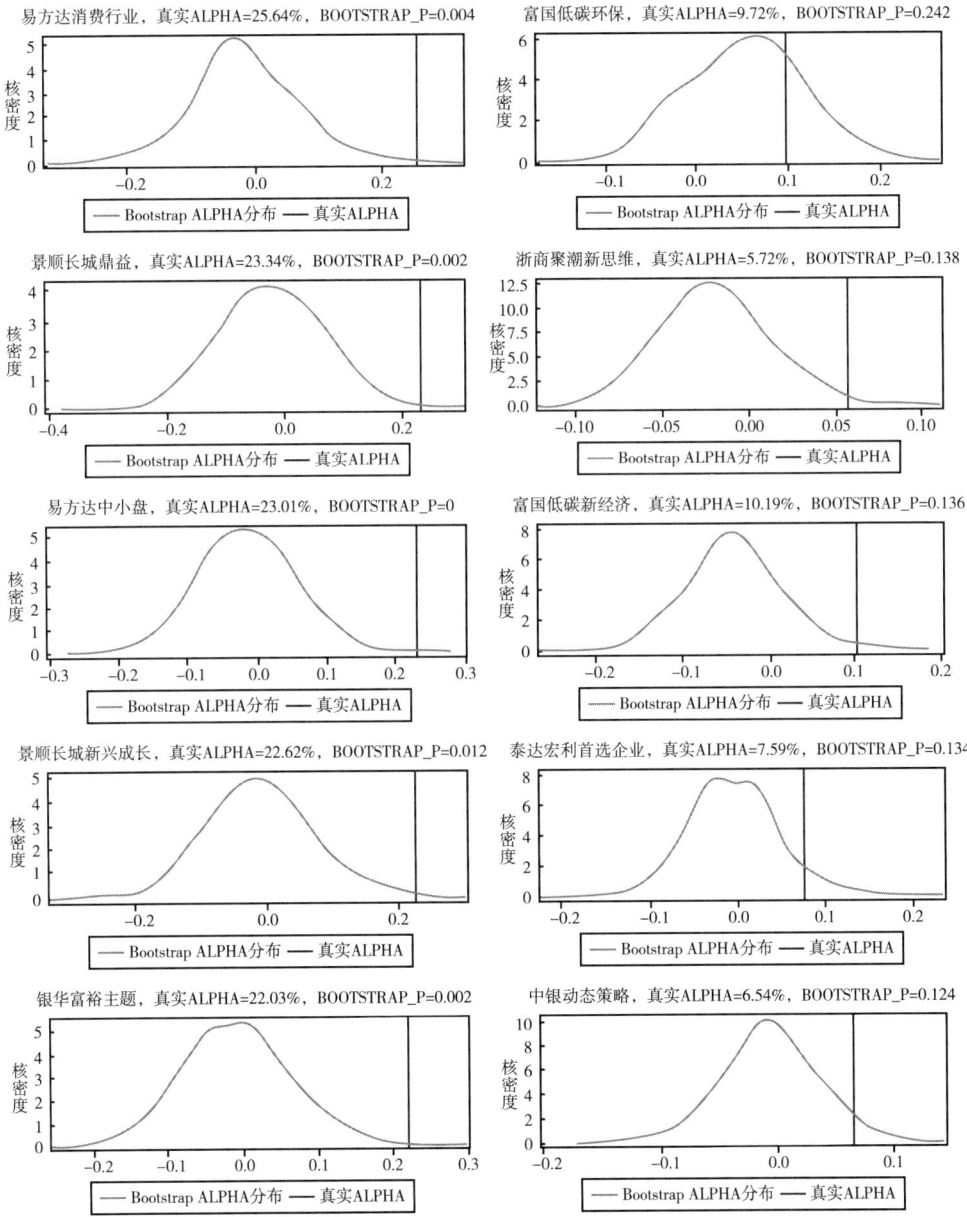

图 3-10　自助法估计的股票型基金的选股能力 α 的分布（部分）：2016~2020 年

注：曲线表示通过自助法获得的选股能力 α 的分布，垂直线表示运用 Treynor-Mazuy 四因子模型估计出来的实际选股能力 α。

表 3-16　　具有选股能力的股票型基金的自助法检验结果：2016~2020 年

编号	基金名称	年化 α（%）	$t(\alpha)$	自助法 P 值	编号	基金名称	年化 α（%）	$t(\alpha)$	自助法 P 值
1	易方达消费行业	25.64	3.11	0.004*	37	上投摩根医疗健康	15.77	2.43	0.018*
2	景顺长城鼎益	23.34	2.73	0.002*	38	易方达改革红利	15.76	2.16	0.020*
3	易方达中小盘	23.01	3.14	0.000*	39	华宝资源优选	15.73	2.26	0.024*
4	景顺长城新兴成长	22.62	2.77	0.012*	40	安信价值精选	15.59	3.58	0.002*
5	银华富裕主题	22.03	3.09	0.002*	41	景顺长城内需增长	15.32	2.02	0.032*
6	信达澳银新能源产业	20.08	2.84	0.000*	42	长城中小盘成长	15.30	3.83	0.000*
7	交银消费新驱动	19.60	3.51	0.000*	43	海富通内需热点	15.04	2.33	0.000*
8	大成高新技术产业	19.46	4.05	0.000*	44	鹏华先进制造	15.02	3.90	0.000*
9	鹏华养老产业	19.23	2.58	0.006*	45	兴全商业模式优选	14.65	3.59	0.000*
10	国泰金马稳健回报	18.82	2.73	0.004*	46	广发消费品精选 A	14.63	2.55	0.000*
11	中欧时代先锋 A	18.69	4.05	0.000*	47	农银汇理策略精选	14.53	3.39	0.000*
12	建信大安全	18.67	4.03	0.000*	48	华安行业轮动	14.37	3.40	0.000*
13	工银瑞信战略转型主题	18.53	3.55	0.000*	49	嘉实价值优势	14.27	3.21	0.000*
14	汇添富消费行业	18.45	2.65	0.006*	50	工银瑞信新金融	14.16	3.20	0.002*
15	交银新成长	18.15	4.63	0.000*	51	兴全合润分级	14.16	3.25	0.002*
16	华安生态优先	17.98	3.04	0.010*	52	景顺长城内需增长贰号	14.15	1.83	0.047*
17	博时行业轮动	17.77	2.41	0.018*	53	嘉实优化红利	14.08	2.32	0.026*
18	易方达行业领先	17.63	3.73	0.002*	54	银华中小盘精选	13.90	2.75	0.010*
19	交银先进制造	17.48	3.78	0.000*	55	工银瑞信美丽城镇主题	13.89	3.95	0.000*
20	交银阿尔法	17.34	3.97	0.000*	56	富国文体健康	13.83	2.65	0.008*
21	景顺长城资源垄断	17.29	3.39	0.000*	57	华夏大盘精选	13.78	2.49	0.008*
22	富国高新技术产业	17.11	2.40	0.020*	58	国泰央企改革	13.72	3.45	0.000*
23	鹏华消费优选	16.93	2.33	0.028*	59	华安核心优选	13.68	2.56	0.006*
24	嘉实新消费	16.76	3.08	0.000*	60	工银瑞信消费服务	13.58	2.72	0.000*
25	诺安低碳经济 A	16.60	4.12	0.000*	61	华安策略优选	13.55	2.81	0.016*
26	汇丰晋信消费红利	16.44	4.03	0.000*	62	汇丰晋信大盘 A	13.52	4.55	0.000*
27	嘉实新兴产业	16.34	3.15	0.004*	63	工银瑞信文体产业 A	13.50	2.68	0.030*
28	万家行业优选	16.32	2.34	0.006*	64	长信内需成长 A	13.50	1.94	0.000*
29	景顺长城优选	16.32	3.63	0.002*	65	富国天合稳健优选	13.48	3.97	0.002*
30	交银精选	16.29	4.47	0.000*	66	诺德价值优势	13.43	2.20	0.000*
31	华安安信消费服务	16.28	3.38	0.000*	67	交银趋势优先	13.32	1.96	0.000*
32	国泰事件驱动	16.25	2.83	0.000*	68	工银瑞信大盘蓝筹	13.29	3.13	0.000*
33	泰达宏利稳定	16.16	2.93	0.000*	69	国富弹性市值	13.25	3.82	0.000*
34	景顺长城核心竞争力 A	16.06	3.50	0.000*	70	民生加银景气行业 A	13.10	3.11	0.000*
35	民生加银内需增长	15.93	3.03	0.000*	71	国联安优势	13.00	2.67	0.004*
36	景顺长城精选蓝筹	15.82	3.57	0.000*	72	景顺长城品质投资	13.00	2.97	0.000*

续表

编号	基金名称	年化α(%)	t(α)	自助法P值	编号	基金名称	年化α(%)	t(α)	自助法P值
73	景顺长城优势企业	12.97	1.96	0.042*	108	安信消费医药主题	11.79	2.45	0.012*
74	富国通胀通缩主题	12.96	2.32	0.008*	109	汇添富成长焦点	11.74	2.08	0.000*
75	华安新丝路主题	12.95	2.57	0.024*	110	建信创新中国	11.73	2.37	0.016*
76	中欧行业成长A	12.89	3.18	0.000*	111	信达澳银中小盘	11.70	2.13	0.000*
77	新华优选消费	12.79	2.71	0.000*	112	大成新锐产业	11.69	1.93	0.060
78	华安升级主题	12.77	2.67	0.010*	113	圆信永丰优加生活	11.67	2.89	0.028*
79	天弘周期策略	12.73	2.24	0.000*	114	鹏华盛世创新	11.60	3.09	0.002*
80	大摩基础行业	12.72	3.71	0.000*	115	大摩品质生活精选	11.60	2.63	0.006*
81	上投摩根大盘蓝筹	12.72	2.55	0.000*	116	工银瑞信新蓝筹	11.58	2.56	0.022*
82	景顺长城成长之星	12.72	2.52	0.016*	117	光大国企改革主题	11.53	3.02	0.004*
83	大摩进取优选	12.70	2.05	0.036*	118	交银蓝筹	11.50	2.27	0.000*
84	申万菱信消费增长	12.70	2.39	0.000*	119	银河康乐	11.45	3.06	0.000*
85	富国天益价值	12.68	2.33	0.022*	120	中海医疗保健	11.42	1.76	0.000*
86	民生加银稳健成长	12.66	2.33	0.000*	121	安信新常态沪港深精选	11.37	2.18	0.022*
87	建信内生动力	12.62	2.60	0.000*	122	民生加银优选	11.35	2.19	0.016*
88	富国天瑞强势精选	12.61	2.18	0.020*	123	中欧新动力A	11.35	3.05	0.000*
89	方正富邦红利精选A	12.61	2.64	0.000*	124	建信改革红利	11.26	2.11	0.036*
90	诺德周期策略	12.61	2.23	0.000*	125	建信健康民生	11.20	2.61	0.018*
91	南方天元新产业	12.54	3.64	0.000*	126	大摩主题优选	11.19	2.86	0.002*
92	工银瑞信国企改革主题	12.54	2.80	0.004*	127	工银瑞信量化策略	11.02	3.07	0.000*
93	国富中小盘	12.52	3.62	0.000*	128	融通行业景气A	10.99	2.00	0.068
94	国泰区位优势	12.49	3.49	0.000*	129	大成行业轮动	10.97	2.55	0.020*
95	招商行业精选	12.46	2.09	0.044*	130	信诚新机遇	10.95	3.08	0.000*
96	鹏华环保产业	12.31	2.05	0.016*	131	中欧新趋势A	10.93	3.00	0.004*
97	大成优选	12.23	2.93	0.000*	132	大成创新成长	10.85	2.42	0.026*
98	农银汇理行业领先	12.19	2.88	0.004*	133	建信核心精选	10.83	2.20	0.000*
99	工银瑞信金融地产A	12.19	3.16	0.000*	134	工银瑞信养老产业	10.82	1.70	0.076
100	广发新经济A	12.15	1.85	0.000*	135	长信恒利优势	10.81	2.26	0.000*
101	前海开源再融资主题精选	12.14	2.56	0.002*	136	诺安研究精选	10.68	2.65	0.000*
102	银华中国梦30	12.06	2.05	0.026*	137	大成精选增值	10.67	2.78	0.010*
103	诺安先进制造	12.04	2.38	0.012*	138	国泰金鑫	10.66	1.77	0.000*
104	兴全轻资产	12.01	2.81	0.004*	139	中欧价值发现A	10.64	2.35	0.024*
105	嘉实低价策略	11.96	2.64	0.004*	140	大成互联网思维	10.62	2.91	0.006*
106	汇添富价值精选A	11.86	3.54	0.000*	141	上投摩根双核平衡	10.61	2.19	0.000*
107	博时丝路主题A	11.80	2.56	0.014*	142	长信银利精选	10.61	3.57	0.000*

续表

编号	基金名称	年化α（%）	$t(\alpha)$	自助法P值	编号	基金名称	年化α（%）	$t(\alpha)$	自助法P值
143	国泰成长优选	10.53	1.82	0.074	178	国富潜力组合A人民币	9.19	3.11	0.000*
144	诺安主题精选	10.40	2.05	0.000*	179	信诚周期轮动	9.17	1.98	0.074
145	景顺长城沪港深精选	10.35	2.63	0.016*	180	南方绩优成长A	9.16	2.33	0.026*
146	中信保诚盛世蓝筹	10.34	3.46	0.000*	181	中欧盛世成长A	9.10	2.05	0.074
147	金元顺安消费主题	10.28	1.83	0.000*	182	招商先锋	8.99	1.79	0.102
148	富国低碳新经济	10.19	2.04	0.136	183	信达澳银转型创新	8.93	2.49	0.036*
149	华安逆向策略	10.10	2.34	0.026*	184	招商中小盘精选	8.90	1.95	0.072
150	银河蓝筹精选	10.09	1.82	0.000*	185	易方达科翔	8.86	1.83	0.066
151	农银汇理策略价值	10.08	2.68	0.000*	186	富国天惠精选成长A	8.79	2.33	0.012*
152	大成中小盘	10.00	1.91	0.066	187	光大新增长	8.78	1.97	0.000*
153	泰达宏利效率优选	9.92	2.21	0.056	188	南方隆元产业主题	8.75	3.03	0.010*
154	新华策略精选	9.88	1.99	0.052	189	中银收益A	8.71	1.93	0.052
155	华安宏利	9.84	1.68	0.098	190	大成产业升级	8.69	1.96	0.048*
156	诺德成长优势	9.84	3.20	0.000*	191	工银瑞信核心价值A	8.61	1.88	0.072
157	景顺长城公司治理	9.84	2.21	0.000*	192	鹏华价值优势	8.58	1.94	0.066
158	嘉实研究阿尔法	9.83	3.95	0.000*	193	国泰金牛创新成长	8.52	2.10	0.050*
159	易方达价值精选	9.81	2.11	0.046*	194	新华中小市值优选	8.50	1.74	0.000*
160	国泰金鹿	9.80	2.11	0.010*	195	建信信息产业	8.49	1.69	0.068
161	工银瑞信研究精选	9.80	2.11	0.016*	196	鹏华新兴产业	8.23	1.71	0.094
162	大摩卓越成长	9.79	2.94	0.008*	197	光大银发商机主题	8.16	2.17	0.022*
163	广发轮动配置	9.74	1.89	0.052	198	南方成份精选A	8.15	1.87	0.052
164	银河稳健	9.73	2.63	0.014*	199	大摩资源优选	8.13	1.65	0.100
165	富国低碳环保	9.72	1.75	0.242	200	建信优势动力	8.13	1.85	0.054
166	汇添富逆向投资	9.67	1.98	0.000*	201	国泰金鹏蓝筹价值	8.12	1.99	0.066
167	大成内需增长A	9.63	2.04	0.048*	202	景顺长城能源基建	8.10	2.53	0.000*
168	华安科技动力	9.62	3.26	0.004*	203	长信双利优选A	8.09	1.82	0.000*
169	金鹰行业优势	9.61	1.84	0.068	204	景顺长城中小盘	8.08	1.69	0.000*
170	农银汇理平衡双利	9.59	2.71	0.000*	205	前海开源股息率100强	7.99	2.40	0.008*
171	招商行业领先A	9.55	1.90	0.056	206	农银汇理大盘蓝筹	7.90	3.75	0.000*
172	银河竞争优势成长	9.52	1.96	0.000*	207	嘉实先进制造	7.86	1.75	0.110
173	长盛量化红利策略	9.52	2.58	0.002*	208	中欧永裕A	7.83	1.76	0.116
174	长城医疗保健	9.49	1.99	0.048*	209	嘉实增长	7.77	1.93	0.086
175	申万菱信盛利精选	9.45	2.11	0.000*	210	国泰金鼎价值精选	7.76	2.43	0.000*
176	天弘永定成长	9.43	1.69	0.000*	211	泓德优选成长	7.72	2.63	0.004*
177	泓德战略转型	9.25	2.12	0.082	212	博时主题行业	7.71	2.14	0.028*

续表

编号	基金名称	年化α(%)	t(α)	自助法P值	编号	基金名称	年化α(%)	t(α)	自助法P值
213	南方稳健成长2号	7.66	2.16	0.050*	225	招商大盘蓝筹	7.21	2.05	0.068
214	泰达宏利首选企业	7.59	1.78	0.134	226	汇丰晋信中小盘	7.06	1.67	0.000*
215	南方稳健成长	7.58	2.16	0.040*	227	中银中国精选	7.02	1.82	0.102
216	富国天博创新主题	7.57	1.69	0.000*	228	建信消费升级	6.99	1.91	0.094
217	新华趋势领航	7.53	1.68	0.000*	229	华泰柏瑞量化增强A	6.95	2.56	0.016*
218	汇添富策略回报	7.53	1.73	0.000*	230	中银动态策略	6.54	1.65	0.124
219	国投瑞银成长优选	7.52	2.03	0.048*	231	大成核心双动力	5.97	2.37	0.020*
220	富国高端制造行业	7.50	1.67	0.086	232	浙商聚潮新思维	5.72	1.73	0.138
221	兴全绿色投资	7.38	2.26	0.020*	233	嘉实稳健	5.44	1.91	0.044*
222	诺安中小盘精选	7.36	1.82	0.000*	234	诺安多策略	5.24	1.65	0.000*
223	大成策略回报	7.35	1.78	0.062	235	华泰柏瑞量化先行A	4.88	1.94	0.000*
224	景顺长城支柱产业	7.25	2.06	0.000*					

注：*表示自助法P值小于5%，即基金经理的选股能力不是源于运气和统计误差。

同样，我们也对基金经理的择时能力进行自助法检验，仍选取5%的显著性水平。我们要回答的问题是：在那些择时能力系数γ具有正显著性的基金中，哪些基金经理是因为运气好而显示出择时能力？哪些基金的经理是真正具有择时能力，而不是依靠运气？根据之前的Treynor-Mazuy四因子模型的估计结果，在609只基金中，有75只（占比12%）基金的基金经理具有显著的择时能力。图3-11展示了部分基金经理（10位）通过自助法估计出来的择时能力γ的分布和实际γ的对比。图3-11中的曲线为通过自助法获得的择时能力γ的分布；垂直线为运用Treynor-Mazuy四因子模型估计出来的实际择时能力γ的分布。例如，对于"嘉实环保低碳"基金而言，通过自助法估计的基金经理的择时能力γ皆小于通过Treynor-Mazuy四因子模型估计出来的实际择时能力γ（2.35），即自助法的P值为0.0%。从统计检验的角度讲，我们有95%的信心确信该基金经理的择时能力并不是来源于运气，而是来自基金经理的投资才能。而对于"天弘永定成长"基金而言，其通过Treynor-Mazuy四因子模型估计出来的真实择时能力γ为0.72，但通过自助法产生的γ有12.4%的比例大于真实的γ，即自助法的P值为12.4%。在95%的置信水平下，我们认为该基金经理的择时能力来自运气因素。

表3-17为通过Treynor-Mazuy四因子模型估计出来的具有显著择时能力的75只股票基金的自助法结果。从表3-17中可以看出，有9只基金的自助法P值大于5%，占五年样本总数（609只）的1%，说明这9位基金经理的择时能力源于运气；余下66只基金的自助法P值小于或等于5%，占五年样本总数（609只）的

11%,说明这66位基金经理的择时能力源于自身的投资才能,这些基金用"*"标出。从统计学假设检验的角度而言,我们有95%的信心得出以下结论:这66位基金经理的优秀业绩来自他们真实的投资能力;另外9位基金经理的择时能力是由运气和统计误差所致。

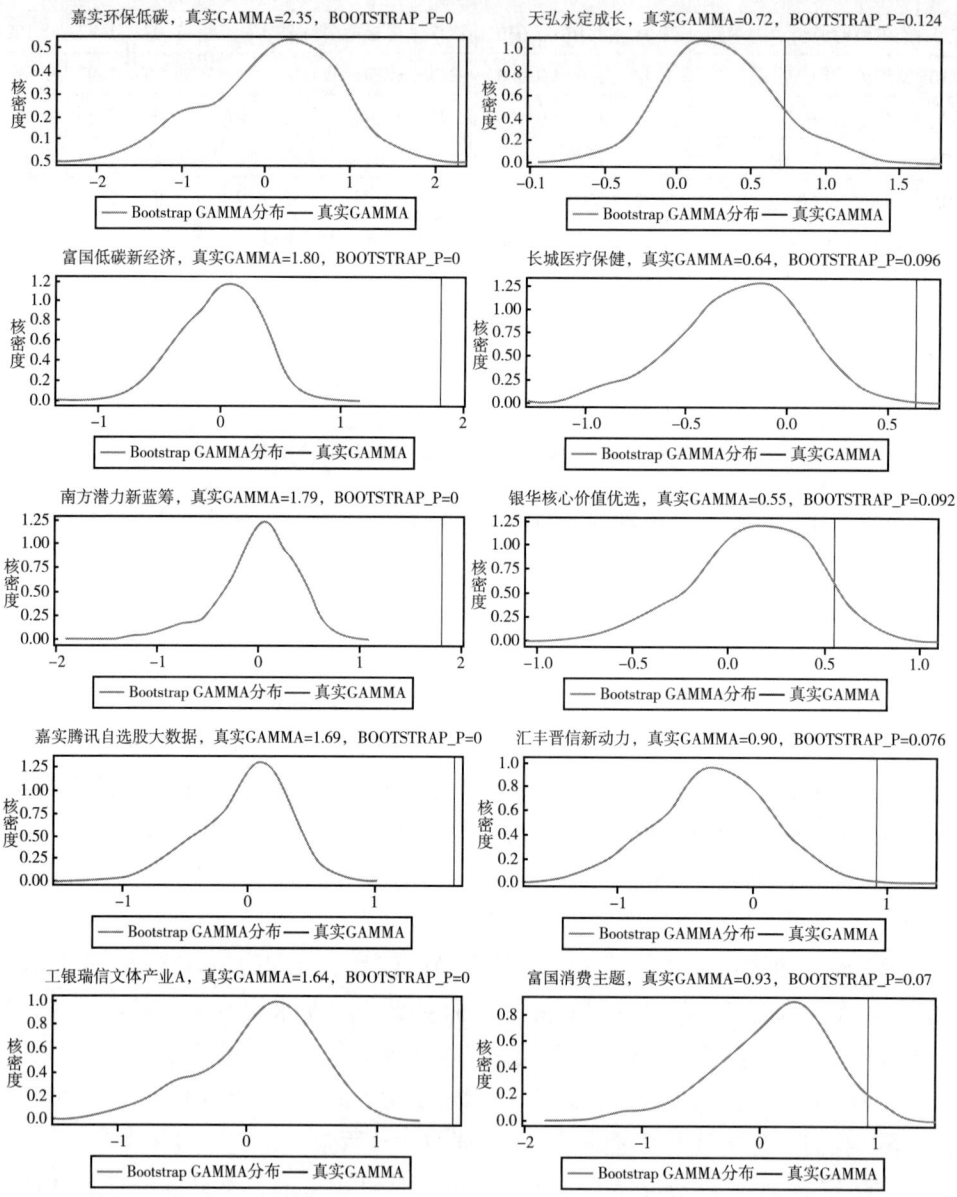

图3-11 自助法估计的股票型基金的择时能力 γ 的分布(部分):2016~2020年

注:曲线表示通过自助法获得的择时能力 γ 的分布,垂直线表示运用Treynor-Mazuy四因子模型估计出来的实际择时能力 γ。

表 3-17　　具有择时能力的股票型基金的自助法检验结果：2016~2020 年

编号	基金名称	γ	t(γ)	自助法 P 值	编号	基金名称	γ	t(γ)	自助法 P 值
1	嘉实腾讯自选股大数据	1.69	6.28	0.000*	39	华安核心优选	0.92	2.26	0.042*
2	南方潜力新蓝筹	1.79	5.30	0.000*	40	中欧新趋势 A	0.62	2.26	0.004*
3	富国低碳新经济	1.80	4.75	0.000*	41	汇添富民营新动力	0.67	2.25	0.014*
4	工银瑞信文体产业 A	1.64	4.29	0.000*	42	汇丰晋信龙腾	0.61	2.21	0.036*
5	圆信永丰优加生活	1.31	4.28	0.000*	43	嘉实事件驱动	0.53	2.14	0.004*
6	泓德战略转型	1.31	3.97	0.000*	44	大摩量化多策略	0.44	2.14	0.012*
7	大成景恒 A	1.47	3.80	0.006*	45	诺安价值增长	0.73	2.12	0.000*
8	南方中小盘成长	1.28	3.68	0.002*	46	建信优选成长 A	0.77	2.11	0.012*
9	嘉实环保低碳	2.35	3.60	0.000*	47	长盛城镇化主题	0.95	2.07	0.022*
10	大摩多因子策略	0.85	3.45	0.002*	48	信诚周期轮动	0.72	2.06	0.004*
11	浙商聚潮新思维	0.82	3.27	0.000*	49	博时主题行业	0.55	2.03	0.020*
12	博时特许价值 A	1.32	3.18	0.004*	50	华安新丝路主题	0.76	1.99	0.026*
13	南方量化成长	1.00	3.14	0.000*	51	金元顺安价值增长	0.73	1.97	0.008*
14	兴全精选	1.38	3.10	0.014*	52	大成精选增值	0.57	1.96	0.024*
15	申万菱信量化小盘	0.59	2.94	0.000*	53	汇丰晋信科技先锋	1.20	1.95	0.038*
16	前海开源强势共识100强	0.78	2.89	0.000*	54	银华领先策略	0.71	1.91	0.030*
17	诺安策略精选	1.07	2.87	0.006*	55	华泰柏瑞积极成长 A	0.56	1.91	0.042*
18	长盛同德	0.79	2.87	0.000*	56	海富通精选2号	0.69	1.88	0.064
19	鹏华价值精选	0.98	2.86	0.000*	57	海富通精选	0.69	1.86	0.036*
20	中银战略新兴产业 A	1.26	2.79	0.010*	58	招商国企改革	0.70	1.84	0.042*
21	长信量化中小盘	0.75	2.75	0.000*	59	国泰金龙行业精选	0.95	1.82	0.014*
22	汇添富新兴消费	1.35	2.72	0.014*	60	汇丰晋信新动力	0.85	1.82	0.076
23	光大中小盘	0.94	2.67	0.002*	61	信诚四季红	0.57	1.82	0.036*
24	鹏华动力增长	0.86	2.63	0.004*	62	招商核心价值	0.46	1.81	0.016*
25	泓德优选成长	0.57	2.58	0.004*	63	长安宏观策略	0.66	1.79	0.008*
26	泰达宏利逆向策略	0.67	2.55	0.002*	64	长城医疗保健	0.64	1.79	0.096
27	长信量化先锋 A	0.73	2.54	0.002*	65	天弘医疗健康 A	0.96	1.77	0.026*
28	民生加银景气行业 A	0.80	2.52	0.000*	66	鹏华精选成长	0.67	1.77	0.038*
29	国寿安保成长优选	1.07	2.49	0.008*	67	光大行业轮动	0.75	1.76	0.026*
30	海富通国策导向	1.53	2.48	0.000*	68	光大红利	0.48	1.75	0.026*
31	华夏收入	0.59	2.48	0.004*	69	景顺长城量化精选	0.34	1.73	0.054
32	银华内需精选	1.42	2.42	0.002*	70	华宝新兴产业	0.61	1.72	0.010*
33	长盛电子信息产业 A	1.14	2.42	0.008*	71	天弘永定成长	0.72	1.70	0.124
34	工银瑞信新蓝筹	0.83	2.42	0.032*	72	国寿安保智慧生活	0.61	1.68	0.054
35	国泰互联网+	1.15	2.36	0.004*	73	银华核心价值优选	0.55	1.68	0.092
36	华夏复兴	1.17	2.31	0.016*	74	富国消费主题	0.93	1.67	0.070
37	广发大盘成长	1.21	2.30	0.050*	75	浙商聚潮产业成长	0.68	1.66	0.064
38	鹏华优质治理	0.78	2.29	0.002*					

注：* 表示自助法 P 值小于 5%，即基金经理的择时能力不是源于运气和统计误差。

综上所述，通过自助法检验后我们得到，在过去五年（2016~2020年），我国股票型公募基金市场中，有少数（32%）基金经理具备选股能力，只有极少数基金经理（11%）具备择时能力。

在以上研究中，我们使用Treynor-Mazyur四因子模型评估基金经理的选股和择时能力。在估计模型时，我们使用万得全A指数作为大盘指数，但是这样做未必完美。因为每一只股票型基金不一定以万得全A指数作为业绩基准。通过对比公募基金的基金合同可以发现，每只基金的投资范围各有不同，并且每只基金根据自身投资策略设定了符合各自投资理念的业绩比较基准。在进一步的研究中，我们将基金自身业绩基准替代原Treynor-Mazyur四因子模型中的市场指数部分，分别评估三年样本（2018~2020年）和五年样本（2016~2020年）中基金经理的选股能力和择时能力。研究结果显示，在四因子模型中，无论是使用万得全A指数，还是使用每只基金自身业绩基准代表大盘指数，我们得出的有关基金经理的选股能力和择时能力的结论大致相同。

六、小结

本章以股票型公募基金为主要研究对象，使用基于Carhart四因子模型改进后的Treynor-Mazuy模型分别对三年样本（2018~2020年）、五年样本（2016~2020年）、七年样本（2014~2020年）基金的选股择时能力进行分析。

我们着重对五年样本（2016~2020年）中基金经理的投资能力进行讨论。研究结果显示，在这609只基金中，有235只基金（占比39%）表现出正确的选股能力，有75只基金（占比12%）表现出正确的择时能力。经自助法检验后发现，有197只基金（占比32%）的选股能力源于基金经理自身的投资能力，有66只基金（占比11%）的择时能力源于基金经理自身的投资能力，而非运气。可见，在2016~2020年的主动管理股票型公募基金中，有32%的股票型公募基金经理具有真正的选股能力，有11%的股票型公募基金经理具有真正的择时能力。我们采用同样的方法对三年样本（2018~2020年）和七年样本（2014~2020年）区间内的基金进行检验后得到类似的结论，不再赘述。

公募基金的业绩表现能否持续

投资者在选择基金时往往关注该只基金或者基金经理过往的业绩,倾向选择那些业绩长期稳定的基金,因为他们在一定程度上相信这些基金能够在未来持续性地取得良好的投资收益。每年年底,财经媒体、第三方财富管理公司等机构会通过公募基金业绩的评选对过去一段时期内表现优异的基金进行表彰,"中国基金业金牛奖""中国基金业英华奖"等基金评选榜单及奖项都已持续了数年,吸引了众多投资者的注意。在这些评选中,基金的收益率是最为常见的评价指标,这主要是因为相较具体的投资策略、持仓股票等信息,收益率是最直观也是最容易获取的业绩指标。但是,公募基金的业绩表现是否呈现"强者恒强,弱者恒弱"的现象?优秀的基金是否只是昙花一现?换言之,公募基金的业绩是否具有持续性,过去表现优异的公募基金未来是否能够持续获得较好的业绩?

公募基金通常存续期较长,基金经理管理基金就像是一场马拉松,要持续跑在前列实属不易。在美国业界和学术界有影响力的几位学者(Brown and Getzmann,1995;Carhart,1997)的研究表明,相比于业绩优秀的基金,业绩欠佳基金的表现更有可能持续下去。也就是说,去年业绩好的基金下一年并不一定业绩好,但是去年业绩差的基金下一年业绩还是很差的可能性极高。出现这种现象的原因在于找出导致基金业绩较差的原因相对容易,如高费率和高换手率所带来的更高的交易成本,或者是较频繁的换仓操作等。但是,要解开基金经理成功识别上涨的股票或是恰当把握股票买卖时机的秘密就很难了。王向阳和袁定(2006)研究我国基金市场发现,基金的整体业绩未表现出持续性,市场上涨时基金业绩的持续性较强,市场下跌时基金业绩的持续性较弱,甚至出现反转。同时,相比绝对收益,基金风险调整后收益指标更具有持续性。李悦和黄温柔(2011)对 2004 年 1 月至 2009 年 12 月具有 24 个月完整历史业绩的股票型基金的业绩持续性进行了检验,发现以 6 个月为排序期和检验期时,我国股票型基金具有显著的持续性,当排序期和检验期延长为 12 个月时,检验结果则不显著。这些检验结果在一定程度上能够帮助投资者选择有价值的业绩参考指标,并确定过去多久的业绩表现对未来是有意义的。

本章中，我们围绕基金的业绩是否具有持续性这一论题，通过不同的检验方法研究主动管理的股票型公募基金业绩排名的稳定性，分析基金的业绩能否持续，从而判断基金历史业绩可否作为投资者决策时的参考依据。与前述章节一致，本章同样以主动管理的股票型公募基金为研究对象，具体包括万得基金二级分类中的普通股票型基金、偏股混合型基金和灵活配置型基金，并要求样本基金在排序期和检验期都有完整的复权净值数据。在分析过程中，基金业绩被分为两个时间段：排序期（formation period）和检验期（holding period）。我们通过跟踪基金在排序期和检验期的排名变化，检验基金的业绩是否具有持续性。其中，排序期分别选择一年、三年或半年三个时间段，检验期设置为一年或半年。具体来说，当排序期为一年时，我们检验过去一年基金业绩的排名和次年排名的相关性；当排序期为三年时，我们检验过去三年基金业绩的排名和次年排名的相关性；当排序期为半年时，我们检验过去半年基金业绩的排名和未来半年排名的相关性。此外，这是一种每年都会进行的滚动检验。

本章第一部分，采用 Spearman 相关性检验法对股票型公募基金收益率在排序期和检验期的排名相关性做出分析；第二部分，采用绩效二分法对股票型公募基金收益率的持续性进行检验；第三部分，将基金按收益率高低分为四组，通过描述性统计的方法对股票型公募基金收益率的持续性进行检验，观察排序期和检验期基金组别的变化情况；第四部分，以风险调整后的夏普比率作为业绩衡量指标，同样采用描述统计检验的方式对基金业绩持续性进行分析。

一、收益率持续性的 Spearman 相关性检验

Spearman 相关性检验是最早用于检验基金业绩表现持续性的方法之一。在检验中，Spearman 相关系数对原始变量的分布不做要求，是衡量两个变量的相互关联性的非参数指标，它利用单调方程评价两个统计变量的相关性。当样本的分布不服从正态分布、总体分布类型未知时，使用 Spearman 相关性检验较为有效。Spearman 相关系数取值范围在 $-1\sim1$ 之间，符号表示相关性的方向，绝对值越大表示相关性越强，如果 Spearman 相关系数为 1 或 -1，表明两个变量完全正相关或完全负相关。具体的检验方法如下。

我们选择股票型公募基金的历史收益率（过去一年、三年或半年的收益率）这一投资者能够较为方便地在公开渠道获取的数据作为基金业绩排名的指标，首先对过去 F 年的样本基金排名（即排序期为 F 年）进行记录，再追踪这些基金在未来 H 年的排名（即检验期为 H 年），之后计算基金排序期排名与检验期排名之间的 Spearman 相关系数。以排序期和检验期都为一年为例，Spearman 相关性检验统

计量为：

$$\rho_t = 1 - \frac{6 \sum_{i=1}^{n_t} d_{i,t}^2}{n_t(n_t^2 - 1)} \tag{4.1}$$

其中，$d_{i,t}=r_{i,t-1}-r_{i,t}$，$r_{i,t-1}$ 和 $r_{i,t}$ 分别为基金 i 在第 $t-1$ 年和第 t 年的收益率；n_t 为第 t 年中基金的数量。如果 Spearman 相关系数显著大于 0，表明基金的排名具有持续性；反之，表明基金的排名具有反转性；如果相关系数接近于 0，则表明基金收益率的排名在排序期和检验期并没有显著的相关性。

由于投资者关心的是过去一段时期内收益率高的基金是否可以在下一年继续获取较高的收益率，在 Spearman 相关性检验中，我们重点关注基金在上一年的排名与在下一年的排名是否具有正相关性。表 4-1 是 2007~2020 年排序期和检验期均为一年时基金业绩持续性的检验结果。可以发现，在 13 次检验中只有 3 次检验的 Spearman 相关系数为正且显著，所以就整体而言，公募基金一年的收益率没有持续性。同时，我们还观察到，有 4 个检验期内基金的收益率排名出现了明显的反转，即前一年收益率排名靠前的基金在下一年的收益率排名靠后，具体为（2007）~2008 年、（2008）~2009 年、（2013）~2014 年和（2014）~2015 年。2008 年，受全球金融危机影响，我国股票市场全线下跌，沪深 300 指数由年初的 5 338 点一度跌落至 1 607 点。直至 2008 年 11 月，4 万亿元经济刺激计划的推出才使得股票市场有所回暖。2009 年，沪深 300 指数在小幅震荡中持续上涨，回归至 3 576 点。在这样的市场行情下，2008 年股票仓位较高的基金往往损失惨重，而这些基金也能够在 2009 年上涨的行情下把握住机会，赚取收益，因此 2008 年收益率排名靠后的基金能够在 2009 年排名靠前。2014 年下半年，在资本市场改革不断深化的推动下，A 股市场牛市行情启动，至年末涨幅已领跑全球。进入 2015 年，股票市场在经历千股涨停后又转入千股跌停的大幅震荡局面。在市场剧烈变化的这段时间里，公募基金的收益排名出现较大变化。

表 4-1　股票型基金业绩持续性的 Spearman 相关性检验
（排序期为一年、检验期为一年）：2007~2020 年

（排序期）~检验期	Spearman 相关系数	T 检验 P 值
（2007）~2008	-0.178	0.046
（2008）~2009	-0.321	<0.001
（2009）~2010	-0.007	0.917
（2010）~2011	-0.092	0.139
（2011）~2012	0.252*	<0.001
（2012）~2013	0.007	0.893

续表

（排序期）~检验期	Spearman 相关系数	T检验P值
（2013）~2014	-0.101	0.041
（2014）~2015	-0.127	0.007
（2015）~2016	-0.009	0.844
（2016）~2017	0.112*	0.005
（2017）~2018	0.058	0.131
（2018）~2019	-0.049	0.174
（2019）~2020	0.431*	<0.001

注：*表示在排序期和检验期，基金的业绩在5%的显著性水平下具有持续性。

从表4-1可以看出，在最新的检验区间（2019）~2020年期间，基金排名的Spearman相关系数为43.1%且正显著，意味着在2019年收益率排名靠前的基金在2020的排名也较为靠前。2019年，股票市场结构性行情明显，消费、科技板块涨幅靠前，核心蓝筹股受到投资者欢迎，周期板块整体较弱。2020年，大量白酒股、啤酒股涨幅接近翻倍，消费、医药、科技板块也大幅上涨。在新冠肺炎疫情席卷全球之时，我国A股成为全球资产的避风港，大量境外资金涌入，集中投资于数量有限的核心资产、龙头企业。在一定程度上，这些基金拉升了这类股票价格的进一步上涨。在这样的市场行情下，以食品饮料、消费、医药、科技股为核心投资标的的基金能够在2019~2020年延续其优秀的业绩表现。尽管基金的收益率在部分年间展示出一定的持续性，但是，综合13个样本期的检验结果，从总体上看，以一年为排序期时主动管理的股票型公募基金的年化收益率排名并没有明显的持续性，即过去一年优秀基金的收益表现不能作为投资者选择基金的参考依据。

由于以一年为排序期时间相对较短，且基金一年的业绩波动性相对较高，我们又以三年作为排序期、一年作为检验期，考察股票型公募基金在前三年的总收益率排名是否与下一年的收益率排名显著相关。表4-2显示，在11次检验中，有7次检验显示，基金前三年的收益与下一年的收益没有显著的正相关关系，即基金业绩不具有持续性。同时，（2011~2013）~2014年，Spearman相关系数为-12.8%，T检验P值小于0.05，说明在2011~2013年收益排名靠前的基金到了2014年后反而排名靠后。在5%的显著性水平下，只有（2008~2010）~2011年、（2009~2011）~2012年、（2012~2014）~2015年和（2017~2019）~2020年四个时期，基金收益率排名为正相关且显著，表现出一定的持续性，相关系数分别为17.5%、14.8%、12.0%和27.0%。最新一个样本期（2017~2019）~2020年期间，T检验P值小于0.05，Spearman相关系数呈正显著。大多数样本期基金排序期和检验期的收益率并不是显著正相关的，由此我们得出结论：以三年为排序期、一年为检验期，我国股票型公募基金的收益不具有持续性。

表 4-2　　　　股票型基金业绩持续性的 Spearman 相关性检验
（排序期为三年、检验期为一年）：2007~2020 年

（排序期）~检验期	Spearman 相关系数	T 检验 P 值
（2007~2009）~2010	0.046	0.609
（2008~2010）~2011	0.175*	0.021
（2009~2011）~2012	0.148*	0.032
（2010~2012）~2013	0.100	0.108
（2011~2013）~2014	-0.128	0.025
（2012~2014）~2015	0.120*	0.023
（2013~2015）~2016	-0.023	0.647
（2014~2016）~2017	-0.088	0.064
（2015~2017）~2018	0.043	0.335
（2016~2018）~2019	-0.039	0.340
（2017~2019）~2020	0.270*	<0.001

注：*表示在排序期和检验期，基金的业绩在5%的显著性水平下具有持续性。

接下来，我们将时间缩短，检验当排序期和检验期为半年时，公募基金的收益率是否具有持续性，Spearman 相关系数检验结果展示在表4-3中。由于该检验是以半年为周期进行的滚动检验，在排序期和检验期中，特别对各时间截点的月份进行了标注，例如，（2007/06）~（2007/12）代表的是排序期为2007年1月至6月，检验期为2007年7月至12月的样本期。结果显示，在27次滚动检验中，有14次检验的Spearman 相关系数是显著大于0的，超过检验次数的一半，展示出业绩的持续性。样本期包括（2007/06）~（2007/12）、（2008/06）~（2008/12）、（2009/06）~（2009/12）、（2010/06）~（2010/12）、（2012/06）~（2012/12）、（2013/06）~（2013/12）、（2013/12）~（2014/06）、（2015/12）~（2016/06）、（2016/06）~（2016/12）、（2016/12）~（2017/06）、（2017/06）~（2017/12）、（2017/12）~（2018/06）、（2019/06）~（2019/12）和（2019/12）~（2020/06）。具体来看，（2017/06）~（2017/12）期间业绩表现出持续性是因为蓝筹股上涨行情延续，以蓝筹股为重仓股的基金能够继续保持靠前的排名。（2019/06）~（2019/12）期间股票型基金业绩有所持续是由于A股市场迎来结构性牛市，科技、消费等行业股票涨幅靠前，在整体上涨的行情下，风格持续统一的股票型基金的业绩在2019年上下半年得以持续。

在最新两个样本期，（2019/12）~（2020/06）期间，T 检验 P 值小于0.05，Spearman 相关系数为48.4%，呈正显著；（2020/06）~（2020/12）期间，Spearman 相关系数呈负显著，相关系数为7.8%，相关性较低。基于多个样本期的检验结果，我们判

断,排序期和检验期缩短至半年时,股票型公募基金的业绩在超过半数的时间段内表现出持续性,持续性有所增强。

表4-3 股票型基金业绩持续性的Spearman相关性检验
（排序期为半年、检验期为半年）：2007~2020年

（排序期）~检验期	Spearman相关系数	T检验P值
（2007/06）~（2007/12）	0.247*	0.005
（2007/12）~（2008/06）	−0.185	0.020
（2008/06）~（2008/12）	0.406*	<0.001
（2008/12）~（2009/06）	−0.377	<0.001
（2009/06）~（2009/12）	0.252*	0.000
（2009/12）~（2010/06）	0.075	0.257
（2010/06）~（2010/12）	0.160*	0.010
（2010/12）~（2011/06）	−0.138	0.020
（2011/06）~（2011/12）	−0.018	0.753
（2011/12）~（2012/06）	0.091	0.097
（2012/06）~（2012/12）	0.225*	<0.001
（2012/12）~（2013/06）	0.021	0.680
（2013/06）~（2013/12）	0.204*	<0.001
（2013/12）~（2014/06）	0.276*	<0.001
（2014/06）~（2014/12）	−0.075	0.113
（2014/12）~（2015/06）	−0.387	<0.001
（2015/06）~（2015/12）	0.055	0.220
（2015/12）~（2016/06）	0.233*	<0.001
（2016/06）~（2016/12）	0.435*	<0.001
（2016/12）~（2017/06）	0.117*	0.003
（2017/06）~（2017/12）	0.531*	<0.001
（2017/12）~（2018/06）	0.127*	0.001
（2018/06）~（2018/12）	−0.082	0.021
（2018/12）~（2019/06）	−0.235	<0.001
（2019/06）~（2019/12）	0.145*	<0.001
（2019/12）~（2020/06）	0.484*	<0.001
（2020/06）~（2020/12）	−0.078	0.008

注：*表示在排序期和检验期,基金的业绩在5%的显著性水平下具有持续性。

上述检验显示,当排序期和检验期时间较长（排序期为一年和三年、检验期为一年）时,主动管理的股票型公募基金的业绩基本上没有持续性。换言之,在

过去一年或过去三年里投资收益率排名靠前的基金,在下一年里的收益率排名并不一定靠前。但是,当排序期和检验期时间较短(排序期和检验期为半年)时,主动管理的股票型公募基金收益的持续性有所增强,也就是说,公募基金在过去半年的收益排名对投资者在未来半年选择基金时是具有参考价值的。

二、收益率持续性的绩效二分法检验

美国著名学者,分别来自纽约大学和耶鲁大学的 Brown 和 Goetzmann 教授(1995)使用绩效二分法检验了基金业绩的持续性,其原理是通过考察基金业绩在排序期和检验期的排名变动情况来检验基金整体业绩的持续性。肖奎喜和杨义群(2005)通过绩效二分法对截至 2003 年底市场上 55 只开放型基金的业绩持续性进行检验,结果显示,基金业绩仅在 1~3 个月的短期内出现了持续现象,长期来看,基金很难持续取得好的投资收益。在本节,我们将绩效二分法应用到我国的基金市场,分析股票型公募基金收益率的排名能否持续。根据绩效二分法,我们在排序期和检验期将样本基金按照收益率从高到低排序,排名前 50% 的基金定义为赢组(Winner),排名后 50% 的基金定义为输组(Loser)。若基金在排序期和检验期均位于赢组,记为赢赢组(WW)。以此类推,根据基金在排序期和检验期的排名表现,可以把基金分成赢赢组(WW)、赢输组(WL)、输赢组(LW)和输输组(LL)四个组,具体如表 4-4 所示。

表 4-4　　　　　　　　绩效二分法检验中的基金分组

排序期	检验期	
	赢组(Winner)	输组(Loser)
赢组(Winner)	WW	WL
输组(Loser)	LW	LL

在对基金进行分组后,我们采用交叉积比率指标(cross-product ratio, CPR),来检验股票型公募基金收益率的持续性。若基金收益率存在持续性,则基金在排序期和检验期的排名是相对稳定的,此时四组基金在样本中的占比应该是不均匀的。具体来说,排序期属于赢组的基金,在检验期有很大概率仍然属于赢组;排序期属于输组的基金,在检验期继续留在输组的概率也较高。反之,若基金收益率不存在持续性,在检验期的排序是随机的,那么排序期属于赢组和输组的基金在下一年位于赢组和输组的概率是均等的,即上述四种情况在全部样本基金中的比例应为 25%。由此,我们可以通过 CPR 这一综合了四个分组基金占比的指标来检验基金

业绩的持续性。CPR 指标的计算方法如下：

$$\widetilde{CPR} = \frac{N_{WW} \times N_{LL}}{N_{WL} \times N_{LW}} \quad (4.2)$$

其中，N_{WW}、N_{LL}、N_{WL}、N_{LW} 分别代表属于每组基金的样本数量。如果基金的业绩不存在持续性，则 CPR 的值应该为 1，即 $\ln(\widetilde{CPR}) = 0$。$\ln(\widetilde{CPR})$ 服从正态分布，其标准差为：

$$\sigma_{\ln(\widetilde{CPR})} = \sqrt{1/N_{WW} + 1/N_{WL} + 1/N_{LW} + 1/N_{LL}} \quad (4.3)$$

我们使用 Z 统计量来检验 $\ln(\widetilde{CPR})$ 是否等于 0。在观测值相互独立时，Z 统计量服从标准正态分布，即：

$$\widetilde{Z} = \frac{\ln(\widetilde{CPR})}{\sigma_{\ln(\widetilde{CPR})}} \rightarrow \text{Norm}(0,1) \quad (4.4)$$

如果 Z 统计量显著大于 0，则对应的 CPR 指标显著大于 1，表明基金的收益率具有持续性；反之，如果 Z 统计量显著小于 0，则对应的 CPR 指标显著小于 1，表明基金的收益排名在检验期出现了反转；若 Z 统计量和 0 相差不大，那么对应的 CPR 指标接近于 1，此时可以推断，检验期中四组基金数量大致相等，也就是说基金收益率排名是随机的。通过上述方法，我们能够对公募基金的业绩持续性作出判断。

在这里，我们关心的问题是：过去一年收益率排名在前 50% 的基金，下一年能否继续获得较高的收益？过去一年收益率排名在后 50% 的基金，下一年的收益率是否仍旧较低？如果这两个问题的答案是肯定的，那么我们认为基金在过去一年的业绩对于投资者来说具有参考价值，如果答案是否定的，则意味着公募基金的收益率没有持续性。由于本章讨论的重点是基金的业绩是否具有持续性，因此，我们关注基金在排序期和检验期组别的延续性，即属于 WW 组和 LL 组基金的比例是否明显高于 25%，并以此为依据进行判断。如果一只基金在检验期的业绩没有规律，那么它属于四个组别任意一组的概率为 25%。

图 4-1 和表 4-5 展示了 2007~2020 年排序期为一年、检验期也为一年的绩效二分法检验结果。其中，图 4-1 显示了每组检验中属于赢赢组（WW）、赢输组（WL）、输赢组（LW）和输输组（LL）四组基金的比例分布；表 4-5 除了各组的比例之外，还展示了 CPR 等统计指标的具体数值。我们发现，在大多数时间里，属于 WW 组和 LL 组的基金数量占比与 25% 区别不大，这表示大多数年间在排序期属于赢组或输组的基金，在检验期的组别分布是随机的。结合 CPR 等统计指标的具体数值来看，在 13 次检验中，在 5% 的显著性水平下，只有（2019）~2020 年期间 CPR 值是大于 1 且 P 值小于 0.05，而在其他 12 个样本期，CPR 指标不显著或显著小于 1。因此，以一年为排序期时主动管理的股票型基金的收益率不具有持续

性。在最新的样本期（2019）~2020 年里，CPR 指标为 4.00，Z 检验 P 值小于 0.05，WW 组和 LL 组基金比例分别为 33.5%和 33.1%，说明在 2019 年属于赢组的基金在 2020 年有 33.5%继续属于赢组，2019 年属于输组的基金在 2020 年有 33.1%继续属于输组。综合 13 个样本期的检验结果，我们认为检验期为一年时，公募基金的收益率不具有持续性。

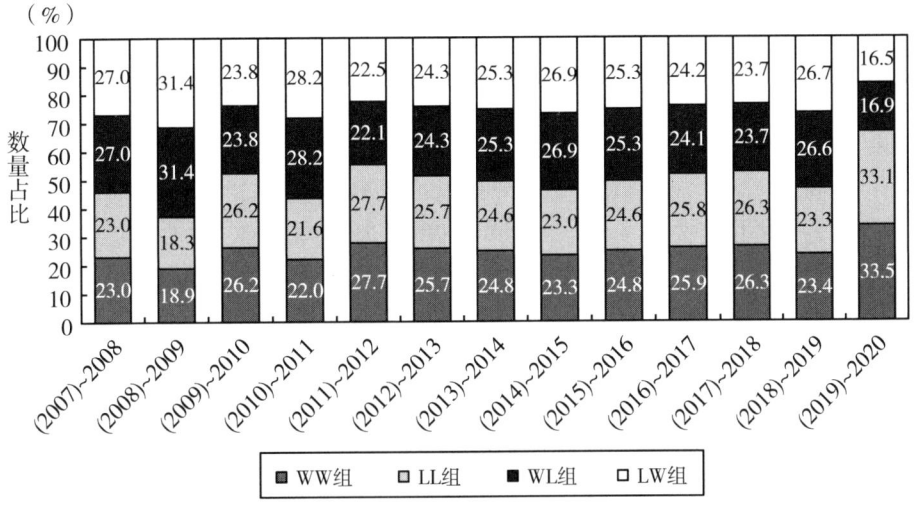

图 4-1 股票型基金业绩持续性绩效二分法检验各组比例
（排序期为一年、检验期为一年）：2007~2020 年

表 4-5　　　　　股票型基金业绩持续性的绩效二分法检验
（排序期为一年、检验期为一年）：2007~2020 年

（排序期）~检验期	CPR	Z 统计量	P 值	WW 组比例（%）	LL 组比例（%）	WL 组比例（%）	LW 组比例（%）
（2007）~2008	0.73	-0.89	0.374	23.0	23.0	27.0	27.0
（2008）~2009	0.35	-3.36	0.001	18.9	18.3	31.4	31.4
（2009）~2010	1.21	0.69	0.491	26.2	26.2	23.8	23.8
（2010）~2011	0.60	-2.05	0.041	22.0	21.6	28.2	28.2
（2011）~2012	1.54	1.88	0.060	27.7	27.7	22.1	22.5
（2012）~2013	1.12	0.53	0.599	25.7	25.7	24.3	24.3
（2013）~2014	0.95	-0.25	0.805	24.8	24.6	25.3	25.3
（2014）~2015	0.74	-1.57	0.117	23.3	23.0	26.9	26.9
（2015）~2016	0.96	-0.22	0.823	24.8	24.6	25.3	25.3
（2016）~2017	1.15	0.85	0.397	25.9	25.8	24.1	24.2

续表

（排序期）~检验期	CPR	Z统计量	P值	WW组比例（%）	LL组比例（%）	WL组比例（%）	LW组比例（%）
（2017）~2018	1.24	1.38	0.167	26.3	26.3	23.7	23.7
（2018）~2019	0.77	−1.82	0.068	23.4	23.3	26.6	26.7
（2019）~2020	4.00*	9.93	<0.001	33.5	33.1	16.9	16.5

注：*表示在排序期和检验期，基金的业绩在5%的显著性水平下具有持续性。

由于以一年作为排序期时间较短，且一年期的基金业绩并不稳定，下面我们以三年作为排序期、一年作为检验期，重新对股票型公募基金的收益持续性进行绩效二分法检验。图 4-2 显示，在大多数样本期内，属于 WW 组和 LL 组基金数量占比接近随机分布下的 25%，与基金业绩随机变化的结果相似。结合表 4-6 中 CPR 的具体指标可以发现，在 11 次检验中，只有 2 次检验的 CPR 指标是显著大于 1 的，分别为（2012~2014）~2015 年和（2017~2019）~2020 年。这个结果表明，大多数情况下过去三年业绩较好的基金在下一年的业绩排名随机性较强。在最新的检验区间（2017~2019）~2020 年，有 30.7% 在排序期属于赢组（输组）的基金在检验期依然属于赢组（输组），超过随机分布下对应的 25%，基金业绩在这段时间持续性较强。此外，还能够发现，（2011~2013）~2014 年 CPR 值小于 1 且显著，意味着 2011~2013 年内累计收益率排名较高的基金在 2014 年的收益率排名反而较低，业绩排名出现反转。总体而言，以三年为排序期所得出的结果与排序期为一年时一致，2007~2020 年期间主动管理的股票型公募基金的业绩仍不具有持续性。

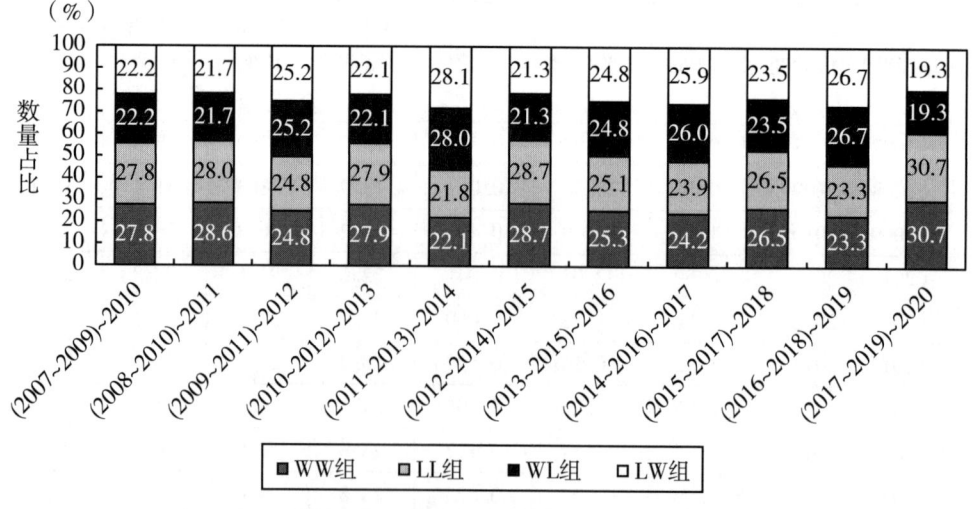

图 4-2　股票型基金业绩持续性绩效二分法检验各组比例
（排序期为三年、检验期为一年）：2007~2020 年

表 4-6 股票型基金业绩持续性的绩效二分法检验
（排序期为三年、检验期为一年）：2007~2020 年

（排序期）~检验期	CPR	Z 统计量	P 值	WW 组比例（%）	LL 组比例（%）	WL 组比例（%）	LW 组比例（%）
（2007~2009）~2010	1.56	1.24	0.213	27.8	27.8	22.2	22.2
（2008~2010）~2011	1.70	1.73	0.083	28.6	28.0	21.7	21.7
（2009~2011）~2012	0.96	-0.14	0.890	24.8	24.8	25.2	25.2
（2010~2012）~2013	1.60	1.86	0.062	27.9	27.9	22.1	22.1
（2011~2013）~2014	0.62	-2.11	0.035	22.1	21.8	28.0	28.1
（2012~2014）~2015	1.82*	2.83	0.005	28.7	28.7	21.3	21.3
（2013~2015）~2016	1.03	0.15	0.883	25.3	25.1	24.8	24.8
（2014~2016）~2017	0.86	-0.81	0.420	24.2	23.9	26.0	25.9
（2015~2017）~2018	1.27	1.34	0.180	26.5	26.5	23.5	23.5
（2016~2018）~2019	0.76	-1.70	0.089	23.3	23.3	26.7	26.7
（2017~2019）~2020	2.55*	5.90	<0.001	30.7	30.7	19.3	19.3

注：*表示在排序期和检验期，基金的业绩在 5% 的显著性水平下具有持续性。

由于投资者同样会关注基金的短期业绩，接下来，我们将排序期和检验期缩短为半年，检验当排序期和检验期较短时，公募基金的收益率持续性表现是否和排序期为一年和三年时保持一致。图 4-3 和表 4-7 显示，27 次检验中有 12 次检验结果的 P 值小于 0.05，且 CPR 指标大于 1，显著区别于 25%。换言之，在这 12 个样本期内，在过去半年属于赢组的基金，在未来半年有很大比例也属于赢组，而在过去半年属于输组的基金，在未来半年也有很大比例仍属于输组，持续性较排序期为一年和三年时有明显提升。举例来看，（2019/06）~（2019/12）期间，Spearman 相关系数呈正显著，2019 年，A 股市场迎来结构性牛市，万得全 A 指数全年上涨 33%，深圳成指和创业板指的上涨幅度更是超过了 40%，科技、消费等行业股票涨幅靠前。在整体上涨的行情下，风格持续统一的股票型基金的业绩在 2019 年上下半年得以持续。此外，我们发现部分年间排序期和检验期都属于赢组和输组的基金数量占比显著小于 25%，如（2018/12）~（2019/06）期间，基金在排序期和检验期都属于赢组和输组的基金占比均只有 20.6%。2018 年下半年，我国股票市场持续走低，沪深 300 指数创十年来最高年度跌幅。进入 2019 年上半年，股票市场总体呈现上涨态势，但市场分化显著，蓝筹股上涨幅度整体高于市场平均水平，而绩差股则明显下跌。因此，采用不同选股策略的基金在 2018 年下半年和 2019 年上半年的业绩表现出反转。

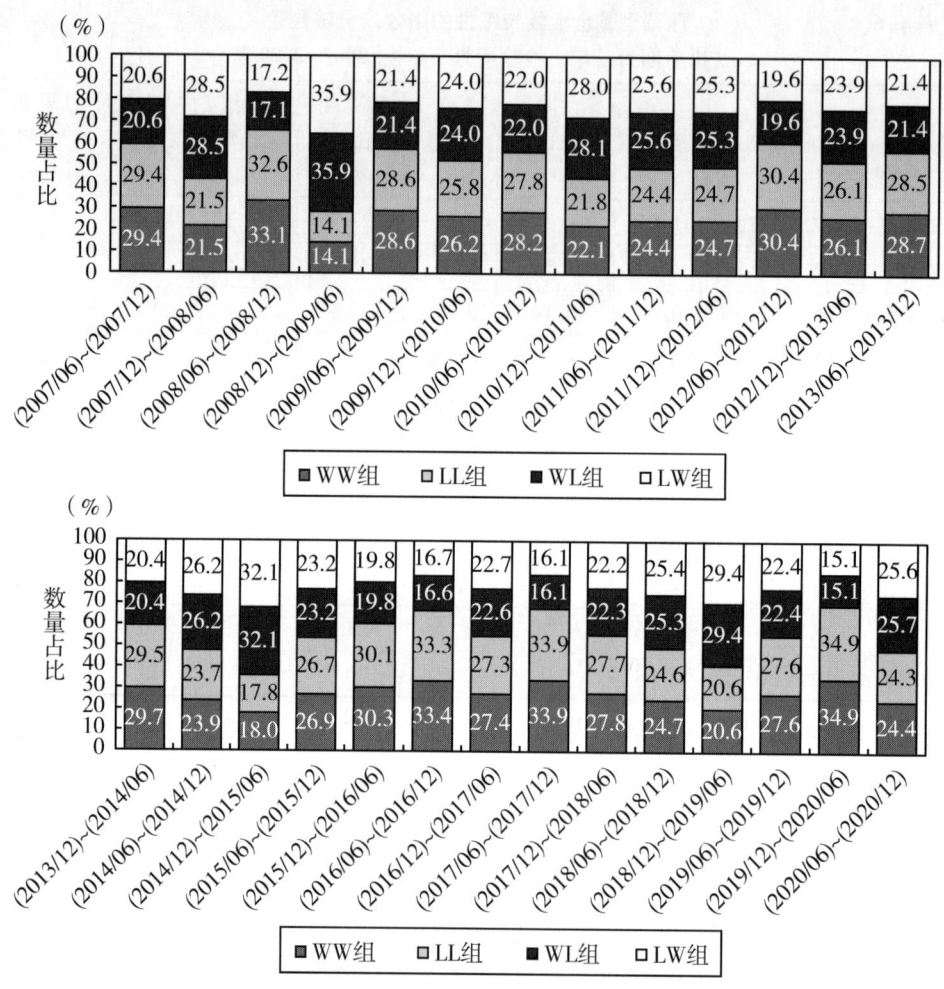

图 4-3 股票型基金业绩持续性绩效二分法检验各组比例
（排序期为半年、检验期为半年）：2007~2020 年

表 4-7　　　　　股票型基金业绩持续性的绩效二分法检验
（排序期为半年、检验期为半年）：2007~2020 年

（排序期）~检验期	CPR	Z 统计量	P 值	WW 组比例（%）	LL 组比例（%）	WL 组比例（%）	LW 组比例（%）
（2007/06）~（2007/12）	2.03	1.95	0.051	29.4	29.4	20.6	20.6
（2007/12）~（2008/06）	0.57	-1.74	0.081	21.5	21.5	28.5	28.5
（2008/06）~（2008/12）	3.67*	4.08	<0.001	33.1	32.6	17.1	17.2
（2008/12）~（2009/06）	0.15	-5.85	<0.001	14.1	14.1	35.9	35.9

续表

（排序期）~检验期	CPR	Z统计量	P值	WW组比例（%）	LL组比例（%）	WL组比例（%）	LW组比例（%）
（2009/06）~（2009/12）	1.78*	2.06	0.039	28.6	28.6	21.4	21.4
（2009/12）~（2010/06）	1.17	0.59	0.556	26.2	25.8	24.0	24.0
（2010/06）~（2010/12）	1.62	1.92	0.055	28.2	27.8	22.0	22.0
（2010/12）~（2011/06）	0.61	-2.07	0.039	22.1	21.8	28.1	28.0
（2011/06）~（2011/12）	0.90	-0.46	0.649	24.4	24.4	25.6	25.6
（2011/12）~（2012/06）	0.95	-0.22	0.826	24.7	24.7	25.3	25.3
（2012/06）~（2012/12）	2.40*	4.07	<0.001	30.4	30.4	19.6	19.6
（2012/12）~（2013/06）	1.20	0.91	0.365	26.1	26.1	23.9	23.9
（2013/06）~（2013/12）	1.78*	2.90	0.004	28.7	28.5	21.4	21.4
（2013/12）~（2014/06）	2.10*	3.78	0.000	29.7	29.5	20.4	20.4
（2014/06）~（2014/12）	0.83	-1.00	0.319	23.9	23.7	26.2	26.2
（2014/12）~（2015/06）	0.31	-6.04	<0.001	18.0	17.8	32.1	32.1
（2015/06）~（2015/12）	1.32	1.57	0.118	26.9	26.7	23.2	23.2
（2015/12）~（2016/06）	2.33*	4.98	<0.001	30.3	30.1	19.8	19.8
（2016/06）~（2016/12）	4.02*	8.12	<0.001	33.4	33.3	16.6	16.7
（2016/12）~（2017/06）	1.46*	2.40	0.017	27.4	27.3	22.6	22.7
（2017/06）~（2017/12）	4.45*	9.08	<0.001	33.9	33.9	16.1	16.1
（2017/12）~（2018/06）	1.55*	2.93	0.003	27.8	27.7	22.3	22.2
（2018/06）~（2018/12）	0.95	-0.39	0.695	24.7	24.6	25.3	25.4
（2018/12）~（2019/06）	0.49	-5.17	<0.001	20.6	20.6	29.4	29.4
（2019/06）~（2019/12）	1.52*	3.20	0.001	27.6	27.6	22.4	22.4
（2019/12）~（2020/06）	5.34*	12.55	<0.001	34.9	34.9	15.1	15.1
（2020/06）~（2020/12）	0.90	-0.91	0.361	24.4	24.3	25.7	25.6

注：*表示在排序期和检验期，基金的业绩在5%的显著性水平下具有持续性。

在最新两个检验区间，（2019/12）~（2020/06）期间，T检验P值小于0.05，CPR值为5.34，显著大于1，在排序期和检验期均属于WW组和LL组的基金比例均为34.9%，超过随机分布下对应的25%。说明排序期属于赢组（输组）的基金在检验期仍有34.9%的基金属于赢组（输组）。（2020/06）~（2020/12）期间，T检验 P 值大于 0.05，CPR 指标不显著，表明在此期间基金的收益率不具有持续性。

综合分析绩效二分法的检验结果可以发现，当排序期为一年和三年时，主动管理的股票型基金业绩不具有持续性，当排序期和检验期缩短至半年时，基金收益率持续性明显增强，能够作为投资者选择基金时的参考依据。这一结论与 Spearman 相关性检验所得出的结论基本一致。

三、收益率持续性的描述统计检验

前面我们分别采用绩效二分法和 Spearman 相关系数的方法检验了公募基金的收益率是否具有持续性。本节我们将采用描述统计的方法来分析股票型公募基金的收益率是否具有持续性，这种方法相对而言更加直观。

在本节，我们选取的检验期和排序期的时间区间与前两节一样。首先，在排序期根据收益率进行排序，从高至低将基金分为四组，将第一组定义为收益率最高的组（收益率排名在前 25%），以此类推，第四组定义为收益率最低的组（收益率排名在后 25%）。其次，观察每组基金在检验期的分组情况。如果基金的收益率具有持续性，那么在排序期属于第一组的基金，在检验期应该也有很高的比例属于第一组；反之，如果基金的收益率不具有持续性，则无论基金在排序期中处于什么组别，在检验期中的排名应该是随机分布的，也就是说，排序期处于第一组的基金，检验期处于各组的比例应为 25%。由于本章讨论的重点是公募基金的收益率是否具有持续性，在这里我们主要关注基金在排序期和检验期所属组别的延续情况。

在 2007~2020 年期间，通过计算，我们得出 13 个在排序期收益率属于第一组的基金在检验期也属于第一组的比例，再计算这 13 个比例的平均值，可以获得 2007~2020 年收益率在排序期和检验期均属于第一组比例的均值。图 4-4 为一年排序期内属于第一组、第二组、第三组和第四组的基金在下一年检验期所属各组的比例。从中可见，排序期位于第一组的基金，在检验期有 27.4% 的比例仍处于第一组；排序期位于第四组的基金，在检验期有 27.3% 的比例仍处于第四组，这两个比例略高于随机分布情况下的 25%。接下来，我们采用 T 检验，进一步检查了这两个比例是否在统计上显著区别于 25%。

表 4-8 是排序期为一年、检验期为一年时，股票型公募基金收益率在检验期组别变化的 T 检验结果。我们发现，排序期和检验期均属于第一组、第二组、第三组和第四组的基金 T 检验的 P 值都要大于 0.05。也就是说，在 5% 的显著性水平下，没有一组基金在检验期的占比显著不同于 25%，无论基金在排序期属于什么分组，其在检验期基本都随机地分布于四个组别之间，公募基金在排序期的组别分布与其在检验期的组别分布并没有直接联系。

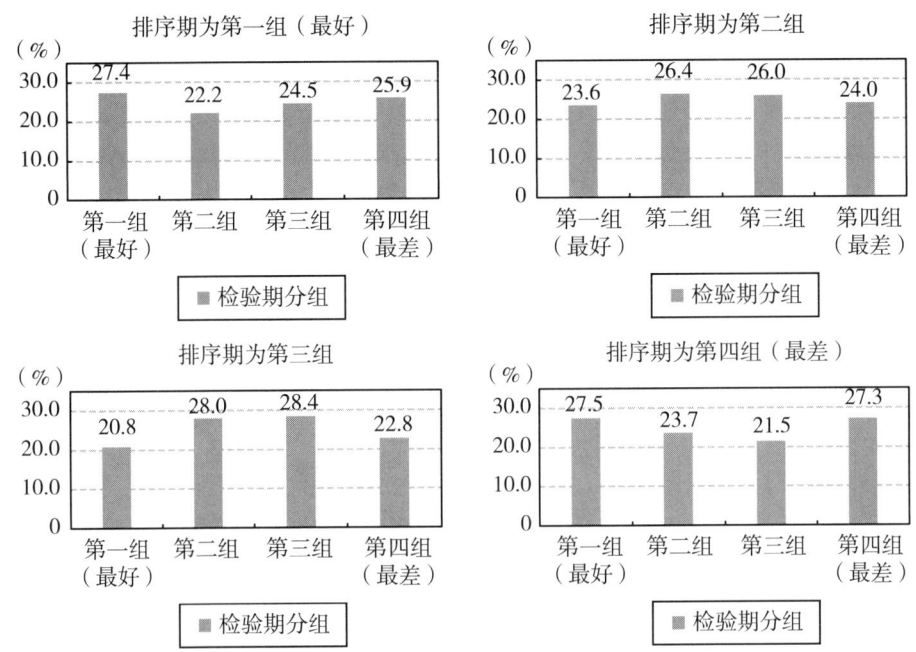

图 4-4 股票型基金收益率在检验期组别变化的分布
(排序期为一年、检验期为一年): 2007~2020 年

表 4-8　　　股票型基金收益率在检验期组别变化的 T 检验
(排序期为一年、检验期为一年): 2007~2020 年

排序期组别	检验期组别	平均百分比（%）	t 值	T 检验 P 值
1 （最好的基金组）	1	27.4	0.84	0.415
	2	22.2	-2.43	0.032
	3	24.5	-0.34	0.741
	4	25.9	0.41	0.689
2	1	23.6	-1.36	0.198
	2	26.4	1.01	0.333
	3	26.0	1.02	0.328
	4	24.0	-0.92	0.376
3	1	20.8	-3.95	0.002
	2	28.0	2.45	0.031
	3	28.4	2.04	0.064
	4	22.8	-1.28	0.224
4 （最差的基金组）	1	27.5	1.06	0.309
	2	23.7	-0.99	0.340
	3	21.5	-2.30	0.040
	4	27.3	1.13	0.281

注：*表示在排序期和检验期，基金的业绩在 5% 的显著性水平下具有持续性。

为了更加直观地观察基金在排序期与检验期夏普比率排名的实际变动情况，我们分别选出2007~2020年排序期收益率位于前5%和后5%的基金与它们在检验期的排名进行对比，进一步分析业绩突出的基金和业绩垫底的基金的业绩能否持续。表4-9展示了排序期为一年时，收益率排名前5%的基金在下一年仍然排名前5%的基金数量和占比，平均有9.7%的基金能够在检验期继续排到前5%的位置，换言之，在过去一年收益率最高的基金，在下一年有90.3%的概率不再是最优秀的基金。在（2010）~2011年、（2015）~2016年、（2017）~2018年、（2018）~2019年和（2019）~2020年这五个样本期内，排序期位于前5%的基金没有一只仍在检验期排名前5%，占比为0%。由此可见，当检验范围缩小至5%时，基金业绩持续性表现没有显著改变，每年最优秀的公募基金在检验期的收益和排名变动都很大，对投资者而言没有参考价值。

表4-9　　收益率前5%的股票型基金在检验期仍处于前5%的比例
（排序期为一年、检验期为一年）：2007~2020年

排序期	检验期	排序期中前5%的基金数量（只）	检验期中仍处于前5%的基金数量（只）	检验期中仍处于前5%的基金比例（%）
2007	2008	6	2	33.3
2008	2009	8	2	25.0
2009	2010	10	2	20.0
2010	2011	13	0	0.0
2011	2012	15	2	13.3
2012	2013	18	2	11.1
2013	2014	20	1	5.0
2014	2015	22	1	4.5
2015	2016	25	0	0.0
2016	2017	30	4	13.3
2017	2018	33	0	0.0
2018	2019	39	1	0.0
2019	2020	46	0	0.0
平均值		—	—	9.7

在附录三中，我们具体展示了排序期和检验期都为一年时，2017~2020年在排序期排名前30位的基金在检验期的排名及对应的收益率指标，并用★标记出检验期中仍排名前30位的基金。此外，在附录四中我们展示了当排序期为一年时，在排序期和检验期分别排名前30位的基金名单及收益率，同样用★标注出排序期和检验期都排名前30位的基金，以便读者参考。

表4-10是排序期为一年时，收益率排名位于后5%的基金在检验期中仍处于后5%的基金比例。据表4-10可知，13次检验中，平均只有8.9%的基金在排序期和检验期都排名后5%，这一比例并不高，所以收益率垫底的基金业绩并没有显示出持续性。其中，（2007）~2008年、（2012）~2013年、（2013）~2014年、（2014）~2015年，检验期中仍处于后5%的基金比例为0%。最新一个样本期（2019）~2020年，有21.7%的基金的收益率继续在检验期排名垫底。总体而言，2007~2020年，基金业绩持续排名最差（后5%）的基金中，能够在检验期延续其业绩的基金占比仍旧较低，因此收益率排名处于末位的股票型公募基金的业绩同样不具有持续性。

表4-10　收益率后5%的股票型基金在检验期仍处于后5%的比例
（排序期为一年、检验期为一年）：2007~2020年

排序期	检验期	排序期中后5%的基金数量（只）	检验期中仍处于后5%的基金数量（只）	检验期中仍处于后5%的基金比例（%）
2007	2008	6	0	0.0
2008	2009	8	1	12.5
2009	2010	10	1	10.0
2010	2011	12	1	8.3
2011	2012	15	3	20.0
2012	2013	18	0	0.0
2013	2014	20	0	0.0
2014	2015	22	0	0.0
2015	2016	24	3	12.5
2016	2017	30	3	10.0
2017	2018	33	5	15.2
2018	2019	39	2	5.1
2019	2020	46	10	21.7
平均值		—	—	8.9

当排序期为一年时，基金的收益率可能存在一定的不稳定性，接下来，我们将排序期延长为三年、检验期仍为一年，继续对股票型公募基金业绩的持续性进行检验。通过滚动计算，我们能够得出11个排序期属于第一组的基金在检验期也属于

第一组的比例，再计算这11个比例的平均值，可以获得2007~2020年排序期和检验期内基金收益率都属于第一组比例的均值。图4-5显示，当排序期为三年时，在排序期收益最高的属于第一组的基金有29.4%在检验期中仍然属于收益最高的第一组，在排序期收益最低的属于第四组的基金有28.6%在检验期中仍然属于收益最低的第四组，均略高于随机分布下对应的25%。

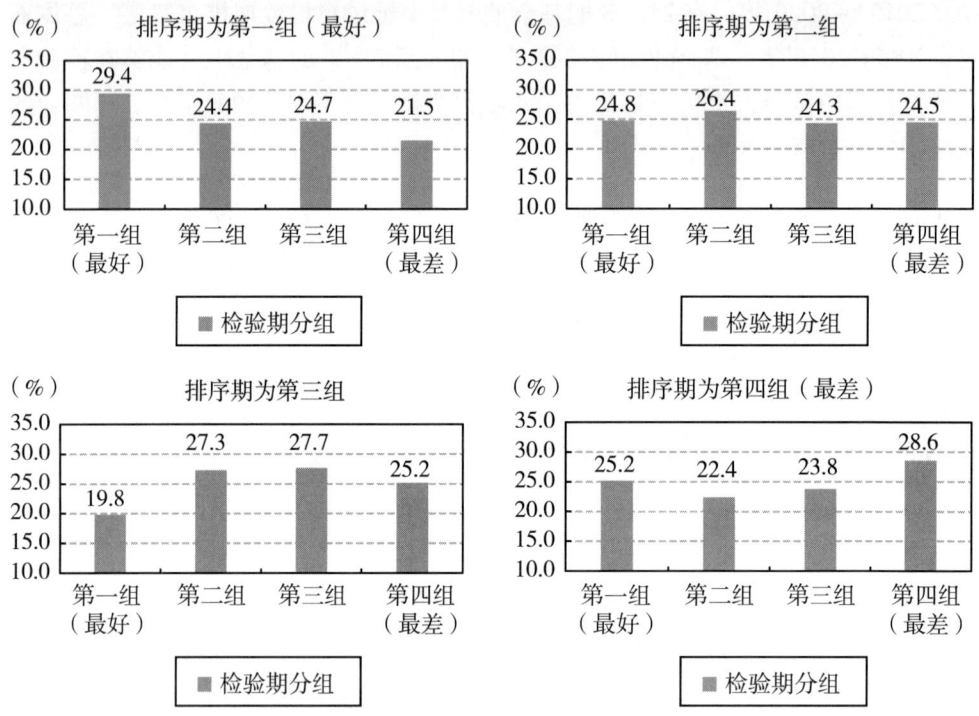

图4-5　股票型基金收益率在检验期组别变化的分布
（排序期为三年、检验期为一年）：2007~2020年

根据图4-5，我们能够知道基金排序期组别在检验期时的变化情况，为了考察排序期内的各组基金在检验期内留在同一组别的概率是否显著区别于25%，我们又对2007~2020年间的11个排序期和检验期的结果进行了T检验。表4-11显示，在5%的显著性水平下，排序期和检验期都属于第一组的基金通过了T检验，T检验P值为0.033，这表明过去三年收益率排名靠前的基金在未来一年有29.4%的基金收益率仍然排名靠前。但是，收益率在排序期和检验期都属于第四组的基金，T检验P值为0.082，没有通过显著性检验，意味着收益率排名靠后的基金在未来一年的业绩不确定性较强。

表 4-11　　　股票型基金收益率在检验期组别变化的 T 检验
　　　　　　（排序期为三年、检验期为一年）：2007~2020 年

排序期组别	检验期组别	平均百分比（%）	t 值	T 检验 P 值
1 （最好的基金组）	1	29.4*	2.48	0.033
	2	24.4	-0.41	0.693
	3	24.7	-0.17	0.870
	4	21.5	-2.72	0.022
2	1	24.8	-0.15	0.884
	2	26.4	1.15	0.278
	3	24.3	-0.64	0.539
	4	24.5	-0.37	0.723
3	1	19.8	-2.95	0.015
	2	27.3	1.18	0.264
	3	27.7	2.19	0.053
	4	25.2	0.30	0.771
4 （最差的基金组）	1	25.2	0.13	0.896
	2	22.4	-1.90	0.087
	3	23.8	-0.72	0.490
	4	28.6	1.93	0.082

注：*表示在排序期和检验期，基金的业绩在 5% 的显著性水平下具有持续性。

当排序期为三年时，收益率排名前 25% 的基金业绩具有一定的持续性，那么，收益率排名前 5% 的基金的业绩是否也能够持续呢？表 4-12 显示，平均只有 5.1% 的基金能够在排序期和检验期都排名前 5%。11 个样本期中，有 6 个样本期检验期基金收益仍处于前 5% 的基金数量为 0。其他的样本期中，检验期仍排名前 5% 的基金占比整体不高，随机性较强。最新一个检验区间（2017~2019）~2020 年，排序期收益率排名前 5% 的基金在检验期没有一只基金能保持其业绩排名。由此可见，2007~2020 年最优秀的公募基金在检验期的收益和排名变动很大，对投资者而言没有参考价值。

表 4-12　　　收益率前 5% 的股票型基金在检验期仍处于前 5% 的比例
　　　　　　（排序期为三年、检验期为一年）：2007~2020 年

排序期	检验期	排序期中前 5% 的基金数量（只）	检验期中仍处于前 5% 的基金数量（只）	检验期中仍处于前 5% 的基金比例（%）
2007~2009	2010	6	1	16.7
2008~2010	2011	8	0	0.0
2009~2011	2012	10	0	0.0
2010~2012	2013	12	2	16.7

续表

排序期	检验期	排序期中前5%的基金数量（只）	检验期中仍处于前5%的基金数量（只）	检验期中仍处于前5%的基金比例（%）
2011~2013	2014	15	0	0.0
2012~2014	2015	18	1	5.6
2013~2015	2016	20	2	10.0
2014~2016	2017	22	0	0.0
2015~2017	2018	24	0	0.0
2016~2018	2019	30	2	6.7
2017~2019	2020	33	0	0.0
平均值		—	—	5.1

表4-13显示的是排序期为三年时收益率排名后5%的公募基金在检验期仍排名后5%的基金个数和占比。从中可见，和收益率排名前5%的基金相比，每年收益率保持排名后5%的基金的比例有所提高，平均在12.1%左右，但整体占比仍不高。其中，4个样本期内检验期仍属于后5%的基金占比小于10%，同时，有2个样本期基金仍排在后5%的基金占比超过了20%，相对较高。在最新一个样本期（2017~2019）~2020年，33只在排序期排名后5%的基金中有4只基金在检验期依旧排名后5%，占比为12.1%。综合多个样本期的检验结果来看，排序期和检验期均位于后5%的基金比例仍然不高，投资者无法根据过去一年收益率排名后5%的基金判断其在下一年的排名。

表4-13 收益率后5%的股票型基金在检验期仍处于后5%的比例
（排序期为三年、检验期为一年）：2007~2020年

排序期	检验期	排序期中后5%的基金数量（只）	检验期中仍处于后5%的基金数量（只）	检验期中仍处于后5%的基金比例（%）
2007~2009	2010	6	1	16.7
2008~2010	2011	8	2	25.0
2009~2011	2012	10	3	30.0
2010~2012	2013	12	0	0.0
2011~2013	2014	15	1	6.7
2012~2014	2015	18	2	11.1
2013~2015	2016	20	2	10.0
2014~2016	2017	22	1	4.5
2015~2017	2018	24	4	16.7

续表

排序期	检验期	排序期中后5%的基金数量（只）	检验期中仍处于后5%的基金数量（只）	检验期中仍处于后5%的基金比例（%）
2016~2018	2019	30	0	0.0
2017~2019	2020	33	4	12.1
平均值		—	—	12.1

Spearman 相关性检验和绩效二分法检验的结果显示，以半年为排序期和检验期时，基金的收益在部分时期表现出持续性，对投资者具有参考意义。那么，收益率持续性的描述统计检验是否能得出同样的结果？接下来，我们将排序期和检验期都缩短为半年，检验较短时期内公募基金收益率在排序期和检验期的变化情况。图 4-6 显示，过去半年属于收益最高的第一组的基金在下半年有 30.6% 的比例仍属于第一组，过去半年属于收益最低的第四组的基金在下半年有 30.4% 的比例仍属于第四组，均高于随机分布下对应的 25%。我们在表 4-14 中对这两个比例是否显著大于 25% 进行了验证，结果显示，排序期和检验期都属于收益最高的第一组的基金 T 检验 P 值为 0.009，排序期和检验期都属于收益最低的第四组的基金 T 检验 P 值为 0.012，均小于 0.05，说明这两个比例显著大于 25%。因此，当排序期和

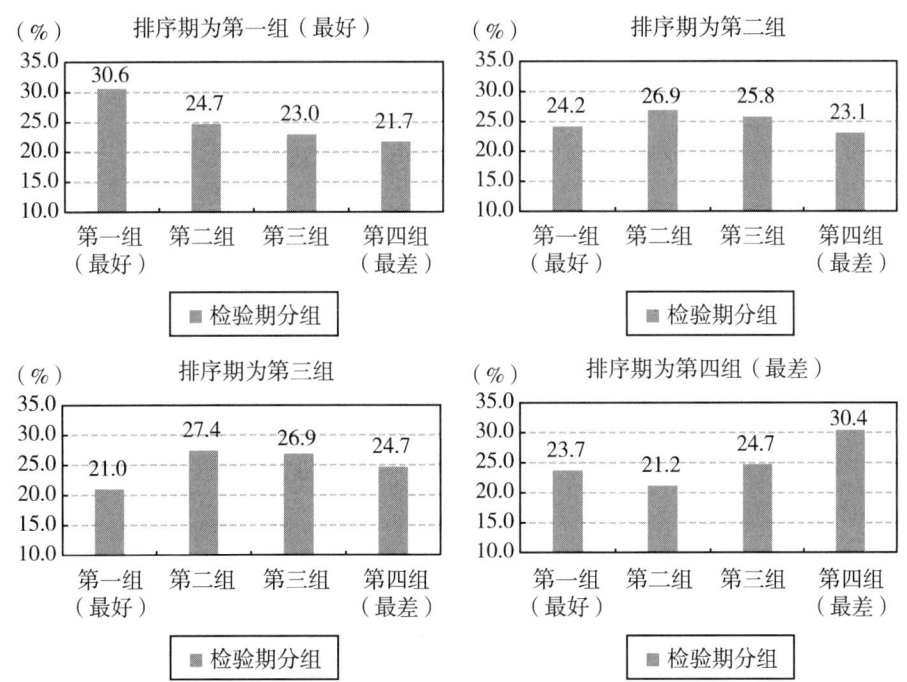

图 4-6 股票型基金收益率在检验期组别变化的分布
（排序期为半年、检验期为半年）：2007~2020 年

检验期为半年时，收益率排名靠前和靠后的基金业绩具有持续性，投资者在筛选基金时，可以以此作为参考依据。

表 4-14　股票型基金收益率在检验期组别变化的 T 检验
（排序期为半年、检验期为半年）：2007~2020 年

排序期组别	检验期组别	平均百分比（%）	t 值	T 检验 P 值
1 （最好的基金组）	1	30.6*	2.80	0.009
	2	24.7	−0.27	0.792
	3	23.0	−2.02	0.054
	4	21.7	−1.60	0.122
2	1	24.2	−0.86	0.396
	2	26.9	1.76	0.090
	3	25.8	0.92	0.365
	4	23.1	−1.98	0.058
3	1	21.0	−4.06	0.000
	2	27.4	2.34	0.027
	3	26.9	2.29	0.031
	4	24.7	−0.19	0.850
4 （最差的基金组）	1	23.7	−0.61	0.544
	2	21.2	−2.77	0.010
	3	24.7	−0.24	0.812
	4	30.4*	2.71	0.012

注：*表示在排序期和检验期，基金的业绩在 5% 的显著性水平下具有持续性。

至此，我们分别采用绩效二分法、Spearman 相关性检验以及描述统计检验的方法，对股票型公募基金的收益率是否具有持续性进行了检验。结果显示，当排序期是一年或三年、检验期为一年时，股票型基金的业绩基本没有展示出持续性。但是，排序期和检验期缩短为半年后，基金收益率的持续性有所增强，能够为投资者提供有效参考。需要注意的是，投资者应考虑到在不同基金之间频繁转换所产生的交易费用对投资业绩可能造成的影响。

四、夏普比率持续性的描述统计检验

投资者在进行基金投资时，除关注基金能够赚取的收益外，投资基金所承担的风险也十分重要。接下来，我们选取基金的夏普比率这一反应基金风险调整后收益

的指标作为衡量基金业绩持续性的指标，对其是否具有持续性进行检验。我们同样选取一年和三年作为排序期、一年为检验期。在2007~2020年期间，当排序期为一年时，通过滚动计算，可以得出13个在排序期夏普比率属于第一组的基金在检验期也属于第一组的比例，再计算这13个比例的平均值，可以获得排序期和检验期夏普比率均属于第一组比例的均值。这里，我们重点关注的是基金在检验期是否能够延续其在排序期的组别。

表4-15具体展示了夏普比率在排序期属于第一组、第二组、第三组和第四组的基金在检验期所属各组的基金比例。结果显示，排序期夏普比率属于第一组的基金在检验期有30.5%的基金继续留在第一组，且T检验P值为0.022，显著大于随机分布下对应的25%，表明过去一年夏普比率排名前25%的基金在未来一年有30.5%的概率依旧排名靠前。同时，排序期夏普比率属于第四组的基金在检验期有33.9%的基金继续留在了第四组，其T检验P值为0.002，该比例显著大于25%，说明过去一年夏普比率排名后25%的基金在未来一年有33.9%的概率仍然排名靠后。因此，我们可以得出结论：过去一年夏普比率较高或较低的基金，在未来一年也有很大概率延续其过往优秀或不佳的业绩，投资者在筛选基金时能够以此为依据。

表4-15　　股票型基金夏普比率在检验期组别变化的T检验
（排序期为一年、检验期为一年）：2007~2020年

排序期组别	检验期组别	平均百分比（%）	t值	T检验P值
1 （最好的基金组）	1	30.5*	2.64	0.022
	2	28.4	2.26	0.043
	3	22.1	-2.59	0.024
	4	19.0	-3.35	0.006
2	1	26.6	1.44	0.175
	2	28.4	3.21	0.008
	3	24.0	-0.83	0.425
	4	21.0	-4.56	0.001
3	1	23.1	-1.29	0.222
	2	23.3	-1.45	0.173
	3	27.6	2.08	0.060
	4	26.0	1.03	0.326
4 （最差的基金组）	1	19.1	-2.40	0.033
	2	20.3	-2.92	0.013
	3	26.7	1.16	0.267
	4	33.9*	3.91	0.002

注：*表示在排序期和检验期，基金的业绩在5%的显著性水平下具有持续性。

上述检验显示，夏普比率排名在前 25% 与后 25% 的股票型基金业绩具有持续性，那么，当这两个比例缩小至 5% 时，这个结论是否仍旧成立？表 4-16 展示了 2007~2020 年排序期为一年时，夏普比率排名前 5% 的基金在下一年仍然排名前 5% 的基金数量和占比。整体来看，有 10.7% 在排序期夏普比率排名前 5% 的基金在检验期仍然排名前 5%，占比不高，9 个样本区间内的基金占比都不超过 15%。(2019)~2020 年，46 只排序期排名前 5% 的基金中，只有 3 只在检验期继续排名前 5%，整体随机性较强。所以，我们认为夏普比率排名非常靠前的基金不一定能在下一年持续稳定获得高夏普比率。附录五具体展示了 2017~2020 年间，以一年为排序期时，股票型公募基金夏普比率排名前 30 名的基金在检验期的排名及其对应的夏普比率，并用★标记出检验期中仍排名前 30 名的基金，供读者对比参考。

表 4-16　　夏普比率前 5% 的股票型基金在检验期仍处于前 5% 的比例
（排序期为一年、检验期为一年）：2007~2020 年

排序期	检验期	排序期中前 5% 的基金数量（只）	检验期中仍处于前 5% 的基金数量（只）	检验期中仍处于前 5% 的基金比例（%）
2007	2008	6	0	0.0
2008	2009	8	2	25.0
2009	2010	10	2	20.0
2010	2011	13	1	7.7
2011	2012	15	2	13.3
2012	2013	18	3	16.7
2013	2014	20	1	5.0
2014	2015	22	4	18.2
2015	2016	25	1	4.0
2016	2017	30	3	10.0
2017	2018	33	0	0.0
2018	2019	39	5	12.8
2019	2020	46	3	6.5
平均值		—	—	10.7

类似地，我们对 2007~2020 年夏普比率排在最后 5% 的基金的业绩持续性进行了检验，结果展示在表 4-17 中。通过检验发现，13 次检验中，平均有 6.2% 的基金在检验期继续留在后 5% 的位置。其中，9 个样本期内检验期仍处于前 5% 的基金占比不超过 15%，且在（2007）~2008 年和（2017）~2018 年，没有一只基金的夏

普比率持续排名垫底。由此我们认为，当排序期为一年时，夏普比率排名后25%的基金业绩展现出了持续性，但排名缩小至后5%的范围时，这种持续的现象就没有显现了。

表 4-17　夏普比率后5%的股票型基金在检验期仍处于后5%的比例
（排序期为一年、检验期为一年）：2007~2020 年

排序期	检验期	排序期中后5%的基金数量（只）	检验期中仍处于后5%的基金数量（只）	检验期中仍处于后5%的基金比例（%）
2007	2008	6	0	0.0
2008	2009	8	2	25.0
2009	2010	10	2	20.0
2010	2011	13	1	7.7
2011	2012	15	2	13.3
2012	2013	18	3	16.7
2013	2014	20	1	5.0
2014	2015	22	4	18.2
2015	2016	25	1	4.0
2016	2017	30	3	10.0
2017	2018	33	0	0.0
2018	2019	39	5	12.8
2019	2020	46	3	6.5
平均值		—	—	6.2

在接下来的分析中，我们将排序期延长至三年、检验期仍为一年，继续对股票型公募基金夏普比率的持续性进行检验，在这里，我们同样重点关注基金排序期组别在检验期的延续情况。表4-18展示了2007~2020年分别属于第一组、第二组、第三组和第四组的基金在下一年检验期所属各组的比例和T检验结果。可以发现，过去三年夏普比率属于第一组的基金有30.6%的比例在下一年仍属于第一组，其T检验P值为0.016；过去三年夏普比率属于第四组的基金在检验期有31.7%的基金仍处于第四组，T检验P值为0.003，这两个比例均显著高于随机分布下对应的25%，表明过去三年夏普比率排名靠前和靠后的基金在未来一年获得同水平夏普比率的可能性较高。由此我们认为，过去三年夏普比率属于最好的第一组的基金，也有较大概率在未来一年延续其优秀的表现，投资者可以重点关注这些股票型公募基金。同时，夏普比率属于最差的第四组的基金，能够作

为投资者筛选基金时的有效参考，投资者在选择基金时，应规避那些有着较差历史夏普比率业绩的股票型基金。

表 4-18　股票型基金夏普比率在检验期组别变化的 T 检验（排序期为三年、检验期为一年）：2007~2020 年

排序期组别	检验期组别	平均百分比（%）	t 值	T 检验 P 值
1 （最好的基金组）	1	30.6*	2.91	0.016
	2	26.2	0.96	0.360
	3	22.6	-1.13	0.285
	4	20.6	-3.11	0.011
2	1	26.2	0.62	0.549
	2	27.5	1.94	0.080
	3	25.5	0.33	0.752
	4	20.9	-3.02	0.013
3	1	19.8	-4.35	0.001
	2	26.3	1.02	0.333
	3	27.3	1.50	0.164
	4	26.5	1.08	0.305
4 （最差的基金组）	1	22.7	-0.92	0.379
	2	20.6	-5.82	0.000
	3	25.1	0.04	0.972
	4	31.7*	3.83	0.003

注：*表示在排序期和检验期，基金的业绩在 5% 的显著性水平下具有持续性。

表 4-19 展示了排序期为三年时，夏普比率排名前 5% 的基金在下一年仍然排名前 5% 的基金数量和占比。结果显示，11 个样本期，平均只有 5.6% 在排序期夏普比率排名前 5% 的基金，能够在检验期继续排到前 5% 的位置。不同的样本区间内，夏普比率持续处于前 5% 的比率各不相同，（2009~2011）~2012 年、（2012~2014）~2015 年和最近一个检验区间（2017~2019）~2020 年，没有一只基金能够在检验期延续其优异的夏普比率业绩。综合多个样本期中的基金占比，我们认为，当检验范围的比例缩小至 5% 后，仅有很少一部分基金能够在检验期仍然排名前 5%，因此我们发现，夏普比率排名非常靠前的公募基金业绩并没有展现出持续性。

表 4-19 夏普比率前 5%的股票型基金在检验期仍处于前 5%的比例
（排序期为三年、检验期为一年）：2007~2020 年

排序期	检验期	排序期中前 5%的基金数量（只）	检验期中仍处于前 5%的基金数量（只）	检验期中仍处于前 5%的基金比例（%）
2007~2009	2010	6	1	16.7
2008~2010	2011	8	1	12.5
2009~2011	2012	10	0	0.0
2010~2012	2013	12	1	8.3
2011~2013	2014	15	1	6.7
2012~2014	2015	18	0	0.0
2013~2015	2016	20	1	5.0
2014~2016	2017	22	1	4.5
2015~2017	2018	24	1	4.2
2016~2018	2019	30	1	3.3
2017~2019	2020	33	0	0.0
平均值		—	—	5.6

当排序期为三年时，夏普比率排名后 25%的基金业绩具有一定的持续性，那么，夏普比率排名后 5%的基金的业绩是否也能够持续呢？表 4-20 展示了排序期为三年时，基金夏普比率排名后 5%的基金在下一年仍然排名前 5%的基金数量和占比。从表 4-20 可以看出，在 11 次检验中，平均有 9.2%的基金在检验期仍只能获得很低的夏普比率，排名后 5%，其中，8 次检验期内的基金占比不超过 15%。在最新一个样本区间（2017~2019）~2020 年，有 18.2%的基金的夏普比率继续在检验期排名垫底，占比不高。由此可知，尽管夏普比率属于后 25%的基金展现出了业绩的持续性，但当对基金划分区间的范围缩小至后 5%时，对投资者来说就没有参考的价值了。

表 4-20 夏普比率后 5%的股票型基金在检验期仍处于后 5%的比例
（排序期为三年、检验期为一年）：2007~2020 年

排序期	检验期	排序期中后 5%的基金数量（只）	检验期中仍处于后 5%的基金数量（只）	检验期中仍处于后 5%的基金比例（%）
2007~2009	2010	6	1	16.7
2008~2010	2011	8	1	12.5
2009~2011	2012	10	2	20.0

续表

排序期	检验期	排序期中后5%的基金数量（只）	检验期中仍处于后5%的基金数量（只）	检验期中仍处于后5%的基金比例（%）
2010~2012	2013	12	0	0.0
2011~2013	2014	15	1	6.7
2012~2014	2015	18	2	11.1
2013~2015	2016	20	1	5.0
2014~2016	2017	22	0	0.0
2015~2017	2018	24	1	4.2
2016~2018	2019	30	2	6.7
2017~2019	2020	33	6	18.2
平均值		—	—	9.2

五、小结

投资者常常会关注各大媒体、金融机构定期发布的公募基金排名和评选榜单，来选择那些当年有"耀眼"业绩的产品进行投资。本章从这个问题出发，就投资者凭借业绩排名选择当年较好的股票型公募基金、排除当年较差的公募基金，以期在下一年获得较高回报的投资逻辑的有效性进行了分析，即检验公募基金业绩的持续性。

检验过程中，我们分别采用Spearman相关性检验、绩效二分法检验、基金收益率的描述统计检验法和基金夏普比率的描述统计检验法，研究公募基金过往业绩与未来业绩的关系。基金收益率持续性的检验结果显示，在2007~2020年间，当排序期为一年和三年时，只有在少部分的样本期中，股票型公募基金的收益率表现出持续性，同时，在部分期间内，基金的收益率排名存在反转的现象。但是，当排序期和检验期缩短为半年时，具有持续性的检验区间明显增多，且基金收益率位于前25%和后25%位置的基金均表现出持续性，过去半年收益率较高的基金在未来半年有较大概率继续获得较好的收益，过去半年收益偏低的基金在未来半年有很大概率仍然收益不佳，这意味着基金的短期收益能够给投资者提供参考依据。

同时，通过对考虑基金风险因素的夏普比率的持续性进行检验后我们发现，无论检验期为一年还是三年，过去夏普比率排名靠前（属于夏普比率排名最高的第一组）或靠后（属于夏普比率排名最低的第四组）的基金在未来一年有较大概率仍然排名靠前或靠后。由此看来，公募基金过去一段时间的夏普比率，对投资者而言具有重要的价值，投资者在筛选基金时，可以重点关注过往夏普比率排名靠前的基金，避免投资于过往夏普比率排名靠后的基金。

股票型基金经理的选股与择时能力

在基金的运作过程中,基金经理作为基金管理的核心人物,在各个环节起到了至关重要的作用。前述章节中,我们以"基金管理团队"为主线,对主动管理的股票型公募基金的选股和择时能力进行研究。但是,在我国公募基金市场,一位基金经理管理多只基金或是一只基金由多位基金经理共同管理的现象十分普遍。同时,各家基金公司均有着自己的"明星基金经理",投资者在选择基金时,常常会追随优秀的基金经理。因此,除了直接对单只基金的选股和择时能力作出评估,如何评价基金经理在管理基金产品期间的业绩也尤为重要。本章基于基金经理任职期间业绩的合并数据,以主动管理的股票型公募基金经理为研究对象,分别对在职基金经理与离职基金经理的业绩进行研究。

我们将股票型公募基金经理分为在职和离职基金经理分别进行评估的原因主要有以下几点:首先,私募基金公司是公募基金经理离职后的一大去向,相对于公募基金,很多私募基金运营时间较短且信息披露较少,投资者很难利用基金经理管理私募基金时的短期业绩来评价基金经理的能力,而利用基金经理在公募基金任职期间的业绩评价其能力在一定程度上弥补了上述缺陷;其次,研究目前在职基金经理的主动管理能力能够给投资者在挑选基金和评估当前所持有的基金提供有效的参考依据;最后,有些基金优秀的历史业绩是由已离职的基金经理取得的(如华夏大盘精选在2005~2012年期间给投资者带来了超过10倍的回报,但是明星基金经理王亚伟于2012年离职),如果投资者只关注某只基金的历史业绩,而不关注历史业绩是由已离职的还是在职的基金经理取得的,那么投资者也会蒙受损失。在我国公募基金市场,基金经理离职现象较为普遍,且离职基金经理可能选择内部转岗、其他公募基金或是私募基金等多种职业道路,因此我们有必要将在职和离职的基金经理进行区分。由于评估基金经理的选股与择时能力需要较长的时间序列数据,我们使用的样本为在公募基金行业任职三年以上的在职基金经理以及在公募基金行业任职三年以上但已经离职的基金经理。需要注意的是,尽管有些基金经理不再管理公募基金产品,但仍会在公募基金公司任职,为特定客户管理专户型产品,这类产品的净值不对外公布，对于这种情形，我们同样将基金经理视为离职基金经理。

本章内容包括三个部分。第一部分，介绍基金经理的样本空间并具体说明基金经理合并收益序列的构造方法；第二部分，基于基金经理的合并收益序列，采用Treynor-Mazuy四因子模型评估在职和离职的基金经理的选股能力；第三部分，采用Treynor-Mazuy四因子模型评估在职和离职的基金经理的择时能力。在附录六至附录九中，我们具体展示了样本中每位基金经理合并收益序列后的业绩表现，以及选股能力和择时能力的分析结果，供读者参考。

一、样本空间

本章依据万得数据库中基金的二级分类标准，将管理过股票多空型基金、偏股混合型基金、灵活配置型基金、平衡混合型基金（股票基准比例≥50%）、普通股票型基金和增强指数型基金的基金经理定义为股票型基金经理，并采用合并后的基金经理收益对其任职期间的业绩进行研究，进而分析基金经理的选股和择时能力。本节从公募基金经理人员数量、任职期限等角度介绍了我国股票型公募基金经理群体的整体发展情况，并详细说明了构造股票型公募基金经理的合并收益序列的方法。我们使用的基金经理的数据所对应的时间为1998年1月至2020年12月，数据来源于万得、Resset以及天天基金网等数据库。

（一）在职与离职基金经理数量

表5-1展示了1998~2020年新任和离职的股票型公募基金经理数量。1997年，国务院颁布《证券投资基金管理暂行办法》，奠定了公募基金行业规范发展的基础。此后一年，我国首批基金管理公司国泰基金、南方基金、华夏基金、博时基金和鹏华基金相继成立，首批股票型公募基金经理登上历史舞台，初始数量仅为6人。随着我国公募基金市场的不断发展和股票市场的牛熊起伏，1998~2015年，新任基金经理数量逐年上升，在2015年更是达到406人。2015年上半年，股票市场持续上涨，公募基金市场规模和新发行的基金数量一路攀升，因此对基金经理的需求大幅增加。而从2016年开始，新任基金经理数量增幅有所放缓，2018年《资管新规》颁布后，我国资产管理市场向着更加规范的方向发展，公募基金行业也迎来内部的整合升级。离职基金经理层面，过去23年历年离职基金经理数量在波动中有所攀升，2014年以前每年离职人数在100人以内，2019年离职人数最多，达到190人，业绩不佳被迫离职、加入其他资管机构和转投私募基金是公募基金经理离职的主要原因。截至2020年底，在职和离职的股票型基金经理总人数分别为

1 483 人和 1 394 人，基金经理总数达 2 877 人。

表 5-1　　　　股票型基金经理新任、离职以及累计数量：1998~2020 年　　单位：人

年份	新任数量	离职数量	在职总人数	离职总人数	基金经理总数
1998	6	0	6	0	6
1999	18	0	24	0	24
2000	16	7	33	7	40
2001	26	8	51	15	66
2002	40	7	84	22	106
2003	39	15	108	37	145
2004	56	12	152	49	201
2005	65	27	190	76	266
2006	74	25	239	101	340
2007	102	56	285	157	442
2008	85	37	333	194	527
2009	95	44	384	238	622
2010	102	59	427	297	724
2011	103	55	475	352	827
2012	117	48	544	400	944
2013	134	84	594	484	1 078
2014	171	97	668	581	1 249
2015	406	151	923	732	1 655
2016	268	85	1 106	817	1 923
2017	254	94	1 266	911	2 177
2018	250	141	1 375	1 052	2 427
2019	221	190	1 406	1 242	2 648
2020	229	152	1 483	1 394	2 877

（二）基金经理的任职期限

以 2020 年 12 月 31 日为界限，我们将全部的股票型基金经理划分为两组：截至 2020 年底时仍然在管理公募基金产品的基金经理为在职基金经理；截至 2020 年底已经离职的基金经理为离职基金经理。

我国公募基金市场基金经理平均任职期较短，基金经理在同一时期管理多只基金产品与任职经历不连续等现象经常出现，因此，为了更好地分析基金经理在管理

公募基金期间的业绩，我们首先对公募基金经理的任职年限进行界定，并采用月度数据进行度量。以华夏基金管理有限公司明星基金经理王亚伟的任职履历为例，王亚伟在公募基金任职期间，共管理过四只股票型基金产品，分别为"基金兴华""华夏成长""华夏大盘精选""华夏策略精选"。从表5-2展示的王亚伟管理四只基金的起始和终止时间可以发现，在同一时间点，他曾管理着两只以上的基金产品。考虑到时间重叠因素，王亚伟任职期间管理股票型公募基金的时间为1998年4月28日到2005年4月12日以及2005年12月31日到2012年5月4日。我们将两段时间区间跨越的月份数目视为其管理公募基金产品的时间总长度，即公募基金经理的任职总期限。按照公募基金经理任职总期限的界定原则，王亚伟管理公募基金产品的时间长度为163个月。对于其他公募基金经理的任职期限，我们采取同样的处理方式。

表5-2　　　　　　　　基金经理王亚伟在公募基金的任职履历

基金产品	基金类型	万得二级分类	起始时间	终止时间	任职时长（月）
基金兴华	股票型基金	普通股票型基金	1998/04/28	2002/01/08	44
华夏成长	股票型基金	偏股混合型基金	2001/12/18	2005/04/12	39
华夏大盘精选	股票型基金	偏股混合型基金	2005/12/31	2012/05/04	76
华夏策略精选	股票型基金	灵活配置型基金	2008/10/23	2012/05/04	42

基于上述界定方法，我们对股票型公募基金经理的任职时间进行统计，具体如表5-3所示。结果显示，在职基金经理平均任职时间为47个月，接近4年，说明目前在职的基金经理已经有了一定的任职经验。在所有在职的基金经理中，基金经理杨建华任职期限最长。杨建华目前就职于长城基金管理有限公司，截至2020年底，他在公募基金行业已经工作200个月，累计管理14只基金产品。此外，离职基金经理平均任职时间为43个月。在所有已离职的基金经理中，管理公募基金时间最长的基金经理为易阳方，他作为基金经理在公募基金行业工作了195个月，累计管理11只公募基金，离职前一直就职于广发基金管理有限公司。由于公募基金的业绩在很大程度上依赖于基金经理的主动管理能力，基金经理离职后会导致其管理的基金产品的业绩出现波动，因此，研究基金经理的主动管理能力具有十分重要的意义。

表5-3　　　　　　　股票型基金经理任职时间描述性统计量　　　　　　　单位：月

基金经理	均值	标准差	最小值	25%分位数	中位数	75%分位数	最大值
在职	47	34	1	20	41	66	200
离职	43	29	1	22	37	58	195

(三) 基金经理合并收益序列

在确定了基金经理的任职期限后,我们计算基金经理在任职期间管理的所有基金产品的加权平均收益,根据每只基金的资产规模确定其权重大小,将由此得到的该基金经理的收益序列定义为"合并收益序列",并基于该收益序列数据对基金经理的主动管理能力进行评价。合并收益序列能够全面展示基金经理任职期间管理的所有产品的业绩表现,因此,基于该数据的评估结果是对基金经理投资能力的综合评估。

基金经理合并收益序列的构造方法如下。假设某一位基金经理在 t 月共管理 N 只基金,第 i 只基金当月收益率为 r_{it},规模为 AUM_{it},则该基金经理当月以资产管理规模为权重的加权平均收益为[1]:

$$R_{it} = \sum_{i=1}^{N} \omega_{it} r_{it}, \text{ 其中 } \omega_{it} = \frac{AUM_{it-1}}{\sum_{i=1}^{N} AUM_{it-1}}$$

在合并收益序列的过程中我们发现,基金经理管理产品的履历类型主要包括以下四种(见表5-4)。

表5-4　　　　　　　　　　基金经理任职履历类型

类别	管理产品数量	履历类型	合并收益
情形1	1只	————	合并收益为管理的产品收益
情形2	2只(或多只)	——　　——	合并收益为管理的产品收益,中间未管理产品,收益设置为零
情形3	2只(或多只)	———— 　———	管理一只产品时,合并收益为单只产品收益;重合区间为规模加权收益
情形4	2只(或多只)	———— 　——	管理一只产品时,合并收益为单只产品收益;重合区间为规模加权收益

那么,在不同情形下,应如何合并基金经理的收益序列?我们以曾任职于华夏基金管理有限公司的基金经理王亚伟为例,介绍合并收益序列的计算方法。图5-1展示了王亚伟任职期间管理的四只产品所对应的时间段,表5-5具体展示了不同时间段合并收益序列的构成。从图5-1和表5-5可知,王亚伟在公募基金行业任职期间,在部分时间管理一只基金产品,如2005年12月至2008年10月,王亚伟

---

[1] 本部分我们采用的月度基金规模数据为基金净值乘以最近报告期的基金份额数据。

仅管理"华夏大盘精选"一只基金。按照基金经理合并收益序列计算方法，在该时间段基金经理的合并收益就应等于其管理的基金产品的收益。而在某些时间点，王亚伟同时管理两只基金产品。例如，在2001年12月至2002年1月，王亚伟同时管理"基金兴华"与"华夏成长"两只基金；在2008年10月到2012年5月，同时管理"华夏大盘精选"与"华夏策略精选"两只基金产品。在上述两个区间内，基金经理的合并收益序列等于两只产品收益按照上期规模的加权平均值。如果基金经理在同一时间段管理两只以上的基金产品，我们也采取同样的处理方法。由于基金经理任职初始月份与离职月份的当月工作时间不满一个月，在计算合并收益序列时剔除这两个月的收益。

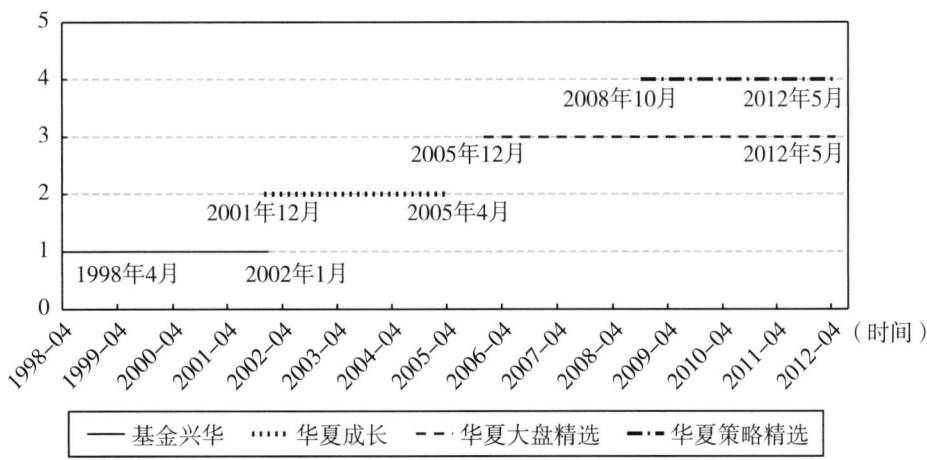

图 5-1 基金经理王亚伟的任职履历

表 5-5　　　　　　　　基金经理王亚伟的合并收益序列

时间	基金兴华	华夏成长	华夏大盘精选	华夏策略精选	合并收益序列	备注
1998/04	$Ret_{基金兴华}$				0	初始管理基金兴华，管理不足一月
1998/05~2001/11	$Ret_{基金兴华}$				$Ret_{基金兴华}$	
2001/12	$Ret_{基金兴华}$	$Ret_{华夏成长}$			$Ret_{基金兴华}$	初始管理华夏成长，管理不足一月
2002/01	$Ret_{基金兴华}$	$Ret_{华夏成长}$			$Ret_{华夏成长}$	退出基金兴华，管理不足一月
2002/02~2005/03		$Ret_{华夏成长}$			$Ret_{华夏成长}$	

续表

时间	基金兴华	华夏成长	华夏大盘精选	华夏策略精选	合并收益序列	备注
2005/04~2005/12					0	
2006/01~2008/10			$Ret_{华夏大盘精选}$		$Ret_{华夏大盘精选}$	
2008/11~2012/4			$Ret_{华夏大盘精选}$	$Ret_{华夏策略精选}$	$W_1 \times Ret_{华夏大盘精选} + W_2 \times Ret_{华夏策略精选}$	W_1、W_2为两只基金上一期规模权重
2012/05			$Ret_{华夏大盘精选}$	$Ret_{华夏策略精选}$	0	退出华夏大盘精选与华夏策略精选，管理均不足一月

在得到基金经理合并收益序列后，我们计算基金经理任职期间业绩的历史净值。图 5-2 为王亚伟管理的不同产品的净值曲线以及其任职期间内整体业绩的净值曲线图。基于基金经理合并收益序列以及任职期间的净值，我们可以得到每位基金经理任职期间的收益与风险指标。需要特别指出的是，因为任意两位基金经理的任职时间不是完全重叠，所以比较两位基金经理的业绩（如收益、风险指标）是没有意义的，但是比较每位基金经理的业绩与同期万得全 A 指数的业绩是有意义的。附录六和附录七分别展示了在职和离职基金经理任职期间所管理的所有基金产品合并收益后的收益与风险指标以及同期万得全 A 指数的收益与风险指标，供读者对比。

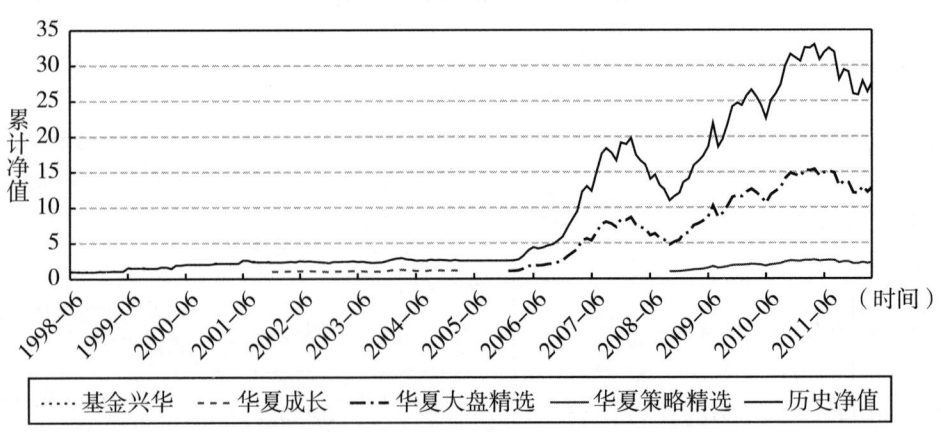

图 5-2　王亚伟管理的产品净值以及合并收益历史净值
（第一天的净值设为 1 元）

二、基金经理的选股能力

在本章,我们继续采用 Treynor-Mazuy 模型(模型构造方法请参考本书第三章)来研究基金经理的选股和择时能力,市场收益率采用万得全 A 综合指数的收益率。由于评估选股和择时能力需要较长的时间序列数据,我们要求基金经理具有三年以上的任职时间,对其合并月度收益数据进行研究。表 5-6 展示了在职与离职的基金经理数量,截至 2020 年 12 月底,任职时间在三年以上的股票型基金经理共有 1 445 位,其中,在职的基金经理数为 845 位,已经离职的基金经理数为 600 位。

表 5-6　　　　　　在职与离职股票型基金经理样本数量　　　　　单位:位

时间	在职基金经理	离职基金经理	合计
1998~2020 年	845	600	1 445

(一)在职基金经理选股能力

表 5-7 展示了截至 2020 年 12 月底在职的股票型基金经理选股能力 α 的显著性估计结果,图 5-3 展示了 845 位基金经理所对应的 α 的 t 值(从高到低排列)。我们使用单边假设检验,研究基金经理是否具有正确的选股能力。在 5% 的显著性水平下,845 位在职的基金经理中,有 418 位(占比 49%)基金经理的 α 呈正显著性,其 t 值高于 1.64,说明他们具有正确的选股能力;有 423 位(占比 50%)基金经理所对应的 α 的 t 值是不显著的,说明他们不具有选股能力;此外,还有 4 位(占比 1%)基金经理的 α 呈负显著性,其 t 值低于 -1.64,说明他们具有错误的选股能力。整体来看,有正确选股能力的基金经理接近一半,而半数在职基金经理不具备选股能力。

表 5-7　　　　　　　在职基金经理的选股能力

项目	显著性	基金经理数目(位)	占比(%)
选股能力	正显著	418	49
	不显著	423	50
	负显著	4	1
总计		845	100

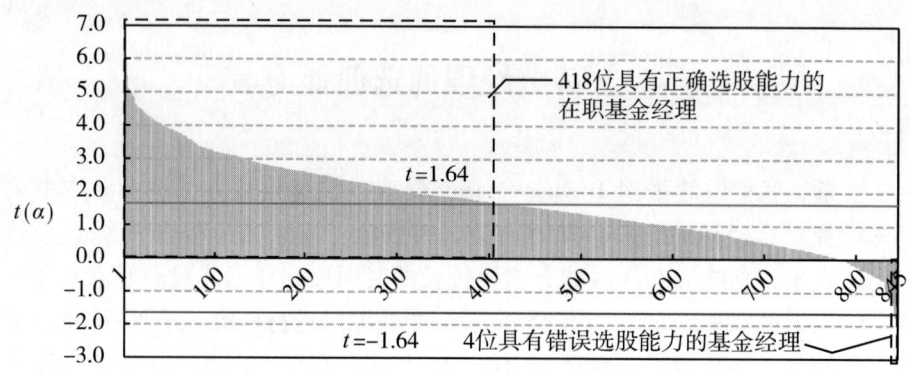

图 5-3　在职股票型基金经理 α 的 t 值（显著性）排列

注：正确选股能力代表 $t(\alpha) > 1.64$；错误选股能力代表 $t(\alpha) < -1.64$；未表现出选股能力代表 $-1.64 \leq t(\alpha) \leq 1.64$。基金经理具有选股能力是指基金经理表现出正确的选股能力，基金经理不具有选股能力代表基金经理表现出错误的或未表现出选股能力。

表 5-8 和图 5-4 展示了在职基金经理 Treynor-Mazuy 四因子模型的回归结果。我们按照基金经理的选股能力年化 α 把基金等分为 10 组。第 1 组为 α 最高的组，第 10 组为 α 最低的组。表 5-8 和图 5-4 具体展示了每组基金经理所对应的 α、γ、β_{mkt}、β_{smb}、β_{hml}、β_{mom}，以及反映模型拟合好坏的调整后 R^2 的平均值，其中，α 为反映基金经理选股能力的系数，γ 为反映择时能力的系数。

表 5-8　　　　　在职基金经理 Treynor-Mazuy 模型回归结果（选股能力）

组别	年化 α（%）	γ	β_{mkt}	β_{smb}	β_{hml}	β_{mom}	调整后 R^2（%）
1（α 最高组）	20.81	-1.42	0.89	-0.04	-0.17	0.26	75
2	14.29	-0.51	0.81	0.01	-0.21	0.25	75
3	11.46	-0.42	0.77	-0.01	-0.25	0.25	74
4	9.39	-0.29	0.81	-0.02	-0.34	0.22	78
5	7.84	-0.27	0.68	-0.05	-0.20	0.17	73
6	6.43	-0.20	0.64	-0.02	-0.18	0.18	69
7	4.99	0.11	0.62	-0.03	-0.21	0.16	69
8	3.57	0.14	0.63	0.01	-0.25	0.23	67
9	1.92	0.14	0.64	0.01	-0.21	0.18	68
10（α 最低组）	-2.10	0.29	0.76	0.05	-0.24	0.22	73

注：此表汇报每一组基金经理对应的 α、γ、β_{mkt}、β_{smb}、β_{hml}、β_{mom}，以及调整后 R^2 的平均值。

表 5-8 和图 5-4 显示，在职基金经理年化选股能力 α 在 -2.10% ~ 20.81% 之

间，平均约为 8%。其中，有 9 组基金经理的平均选股能力为正，另外 1 组基金经理的平均选股能力为负。选股能力最高的第 1 组基金经理的平均年化 α 为 20.81%，而选股能力最低的第 10 组基金经理的平均年化 α 为 -2.10%，两组相差超过 20 个百分点。此外，大盘指数收益对应的敏感系数 β_{mkt} 的值在 0.62~0.89 之间，这意味着多数基金经理对市场风险因子的暴露较高，跟随市场同涨同跌。规模因子对应的敏感度系数 β_{smb} 在 -0.05~0.05 之间，随着每组基金经理年化 α 的减小，β_{smb} 的值略有增大，说明具有较好选股能力的基金经理持有大盘股的仓位更高。价值因子对应的敏感度系数 β_{hml} 在 -0.34~-0.17 之间，并且随着每组基金经理选股能力的减小，β_{hml} 组别间的数值并无明显变化，这说明基金经理所持价值股或成长股的仓位与其选股能力无明显关系。趋势因子对应的敏感度系数 β_{mom} 在 0.16~0.26 之间，但这些数值多数都相差不大，整体来看，我们没有发现各组基金经理追涨杀跌的差别。模型调整后的 R^2 在 72% 左右，说明我们使用的模型可以较好地解释在职基金经理的超额收益。

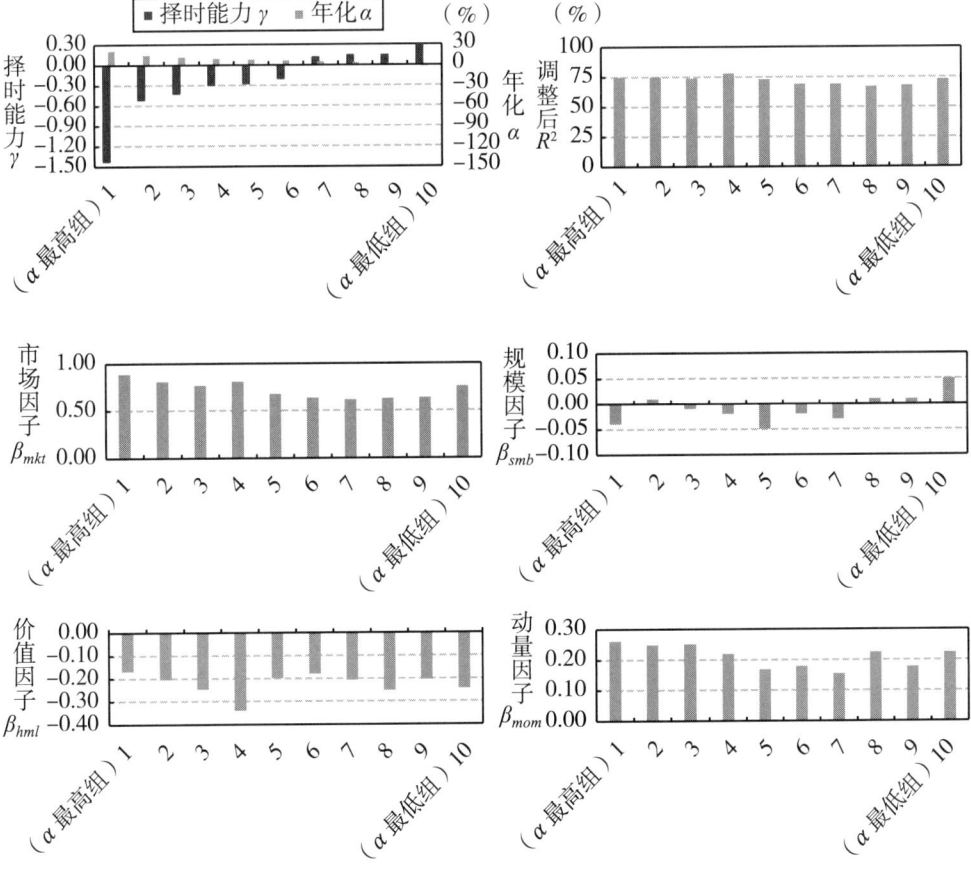

图 5-4　在职基金经理 Treynor-Mazuy 模型回归结果［按选股能力（年化 α）分组］

接下来，我们具体分析具有显著选股能力的418位基金经理的情况。表5-9为Treynor-Mazuy四因子模型中α为正显著的基金经理名单、任职区间和选股能力α的估计值。这些基金经理对应的年化α在2.43%~31.36%之间，平均任职66个月。附录八中，我们给出所有在职股票型基金经理的选股能力以及各β的风险暴露程度，供读者了解每一位在职基金经理的业绩。

表5-9　具有选股能力的在职股票型公募基金经理（按年化α排序）：1998~2020年

编号	基金经理	当前任职公司	任职区间	任职时间（月）	管理基金数量（只）	年化α（%）	$t(\alpha)$
1	邓彬彬	鹏扬	2015/03~2020/12	42	8	31.36	3.14
2	赵晓东	国海富兰克林	2009/09~2020/12	136	5	28.25	5.97
3	李海	国泰	2013/01~2020/12	95	9	28.06	3.34
4	张竞	安信	2017/12~2020/12	37	5	27.75	4.11
5	冀楠	泰达宏利	2017/06~2020/12	43	2	27.51	4.11
6	郑泽鸿	华夏	2017/06~2020/12	43	3	26.79	1.67
7	唐晓斌	广发	2014/12~2020/12	73	5	26.22	2.78
8	刘宏达	浙商	2017/12~2020/12	37	5	25.93	3.27
9	韩冬	上海东方证券	2016/01~2020/12	60	4	25.41	4.87
10	李昱	工银瑞信	2011/01~2020/12	108	20	25.35	5.10
11	张洋	工银瑞信	2015/08~2020/12	65	4	25.35	5.10
12	陆秋渊	华安	2017/06~2020/12	43	5	25.28	3.89
13	韩威俊	交银施罗德	2016/01~2020/12	60	5	24.73	3.84
14	赖中立	汇添富	2017/05~2020/12	44	2	24.35	3.54
15	林乐峰	南方	2017/12~2020/12	37	4	24.11	3.60
16	陈宇	兴证全球	2017/09~2020/12	40	1	23.90	3.68
17	萧楠	易方达	2012/09~2020/12	100	10	23.90	4.49
18	李旻	银华	2017/11~2020/12	38	3	23.87	2.64
19	冯明远	信达澳银	2016/10~2020/12	51	7	23.69	2.75
20	朱然	红土创新	2017/11~2020/12	38	3	23.49	1.98
21	季新星	华夏	2017/01~2020/12	45	3	23.35	2.92
22	何琦	华泰柏瑞	2017/07~2020/12	42	1	23.13	2.84
23	杨浩	交银施罗德	2015/08~2020/12	65	4	22.98	5.06
24	王诗瑶	博时	2017/06~2020/12	43	1	22.88	3.93
25	于洋	天弘	2017/10~2020/12	39	51	22.47	2.78

续表

编号	基金经理	当前任职公司	任职区间	任职时间（月）	管理基金数量（只）	年化α（%）	$t(\alpha)$
26	高钥群	华安	2017/04~2020/12	45	3	22.44	4.17
27	林森	易方达	2016/03~2020/12	58	12	22.32	3.31
28	黄文倩	华夏	2016/02~2020/12	59	5	22.08	3.84
29	秦绪文	上海东方证券	2016/01~2020/12	60	3	21.97	4.58
30	谭丽	嘉实	2017/04~2020/12	45	6	21.57	4.38
31	李建	中银	2012/09~2020/12	100	4	21.54	3.14
32	闫思倩	工银瑞信	2017/10~2020/12	39	3	20.98	1.94
33	姜诚	中泰证券（上海）	2014/08~2020/12	46	6	20.89	2.31
34	李明阳	圆信永丰	2017/12~2020/12	37	6	20.86	3.10
35	金耀	民生加银	2017/12~2020/12	37	2	20.46	2.37
36	徐幼华	富国	2011/05~2020/12	116	10	20.21	2.48
37	崔莹	华安	2015/06~2020/12	67	6	20.07	3.69
38	王延飞	上海东方证券	2015/06~2020/12	67	5	19.77	4.02
39	林英睿	广发	2015/05~2020/12	63	8	19.77	4.26
40	张烨	大成	2017/09~2020/12	40	3	19.37	3.00
41	尚烁徽	华泰保兴	2017/03~2020/12	46	10	18.67	2.73
42	申庆	兴证全球	2010/11~2020/12	122	3	18.52	4.35
43	李晓星	银华	2015/07~2020/12	66	12	18.43	3.67
44	秦毅	泓德	2017/06~2020/12	43	5	18.42	3.32
45	戴杰	汇安	2017/01~2020/12	48	26	18.02	5.01
46	汪孟海	富国	2015/10~2020/12	63	5	17.97	1.87
47	李富强	大成	2015/11~2020/12	46	10	17.86	3.75
48	赵枫	睿远	2001/09~2020/12	76	4	17.79	3.97
49	金宏伟	泰康	2017/08~2020/12	41	5	17.78	3.10
50	任相栋	兴证全球	2015/01~2020/12	57	4	17.76	3.46
51	周应波	中欧	2015/11~2020/12	62	9	17.76	3.84
52	张峰	农银汇理	2015/06~2020/12	67	8	17.72	3.87
53	陈俊华	交银施罗德	2016/11~2020/12	50	2	17.68	4.02
54	林翠萍	兴证全球	2016/04~2020/12	46	3	17.59	3.11
55	高峥	海富通	2017/08~2020/12	41	1	17.52	2.64

续表

编号	基金经理	当前任职公司	任职区间	任职时间（月）	管理基金数量（只）	年化α（%）	$t(\alpha)$
56	杨锐文	景顺长城	2014/10~2020/12	75	10	17.50	3.33
57	谢治宇	兴证全球	2013/01~2020/12	96	7	17.34	4.66
58	王崇	交银施罗德	2014/10~2020/12	75	3	17.33	3.28
59	何帅	交银施罗德	2015/07~2020/12	66	3	17.31	4.03
60	邹欣	兴证全球	2015/12~2020/12	61	2	17.30	3.18
61	钟赟	招商	2017/02~2020/12	47	4	17.19	1.99
62	姚志鹏	嘉实	2016/05~2020/12	57	7	17.12	2.57
63	李恒	国泰	2017/01~2020/12	48	4	17.05	2.13
64	谭珏娜	安信	2017/12~2020/12	37	6	17.02	2.87
65	吴尚伟	建信	2014/11~2020/12	74	6	17.00	3.06
66	焦巍	银华	2011/12~2020/12	67	22	16.96	1.82
67	何旻	汇添富	2007/08~2020/12	99	4	16.86	2.19
68	张露	嘉实	2017/08~2020/12	41	5	16.85	5.03
69	张一甫	惠升	2017/01~2020/12	45	6	16.65	3.16
70	丘栋荣	中庚	2014/09~2020/12	69	7	16.65	3.46
71	陈怡	泰康	2017/11~2020/12	38	5	16.64	2.92
72	厉叶淼	富国	2015/08~2020/12	65	4	16.51	3.22
73	高源	万家	2015/07~2020/12	63	14	16.40	3.21
74	孙伟	民生加银	2014/07~2020/12	78	17	16.37	2.45
75	杨栋	富国	2015/08~2020/12	65	4	16.34	4.07
76	罗世锋	诺德	2014/11~2020/12	74	6	16.27	2.71
77	是星涛	汇丰晋信	2016/02~2020/12	59	4	16.26	3.75
78	颜伟鹏	农银汇理	2015/03~2020/12	70	4	16.26	2.30
79	沙炜	博时	2015/05~2020/12	68	2	16.21	3.28
80	张磊	南方	2017/06~2020/12	43	42	16.19	3.57
81	肖觅	嘉实	2016/12~2020/12	49	8	16.18	4.10
82	王予柯	广发	2015/12~2020/12	61	9	16.15	2.90
83	张玮升	工银瑞信	2017/10~2020/12	39	4	16.06	2.76
84	祝昱丰	长信	2017/10~2020/12	39	3	15.99	3.06
85	杜洋	工银瑞信	2015/02~2020/12	71	9	15.89	3.10

续表

编号	基金经理	当前任职公司	任职区间	任职时间（月）	管理基金数量（只）	年化α（%）	$t(\alpha)$
86	刚登峰	上海东方证券	2015/05~2020/12	68	9	15.87	3.13
87	黎莹	德邦	2015/06~2020/12	67	10	15.82	4.20
88	魏欣	工银瑞信	2015/05~2020/12	68	2	15.79	4.40
89	李振兴	南方	2014/04~2020/12	72	18	15.78	2.93
90	郭晨	上投摩根	2011/12~2020/12	107	8	15.78	2.55
91	白海峰	招商	2017/05~2020/12	44	1	15.75	2.78
92	李欣	华安	2015/07~2020/12	66	16	15.73	3.21
93	吴鹏飞	民生加银	2013/12~2020/12	58	10	15.70	3.10
94	张汉毅	国联安	2016/12~2020/12	49	3	15.45	3.28
95	常蓁	嘉实	2015/03~2020/12	70	6	15.38	3.02
96	李会忠	格林	2014/07~2020/12	71	14	15.36	2.04
97	武阳	易方达	2015/08~2020/12	65	4	15.35	2.40
98	李元博	富国	2014/06~2020/12	76	7	15.31	2.65
99	葛兰	中欧	2015/01~2020/12	68	14	15.27	1.76
100	俞晓斌	富国	2017/11~2020/12	38	18	15.21	2.97
101	高远	长信	2017/01~2020/12	48	2	15.21	4.25
102	胡宜斌	华安	2015/11~2020/12	62	4	15.20	1.85
103	邱宇航	建信	2011/07~2020/12	114	4	15.20	2.69
104	黄玥	前海开源	2017/07~2020/12	42	5	15.15	1.81
105	于鹏	富国	2015/11~2020/12	62	7	15.13	1.88
106	李文宾	万家	2017/01~2020/12	48	19	15.06	1.96
107	应帅	南方	2007/05~2020/12	164	14	15.00	2.30
108	杨桢霄	易方达	2016/08~2020/12	53	2	14.89	2.93
109	张丹华	嘉实	2017/05~2020/12	44	11	14.82	3.11
110	栾江伟	中信建投	2015/07~2020/12	59	13	14.82	2.42
111	程彧	汇丰晋信	2016/11~2020/12	50	4	14.76	2.84
112	梁鹏	太平	2017/12~2020/12	37	1	14.75	1.87
113	莫海波	万家	2015/05~2020/12	68	15	14.64	2.65
114	蔡宇滨	诺安	2017/12~2020/12	37	3	14.62	4.08
115	赵若琼	益民	2017/02~2020/12	47	2	14.59	2.49

续表

编号	基金经理	当前任职公司	任职区间	任职时间（月）	管理基金数量（只）	年化α（%）	$t(\alpha)$
116	刘伟	泰康	2017/05~2020/12	44	6	14.56	2.95
117	刘晓	国海富兰克林	2017/02~2020/12	47	4	14.53	3.98
118	何以广	长城	2015/05~2020/12	68	7	14.53	3.00
119	骆帅	南方	2015/05~2020/12	68	34	14.45	2.59
120	许炎	富国	2016/08~2020/12	53	3	14.35	3.81
121	肖肖	宝盈	2017/01~2020/12	48	12	14.32	1.83
122	申坤	国泰	2015/06~2020/12	67	3	14.31	2.65
123	苏静然	银华	2017/08~2020/12	41	6	14.29	2.55
124	吕越超	海富通	2014/11~2020/12	71	10	14.28	2.14
125	马斌博	浙江浙商证券	2017/12~2020/12	37	3	14.27	1.94
126	陈梦舒	银华	2017/12~2020/12	37	3	14.15	2.57
127	吴刚	中融	2002/09~2020/12	96	12	14.13	3.43
128	季峰	广发	2015/09~2020/12	64	7	14.04	1.75
129	袁争光	博道	2015/05~2020/12	77	26	13.97	3.14
130	蒋佳良	浦银安盛	2017/01~2020/12	44	10	13.96	2.08
131	张胜记	易方达	2012/09~2020/12	100	2	13.93	3.17
132	茅炜	南方	2016/02~2020/12	59	40	13.86	3.32
133	归凯	嘉实	2016/03~2020/12	58	8	13.76	2.87
134	付伟	新华	2015/08~2020/12	65	7	13.69	2.62
135	张跃鹏	中欧	2015/11~2020/12	62	25	13.67	3.03
136	胡涛	嘉实	2009/06~2020/12	135	7	13.61	3.01
137	苏昌景	泓德	2016/04~2020/12	57	3	13.59	4.26
138	沈楠	交银施罗德	2015/05~2020/12	68	3	13.53	3.70
139	徐文卉	农银汇理	2017/05~2020/12	44	5	13.51	1.90
140	方纬	富国	2014/08~2020/12	74	12	13.45	2.09
141	吴华	泰达宏利	2014/03~2020/12	82	6	13.42	2.18
142	彭炜	融通	2017/08~2020/12	41	9	13.37	1.81
143	蔡丞丰	泓德	2017/07~2020/12	42	5	13.32	2.83
144	邬传雁	泓德	2015/06~2020/12	67	7	13.26	2.43
145	詹成	景顺长城	2015/12~2020/12	61	5	13.24	2.61

续表

编号	基金经理	当前任职公司	任职区间	任职时间（月）	管理基金数量（只）	年化 α（%）	$t(\alpha)$
146	杨建华	长城	2004/05~2020/12	200	14	13.24	2.90
147	金笑非	鹏华	2016/06~2020/12	55	3	13.08	2.51
148	薄官辉	银华	2015/04~2020/12	69	8	13.06	2.88
149	王斌	银华	2016/02~2020/12	59	10	13.05	2.66
150	李威	汇添富	2015/01~2020/12	72	2	13.00	3.69
151	姚飞军	招商	2016/06~2020/12	55	5	12.99	1.88
152	柳世庆	民生加银	2016/08~2020/12	53	5	12.96	2.58
153	陈思郁	上投摩根	2015/08~2020/12	65	2	12.94	2.19
154	欧阳凯	工银瑞信	2013/06~2020/12	91	7	12.93	2.50
155	陶灿	建信	2011/07~2020/12	114	8	12.93	2.30
156	伍旋	鹏华	2011/12~2020/12	109	6	12.90	3.58
157	官泽帆	易方达	2016/09~2020/12	52	5	12.87	4.36
158	张金涛	嘉实	2015/10~2020/12	63	6	12.83	2.85
159	刘彦春	景顺长城	2008/07~2020/12	141	10	12.83	2.75
160	蓝小康	中欧	2017/05~2020/12	44	5	12.82	2.39
161	王园园	富国	2017/06~2020/12	43	3	12.73	1.72
162	高松	民生加银	2015/01~2020/12	68	7	12.73	1.93
163	王宗合	鹏华	2010/12~2020/12	121	18	12.73	1.96
164	郑迎迎	南方	2015/08~2020/12	55	8	12.71	2.03
165	徐达	摩根士丹利华鑫	2016/06~2020/12	55	3	12.69	2.68
166	黄峰	海富通	2014/12~2020/12	73	6	12.54	2.08
167	陈璇淼	鹏华	2016/03~2020/12	58	4	12.53	2.38
168	张燕	农银汇理	2015/05~2020/12	65	17	12.52	2.16
169	季文华	兴证全球	2016/03~2020/12	55	5	12.50	2.15
170	饶玉涵	国泰	2015/09~2020/12	64	5	12.48	3.37
171	陈富权	农银汇理	2013/08~2020/12	89	5	12.40	2.51
172	纪文静	上海东方证券	2015/07~2020/12	66	3	12.38	3.03
173	张明	安信	2017/05~2020/12	44	20	12.37	3.92
174	郑磊	汇添富	2014/12~2020/12	65	20	12.32	2.29
175	陈梁	中邮创业	2014/07~2020/12	78	5	12.30	1.93

续表

编号	基金经理	当前任职公司	任职区间	任职时间（月）	管理基金数量（只）	年化α（%）	t(α)
176	关山	融通	2016/06~2020/12	55	6	12.29	2.78
177	徐小勇	长安	2008/08~2020/12	112	38	12.29	1.87
178	赵蓓	工银瑞信	2014/11~2020/12	74	7	12.15	1.85
179	董梁	创金合信	2013/09~2020/12	42	20	12.12	2.70
180	林梦	工银瑞信	2017/10~2020/12	39	4	12.08	2.80
181	蔡滨	博时	2014/12~2020/12	73	12	12.02	3.47
182	过钧	博时	2016/03~2020/12	59	18	11.96	2.65
183	鄢耀	工银瑞信	2013/08~2020/12	89	7	11.90	3.89
184	鲍无可	景顺长城	2014/06~2020/12	79	7	11.88	2.81
185	李化松	平安	2015/12~2020/12	57	36	11.87	2.36
186	范琨	融通	2016/02~2020/12	59	3	11.86	1.78
187	吴坚	国寿安保	2015/09~2020/12	64	5	11.85	2.04
188	王创练	诺安	2015/03~2020/12	70	6	11.65	1.84
189	林忠晶	长安	2015/05~2020/12	68	17	11.57	1.96
190	殷瑞飞	国投瑞银	2015/11~2020/12	62	7	11.52	3.05
191	雷俊	长城	2015/06~2020/12	56	26	11.48	2.50
192	张坤	易方达	2012/09~2020/12	100	4	11.46	1.95
193	戴钢	鹏华	2012/06~2020/12	103	5	11.44	1.90
194	邵卓	建信	2015/03~2020/12	70	7	11.39	2.44
195	金昉毅	光大保德信	2014/10~2020/12	62	15	11.37	2.24
196	李永兴	永赢	2012/03~2020/12	72	17	11.36	2.11
197	曾豪	华宝	2017/12~2020/12	37	2	11.26	2.31
198	赵治烨	上银	2015/05~2020/12	68	5	11.22	2.18
199	陈一峰	安信	2014/04~2020/12	81	10	11.20	3.13
200	薛小波	泰康	2015/02~2020/12	60	11	11.20	2.70
201	马翔	汇添富	2016/03~2020/12	58	9	11.14	2.53
202	吴迪	财通	2016/04~2020/12	57	4	11.13	3.35
203	王大鹏	摩根士丹利华鑫	2015/01~2020/12	72	7	11.11	1.91
204	余广	景顺长城	2010/05~2020/12	128	7	11.09	2.94
205	缪东航	摩根士丹利华鑫	2017/01~2020/12	48	5	11.09	2.63

续表

编号	基金经理	当前任职公司	任职区间	任职时间（月）	管理基金数量（只）	年化 α（%）	$t(\alpha)$
206	杨明	华安	2013/06~2020/12	91	9	11.07	3.21
207	王帅	中银	2006/09~2020/12	79	14	11.06	2.53
208	陈鹏扬	博时	2015/08~2020/12	65	7	11.00	2.65
209	刘欣	泰达宏利	2003/07~2020/12	141	23	10.98	2.17
210	宋洋	华夏	2016/11~2020/12	50	4	10.93	3.79
211	方晗	嘉实	2017/10~2020/12	39	2	10.86	1.74
212	肖瑞瑾	博时	2017/01~2020/12	48	12	10.84	1.73
213	郝旭东	诺德	2015/07~2020/12	66	4	10.84	2.88
214	戴军	大成	2015/05~2020/12	68	3	10.78	2.57
215	王培	中欧	2011/06~2020/12	99	16	10.77	2.15
216	王东杰	建信	2015/05~2020/12	68	10	10.76	2.01
217	李轩	国投瑞银	2015/12~2020/12	61	2	10.73	1.94
218	蒋秋洁	南方	2014/12~2020/12	73	26	10.73	3.09
219	蔡向阳	华夏	2016/04~2020/12	53	7	10.72	1.82
220	范妍	圆信永丰	2015/10~2020/12	63	16	10.70	2.77
221	徐彦	大成	2012/10~2020/12	85	11	10.67	2.66
222	易祺坤	英大	2017/12~2020/12	37	2	10.61	1.65
223	饶晓鹏	华安	2013/12~2020/12	81	8	10.59	1.87
224	田俊维	天弘	2015/06~2020/12	67	4	10.57	1.86
225	周晶	银华	2013/02~2020/12	79	7	10.56	2.34
226	查晓磊	浙商	2016/03~2020/12	58	12	10.55	2.74
227	赵鹏飞	汇添富	2016/06~2020/12	55	7	10.52	2.13
228	余科苗	银河	2017/12~2020/12	37	8	10.49	4.62
229	徐晓杰	光大保德信	2015/05~2020/12	66	8	10.47	1.65
230	林高榜	易方达	2017/05~2020/12	44	3	10.46	4.57
231	宋炳珅	工银瑞信	2014/01~2020/12	84	7	10.35	2.28
232	刘江	汇添富	2015/06~2020/12	67	5	10.35	1.93
233	桑俊	国投瑞银	2014/12~2020/12	73	15	10.31	2.10
234	李捷	国寿安保	2016/09~2020/12	52	2	10.30	2.14
235	孙彬	富国	2012/01~2020/12	108	18	10.25	2.19

续表

编号	基金经理	当前任职公司	任职区间	任职时间（月）	管理基金数量（只）	年化 α（%）	$t(\alpha)$
236	曲扬	前海开源	2015/04~2020/12	69	36	10.18	2.43
237	神玉飞	银河	2012/12~2020/12	97	4	10.14	2.23
238	曹文俊	富国	2013/08~2020/12	80	6	10.11	1.86
239	杨鑫鑫	工银瑞信	2013/06~2020/12	88	5	10.08	3.36
240	王睿	中信保诚	2015/04~2020/12	69	9	10.07	2.06
241	贾鹏	银华	2016/05~2020/12	56	4	10.05	2.47
242	兰乔	博时	2015/11~2020/12	62	6	10.01	1.88
243	孙琳	申万菱信	2014/01~2020/12	84	7	10.00	2.22
244	郭堃	长盛	2015/11~2020/12	57	10	9.96	2.10
245	史程	前海开源	2016/04~2020/12	57	17	9.95	1.67
246	栾超	新华	2015/11~2020/12	59	8	9.91	1.93
247	谢东旭	国泰	2015/01~2020/12	50	8	9.89	2.35
248	陈欣	汇安	2009/12~2020/12	53	18	9.86	1.79
249	任慧娟	泰康	2016/05~2020/12	56	4	9.86	2.83
250	袁芳	工银瑞信	2015/12~2020/12	61	6	9.82	2.60
251	袁玮	安信	2016/04~2020/12	57	10	9.71	1.88
252	祝建辉	银河	2015/12~2020/12	61	6	9.70	2.08
253	付海宁	长盛	2017/02~2020/12	40	6	9.63	1.65
254	王栩	汇添富	2010/02~2020/12	131	5	9.61	2.50
255	倪权生	上投摩根	2015/03~2020/12	67	5	9.59	1.68
256	冯波	易方达	2010/01~2020/12	132	4	9.50	2.33
257	周蔚文	中欧	2006/11~2020/12	167	16	9.50	3.16
258	刘苏	景顺长城	2011/12~2020/12	106	8	9.49	2.64
259	魏晓雪	光大保德信	2012/11~2020/12	98	6	9.47	2.66
260	刘洋	泰达宏利	2017/07~2020/12	42	32	9.41	2.66
261	朱少醒	富国	2005/11~2020/12	182	3	9.40	2.69
262	光磊	华宝	2015/04~2020/12	69	7	9.38	1.68
263	赵梅玲	东吴	2016/05~2020/12	56	5	9.34	2.77
264	朱红	诺德	2014/04~2020/12	81	2	9.31	1.93
265	苗宇	广发	2015/02~2020/12	71	6	9.21	2.21

续表

编号	基金经理	当前任职公司	任职区间	任职时间（月）	管理基金数量（只）	年化 α（%）	$t(\alpha)$
266	许文波	东方	2015/08~2020/12	61	24	9.00	1.86
267	徐喻军	景顺长城	2017/01~2020/12	48	14	8.99	3.10
268	郭锐	招商	2012/07~2020/12	102	10	8.96	1.70
269	王俊	博时	2015/01~2020/12	72	20	8.95	2.79
270	曾文宏	诺德	2017/08~2020/12	41	4	8.86	3.58
271	徐成	国海富兰克林	2017/07~2020/12	42	3	8.84	2.50
272	徐青	兴业	2017/01~2020/12	48	3	8.80	2.26
273	倪超	金鹰	2015/06~2020/12	67	7	8.79	1.95
274	张佳荣	国投瑞银	2015/12~2020/12	61	2	8.78	1.75
275	蔡晓	民生加银	2016/05~2020/12	56	2	8.73	2.25
276	徐黄玮	安信	2017/11~2020/12	38	8	8.70	2.72
277	林晶	华夏	2017/03~2020/12	46	11	8.70	1.94
278	黄俊	南方	2015/11~2020/12	54	6	8.70	2.75
279	孙蓓琳	银华	2012/07~2020/12	98	9	8.70	2.30
280	王浩	银华	1999/12~2020/12	77	14	8.66	1.76
281	贾兴振	银华	2013/02~2020/12	91	9	8.63	2.18
282	方磊	汇丰晋信	2016/03~2020/12	58	4	8.59	3.09
283	方旻	富国	2014/11~2020/12	74	12	8.57	3.20
284	聂世林	安信	2016/02~2020/12	59	7	8.56	3.38
285	韩浩	中航	2002/07~2020/12	81	8	8.51	2.14
286	张慧	华泰柏瑞	2013/09~2020/12	88	10	8.49	1.87
287	董承非	兴证全球	2007/02~2020/12	167	5	8.47	2.28
288	黄春逢	南方	2015/12~2020/12	61	16	8.46	1.91
289	张芊	广发	2015/11~2020/12	62	9	8.37	1.85
290	田汉卿	华泰柏瑞	2013/08~2020/12	89	16	8.36	3.27
291	尤柏年	鹏华	2016/12~2020/12	49	1	8.35	1.88
292	孙轶佳	华夏	2015/11~2020/12	62	4	8.33	1.65
293	庄园	安信	2014/05~2020/12	80	15	8.32	4.08
294	王欢	国联安	2017/12~2020/12	37	5	8.32	2.38
295	陈乐	南方	2017/12~2020/12	37	7	8.31	4.92

续表

编号	基金经理	当前任职公司	任职区间	任职时间（月）	管理基金数量（只）	年化α（%）	t(α)
296	陈孜铎	交银施罗德	2014/10~2020/12	75	3	8.29	2.29
297	王健	中欧	2009/10~2020/12	135	14	8.23	3.03
298	张鹏程	九泰	2017/11~2020/12	38	4	8.21	1.69
299	王鹏	国投瑞银	2007/07~2020/12	112	36	8.20	1.94
300	曲径	中欧	2016/01~2020/12	68	11	8.19	2.30
301	丁玥	鑫元	2017/09~2020/12	40	10	8.16	1.72
302	佟巍	华夏	2015/02~2020/12	71	15	8.10	1.71
303	王曦	博时	2015/09~2020/12	64	26	8.02	4.17
304	蔡春红	新华	2015/07~2020/12	66	4	8.00	1.93
305	马强	长城	2015/06~2020/12	67	11	7.99	2.81
306	王颖	中信保诚	2017/02~2020/12	47	11	7.98	2.36
307	魏东	国联安	2004/05~2020/12	197	5	7.94	2.33
308	王春	华安	2007/04~2020/12	128	7	7.91	1.66
309	韩冬燕	诺安	2015/11~2020/12	62	4	7.85	1.80
310	王磊	大成	2008/08~2020/12	116	38	7.82	1.83
311	赵楠	长盛	2011/12~2020/12	77	7	7.80	1.71
312	张啸伟	富国	2015/08~2020/12	65	4	7.76	2.07
313	季侃乐	兴证全球	2014/11~2020/12	74	2	7.74	2.75
314	赵建忠	中银	2015/06~2020/12	67	5	7.74	2.36
315	魏博	中欧	2012/08~2020/12	101	10	7.72	1.84
316	黄韵	长信	2014/10~2020/12	75	15	7.68	2.54
317	房雷	光大保德信	2016/12~2020/12	49	10	7.67	2.38
318	傅鹏博	睿远	2009/01~2020/12	133	4	7.67	1.73
319	孙少锋	博时	2015/09~2020/12	64	1	7.66	2.74
320	林念	工银瑞信	2016/09~2020/12	52	1	7.57	2.39
321	张一格	融通	2013/12~2020/12	77	6	7.56	3.82
322	陈伟彦	华夏	2016/09~2020/12	52	24	7.51	1.72
323	董理	兴证全球	2015/03~2020/12	58	7	7.44	3.06
324	李一硕	易方达	2016/08~2020/12	53	5	7.37	5.51
325	徐嶒	东吴	2015/05~2020/12	68	4	7.35	1.84

续表

编号	基金经理	当前任职公司	任职区间	任职时间（月）	管理基金数量（只）	年化α（%）	$t(\alpha)$
326	李玉良	诺安	2015/07~2020/12	66	6	7.32	2.17
327	付斌	招商	2015/01~2020/12	72	14	7.32	1.92
328	张玉坤	东方	2016/08~2020/12	53	7	7.27	1.81
329	徐觅	上海东方证券	2017/09~2020/12	40	2	7.19	3.97
330	林昊	华宝	2017/03~2020/12	46	6	7.18	4.42
331	周海栋	华商	2014/05~2020/12	80	8	7.17	1.70
332	姜锋	建信	2011/07~2020/12	114	5	7.17	1.89
333	毕天宇	富国	2005/12~2020/12	182	6	7.15	1.89
334	黎海威	景顺长城	2013/10~2020/12	87	13	7.14	2.49
335	姚锦	建信	2009/12~2020/12	125	10	7.05	1.90
336	代宇	广发	2015/02~2020/12	71	8	7.01	3.26
337	曹名长	中欧	2006/07~2020/12	170	17	7.00	2.35
338	金晟哲	博时	2016/10~2020/12	51	8	6.99	1.98
339	楼华锋	银河	2016/12~2020/12	49	15	6.99	3.93
340	何天翔	融通	2016/08~2020/12	53	2	6.96	1.70
341	孙晟	建信	2016/03~2020/12	58	3	6.93	1.99
342	吴达	长盛	2016/07~2020/12	54	4	6.92	1.91
343	蔡耀华	富国	2016/12~2020/12	49	10	6.84	1.95
344	张惠	华富	2016/06~2020/12	55	11	6.80	4.29
345	邱世磊	民生加银	2016/01~2020/12	60	6	6.79	4.83
346	张弘弢	华夏	2016/11~2020/12	50	4	6.70	1.91
347	张钟玉	大成	2015/03~2020/12	71	1	6.69	2.52
348	牛勇	华泰柏瑞	2010/09~2020/12	121	14	6.67	1.72
349	侯春燕	大成	2015/12~2020/12	61	8	6.66	1.99
350	涂海强	中银	2016/01~2020/12	60	10	6.66	2.96
351	苏秉毅	大成	2014/01~2020/12	60	4	6.64	3.17
352	钱亚风云	中银	2015/07~2020/12	66	10	6.63	3.53
353	盛豪	华泰柏瑞	2015/10~2020/12	63	23	6.60	3.18
354	姚秋	新华	2015/01~2020/12	72	3	6.58	1.88
355	腊博	兴业	2015/05~2020/12	68	9	6.56	3.27

续表

编号	基金经理	当前任职公司	任职区间	任职时间（月）	管理基金数量（只）	年化α（%）	$t(\alpha)$
356	洪流	嘉实	2014/11~2020/12	67	10	6.55	2.05
357	吴剑毅	南方	2015/05~2020/12	68	22	6.54	2.85
358	袁曦	银河	2015/12~2020/12	61	7	6.49	2.18
359	魏孛	中金	2017/03~2020/12	46	18	6.49	1.85
360	叶松	长信	2011/03~2020/12	118	11	6.48	1.82
361	高文庆	华宝	2017/03~2020/12	46	1	6.41	4.25
362	李韵怡	鹏华	2015/07~2020/12	66	26	6.38	2.29
363	闵杭	金元顺安	2015/10~2020/12	63	4	6.33	1.78
364	李家春	长信	2016/10~2020/12	46	5	6.27	1.93
365	樊利安	国泰	2014/10~2020/12	75	51	6.21	2.18
366	艾小军	国泰	2017/03~2020/12	46	11	6.20	1.89
367	刘宁	嘉实	2015/12~2020/12	61	20	6.19	3.38
368	郑煜	华夏	2006/08~2020/12	173	7	6.18	2.59
369	刘腾	中银	2017/09~2020/12	40	2	6.18	4.54
370	张淼	嘉实	2015/02~2020/12	71	2	6.09	1.88
371	张翔	西部利得	2015/07~2020/12	59	5	6.07	1.68
372	吴丰树	博时	2008/09~2020/12	123	9	5.98	2.01
373	提云涛	中信保诚	2016/09~2020/12	52	19	5.94	2.84
374	刘荟	西部利得	2016/01~2020/12	60	13	5.92	2.46
375	徐荔蓉	国海富兰克林	2004/11~2020/12	143	7	5.88	2.01
376	陈甄璞	广发	2014/11~2020/12	58	14	5.84	6.39
377	陈士俊	浦银安盛	2010/12~2020/12	121	3	5.84	2.42
378	何肖颉	工银瑞信	2005/02~2020/12	124	8	5.83	2.68
379	孙丹	大成	2017/05~2020/12	44	14	5.79	4.26
380	赵强	鹏华	2014/03~2020/12	58	12	5.63	3.57
381	王克玉	泓德	2010/07~2020/12	122	9	5.56	2.29
382	薛玲	建信	2017/05~2020/12	44	4	5.53	2.48
383	钟光正	安信	2012/08~2020/12	84	6	5.49	3.80
384	孔令超	上海东方证券	2016/08~2020/12	53	2	5.46	3.88
385	黄瑞庆	博时	2009/05~2020/12	100	12	5.42	1.68

续表

编号	基金经理	当前任职公司	任职区间	任职时间（月）	管理基金数量（只）	年化 α（%）	$t(\alpha)$
386	尹晓红	招商	2017/12~2020/12	37	2	5.37	3.77
387	侯梧	富国	2014/11~2020/12	47	4	5.36	2.59
388	牛志冬	富国	2016/11~2020/12	50	5	5.29	1.74
389	李娜	交银施罗德	2015/08~2020/12	65	21	5.24	4.49
390	张锋	上海东方证券	2008/06~2011/09	45	3	5.17	2.79
391	夏林锋	华宝	2014/10~2020/12	75	6	5.16	2.14
392	龙昌伦	嘉实	2017/06~2020/12	43	7	5.06	4.51
393	宋永安	农银汇理	2012/09~2020/12	100	2	5.05	2.19
394	饶刚	上海东方证券	2016/07~2020/12	54	2	5.02	3.57
395	崔建波	方正富邦	2010/03~2020/12	126	20	4.99	1.76
396	刘方旭	兴业	2015/12~2020/12	61	5	4.86	2.33
397	余芽芳	招商	2017/04~2020/12	45	14	4.67	2.03
398	万梦	景顺长城	2015/07~2020/12	66	14	4.56	4.06
399	王琳	国泰	2017/01~2020/12	48	14	4.55	1.90
400	王颂	广发	2014/12~2020/12	58	7	4.48	2.48
401	傅友兴	广发	2013/02~2020/12	95	11	4.30	1.68
402	石雨欣	华安	2016/02~2020/12	59	8	4.18	2.95
403	吴振翔	汇添富	2015/02~2020/12	71	2	4.15	3.21
404	杨成	中银	2015/09~2020/12	64	7	4.13	2.28
405	朱才敏	华安	2015/05~2020/12	68	9	4.12	3.73
406	汤志彦	鹏华	2017/07~2020/12	42	5	3.91	1.69
407	郑可成	华安	2013/05~2020/12	92	13	3.82	2.33
408	贺涛	华安	2015/05~2020/12	68	9	3.54	3.14
409	余昊	广发	2016/06~2020/12	55	4	3.48	2.27
410	袁建军	汇添富	2007/03~2020/12	38	3	3.48	1.65
411	胡剑	易方达	2016/02~2020/12	59	13	3.43	2.16
412	蒋磊	银河	2016/08~2020/12	53	14	3.36	1.77
413	姜晓丽	天弘	2014/03~2020/12	82	15	3.30	1.82
414	刘铭	银河	2017/05~2020/12	45	22	3.16	1.85
415	魏伟	富国	2011/12~2020/12	106	5	2.91	1.68

续表

编号	基金经理	当前任职公司	任职区间	任职时间（月）	管理基金数量（只）	年化 α（%）	$t(\alpha)$
416	闫沛贤	中加	2015/12~2020/12	61	2	2.91	2.64
417	吴亮谷	招商	2013/05~2020/12	60	9	2.83	1.75
418	李佳存	招商	2015/01~2020/12	72	7	2.43	2.70

我们选取当前就职于兴全基金管理有限公司的基金经理谢治宇为研究对象，分析该基金经理的选股能力。谢治宇作为兴全基金的明星基金经理，2019年新发产品"兴全社会价值三年"在一天时间里完成了30亿元的募集，是市场上备受关注的"80后"投资总监。谢治宇自2013年1月开始管理基金产品，截至2020年底，累计任职时间为96个月。期间，他共管理7只股票型基金，产品合并收益率达到648%，而同期万得全A指数上涨132%，在三年多的时间里取得了超越大盘指数516%的收益，他因为具有正确的选股能力给投资者创造了年化17.34%的超额收益（年化 α=17.34%）。谢治宇通过寻找最具投资价值的个股，从增速与估值匹配度的角度出发挖掘投资标的，从而获得超额收益。图5-5为谢治宇以及同期万得全A指数净值图。从2017年第二季度开始，谢治宇陆续增持了中国平安、中国太保、五粮液、伊利股份等阶段性预期持续改善的保险和消费等板块股票，减持估值偏高且预期稳定性欠佳的成长股，把握住个股上涨的机会，基金净值在2017年的涨幅显著跑赢大盘。2018年第四季度，谢治宇加大了隆基股份的持仓，逐步成为其第一大重仓股。在此期间，隆基股份的净利润从2018年的25.58亿元增长到2020年的85.52亿元，股票价格由17.44元涨至92.2元。基金经理的选股能力得以体现。

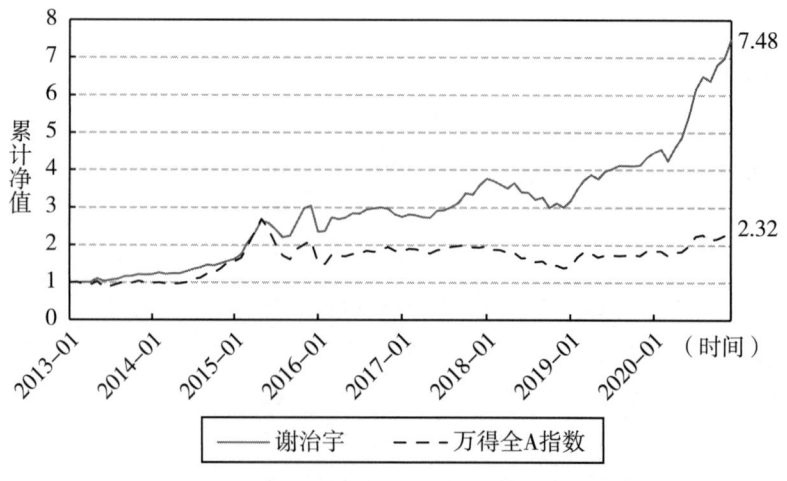

图5-5　基金经理谢治宇以及万得全A指数同期净值图

(二) 离职基金经理选股能力

表 5-10 展示了 600 位截至 2020 年 12 月底已离职的股票型基金经理选股能力的统计结果。图 5-6 展示了基金经理选股能力所对应的 α 的 t 值 (从高到低排列)。我们使用单边的假设检验,在 5% 的显著性水平下,有 127 位 (占比 21%) 基金经理的 α 呈正显著性,其 t 值高于 1.64,说明他们具有正确的选股能力;有 428 位 (占比 71%) 基金经理的 α 不显著,说明他们不具有明显的选股能力;有 45 位 (占比 8%) 基金经理的 α 呈负显著性,其 t 值低于 -1.64,说明这些基金经理具有错误的选股能力。总体来看,仅二成已离职的基金经理具有选股能力,低于在职基金经理,绝大部分离职的基金经理不具备选股能力。

表 5-10　　　　　　　　　　离职基金经理选股能力

项目	显著性	基金经理数目 (位)	占比 (%)
选股能力	正显著	127	21
	不显著	428	71
	负显著	45	8
总计		600	100

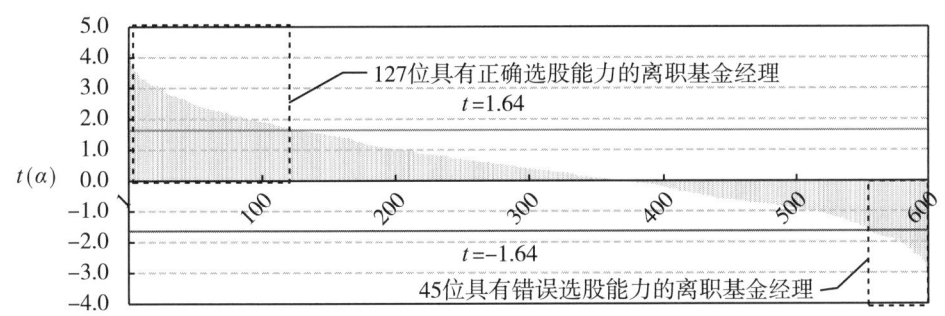

图 5-6　离职股票型基金经理 α 的 t 值 (显著性) 排列

注:正确选股能力代表 $t(\alpha)>1.64$;错误选股能力代表 $t(\alpha)<-1.64$;未表现出选股能力代表 $-1.64 \leq t(\alpha) \leq 1.64$。基金经理具有选股能力是指基金经理表现出正确的选股能力,基金经理不具有选股能力代表基金经理表现出错误的或未表现出选股能力。

在分析选股能力时,需要评估衡量基金经理选股能力 α 的估计值。我们采用 Treynor-Mazuy 四因子模型对已经离职基金经理的选股能力进行回归分析,结果展示在表 5-11 和图 5-7 中。按照离职基金经理的选股能力 (年化 α),可以将基金经理分为 10 组,第 1 组为 α 最高的组,以此类推,第 10 组为 α 最低的组。表 5-11 和图 5-7 具体列示出每一组基金经理所对应的 α、γ、β_{mkt}、β_{smb}、β_{hml}、β_{mom},

以及反映模型拟合好坏的调整后 R^2 的平均值。

表 5-11　　离职基金经理 Treynor-Mazuy 模型回归结果（选股能力）

组别	年化 α（%）	γ	β_{mkt}	β_{smb}	β_{hml}	β_{mom}	调整后 R^2（%）
1（α 最高组）	18.04	-0.32	0.67	-0.22	-0.18	0.17	74
2	10.65	-0.20	0.71	-0.14	-0.07	0.17	80
3	7.31	-0.23	0.72	-0.09	-0.14	0.14	81
4	4.56	-0.05	0.70	-0.04	-0.10	0.18	79
5	2.81	-0.04	0.64	-0.04	-0.09	0.10	75
6	1.04	0.01	0.68	0.01	-0.09	0.14	76
7	-0.80	0.01	0.77	0.04	-0.14	0.13	81
8	-3.18	0.36	0.73	0.05	-0.10	0.19	80
9	-5.54	0.23	0.76	0.10	-0.15	0.14	79
10（α 最低组）	-11.14	0.60	0.81	0.16	-0.08	0.23	82

注：此表汇报每一组基金经理对应的 α、γ、β_{mkt}、β_{smb}、β_{hml}、β_{mom}，以及调整后 R^2 的平均值。

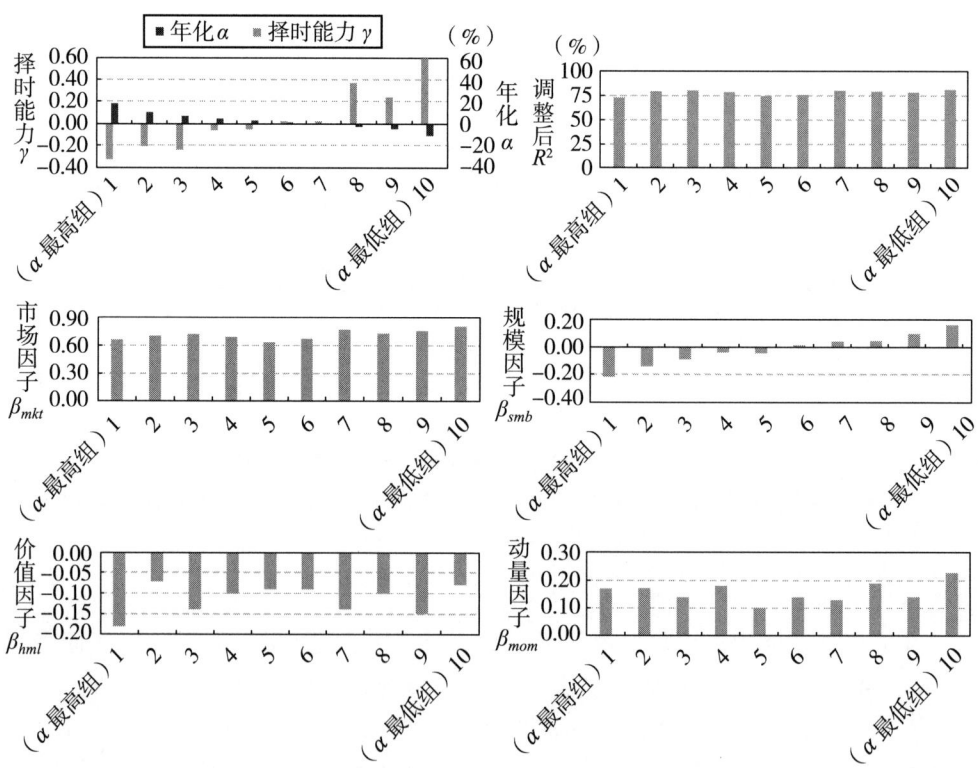

图 5-7　离职基金经理 Treynor-Mazuy 模型回归结果［按选股能力（年化 α）分组］

从表 5-11 和图 5-7 可以看出，离职基金经理的年化 α 在 -11.14% ~ 18.04% 之间，排名在前 2 组的离职基金经理，他们的年化 α 均在 10% 以上。大盘指数对应的敏感系数 β_{mkt} 在 0.64 ~ 0.81 之间，每组基金经理在大盘指数上的风险暴露都较高，说明离职基金经理管理的产品与大盘具有较强的相关性。规模因子对应的敏感系数 β_{smb} 在 -0.22 ~ 0.16 之间，且随着每组基金经理平均年化 α 的下降，基金经理在规模因子上的风险暴露逐渐升高，这意味着在年化 α 较高的组中，基金经理持有的投资组合偏重大盘股。价值因子对应的敏感度系数 β_{hml} 在 -0.18 ~ -0.07 之间，随着年化 α 的下降，基金经理在价值因子上的风险暴露并无明显变化，说明基金经理持有价值股或成长股的仓位与其选股能力无明显关系。趋势因子对应的敏感系数 β_{mom} 在 0.10 ~ 0.23 之间，整体而言，我们发现离职基金经理的追涨杀跌在各组之间有明显的差别。调整后的 R^2 在 80% 左右，表明该模型很好地解释了离职基金经理的超额收益。

表 5-12 列出了 Treynor-Mazuy 四因子模型中 α 为正显著，即具有正确选股能力的 127 位离职基金经理的名单，还展示了每位基金经理的任职时间及选股能力 α 的估计值。这些基金经理对应的年化 α 在 0.02% ~ 26.24% 之间，平均任职时间为 70 个月，管理 5 只基金产品。附录九具体给出了所有已经离职的股票型基金经理的选股能力年化 α 以及各 β 的风险暴露程度，供读者了解每一位已离职的基金经理的业绩。

表 5-12　具有选股能力的离职股票型公募基金经理（按年化 α 排序）：1998~2020 年

编号	基金经理	离职前任职公司	任职区间	任职时间（月）	管理基金数量（只）	年化 α（%）	$t(\alpha)$
1	黄敬东	九泰	2006/09~2015/11	45	6	26.24	2.32
2	孙延群	上投摩根	2004/06~2009/06	58	3	25.12	3.63
3	梁天喜	易方达	2004/04~2007/12	46	3	24.82	3.08
4	李学文	景顺长城	2003/08~2007/08	48	4	24.77	3.11
5	冉华	易方达	2004/02~2007/12	48	1	23.78	2.82
6	陈亮	博时	2007/01~2010/03	40	2	23.62	1.77
7	李志嘉	景顺长城	2006/06~2010/04	48	2	21.68	2.48
8	高阳	博时	2002/10~2008/01	65	3	21.22	3.54
9	项志群	摩根士丹利华鑫	2005/03~2010/08	49	3	21.13	1.81
10	盖婷婷	交银施罗德	2015/07~2018/08	39	3	20.27	3.45
11	何震	广发	2004/07~2008/01	44	2	20.24	2.55
12	江湧	广发	2005/02~2009/08	56	2	19.63	2.43

续表

编号	基金经理	离职前任职公司	任职区间	任职时间（月）	管理基金数量（只）	年化 α（%）	$t(\alpha)$
13	游海	招商	2007/01~2010/06	43	2	19.57	2.35
14	江晖	工银瑞信	2000/09~2007/04	59	3	19.46	1.91
15	刘天君	嘉实	2006/08~2013/05	83	4	19.17	3.22
16	张晖	汇添富	2002/11~2007/11	48	3	18.02	2.22
17	刘光华	华安	2005/05~2009/05	50	3	17.86	3.72
18	张翎	工银瑞信	2005/05~2010/03	57	4	17.75	2.71
19	忻怡	嘉实	2006/12~2010/09	47	2	17.72	2.06
20	盛震山	诺安	2015/09~2018/12	41	7	17.62	4.36
21	郑拓	交银施罗德	2005/04~2009/07	50	5	17.52	2.39
22	林鹏	上海东方证券	2014/09~2020/04	69	8	17.22	3.29
23	邹志新	博时	2002/01~2010/10	107	4	16.66	4.11
24	黄明仁	华泰柏瑞	2016/11~2019/12	39	1	16.60	2.22
25	曾昭雄	信达澳银	2003/04~2008/12	55	6	16.60	2.25
26	岳爱民	中信保诚	2006/04~2009/06	40	2	16.56	1.97
27	杨兵兵	景顺长城	2003/10~2007/08	48	2	16.53	2.64
28	周力	博时	2005/02~2011/06	78	2	16.34	2.84
29	肖华	博时	2000/08~2006/11	73	3	16.10	2.22
30	付伟琦	融通	2015/06~2020/01	57	5	16.07	2.94
31	郝康	工银瑞信	2016/12~2020/03	41	6	15.63	3.29
32	崔海峰	交银施罗德	2003/01~2010/05	86	7	15.47	3.04
33	肖坚	易方达	2002/03~2007/12	71	3	14.74	3.02
34	徐大成	富国	2002/11~2007/05	57	3	14.65	3.29
35	许翔	银华	2003/05~2009/10	75	4	14.63	2.60
36	张益驰	华夏	2004/09~2009/06	59	5	14.57	2.31
37	况群峰	银华	2006/09~2011/08	61	3	14.51	1.99
38	刘晓明	景顺长城	2014/11~2020/04	67	5	14.41	2.26
39	栾杰	农银汇理	2003/07~2011/03	84	5	14.07	2.71
40	王义克	易方达	2014/12~2018/02	40	1	13.90	1.65
41	梁丰	华泰柏瑞	2004/03~2010/04	73	4	13.86	2.38
42	王志华	华夏	2001/11~2007/08	55	4	13.74	2.40

续表

编号	基金经理	离职前任职公司	任职区间	任职时间（月）	管理基金数量（只）	年化α（%）	$t(\alpha)$
43	吕俊	上投摩根	2002/05~2007/07	60	4	13.62	2.69
44	郝继伦	融通	2001/09~2010/01	71	2	13.39	2.10
45	许彤	长盛	2004/10~2009/04	56	1	13.32	1.79
46	康赛波	海富通	2003/04~2011/03	82	3	13.23	2.74
47	温震宇	工银瑞信	2005/02~2009/08	50	3	12.99	1.70
48	王亚伟	华夏	1998/04~2012/04	163	4	12.97	1.78
49	邓晓峰	博时	2007/03~2014/11	94	1	12.96	3.10
50	孔学峰	信达澳银	2016/10~2020/09	48	1	12.87	3.00
51	杨毅平	长城	2002/03~2013/05	123	5	12.81	3.09
52	党开宇	嘉实	2005/01~2010/05	63	6	12.73	1.89
53	易万军	融通	2003/09~2007/02	43	1	12.59	2.46
54	陈志民	易方达	2001/06~2011/03	120	4	12.56	3.07
55	董伟炜	光大保德信	2015/05~2020/10	67	4	12.53	3.30
56	孙建冬	华夏	2005/06~2010/01	57	2	12.35	2.06
57	孙林	嘉实	2003/01~2007/03	52	2	12.30	2.10
58	庞飒	东方	2005/08~2013/02	86	3	12.19	2.03
59	康晓云	国投瑞银	2006/04~2011/01	59	4	12.07	1.65
60	李旭利	交银施罗德	2000/03~2009/05	104	8	11.91	1.73
61	江作良	易方达	2001/06~2007/06	72	2	11.87	3.14
62	李昇	银河	2002/09~2009/07	85	4	11.80	2.75
63	胡军华	招商	2005/08~2008/12	41	1	11.67	1.81
64	龙川	安信	2016/10~2019/12	40	7	11.67	3.59
65	许春茂	光大保德信	2006/06~2010/03	47	2	11.67	1.87
66	王嘉	华安	2015/07~2018/10	41	4	11.61	2.10
67	程世杰	鹏华	2005/05~2015/06	123	5	11.42	3.19
68	黄中	鹏华	2001/09~2006/10	63	1	11.20	2.35
69	尚志民	华安	1999/06~2015/01	189	6	11.20	2.80
70	史彦刚	长城	2013/04~2016/11	45	10	11.19	1.88
71	陈丰	博时	2003/08~2008/11	66	2	11.14	2.50
72	谢振东	华安	2015/03~2019/10	57	6	11.13	3.54

续表

编号	基金经理	离职前任职公司	任职区间	任职时间（月）	管理基金数量（只）	年化 α（%）	$t(\alpha)$
73	刘青山	泰达宏利	2003/04~2013/01	119	2	11.12	2.47
74	王雄辉	中海	2001/06~2008/03	67	3	11.12	2.10
75	陈戈	富国	2005/04~2014/03	109	1	10.87	2.27
76	王新艳	建信	2002/11~2013/11	117	6	10.67	3.04
77	易贵海	鹏华	2003/01~2007/07	54	3	10.61	2.25
78	罗泽萍	华夏	2005/04~2014/02	108	4	10.53	2.12
79	郭树强	华夏	2002/01~2007/12	73	2	10.49	2.37
80	周伟锋	国泰	2013/06~2020/07	87	10	10.09	1.89
81	冯刚	上投摩根	2006/06~2014/11	87	3	10.02	2.26
82	常昊	光大保德信	2002/11~2007/05	53	3	9.91	2.39
83	卢博森	中欧	2016/12~2020/07	44	5	9.71	1.92
84	刘新勇	华安	2002/11~2009/02	77	3	9.59	1.99
85	詹凌蔚	嘉实	2002/09~2014/03	106	4	9.51	3.06
86	陈志龙	浙商	2007/08~2014/09	66	3	9.38	1.92
87	易海波	中融	2017/01~2020/02	40	9	9.31	2.32
88	李帅	嘉实	2015/07~2020/09	64	2	9.21	2.18
89	张野	融通	2005/05~2009/04	49	1	9.20	2.24
90	魏上云	嘉实	2002/01~2006/07	52	2	9.19	2.67
91	肖林	易方达	2016/05~2019/08	41	2	9.19	2.55
92	马骏	易方达	2001/06~2007/12	80	2	9.12	2.22
93	周可彦	银华	2008/02~2018/11	96	7	8.80	1.65
94	袁英杰	申万菱信	2017/01~2020/03	40	10	8.67	2.79
95	郭党钰	中金	2015/06~2019/10	54	13	8.60	2.14
96	周炜炜	光大保德信	2005/08~2014/07	102	4	8.59	1.93
97	梁辉	泰达宏利	2005/04~2015/03	121	10	8.51	2.00
98	蒋峰	南方	2003/11~2012/11	91	6	8.40	1.71
99	林飞	易方达	2007/02~2015/05	101	1	8.36	2.00
100	陈键	南方	2005/04~2015/12	130	6	8.33	2.30
101	邵健	嘉实	2004/04~2015/06	136	3	8.02	1.78
102	王宁	长盛	2001/07~2017/03	175	9	8.02	3.08

续表

编号	基金经理	离职前任职公司	任职区间	任职时间（月）	管理基金数量（只）	年化 α（%）	$t(\alpha)$
103	张冰	招商	2004/06~2011/06	86	3	7.96	1.73
104	何江旭	工银瑞信	2002/11~2014/06	138	7	7.76	2.75
105	冯士祯	信达澳银	2015/05~2019/04	49	6	7.73	1.72
106	付勇	长信	2006/01~2012/10	80	3	7.70	1.75
107	李权胜	博时	2012/08~2020/07	97	5	7.54	2.09
108	陈洪	海富通	2003/08~2014/05	131	5	7.41	2.73
109	陈勤	嘉实	2006/10~2015/05	102	4	7.32	1.91
110	陈玉辉	创金合信	2012/11~2019/08	80	6	6.79	1.86
111	赵雪芹	前海开源	2016/01~2020/06	55	8	6.51	1.87
112	贺轶	富国	2006/08~2016/01	87	3	6.31	1.65
113	施旭	平安	2016/05~2019/10	43	38	5.77	2.66
114	石国武	大成	2013/04~2017/08	54	7	5.39	1.75
115	蒋征	海富通	2003/01~2013/12	127	8	5.23	1.96
116	徐昀君	东方	2013/12~2017/04	42	5	5.12	2.66
117	钟敬棣	建信	2013/09~2018/04	57	1	5.11	2.53
118	李怡文	国投瑞银	2014/03~2019/01	60	5	4.71	2.04
119	邓钟锋	国海富兰克林	2016/06~2019/09	41	14	4.70	3.31
120	高翰昆	万家	2015/05~2018/07	40	25	4.20	2.14
121	钟智伦	富国	2015/05~2019/02	47	14	3.51	2.29
122	曾刚	汇添富	2015/11~2020/08	59	9	3.37	1.67
123	丁杰科	申万菱信	2016/03~2019/03	38	4	3.22	2.03
124	魏镇江	华夏	2016/04~2020/05	51	7	3.10	1.93
125	吴西燕	国海富兰克林	2015/06~2018/08	40	14	2.76	2.00
126	周恩源	鹏华	2016/02~2019/07	43	10	2.56	2.52
127	张萌	中邮创业	2015/05~2019/03	48	1	2.37	1.82

我们选取年化 α 值为 16.66% 的基金经理邹志新作为研究对象，分析其选股能力。图 5-8 展示了邹志新所管理的所有基金的加权平均净值以及同期万得全 A 指数的净值。邹志新曾任职于博时基金管理有限公司，自 2002 年开始管理基金，至 2010 年离职，期间其管理的产品收益率达到 260%，在不到 9 年的时间里给投资者带来约 2.6 倍的收益，而同期万得全 A 指数上涨 172%。长期以来，邹志新

以独到的投资策略和稳健的业绩著称。邹志新选股时会选择重仓一条供应链的"两头",即终端零售和上游源头,相信供应链的价值主要存在于两端而非中间;并坚持发掘长周期视角下资质良好且被市场低估的股票。邹志新还认为上市公司的知名度对其股价有显著的正向效果。这些投资策略都让他获利颇丰。因此,其重仓的贵州茅台、用友网络和燕京啤酒都属于供应链终端知名企业,这3只股票在2009年和2010年两年的涨幅分别达到121%、65%和56%,展现了基金经理稳健的选股能力。

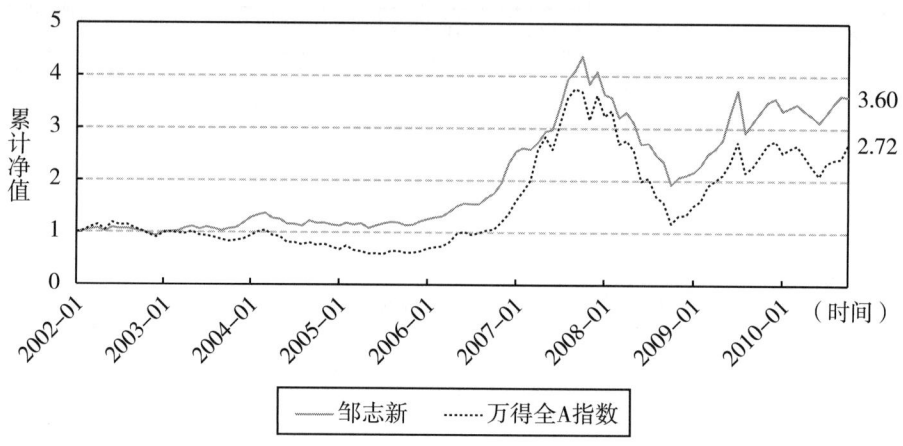

图 5-8　基金经理邹志新以及万得全A指数同期净值

三、基金经理的择时能力

(一) 在职基金经理择时能力

在分析基金经理的择时能力时,我们同样采用 Treynor-Mazuy 模型进行评估。表 5-13 展示了在职基金经理择时能力的估计结果,图 5-9 展示了模型估计出来的基金经理择时能力 γ 的 t 值排列。由于我们关心在职基金经理是否真正具有择时能力,因此我们使用单边的假设检验。可以发现,截至 2020 年 12 月还在任职的基金经理共有 845 人,在 5% 的显著性水平下,有 103 位(占比 12%)基金经理的 γ 呈正显著,表明这些基金经理具有正确的择时能力;有 154 位(占比 18%)基金经理的 γ 呈负显著,说明他们具有错误的择时能力;有 588 位(占比 70%)基金经理的择时能力系数 γ 不显著,即不具有择时能力。总体来看,具有正确择时能力的在职基金经理占比很少,仅一成左右,绝大部分在职基金经理没有择时能力。

第五章 股票型基金经理的选股与择时能力

表 5-13　　　　　　　　　　在职基金经理择时能力

项目	显著性	基金经理数目（位）	占比（%）
择时能力	正显著	103	12
	不显著	588	70
	负显著	154	18
总计		845	100

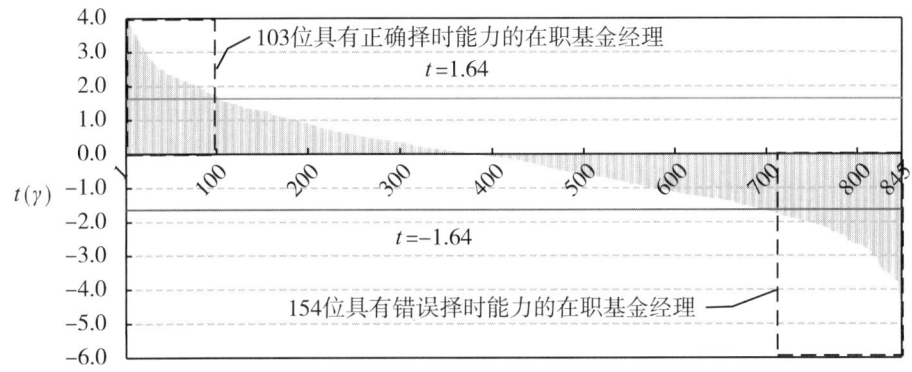

图 5-9　在职基金经理择时能力 t 值（显著性）排列

注：正确择时能力代表 $t(\gamma)>1.64$；错误择时能力代表 $t(\gamma)<-1.64$；未表现出择时能力代表 $-1.64 \leqslant t(\gamma) \leqslant 1.64$。基金经理具有择时能力是指基金经理表现出正确的择时能力，基金经理不具有择时能力代表基金经理表现出错误的或未表现出择时能力。

我们采用 Treynor-Mazuy 模型对在职基金经理的择时能力进行回归分析，表 5-14 和图 5-10 展示了模型的回归结果。我们按照基金经理的择时能力 γ 把基金经理等分为 10 组，第 1 组为 γ 最高的组，以此类推，第 10 组为 γ 最低的组。表 5-14 具体列示了每一组基金经理所对应的择时能力系数 γ，选股能力年化 α、β_{mkt}、β_{smb}、β_{hml}、β_{mom}，以及反映模型拟合好坏的调整后 R^2 的平均值。

我们发现，在择时能力较高的组中，基金经理的选股能力较差，而在择时能力较低的组中，基金经理的选股能力相对较强，即在职基金经理的选股能力和择时能力呈现负相关关系。在基金经理择时能力最高的第 1 组，基金经理的年化 α 仅为 4.68%；在择时能力最低的第 10 组，基金经理的年化 α 为 16.07%，从图 5-10 中（第一个图）可以清楚地看到这种负相关关系。同时我们发现，基于择时能力 γ 分组后，10 组基金的 β_{mkt} 因子的系数均在 0.61 以上，说明不论基金经理的择时能力如何，他们的基金组合均与大盘指数有着较高的相关性。此外，每一组基金经理的投资组合在 β_{smb}、β_{hml}、β_{mom} 因子上的风险暴露不存在明显的规律性，调整后 R^2 在 72% 左右，表明该模型能够较好地反映基金经理的风险暴露。

表 5-14　　在职基金经理 Treynor-Mazuy 模型回归结果（择时能力）

组别	γ	年化 α（%）	β_{mkt}	β_{smb}	β_{hml}	β_{mom}	调整后 R^2（%）
1（γ 最高组）	1.12	4.68	0.61	0.05	-0.18	0.28	64
2	0.51	4.88	0.64	-0.02	-0.27	0.24	66
3	0.27	5.43	0.67	-0.03	-0.25	0.20	69
4	0.12	5.85	0.69	-0.01	-0.23	0.15	71
5	-0.01	7.03	0.76	-0.03	-0.24	0.17	77
6	-0.17	7.08	0.77	0.01	-0.29	0.17	77
7	-0.36	7.89	0.70	-0.02	-0.26	0.13	75
8	-0.62	7.96	0.71	-0.01	-0.24	0.20	74
9	-1.09	11.74	0.78	0.02	-0.16	0.29	74
10（γ 最低组）	-2.21	16.07	0.92	-0.06	-0.12	0.29	74

注：此表汇报每一组基金经理对应的 α、γ、β_{mkt}、β_{smb}、β_{hml}、β_{mom}，以及调整后 R^2 的平均值。

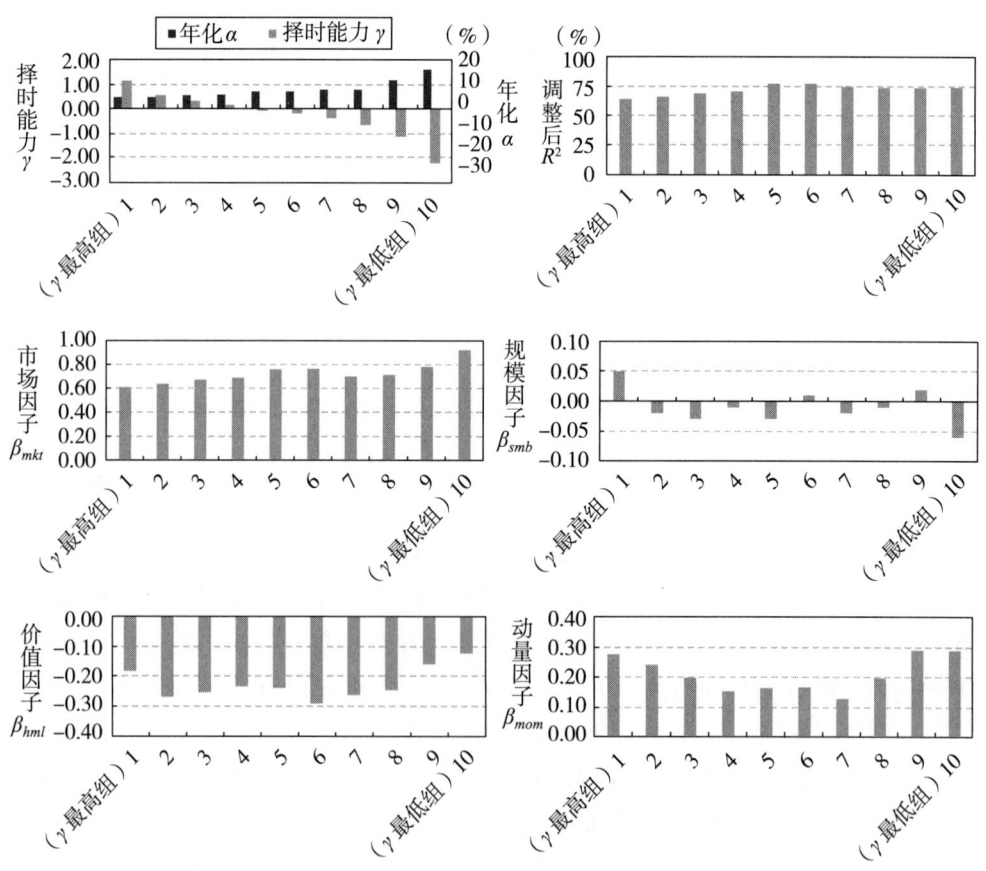

图 5-10　在职基金经理 Treynor-Mazuy 模型回归结果（按择时能力 γ 分组）

表 5-15 列示了 Treynor-Mazuy 模型中 γ 为正显著的在职基金经理名录,这些基金经理平均任职 75 个月,管理 12 只基金。这里我们主要关心反映择时能力的系数 γ 的显著性。我们选择择时能力 γ 为 1.86 的基金经理范洁作为研究对象。范洁目前任职于前海开源基金管理有限公司,自管理公募基金产品以来,共管理 8 只股票型基金,累计收益为 224%,同期万得全 A 指数上涨 14%。从其管理的"前海开源沪港深优势精选"基金的仓位情况来看,截至 2017 年第三季度,该基金股票仓位占比为 80%,在 2018 年股灾来临前,范洁将股票仓位降低至 3.96%,并在 2018 年第一季度进一步调低至 0.21%,并在全年保持极低仓位。在 2018 年末,范洁将股票仓位重新提高至 69.63%,并在 2019 年初股票市场大幅上涨前进一步提仓至 89.69%。范洁通过对市场提前布局的择时能力,在市场下跌前降低自己对高风险资产的风险暴露,在市场上涨前提高自己对高风险资产的风险暴露,从而获得了超额收益。图 5-11 展示了范洁所管理基金的加权平均业绩以及同期万得全 A 指数净值。

表 5-15 具有择时能力的在职股票型基金经理 [按照 $t(\gamma)$ 排序]:1998~2020 年

编号	基金经理	当前任职公司	任职区间	任职时间（月）	管理基金数量（只）	γ	$t(\gamma)$
1	殷瑞飞	国投瑞银	2015/11~2020/12	62	7	1.97	5.90
2	李倩	泓德	2015/10~2020/12	63	7	1.40	4.87
3	于鹏	富国	2015/11~2020/12	62	7	1.31	4.80
4	袁芳	工银瑞信	2015/12~2020/12	61	6	1.60	4.07
5	王景	招商	2011/12~2020/12	108	14	1.20	3.86
6	陈良栋	长城	2015/11~2020/12	62	8	1.59	3.79
7	范妍	圆信永丰	2015/10~2020/12	63	16	1.10	3.72
8	郭堃	长盛	2015/11~2020/12	57	10	1.29	3.65
9	周战海	上投摩根	2015/12~2020/12	61	2	1.95	3.61
10	腊博	兴业	2015/05~2020/12	68	9	0.53	3.57
11	王刚	招商	2017/07~2020/12	42	15	0.91	3.51
12	李化松	平安	2015/12~2020/12	57	36	2.12	3.49
13	褚艳辉	浦银安盛	2014/06~2020/12	79	8	0.69	3.47
14	李栋梁	华宝	2015/10~2020/12	63	9	0.62	3.35
15	卢玉珊	南方	2015/12~2020/12	61	1	1.12	3.34
16	吴剑毅	南方	2015/05~2020/12	68	22	0.55	3.33
17	杨超	信达澳银	2014/10~2020/12	69	34	1.23	3.25

续表

编号	基金经理	当前任职公司	任职区间	任职时间（月）	管理基金数量（只）	γ	$t(\gamma)$
18	钱亚风云	中银	2015/07~2020/12	66	10	1.37	3.22
19	左剑	中海	2015/05~2020/12	68	3	1.78	3.18
20	吴昊	方正富邦	2012/04~2020/12	105	100	0.93	3.14
21	张跃鹏	中欧	2015/11~2020/12	62	25	0.54	3.08
22	桂跃强	泰康	2011/06~2020/12	112	11	0.80	3.01
23	李韵怡	鹏华	2015/07~2020/12	66	26	0.45	2.97
24	王予柯	广发	2015/12~2020/12	61	9	0.34	2.90
25	杨成	中银	2015/09~2020/12	64	7	0.38	2.89
26	洪流	嘉实	2014/11~2020/12	67	10	0.84	2.86
27	陈梁	中邮创业	2014/07~2020/12	78	5	1.21	2.80
28	陈玮	中海	2015/05~2020/12	52	6	0.94	2.80
29	夏林锋	华宝	2014/10~2020/12	75	6	1.06	2.79
30	邹欣	兴证全球	2015/12~2020/12	61	2	0.78	2.76
31	范贵龙	华融	2015/04~2020/12	69	3	0.56	2.68
32	魏欣	工银瑞信	2015/05~2020/12	68	2	0.75	2.68
33	赵晓东	国海富兰克林	2009/09~2020/12	136	5	0.63	2.64
34	刘欣	泰达宏利	2003/07~2020/12	141	23	0.71	2.63
35	王颂	广发	2014/12~2020/12	58	7	0.73	2.60
36	胡志利	工银瑞信	2015/08~2020/12	65	11	1.10	2.59
37	李守峰	富安达	2015/12~2020/12	61	2	0.88	2.53
38	汪晖	德邦	2007/05~2020/12	97	5	0.83	2.53
39	蒋秋洁	南方	2014/12~2020/12	73	26	0.75	2.51
40	曲扬	前海开源	2015/04~2020/12	69	36	0.86	2.50
41	李富强	大成	2015/11~2020/12	46	10	0.81	2.48
42	林忠晶	长安	2015/05~2020/12	68	17	1.05	2.47
43	王鹏	国投瑞银	2007/07~2020/12	112	36	0.71	2.47
44	罗博	银河	2013/03~2020/12	94	10	0.47	2.39
45	张翔	西部利得	2015/07~2020/12	59	5	0.90	2.38

续表

编号	基金经理	当前任职公司	任职区间	任职时间（月）	管理基金数量（只）	γ	$t(\gamma)$
46	倪权生	上投摩根	2015/03~2020/12	67	5	0.92	2.36
47	彭凌志	国泰	2015/12~2020/12	61	7	1.10	2.36
48	韩晶	银河	2015/04~2020/12	69	41	0.31	2.36
49	钟光正	安信	2012/08~2020/12	84	6	0.40	2.35
50	张清华	易方达	2015/04~2020/12	69	23	0.96	2.35
51	王超	招商	2013/05~2020/12	93	22	0.74	2.31
52	吴鹏飞	民生加银	2013/12~2020/12	58	10	0.80	2.31
53	谢志华	诺安	2013/05~2020/12	92	10	0.35	2.30
54	张锋	上海东方证券	2008/06~2020/12	45	3	1.12	2.29
55	谢屹	前海开源	2015/07~2020/12	66	9	1.11	2.29
56	王喆	中邮创业	2015/01~2020/12	72	17	0.60	2.28
57	薛小波	泰康	2015/02~2020/12	60	11	0.89	2.26
58	王克玉	泓德	2010/07~2020/12	122	9	0.45	2.26
59	宫雪	国金	2015/06~2020/12	67	8	0.88	2.22
60	苏谋东	万家	2015/05~2020/12	62	16	0.32	2.21
61	黄万青	大成	2010/04~2020/12	105	21	0.84	2.20
62	王东杰	建信	2015/05~2020/12	68	10	0.89	2.20
63	黄玥	前海开源	2017/07~2020/12	42	5	2.70	2.20
64	董山青	泰信	2015/03~2020/12	70	5	1.04	2.17
65	季侃乐	兴证全球	2014/11~2020/12	74	2	0.71	2.16
66	许文波	东方	2015/08~2020/12	61	24	0.77	2.16
67	孙绍冰	富安达	2015/05~2020/12	68	2	1.72	2.16
68	董承非	兴证全球	2007/02~2020/12	167	5	0.28	2.15
69	曾国富	信达澳银	2008/07~2020/12	139	7	0.66	2.12
70	张洋	工银瑞信	2015/08~2020/12	65	4	0.32	2.09
71	张琦	国寿安保	2010/06~2020/12	127	27	0.59	2.09
72	赵耀	红塔红土	2015/05~2020/12	68	17	0.55	2.09
73	纪文静	上海东方证券	2015/07~2020/12	66	3	0.27	2.07

续表

编号	基金经理	当前任职公司	任职区间	任职时间（月）	管理基金数量（只）	γ	$t(\gamma)$
74	王曦	博时	2015/09~2020/12	64	26	0.44	2.06
75	刘重晋	中金	2017/08~2020/12	41	7	1.70	2.06
76	杨景涵	华泰柏瑞	2015/04~2020/12	69	28	0.47	2.05
77	魏博	中欧	2012/08~2020/12	101	10	0.62	2.02
78	姚爽	招商	2016/12~2020/12	49	5	2.19	2.02
79	代宇	广发	2015/02~2020/12	71	8	0.33	2.02
80	谈云飞	海富通	2016/09~2020/12	52	7	0.65	2.02
81	欧阳凯	工银瑞信	2013/06~2020/12	91	7	0.44	1.99
82	陈甄璞	广发	2014/11~2020/12	58	14	0.37	1.99
83	阳琨	华夏	2007/06~2020/12	163	6	0.45	1.98
84	袁曦	银河	2015/12~2020/12	61	7	0.69	1.94
85	王琳	国泰	2017/01~2020/12	48	14	0.72	1.93
86	周心鹏	博时	2010/10~2020/12	118	8	0.64	1.92
87	戴钢	鹏华	2012/06~2020/12	103	5	0.31	1.92
88	范洁	前海开源	2017/09~2020/12	40	8	2.15	1.86
89	雷鸣	汇添富	2014/03~2020/12	82	5	0.67	1.84
90	吴鹏	博时	2006/09~2020/12	69	12	0.41	1.84
91	赵楠	长盛	2011/12~2020/12	77	7	0.74	1.83
92	孟亚强	九泰	2016/06~2020/12	55	14	1.00	1.81
93	史博	南方	2004/07~2020/12	154	28	0.38	1.80
94	张文平	平安	2015/06~2020/12	62	22	0.22	1.79
95	韩丽楠	西部利得	2015/08~2020/12	65	10	0.33	1.78
96	赵治烨	上银	2015/05~2020/12	68	5	0.66	1.77
97	尹培俊	华富	2016/05~2020/12	56	4	1.05	1.76
98	何旻	汇添富	2007/08~2020/12	99	4	0.22	1.75
99	马强	长城	2015/06~2020/12	67	11	0.43	1.73
100	吕越超	海富通	2014/11~2020/12	71	10	1.25	1.73
101	吴潇	国投瑞银	2016/12~2020/12	49	8	1.08	1.69

续表

编号	基金经理	当前任职公司	任职区间	任职时间（月）	管理基金数量（只）	γ	t(γ)
102	李炳智	前海开源	2017/01~2020/12	48	8	0.71	1.69
103	神玉飞	银河	2012/12~2020/12	97	4	0.46	1.65

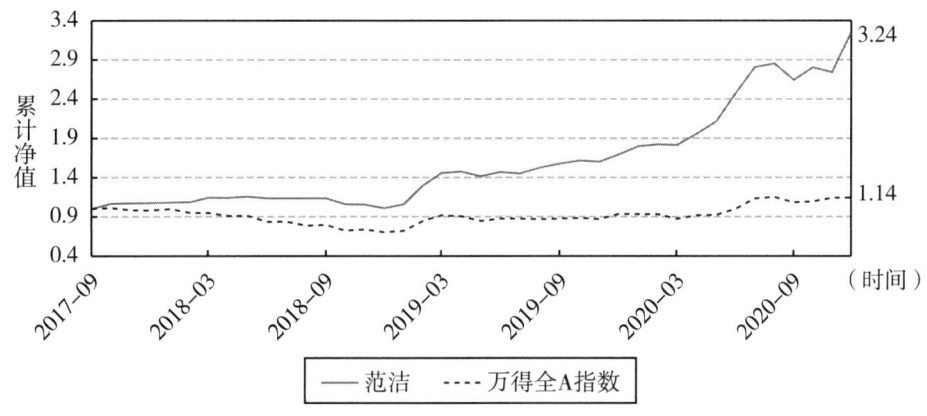

图 5-11　基金经理范洁以及同期万得全 A 指数净值

（二）离职基金经理择时能力

表 5-16 展示了使用 Treynor-Mazuy 模型估计出的离职基金经理择时能力的统计结果。图 5-12 展示了基金经理择时能力 γ 的 t 值排列。在这里，我们使用单边假设检验。检验结果显示，离职基金经理共有 600 名，在 5% 的显著性水平下，有 64 位（占比 11%）基金经理的 γ 的 t 值大于 1.64，呈正显著，说明他们具有正确的择时能力；此外，有 62 位（占比 10%）基金经理的 γ 呈负显著，说明他们具有错误的择时能力；还有 474 位（占比 79%）基金经理的择时能力系数 γ 接近零，表明他们不具有择时能力。综合来看，离职基金经理中只有一成的基金经理真正具备择时能力，大多数离职的股票型公募基金经理没有择时能力。

表 5-16　　　　　　　　　　离职基金经理择时能力

项目	显著性	基金经理数目（位）	占比（%）
择时能力	正显著	64	11
	不显著	474	79
	负显著	62	10
总计		600	100

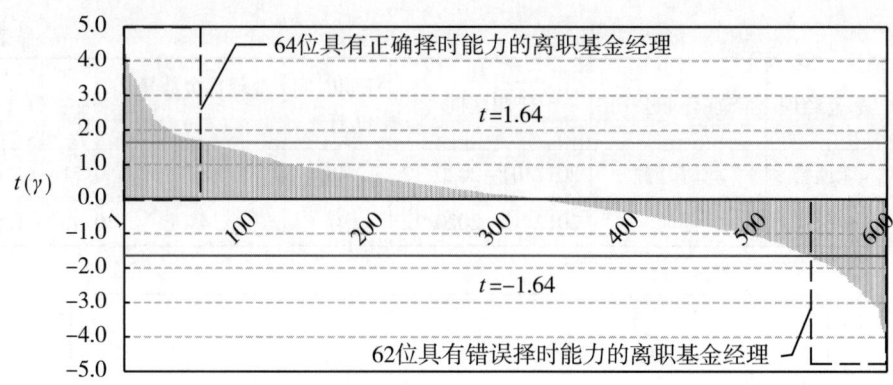

图 5-12　股票型离职基金经理择时能力 t 值（显著性）排列

注：正确择时能力代表 $t(\gamma)>1.64$；错误择时能力代表 $t(\gamma)<-1.64$；未表现出择时能力代表 $-1.64\leqslant t(\gamma)\leqslant 1.64$。基金经理具有择时能力是指基金经理表现出正确的择时能力，基金经理不具有择时能力代表基金经理表现出错误的或未表现出择时能力。

我们按照基金经理的择时能力 γ 把基金经理等分为 10 组。第 1 组为 γ 最高的组，第 10 组为 γ 最低的组。表 5-17 和图 5-13 展示了每一组离职基金经理所对应的择时能力系数 γ，选股能力年化 α、β_{mkt}、β_{smb}、β_{hml}、β_{mom}，以及反映模型拟合好坏的调整后 R^2 的平均值。表 5-17 和图 5-13 结果显示，在择时能力较高的组中，基金经理的选股能力较低，而在择时能力较低的组中，基金经理的选股能力相对较高，即离职基金经理的选股能力和择时能力同样呈负相关关系。具体来看，择时能力 γ 最高的第一组对应的年化 α 为 -4.17%，择时能力 γ 最低的第 10 组对应的年化 α 为 7.68%，图 5-13 第一幅图展示了该结果。同时，各组基金经理的 β_{mkt} 均在 0.68 以上，表明离职基金经理的投资组合与大盘的相关性较高，而回归在 β_{smb}、β_{hml}、β_{mom} 因子的风险暴露方面不存在明显的规律性。

表 5-17　离职基金经理 Treynor-Mazuy 模型回归结果（择时能力）

分组	γ	年化 α（%）	β_{mkt}	β_{smb}	β_{hml}	β_{mom}	调整后 R^2（%）
1（γ 最高组）	1.15	-4.17	0.74	0.06	0.00	0.22	74
2	0.55	-1.13	0.70	0.02	-0.06	0.18	75
3	0.33	-0.52	0.74	0.01	-0.18	0.26	81
4	0.19	1.57	0.75	-0.03	-0.08	0.19	83
5	0.08	3.73	0.68	-0.04	-0.11	0.15	78
6	-0.01	1.62	0.72	0.01	-0.17	0.15	79
7	-0.13	4.35	0.72	-0.03	-0.09	0.12	81
8	-0.24	5.19	0.75	-0.06	-0.16	0.15	84
9	-0.43	5.44	0.70	-0.07	-0.15	0.08	79
10（γ 最低组）	-1.13	7.68	0.70	-0.07	-0.14	0.09	73

注：此表汇报每一组基金经理对应的 α、γ、β_{mkt}、β_{smb}、β_{hml}、β_{mom}，以及调整后 R^2 的平均值。

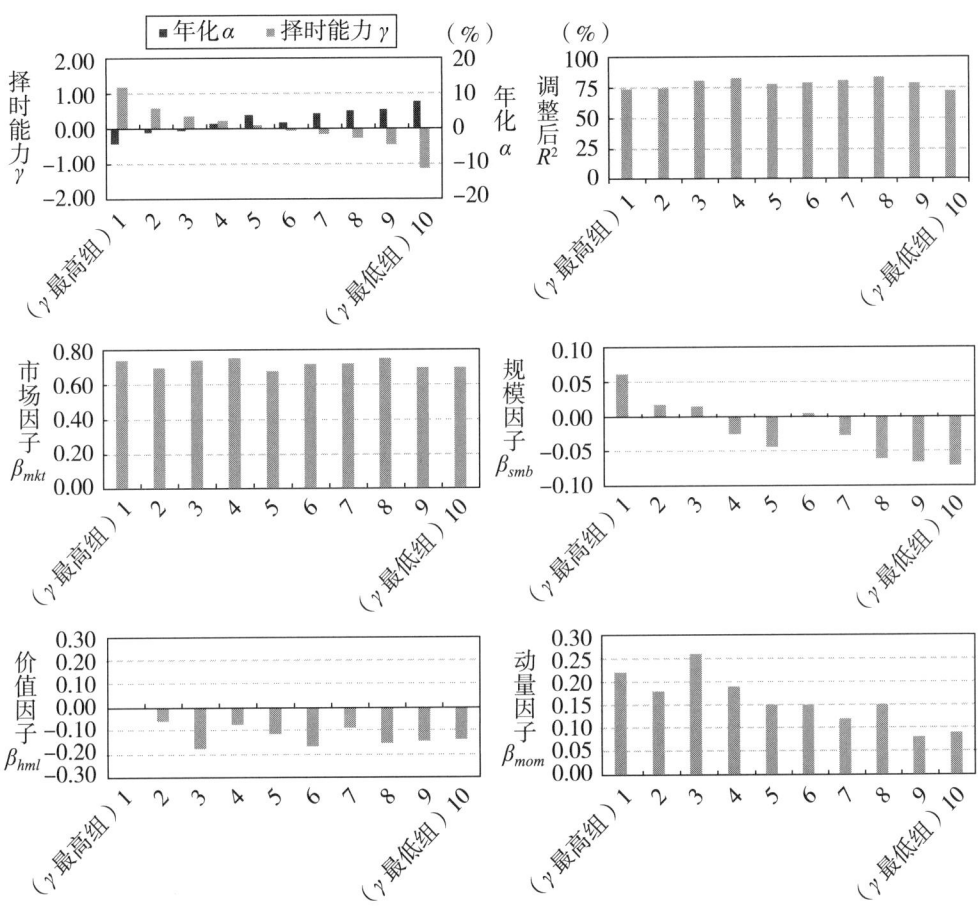

图 5-13 离职基金经理 Treynor-Mazuy 模型回归结果（按择时能力 γ 分组）

表 5-18 给出 Treynor-Mazuy 模型中 γ 为正显著的基金经理，即具有正确择时能力的离职基金经理。64 位有择时能力的离职基金经理的平均任职期限为 72 个月，即 6 年，平均曾管理 4 只产品。我们选取基金经理党开宇以对其择时能力作出分析。图 5-14 展示了基金经理党开宇所管理全部产品的合并净值及同期万得全 A 指数。党开宇离职前任职于嘉实基金管理有限公司，自 2005 年任职至 2010 年离职，期间累计收益 328%，而同期万得全 A 指数累计收益 286%，任职期间获得了超越大盘指数 42% 的超额收益。党开宇被市场称为 "赚钱霸王花"，其投资理念倾向于追求稳健的绝对回报。其执掌的 "嘉实研究精选" 基金在 2008 年金融危机指数大幅跳水时仅保持 31.49% 的股票仓位，但 2008 年末股市触底反弹时，党开宇提前将股票仓位提升至 76.19%，并在 2009 年股市大涨过程中不断加仓至 92.48%。正是由于党开宇出色的择时能力，使其截至 2009 年所管理过的基金累计赚得 180 亿元人民币，因此被市场赋予 "赚钱霸王花" 的美誉。

表 5-18　具有择时能力的离职股票型基金经理 [按照 $t(\gamma)$ 排序]：1998~2020 年

编号	基金经理	离职前任职公司	任职区间	任职时间（月）	管理基金数量（只）	γ	$t(\gamma)$
1	王卫东	新华	2008/07~2013/12	67	3	1.93	5.01
2	游典宗	国都证券	2015/12~2020/03	53	2	1.54	4.18
3	徐立平	前海开源	2014/09~2018/02	43	5	1.88	3.99
4	蒋畅	新华	2001/02~2006/06	47	2	2.36	3.93
5	刘建伟	博时	2010/12~2015/08	50	6	2.82	3.65
6	彭一博	泰康	2012/01~2017/11	68	8	1.16	3.64
7	刘强	泰信	2007/02~2012/11	71	1	0.87	3.60
8	谭琦	华夏	2007/09~2014/04	81	3	0.59	3.52
9	王晓明	兴证全球	2005/11~2013/09	96	2	0.56	3.51
10	程广飞	国都证券	2015/12~2019/06	44	4	0.93	3.44
11	王炯	东吴	2006/12~2011/04	54	2	1.06	3.32
12	刘红辉	诺安	2008/05~2018/12	125	3	0.66	3.27
13	曾刚	汇添富	2015/11~2020/08	59	9	0.47	3.15
14	姚昆	融通	2012/07~2015/07	38	1	1.20	3.05
15	王战强	信达澳银	2008/07~2015/07	86	3	1.08	2.96
16	许雪梅	广发	2008/02~2013/01	61	3	0.88	2.95
17	谭鹏万	中信保诚	2011/09~2015/05	45	3	2.22	2.91
18	李源海	南方	2006/02~2015/01	105	10	0.48	2.75
19	李华	建信	2001/09~2007/09	48	4	1.17	2.73
20	陈守红	工银瑞信	2005/03~2011/03	66	3	0.80	2.67
21	梁永强	华商	2008/09~2018/06	119	5	0.92	2.66
22	杨凯玮	安信	2014/09~2020/03	58	5	1.15	2.63
23	崔海鸿	泰信	2005/10~2009/12	47	3	1.40	2.46
24	潘峰	易方达	2007/04~2014/11	93	1	0.52	2.32
25	王亚伟	华夏	1998/04~2012/04	163	4	0.79	2.28
26	戴斌	东吴	2013/12~2020/03	77	7	0.97	2.27
27	张惠萍	兴证全球	2008/01~2013/01	62	4	0.72	2.24
28	邵秋涛	嘉实	2010/11~2020/05	116	5	0.70	2.24
29	刘晓龙	广发	2010/11~2017/02	77	4	0.61	2.18

续表

编号	基金经理	离职前任职公司	任职区间	任职时间（月）	管理基金数量（只）	γ	$t(\gamma)$
30	马骏	易方达	2001/06~2007/12	80	2	0.62	2.13
31	欧庆铃	申万菱信	2005/10~2015/08	106	6	0.52	2.12
32	滕祖光	国金	2014/04~2020/04	74	1	0.78	2.11
33	李勇钢	益民	2011/09~2014/11	40	1	1.51	2.08
34	牟旭东	华宝	2007/10~2013/01	65	4	0.58	2.07
35	盛军	中邮创业	2008/01~2011/02	39	1	0.47	2.06
36	袁忠伟	英大	2015/05~2019/10	55	10	0.56	2.05
37	贺庆	招商	2003/04~2006/12	46	1	1.15	2.01
38	张继荣	景顺长城	2004/07~2015/06	104	7	0.62	2.00
39	孙占军	博时	2008/02~2014/01	73	4	0.50	1.90
40	吴昱村	鹏华	2009/07~2012/12	43	1	0.79	1.89
41	马少章	国投瑞银	2009/04~2014/11	69	4	0.66	1.88
42	程涛	东吴	2010/04~2019/04	80	9	1.66	1.86
43	尚鹏岳	富国	2008/01~2015/05	86	4	0.57	1.86
44	丁骏	前海开源	2006/12~2020/04	140	7	0.25	1.85
45	孙建冬	华夏	2005/06~2010/01	57	2	0.39	1.83
46	盛军锋	摩根士丹利华鑫	2009/07~2014/02	49	4	1.05	1.82
47	陈俏宇	华安	2007/03~2015/05	100	6	0.39	1.81
48	钱斌	摩根士丹利华鑫	2010/07~2014/08	47	4	2.35	1.80
49	刘柯	工银瑞信	2014/11~2018/06	45	5	1.09	1.79
50	姜培正	浙商	2011/05~2015/05	50	1	0.79	1.77
51	刘霄汉	南方	2010/05~2018/05	94	10	0.50	1.77
52	党开宇	嘉实	2005/01~2010/05	63	6	0.43	1.77
53	蒋宁	华宝	2010/07~2013/07	38	1	1.39	1.74
54	曹剑飞	中欧	2008/08~2016/03	90	8	0.61	1.74
55	司巍	摩根士丹利华鑫	2015/01~2018/11	48	3	1.14	1.74
56	徐爽	申万菱信	2008/01~2015/05	90	3	0.43	1.73
57	易阳方	广发	2003/12~2020/01	195	11	0.34	1.72
58	姜文涛	天弘	2005/04~2016/10	81	10	0.41	1.72

续表

编号	基金经理	离职前任职公司	任职区间	任职时间（月）	管理基金数量（只）	γ	$t(\gamma)$
59	冯文光	大成	2011/03~2016/10	63	4	0.60	1.71
60	李志磊	中银	2008/04~2011/09	43	2	0.43	1.71
61	程海泳	华夏	2004/09~2013/08	56	3	1.25	1.71
62	陆文俊	银华	2006/07~2013/08	83	4	0.36	1.70
63	黄素丽	光大保德信	2010/04~2013/04	38	1	1.15	1.65

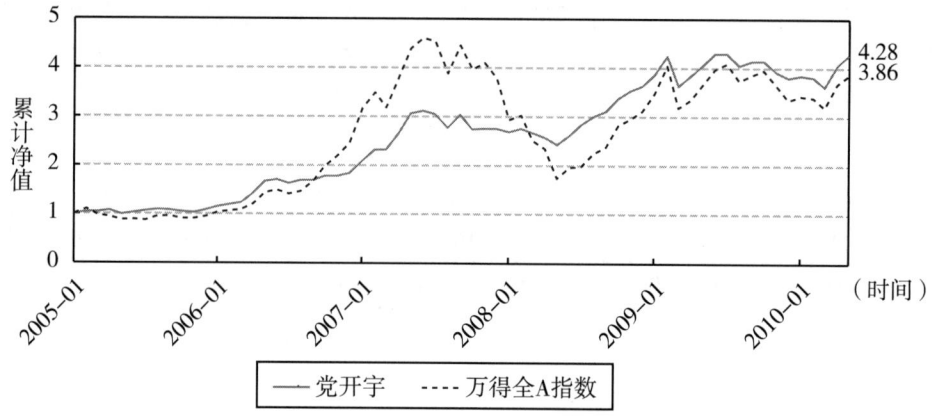

图 5-14　基金经理党开宇以及同期万得全 A 指数净值

四、小结

投资者在选择基金时，除了关注基金产品本身，还会特别注意管理基金的基金经理。各家公司明星基金经理在发行产品时，往往很快能募集到大量资金。我国基金市场中，存在基金经理更迭较为频繁、基金经理任职期限较短的现象，在本章，我们自行收集整理了市场上股票型公募基金经理的数据，以 2020 年 12 月 31 日为界，将基金经理划分为在职基金经理和离职基金经理，并以基金经理管理所有产品的合并收益序列为主线，对其选股能力和择时能力进行研究。

研究结果显示，截至 2020 年 12 月底，我国在职基金经理共有 1 483 人，累计已离职的基金经理有 1 394 人，基金经理总数达 2 877 人。其中，有三年以上任职数据的在职股票型公募基金经理有 845 人，离职股票型公募基金经理有 600 人，这些有三年以上业绩的基金经理是我们的研究对象。在选股能力层面，具有显著选股能力的在职基金经理占比为49%，离职基金经理占比为21%，低于在职的基金经理。择时能力方面，具有显著择时能力的在职基金经理占比为12%，离职基金经理占比为11%，均只有一成左右。整体来看，相较选股能力，具有择时能力的基金经理数量占比更少，说明择时能力更难获得。同样值得注意的是，无论是在职的还是离职的基金经理，他们的选股能力与择时能力呈现明显的负相关性，即具有最好选股能力的基金经理不具备择时能力，而具有最好择时能力的基金经理不具备选股能力，选股能力和择时能力难以兼得。

附录一 股票型公募基金近五年业绩描述统计表（按年化收益率排序）：2016~2020 年

本表展示的是近五年主动管理的股票型公募基金的收益和风险指标。其中，收益指标包括年化收益率，风险指标包括年化波动率、年化下行风险及最大回撤率，夏普比率及索丁诺比率。在评估基金的收益与风险时，我们选取万得全A指数作为评估标准，并在表中第0行给出相关指标的结果。

编号	基金名称	年化收益率(%)	年化波动率(%)	年化下行风险(%)	最大回撤率(%)	年化夏普比率	年化索丁诺比率
0	**万得全A指数**	**1.84**	**21.84**	**14.40**	**34.44**	**0.13**	**0.19**
1	易方达中小盘	32.95	23.10	11.68	24.79	1.30	2.56
2	景顺长城鼎益	32.01	27.33	14.05	27.04	1.11	2.15
3	易方达消费行业	31.96	25.05	13.04	29.50	1.18	2.28
4	银华富裕主题	31.30	23.98	12.89	25.62	1.20	2.24
5	景顺长城新兴成长	31.09	27.14	14.23	27.05	1.09	2.07
6	工银瑞信文体产业A	30.23	17.66	7.25	15.86	1.51	3.68
7	中欧时代先锋A	28.78	20.31	10.26	17.18	1.28	2.54
8	信达澳银新能源产业	27.83	26.98	14.63	27.69	1.00	1.84
9	嘉实环保低碳	27.79	24.29	11.33	39.57	1.08	2.30
10	嘉实新兴产业	27.57	21.76	11.67	21.18	1.17	2.18
11	万家行业优选	27.36	24.97	12.03	20.56	1.04	2.15
12	汇添富消费行业	27.11	24.86	13.07	26.14	1.04	1.97
13	富国低碳新经济	26.61	23.55	10.55	28.10	1.06	2.37
14	交银消费新驱动	25.55	21.56	11.69	21.16	1.10	2.03
15	华安新丝路主题	25.23	21.62	9.85	19.55	1.08	2.38

附录一 股票型公募基金近五年业绩描述统计表(按年化收益率排序):2016~2020年

续表

编号	基金名称	年化收益率(%)	年化波动率(%)	年化下行风险(%)	最大回撤率(%)	年化夏普比率	年化索丁诺比率
16	工银瑞信战略转型主题	24.98	23.59	13.04	27.77	1.01	1.82
17	圆信永丰优加生活	24.55	17.14	7.53	22.24	1.29	2.93
18	兴全精选	24.04	18.14	8.70	20.58	1.20	2.51
19	汇丰晋信智造先锋A	23.97	29.49	15.60	27.16	0.83	1.57
20	诺德周期策略	23.92	23.79	12.14	27.26	0.96	1.89
21	诺德价值优势	23.82	23.73	12.46	28.45	0.96	1.83
22	华安生态优先	23.63	26.61	15.84	33.27	0.89	1.49
23	交银精选	23.19	18.78	10.56	23.23	1.13	2.02
24	民生加银景气行业A	22.99	22.13	10.98	22.54	0.98	1.98
25	泓德战略转型	22.95	19.86	8.69	23.89	1.07	2.44
26	长城中小盘成长	22.59	22.69	13.88	28.00	0.96	1.56
27	国泰金马稳健回报	22.52	23.03	12.90	27.80	0.94	1.68
28	华安核心优选	22.45	20.64	8.58	16.30	1.01	2.44
29	国泰事件驱动	22.40	26.95	15.83	37.61	0.84	1.43
30	广发小盘成长A	22.25	25.92	13.29	30.53	0.85	1.66
31	华安安信消费服务	22.24	24.46	13.93	27.99	0.89	1.56
32	富国天益价值	22.20	24.83	13.42	27.88	0.88	1.62
33	鹏华养老产业	22.08	27.65	17.15	32.95	0.82	1.32
34	长城医疗保健	22.05	22.24	11.19	23.05	0.94	1.88
35	嘉实优化红利	21.89	21.25	11.13	26.15	0.97	1.86

续表

编号	基金名称	年化收益率(%)	年化波动率(%)	年化下行风险(%)	最大回撤率(%)	年化夏普比率	年化索丁诺比率
36	兴全商业模式优选	21.89	19.72	11.00	23.44	1.03	1.85
37	建信大安全	21.69	22.18	13.36	30.31	0.94	1.56
38	交银先进制造	21.66	22.84	13.18	27.85	0.91	1.59
39	鹏华消费优选	21.56	27.53	16.82	33.48	0.80	1.31
40	国泰互联网+	21.50	28.25	15.25	35.51	0.78	1.45
41	工银瑞信新金融	21.48	22.58	12.45	26.11	0.91	1.66
42	大成高新技术产业	21.42	20.40	12.57	28.23	0.99	1.61
43	广发消费品精选A	21.41	18.94	10.35	26.28	1.05	1.92
44	中银战略新兴产业A	21.40	17.91	7.34	29.43	1.09	2.67
45	招商行业精选	21.18	26.31	15.02	28.48	0.81	1.42
46	嘉实新消费	21.18	19.63	11.39	23.79	1.01	1.74
47	广发新经济A	21.01	24.52	13.97	27.99	0.85	1.48
48	鹏华环保产业	20.98	23.46	12.47	25.08	0.87	1.64
49	天弘医疗健康A	20.94	26.84	13.57	31.33	0.79	1.56
50	中欧行业成长A	20.93	21.37	12.07	25.39	0.93	1.65
51	泰达宏利稳定	20.87	23.10	13.29	28.07	0.88	1.53
52	景顺长城优势企业	20.79	23.98	13.03	26.86	0.85	1.56
53	申万菱信消费增长	20.48	24.53	14.40	30.69	0.83	1.41
54	工银瑞信新蓝筹	20.44	16.81	7.78	23.84	1.11	2.39
55	广发大盘成长	20.40	21.00	8.39	28.72	0.92	2.30

附录一　股票型公募基金近五年业绩描述统计表(按年化收益率排序):2016~2020年

续表

编号	基金名称	年化收益率(%)	年化波动率(%)	年化下行风险(%)	最大回撤率(%)	年化夏普比率	年化索丁诺比率
56	景顺长城内需增长	20.35	27.08	15.33	29.31	0.77	1.36
57	上投摩根医疗健康	20.33	24.47	14.66	27.84	0.83	1.38
58	兴全合润分级	20.21	21.95	12.96	27.32	0.89	1.50
59	工银瑞信美丽城镇主题	20.19	21.26	12.22	26.01	0.91	1.58
60	景顺长城成长之星	20.18	23.83	14.14	30.75	0.84	1.41
61	交银精选	20.15	19.02	11.18	24.59	0.99	1.68
62	中海医疗保健	20.12	24.18	13.09	24.44	0.82	1.52
63	银河蓝筹精选	20.09	25.09	13.69	26.36	0.80	1.47
64	安信价值精选	20.06	20.20	11.20	26.44	0.94	1.69
65	农银汇理策略精选	20.05	21.62	13.33	28.44	0.89	1.45
66	易方达行业领先	19.99	24.83	15.93	32.03	0.81	1.26
67	华宝资源优选	19.98	21.16	8.18	22.62	0.90	2.32
68	光大行业轮动	19.91	26.36	13.92	27.88	0.77	1.45
69	民生加银内需增长	19.81	24.17	14.81	30.66	0.82	1.33
70	招商医药健康产业	19.69	28.35	15.68	33.79	0.73	1.32
71	银华中小盘精选	19.64	25.22	15.22	29.36	0.79	1.30
72	工银瑞信消费服务	19.59	18.77	10.15	23.99	0.97	1.80
73	汇丰晋信消费红利	19.59	21.11	12.84	26.03	0.89	1.46
74	富国天瑞强势精选	19.44	25.27	14.43	31.23	0.78	1.36
75	富国高新技术产业	19.37	29.76	17.93	34.85	0.70	1.17

续表

编号	基金名称	年化收益率（%）	年化波动率（%）	年化下行风险（%）	最大回撤率（%）	年化夏普比率	年化索丁诺比率
76	交银阿尔法	19.36	20.17	12.10	25.26	0.91	1.52
77	景顺长城内需增长贰号	19.30	27.37	15.58	29.32	0.73	1.29
78	信诚周期轮动	19.28	24.86	13.14	30.51	0.78	1.47
79	富国文体健康	19.27	25.12	14.74	30.48	0.77	1.32
80	景顺长城品质投资	19.12	22.39	13.38	27.88	0.83	1.40
81	汇添富成长焦点	19.01	21.72	11.62	29.36	0.85	1.58
82	华安行业轮动	18.98	24.07	13.89	27.27	0.79	1.36
83	民生加银优选	18.92	22.40	12.65	26.36	0.82	1.46
84	建信内生动力	18.91	22.02	12.86	24.07	0.83	1.43
85	南方天元新产业	18.90	20.11	12.44	25.77	0.90	1.45
86	银华中国梦30	18.83	24.66	13.98	33.44	0.77	1.35
87	交银趋势优先	18.67	24.12	12.76	26.33	0.77	1.45
88	上投摩根智选30	18.61	27.93	15.81	43.41	0.70	1.24
89	长城品牌优选	18.60	25.42	13.39	32.53	0.74	1.41
90	大成精选增值	18.57	18.02	9.59	23.41	0.96	1.80
91	易方达改革红利	18.57	27.43	16.28	32.56	0.71	1.20
92	海富通内需热点	18.48	25.19	15.65	36.11	0.75	1.21
93	华安升级主题	18.37	24.58	13.75	28.02	0.75	1.35
94	融通行业景气A	18.32	24.11	13.71	24.98	0.76	1.34
95	中欧新趋势A	18.29	19.20	10.18	23.63	0.90	1.69

附录一　股票型公募基金近五年业绩描述统计表（按年化收益率排序）：2016~2020 年

续表

编号	基金名称	年化收益率(%)	年化波动率(%)	年化下行风险(%)	最大回撤率(%)	年化夏普比率	年化索丁诺比率
96	民生加银稳健成长	18.28	23.05	14.27	27.20	0.79	1.27
97	华宝创新优选	18.28	29.71	16.32	31.08	0.67	1.21
98	诺安先进制造	18.27	17.43	8.72	20.99	0.97	1.93
99	大成新锐产业	18.25	23.87	12.60	23.84	0.76	1.44
100	泰达宏利转型机遇	18.08	27.33	14.85	35.10	0.69	1.27
101	华安策略优选	18.00	19.44	10.74	23.69	0.88	1.59
102	前海开源再融资主题精选	17.85	21.45	11.32	24.92	0.80	1.52
103	农银汇理行业领先	17.81	21.63	13.33	28.20	0.80	1.31
104	长信内需成长 A	17.78	24.59	14.13	29.70	0.73	1.28
105	华泰柏瑞价值增长 A	17.78	24.74	13.40	29.61	0.73	1.34
106	易方达医疗保健	17.77	25.23	14.28	30.18	0.72	1.27
107	博时医疗保健行业 A	17.76	28.03	15.70	33.44	0.67	1.20
108	农银汇理医疗保健主题	17.71	28.43	15.66	30.41	0.67	1.21
109	建信改革红利	17.70	25.27	15.02	35.22	0.72	1.21
110	中欧新动力 A	17.64	20.95	12.29	23.05	0.81	1.39
111	华泰柏瑞行业领先	17.59	27.42	14.15	30.02	0.67	1.31
112	银河创新成长	17.54	29.14	16.36	28.07	0.65	1.16
113	光大新增长	17.51	23.59	13.83	26.59	0.74	1.27
114	富国通胀通缩主题	17.45	24.78	14.93	31.84	0.72	1.20
115	诺安研究精选	17.44	23.88	13.04	26.23	0.73	1.34

续表

编号	基金名称	年化收益率(%)	年化波动率(%)	年化下行风险(%)	最大回撤率(%)	年化夏普比率	年化索丁诺比率
116	上投摩根新兴动力A	17.37	30.07	16.71	41.93	0.64	1.15
117	华安逆向策略	17.34	23.86	13.59	28.92	0.73	1.28
118	国富弹性市值	17.32	19.32	11.07	23.23	0.85	1.48
119	国富中小盘	17.30	21.10	12.23	25.74	0.80	1.37
120	上投摩根卓越制造	17.23	25.58	13.66	36.68	0.69	1.30
121	交银成长30	17.21	27.09	14.63	32.14	0.67	1.24
122	嘉实低价策略	17.19	21.11	12.46	33.13	0.79	1.34
123	汇丰晋信大盘A	17.16	18.83	10.97	23.89	0.86	1.48
124	建信健康民生	17.09	22.22	13.18	27.22	0.76	1.28
125	国泰央企改革	17.07	22.56	14.23	35.68	0.75	1.19
126	博时特许价值A	17.06	24.01	11.03	33.61	0.71	1.55
127	工银瑞信国企改革主题	16.99	21.92	12.74	27.63	0.76	1.31
128	银河康乐	16.99	22.17	13.68	29.25	0.76	1.23
129	工银瑞信养老产业	16.94	26.04	15.86	33.33	0.68	1.12
130	招商优质成长	16.94	25.51	14.62	29.54	0.69	1.20
131	景顺长城优选	16.92	20.26	13.53	28.17	0.81	1.21
132	汇添富价值精选A	16.91	18.49	10.86	21.41	0.86	1.47
133	天弘永定成长	16.90	22.81	11.96	29.61	0.74	1.40
134	农银汇理策略价值	16.90	22.01	13.29	28.05	0.76	1.26
135	建信创新中国	16.87	20.86	12.12	23.90	0.78	1.35

附录一　股票型公募基金近五年业绩描述统计表(按年化收益率排序):2016~2020年

续表

编号	基金名称	年化收益率(%)	年化波动率(%)	年化下行风险(%)	最大回撤率(%)	年化夏普比率	年化索丁诺比率
136	鹏华先进制造	16.87	21.46	13.46	29.08	0.77	1.23
137	博时丝路主题A	16.80	23.72	14.03	30.34	0.72	1.21
138	大成优选	16.67	19.44	11.68	24.98	0.82	1.36
139	诺安主题精选	16.65	19.52	10.50	21.40	0.81	1.51
140	景顺长城核心竞争力A	16.57	21.60	14.22	31.11	0.76	1.15
141	嘉实价值优势	16.57	19.63	12.17	23.92	0.81	1.31
142	南方潜力新蓝筹	16.53	14.21	5.06	7.66	1.04	2.93
143	新华优选消费	16.51	20.70	12.10	28.07	0.78	1.33
144	华宝医药生物	16.51	25.35	14.90	29.90	0.68	1.15
145	大成行业轮动	16.42	24.60	15.86	29.58	0.69	1.07
146	嘉实增长	16.41	18.90	10.87	18.67	0.82	1.43
147	嘉实先进制造	16.32	23.72	13.90	33.40	0.70	1.19
148	大摩主题优选	16.25	21.18	12.70	26.22	0.75	1.25
149	中欧盛世成长A	16.18	21.06	12.13	29.29	0.75	1.30
150	新华策略精选	16.16	24.52	14.33	29.74	0.68	1.16
151	万家和谐增长	16.06	26.19	14.99	31.82	0.65	1.13
152	易方达科翔	16.05	24.52	13.85	29.07	0.67	1.19
153	工银瑞信大盘蓝筹	16.03	17.88	10.51	21.19	0.84	1.43
154	农银汇理平衡双利	15.98	20.29	12.21	25.51	0.76	1.27
155	中欧永裕A	15.92	20.28	11.24	29.37	0.76	1.37

续表

编号	基金名称	年化收益率(%)	年化波动率(%)	年化下行风险(%)	最大回撤率(%)	年化夏普比率	年化索丁诺比率
156	大成中小盘	15.85	22.38	13.32	27.45	0.71	1.19
157	广发制造业精选 A	15.82	26.14	15.23	35.87	0.64	1.10
158	广发聚瑞 A	15.78	23.08	12.74	31.25	0.69	1.25
159	上投摩根双核平衡	15.73	20.88	12.68	25.26	0.74	1.22
160	银河稳健	15.73	17.76	10.52	22.05	0.83	1.41
161	富国天合稳健优选	15.70	20.62	13.28	27.74	0.75	1.16
162	景顺长城精选蓝筹	15.68	21.07	14.01	29.39	0.73	1.10
163	宝盈医疗健康沪港深	15.63	27.16	15.03	37.04	0.62	1.12
164	富国医疗保健行业	15.58	25.04	13.14	29.52	0.64	1.23
165	大摩基础行业	15.52	17.79	11.36	21.62	0.82	1.29
166	兴全社会责任	15.49	22.68	12.93	32.83	0.69	1.20
167	中银收益 A	15.40	19.35	10.69	19.53	0.76	1.38
168	国泰金牛创新成长	15.38	20.25	12.26	26.79	0.74	1.22
169	景顺长城资源垄断	15.33	22.82	15.15	31.50	0.68	1.03
170	诺安低碳经济 A	15.32	19.49	12.50	26.10	0.76	1.18
171	南方隆元产业主题	15.31	18.95	11.81	23.92	0.77	1.24
172	信达澳银中小盘	15.30	25.39	16.06	31.64	0.64	1.01
173	华安科技动力	15.27	20.70	12.93	24.73	0.72	1.16
174	光大国企改革主题	15.26	23.74	14.84	31.55	0.66	1.06
175	招商先锋	15.24	19.89	11.58	27.87	0.74	1.27

附录一 股票型公募基金近五年业绩描述统计表(按年化收益率排序):2016~2020年

续表

编号	基金名称	年化收益率(%)	年化波动率(%)	年化下行风险(%)	最大回撤率(%)	年化夏普比率	年化索丁诺比率
176	嘉实医疗保健	15.20	24.95	14.15	30.44	0.64	1.12
177	富国天惠精选成长A	15.19	23.83	14.35	30.78	0.65	1.09
178	工银瑞信医疗保健行业	15.18	27.06	17.01	34.37	0.61	0.97
179	鹏华新兴产业	15.13	20.66	11.62	23.07	0.72	1.28
180	国泰成长优选	15.13	23.49	14.59	45.36	0.66	1.06
181	广发轮动配置	15.09	24.49	14.73	34.09	0.64	1.07
182	华夏大盘精选	15.07	22.14	13.27	23.78	0.68	1.14
183	上投摩根安全战略	15.04	24.82	14.16	35.14	0.63	1.11
184	泓德优选成长	15.03	17.61	9.49	19.32	0.80	1.49
185	汇添富医药保健A	14.99	26.88	15.17	34.60	0.60	1.07
186	鹏华普天收益	14.99	21.66	12.00	25.14	0.69	1.24
187	中海消费主题精选	14.97	27.14	15.68	37.25	0.60	1.04
188	华宝大盘精选	14.95	23.23	12.58	36.43	0.65	1.21
189	国泰金鹿	14.91	14.14	6.71	12.37	0.95	2.00
190	富国消费主题	14.90	26.38	13.78	36.90	0.60	1.15
191	上投摩根大盘蓝筹	14.86	23.06	14.24	33.23	0.66	1.07
192	建信信息产业	14.84	24.46	14.74	31.80	0.63	1.05
193	工银瑞信量化策略	14.84	22.56	14.50	30.99	0.67	1.04
194	申万菱信盛利精选	14.82	20.10	11.96	25.01	0.72	1.21
195	工银瑞信研究精选	14.76	23.62	14.01	31.91	0.64	1.08

续表

编号	基金名称	年化收益率(%)	年化波动率(%)	年化下行风险(%)	最大回撤率(%)	年化夏普比率	年化索丁诺比率
196	嘉实优质企业	14.73	23.71	14.08	27.39	0.64	1.08
197	建信优势动力	14.73	21.41	12.10	27.14	0.68	1.21
198	银河竞争优势成长	14.73	21.52	12.63	32.37	0.68	1.16
199	嘉实研究阿尔法	14.72	19.33	11.73	24.28	0.73	1.21
200	鹏华医药科技	14.69	26.13	14.48	33.79	0.60	1.08
201	泰达宏利行业精选	14.66	24.80	14.73	34.98	0.62	1.05
202	兴全轻资产	14.61	19.91	12.27	22.70	0.71	1.16
203	海富通精选2号	14.58	19.16	9.93	23.05	0.73	1.41
204	国投瑞银创新动力	14.52	21.06	11.84	22.49	0.68	1.21
205	浙商聚潮新思维	14.51	18.49	9.57	19.02	0.75	1.44
206	国富潜力组合A人民币	14.50	22.05	13.58	30.03	0.66	1.08
207	大成积极成长	14.40	22.28	13.89	28.45	0.65	1.05
208	富国中小盘精选	14.39	26.73	15.41	37.79	0.59	1.02
209	华宝品质生活	14.38	24.63	15.45	30.69	0.61	0.98
210	银河美丽优萃A	14.38	27.21	16.22	31.43	0.58	0.97
211	国泰区位优势	14.36	21.34	14.40	28.38	0.67	1.00
212	汇添富策略回报	14.32	25.70	15.89	33.81	0.60	0.97
213	建信核心精选	14.32	21.46	12.80	31.68	0.67	1.12
214	安信消费医药主题	14.31	19.35	11.45	27.81	0.71	1.21
215	大成互联网思维	14.26	20.94	13.17	26.32	0.68	1.08

附录一　股票型公募基金近五年业绩描述统计表(按年化收益率排序):2016~2020 年

续表

编号	基金名称	年化收益率(%)	年化波动率(%)	年化下行风险(%)	最大回撤率(%)	年化夏普比率	年化索丁诺比率
216	南方成份精选 A	14.26	19.82	11.74	32.84	0.70	1.18
217	鹏华中国 50	14.20	31.35	19.05	41.12	0.54	0.89
218	富国高端制造行业	14.18	26.24	15.96	35.63	0.59	0.96
219	工银瑞信中小盘成长	14.17	28.72	15.76	48.90	0.56	1.01
220	工银瑞信核心价值	14.15	21.69	12.62	31.26	0.65	1.12
221	景顺长城公司治理	14.12	19.79	11.40	25.55	0.69	1.20
222	大摩品质生活精选	14.11	21.63	13.40	25.20	0.65	1.06
223	华安智能装备主题	14.11	25.95	15.31	30.68	0.59	0.99
224	光大银发商机主题	14.10	23.29	13.88	29.12	0.62	1.05
225	国泰金鑫	14.10	24.73	15.87	48.77	0.60	0.94
226	华泰柏瑞盛世中国	14.09	24.71	14.86	32.79	0.60	1.00
227	博时主题行业	14.08	17.65	9.74	26.25	0.75	1.36
228	工银瑞信农业产业	14.08	25.49	14.28	27.68	0.59	1.05
229	富国天博创新主题	14.07	26.30	16.20	36.30	0.58	0.95
230	汇添富逆向投资	14.06	23.46	14.05	27.25	0.62	1.03
231	鹏华价值精选	14.04	24.67	12.96	35.82	0.59	1.13
232	上投摩根核心优选	14.04	26.40	16.45	37.03	0.58	0.93
233	大成内需长 A	14.02	23.11	14.14	29.58	0.62	1.02
234	鹏华价值优势	13.98	22.01	13.08	31.53	0.64	1.08
235	长城优化升级	13.98	26.04	15.67	32.28	0.58	0.97

续表

编号	基金名称	年化收益率(%)	年化波动率(%)	年化下行风险(%)	最大回撤率(%)	年化夏普比率	年化索丁诺比率
236	工银瑞信信息产业	13.88	28.05	17.05	47.95	0.56	0.92
237	诺德成长优势	13.85	12.22	7.00	19.20	1.00	1.76
238	中银中国精选	13.85	19.29	11.19	22.82	0.69	1.20
239	建信消费升级	13.83	19.52	10.99	27.16	0.69	1.22
240	银华领先策略	13.81	22.90	12.70	34.71	0.62	1.11
241	泰达宏利首选企业	13.78	25.75	15.75	34.65	0.58	0.95
242	交银蓝筹	13.75	20.82	13.23	26.76	0.66	1.04
243	南方绩优成长A	13.71	22.28	14.41	28.25	0.63	0.97
244	中海量化策略	13.63	26.77	13.52	32.41	0.55	1.09
245	财通可持续发展主题	13.59	24.30	13.47	29.01	0.59	1.06
246	汇添富国企创新增长	13.56	23.89	14.41	36.82	0.59	0.98
247	招商大盘蓝筹	13.53	22.29	13.16	34.98	0.62	1.05
248	新华趋势领航	13.40	21.88	13.07	26.14	0.62	1.04
249	招商中小盘精选	13.30	23.06	14.88	35.62	0.60	0.93
250	国联安优势	13.30	20.90	12.41	26.09	0.63	1.07
251	长信银利精选	13.28	18.09	11.24	21.72	0.70	1.13
252	国泰金鹏蓝筹价值	13.28	19.66	12.08	35.24	0.66	1.07
253	建信优选成长A	13.27	21.33	10.95	21.02	0.62	1.21
254	南方国策动力	13.25	22.59	12.59	31.41	0.60	1.08
255	南方中小盘成长	13.24	12.37	4.80	7.74	0.95	2.44

附录一 股票型公募基金近五年业绩描述统计表(按年化收益率排序):2016~2020年

续表

编号	基金名称	年化收益率(%)	年化波动率(%)	年化下行风险(%)	最大回撤率(%)	年化夏普比率	年化索丁诺比率
256	长信恒利优势	13.22	21.59	13.77	29.62	0.62	0.97
257	招商行业领先A	13.18	22.99	14.54	31.23	0.60	0.94
258	嘉实主题新动力	13.17	26.15	15.66	31.23	0.55	0.92
259	鹏华医疗保健	13.17	26.48	14.91	37.18	0.55	0.97
260	农银汇理行业轮动	13.11	22.60	13.87	27.90	0.60	0.97
261	汇添富优势精选	13.11	22.28	13.26	29.02	0.60	1.01
262	鹏华盛世创新	13.09	19.62	12.01	25.38	0.65	1.07
263	新华行业周期轮换	13.08	24.09	14.43	32.93	0.57	0.96
264	金鹰行业优势	13.07	23.84	14.58	28.56	0.58	0.94
265	南方优选价值A	13.07	23.79	14.84	33.73	0.58	0.93
266	招商核心价值	13.06	22.10	12.60	31.47	0.60	1.05
267	鹏华动力增长	12.97	22.26	11.86	23.85	0.59	1.11
268	国泰估值优势	12.96	27.10	14.38	48.60	0.53	1.00
269	中银动态策略	12.86	20.39	12.36	32.66	0.63	1.03
270	汇添富新兴消费	12.86	22.02	11.68	37.55	0.59	1.11
271	华夏医疗健康A	12.84	23.98	14.04	33.65	0.56	0.96
272	南方稳健成长	12.84	19.63	12.37	26.44	0.64	1.02
273	南方稳健成长2号	12.80	19.83	12.54	26.34	0.64	1.01
274	国泰中小盘成长	12.70	27.37	14.34	50.42	0.52	0.99
275	国泰金龙行业精选	12.68	23.38	12.01	42.98	0.56	1.09

续表

编号	基金名称	年化收益率（%）	年化波动率（%）	年化下行风险（%）	最大回撤率（%）	年化夏普比率	年化索丁诺比率
276	海富通领先成长	12.62	22.24	12.56	35.85	0.58	1.03
277	海富通精选	12.60	18.90	10.00	23.39	0.64	1.22
278	新华优选分红	12.60	20.60	11.01	29.35	0.61	1.14
279	工银瑞信红利	12.59	21.67	12.70	28.56	0.59	1.00
280	上投摩根新兴服务	12.58	24.02	15.27	36.18	0.56	0.88
281	新华中小市值优选	12.57	24.60	13.54	36.05	0.55	0.99
282	汇丰晋信中小盘	12.51	22.29	13.18	29.14	0.58	0.97
283	银河主题策略	12.42	24.35	13.28	38.50	0.54	0.99
284	上投摩根行业轮动A	12.34	26.29	15.69	37.50	0.52	0.87
285	汇丰晋信龙腾	12.34	18.93	10.37	24.32	0.63	1.15
286	工银瑞信主题策略	12.30	30.61	17.95	50.66	0.49	0.83
287	兴全绿色投资	12.28	21.23	12.81	26.75	0.58	0.97
288	中海优质成长	12.26	24.95	14.80	35.57	0.53	0.90
289	嘉实逆向策略	12.24	25.58	15.80	36.98	0.52	0.85
290	国富研究精选	12.21	25.61	15.93	35.96	0.53	0.84
291	博时行业轮动	12.20	22.99	14.41	30.87	0.55	0.89
292	东方策略成长	12.14	24.26	14.55	32.19	0.54	0.89
293	长信双利优选A	12.12	20.63	12.71	23.44	0.59	0.96
294	国寿安保成长优选	12.11	19.95	11.49	33.92	0.60	1.04
295	大成景阳领先	12.08	22.99	12.64	31.32	0.55	0.99

附录一 股票型公募基金近五年业绩描述统计表(按年化收益率排序):2016~2020年

续表

编号	基金名称	年化收益率(%)	年化波动率(%)	年化下行风险(%)	最大回撤率(%)	年化夏普比率	年化索丁诺比率
296	上投摩根健康品质生活	12.04	25.46	15.52	35.08	0.52	0.85
297	泰达宏利周期	12.04	24.44	13.59	33.08	0.53	0.95
298	泰信中小盘精选	11.95	25.99	14.77	40.33	0.51	0.90
299	大摩卓越成长	11.93	20.26	13.45	26.69	0.59	0.89
300	融通医疗保健行业A	11.85	29.97	17.43	44.51	0.48	0.82
301	鹏华精选成长	11.84	22.93	12.94	34.11	0.54	0.95
302	农银汇理消费主题A	11.80	23.33	14.15	39.76	0.54	0.88
303	华宝宝康消费品	11.78	20.52	11.77	26.08	0.57	1.00
304	银河行业优选	11.73	26.80	14.90	35.86	0.49	0.89
305	鹏华优质治理	11.73	21.09	10.91	35.49	0.56	1.08
306	泰达宏利逆向策略	11.71	22.11	12.36	31.10	0.54	0.97
307	中信保诚精萃成长	11.67	22.94	14.06	30.09	0.54	0.87
308	银华内需精选	11.64	29.44	15.46	43.78	0.47	0.89
309	光大中小盘	11.61	22.56	12.01	23.37	0.53	1.00
310	信诚中小盘	11.61	28.80	16.90	47.02	0.48	0.81
311	银华优质增长	11.52	20.98	13.03	28.26	0.56	0.90
312	工银瑞信生态环境	11.46	26.46	15.03	47.79	0.49	0.86
313	前海开源强势共识100强	11.43	17.99	9.73	25.63	0.61	1.13
314	建信潜力新蓝筹	11.32	23.46	14.05	29.10	0.51	0.86
315	泰达宏利效率优选	11.32	18.04	11.97	30.00	0.61	0.91

续表

编号	基金名称	年化收益率（%）	年化波动率（%）	年化下行风险（%）	最大回撤率（%）	年化夏普比率	年化索丁诺比率
316	新华钻石品质企业	11.30	22.53	13.47	27.84	0.52	0.88
317	国寿安保智慧生活	11.28	22.17	13.27	30.40	0.53	0.88
318	招商安泰	11.23	19.10	11.10	26.50	0.58	0.99
319	诺安中小盘精选	11.22	15.97	9.32	17.16	0.65	1.12
320	国富深化价值	11.15	26.80	17.13	40.25	0.48	0.75
321	国投瑞银成长优选	11.07	21.94	14.15	36.81	0.53	0.82
322	信诚新机遇	11.04	19.38	12.58	25.14	0.57	0.87
323	上投摩根核心成长	10.96	22.95	13.98	46.20	0.51	0.83
324	景顺长城沪港深精选	10.95	15.43	9.94	19.60	0.66	1.02
325	新华优选成长	10.89	24.40	15.00	31.79	0.49	0.80
326	泰达宏利蓝筹价值	10.87	23.14	14.69	29.92	0.50	0.79
327	中银美丽中国	10.86	20.80	12.66	29.11	0.53	0.87
328	长盛量化红利策略	10.86	18.01	10.40	22.20	0.58	1.01
329	浦银安盛红利精选	10.86	28.06	17.14	34.62	0.46	0.75
330	中信保诚盛世蓝筹	10.85	19.24	12.45	28.12	0.56	0.86
331	上投摩根成长先锋	10.82	24.12	16.24	32.24	0.49	0.73
332	汇添富美丽30	10.82	23.32	13.64	29.06	0.49	0.85
333	上投摩根中小盘	10.78	29.25	17.30	41.93	0.45	0.76
334	融通领先成长A	10.73	25.82	15.98	36.15	0.47	0.76
335	长城久富	10.72	25.19	15.47	32.49	0.48	0.78

附录一　股票型公募基金近五年业绩描述统计表（按年化收益率排序）：2016~2020年

续表

编号	基金名称	年化收益率（%）	年化波动率（%）	年化下行风险（%）	最大回撤率（%）	年化夏普比率	年化索丁诺比率
336	上投摩根内需动力	10.69	28.82	16.27	45.93	0.45	0.79
337	汇添富民营活力A	10.66	22.58	13.58	34.89	0.50	0.83
338	国联安精选	10.60	24.67	13.99	38.49	0.47	0.83
339	建信恒久价值	10.56	23.19	13.03	42.50	0.49	0.86
340	大摩资源优选	10.54	21.73	13.94	28.57	0.51	0.79
341	安信新常态沪港深精选	10.51	21.54	12.39	24.78	0.50	0.88
342	前海开源优势蓝筹A	10.50	23.20	12.42	32.25	0.48	0.90
343	申万菱信新动力	10.42	20.41	12.18	30.68	0.52	0.87
344	金鹰策略配置	10.42	30.02	16.27	38.50	0.43	0.79
345	信达澳银红利回报	10.40	25.61	14.62	42.54	0.46	0.80
346	易方达价值精选	10.38	21.77	13.99	29.75	0.50	0.78
347	华安宏利	10.38	20.81	12.53	28.84	0.51	0.85
348	华宝生态中国	10.34	24.63	14.43	31.14	0.46	0.79
349	大成景恒A	10.34	14.87	5.22	10.12	0.63	1.80
350	海富通国策导向	10.27	27.52	14.38	44.30	0.44	0.83
351	上投摩根中国优势	10.26	26.85	16.28	44.80	0.45	0.74
352	大摩领先优势	10.23	19.96	12.51	26.49	0.52	0.82
353	华夏复兴	10.22	25.88	14.10	41.98	0.45	0.82
354	嘉实企业变革	10.20	24.77	15.51	31.49	0.46	0.74
355	大成产业升级	10.15	22.84	14.67	36.88	0.48	0.74

续表

编号	基金名称	年化收益率（%）	年化波动率（%）	年化下行风险（%）	最大回撤率（%）	年化夏普比率	年化索丁诺比率
356	上投摩根民生需求	10.07	24.87	13.53	38.83	0.45	0.83
357	大成策略回报	10.05	18.18	11.06	27.13	0.54	0.88
358	信诚优胜精选	10.02	22.64	14.53	30.61	0.47	0.74
359	工银瑞信金融地产A	9.96	19.73	11.63	23.99	0.51	0.86
360	农银汇理中小盘	9.91	22.25	13.52	39.26	0.47	0.78
361	申万菱信竞争优势	9.90	23.37	14.08	31.18	0.46	0.76
362	中银智能制造	9.88	27.01	16.72	50.15	0.43	0.70
363	国富健康优质生活	9.88	21.45	12.82	26.89	0.48	0.80
364	大成蓝筹稳健	9.87	20.76	12.56	26.65	0.49	0.80
365	泰信发展主题	9.85	20.83	12.95	30.72	0.49	0.78
366	中欧价值发现A	9.85	19.29	11.53	22.45	0.51	0.85
367	诺安鸿鑫	9.81	8.74	2.89	4.92	0.94	2.86
368	华夏蓝筹核心	9.79	19.59	11.66	25.09	0.50	0.84
369	中欧明睿新起点	9.79	30.16	17.76	49.39	0.41	0.70
370	诺安策略精选	9.66	12.92	6.05	13.69	0.66	1.41
371	光大一带一路	9.65	20.84	12.91	32.76	0.48	0.77
372	大摩进取优选	9.64	24.68	15.11	29.27	0.44	0.72
373	中金消费升级	9.60	24.64	15.21	42.16	0.44	0.71
374	华泰柏瑞量化增强A	9.52	18.46	11.07	27.53	0.51	0.84
375	嘉实腾讯自选股大数据	9.50	18.04	8.59	30.16	0.51	1.07

附录一　股票型公募基金近五年业绩描述统计表(按年化收益率排序):2016~2020年

续表

编号	基金名称	年化收益率(%)	年化波动率(%)	年化下行风险(%)	最大回撤率(%)	年化夏普比率	年化索丁诺比率
376	大成核心双动力	9.49	17.31	10.00	26.50	0.52	0.91
377	华安中小盘成长	9.47	23.98	14.66	34.62	0.44	0.72
378	华夏优势增长	9.45	23.57	14.37	34.23	0.44	0.72
379	方正富邦红利精选A	9.43	21.89	15.19	30.82	0.46	0.66
380	长信量化多策略A	9.37	21.45	12.87	29.50	0.46	0.76
381	华商产业升级	9.37	25.25	16.03	35.02	0.43	0.67
382	大成创新成长	9.35	20.53	13.88	28.85	0.47	0.70
383	华安大国新经济	9.33	25.49	15.88	36.34	0.42	0.68
384	华富成长趋势	9.33	25.13	14.13	39.29	0.42	0.75
385	金元顺安消费主题	9.32	21.55	13.49	31.65	0.46	0.73
386	华宝服务优选	9.28	27.89	16.13	42.46	0.41	0.70
387	博时卓越品牌	9.28	23.79	14.16	42.83	0.43	0.73
388	融通内需驱动	9.20	21.59	13.33	35.33	0.45	0.73
389	金鹰主题优势	9.19	25.46	15.00	37.82	0.42	0.71
390	信达澳银转型创新	9.13	23.16	16.22	34.05	0.44	0.63
391	银河消费驱动	9.11	23.82	15.04	41.05	0.43	0.68
392	建信社会责任	9.05	22.08	13.25	26.69	0.44	0.73
393	易方达积极成长	9.02	19.54	11.85	28.92	0.46	0.77
394	广发核心精选	8.95	21.66	13.42	34.81	0.44	0.71
395	嘉实稳健	8.91	15.95	9.94	23.95	0.52	0.84

续表

编号	基金名称	年化收益率(%)	年化波动率(%)	年化下行风险(%)	最大回撤率(%)	年化夏普比率	年化索丁诺比率
396	金鹰稳健成长	8.91	25.03	15.49	42.79	0.41	0.66
397	兴全全球视野	8.88	21.10	13.04	32.47	0.44	0.71
398	工银瑞信新材料新能源行业	8.83	25.83	15.21	41.74	0.40	0.68
399	汇添富民营新动力	8.83	21.06	11.76	36.64	0.44	0.78
400	东方新能源汽车主题	8.81	27.03	15.57	46.77	0.39	0.68
401	华宝新兴产业	8.80	24.30	13.65	40.80	0.41	0.72
402	海富通中小盘	8.78	26.84	16.18	51.41	0.40	0.66
403	汇丰晋信低碳先锋	8.78	35.38	19.77	56.14	0.37	0.67
404	长盛成长价值	8.77	17.45	10.99	22.13	0.49	0.77
405	长城消费增值	8.75	23.03	14.22	28.04	0.42	0.68
406	信诚幸福消费	8.71	22.40	14.05	36.04	0.42	0.67
407	申万菱信新经济	8.71	25.93	16.42	37.85	0.40	0.63
408	诺安价值增长	8.67	20.31	11.31	26.07	0.44	0.78
409	博时创业成长A	8.64	22.06	13.60	29.81	0.42	0.68
410	农银汇理大盘蓝筹	8.63	19.02	13.23	26.55	0.46	0.66
411	博时新兴成长	8.59	28.19	16.22	46.84	0.38	0.66
412	泰达宏利市值优选	8.59	25.28	16.90	42.96	0.40	0.60
413	长信金利趋势	8.53	20.11	12.71	31.62	0.44	0.69
414	鹏华改革红利	8.48	21.50	13.61	29.87	0.42	0.66
415	国联安优选行业	8.43	31.56	17.79	51.67	0.37	0.65

附录一 股票型公募基金近五年业绩描述统计表(按年化收益率排序):2016~2020年

续表

编号	基金名称	年化收益率(%)	年化波动率(%)	年化下行风险(%)	最大回撤率(%)	年化夏普比率	年化索丁诺比率
416	融通动力先锋	8.36	22.85	14.12	31.30	0.40	0.65
417	建信优化配置	8.36	18.51	10.62	28.55	0.45	0.78
418	交银成长 A	8.18	22.04	13.95	33.97	0.40	0.64
419	景顺长城中小盘	8.17	22.52	15.14	28.56	0.40	0.60
420	银华核心价值优选	8.14	21.76	12.93	35.80	0.40	0.67
421	信达澳银产业升级	8.13	27.66	17.48	44.13	0.37	0.59
422	大成健康产业	8.12	25.57	16.25	43.09	0.38	0.60
423	嘉实领先成长	8.11	25.83	15.56	32.17	0.37	0.62
424	工银瑞信高端制造行业	8.11	30.85	18.76	56.48	0.36	0.60
425	中银中小盘成长	8.06	24.91	16.83	43.24	0.38	0.57
426	建信环保产业	8.03	22.40	13.15	35.91	0.39	0.66
427	前海开源股息率100强	8.02	18.23	11.01	23.15	0.43	0.72
428	汇丰晋信新动力	8.01	27.79	15.63	44.92	0.36	0.64
429	上投摩根智慧互联	8.01	29.13	17.12	44.53	0.36	0.61
430	华泰柏瑞量化先行 A	8.00	20.58	12.74	28.11	0.41	0.66
431	长盛动态精选	7.97	19.39	11.88	32.60	0.42	0.68
432	华润元大信息传媒科技	7.95	31.24	17.72	41.36	0.35	0.62
433	华宝先进成长	7.94	22.29	13.81	40.19	0.39	0.63
434	国联安主题驱动	7.88	24.98	16.17	44.80	0.38	0.58
435	国泰金鼎价值精选	7.87	21.15	15.01	35.77	0.40	0.57

· 185 ·

续表

编号	基金名称	年化收益率（%）	年化波动率（%）	年化下行风险（%）	最大回撤率（%）	年化夏普比率	年化索丁诺比率
436	益民创新优势	7.86	24.37	13.14	39.86	0.37	0.69
437	易方达国防军工	7.84	27.70	14.56	41.97	0.35	0.67
438	上投摩根阿尔法	7.82	23.00	13.95	48.29	0.38	0.62
439	农银汇理低估值高增长	7.82	21.42	12.42	35.41	0.39	0.67
440	华宝高端制造	7.79	25.73	15.89	36.36	0.37	0.59
441	嘉实事件驱动	7.73	23.17	13.89	38.80	0.37	0.62
442	华夏行业精选	7.71	23.23	14.91	34.26	0.38	0.59
443	汇添富环保行业	7.71	23.53	14.61	40.74	0.37	0.60
444	建信中小盘	7.70	23.11	13.89	38.10	0.37	0.62
445	招商国企改革	7.70	24.25	14.18	39.98	0.37	0.63
446	汇添富均衡增长	7.58	23.27	14.22	36.19	0.37	0.60
447	益民红利成长	7.55	24.06	12.76	41.46	0.36	0.68
448	交银先锋	7.49	27.97	15.95	41.74	0.34	0.60
449	光大精选	7.45	19.53	11.59	20.28	0.39	0.66
450	华夏收入	7.44	21.04	12.56	27.51	0.38	0.63
451	申万菱信量化小盘	7.39	20.30	12.05	29.94	0.38	0.64
452	西部利得策略优选	7.38	16.55	8.41	18.18	0.42	0.83
453	广发策略优选	7.35	22.68	14.52	39.26	0.37	0.57
454	汇添富成长多因子量化策略	7.28	21.52	13.68	27.18	0.37	0.58
455	嘉实量化阿尔法	7.27	22.27	13.52	33.29	0.36	0.60

附录一 股票型公募基金近五年业绩描述统计表(按年化收益率排序):2016~2020 年

续表

编号	基金名称	年化收益率(%)	年化波动率(%)	年化下行风险(%)	最大回撤率(%)	年化夏普比率	年化索丁诺比率
456	东吴行业轮动	7.27	28.22	16.73	47.89	0.34	0.57
457	嘉实研究精选 A	7.22	22.05	13.75	41.15	0.36	0.58
458	东方主题精选	7.19	26.80	15.16	49.97	0.34	0.59
459	泰信现代服务业	7.17	19.16	10.37	23.82	0.38	0.70
460	诺安先锋	7.17	19.60	12.43	24.26	0.38	0.59
461	诺安新经济	7.13	27.89	15.68	53.90	0.33	0.59
462	嘉实周期优选	7.12	22.64	14.50	38.46	0.35	0.55
463	广发聚丰 A	7.02	22.75	13.05	40.99	0.35	0.60
464	华宝多策略	6.96	18.50	10.65	26.38	0.38	0.65
465	工银瑞信聚焦 30	6.94	24.58	14.74	47.00	0.34	0.56
466	景顺长城能源基建	6.90	11.50	7.86	17.33	0.51	0.75
467	南方盛元红利	6.90	23.22	14.95	42.82	0.34	0.54
468	浙商聚潮产业成长	6.88	22.05	11.48	31.49	0.34	0.66
469	中银持续增长 A	6.87	21.35	13.55	32.10	0.35	0.55
470	富国国家安全主题	6.86	27.11	15.43	49.50	0.33	0.57
471	中海分红增利	6.81	27.96	17.24	41.12	0.33	0.53
472	中银健康生活	6.79	18.90	11.95	26.51	0.37	0.58
473	华夏经典配置	6.78	20.74	12.99	36.10	0.35	0.56
474	海富通风格优势	6.74	22.90	13.84	45.77	0.34	0.56
475	新华灵活主题	6.64	24.58	14.92	32.29	0.33	0.54

续表

编号	基金名称	年化收益率(%)	年化波动率(%)	年化下行风险(%)	最大回撤率(%)	年化夏普比率	年化索丁诺比率
476	信达澳银领先增长	6.61	23.98	16.71	32.37	0.33	0.48
477	东吴新产业精选	6.61	25.34	16.56	46.97	0.33	0.50
478	易方达资源行业	6.53	23.01	11.31	39.57	0.32	0.65
479	景顺长城研究精选	6.46	21.58	14.23	31.11	0.33	0.51
480	海富通股票	6.45	30.61	18.66	39.56	0.31	0.51
481	国联安小盘精选	6.44	19.19	10.74	27.79	0.34	0.61
482	农银汇理行业成长 A	6.42	24.49	15.09	36.17	0.32	0.52
483	招商体育文化休闲	6.40	25.94	15.45	38.85	0.31	0.53
484	南方高增长	6.28	24.62	14.97	39.97	0.31	0.51
485	诺德优选 30	6.26	21.43	14.39	27.88	0.33	0.49
486	建信互联网+产业升级	6.22	23.04	15.03	41.78	0.32	0.49
487	大摩华鑫量化配置 A	6.16	19.02	11.77	28.59	0.33	0.54
488	长盛同德	6.15	18.53	10.14	29.26	0.33	0.61
489	富安达优势成长	6.14	23.24	15.06	34.71	0.31	0.48
490	景顺长城优质成长	6.01	21.82	14.19	30.28	0.31	0.48
491	华宝收益增长	5.99	18.97	11.34	34.68	0.32	0.54
492	中银优秀企业	5.89	21.02	12.44	25.02	0.31	0.52
493	中银消费主题	5.86	19.44	11.90	35.52	0.31	0.51
494	嘉实主题精选	5.85	22.84	14.39	39.37	0.30	0.48
495	农银汇理信息传媒	5.82	24.73	15.00	40.66	0.29	0.48

附录一　股票型公募基金近五年业绩描述统计表（按年化收益率排序）：2016~2020年

续表

编号	基金名称	年化收益率(%)	年化波动率(%)	年化下行风险(%)	最大回撤率(%)	年化夏普比率	年化索丁诺比率
496	天弘周期策略	5.81	23.64	16.28	36.33	0.30	0.44
497	金鹰科技创新	5.78	25.62	16.80	41.57	0.29	0.45
498	博时精选A	5.74	19.87	13.30	25.40	0.31	0.46
499	华宝动力组合	5.74	25.69	15.07	35.64	0.29	0.49
500	东方核心动力	5.69	19.33	12.33	28.91	0.31	0.48
501	光大红利	5.65	21.75	12.78	37.40	0.29	0.50
502	东吴嘉禾优势	5.61	23.93	14.17	31.00	0.29	0.48
503	长信增利策略	5.58	20.93	13.49	31.11	0.30	0.46
504	国富成长动力	5.58	23.34	14.84	37.49	0.29	0.45
505	华安物联网主题	5.56	25.02	15.53	43.82	0.28	0.46
506	国投瑞银核心企业	5.53	24.05	15.21	42.30	0.29	0.45
507	富国新兴产业	5.41	25.73	17.79	40.65	0.29	0.42
508	中邮核心主题	5.32	27.12	16.70	49.85	0.28	0.45
509	景顺长城支柱产业	5.22	23.37	16.57	38.81	0.28	0.40
510	金元顺安宝石动力	5.20	13.87	9.20	21.03	0.33	0.50
511	大摩量化多策略	5.12	20.90	12.66	37.03	0.27	0.45
512	汇丰晋信科技先锋	5.10	29.45	16.28	47.93	0.26	0.48
513	南方积极配置	5.09	21.55	13.55	28.19	0.27	0.43
514	金鹰中小盘精选	5.06	20.09	12.45	28.77	0.27	0.44
515	大成竞争优势	5.03	21.26	12.56	32.76	0.27	0.45

续表

编号	基金名称	年化收益率(%)	年化波动率(%)	年化下行风险(%)	最大回撤率(%)	年化夏普比率	年化索丁诺比率
516	南方量化成长	5.03	25.20	14.22	41.72	0.26	0.46
517	万家精选	5.03	21.62	12.00	29.14	0.26	0.48
518	嘉实服务增值行业	5.00	22.75	14.05	41.75	0.26	0.43
519	中银主题策略	4.87	25.72	16.21	51.47	0.26	0.41
520	大成消费主题	4.81	22.80	14.87	51.57	0.26	0.40
521	信诚新兴产业	4.70	28.83	17.00	56.33	0.25	0.43
522	华富竞争力优选	4.67	24.43	15.71	31.47	0.25	0.39
523	国泰量化策略收益	4.67	20.10	13.33	31.05	0.26	0.39
524	信诚四季红	4.65	19.49	12.09	35.44	0.25	0.41
525	信达澳银消费优选	4.62	26.32	15.65	45.70	0.25	0.42
526	信诚宏利领先中小盘	4.60	26.71	17.41	45.30	0.25	0.39
527	泰达策略增长	4.58	24.01	15.17	43.00	0.25	0.39
528	嘉实策略增长	4.56	20.76	13.34	38.26	0.25	0.39
529	华夏红利	4.50	22.47	15.33	44.93	0.25	0.37
530	平安行业先锋	4.46	20.32	12.55	34.99	0.24	0.40
531	华泰柏瑞积极优选	4.42	26.70	16.54	37.34	0.24	0.39
532	景顺长城中小板创业板	4.23	22.16	13.89	32.00	0.23	0.37
533	景顺长城量化精选	4.22	22.61	13.52	39.20	0.23	0.38
534	长信量化先锋A	4.19	23.93	14.31	39.20	0.23	0.38
535	南方策略优化	4.13	32.91	18.99	54.96	0.24	0.42
	诺安成长						

附录一　股票型公募基金近五年业绩描述统计表(按年化收益率排序):2016~2020年

续表

编号	基金名称	年化收益率(%)	年化波动率(%)	年化下行风险(%)	最大回撤率(%)	年化夏普比率	年化索丁诺比率
536	中海能源策略	4.08	26.46	16.38	37.15	0.23	0.37
537	南方产业活力	4.07	22.90	14.88	45.26	0.23	0.35
538	长盛城镇化主题	3.87	23.55	14.20	32.94	0.22	0.36
539	长信量化中小盘	3.81	23.08	13.45	44.43	0.21	0.36
540	汇添富外延增长主题	3.73	26.41	16.36	44.30	0.22	0.35
541	诺安多策略	3.58	19.58	12.92	29.92	0.21	0.31
542	广发行业领先A	3.44	21.93	14.25	41.07	0.20	0.31
543	广发新动力	3.36	21.54	13.81	44.49	0.19	0.30
544	华夏成长	3.34	17.62	11.52	26.73	0.19	0.29
545	泰达宏利成长	3.19	25.96	15.39	42.51	0.19	0.33
546	华宝事件驱动	3.12	24.42	14.92	42.71	0.18	0.31
547	长盛电子信息产业A	3.10	23.50	13.10	49.86	0.19	0.32
548	中邮核心优选	3.09	23.78	15.64	44.76	0.18	0.29
549	光大核心	3.08	20.42	12.98	37.96	0.19	0.28
550	信诚深度价值	3.08	22.64	15.44	41.32	0.19	0.28
551	华富量子生命力	3.08	23.63	16.10	33.20	0.17	0.28
552	长盛同智	3.07	18.34	11.01	41.76	0.18	0.29
553	泰达宏利红利先锋	3.04	19.13	12.83	36.68	0.19	0.26
554	东吴价值成长	2.97	28.45	16.74	59.29	0.19	0.33
555	易方达科讯	2.85	27.79	17.85	52.73	0.19	0.30

· 191 ·

续表

编号	基金名称	年化收益率（%）	年化波动率（%）	年化下行风险（%）	最大回撤率（%）	年化夏普比率	年化索丁诺比率
556	工银瑞信精选平衡	2.79	21.82	15.25	45.56	0.17	0.25
557	博时国企改革主题	2.69	19.26	12.69	27.50	0.16	0.24
558	中银互联网+	2.64	23.87	15.62	34.90	0.17	0.26
559	东吴新经济	2.59	21.86	12.97	42.10	0.16	0.27
560	招商移动互联网	2.44	27.09	17.45	45.35	0.17	0.27
561	宝盈泛沿海增长	2.40	24.03	15.53	41.76	0.16	0.25
562	中银新动力	2.37	26.32	15.93	60.07	0.17	0.28
563	汇添富社会责任	2.30	25.79	16.77	46.48	0.16	0.25
564	光大优势	2.18	23.26	14.46	38.71	0.15	0.23
565	大摩多因子策略	2.15	23.54	13.59	45.56	0.14	0.25
566	东方精选	2.14	20.32	13.06	42.62	0.13	0.21
567	华泰柏瑞积极成长A	2.14	17.80	10.62	33.07	0.12	0.21
568	诺安平衡	2.10	17.26	12.44	29.28	0.13	0.17
569	诺德中小盘	1.92	24.89	16.37	37.90	0.15	0.22
570	融通新蓝筹	1.90	19.48	13.80	36.91	0.12	0.17
571	华安量化多因子	1.83	23.68	14.91	43.07	0.13	0.21
572	浦银安盛价值成长A	1.59	29.41	17.68	51.45	0.15	0.25
573	长安宏观策略	1.43	19.63	11.73	36.28	0.09	0.16
574	华商价值精选	1.34	24.42	15.27	50.21	0.12	0.19
575	天治核心成长	1.33	24.42	16.18	45.13	0.12	0.18

续表

附录一　股票型公募基金近五年业绩描述统计表(按年化收益率排序):2016~2020年

编号	基金名称	年化收益率(%)	年化波动率(%)	年化下行风险(%)	最大回撤率(%)	年化夏普比率	年化索丁诺比率
576	宝盈资源优选	1.28	26.17	16.24	55.96	0.13	0.20
577	华商盛世成长	1.25	22.46	15.27	42.90	0.11	0.16
578	博时第三产业成长	1.16	23.30	15.44	44.77	0.11	0.16
579	富国城镇发展	1.16	23.81	14.93	56.85	0.11	0.17
580	华宝国策导向	0.97	20.83	13.39	45.35	0.08	0.13
581	长盛同鑫行业配置A	0.89	20.91	14.41	42.75	0.08	0.12
582	华宝行业精选	0.76	21.79	14.20	41.11	0.08	0.12
583	华宝主题精选	0.56	28.66	16.31	56.69	0.11	0.19
584	易方达策略2号	0.43	23.37	15.99	46.11	0.08	0.11
585	汇添富移动互联	0.34	29.57	18.09	58.22	0.11	0.18
586	中邮战略新兴产业	0.21	25.06	13.94	53.91	0.07	0.13
587	宝盈策略增长	0.02	25.84	17.05	51.27	0.08	0.12
588	华商领先企业	-0.17	18.27	11.69	36.79	0.00	0.00
589	泰信先行策略	-0.20	21.53	14.33	45.51	0.03	0.05
590	方正富邦创新动力A	-0.36	22.46	14.04	40.53	0.03	0.05
591	华润元大量化优选A	-0.37	21.39	14.55	38.35	0.02	0.03
592	中邮核心成长	-0.51	22.73	15.51	49.61	0.03	0.05
593	工银瑞信互联网加	-0.60	26.58	17.04	63.69	0.06	0.09
594	易方达策略成长	-0.67	23.60	16.55	48.33	0.03	0.05
595	华夏领先	-0.89	24.63	15.80	50.44	0.03	0.05

续表

编号	基金名称	年化收益率(%)	年化波动率(%)	年化下行风险(%)	最大回撤率(%)	年化夏普比率	年化索丁诺比率
596	泰信优质生活	-1.16	21.79	14.20	58.24	-0.01	-0.01
597	工银瑞信稳健成长A	-1.52	24.41	16.03	59.31	0.00	0.01
598	富国改革动力	-1.54	24.76	15.64	56.66	0.00	0.01
599	富国低碳环保	-1.58	21.53	17.19	38.67	-0.02	-0.02
600	华夏盛世精选	-1.98	26.98	16.33	56.53	0.01	0.01
601	长盛中小盘精选	-2.10	21.34	13.89	46.55	-0.06	-0.09
602	长城双动力	-3.08	25.27	17.47	41.09	-0.05	-0.07
603	国联安红利	-4.08	26.40	16.35	44.32	-0.08	-0.13
604	泰信蓝筹精选	-4.59	24.67	16.20	54.07	-0.12	-0.19
605	金元顺安价值增长	-4.87	25.21	14.91	60.14	-0.13	-0.22
606	民生加银精选	-5.10	20.70	14.57	34.75	-0.22	-0.31
607	金鹰核心资源	-7.68	30.74	18.76	60.09	-0.15	-0.25
608	华商未来主题	-8.27	26.36	16.50	62.11	-0.25	-0.40
609	工银瑞信创新动力	-8.72	22.62	16.68	63.29	-0.35	-0.47
	指标平均值	11.71	23.04	13.67	33.59	0.54	0.94

附录二 股票型公募基金经理的选股能力和择时能力（按年化 α 排序）：2016～2020 年

本表展示的是基于 Carhart 四因子模型改进得到的 Treynor–Mazuy 四因子模型对过去五年的股票型公募基金进行回归拟合所得结果，所用模型为：

$$R_{i,t} - R_{f,t} = \alpha_i + \beta_{i,mkt} \times (R_{mkt,t} - R_{f,t}) + \gamma_i \times (R_{mkt,t} - R_{f,t})^2 + \beta_{i,smb} \times SMB_t + \beta_{i,hml} \times HML_t + \beta_{i,mom} \times MOM_t + \varepsilon_{i,t}$$

其中，$R_{i,t}-R_{f,t}$ 为基金 i 的 t 月的超额收益率；$R_{mkt,t}-R_{f,t}$ 为 t 月大盘指数（万得全 A 指数）的超额收益率；$R_{f,t}$ 为 t 月无风险收益率。SMB_t 为规模因子，是 t 月小盘股与大盘股之间的溢价，代表小盘股与大盘股之间的溢价，是第 t 月小公司的收益率与大公司的收益率之差；HML_t 为价值因子，代表价值股与成长股之间的溢价，是第 t 月价值股（高账面市值比公司）与成长股（低账面市值比公司）收益率之差；MOM_t 为动量因子，代表过去一年收益率最高的股票与收益率最低的股票之差。我们用 A 股所有上市公司的数据自行计算规模因子、价值因子和动量因子。α_i 代表基金经理的选股能力给投资者带来的超额收益；γ_i 代表该股票型公募基金的年化收益率之差。α_i 代表基金经理的择时能力。* 表示在 5% 的显著水平下，具有选股能力或择时能力的基金。另外，本表还展示了这些股票型公募基金的年化收益率、年化波动率、年化夏普比率及最大回撤率，供读者查阅。

编号	基金名称	年化 α (%)	$t(\alpha)$	γ	$t(\gamma)$	β_{mkt}	β_{smb}	β_{hml}	β_{mom}	年化收益率 (%)	年化波动率 (%)	年化夏普比率	最大回撤率 (%)	调整后 R^2 (%)
1	易方达消费行业	25.64	3.11*	0.06	0.09	0.88	−0.06	0.00	0.23	31.96	25.05	1.18	29.50	60
2	景顺长城鼎益	23.34	2.73*	0.20	0.31	0.96	0.11	−0.15	0.48	32.01	27.33	1.11	27.04	64
3	易方达中小盘	23.01	3.14*	0.29	0.52	0.82	−0.01	−0.43	0.24	32.95	23.10	1.30	24.79	63
4	景顺长城新兴成长	22.62	2.77*	0.14	0.22	0.97	0.07	−0.20	0.48	31.09	27.14	1.09	27.05	66
5	银华富裕主题	22.03	3.09*	−0.02	−0.04	0.80	0.18	−0.30	0.62	31.30	23.98	1.20	25.62	67
6	信达澳银新能源产业	20.08	2.84*	0.20	0.37	1.02	0.27	−0.29	0.35	27.83	26.98	1.00	27.69	75
7	交银消费新驱动	19.60	3.51*	−0.05	−0.11	0.80	0.27	−0.08	0.35	25.55	21.56	1.10	21.16	75
8	大成高新技术产业	19.46	4.05*	−0.41	−1.14	0.78	0.10	0.24	0.29	21.42	20.40	0.99	28.23	79

续表

编号	基金名称	年化α(%)	t(α)	γ	t(γ)	β_{mkt}	β_{smb}	β_{hml}	β_{mom}	年化收益率(%)	年化波动率(%)	年化夏普比率	最大回撤率(%)	调整后R^2(%)
9	鹏华养老产业	19.23	2.58*	-0.68	-1.21	0.98	0.12	-0.31	0.45	22.08	27.65	0.82	32.95	73
10	国泰金马稳健回报	18.82	2.73*	-0.05	-0.10	0.84	0.06	0.10	0.22	22.52	23.03	0.94	27.80	67
11	中欧时代先锋A	18.69	4.05*	0.55	1.59	0.84	-0.07	-0.36	0.14	28.78	20.31	1.28	17.18	81
12	建信大安全	18.67	4.03*	-0.32	-0.90	0.89	0.18	0.00	0.22	21.69	22.18	0.94	30.31	84
13	工银瑞信战略转型主题	18.53	3.55*	0.17	0.44	0.97	0.12	-0.26	0.11	24.98	23.59	1.01	27.77	82
14	汇添富消费行业	18.45	2.65*	0.24	0.46	0.91	0.09	-0.17	0.52	27.11	24.86	1.04	26.14	71
15	交银新成长	18.15	4.63*	-0.01	-0.03	0.76	0.19	0.09	0.29	23.19	18.78	1.13	23.23	84
16	华安生态优先	17.98	3.04*	-0.08	-0.17	0.98	0.55	0.16	0.76	23.63	26.61	0.89	33.27	82
17	博时行业轮动	17.77	2.41*	-1.18	-2.11	0.72	0.27	0.19	-0.09	12.20	22.99	0.55	30.87	62
18	易方达行业领先	17.63	3.73*	-0.66	-1.84	0.99	-0.05	-0.25	0.30	19.99	24.83	0.81	32.03	87
19	交银先进制造	17.48	3.78*	-0.08	-0.22	0.95	0.09	-0.22	0.04	21.66	22.84	0.91	27.85	85
20	交银阿尔法	17.34	3.97*	-0.37	-1.10	0.81	0.12	-0.27	-0.11	19.36	20.17	0.91	25.26	83
21	景顺长城资源垄断	17.29	3.39*	-0.84	-2.18	0.88	0.19	0.06	0.03	15.33	22.82	0.68	31.50	82
22	富国高新技术产业	17.11	2.4*	-0.46	-0.85	1.13	0.33	-0.40	0.22	19.37	29.76	0.70	34.85	79
23	鹏华消费优选	16.93	2.33*	-0.39	-0.72	1.00	0.06	-0.38	0.46	21.56	27.53	0.80	33.48	74
24	嘉实新消费	16.76	3.08*	-0.25	-0.60	0.72	0.04	-0.21	0.22	21.18	19.63	1.01	23.79	72
25	诺安低碳经济A	16.60	4.12*	-0.76	-2.49	0.78	-0.19	0.04	-0.06	15.32	19.49	0.76	26.10	84
26	汇丰晋信消费红利	16.44	4.03*	-0.31	-1.01	0.88	-0.09	-0.21	0.07	19.59	21.11	0.89	26.03	86

附录二 股票型公募基金经理的选股能力和择时能力(按年化α排序):2016~2020年

续表

编号	基金名称	年化α(%)	$t(\alpha)$	γ	$t(\gamma)$	β_{mkt}	β_{smb}	β_{hml}	β_{mom}	年化收益率(%)	年化波动率(%)	年化夏普比率	最大回撤率(%)	调整后R^2(%)
27	嘉实新兴产业	16.34	3.15*	0.39	1.00	0.81	0.18	-0.42	0.57	27.57	21.76	1.17	21.18	79
28	万家行业优选	16.32	2.34*	0.58	1.10	0.91	0.26	-0.45	0.44	27.36	24.97	1.04	20.56	71
29	景顺长城优选	16.32	3.63*	-0.80	-2.36	0.77	0.07	-0.28	0.08	16.92	20.26	0.81	28.17	82
30	交银精选	16.29	4.47*	-0.17	-0.60	0.77	0.22	0.08	0.30	20.15	19.02	0.99	24.59	86
31	华安安信消费服务	16.28	3.38*	0.11	0.31	0.97	0.47	-0.20	0.30	22.24	24.46	0.89	27.99	86
32	国泰事件驱动	16.25	2.83*	-0.04	-0.09	1.09	0.08	-0.49	0.24	22.40	26.95	0.84	37.61	83
33	泰达宏利稳定	16.16	2.93*	-0.26	-0.62	0.89	-0.17	-0.21	0.33	20.87	23.10	0.88	28.07	79
34	景顺长城核心竞争力A	16.06	3.5*	-0.77	-2.21	0.85	-0.11	-0.17	0.13	16.57	21.60	0.76	31.11	83
35	民生加银内需增长	15.93	3.03*	-0.18	-0.44	0.98	0.03	-0.14	0.22	19.81	24.17	0.82	30.66	83
36	景顺长城精选蓝筹	15.82	3.57*	-0.84	-2.50	0.82	-0.10	-0.11	0.14	15.68	21.07	0.73	29.39	84
37	上投摩根医疗健康	15.77	2.43*	-0.79	-1.61	0.77	0.19	-1.21	0.14	20.33	24.47	0.83	27.84	74
38	易方达改革红利	15.76	2.16*	-0.36	-0.66	1.03	-0.03	-0.20	0.30	18.57	27.43	0.71	32.56	74
39	华宝资源优选	15.73	2.26*	0.73	1.39	0.68	0.09	1.02	0.44	19.98	21.16	0.90	22.62	60
40	安信价值精选	15.59	3.58*	0.12	0.37	0.80	0.19	0.40	0.43	20.06	20.20	0.94	26.44	83
41	景顺长城内需增长	15.32	2.02*	-0.08	-0.14	0.96	0.39	-0.12	0.52	20.35	27.08	0.77	29.31	71
42	长城中小盘成长	15.30	3.83*	-0.29	-0.96	0.83	0.27	-0.34	0.73	22.59	22.69	0.96	28.00	89
43	海富通内需热点	15.04	2.33*	-0.64	-1.31	0.90	-0.08	-0.40	0.45	18.48	25.19	0.75	36.11	76
44	鹏华先进制造	15.02	3.9*	-0.32	-1.10	0.88	0.25	-0.05	0.09	16.87	21.46	0.77	29.08	88

续表

编号	基金名称	年化α(%)	$t(\alpha)$	γ	$t(\gamma)$	β_{mkt}	β_{smb}	β_{hml}	β_{mom}	年化收益率(%)	年化波动率(%)	年化夏普比率	最大回撤率(%)	调整后R^2(%)
45	兴全商业模式优选	14.65	3.59*	0.29	0.93	0.81	0.18	−0.33	0.14	21.89	19.72	1.03	23.44	84
46	广发消费品精选A	14.63	2.55*	0.24	0.56	0.66	0.28	−0.02	0.41	21.41	18.94	1.05	26.28	66
47	农银汇理策略精选	14.53	3.39*	−0.44	−1.35	0.84	−0.11	−0.69	0.25	20.05	21.62	0.89	28.44	85
48	华安行业轮动	14.37	3.4*	0.08	0.26	1.01	0.21	−0.10	0.18	18.98	24.07	0.79	27.27	89
49	嘉实价值优势	14.27	3.21*	−0.34	−1.01	0.77	−0.05	0.06	0.23	16.57	19.63	0.81	23.92	81
50	工银瑞信新金融	14.16	3.2*	0.24	0.71	0.93	0.05	−0.11	0.42	21.48	22.58	0.91	26.11	86
51	兴全合润分级	14.16	3.25*	0.07	0.21	0.90	0.09	−0.21	0.29	20.21	21.95	0.89	27.32	85
52	景顺长城内需增长贰号	14.15	1.83*	−0.01	−0.02	0.97	0.38	−0.13	0.51	19.30	27.37	0.73	29.32	71
53	嘉实优化红利	14.08	2.32*	0.26	0.57	0.77	−0.05	−0.13	0.46	21.89	21.25	0.97	26.15	70
54	银华中小盘精选	13.90	2.75*	0.01	0.02	1.01	0.24	−0.19	0.42	19.64	25.22	0.79	29.36	85
55	工银瑞信美丽城镇主题	13.89	3.95*	0.09	0.34	0.90	0.05	−0.19	0.30	20.19	21.26	0.91	26.01	90
56	富国文体健康	13.83	2.65*	0.12	0.29	1.02	0.24	−0.06	0.37	19.27	25.12	0.77	30.48	84
57	华夏大盘精选	13.78	2.49*	−0.31	−0.74	0.86	0.01	0.15	0.19	15.07	22.14	0.68	23.78	77
58	国泰央企改革	13.72	3.45*	−0.23	−0.77	0.94	−0.03	−0.02	0.29	17.07	22.56	0.75	35.68	89
59	华安核心优选	13.68	2.56*	0.92	2.26	0.84	−0.06	0.11	0.19	22.45	20.64	1.01	16.30	75
60	工银瑞信消费服务	13.58	2.72*	0.12	0.32	0.72	0.02	−0.13	0.27	19.59	18.77	0.97	23.99	74
61	华安策略优选	13.55	2.81*	0.13	0.36	0.74	−0.09	0.34	0.41	18.00	19.44	0.88	23.69	77
62	汇丰晋信大盘A	13.52	4.55*	0.11	0.50	0.83	−0.21	−0.02	−0.07	17.16	18.83	0.86	23.89	91

附录二 股票型公募基金经理的选股能力和择时能力（按年化α排序）：2016~2020年

续表

编号	基金名称	年化α (%)	$t(\alpha)$	γ	$t(\gamma)$	β_{mkt}	β_{smb}	β_{hml}	β_{mom}	年化收益率 (%)	年化波动率 (%)	年化夏普比率	最大回撤率 (%)	调整后 R^2 (%)
63	工银瑞信文体产业A	13.50	2.68*	1.64	4.29	0.63	0.23	-0.28	0.47	30.23	17.66	1.51	15.86	70
64	长信内需成长A	13.50	1.94*	-0.46	-0.87	0.81	0.28	-0.23	0.64	17.78	24.59	0.73	29.70	71
65	富国天合稳健优选	13.48	3.97*	-0.54	-2.09	0.86	-0.04	-0.35	0.08	15.70	20.62	0.75	27.74	90
66	诺德价值优势	13.43	2.2*	0.36	0.78	0.85	0.16	-0.33	0.70	23.82	23.73	0.96	28.45	76
67	交银趋势优先	13.32	1.96*	0.30	0.59	0.89	0.35	0.22	0.45	18.67	24.12	0.77	26.33	71
68	工银瑞信大盘蓝筹	13.29	3.13*	-0.20	-0.62	0.69	-0.07	0.15	0.25	16.03	17.88	0.84	21.19	79
69	富国弹性市值	13.25	3.82*	0.06	0.23	0.84	-0.17	-0.07	0.03	17.32	19.32	0.85	23.23	88
70	民生加银景气行业A	13.10	3.11*	0.80	2.52	0.95	0.15	-0.30	0.17	22.99	22.13	0.98	22.54	87
71	景顺长城优质投资	13.00	2.97*	0.01	0.02	0.91	0.07	-0.34	0.29	19.12	22.39	0.83	27.88	86
72	国联安优势	13.00	2.67*	-0.38	-1.02	0.84	0.01	0.00	-0.06	13.30	20.90	0.63	26.09	80
73	景顺长城优势企业	12.97	1.96*	0.31	0.61	0.92	-0.10	-0.49	0.20	20.79	23.98	0.85	26.86	72
74	富国通胀通缩主题	12.96	2.32*	-0.22	-0.51	0.97	0.11	-0.46	0.21	17.45	24.78	0.72	31.84	81
75	华安新丝路主题	12.95	2.57*	0.76	1.99	0.83	0.14	-0.25	0.64	25.23	21.62	1.08	19.55	80
76	中欧行业成长A	12.89	3.18*	0.08	0.25	0.86	-0.01	-0.53	0.35	20.93	21.37	0.93	25.39	87
77	汇丰晋信智造先锋A	12.80	1.39	0.82	1.17	1.03	0.14	-0.34	0.62	23.97	29.49	0.83	27.16	64
78	新华优选消费	12.79	2.71*	-0.29	-0.80	0.79	0.25	-0.20	0.30	16.51	20.70	0.78	28.07	81
79	华安升级主题	12.77	2.67*	0.31	0.84	1.01	0.32	0.05	0.34	18.37	24.58	0.75	28.02	86
80	天弘周期策略	12.73	2.24*	-1.45	-3.36	0.88	-0.15	-0.05	-0.27	5.81	23.64	0.30	36.33	79

续表

编号	基金名称	年化α(%)	t(α)	γ	t(γ)	β_{mkt}	β_{smb}	β_{hml}	β_{mom}	年化收益率(%)	年化波动率(%)	年化夏普比率	最大回撤率(%)	调整后R^2(%)
81	景顺长城成长之星	12.72	2.52*	0.19	0.51	0.90	0.42	-0.04	0.68	20.18	23.83	0.84	30.75	83
82	大摩基础行业	12.72	3.71*	-0.48	-1.86	0.71	0.03	-0.38	0.10	15.52	17.79	0.82	21.62	86
83	上投摩根大盘蓝筹	12.72	2.55*	-0.27	-0.72	0.90	0.09	0.24	0.42	14.86	23.06	0.66	33.23	83
84	大摩进取优选	12.70	2.05*	-0.68	-1.45	0.96	0.01	0.07	-0.18	9.64	24.68	0.44	29.27	77
85	申万菱信消费增长	12.70	2.39*	0.06	0.14	0.90	0.31	-0.10	0.82	20.48	24.53	0.83	30.69	83
86	富国天益价值	12.68	2.33*	0.31	0.75	0.97	0.03	-0.45	0.53	22.20	24.83	0.88	27.88	82
87	万家和谐增长	12.67	1.59	0.08	0.13	0.97	-0.14	-0.05	0.15	16.06	26.19	0.65	31.82	66
88	民生加银稳健成长	12.66	2.33*	-0.26	-0.64	0.87	0.02	-0.49	0.38	18.28	23.05	0.79	27.20	79
89	建信内生动力	12.62	2.6*	-0.08	-0.21	0.83	0.24	-0.20	0.55	18.91	22.02	0.83	24.07	82
90	富国天瑞强势精选	12.61	2.18*	0.01	0.01	0.96	0.23	-0.42	0.45	19.44	25.27	0.78	31.23	81
91	诺德周期策略	12.61	2.23*	0.61	1.42	0.90	0.26	-0.38	0.60	23.92	23.79	0.96	27.26	79
92	方正富邦红利精选A	12.61	2.64*	-1.13	-3.12	0.84	-0.32	-0.10	-0.04	9.43	21.89	0.46	30.82	82
93	工银瑞信国企改革主题	12.54	2.8*	-0.10	-0.30	0.87	-0.19	0.04	0.41	16.99	21.92	0.76	27.63	85
94	南方天元新产业	12.54	3.64*	-0.13	-0.49	0.80	0.10	-0.38	0.39	18.90	20.11	0.90	25.77	89
95	国富中小盘	12.52	3.62*	0.07	0.28	0.92	-0.05	-0.24	0.05	17.30	21.10	0.80	25.74	90
96	国泰区位优势	12.49	3.49*	-0.63	-2.32	0.85	0.07	-0.20	0.29	14.36	21.34	0.67	28.38	90
97	招商行业精选	12.46	2.09*	0.34	0.76	1.02	0.22	-0.26	0.60	21.18	26.31	0.81	28.48	81
98	鹏华环保产业	12.31	2.05*	0.27	0.60	0.89	0.05	-0.58	0.32	20.98	23.46	0.87	25.08	76

附录二　股票型公募基金经理的选股能力和择时能力（按年化 α 排序）：2016~2020 年

续表

编号	基金名称	年化α(%)	t(α)	γ	t(γ)	β_mkt	β_smb	β_hml	β_mom	年化收益率(%)	年化波动率(%)	年化夏普比率	最大回撤率(%)	调整后 R²(%)
99	大成优选	12.23	2.93*	-0.14	-0.43	0.77	0.15	-0.16	0.28	16.67	19.44	0.82	24.98	83
100	农银汇理行业领先	12.19	2.88*	-0.36	-1.13	0.85	-0.11	-0.72	0.23	17.81	21.63	0.80	28.20	86
101	工银瑞信金融地产A	12.19	3.16*	-0.41	-1.41	0.79	-0.44	0.38	-0.18	9.96	19.73	0.51	23.99	86
102	广发新经济A	12.15	1.85*	-0.15	-0.30	0.80	0.12	-0.94	0.52	21.01	24.52	0.85	27.99	73
103	前海开源再融资主题精选	12.14	2.56*	0.58	1.60	0.90	0.16	0.00	0.00	17.85	21.45	0.80	24.92	82
104	银华中国梦30	12.06	2.05*	0.26	0.57	0.96	0.19	-0.15	0.43	18.83	24.66	0.77	33.44	79
105	诺安先进制造	12.04	2.38*	0.34	0.89	0.67	-0.24	-0.23	0.03	18.27	17.43	0.97	20.99	69
106	兴全轻资产	12.01	2.81*	-0.34	-1.04	0.79	-0.05	-0.06	0.23	14.61	19.91	0.71	22.70	83
107	嘉实低价策略	11.96	2.64*	0.16	0.48	0.85	0.07	0.15	0.41	17.19	21.11	0.79	33.13	83
108	汇添富价值精选A	11.86	3.54*	0.02	0.09	0.78	-0.12	-0.10	0.23	16.91	18.49	0.86	21.41	88
109	博时丝路主题A	11.80	2.56*	-0.03	-0.09	0.98	-0.07	-0.25	0.26	16.80	23.72	0.72	30.34	86
110	安信消费医药主题	11.79	2.45*	-0.03	-0.10	0.76	0.10	0.17	0.16	14.31	19.35	0.71	27.81	77
111	汇添富成长焦点	11.74	2.08*	0.24	0.57	0.82	0.06	-0.12	0.48	19.01	21.72	0.85	29.36	75
112	建信创新中国	11.73	2.37*	0.18	0.48	0.81	0.30	0.09	0.37	16.87	20.86	0.78	23.90	79
113	信达澳银中小盘	11.70	2.13*	-0.32	-0.77	1.00	0.10	-0.39	0.27	15.30	25.39	0.64	31.64	83
114	大成新锐产业	11.69	1.93*	0.52	1.13	0.92	0.38	0.13	0.40	18.25	23.87	0.76	23.84	76
115	国信永丰优加生活	11.67	2.89*	1.31	4.28	0.69	0.11	-0.03	0.40	24.55	17.14	1.29	22.24	79
116	大摩品质生活精选	11.60	2.63*	-0.16	-0.49	0.89	0.12	-0.17	0.03	14.11	21.63	0.65	25.20	85

续表

编号	基金名称	年化α(%)	t(α)	γ	t(γ)	β_{mkt}	β_{smb}	β_{hml}	β_{mom}	年化收益率(%)	年化波动率(%)	年化夏普比率	最大回撤率(%)	调整后R^2(%)
117	鹏华盛世创新	11.60	3.09*	-0.24	-0.85	0.82	0.02	-0.01	0.01	13.09	19.62	0.65	25.38	86
118	工银瑞信新蓝筹	11.58	2.56*	0.83	2.42	0.66	-0.09	0.06	0.27	20.44	16.81	1.11	23.84	73
119	光大国企改革主题	11.53	3.02*	-0.12	-0.42	1.00	-0.04	0.03	0.37	15.26	23.74	0.66	31.55	90
120	交银蓝筹	11.50	2.27*	-0.37	-0.96	0.79	0.21	-0.14	0.22	13.75	20.82	0.66	26.76	78
121	银河康乐	11.45	3.06*	-0.18	-0.63	0.87	0.31	-0.37	0.41	16.99	22.17	0.76	29.25	89
122	中海医疗保健	11.42	1.76*	-0.04	-0.09	0.83	0.07	-1.13	0.24	20.12	24.18	0.82	24.44	73
123	安信新常态沪港深精选	11.37	2.18*	-0.18	-0.46	0.86	-0.23	0.25	-0.19	10.51	21.54	0.50	24.78	78
124	民生加银优选	11.35	2.19*	0.04	0.09	0.85	0.01	-0.51	0.41	18.92	22.40	0.82	26.36	80
125	中欧新动力A	11.35	3.05*	0.22	0.76	0.88	0.13	-0.29	0.18	17.64	20.95	0.81	23.05	88
126	建信改革红利	11.26	2.11*	-0.05	-0.12	1.00	-0.08	-0.41	0.44	17.70	25.27	0.72	35.22	83
127	建信健康民生	11.20	2.61*	0.18	0.56	0.90	0.29	-0.01	0.43	17.09	22.22	0.76	27.22	86
128	大摩主题优选	11.19	2.86*	-0.07	-0.22	0.86	0.23	-0.26	0.29	16.25	21.18	0.75	26.22	87
129	长城品牌优选	11.09	1.58	0.49	0.93	0.95	0.16	0.01	0.52	18.60	25.42	0.74	32.53	72
130	工银瑞信量化策略	11.02	3.07*	-0.23	-0.86	0.93	0.04	-0.08	0.39	14.84	22.56	0.67	30.99	91
131	融通行业景气A	10.99	2*	0.36	0.86	0.95	0.16	-0.07	0.50	18.32	24.11	0.76	24.98	81
132	大成行业轮动	10.97	2.55*	-0.09	-0.27	0.99	0.16	-0.11	0.57	16.42	24.60	0.69	29.58	89
133	信诚新机遇	10.95	3.08*	-0.52	-1.92	0.79	-0.08	0.13	0.13	11.04	19.38	0.57	25.14	88
134	中欧新趋势A	10.93	3*	0.62	2.26	0.81	0.25	0.16	0.35	18.29	19.20	0.90	23.63	87

附录二 股票型公募基金经理的选股能力和择时能力（按年化α排序）：2016~2020年

续表

编号	基金名称	年化α(%)	$t(\alpha)$	γ	$t(\gamma)$	β_{mkt}	β_{smb}	β_{hml}	β_{mom}	年化收益率(%)	年化波动率(%)	年化夏普比率	最大回撤率(%)	调整后R^2(%)
135	鹏华中国50	10.86	1.38	-0.35	-0.58	1.19	0.06	-0.58	0.34	14.20	31.35	0.54	41.12	77
136	大成创新成长	10.85	2.42*	-0.73	-2.15	0.79	-0.03	0.27	0.23	9.35	20.53	0.47	28.85	82
137	建信核心精选	10.83	2.2*	-0.20	-0.55	0.84	0.12	-0.12	0.29	14.32	21.46	0.67	31.68	81
138	工银瑞信养老产业	10.82	1.7*	-0.49	-1.02	0.90	0.09	-1.18	0.27	16.94	26.04	0.68	33.33	78
139	长信恒利优势	10.81	2.26*	-0.51	-1.41	0.82	0.18	-0.43	0.16	13.22	21.59	0.62	29.62	82
140	诺安研究精选	10.68	2.65*	0.46	1.51	1.00	0.37	-0.09	0.29	17.44	23.88	0.73	26.23	89
141	大成精选增值	10.67	2.78*	0.57	1.96	0.74	0.18	0.00	0.35	18.57	18.02	0.96	23.41	83
142	国泰金鑫	10.66	1.77*	-0.12	-0.27	0.93	0.34	0.00	0.44	14.10	24.73	0.60	48.77	78
143	中欧价值发现A	10.64	2.35*	-0.19	-0.55	0.77	-0.02	0.24	-0.19	9.85	19.29	0.51	22.45	80
144	大成互联网思维	10.62	2.91*	-0.28	-1.03	0.84	0.15	-0.09	0.40	14.26	20.94	0.68	26.32	89
145	上投摩根双核平衡	10.61	2.19*	-0.30	-0.82	0.76	0.18	-0.43	0.41	15.73	20.88	0.74	25.26	80
146	长信银利精选	10.61	3.57*	-0.12	-0.54	0.76	0.09	0.16	0.23	13.28	18.09	0.70	21.72	90
147	国泰成长优选	10.53	1.82*	0.10	0.23	0.90	0.32	0.06	0.43	15.13	23.49	0.66	45.36	78
148	招商医药健康产业	10.42	1.42	0.19	0.35	0.96	0.45	-1.09	0.37	19.69	28.35	0.73	33.79	75
149	诺安主题精选	10.40	2.05*	-0.18	-0.46	0.62	0.41	-0.61	0.38	16.65	19.52	0.81	21.40	75
150	景顺长城沪港深精选	10.35	2.63*	-0.54	-1.79	0.57	-0.25	-0.03	0.07	10.95	15.43	0.66	19.60	76
151	广发小盘成长A	10.34	1.49	0.64	1.21	0.88	0.47	-0.59	0.70	22.25	25.92	0.85	30.53	73
152	中海消费主题精选	10.34	1.40	0.05	0.08	0.95	0.46	0.33	0.85	14.97	27.14	0.60	37.25	73

续表

编号	基金名称	年化α(%)	$t(\alpha)$	γ	$t(\gamma)$	β_{mkt}	β_{smb}	β_{hml}	β_{mom}	年化收益率(%)	年化波动率(%)	年化夏普比率	最大回撤率(%)	调整后R^2(%)
153	中信保诚盛世蓝筹	10.34	3.46*	-0.38	-1.70	0.81	-0.13	0.15	0.09	10.85	19.24	0.56	28.12	91
154	金元顺安消费主题	10.28	1.83*	-0.58	-1.35	0.81	-0.06	0.15	0.11	9.32	21.55	0.46	31.65	75
155	工银瑞信医疗保健行业	10.27	1.57	-0.75	-1.52	0.90	0.14	-1.31	0.27	15.18	27.06	0.61	34.37	78
156	富国低碳新经济	10.19	2.04*	1.80	4.75	0.95	0.40	-0.16	0.56	26.61	23.55	1.06	28.10	83
157	华安逆向策略	10.10	2.34*	0.28	0.86	0.97	0.31	-0.32	0.37	17.34	23.86	0.73	28.92	88
158	银河蓝筹精选	10.09	1.82*	0.69	1.63	1.01	0.04	-0.22	0.53	20.09	25.09	0.80	26.36	82
159	农银汇理策略价值	10.08	2.68*	-0.10	-0.36	0.87	0.05	-0.47	0.47	16.90	22.01	0.76	28.05	89
160	泰达宏利转型机遇	10.06	1.39	0.36	0.67	1.03	0.10	-0.35	0.49	18.08	27.33	0.69	35.10	74
161	嘉实环保低碳	10.04	1.17	2.35	3.60	0.79	0.26	-0.02	0.52	27.79	24.29	1.08	39.57	54
162	大成中小盘	10.00	1.91*	-0.05	-0.13	0.85	0.15	-0.28	0.45	15.85	22.38	0.71	27.45	80
163	泰达宏利效率优选	9.92	2.21*	-0.80	-2.34	0.59	0.17	-0.09	0.50	11.32	18.04	0.61	30.00	77
164	新华策略精选	9.88	1.99*	0.06	0.16	0.96	0.27	-0.24	0.51	16.16	24.52	0.68	29.74	85
165	华安宏利	9.84	1.68*	-0.56	-1.26	0.76	-0.12	-0.13	0.11	10.38	20.81	0.51	28.84	71
166	景顺长城公司治理	9.84	2.21*	0.10	0.31	0.82	-0.28	-0.17	0.03	14.12	19.79	0.69	25.55	81
167	诺德成长优势	9.84	3.2*	0.11	0.46	0.48	0.08	0.07	0.17	13.85	12.22	1.00	19.20	77
168	嘉实研究阿尔法	9.83	3.95*	0.12	0.61	0.83	0.05	0.09	0.34	14.72	19.33	0.73	24.28	94
169	易方达价值精选	9.81	2.11*	-0.62	-1.77	0.86	0.05	-0.28	0.07	10.38	21.77	0.50	29.75	83
170	工银瑞信研究精选	9.80	2.11*	0.02	0.06	0.99	-0.11	-0.34	0.16	14.76	23.62	0.64	31.91	86

附录二 股票型公募基金经理的选股能力和择时能力(按年化 α 排序):2016~2020 年

续表

编号	基金名称	年化α(%)	$t(\alpha)$	γ	$t(\gamma)$	β_{mkt}	β_{smb}	β_{hml}	β_{mom}	年化收益率(%)	年化波动率(%)	年化夏普比率	最大回撤率(%)	调整后 R^2(%)
171	国泰金鹿	9.80	2.11*	0.42	1.19	0.51	-0.05	0.05	0.07	14.91	14.14	0.95	12.37	60
172	大摩卓越成长	9.79	2.94*	-0.57	-2.27	0.82	0.01	-0.39	0.15	11.93	20.26	0.59	26.69	90
173	广发轮动配置	9.74	1.89*	-0.06	-0.15	0.94	0.34	-0.26	0.47	15.09	24.49	0.64	34.09	84
174	银河创新成长	9.74	1.02	0.51	0.71	0.99	0.12	-0.19	0.59	17.54	29.14	0.65	28.07	60
175	银河稳健	9.73	2.63*	-0.08	-0.30	0.67	0.18	-0.29	0.43	15.73	17.76	0.83	22.05	84
176	富国低碳环保	9.72	1.75*	-2.34	-5.57	0.63	0.03	0.31	0.09	-1.58	21.53	-0.02	38.67	75
177	汇添富逆向投资	9.67	1.98*	0.25	0.68	0.98	0.12	0.08	0.24	14.06	23.46	0.62	27.25	84
178	大成内需增长A	9.63	2.04*	-0.16	-0.45	0.93	0.07	-0.33	0.27	14.02	23.11	0.62	29.58	85
179	华安科技动力	9.62	3.26*	0.14	0.61	0.87	0.22	0.01	0.44	15.27	20.70	0.72	24.73	92
180	金鹰行业优势	9.61	1.84*	-0.22	-0.56	0.94	0.19	-0.33	0.22	13.07	23.84	0.58	28.56	82
181	农银汇理平衡双利	9.59	2.71*	-0.09	-0.32	0.81	0.03	-0.43	0.38	15.98	20.29	0.76	25.51	89
182	中海量化策略	9.57	1.17	0.65	1.05	0.96	0.40	-0.15	-0.16	13.63	26.77	0.55	32.41	66
183	招商行业领先A	9.55	1.9*	-0.59	-1.55	0.86	0.01	-0.60	0.34	13.18	22.99	0.60	31.23	82
184	长盛量化红利策略	9.52	2.58*	-0.11	-0.38	0.75	-0.15	0.21	0.04	10.86	18.01	0.58	22.20	84
185	银河竞争优势成长	9.52	1.96*	0.07	0.20	0.83	0.21	0.10	0.54	14.73	21.52	0.68	32.37	81
186	长城医疗保健	9.49	1.99*	0.64	1.79	0.79	0.43	-0.71	0.60	22.05	22.24	0.94	23.05	83
187	申万菱信盛利精选	9.45	2.11*	-0.20	-0.60	0.73	0.25	-0.22	0.55	14.82	20.10	0.72	25.01	82
188	天弘永定成长	9.43	1.69*	0.72	1.70	0.89	0.42	0.06	0.36	16.90	22.81	0.74	29.61	78

· 205 ·

续表

编号	基金名称	年化α (%)	$t(\alpha)$	γ	$t(\gamma)$	β_{mkt}	β_{smb}	β_{hml}	β_{mom}	年化收益率 (%)	年化波动率 (%)	年化夏普比率	最大回撤率 (%)	调整后 R^2 (%)
189	融通内需驱动	9.37	1.56	-0.62	-1.36	0.80	-0.04	-0.55	-0.27	9.20	21.59	0.45	35.33	72
190	万家精选	9.29	1.57	-0.30	-0.67	0.79	-0.11	0.64	-0.28	5.03	21.62	0.26	29.14	72
191	华宝品质生活	9.27	1.61	-0.26	-0.59	0.94	-0.08	-0.56	0.34	14.38	24.63	0.61	30.69	80
192	泓德战略转型	9.25	2.12*	1.31	3.97	0.81	0.12	-0.43	0.30	22.95	19.86	1.07	23.89	82
193	国富潜力组合A人民币	9.19	3.11*	0.02	0.11	0.95	0.00	-0.21	0.30	14.50	22.05	0.66	30.03	93
194	新华行业周期轮换	9.19	1.32	-0.20	-0.38	0.86	0.17	-0.34	0.31	13.08	24.09	0.57	32.93	69
195	信诚周期轮动	9.17	1.98*	0.72	2.06	1.03	0.17	-0.18	0.57	19.28	24.86	0.78	30.51	87
196	南方绩优成长A	9.16	2.33*	-0.23	-0.76	0.90	0.07	-0.30	0.38	13.71	22.28	0.63	28.25	88
197	中欧盛世成长A	9.10	2.05*	0.32	0.96	0.84	0.10	-0.03	0.49	16.18	21.06	0.75	29.29	84
198	工银瑞信信息产业	9.05	1.43	-0.22	-0.47	1.09	0.03	-0.72	0.26	13.88	28.05	0.56	47.95	81
199	交银成长30	9.00	1.34	0.60	1.19	1.07	0.18	-0.29	0.37	17.21	27.09	0.67	32.14	77
200	招商先锋	8.99	1.79*	0.25	0.65	0.77	0.16	-0.19	0.30	15.24	19.89	0.74	27.87	76
201	易方达医疗保健	8.98	1.44	-0.05	-0.11	0.87	0.14	-1.18	0.33	17.77	25.23	0.72	30.18	77
202	信达澳银转型创新	8.93	2.49*	-0.80	-2.93	0.92	0.12	-0.04	0.41	9.13	23.16	0.44	34.05	91
203	富国中小盘精选	8.90	1.35	0.04	0.08	1.02	0.20	-0.37	0.39	14.39	26.73	0.59	37.79	77
204	招商中小盘精选	8.90	1.95*	-0.70	-2.02	0.82	0.01	-0.65	0.54	13.30	23.06	0.60	35.62	86
205	光大行业轮动	8.88	1.59	0.75	1.76	1.06	0.15	-0.57	0.42	19.91	26.36	0.77	27.88	83
206	兴全精选	8.87	1.51	1.38	3.10	0.59	0.07	-0.43	0.53	24.04	18.14	1.20	20.58	61

附录二 股票型公募基金经理的选股能力和择时能力（按年化 α 排序）：2016~2020 年

续表

编号	基金名称	年化 α (%)	$t(\alpha)$	γ	$t(\gamma)$	β_{mkt}	β_{smb}	β_{hml}	β_{mom}	年化收益率 (%)	年化波动率 (%)	年化夏普比率	最大回撤率 (%)	调整后 R^2 (%)
207	易方达科翔	8.86	1.83*	0.17	0.45	1.00	0.08	-0.69	0.19	16.05	24.52	0.67	29.07	85
208	富国天惠精选成长 A	8.79	2.33*	0.22	0.76	1.01	0.15	-0.34	0.28	15.19	23.83	0.65	30.78	91
209	光大新增长	8.78	1.97*	0.38	1.12	0.96	0.06	-0.30	0.54	17.51	23.59	0.74	26.59	87
210	泰达宏利价值优选	8.77	1.57	-0.79	-1.86	0.95	0.20	-0.03	0.44	8.59	25.28	0.40	42.96	82
211	招商优质成长	8.75	1.47	0.42	0.94	0.99	0.21	-0.14	0.62	16.94	25.51	0.69	29.54	80
212	南方隆元产业主题	8.75	3.03*	0.00	-0.01	0.76	0.14	-0.31	0.44	15.31	18.95	0.77	23.92	91
213	中银收益 A	8.71	1.93*	0.20	0.59	0.75	0.16	-0.37	0.25	15.40	19.35	0.76	19.53	80
214	大成产业升级	8.69	1.96*	-0.41	-1.23	0.89	0.40	-0.14	0.23	10.15	22.84	0.48	36.88	86
215	嘉实主题新动力	8.65	1.45	0.15	0.33	1.04	0.26	-0.43	0.08	13.17	26.15	0.55	31.23	81
216	工银瑞信核心价值 A	8.61	1.88*	-0.08	-0.22	0.84	-0.21	-0.21	0.45	14.15	21.69	0.65	31.26	84
217	鹏华价值优势	8.58	1.94*	0.17	0.52	0.90	0.16	-0.02	0.39	13.98	22.01	0.64	31.53	85
218	国泰金牛创新成长	8.52	2.1*	0.20	0.64	0.78	0.33	-0.10	0.55	15.38	20.25	0.74	26.79	85
219	新华中小市值优选	8.50	1.74*	0.10	0.26	0.99	0.25	-0.67	-0.21	12.57	24.60	0.55	36.05	85
220	建信信息产业	8.49	1.69*	0.31	0.82	0.98	0.33	-0.03	0.50	14.84	24.46	0.63	31.80	84
221	上投摩根核心优选	8.40	1.55	-0.14	-0.35	1.01	0.22	-0.26	0.67	14.04	26.40	0.58	37.03	84
222	银河消费驱动	8.39	1.25	-0.72	-1.41	0.76	0.42	0.12	0.67	9.11	23.82	0.43	41.05	71
223	上投摩根智选 30	8.31	1.38	0.66	1.44	1.08	0.28	-0.14	0.85	18.61	27.93	0.70	43.41	83
224	鹏华新兴产业	8.23	1.71*	0.17	0.47	0.74	0.47	-0.31	0.46	15.13	20.66	0.72	23.07	80

续表

编号	基金名称	年化α(%)	t(α)	γ	t(γ)	β_{mkt}	β_{smb}	β_{hml}	β_{mom}	年化收益率(%)	年化波动率(%)	年化夏普比率	最大回撤率(%)	调整后R^2(%)
225	光大银发商机主题	8.16	2.17*	0.09	0.33	1.00	-0.19	-0.53	0.11	14.10	23.29	0.62	29.12	90
226	前海开源优势蓝筹A	8.16	1.10	-0.18	-0.32	0.82	-0.33	-0.22	0.07	10.50	23.20	0.48	32.25	62
227	博时医疗保健行业A	8.15	1.15	0.11	0.21	0.92	0.47	-1.09	0.55	17.76	28.03	0.67	33.44	76
228	南方成份精选A	8.15	1.87*	0.36	1.09	0.83	-0.12	-0.16	0.16	14.26	19.82	0.70	32.84	82
229	大摩资源优选	8.13	1.65*	-0.40	-1.07	0.83	0.15	-0.10	0.37	10.54	21.73	0.51	28.57	81
230	建信优势动力	8.13	1.85*	0.38	1.15	0.87	0.28	0.00	0.43	14.73	21.41	0.68	27.14	84
231	国泰金鹏蓝筹价值	8.12	1.99*	0.12	0.40	0.79	0.08	0.05	0.42	13.28	19.66	0.66	35.24	84
232	景顺长城能源基建	8.10	2.53*	-0.68	-2.79	0.40	-0.13	-0.01	-0.05	6.90	11.50	0.51	17.33	71
233	长信双利优选A	8.09	1.82*	-0.10	-0.29	0.83	-0.01	-0.23	0.20	12.12	20.63	0.59	23.44	83
234	天弘医疗健康A	8.08	1.12	0.96	1.77	0.91	0.65	-0.35	0.86	20.94	26.84	0.79	31.33	73
235	景顺长城中小盘	8.08	1.69*	-0.59	-1.64	0.88	0.21	-0.22	0.07	8.17	22.52	0.40	28.56	83
236	富国新兴产业	8.05	1.20	-1.26	-2.49	0.83	0.28	0.21	0.72	5.41	25.73	0.29	40.65	75
237	前海开源股息率100强	7.99	2.4*	-0.09	-0.37	0.76	-0.04	0.45	0.03	8.02	18.23	0.43	23.15	88
238	农银汇理大盘蓝筹	7.90	3.75*	-0.56	-3.52	0.80	-0.08	-0.03	0.19	8.63	19.02	0.46	26.55	95
239	嘉实先进制造	7.86	1.75*	0.44	1.28	0.94	0.34	-0.22	0.57	16.32	23.72	0.70	33.40	87
240	广发聚瑞A	7.85	1.37	0.44	1.02	0.89	0.17	-0.29	0.40	15.78	23.08	0.69	31.25	77
241	中欧永裕A	7.83	1.76*	0.53	1.57	0.81	0.14	0.01	0.53	15.92	20.28	0.76	29.37	82
242	泰达宏利行业精选	7.81	1.53	-0.05	-0.14	0.93	0.19	-0.32	0.70	14.66	24.80	0.62	34.98	84

附录二　股票型公募基金经理的选股能力和择时能力(按年化α排序):2016~2020年

续表

编号	基金名称	年化α(%)	$t(\alpha)$	γ	$t(\gamma)$	β_{mkt}	β_{smb}	β_{hml}	β_{mom}	年化收益率(%)	年化波动率(%)	年化夏普比率	最大回撤率(%)	调整后R^2(%)
243	华安智能装备主题	7.80	1.52	0.05	0.13	1.05	0.10	-0.74	0.18	14.11	25.95	0.59	30.68	85
244	华宝医药生物	7.78	1.38	-0.10	-0.24	0.88	0.22	-1.10	0.46	16.51	25.35	0.68	29.90	82
245	嘉实增长	7.77	1.93*	0.29	0.97	0.70	0.28	-0.45	0.46	16.41	18.90	0.82	18.67	83
246	国泰金鼎价值精选	7.76	2.43*	-0.81	-3.36	0.85	0.06	-0.16	0.27	7.87	21.15	0.40	35.77	92
247	上投摩根成长先锋	7.75	1.61	-0.47	-1.30	0.93	0.11	-0.24	0.49	10.82	24.12	0.49	32.24	85
248	泓德优选成长	7.72	2.63*	0.57	2.58	0.78	0.01	-0.19	0.12	15.03	17.61	0.80	19.32	90
249	兴全社会责任	7.72	1.29	0.25	0.55	0.84	0.04	-0.39	0.46	15.49	22.68	0.69	32.83	74
250	博时主题行业	7.71	2.14*	0.55	2.03	0.75	-0.19	0.03	0.16	14.08	17.65	0.75	26.25	85
251	国投瑞银创新动力	7.70	1.63	0.43	1.21	0.80	0.52	-0.10	0.40	14.52	21.06	0.68	22.49	81
252	上投摩根新兴动力A	7.69	0.98	0.65	1.10	1.09	0.46	-0.20	0.85	17.37	30.07	0.64	41.93	75
253	国富研究精选	7.68	1.50	0.02	0.06	1.07	-0.13	-0.36	0.17	12.21	25.61	0.53	35.96	85
254	南方研究蓝筹成长2号	7.66	2.16*	-0.32	-1.18	0.76	0.06	-0.43	0.43	12.80	19.83	0.64	26.34	88
255	泰达宏利首选企值	7.65	1.56	-0.28	-0.76	0.88	0.22	0.03	0.55	10.87	23.14	0.50	29.92	83
256	泰达宏利首选企业	7.59	1.78*	0.08	0.25	1.04	0.24	-0.16	0.61	13.78	25.75	0.58	34.65	90
257	南方稳健成长	7.58	2.16*	-0.30	-1.11	0.75	0.06	-0.43	0.43	12.84	19.63	0.64	26.44	88
258	富国天博创新主题	7.57	1.69*	0.03	0.10	1.08	0.01	-0.51	0.41	14.07	26.30	0.58	36.30	89
259	汇添富策略回报	7.53	1.73*	0.05	0.16	1.05	0.12	-0.52	0.44	14.32	25.70	0.60	33.81	89
260	新华趋势领航	7.53	1.68*	0.13	0.38	0.90	-0.05	-0.40	0.19	13.40	21.88	0.62	26.14	84

续表

编号	基金名称	年化α (%)	$t(\alpha)$	γ	$t(\gamma)$	β_{mkt}	β_{smb}	β_{hml}	β_{mom}	年化收益率 (%)	年化波动率 (%)	年化夏普比率	最大回撤率 (%)	调整后 R^2 (%)
261	国投瑞银成长优选	7.52	2.03*	−0.17	−0.61	0.90	0.19	−0.08	0.37	11.07	21.94	0.53	36.81	90
262	华泰柏瑞价值增长 A	7.51	1.46	0.55	1.41	0.96	0.29	−0.64	0.45	17.78	24.74	0.73	29.61	84
263	富国高端制造行业	7.50	1.67*	0.07	0.21	1.08	0.06	−0.56	0.37	14.18	26.24	0.59	35.63	89
264	上投摩根核心成长	7.47	1.22	0.27	0.57	0.86	0.37	0.33	0.39	10.96	22.95	0.51	46.20	74
265	泰信中小盘精选	7.47	0.98	0.11	0.19	0.93	0.32	−0.18	0.36	11.95	25.99	0.51	40.33	68
266	国泰互联网+	7.45	1.16	1.15	2.36	1.06	0.14	−0.08	1.07	21.50	28.25	0.78	35.51	81
267	中银战略新兴产业 A	7.45	1.26	1.26	2.79	0.53	0.09	−0.12	0.76	21.40	17.91	1.09	29.43	59
268	广发制造业精选 A	7.44	1.18	0.39	0.82	0.99	0.25	−0.30	0.63	15.82	26.14	0.64	35.87	78
269	兴全绿色投资	7.38	2.26*	0.19	0.76	0.92	0.12	−0.19	0.14	12.28	21.23	0.58	26.75	91
270	诺安中小盘精选	7.36	1.82*	0.02	0.06	0.63	0.01	−0.07	0.17	11.22	15.97	0.65	17.16	76
271	华泰柏瑞行业领先	7.36	1.14	0.77	1.57	1.06	0.38	−0.38	0.55	17.59	27.42	0.67	30.02	79
272	大成策略回报	7.35	1.78*	0.19	0.61	0.75	0.05	0.20	0.06	10.05	18.18	0.54	27.13	81
273	博时创业成长 A	7.34	1.40	−0.30	−0.75	0.85	0.24	−0.32	−0.05	8.64	22.06	0.42	29.81	79
274	国富深化价值	7.33	1.36	−0.28	−0.69	1.11	−0.42	−0.81	−0.01	11.15	26.80	0.48	40.25	85
275	华泰柏瑞盛世中国	7.33	1.37	−0.24	−0.58	0.90	−0.02	−0.58	0.63	14.09	24.71	0.60	32.79	83
276	上投摩根新兴服务	7.32	1.54	−0.13	−0.36	0.89	0.42	−0.07	0.73	12.58	24.02	0.56	36.18	85
277	东方策略成长	7.32	1.47	−0.19	−0.51	0.96	−0.02	−0.37	0.40	12.14	24.26	0.54	32.19	84
278	中海优质成长	7.31	1.17	0.01	0.02	0.96	−0.07	−0.28	0.35	12.26	24.95	0.53	35.57	77

附录二 股票型公募基金经理的选股能力和择时能力(按年化 α 排序):2016~2020 年

续表

编号	基金名称	年化 α (%)	$t(\alpha)$	γ	$t(\gamma)$	β_{mkt}	β_{smb}	β_{hml}	β_{mom}	年化收益率 (%)	年化波动率 (%)	年化夏普比率	最大回撤率 (%)	调整后 R^2 (%)
279	南方优选价值 A	7.30	1.63	-0.25	-0.73	0.92	0.09	-0.66	0.39	13.07	23.79	0.58	33.73	87
280	农银汇理消费主题 A	7.26	1.32	-0.24	-0.57	0.88	0.07	-0.41	0.38	11.80	23.33	0.54	39.76	79
281	景顺长城支柱产业	7.25	2.06*	-0.86	-3.22	0.95	-0.22	0.12	0.20	5.22	23.37	0.28	38.81	92
282	长城优化升级	7.24	1.20	0.10	0.22	0.97	0.35	-0.26	0.67	13.98	26.04	0.58	32.28	80
283	广发大盘成长	7.23	1.04	1.21	2.30	0.67	0.25	-0.20	0.67	20.40	21.00	0.92	28.72	59
284	银河美丽优萃 A	7.22	1.15	-0.16	-0.34	0.98	0.01	-0.54	0.75	14.38	27.21	0.58	31.43	80
285	招商大盘蓝筹	7.21	2.05*	0.18	0.66	0.94	0.14	-0.42	0.24	13.53	22.29	0.62	34.98	91
286	大摩领先优势	7.18	1.62	-0.13	-0.40	0.81	0.04	-0.18	0.13	10.23	19.96	0.52	26.49	82
287	广发核心精选	7.09	1.31	-0.12	-0.29	0.85	0.18	-0.06	0.08	8.95	21.66	0.44	34.81	77
288	上投摩根健康品质生活	7.09	1.11	-0.11	-0.22	0.91	0.45	-0.43	0.44	12.04	25.46	0.52	35.08	77
289	汇丰晋信中小盘	7.06	1.67*	0.22	0.68	0.92	0.23	-0.06	0.37	12.51	22.29	0.58	29.14	87
290	嘉实医疗保健	7.03	1.08	0.20	0.41	0.89	0.24	-0.91	0.26	15.20	24.95	0.64	30.44	75
291	中银中国精选	7.02	1.82*	0.00	-0.01	0.74	0.09	-0.52	0.37	13.85	19.29	0.69	22.82	85
292	汇添富国企创新增长	7.00	1.33	0.24	0.61	0.95	0.18	-0.20	0.46	13.56	23.89	0.59	36.82	82
293	建信消费升级	6.99	1.91*	0.33	1.19	0.81	0.10	-0.12	0.38	13.83	19.52	0.69	27.16	87
294	上投摩根安全战略	6.97	1.18	0.22	0.50	0.93	0.22	-0.49	0.53	15.04	24.82	0.63	35.14	79
295	华泰柏瑞量化增强 A	6.95	2.56*	0.11	0.52	0.80	-0.11	0.28	0.15	9.52	18.46	0.51	27.53	92
296	浦银安盛红利精选	6.93	1.20	-0.17	-0.40	1.13	0.10	-0.67	0.14	10.86	28.06	0.46	34.62	84

· 211 ·

续表

编号	基金名称	年化α(%)	t(α)	γ	t(γ)	β_{mkt}	β_{smb}	β_{hml}	β_{mom}	年化收益率(%)	年化波动率(%)	年化夏普比率	最大回撤率(%)	调整后R^2(%)
297	新华钻石品质企业	6.84	1.44	0.00	0.00	0.90	0.22	-0.18	0.32	11.30	22.53	0.52	27.84	84
298	嘉实逆向策略	6.83	1.15	0.40	0.90	1.02	0.31	-0.04	0.33	12.24	25.58	0.52	36.98	80
299	新华优选成长	6.77	1.30	-0.27	-0.69	0.96	0.09	-0.76	0.09	10.89	24.40	0.49	31.79	83
300	嘉实优质企业	6.76	1.26	-0.06	-0.15	0.83	0.26	-0.71	0.59	14.73	23.71	0.64	27.39	81
301	上投摩根卓越制造	6.72	1.37	0.54	1.47	1.00	0.29	-0.46	0.68	17.23	25.58	0.69	36.68	86
302	泰达宏利周期	6.69	1.16	0.31	0.72	0.99	-0.03	-0.07	0.29	12.04	24.44	0.53	33.08	79
303	大成积极成长	6.67	1.55	0.26	0.79	0.87	0.17	-0.17	0.63	14.40	22.28	0.65	28.45	86
304	易方达积极成长	6.64	1.56	0.16	0.49	0.78	0.32	0.44	0.30	9.02	19.54	0.46	28.92	82
305	大成景阳领先	6.60	0.86	0.55	0.95	0.79	0.25	0.20	0.39	12.08	22.99	0.55	31.32	59
306	农银汇理行业轮动	6.57	1.59	0.01	0.04	0.88	0.24	-0.32	0.56	13.11	22.60	0.60	27.90	88
307	华宝创新策略	6.54	0.87	0.69	1.21	1.07	0.27	-0.56	0.83	18.28	29.71	0.67	31.08	76
308	中银动态策略	6.54	1.65*	-0.02	-0.07	0.78	-0.05	-0.16	0.60	12.86	20.39	0.63	32.66	86
309	中信保诚精萃成长	6.51	1.44	0.14	0.40	0.92	0.15	0.07	0.52	11.67	22.94	0.54	30.09	86
310	信诚优胜精选	6.51	1.51	-0.13	-0.40	0.92	0.07	-0.03	0.39	10.02	22.64	0.47	30.61	87
311	汇添富优势精选	6.48	1.35	0.04	0.10	0.86	0.05	-0.41	0.45	13.11	22.28	0.60	29.02	83
312	平安行业先锋	6.46	1.32	-0.94	-2.54	0.84	0.27	-0.14	0.14	4.50	22.47	0.25	44.93	83
313	中银美丽中国	6.40	1.53	-0.21	-0.65	0.80	0.00	-0.10	0.52	10.86	20.80	0.53	29.11	85
314	泰信发展主题	6.38	1.53	-0.14	-0.44	0.84	0.19	-0.17	0.25	9.85	20.83	0.49	30.72	85

附录二 股票型公募基金经理的选股能力和择时能力(按年化 α 排序):2016~2020 年

续表

编号	基金名称	年化α(%)	$t(\alpha)$	γ	$t(\gamma)$	β_{mkt}	β_{smb}	β_{hml}	β_{mom}	年化收益率(%)	年化波动率(%)	年化夏普比率	最大回撤率(%)	调整后 R^2(%)
315	中银中小盘成长	6.29	1.35	-0.69	-1.96	0.94	0.35	-0.51	0.33	8.06	24.91	0.38	43.24	87
316	农银汇理医疗保健主题	6.25	0.98	0.37	0.77	0.97	0.45	-1.27	0.51	17.71	28.43	0.67	30.41	81
317	华宝大盘精选	6.05	1.34	0.52	1.51	0.95	0.09	-0.27	0.52	14.95	23.23	0.65	36.43	86
318	大成核心双动力	5.97	2.37*	0.29	1.52	0.76	0.07	0.29	0.17	9.49	17.31	0.52	26.50	92
319	工银瑞信农业产业	5.96	0.80	0.54	0.96	0.87	0.48	-0.04	0.74	14.08	25.49	0.59	27.68	68
320	嘉实周期优选	5.95	1.40	-0.21	-0.66	0.95	0.01	0.00	0.08	7.12	22.64	0.35	38.46	87
321	华宝生态中国	5.94	1.40	0.31	0.96	1.07	0.11	-0.32	-0.05	10.34	24.63	0.46	31.14	89
322	广发策略优选	5.89	1.41	-0.28	-0.89	0.94	0.04	-0.04	0.16	7.35	22.68	0.37	39.26	87
323	长信金利趋势	5.86	1.49	-0.10	-0.34	0.78	0.38	0.26	0.46	8.53	20.11	0.44	31.62	86
324	金鹰中小盘精选	5.84	1.03	-0.46	-1.07	0.67	0.53	0.14	0.16	5.06	20.09	0.27	28.77	71
325	汇添富医药保健A	5.83	0.90	0.00	0.01	0.88	0.36	-1.29	0.42	14.99	26.88	0.60	34.60	78
326	申万菱信竞争优势	5.79	1.19	-0.05	-0.15	0.95	0.03	-0.17	0.33	9.90	23.37	0.46	31.18	84
327	长城久富	5.76	1.04	-0.16	-0.38	0.94	0.32	-0.19	0.67	10.72	25.19	0.48	32.49	82
328	浙商聚潮新思维	5.72	1.73*	0.82	3.27	0.78	0.23	-0.04	0.36	14.51	18.49	0.75	19.02	88
329	工银瑞信主题策略	5.72	0.78	0.19	0.35	1.13	0.47	-0.19	0.82	12.30	30.61	0.49	50.66	79
330	东吴新产业精选	5.68	0.97	-0.44	-0.99	0.98	0.17	-0.04	0.34	6.61	25.34	0.33	46.97	80
331	华商产业升级	5.66	1.26	-0.29	-0.85	1.03	0.11	-0.59	0.19	9.37	25.25	0.43	35.02	88
332	工银瑞信红利	5.58	1.47	0.14	0.49	0.88	-0.11	-0.26	0.51	12.59	21.67	0.59	28.56	89

续表

编号	基金名称	年化α (%)	$t(\alpha)$	γ	$t(\gamma)$	β_{mkt}	β_{smb}	β_{hml}	β_{mom}	年化收益率 (%)	年化波动率 (%)	年化夏普比率	最大回撤率 (%)	调整后 R^2 (%)
333	海富通精选2号	5.57	1.14	0.69	1.88	0.75	0.07	−0.34	0.28	14.58	19.16	0.73	23.05	76
334	交银成长A	5.56	1.07	−0.17	−0.42	0.82	0.45	−0.17	0.23	8.18	22.04	0.40	33.97	79
335	南方盛元红利	5.45	1.19	−0.42	−1.21	0.94	0.07	−0.25	0.15	6.90	23.22	0.34	42.82	85
336	嘉实稳健	5.44	1.91*	0.03	0.12	0.67	−0.03	0.09	0.23	8.91	15.95	0.52	23.95	88
337	大成蓝筹稳健	5.43	1.58	0.26	1.00	0.90	−0.13	0.00	0.15	9.87	20.76	0.49	26.65	90
338	融通领先成长A	5.41	1.25	0.06	0.18	1.09	−0.08	−0.39	0.29	10.73	25.82	0.47	36.15	90
339	鹏华改革红利	5.39	1.37	−0.27	−0.90	0.88	−0.03	−0.24	0.25	8.48	21.50	0.42	29.87	88
340	信诚深度价值	5.28	1.33	−0.71	−2.35	0.93	−0.10	0.14	0.05	3.08	22.64	0.19	41.32	89
341	光大一带一路	5.27	1.01	−0.23	−0.59	0.74	0.28	−0.44	0.33	9.65	20.84	0.48	32.76	77
342	信诚幸福消费	5.26	1.18	0.15	0.46	0.91	0.33	0.10	0.28	8.71	22.40	0.42	36.04	85
343	中金消费升级	5.25	1.01	0.03	0.08	0.97	0.36	−0.17	0.39	9.60	24.64	0.44	42.16	83
344	诺安多策略	5.24	1.65*	−0.45	−1.87	0.82	0.11	0.25	−0.03	3.58	19.58	0.21	29.92	90
345	长信量化多策略A	5.19	1.55	0.26	1.04	0.91	0.27	0.24	0.37	9.37	21.45	0.46	29.50	91
346	华宝多策略	5.17	1.56	0.21	0.82	0.79	0.06	0.38	0.05	6.96	18.50	0.38	26.38	88
347	鹏华医药科技	5.16	0.82	0.15	0.31	0.91	0.22	−1.15	0.41	14.69	26.13	0.60	33.79	78
348	博时卓越品牌	5.15	0.84	0.10	0.21	0.88	0.44	0.03	0.47	9.28	23.79	0.43	42.83	76
349	诺安平衡	5.14	1.64	−0.92	−3.87	0.70	−0.18	0.00	−0.13	2.10	17.26	0.13	29.28	88
350	鹏华普天收益	5.07	1.36	0.43	1.51	0.82	0.39	−0.43	0.69	14.99	21.66	0.69	25.14	89

附录二　股票型公募基金经理的选股能力和择时能力(按年化α排序):2016~2020年

续表

编号	基金名称	年化α(%)	$t(\alpha)$	γ	$t(\gamma)$	β_{mkt}	β_{smb}	β_{hml}	β_{mom}	年化收益率(%)	年化波动率(%)	年化夏普比率	最大回撤率(%)	调整后R^2(%)
351	招商核心价值	5.03	1.50	0.46	1.81	0.94	0.12	−0.43	0.29	13.06	22.10	0.60	31.47	91
352	宝盈医疗健康沪港深	5.02	0.67	0.37	0.65	0.86	0.36	−1.32	0.35	15.63	27.16	0.62	37.04	72
353	景顺长城研究精选	5.01	1.59	−0.32	−1.35	0.92	−0.10	−0.03	0.17	6.46	21.58	0.33	31.11	92
354	华安大国新经济	4.93	1.14	0.09	0.28	1.07	0.20	−0.34	0.19	9.33	25.49	0.42	36.34	89
355	海富通股票	4.90	0.43	−0.55	−0.64	0.89	−0.01	−0.72	0.28	6.45	30.61	0.31	39.56	49
356	华泰柏瑞量化先行A	4.88	1.94*	0.21	1.08	0.90	0.16	0.24	0.21	8.00	20.58	0.41	28.11	94
357	新华灵活主题	4.83	0.87	−0.20	−0.49	1.00	−0.04	−0.12	0.14	6.64	24.58	0.33	32.29	81
358	工银瑞信中小盘成长	4.81	0.74	0.61	1.24	1.08	0.52	−0.35	0.70	14.17	28.72	0.56	48.90	81
359	海富通领先成长	4.81	1.12	0.43	1.32	0.91	0.15	−0.23	0.46	12.62	22.24	0.58	35.85	86
360	金鹰稳健成长	4.79	1.00	0.07	0.20	0.98	0.55	−0.10	0.41	8.91	25.03	0.41	42.79	86
361	银华优质增长	4.78	1.51	0.13	0.54	0.85	0.12	−0.20	0.55	11.52	20.98	0.56	28.26	92
362	金元顺安宝石动力	4.78	1.55	−0.56	−2.38	0.54	−0.21	−0.12	0.04	5.20	13.87	0.33	21.03	82
363	嘉实企业变革	4.71	1.10	0.03	0.11	1.03	0.06	−0.49	0.27	10.20	24.77	0.46	31.49	89
364	富国医药保健行业	4.67	0.67	0.27	0.51	0.70	0.49	−1.21	0.56	15.58	25.04	0.64	29.52	71
365	信达澳银红利回报	4.63	0.92	0.42	1.12	1.07	0.21	−0.34	0.13	10.40	25.61	0.46	42.54	86
366	融通医疗保健行业A	4.62	0.67	−0.13	−0.25	0.98	0.58	−1.38	0.32	11.85	29.97	0.48	44.51	81
367	中银健康生活	4.58	1.02	−0.56	−1.64	0.70	−0.29	−0.36	0.22	6.79	18.90	0.37	26.51	79
368	信达澳银领先增长	4.58	1.00	−0.55	−1.60	0.94	0.07	−0.31	0.36	6.61	23.98	0.33	32.37	87

续表

编号	基金名称	年化α (%)	$t(\alpha)$	γ	$t(\gamma)$	β_{mkt}	β_{smb}	β_{hml}	β_{mom}	年化收益率 (%)	年化波动率 (%)	年化夏普比率	最大回撤率 (%)	调整后 R^2 (%)
369	景顺长城优质成长	4.56	1.20	−0.26	−0.90	0.91	−0.09	0.09	0.23	6.01	21.82	0.31	30.28	89
370	上投摩根行业轮动A	4.49	0.77	0.17	0.39	0.97	0.27	−0.33	0.78	12.34	26.29	0.52	37.50	82
371	泰达宏利红利先锋	4.47	0.98	−0.57	−1.67	0.72	0.12	0.30	0.18	3.04	19.13	0.18	36.68	79
372	国联安精选	4.47	0.74	0.44	0.97	1.00	0.00	−0.46	0.04	10.60	24.67	0.47	38.49	78
373	光大精选	4.47	1.07	0.16	0.50	0.82	−0.01	−0.31	−0.23	7.45	19.53	0.39	20.28	83
374	大成消费主题	4.41	0.67	−0.91	−1.82	0.72	0.21	−0.26	0.48	4.81	22.80	0.26	51.57	69
375	国富健康优质生活	4.39	1.33	0.17	0.67	0.91	0.09	−0.16	0.34	9.88	21.45	0.48	26.89	91
376	前海开源强势共识100强	4.38	1.22	0.78	2.89	0.74	0.22	0.35	0.45	11.43	17.99	0.61	25.63	85
377	诺安鸿鑫	4.37	1.28	0.37	1.43	0.24	0.01	−0.01	0.25	9.81	8.74	0.94	4.92	44
378	建信潜力新蓝筹	4.37	1.01	0.40	1.21	0.97	0.14	−0.15	0.45	11.32	23.46	0.51	29.10	87
379	国泰量化策略收益	4.31	1.24	−0.33	−1.24	0.82	0.10	0.33	0.29	4.67	20.10	0.26	31.05	89
380	华宝收益增长	4.27	1.10	0.04	0.13	0.79	0.10	0.22	0.09	5.99	18.97	0.32	34.68	85
381	博时精选A	4.25	1.11	−0.28	−0.98	0.82	0.10	−0.06	0.13	5.74	19.87	0.31	25.40	86
382	中银主题策略	4.19	0.70	−0.48	−1.06	1.03	−0.21	−0.52	−0.09	4.87	25.72	0.26	51.47	80
383	信诚中小盘	4.19	0.59	0.23	0.43	1.09	0.10	−0.61	0.50	11.61	28.80	0.48	47.02	77
384	南方国策动力	4.09	0.96	0.39	1.20	0.90	0.13	−0.79	0.30	13.25	22.59	0.60	31.41	87
385	新华优选分红	4.08	0.78	0.55	1.37	0.75	0.37	−0.10	0.63	12.60	20.60	0.61	29.35	76
386	海富通精选	4.06	0.84	0.69	1.86	0.74	0.08	−0.27	0.29	12.60	18.90	0.64	23.39	76

附录二 股票型公募基金经理的选股能力和择时能力(按年化 α 排序):2016~2020 年

续表

编号	基金名称	年化α(%)	$t(\alpha)$	γ	$t(\gamma)$	β_{mkt}	β_{smb}	β_{hml}	β_{mom}	年化收益率(%)	年化波动率(%)	年化夏普比率	最大回撤率(%)	调整后R^2(%)
387	富国消费主题	4.04	0.55	0.93	1.67	0.95	0.40	-0.28	0.67	14.90	26.38	0.60	36.90	72
388	鹏华医疗保健	3.98	0.66	-0.02	-0.04	0.89	0.28	-1.32	0.42	13.17	26.48	0.55	37.18	81
389	建信优选成长A	3.98	0.83	0.77	2.11	0.86	0.12	-0.12	0.50	13.27	21.33	0.62	21.02	81
390	招商安泰	3.94	0.97	0.27	0.88	0.72	0.26	-0.13	0.60	11.23	19.10	0.58	26.50	83
391	博时特许价值A	3.92	0.71	1.32	3.18	0.97	-0.12	-0.32	0.49	17.06	24.01	0.71	33.61	81
392	国联主题驱动	3.92	0.85	-0.37	-1.06	1.01	-0.21	-0.62	0.27	7.88	24.98	0.38	44.80	87
393	易方达资源行业	3.91	0.51	0.65	1.11	0.78	-0.03	0.73	0.27	6.53	23.01	0.32	39.57	59
394	汇丰晋信龙腾	3.88	1.06	0.61	2.21	0.75	0.22	0.06	0.63	12.34	18.93	0.63	24.32	86
395	中银智能制造	3.87	0.58	0.09	0.18	0.99	0.28	-0.14	0.74	9.88	27.01	0.43	50.15	78
396	长盛成长价值	3.87	1.23	0.14	0.61	0.73	0.06	-0.07	0.28	8.77	17.45	0.49	22.13	88
397	鹏华精选成长	3.87	0.78	0.67	1.77	0.94	0.16	-0.09	0.43	11.84	22.93	0.54	34.11	83
398	南方潜力新蓝筹	3.85	0.87	1.79	5.30	0.48	0.27	0.21	0.42	16.53	14.21	1.04	7.66	64
399	银华领先策略	3.85	0.79	0.71	1.91	0.89	0.24	-0.11	0.73	13.81	22.90	0.62	34.71	83
400	中银持续增长A	3.81	0.80	-0.54	-1.51	0.77	-0.23	-0.30	0.47	6.87	21.35	0.35	32.10	82
401	富安达优势成长	3.76	0.80	-0.43	-1.21	0.91	0.18	-0.49	0.16	6.14	23.24	0.31	34.71	85
402	工银瑞信生态环境	3.75	0.58	0.31	0.64	1.00	0.14	-0.30	0.65	11.46	26.46	0.49	47.79	78
403	汇添富环保行业	3.74	0.67	-0.20	-0.48	0.92	0.01	-0.49	0.22	7.71	23.53	0.37	40.74	79
404	华夏医疗健康A	3.74	0.64	0.27	0.62	0.84	0.31	-0.83	0.47	12.84	23.98	0.56	33.65	78

· 217 ·

续表

编号	基金名称	年化 α (%)	$t(\alpha)$	γ	$t(\gamma)$	β_{mkt}	β_{smb}	β_{hml}	β_{mom}	年化收益率 (%)	年化波动率 (%)	年化夏普比率	最大回撤率 (%)	调整后 R^2 (%)
405	诺德优选30	3.74	0.77	-0.67	-1.82	0.79	0.00	-0.61	0.27	6.26	21.43	0.33	27.88	81
406	华润元大量化优选A	3.72	0.70	-1.03	-2.54	0.81	-0.17	-0.61	-0.61	-0.37	21.39	0.02	38.35	77
407	国寿安保智慧生活	3.68	0.77	0.61	1.68	0.89	0.25	0.08	0.57	11.28	22.17	0.53	30.40	83
408	华夏蓝筹核心	3.68	1.12	0.37	1.48	0.82	0.03	0.12	0.47	9.79	19.59	0.50	25.09	90
409	东方核心动力	3.66	1.07	-0.11	-0.44	0.79	0.14	0.32	0.38	5.69	19.33	0.31	28.91	88
410	嘉实量化阿尔法	3.65	1.09	0.23	0.91	0.97	0.16	0.06	0.17	7.27	22.27	0.36	33.29	92
411	汇添富美丽30	3.64	0.73	0.26	0.68	0.94	-0.01	-0.42	0.40	10.82	23.32	0.49	29.06	83
412	景顺长城中小板创业板	3.64	0.53	-0.44	-0.86	0.98	0.30	-0.63	-0.08	4.42	26.70	0.24	37.34	76
413	泰达宏利逆向策略	3.62	1.05	0.67	2.55	0.94	0.23	-0.07	0.45	11.71	22.11	0.54	31.10	91
414	中海分红增利	3.62	0.54	-0.06	-0.12	1.12	-0.22	-0.42	0.13	6.81	27.96	0.33	41.12	79
415	国投瑞银核心企业	3.56	0.57	-0.28	-0.58	0.89	0.30	-0.23	0.23	5.53	24.05	0.29	42.30	75
416	长城消费增值	3.56	0.69	-0.13	-0.34	0.85	0.29	-0.40	0.48	8.75	23.03	0.42	28.04	81
417	申万菱信新动力	3.56	0.88	0.23	0.75	0.80	0.12	-0.09	0.60	10.42	20.41	0.52	30.68	86
418	浙商聚潮产业成长	3.53	0.66	0.68	1.66	0.89	0.15	0.43	0.06	6.88	22.05	0.34	31.49	78
419	诺安策略精选	3.48	0.71	1.07	2.87	0.38	0.19	0.36	0.12	9.66	12.92	0.66	13.69	46
420	融通动力先锋	3.47	0.83	0.20	0.63	0.95	0.19	-0.12	0.31	8.36	22.85	0.40	31.30	88
421	西部利得策略优选	3.44	0.81	0.51	1.58	0.65	0.14	0.42	0.23	7.38	16.55	0.42	18.18	76
422	南方中小盘成长	3.34	0.73	1.28	3.68	0.35	0.27	0.23	0.46	13.24	12.37	0.95	7.74	49

附录二　股票型公募基金经理的选股能力和择时能力(按年化 α 排序):2016~2020 年

续表

编号	基金名称	年化α(%)	$t(\alpha)$	γ	$t(\gamma)$	β_{mkt}	β_{smb}	β_{hml}	β_{mom}	年化收益率(%)	年化波动率(%)	年化夏普比率	最大回撤率(%)	调整后R^2(%)
423	工银瑞信新材料新能源行业	3.34	0.53	0.28	0.58	1.00	0.20	-0.03	0.51	8.83	25.83	0.40	41.74	78
424	华宝宝康消费品	3.29	0.92	0.25	0.94	0.82	0.08	-0.65	0.39	11.78	20.52	0.57	26.08	89
425	上投摩根阿尔法	3.27	0.51	0.42	0.88	0.85	0.40	0.32	0.49	7.82	23.00	0.38	48.29	72
426	上投摩根中国优势	3.17	0.52	0.34	0.73	1.02	0.31	-0.05	0.78	10.26	26.85	0.45	44.80	81
427	光大优势	3.16	0.52	-0.14	-0.30	0.91	-0.25	0.25	-0.12	2.18	23.26	0.15	38.71	75
428	华商盛世成长	3.16	0.66	-0.87	-2.39	0.91	-0.24	-0.60	-0.36	1.25	22.46	0.11	42.90	83
429	汇添富成长多因子量化策略	3.13	1.48	0.21	1.33	0.93	0.34	0.03	0.27	7.28	21.52	0.37	27.18	96
430	广发行业领先 A	3.07	0.61	-0.36	-0.93	0.86	0.15	0.14	0.24	3.44	21.93	0.20	41.07	80
431	财通可持续发展主题	3.00	0.65	0.47	1.33	0.93	0.06	-0.51	0.75	13.59	24.30	0.59	29.01	86
432	申万菱信新经济	2.99	0.51	0.05	0.12	0.97	0.25	-0.05	0.76	8.71	25.93	0.40	37.85	81
433	东方新能源汽车主题	2.96	0.32	-0.04	-0.06	0.83	0.12	-0.51	0.59	8.81	27.03	0.39	46.77	57
434	大成景恒 A	2.95	0.58	1.47	3.80	0.46	0.27	0.28	-0.05	10.34	14.87	0.63	10.12	56
435	国联安小盘精选	2.90	0.73	0.38	1.26	0.81	0.10	0.16	0.07	6.44	19.19	0.34	27.79	84
436	长信增利策略	2.89	0.79	-0.04	-0.14	0.84	0.41	0.04	0.28	5.58	20.93	0.30	31.11	89
437	大成竞争优势	2.88	0.44	0.42	0.84	0.77	0.14	0.43	0.11	5.03	21.26	0.27	32.76	64
438	泰信现代服务业	2.85	0.53	0.56	1.36	0.70	0.41	0.48	0.39	7.17	19.16	0.38	23.82	71
439	金鹰主题优势	2.82	0.44	0.36	0.74	0.96	0.36	-0.15	0.53	9.19	25.46	0.42	37.82	77
440	华安中小盘成长	2.81	0.69	0.28	0.90	1.01	0.11	-0.43	0.31	9.47	23.98	0.44	34.62	89

续表

编号	基金名称	年化α (%)	$t(\alpha)$	γ	$t(\gamma)$	β_{mkt}	β_{smb}	β_{hml}	β_{mom}	年化收益率 (%)	年化波动率 (%)	年化夏普比率	最大回撤率 (%)	调整后 R^2 (%)
441	上投摩根中小盘	2.76	0.37	0.51	0.89	1.09	0.33	−0.29	0.69	10.78	29.25	0.45	41.93	76
442	国寿安保成长优选	2.71	0.48	1.07	2.49	0.74	0.27	0.14	0.52	12.11	19.95	0.60	33.92	70
443	嘉实研究精选A	2.64	0.60	0.24	0.72	0.90	0.13	0.15	0.43	7.22	22.05	0.36	41.15	85
444	华宝高端制造	2.59	0.59	0.27	0.82	1.08	0.24	−0.13	0.38	7.79	25.73	0.37	36.36	89
445	建信社会责任	2.59	0.58	0.30	0.89	0.89	0.12	−0.11	0.50	9.05	22.08	0.44	26.69	85
446	兴全全球视野	2.53	0.70	0.16	0.58	0.87	0.09	−0.47	0.27	8.88	21.10	0.44	32.47	89
447	诺安先锋	2.47	0.77	0.16	0.67	0.81	0.28	−0.02	0.35	7.17	19.60	0.38	24.26	90
448	信达澳银产业升级	2.47	0.43	0.04	0.10	1.10	0.11	−0.42	0.50	8.13	27.66	0.37	44.13	84
449	鹏华价值精选	2.42	0.54	0.98	2.86	0.99	0.31	−0.15	0.79	14.04	24.67	0.59	35.82	88
450	建信恒久价值	2.37	0.46	0.32	0.83	0.89	0.02	−0.38	0.56	10.56	23.19	0.49	42.50	82
451	华夏经典配置	2.34	0.45	−0.05	−0.13	0.78	0.14	−0.18	0.40	6.78	20.74	0.35	36.10	77
452	汇添富民营活力A	2.33	0.58	0.48	1.57	0.93	0.09	−0.34	0.46	10.66	22.58	0.50	34.89	88
453	农银汇理中小盘	2.32	0.58	0.18	0.60	0.88	0.14	−0.39	0.57	9.91	22.25	0.47	39.26	88
454	华富成长趋势	2.29	0.38	0.15	0.34	0.95	0.10	−0.89	0.18	9.33	25.13	0.42	39.29	78
455	大成健康产业	2.06	0.36	−0.22	−0.50	0.90	0.35	−0.62	0.64	8.12	25.57	0.38	43.09	81
456	华夏优势增长	1.97	0.43	0.23	0.68	0.95	0.03	−0.47	0.46	9.45	23.57	0.44	34.23	86
457	建信环保产业	1.96	0.36	0.19	0.46	0.85	0.21	−0.25	0.45	8.03	22.40	0.39	35.91	78
458	交银先锋	1.96	0.31	0.44	0.91	1.12	0.24	−0.65	−0.05	7.49	27.97	0.34	41.74	81

· 220 ·

附录二　股票型公募基金经理的选股能力和择时能力(按年化α排序):2016~2020年

续表

编号	基金名称	年化α(%)	t(α)	γ	t(γ)	β_{mkt}	β_{smb}	β_{hml}	β_{mom}	年化收益率(%)	年化波动率(%)	年化夏普比率	最大回撤率(%)	调整后R^2(%)
459	国泰估值优势	1.92	0.25	0.88	1.51	0.98	0.18	-0.49	0.62	12.96	27.10	0.53	48.60	70
460	工银瑞信高端制造行业	1.90	0.28	0.22	0.43	1.20	0.30	-0.25	0.72	8.11	30.85	0.36	56.48	82
461	工银瑞信精选平衡	1.82	0.46	-0.67	-2.24	0.83	0.29	-0.11	0.45	2.79	21.82	0.17	45.56	88
462	建信优化配置	1.73	0.52	0.40	1.58	0.77	0.09	-0.10	0.37	8.36	18.51	0.45	28.55	88
463	大摩华鑫化配置A	1.59	0.62	0.22	1.14	0.83	-0.09	0.02	0.24	6.16	19.02	0.33	28.59	93
464	华润元大信息传媒科技	1.55	0.16	0.50	0.66	1.06	0.36	-0.21	0.62	7.95	31.24	0.35	41.36	62
465	华富量子生命力	1.55	0.29	-0.51	-1.23	0.89	0.18	-0.12	0.43	3.08	23.63	0.19	33.20	80
466	长盛动态精选	1.55	0.44	0.07	0.27	0.73	0.21	-0.10	0.69	7.97	19.39	0.42	32.60	88
467	华夏行业精选	1.52	0.36	0.14	0.44	0.93	0.20	-0.16	0.60	7.71	23.23	0.38	34.26	88
468	国泰中小盘成长	1.50	0.19	0.91	1.52	0.98	0.15	-0.51	0.62	12.70	27.37	0.52	50.42	69
469	中邮核心优选	1.46	0.33	-0.33	-0.97	0.99	-0.08	-0.25	0.12	3.09	23.78	0.19	44.76	87
470	国富策略配置	1.44	0.36	-0.02	-0.05	0.97	0.03	-0.15	0.35	5.58	23.34	0.29	37.49	89
471	申万菱信量化小盘	1.40	0.53	0.59	2.94	0.89	0.19	0.14	0.32	7.39	20.30	0.38	29.94	94
472	华宝先进成长	1.35	0.42	0.16	0.66	0.92	0.18	-0.31	0.50	7.94	22.29	0.39	40.19	92
473	国泰金龙行业精选	1.32	0.19	0.95	1.82	0.82	0.19	-0.40	0.60	12.68	23.38	0.56	42.98	68
474	金鹰策略配置	1.26	0.14	0.49	0.72	1.00	0.38	-0.57	0.74	10.42	30.02	0.43	38.50	66
475	鹏华动力增长	1.21	0.28	0.86	2.63	0.86	0.19	-0.26	0.79	12.97	22.26	0.59	23.85	86
476	海富通中小盘	1.21	0.21	0.10	0.23	0.97	0.37	-0.35	0.87	8.78	26.84	0.40	51.41	83

续表

编号	基金名称	年化α(%)	$t(\alpha)$	γ	$t(\gamma)$	β_{mkt}	β_{smb}	β_{hml}	β_{mom}	年化收益率(%)	年化波动率(%)	年化夏普比率	最大回撤率(%)	调整后R^2(%)
477	银河主题策略	1.21	0.22	0.67	1.61	0.90	0.10	−0.46	0.76	12.42	24.35	0.54	38.50	81
478	国联安优选行业	1.15	0.12	0.34	0.47	1.10	0.19	−0.88	0.35	8.43	31.56	0.37	51.67	66
479	建信中小盘	1.12	0.23	0.38	1.02	0.93	0.19	−0.21	0.41	7.70	23.11	0.37	38.10	83
480	融通新蓝筹	1.09	0.28	−0.75	−2.54	0.73	−0.06	−0.16	0.36	1.90	19.48	0.12	36.91	85
481	嘉实主题精选	1.08	0.26	−0.15	−0.48	0.92	0.04	−0.44	0.36	5.85	22.84	0.30	39.37	88
482	富国国家安全主题	1.01	0.15	0.24	0.47	1.04	0.11	−0.89	−0.02	6.86	27.11	0.33	49.50	77
483	建信互联网+产业升级	0.93	0.25	−0.07	−0.25	0.93	0.15	−0.27	0.54	6.22	23.04	0.32	41.78	90
484	银河行业优选	0.93	0.15	0.38	0.80	0.92	0.33	−0.73	0.86	11.73	26.80	0.49	35.86	80
485	银华内需精选	0.89	0.11	1.42	2.42	1.12	0.49	0.15	0.72	11.64	29.44	0.47	43.78	74
486	南方积极配置	0.88	0.21	0.05	0.17	0.89	0.07	−0.18	0.26	5.09	21.55	0.27	28.19	86
487	汇添富社会责任	0.88	0.12	−0.21	−0.38	0.92	0.41	−0.05	0.31	2.30	25.79	0.16	46.48	71
488	嘉实策略增长	0.87	0.23	0.11	0.39	1.03	0.12	−0.21	0.14	4.58	24.01	0.25	43.00	91
489	东吴行业轮动	0.85	0.15	0.31	0.71	1.16	0.03	−0.78	0.09	7.27	28.22	0.34	47.89	84
490	中银消费主题	0.84	0.18	−0.19	−0.54	0.69	−0.07	−0.29	0.52	5.86	19.44	0.31	35.52	78
491	工银瑞信聚焦30	0.84	0.16	−0.01	−0.03	0.95	0.13	−0.40	0.56	6.94	24.58	0.34	47.00	84
492	上投摩根根民生需求	0.83	0.15	0.58	1.41	0.99	0.14	−0.80	0.25	10.07	24.87	0.45	38.83	82
493	景顺长城量化精选	0.78	0.30	0.34	1.73	0.97	0.24	0.27	0.25	4.23	22.16	0.23	32.00	95
494	嘉实领先成长	0.77	0.14	0.37	0.86	1.02	0.19	−0.43	0.45	8.11	25.83	0.37	32.17	83

附录二 股票型公募基金经理的选股能力和择时能力（按年化 α 排序）：2016～2020年

续表

编号	基金名称	年化α (%)	$t(\alpha)$	γ	$t(\gamma)$	β_{mkt}	β_{smb}	β_{hml}	β_{mom}	年化收益率 (%)	年化波动率 (%)	年化夏普比率	最大回撤率 (%)	调整后 R^2 (%)
495	中海能源策略	0.75	0.12	0.21	0.42	1.01	0.28	0.45	0.66	4.08	26.46	0.23	37.15	78
496	海富通风格优势	0.65	0.14	0.28	0.77	0.91	0.21	-0.13	0.49	6.74	22.90	0.34	45.77	84
497	金鹰科技创新	0.63	0.11	0.00	-0.01	0.98	0.27	-0.27	0.56	5.78	25.62	0.29	41.57	82
498	华夏红利	0.56	0.17	-0.05	-0.19	0.87	0.06	-0.12	0.34	4.56	20.76	0.25	38.26	91
499	诺安价值增长	0.55	0.12	0.73	2.12	0.79	0.41	-0.14	0.41	8.67	20.31	0.44	26.07	81
500	光大核心	0.52	0.16	0.00	-0.01	0.87	0.09	0.15	0.26	3.08	20.42	0.18	37.96	91
501	泰达宏利成长	0.51	0.09	0.06	0.14	1.04	0.19	-0.43	-0.08	3.19	25.96	0.19	42.51	80
502	鹏华优质治理	0.49	0.11	0.78	2.29	0.78	0.30	-0.33	0.74	11.73	21.09	0.56	35.49	83
503	汇添富均衡增长	0.49	0.14	0.30	1.12	0.98	0.07	-0.33	0.45	7.58	23.27	0.37	36.19	91
504	东吴嘉禾优势	0.43	0.08	0.28	0.71	0.98	0.07	-0.57	-0.03	5.61	23.93	0.29	31.00	82
505	华安物联网主题	0.36	0.09	0.28	0.92	1.06	0.25	-0.26	0.26	5.56	25.02	0.28	43.82	90
506	泰信先行策略	0.30	0.05	-0.44	-0.99	0.75	0.39	0.38	0.41	-0.20	21.53	0.03	45.51	73
507	博时新兴成长	0.29	0.05	0.36	0.77	1.11	0.13	-0.75	0.43	8.59	28.19	0.38	46.84	83
508	汇添富新兴消费	0.27	0.04	1.35	2.72	0.77	0.33	-0.24	0.60	12.86	22.02	0.59	37.55	67
509	益民创新优势	0.27	0.04	0.31	0.64	0.88	0.00	-0.19	0.71	7.86	24.37	0.37	39.86	75
510	光大中小盘	0.26	0.06	0.94	2.67	0.89	0.26	-0.56	0.45	11.61	22.56	0.53	23.37	84
511	易方达国防军工	0.25	0.03	0.66	1.17	1.08	0.09	-0.61	0.14	7.84	27.70	0.35	41.97	73
512	农银汇理低估值高增长	0.22	0.05	0.15	0.41	0.79	0.12	-0.50	0.54	7.82	21.42	0.39	35.41	81

· 223 ·

续表

编号	基金名称	年化α(%)	t(α)	γ	t(γ)	β_{mkt}	β_{smb}	β_{hml}	β_{mom}	年化收益率(%)	年化波动率(%)	年化夏普比率	最大回撤率(%)	调整后R^2(%)
513	汇丰晋信低碳先锋	0.16	0.02	0.80	1.01	1.28	0.21	-0.62	0.54	8.78	35.38	0.37	56.14	68
514	长盛同鑫行业配置A	0.13	0.03	-0.71	-1.93	0.75	0.16	-0.05	0.48	0.89	20.91	0.08	42.75	80
515	华夏收入	0.07	0.02	0.59	2.48	0.90	0.16	-0.02	0.46	7.44	21.04	0.38	27.51	92
516	南方产业活力	0.06	0.01	-0.32	-0.96	0.91	0.06	-0.58	0.28	4.07	22.90	0.23	45.26	87
517	中欧明睿新起点	0.05	0.01	0.63	1.07	1.12	0.00	-0.44	0.78	9.79	30.16	0.41	49.39	76
518	泰达宏利领先中小盘	-0.04	-0.01	-0.18	-0.45	1.07	-0.21	-0.50	0.41	4.60	26.71	0.25	45.30	86
519	南方高增长	-0.05	-0.01	0.26	0.66	0.98	0.22	-0.41	0.37	6.28	24.62	0.31	39.97	83
520	上投摩根内需动力	-0.11	-0.01	0.74	1.31	1.04	0.34	-0.54	0.78	10.69	28.82	0.45	45.93	75
521	汇添富民营新动力	-0.14	-0.04	0.67	2.25	0.87	0.14	-0.38	0.38	8.83	21.06	0.44	36.64	87
522	中银优秀企业	-0.18	-0.04	0.18	0.53	0.83	0.16	-0.28	0.41	5.89	21.02	0.31	25.02	83
523	嘉实事件驱动	-0.18	-0.05	0.53	2.14	0.97	0.31	-0.11	0.59	7.73	23.17	0.37	38.80	93
524	博时国企改革主题	-0.21	-0.09	0.01	0.04	0.84	0.05	0.12	0.26	2.69	19.26	0.16	27.50	94
525	中邮核心主题	-0.32	-0.05	-0.17	-0.38	1.02	0.08	-0.72	0.47	5.32	27.12	0.28	49.85	81
526	华夏成长	-0.33	-0.12	0.02	0.10	0.73	0.17	0.05	0.34	3.34	17.62	0.19	26.73	90
527	华富竞争力优选	-0.47	-0.09	0.13	0.34	0.96	0.33	-0.12	0.53	4.67	24.43	0.25	31.47	84
528	上投摩根智慧互联	-0.51	-0.07	0.64	1.15	1.10	0.32	-0.28	0.69	8.01	29.13	0.36	44.53	76
529	益民红利成长	-0.52	-0.08	0.45	0.96	0.91	-0.06	-0.39	0.48	7.55	24.06	0.36	41.46	75
530	东方精选	-0.54	-0.13	-0.24	-0.78	0.81	0.19	-0.20	0.24	2.14	20.32	0.13	42.62	85

附录二 股票型公募基金经理的选股能力和择时能力(按年化 α 排序):2016~2020 年

续表

编号	基金名称	年化 α (%)	$t(\alpha)$	γ	$t(\gamma)$	β_{mkt}	β_{smb}	β_{hml}	β_{mom}	年化收益率(%)	年化波动率(%)	年化夏普比率	最大回撤率(%)	调整后 R^2 (%)
531	银华核心价值优选	-0.58	-0.13	0.55	1.68	0.86	0.17	-0.15	0.66	8.14	21.76	0.40	35.80	85
532	招商国企改革	-0.62	-0.13	0.70	1.84	0.99	0.20	-0.22	0.46	7.70	24.25	0.37	39.98	84
533	汇添富外延增长主题	-0.67	-0.10	0.17	0.32	0.98	0.39	-0.11	0.47	3.73	26.41	0.22	44.30	75
534	华泰柏瑞积极优选	-0.77	-0.20	0.13	0.43	0.84	0.00	-0.21	0.33	4.46	20.32	0.24	34.99	86
535	华宝国策导向	-0.81	-0.21	-0.19	-0.63	0.87	0.01	-0.04	0.14	0.97	20.83	0.08	45.35	87
536	华宝服务优选	-0.95	-0.17	0.35	0.83	1.06	0.04	-0.88	0.68	9.28	27.89	0.41	42.46	85
537	大摩量化多策略	-0.95	-0.35	0.44	2.14	0.92	0.11	-0.06	0.32	5.12	20.90	0.27	37.03	94
538	易方达策略2号	-1.08	-0.23	-0.63	-1.75	0.91	-0.04	-0.44	0.24	0.43	23.37	0.08	46.11	85
539	华宝动力组合	-1.08	-0.22	0.59	1.58	1.09	0.06	-0.27	0.27	5.74	25.69	0.29	35.64	87
540	易方达科讯	-1.10	-0.22	-0.17	-0.46	1.16	-0.05	-0.81	0.07	2.85	27.79	0.19	52.73	88
541	东方主题精选	-1.20	-0.19	0.59	1.22	1.06	0.00	-0.45	0.43	7.19	26.80	0.34	49.97	79
542	易方达策略成长	-1.31	-0.27	-0.80	-2.23	0.92	-0.07	-0.46	0.22	-0.67	23.60	0.03	48.33	85
543	华宝新兴产业	-1.32	-0.28	0.61	1.72	0.95	0.18	-0.39	0.73	8.80	24.30	0.41	40.80	86
544	嘉实服务增值行业	-1.42	-0.32	0.05	0.15	0.90	-0.05	-0.45	0.47	5.00	22.75	0.26	41.75	86
545	富国城镇发展	-1.47	-0.31	-0.04	-0.12	0.95	0.37	-0.21	0.15	1.16	23.81	0.11	56.85	85
546	农银汇理行业成长A	-1.52	-0.29	0.09	0.21	0.88	0.23	-0.54	0.74	6.42	24.49	0.32	36.17	83
547	农银汇理信息传媒	-1.72	-0.30	0.38	0.89	0.97	0.09	-0.40	0.49	5.82	24.73	0.29	40.66	81
548	诺安新经济	-1.74	-0.27	0.78	1.61	1.08	0.44	-0.38	0.51	7.13	27.89	0.33	53.90	81

续表

编号	基金名称	年化α (%)	$t(\alpha)$	γ	$t(\gamma)$	β_{mkt}	β_{smb}	β_{hml}	β_{mom}	年化收益率 (%)	年化波动率 (%)	年化夏普比率	最大回撤率 (%)	调整后 R^2 (%)
549	宝盈资源优选	−1.86	−0.26	0.05	0.09	1.00	0.16	−0.23	0.22	1.28	26.17	0.13	55.96	73
550	信诚新兴产业	−1.87	−0.24	0.24	0.42	1.09	−0.06	−0.74	0.29	4.70	28.83	0.25	56.33	74
551	诺德中小盘	−1.92	−0.33	−0.35	−0.80	0.93	−0.04	−0.45	0.46	1.92	24.89	0.15	37.90	80
552	嘉实腾讯自选股大数据	−1.93	−0.54	1.69	6.28	0.74	0.43	0.26	0.45	9.50	18.04	0.51	30.16	86
553	广发聚丰A	−1.93	−0.35	0.25	0.61	0.79	0.21	−0.63	0.66	7.02	22.75	0.35	40.99	79
554	中邮核心成长	−1.96	−0.44	−0.29	−0.87	0.94	0.03	−0.09	0.19	−0.51	22.73	0.03	49.61	86
555	中银互联网+	−2.00	−0.37	−0.24	−0.58	0.90	−0.04	−0.41	0.51	2.64	23.87	0.17	34.90	81
556	光大红利	−2.09	−0.58	0.48	1.75	0.92	0.04	−0.31	0.41	5.65	21.75	0.29	37.40	90
557	宝盈泛沿海增长	−2.13	−0.44	−0.09	−0.26	0.95	0.08	−0.31	0.44	2.40	24.03	0.16	41.76	85
558	招商体育文化休闲	−2.16	−0.41	0.41	1.02	1.02	0.21	−0.65	0.49	6.40	25.94	0.31	38.85	84
559	广发新动力	−2.28	−0.64	0.22	0.81	0.87	0.30	0.04	0.60	3.36	21.54	0.19	44.49	90
560	博时第三产业成长	−2.29	−0.54	−0.17	−0.54	0.97	0.05	−0.57	0.07	1.16	23.30	0.11	44.77	88
561	信达澳银消费优选	−2.37	−0.47	0.43	1.12	1.10	−0.01	−0.42	0.35	4.62	26.32	0.25	45.70	87
562	信诚四季红	−2.61	−0.64	0.57	1.82	0.77	0.28	0.06	0.57	4.65	19.49	0.25	35.44	84
563	汇丰晋信新动力	−2.73	−0.42	0.90	1.82	1.09	0.15	−0.59	0.53	8.01	27.79	0.36	44.92	79
564	长信量化先锋A	−2.75	−0.73	0.73	2.54	0.94	0.45	0.19	0.53	4.22	22.61	0.23	39.20	90
565	海富通国策导向	−2.83	−0.35	1.53	2.48	0.96	0.38	0.06	0.96	10.27	27.52	0.44	44.30	68
566	华夏复兴	−2.91	−0.43	1.17	2.31	0.93	0.30	−0.42	0.83	10.22	25.88	0.45	41.98	75

附录二 股票型公募基金经理的选股能力和择时能力(按年化 α 排序):2016~2020 年

续表

编号	基金名称	年化α(%)	$t(\alpha)$	γ	$t(\gamma)$	β_{mkt}	β_{smb}	β_{hml}	β_{mom}	年化收益率(%)	年化波动率(%)	年化夏普比率	最大回撤率(%)	调整后R^2(%)
567	长盛同德	-2.96	-0.81	0.79	2.87	0.77	-0.04	-0.23	0.39	6.15	18.53	0.33	29.26	86
568	泰信优质生活	-3.21	-0.63	-0.35	-0.89	0.84	0.09	-0.30	0.18	-1.16	21.79	-0.01	58.24	80
569	长盛同智	-3.32	-0.75	0.10	0.29	0.64	0.23	-0.16	0.65	3.07	18.34	0.17	41.76	78
570	华商领先企业	-3.33	-0.76	0.08	0.24	0.73	0.16	-0.10	0.10	-0.17	18.27	0.00	36.79	79
571	民生加银精选	-3.38	-0.64	-0.66	-1.65	0.81	-0.20	-0.24	-0.25	-5.10	20.70	-0.22	34.75	76
572	华宝事件驱动	-3.49	-0.81	0.16	0.48	0.99	0.01	-0.41	0.50	3.12	24.42	0.19	42.71	88
573	南方策略优化	-3.50	-0.62	0.54	1.27	0.93	0.21	-0.15	0.58	4.19	23.93	0.23	39.20	80
574	长信量化中小盘	-3.54	-0.99	0.75	2.75	0.97	0.46	-0.03	0.42	3.81	23.08	0.21	44.43	91
575	工银瑞信稳健成长A	-3.64	-0.91	-0.18	-0.59	1.04	0.03	-0.32	0.04	-1.52	24.41	0.00	59.31	90
576	南方量化成长	-3.76	-0.90	1.00	3.14	1.10	0.13	-0.25	0.27	5.03	25.20	0.26	41.72	90
577	中银新动力	-3.81	-0.63	-0.02	-0.04	1.00	0.04	-0.59	0.52	2.37	26.32	0.17	60.07	81
578	天治核心成长	-3.83	-0.74	0.11	0.28	0.95	0.20	0.00	0.66	1.33	24.42	0.12	45.13	83
579	浦银安盛价值成长A	-3.97	-0.67	0.52	1.17	1.19	0.50	-0.16	0.40	1.59	29.41	0.15	51.45	85
580	宝盈策略增长	-4.01	-0.84	-0.34	-0.94	1.01	0.14	-0.53	0.46	0.02	25.84	0.08	51.27	88
581	华泰柏瑞积极成长A	-4.12	-1.06	0.56	1.91	0.71	0.24	0.15	0.44	2.14	17.80	0.12	33.07	82
582	华夏领先	-4.32	-0.83	-0.10	-0.26	0.98	0.21	-0.36	0.24	-0.89	24.63	0.03	50.44	83
583	华安量化多因子	-4.38	-1.11	0.33	1.09	1.00	0.03	-0.24	0.38	1.83	23.68	0.13	43.07	90
584	东吴价值成长	-4.39	-0.67	0.50	1.01	1.13	0.16	-0.64	0.29	2.97	28.45	0.19	59.29	80

续表

编号	基金名称	年化α (%)	$t(\alpha)$	γ	$t(\gamma)$	β_{mkt}	β_{smb}	β_{hml}	β_{mom}	年化收益率 (%)	年化波动率 (%)	年化夏普比率	最大回撤率 (%)	调整后 R^2 (%)
585	东吴新经济	-4.44	-0.89	0.27	0.72	0.82	0.25	-0.27	0.58	2.59	21.86	0.16	42.10	81
586	诺安成长	-4.57	-0.45	0.91	1.17	1.19	0.06	-0.79	0.26	4.13	32.91	0.24	54.96	64
587	招商移动互联网	-4.64	-0.80	0.19	0.44	1.05	0.14	-0.47	0.62	2.44	27.09	0.17	45.35	83
588	泰信蓝筹精选	-4.77	-0.80	-0.21	-0.46	0.96	0.28	0.02	0.05	-4.59	24.67	-0.12	54.07	79
589	华商主题精选	-4.80	-0.72	0.66	1.31	1.16	0.21	-0.68	-0.23	0.56	28.66	0.11	56.69	80
590	华商价值精选	-4.83	-1.20	0.13	0.43	1.02	0.02	-0.64	0.26	1.34	24.42	0.12	50.21	90
591	工银瑞信创新动力	-4.96	-1.14	-1.11	-3.37	0.91	-0.07	-0.31	-0.29	-8.72	22.62	-0.35	63.29	86
592	中邮战略新兴产业	-5.06	-0.72	0.61	1.15	0.97	0.05	-0.62	-0.26	0.21	25.06	0.07	53.91	71
593	国联安红利	-5.25	-0.84	0.44	0.92	1.08	0.12	0.34	-0.07	-4.08	26.40	-0.08	44.32	79
594	长城双动力	-5.34	-0.82	0.03	0.06	0.99	0.13	-0.04	0.19	-3.08	25.27	-0.05	41.09	75
595	方正富邦创新动力A	-5.78	-1.16	0.24	0.64	0.93	-0.13	-0.41	0.16	-0.36	22.46	0.03	40.53	82
596	华宝行业精选	-6.07	-1.65	0.34	1.21	0.92	-0.03	-0.41	0.31	0.76	21.79	0.08	41.11	89
597	长盛城镇化主题	-6.26	-1.03	0.95	2.07	0.89	0.17	-0.26	0.59	3.87	23.55	0.22	32.94	75
598	长安宏观策略	-6.26	-1.29	0.66	1.79	0.76	0.16	0.01	0.53	1.43	19.63	0.09	36.28	77
599	汇丰晋信科技先锋	-6.46	-0.80	1.20	1.95	1.09	0.25	-0.44	0.66	5.10	29.45	0.26	47.93	72
600	长盛中小盘精选	-6.50	-1.42	0.13	0.38	0.86	0.19	-0.11	0.32	-2.10	21.34	-0.06	46.55	83
601	富国改革动力	-6.52	-1.64	0.23	0.76	1.04	0.30	-0.27	0.29	-1.54	24.76	0.00	56.66	90
602	大摩多因子策略	-6.64	-2.04	0.85	3.45	1.01	0.31	-0.32	0.35	2.15	23.54	0.14	45.56	93

附录二 股票型公募基金经理的选股能力和择时能力(按年化α排序):2016~2020年

续表

编号	基金名称	年化α(%)	$t(\alpha)$	γ	$t(\gamma)$	β_{mkt}	β_{smb}	β_{hml}	β_{mom}	年化收益率(%)	年化波动率(%)	年化夏普比率	最大回撤率(%)	调整后R^2(%)
603	工银瑞信互联网加	-7.17	-1.33	0.08	0.20	1.06	0.00	-0.75	0.36	-0.60	26.58	0.06	63.69	85
604	汇添富移动互联	-7.68	-1.09	0.53	0.98	1.14	0.23	-0.68	0.43	0.34	29.57	0.11	58.22	79
605	长盛电子信息产业A	-8.39	-1.35	1.14	2.42	0.86	0.27	-0.18	0.75	3.10	23.50	0.18	49.86	74
606	华夏盛世精选	-8.72	-1.60	0.61	1.47	1.09	0.40	-0.46	0.21	-1.98	26.98	0.01	56.53	85
607	金鹰核心资源	-9.98	-1.08	0.14	0.20	1.11	0.23	-0.56	-0.15	-7.68	30.74	-0.15	60.09	66
608	华商未来主题	-11.15	-1.68	0.01	0.01	1.00	0.28	-0.69	-0.21	-8.27	26.36	-0.25	62.11	77
609	金元顺安价值增长	-13.81	-2.83	0.73	1.97	1.04	0.19	-0.52	0.35	-4.87	25.21	-0.13	60.14	86

附录三 收益率在排序期排名前30位的基金在检验期的排名（排序期为一年、检验期为一年）：2017~2020年

本表展示的是排序期为一年、检验期为一年时，排序期收益率排名前30位的基金在检验期的收益率排名及基金在排序期和检验期的收益率。

样本量为在排序期和检验期都存在的基金个数。★表示在检验期仍排名前30位的基金。

基金名称	排序期	排序期排名	排序期收益率（%）	检验期	检验期排名	检验期收益率（%）	样本量（只）
易方达消费行业	2017	1	65.0	2018	294	-23.5	676
国泰互联网+	2017	2	62.0	2018	576	-32.2	676
景顺长城新兴成长	2017	3	56.3	2018	78	-15.8	676
景顺长城鼎益	2017	4	55.5	2018	98	-16.8	676
嘉实优化红利	2017	5	55.0	2018	202	-20.7	676
华安策略优选	2017	6	54.3	2018	145	-19.0	676
银华富裕主题	2017	7	53.1	2018	250	-22.5	676
嘉实沪港深精选	2017	8	51.4	2018	530	-30.5	676
鹏华消费优选	2017	9	49.9	2018	503	-29.4	676
汇添富消费行业	2017	10	49.9	2018	132	-18.4	676
广发沪港深新起点A	2017	11	49.8	2018	218	-21.4	676
银河美丽优萃A	2017	12	49.7	2018	394	-26.0	676
银华沪港深增长	2017	13	49.6	2018	122	-17.9	676
申万菱信消费增长	2017	14	49.3	2018	414	-26.6	676
鹏华养老产业	2017	15	49.3	2018	464	-28.0	676
景顺长城核心竞争力A	2017	16	47.7	2018	403	-26.3	676

附录三 收益率在排序期排名前30位的基金在检验期的排名(排序期为一年、检验期为一年):2017~2020年

续表

基金名称	排序期	排序期排名	排序期收益率（%）	检验期	检验期排名	检验期收益率（%）	样本量（只）
国泰金鑫	2017	17	47.1	2018	676	-47.9	676
嘉实新兴产业	2017	18	46.9	2018	186	-20.1	676
易方达中小盘	2017	19	46.8	2018	50	-14.3	676
国泰成长优选	2017	20	45.5	2018	673	-44.3	676
汇添富成长焦点	2017	21	45.2	2018	347	-24.8	676
汇丰晋信消费红利	2017	22	45.1	2018	224	-21.7	676
景顺长城精选蓝筹	2017	23	45.0	2018	337	-24.5	676
嘉实新消费	2017	24	44.7	2018	99	-16.8	676
上投摩根大盘蓝筹	2017	25	43.2	2018	595	-32.8	676
安信新常态沪港深精选	2017	26	43.2	2018	180	-19.9	676
易方达改革红利	2017	27	42.9	2018	328	-24.3	676
上投摩根新兴动力A	2017	28	42.2	2018	634	-35.7	676
易方达新兴领先	2017	29	42.1	2018	364	-25.3	676
诺德价值优势	2017	30	41.8	2018	251	-22.5	676
金鹰信息产业A	2018	1	4.0	2019	138	62.4	781
诺安鸿鑫	2018	2	3.6	2019	772	12.8	781
国泰金鹿	2018	3	3.3	2019	538	39.6	781
交银阿尔法	2018	4	-0.4	2019	295	52.1	781
诺安策略精选	2018	5	-0.7	2019	414	45.2	781
南方中小盘成长	2018	6	-0.8	2019	736	25.7	781

续表

基金名称	排序期	排序期排名	排序期收益率（%）	检验期	检验期排名	检验期收益率（%）	样本量（只）
兴全商业模式优选	2018	7	-1.6	2019	172	60.1	781
大成景恒 A	2018	8	-2.3	2019	550	39.0	781
南方潜力新蓝筹	2018	9	-3.7	2019	441	43.6	781
富国医疗保健行业	2018	10	-3.9	2019	191	58.5	781
上投摩根医疗健康	2018	11	-4.3	2019	79	70.2	781
大摩健康产业	2018	12	-5.7	2019	197	58.1	781
新华优选成长	2018	13	-6.9	2019	433	43.8	781
广发睿毅领先	2018	14	-7.2	2019	474	42.1	781
海富通内需热点	2018	15	-7.5	2019	27*	77.8	781
中银收益 A	2018	16	-7.7	2019	608	35.6	781
新华优选消费	2018	17	-8.6	2019	682	30.8	781
交银医药创新	2018	18	-8.6	2019	57	72.7	781
中海医疗保健	2018	19	-9.0	2019	216	57.1	781
诺安主题精选	2018	20	-9.1	2019	390	46.8	781
交银先锋	2018	21	-9.6	2019	490	41.6	781
万家消费成长	2018	22	-9.7	2019	118	65.1	781
工银瑞信文体产业 A	2018	23	-10.2	2019	209	57.6	781
长盛量化红利策略	2018	24	-10.3	2019	668	31.6	781
华夏经济转型	2018	25	-10.3	2019	485	41.7	781
中银中国精选	2018	26	-10.8	2019	617	34.8	781

附录三 收益率在排序期排名前30位的基金在检验期的排名(排序期为一年、检验期为一年):2017~2020年

续表

基金名称	排序期	排序期排名	排序期收益率（%）	检验期	检验期排名	检验期收益率（%）	样本量（只）
嘉实增长	2018	27	-10.9	2019	290	52.2	781
创金合信消费主题A	2018	28	-11.0	2019	66	71.2	781
华商盛世成长	2018	29	-11.3	2019	664	31.7	781
国泰大农业	2018	30	-11.3	2019	76	70.4	781
广发双擎升级A	2019	1	121.7	2020	349	66.4	924
广发多元新兴	2019	2	106.6	2020	397	63.5	924
银华内需精选	2019	3	100.4	2020	605	50.5	924
交银成长30	2019	4	99.9	2020	437	61.3	924
交银经济新动力	2019	5	99.8	2020	341	66.6	924
银河创新成长	2019	6	97.1	2020	675	45.4	924
诺安成长	2019	7	95.4	2020	750	39.1	924
信达澳银新能源产业	2019	8	94.1	2020	464	59.9	924
广发小盘成长A	2019	9	93.2	2020	244	74.3	924
万家行业优选	2019	10	89.8	2020	55	97.3	924
天弘文化新兴产业	2019	11	87.8	2020	729	40.7	924
融通行业景气A	2019	12	87.2	2020	435	61.3	924
国联安优选行业	2019	13	86.0	2020	340	66.7	924
博时特许价值A	2019	14	85.6	2020	300	70.8	924
华泰柏瑞价值增长	2019	15	85.6	2020	257	73.5	924
博时医疗保健行业A	2019	16	84.1	2020	139	84.4	924

· 233 ·

续表

基金名称	排序期	排序期排名	排序期收益率（%）	检验期	检验期排名	检验期收益率（%）	样本量（只）
广发医疗保健A	2019	17	83.0	2020	49	99.1	924
鹏华养老产业	2019	18	82.2	2020	173	80.7	924
广发聚瑞A	2019	19	81.7	2020	345	66.5	924
国泰大健康	2019	20	81.6	2020	533	55.6	924
海富通股票	2019	21	81.6	2020	868	24.6	924
南方现代教育	2019	22	81.5	2020	565	53.4	924
宝盈人工智能A	2019	23	80.6	2020	389	64.1	924
创金合信科技成长A	2019	24	80.0	2020	683	44.6	924
富国高新技术产业	2019	25	79.8	2020	62	95.5	924
富国高端制造行业	2019	26	79.5	2020	357	66.1	924
农银汇理医疗保健主题	2019	27	79.5	2020	206	77.9	924
申万菱信智能驱动	2019	28	78.2	2020	318	69.4	924
富国创新科技	2019	29	78.1	2020	311	70.1	924
海富通内需热点	2019	30	77.8	2020	484	58.5	924

附录四 收益率在排序期和检验期分别排名前30位的基金（排序期为一年、检验期为一年）：2017~2020年

本表展示的是排序期为一年、检验期为一年时，排序期和检验期分别排名前30位的基金及基金的收益率。样本量为在排序期和检验期都存在的基金个数。★表示在检验期仍排名前30位的基金。

基金名称	排序期	排序期排名	排序期收益率(%)	检验期	检验期排名	基金名称	检验期收益率(%)	样本量(只)
易方达消费行业	2017	1	65.0	2018	1	诺安鸿鑫	3.6	676
国泰互联网+	2017	2	62.0	2018	2	国泰金鹿	3.3	676
景顺长城新兴成长	2017	3	56.3	2018	3	交银阿尔法	-0.4	676
景顺长城鼎益	2017	4	55.5	2018	4	诺安策略精选	-0.7	676
嘉实优化红利	2017	5	55.0	2018	5	南方中小盘成长	-0.8	676
华安策略优选	2017	6	54.3	2018	6	兴全商业模式优选	-1.6	676
银华富裕主题	2017	7	53.1	2018	7	大成景恒A	-2.3	676
嘉实沪港深精选	2017	8	51.4	2018	8	南方潜力新蓝筹	-3.7	676
鹏华消费优选	2017	9	49.9	2018	9	富国医疗保健行业	-3.9	676
汇添富消费行业	2017	10	49.9	2018	10	上投摩根医疗健康	-4.3	676
广发沪港深新起点A	2017	11	49.8	2018	11	大摩健康产业	-5.7	676
银河美丽优萃A	2017	12	49.7	2018	12	新华优选成长	-6.9	676
银华沪港深增长	2017	13	49.6	2018	13	海富通内需热点	-7.5	676
申万菱信消费增长	2017	14	49.3	2018	14	中银收益A	-7.7	676
鹏华养老产业	2017	15	49.3	2018	15	新华优选消费	-8.6	676
景顺长城核心竞争力A	2017	16	47.7	2018	16	中海医疗保健	-9.0	676

· 235 ·

续表

基金名称	排序期	排序期排名	排序期收益率(%)	检验期	检验期排名	基金名称	检验期收益率(%)	样本量(只)
国泰金鑫	2017	17	47.1	2018	17	诺安主题精选	-9.1	676
嘉实新兴产业	2017	18	46.9	2018	18	交银先锋	-9.6	676
易方达中小盘	2017	19	46.8	2018	19	工银瑞信文体产业A	-10.2	676
国泰成长优选	2017	20	45.5	2018	20	长盛量化红利策略	-10.3	676
汇添富成长焦点	2017	21	45.2	2018	21	华夏经济转型	-10.3	676
汇丰晋信消费红利	2017	22	45.1	2018	22	中银中国精选	-10.8	676
景顺长城精选蓝筹	2017	23	45.0	2018	23	嘉实增长	-10.9	676
嘉实新消费	2017	24	44.7	2018	24	创金合信消费主题A	-11.0	676
上投摩根大盘蓝筹	2017	25	43.2	2018	25	华商盛世成长	-11.3	676
安信新常态沪港深精选	2017	26	43.2	2018	26	中银优秀企业	-11.3	676
易方达改革红利	2017	27	42.9	2018	27	华安核心优选	-11.4	676
上投摩根新兴动力A	2017	28	42.2	2018	28	华宝宝康消费品	-11.5	676
易方达行业领先	2017	29	42.1	2018	29	中欧时代先锋A	-11.8	676
诺德价值优势	2017	30	41.8	2018	30	嘉实价值优势	-11.9	676
金鹰信息产业A	2018	1	4.0	2019	1	广发多元新兴	106.6	781
诺安鸿鑫	2018	2	3.6	2019	2	银华内需精选	100.4	781
国泰金鹿	2018	3	3.3	2019	3	交银成长30	99.9	781
交银阿尔法	2018	4	-0.4	2019	4	交银经济新动力	99.8	781
诺安策略精选	2018	5	-0.7	2019	5	银河创新成长	97.1	781
南方中小盘成长	2018	6	-0.8	2019	6	诺安成长	95.4	781

附录四　收益率在排序期和检验期分别排名前30位的基金（排序期为一年、检验期为一年）：2017~2020年

续表

基金名称	排序期	排序期排名	排序期收益率（%）	检验期	检验期排名	基金名称	检验期收益率（%）	样本量（只）
兴全商业模式优选	2018	7	-1.6	2019	7	信达澳银新能源产业	94.1	781
大成景恒A	2018	8	-2.3	2019	8	广发小盘成长A	93.2	781
南方潜力新蓝筹	2018	9	-3.7	2019	9	万家行业优选	89.8	781
富国医疗保健行业	2018	10	-3.9	2019	10	天弘文化新兴产业	87.8	781
上投摩根医疗健康	2018	11	-4.3	2019	11	融通行业景气A	87.2	781
大摩健康产业	2018	12	-5.7	2019	12	国联安优选行业	86.0	781
新华优选成长	2018	13	-6.9	2019	13	博时特许价值A	85.6	781
广发睿毅领先	2018	14	-7.2	2019	14	华泰柏瑞价值增长A	85.6	781
海富通内需热点	2018	15	-7.5	2019	15	博时医疗保健行业A	84.1	781
中银收益A	2018	16	-7.7	2019	16	广发医疗保健	83.0	781
新华优选消费	2018	17	-8.6	2019	17	鹏华养老产业	82.2	781
交银医药创新	2018	18	-8.6	2019	18	广发聚瑞A	81.7	781
中海医疗保健	2018	19	-9.0	2019	19	国泰大健康	81.6	781
诺安主题精选	2018	20	-9.1	2019	20	海富通股票	81.6	781
交银先锋	2018	21	-9.6	2019	21	南方现代教育	81.5	781
万家消费成长	2018	22	-9.7	2019	22	创金合信高新科技成长A	80.0	781
工银瑞信文体产业A	2018	23	-10.2	2019	23	富国高新技术产业	79.8	781
长盛量化红利策略	2018	24	-10.3	2019	24	富国高端制造行业	79.5	781
华夏经济转型	2018	25	-10.3	2019	25	农银汇理医疗保健主题	79.5	781
中银中国精选	2018	26	-10.8	2019	26	富国创新科技	78.1	781

续表

基金名称	排序期	排序期排名	排序期收益率(%)	检验期	检验期排名	基金名称	检验期收益率(%)	样本量(只)
嘉实增长	2018	27	-10.9	2019	27	海富通内需热点*	77.8	781
创金合信消费主题A	2018	28	-11.0	2019	28	国联安科技动力	77.2	781
华商盛世成长	2018	29	-11.3	2019	29	华安信消费服务	76.8	781
国泰大农业	2018	30	-11.3	2019	30	嘉实新兴产业	76.7	781
广发双擎升级A	2019	1	121.7	2020	1	工银瑞信中小盘成长	134.7	924
广发多元新兴	2019	2	106.6	2020	2	汇丰晋信低碳先锋	134.4	924
银华内需精选	2019	3	100.4	2020	3	广发高端制造A	133.8	924
交银成长30	2019	4	99.9	2020	4	诺德价值优势	132.6	924
交银经济新动力	2019	5	99.8	2020	5	创金合信工业周期精选A	132.2	924
银河创新成长	2019	6	97.1	2020	6	工银瑞信主题策略	129.6	924
诺安成长	2019	7	95.4	2020	7	诺德周期策略	129.1	924
信达澳银新能源产业	2019	8	94.1	2020	8	工银瑞信高端制造行业	128.8	924
广发小盘成长A	2019	9	93.2	2020	9	汇丰晋信智造先锋A	128.6	924
万家行业优选	2019	10	89.8	2020	10	中欧先进制造A	125.7	924
天弘文化新兴产业	2019	11	87.8	2020	11	工银瑞信生态环境	122.5	924
融通行业景气A	2019	12	87.2	2020	12	华夏能源革新	120.7	924
国联安优选行业	2019	13	86.0	2020	13	工银瑞信信息产业	120.6	924
博时特许价值	2019	14	85.6	2020	14	鹏华环保产业	116.7	924
华泰柏瑞价值增长A	2019	15	85.6	2020	15	东方新能源汽车主题	116.3	924
博时医疗保健行业A	2019	16	84.1	2020	16	华夏节能环保	114.7	924

附录四 收益率在排序期和检验期分别排名前30位的基金(排序期为一年、检验期为一年):2017~2020年

续表

基金名称	排序期	排序期排名	排序期收益率(%)	检验期	检验期排名	基金名称	检验期收益率(%)	样本量(只)
广发医疗保健A	2019	17	83.0	2020	17	嘉实环保低碳	113.7	924
鹏华养老产业	2019	18	82.2	2020	18	国泰智能汽车	112.4	924
广发聚瑞A	2019	19	81.7	2020	19	红土创新新科技	111.4	924
国泰大健康	2019	20	81.6	2020	20	信诚周期轮动	111.3	924
海富通股票	2019	21	81.6	2020	21	中银智能制造	109.1	924
南方现代教育	2019	22	81.5	2020	22	东方主题精选	108.4	924
宝盈人工智能A	2019	23	80.6	2020	23	嘉实新能源新材料A	108.0	924
创金合信科技成长A	2019	24	80.0	2020	24	工银瑞信战略转型主题	107.0	924
富国高新技术产业	2019	25	79.8	2020	25	北信瑞丰产业升级	106.0	924
富国高端制造行业	2019	26	79.5	2020	26	农银汇理消费主题A	105.7	924
农银汇理医疗保主题	2019	27	79.5	2020	27	广发新经济A	105.0	924
申万菱信智能驱动	2019	28	78.2	2020	28	泰达宏利转型机遇	104.9	924
富国创新科技	2019	29	78.1	2020	29	交银施罗德品质升级	104.8	924
海富通内需热点	2019	30	77.8	2020	30	博时军工主题	104.3	924

附录五 夏普比率在排序期排名前 30 位的基金在检验期的排名（排序期为一年、检验期为一年）：2017~2020 年

本表展示的是排序期为一年、检验期为一年时，排序期夏普比率排名前 30 位的基金在检验期的夏普比率排名，及基金在排序期和检验期的夏普比率。样本量为在排序期和检验期都存在的基金个数。★ 表示在检验期仍排名前 30 位的基金。

基金名称	排序期	排序期排名	排序期夏普比率	检验期	检验期排名	检验期夏普比率	样本量（只）
华夏港股通精选	2017	1	5.31	2018	287	-1.77	676
工银瑞信大盘蓝筹	2017	2	5.23	2018	46	-0.85	676
广发沪港深新起点 A	2017	3	5.21	2018	185	-1.44	676
华安策略优选	2017	4	5.14	2018	168	-1.40	676
工银瑞信沪港深 A	2017	5	5.06	2018	136	-1.30	676
大成竞争优势	2017	6	5.04	2018	546	-2.62	676
汇丰晋信沪港深 A	2017	7	4.89	2018	387	-2.01	676
嘉实沪港深精选	2017	8	4.64	2018	409	-2.09	676
汇丰晋信沪港深 A	2017	9	4.48	2018	256	-1.67	676
广发沪港深新机遇	2017	10	4.48	2018	235	-1.60	676
工银瑞信新蓝筹	2017	11	4.28	2018	73	-1.01	676
汇丰晋信消费红利	2017	12	4.20	2018	174	-1.42	676
银华沪港深增长	2017	13	4.08	2018	48	-0.85	676
博时主题行业	2017	14	4.04	2018	445	-2.20	676
易方达消费行业	2017	15	4.00	2018	49	-0.86	676
国富弹性市值	2017	16	3.93	2018	147	-1.34	676

附录五 夏普比率在排序期排名前30位的基金在检验期的排名(排序期为一年、检验期为一年):2017~2020年

续表

基金名称	排序期	排序期排名	排序期夏普比率	检验期	检验期排名	检验期夏普比率	样本量(只)
银华富裕主题	2017	17	3.76	2018	70	-0.97	676
富国美丽中国	2017	18	3.71	2018	118	-1.21	676
华夏蓝筹核心	2017	19	3.66	2018	349	-1.91	676
泰达宏利稳定	2017	20	3.63	2018	89	-1.07	676
大成策略回报	2017	21	3.59	2018	487	-2.39	676
景顺长城量化新动力	2017	22	3.53	2018	227	-1.57	676
景顺长城公司治理	2017	23	3.52	2018	232	-1.59	676
中信保诚盛世蓝筹	2017	24	3.50	2018	305	-1.81	676
汇添富沪港深新价值	2017	25	3.49	2018	211	-1.53	676
诺安低碳经济A	2017	26	3.47	2018	83	-1.04	676
银河美丽优萃A	2017	27	3.47	2018	101	-1.13	676
泰达宏利领先中小盘	2017	28	3.47	2018	598	-2.91	676
景顺长城核心竞争力A	2017	29	3.39	2018	230	-1.59	676
景顺长城精选蓝筹	2017	30	3.37	2018	193	-1.46	676
国泰金鹿	2018	1	1.91	2019	385	2.14	781
诺安鸿鑫	2018	2	1.15	2019	541	1.86	781
金鹰信息产业A	2018	3	0.30	2019	623	1.67	781
交银阿尔法	2018	4	-0.05	2019	471	1.99	781
富国医疗保健行业	2018	5	-0.09	2019	313	2.27	781
兴全商业模式优选	2018	6	-0.15	2019	36	2.95	781

续表

基金名称	排序期	排序期排名	排序期夏普比率	检验期	检验期排名	检验期夏普比率	样本量(只)
上投摩根医疗健康	2018	7	-0.17	2019	52	2.87	781
大成景恒A	2018	8	-0.20	2019	707	1.40	781
大摩健康产业	2018	9	-0.24	2019	418	2.10	781
交银医药创新	2018	10	-0.38	2019	23*	3.06	781
融通医疗保健行业A	2018	11	-0.40	2019	514	1.90	781
诺安策略精选	2018	12	-0.43	2019	294	2.32	781
海富通内需热点	2018	13	-0.44	2019	18*	3.12	781
中海医疗保健	2018	14	-0.44	2019	420	2.10	781
交银先锋	2018	15	-0.45	2019	703	1.42	781
招商医药健康产业	2018	16	-0.48	2019	438	2.06	781
中欧医疗健康A	2018	17	-0.50	2019	223	2.43	781
易方达中小盘	2018	18	-0.50	2019	173	2.51	781
中欧电子信息产业A	2018	19	-0.53	2019	590	1.74	781
景顺长城新兴成长	2018	20	-0.54	2019	169	2.52	781
中银收益A	2018	21	-0.56	2019	670	1.56	781
农银汇理医疗保健主题	2018	22	-0.57	2019	191	2.49	781
新华优选成长	2018	23	-0.57	2019	512	1.90	781
诺安主题精选	2018	24	-0.58	2019	130	2.59	781
银华食品饮料A	2018	25	-0.58	2019	335	2.24	781
广发睿毅领先	2018	26	-0.59	2019	367	2.17	781

附录五　夏普比率在排序期排名前30位的基金在检验期的排名(排序期为一年、检验期为一年):2017~2020年

续表

基金名称	排序期	排序期排名	排序期夏普比率	检验期	检验期排名	检验期夏普比率	样本量(只)
中邮战略新兴产业	2018	27	−0.60	2019	587	1.75	781
景顺长城鼎益	2018	28	−0.61	2019	276	2.36	781
万家消费成长	2018	29	−0.62	2019	345	2.22	781
华夏经济转型	2018	30	−0.64	2019	664	1.58	781
华泰保兴成长优选A	2019	1	4.04	2020	414	2.03	924
广发双擎升级A	2019	2	3.91	2020	615	1.72	924
华泰柏瑞价值增长A	2019	3	3.56	2020	467	1.95	924
嘉实新兴产业	2019	4	3.54	2020	277	2.24	924
国泰大农业	2019	5	3.44	2020	600	1.74	924
广发多元新兴	2019	6	3.44	2020	744	1.51	924
中银战略新兴产业	2019	7	3.44	2020	397	2.06	924
富国周期优势	2019	8	3.37	2020	102	2.56	924
工银瑞信信息产业	2019	9	3.32	2020	143	2.45	924
工银瑞信生态环境	2019	10	3.29	2020	70	2.63	924
上投摩根核心优选	2019	11	3.24	2020	310	2.18	924
申万菱信智能驱动	2019	12	3.20	2020	150	2.44	924
富国高端制造行业	2019	13	3.18	2020	383	2.08	924
广发医疗保健A	2019	14	3.18	2020	225	2.31	924
建信大安全	2019	15	3.18	2020	53	2.72	924
广发高端制造A	2019	16	3.15	2020	52	2.72	924

· 243 ·

续表

基金名称	排序期	排序期排名	排序期夏普比率	检验期	检验期排名	检验期夏普比率	样本量（只）
中海信息产业精选	2019	17	3.15	2020	874	1.03	924
融通行业景气A	2019	18	3.15	2020	469	1.95	924
广发科技动力	2019	19	3.13	2020	498	1.90	924
华安新丝路主题	2019	20	3.13	2020	278	2.24	924
工银瑞信新蓝筹	2019	21	3.12	2020	258	2.26	924
嘉实增长	2019	22	3.12	2020	149	2.44	924
海富通内需热点	2019	23	3.12	2020	610	1.74	924
景顺长城成长之星	2019	24	3.11	2020	313	2.18	924
招商中小盘精选	2019	25	3.11	2020	166	2.41	924
民生加银创新成长	2019	26	3.10	2020	208	2.34	924
银河康乐	2019	27	3.10	2020	42	2.77	924
中欧明睿新起点	2019	28	3.08	2020	623	1.71	924
交银医药创新	2019	29	3.06	2020	243	2.28	924
南方智造未来	2019	30	3.05	2020	183	2.38	924

附录六 任职基金经理与同期万得全 A 指数业绩对比表（按当前任职公司排序）：1998~2020 年

本表展示在职基金经理与同期万得全 A 指数的收益和风险指标。其中，收益指标包括年化收益率，夏普比率，风险指标包括年化波动率，最大回撤。表中展示的指数收益和风险指标是基于基金经理任职期历对应的同期指数数据计算得出，如果某月基金经理未管理基金产品，指数的收益不计算。本表中的基金经理管理以下类基金的经理：股票多空型，偏股混合型，平衡混合型，灵活配置型，普通股票型和增强指数型的主动管理的基金，并且基金经理有三年以上任职时长，共 845 位任职基金经理。每位基金经理管理的所有基金按照管理规模加权平均后的业绩。表中"当前任职公司"指的是截至 2020 年 12 月 31 日时在职基金经理任职的公司。

编号	基金经理	当前任职公司	任职区间	任职时间（月）	管理基金数量（只）	年化收益率（%）	指数年化收益率（%）	年化波动率（%）	指数年化波动率（%）	最大回撤（%）	指数最大回撤（%）	年化夏普比率	指数年化夏普比率
1	陈一峰	安信	2014/04~2020/12	81	10	21.93	16.31	19.90	26.33	-25.54	-48.44	1.02	0.55
2	陈振宇	安信	2012/06~2020/12	54	6	15.59	7.97	17.06	21.21	-23.27	-25.85	0.81	0.29
3	聂世林	安信	2016/02~2020/12	59	7	12.10	10.12	6.62	17.97	-3.08	-30.56	1.60	0.48
4	谭珏娜	安信	2017/12~2020/12	37	6	22.10	6.97	18.39	19.64	-24.57	-29.52	1.12	0.28
5	徐黄玮	安信	2017/11~2020/12	38	8	14.28	6.69	15.00	19.37	-19.73	-29.52	0.85	0.27
6	袁玮	安信	2016/04~2020/12	57	10	12.18	7.36	16.15	16.72	-25.00	-30.56	0.66	0.35
7	张竞	安信	2017/12~2020/12	37	5	25.73	6.97	20.34	19.64	-23.06	-29.52	1.19	0.28
8	张明	安信	2017/05~2020/12	44	20	16.35	8.24	10.16	18.23	-6.76	-30.56	1.46	0.37
9	钟光正	安信	2012/08~2020/12	84	6	10.20	22.15	7.08	27.06	-6.02	-47.04	1.16	0.74
10	张翼飞	安信	2015/05~2020/12	68	6	6.94	-0.04	3.14	24.61	-1.41	-48.44	1.73	-0.06
11	庄园	安信	2014/05~2020/12	80	15	12.20	16.29	6.85	26.50	-2.27	-48.44	1.53	0.55
12	蔡丹	宝盈	2017/08~2020/12	41	3	17.20	6.02	20.91	18.71	-32.88	-30.56	0.75	0.24

续表

编号	基金经理	当前任职公司	任职区间	任职时间（月）	管理基金数量（只）	年化收益率（%）	指数年化收益率（%）	年化波动率（%）	指数年化波动率（%）	最大回撤（%）	指数最大回撤（%）	年化夏普比率	指数年化夏普比率
13	李健伟	宝盈	2017/01~2020/12	48	4	21.26	6.73	24.95	17.66	-27.29	-30.56	0.79	0.30
14	李进	宝盈	2016/10~2020/12	51	8	22.89	5.92	21.64	17.44	-22.91	-30.56	0.99	0.25
15	肖肖	宝盈	2017/01~2020/12	48	12	19.92	6.73	19.83	17.66	-32.58	-30.56	0.93	0.30
16	张仲维	宝盈	2014/03~2020/12	67	10	26.97	22.02	25.30	20.33	-28.10	-40.69	1.01	1.03
17	朱建明	宝盈	2017/01~2020/12	48	5	17.11	6.73	22.37	17.66	-22.99	-30.56	0.70	0.30
18	黄祥斌	北信瑞丰	2013/12~2020/12	74	6	18.18	17.27	21.29	25.80	-30.04	-48.44	0.79	0.57
19	王忠波	北信瑞丰	2008/04~2020/12	114	9	20.15	11.48	27.57	31.22	-39.73	-57.51	0.66	0.31
20	袁争光	博道	2015/05~2020/12	77	26	15.18	4.86	23.50	27.29	-31.64	-48.44	0.59	0.11
21	张迎军	博道	2009/01~2020/12	92	8	17.62	23.68	17.78	25.70	-21.86	-36.08	0.85	0.79
22	蔡滨	博时	2014/12~2020/12	73	12	18.88	10.13	17.91	26.84	-27.17	-48.44	0.96	0.32
23	陈鹏扬	博时	2015/08~2020/12	65	7	19.36	7.76	21.15	22.72	-22.95	-34.44	0.84	0.28
24	桂征辉	博时	2017/09~2020/12	40	2	11.58	5.78	19.11	18.95	-27.18	-30.56	0.53	0.23
25	郭晓林	博时	2016/07~2020/12	54	3	19.88	6.98	21.79	17.13	-33.87	-30.56	0.84	0.32
26	过钧	博时	2016/03~2020/12	59	18	16.03	6.84	11.93	16.61	-10.53	-30.56	1.22	0.32
27	韩茂华	博时	2013/01~2020/12	96	8	9.66	13.61	20.75	25.50	-35.77	-48.44	0.37	0.46
28	黄瑞庆	博时	2009/05~2020/12	100	12	8.19	10.40	19.56	27.59	-33.89	-48.44	0.33	0.32
29	蒋娜	博时	2016/09~2020/12	52	8	13.00	6.55	13.16	17.32	-23.58	-30.56	0.87	0.29
30	金晟哲	博时	2016/10~2020/12	51	8	15.17	5.92	14.53	17.44	-21.94	-30.56	0.94	0.25
31	兰乔	博时	2015/11~2020/12	62	6	11.53	4.72	20.71	21.73	-26.03	-34.44	0.48	0.15

附录六 在职基金经理与同期万得全A指数业绩对比表(按当前任职公司排序):1998~2020年

续表

编号	基金经理	当前任职公司	任职区间	任职时间(月)	管理基金数量(只)	年化收益率(%)	指数年化收益率(%)	年化波动率(%)	指数年化波动率(%)	最大回撤(%)	指数最大回撤(%)	年化复普比率	指数年化复普比率
32	林景艺	博时	2015/05~2020/12	68	5	2.91	-0.04	21.17	24.61	-36.14	-48.44	0.07	-0.06
33	刘阳	博时	2015/07~2020/12	66	1	9.23	4.81	24.77	23.57	-41.00	-34.44	0.31	0.14
34	沙炜	博时	2015/05~2020/12	68	2	16.34	-0.04	26.69	24.61	-36.40	-48.44	0.56	-0.06
35	孙少锋	博时	2015/09~2020/12	64	1	15.79	9.01	19.13	22.72	-27.02	-34.44	0.75	0.33
36	王俊	博时	2015/01~2020/12	72	20	15.51	9.94	20.12	27.03	-28.43	-48.44	0.69	0.31
37	王诗瑶	博时	2017/06~2020/12	43	1	28.28	7.07	18.99	18.31	-19.04	-30.56	1.41	0.30
38	王增财	博时	2013/10~2020/12	83	8	21.62	16.24	26.16	26.24	-41.12	-48.44	0.77	0.53
39	吴丰树	博时	2008/09~2020/12	123	9	13.00	14.67	22.55	28.51	-33.56	-44.57	0.48	0.44
40	周心鹏	博时	2010/10~2020/12	118	8	11.60	9.07	18.23	24.76	-33.51	-48.44	0.52	0.28
41	吴渭	博时	2013/12~2020/12	60	4	22.58	15.47	16.16	17.93	-12.13	-30.56	1.31	0.81
42	肖瑞瑾	博时	2017/01~2020/12	48	12	22.53	6.73	20.66	17.66	-31.36	-30.56	1.02	0.30
43	杨鹏	博时	2010/08~2020/12	110	20	12.55	12.30	22.67	24.43	-40.06	-44.57	0.46	0.40
44	杨永光	博时	2016/12~2020/12	49	8	9.67	6.52	4.32	17.48	-1.74	-30.56	1.89	0.29
45	王曦	博时	2015/09~2020/12	64	26	11.06	9.01	7.21	22.72	-5.20	-34.44	1.33	0.33
46	曾鹏	博时	2013/01~2020/12	96	8	17.74	13.61	25.52	25.50	-48.71	-48.44	0.62	0.46
47	吴鹏	博时	2006/09~2020/12	69	12	0.39	11.29	25.85	33.84	-55.86	-68.61	-0.10	0.16
48	金梓才	财通	2014/11~2020/12	74	12	23.18	11.84	32.30	26.98	-46.21	-48.44	0.67	0.38
49	谈洁颖	财通	2012/07~2020/12	95	10	18.94	14.90	22.88	26.34	-31.59	-48.44	0.75	0.51
50	吴迪	财通	2016/04~2020/12	57	4	15.36	7.36	15.48	16.72	-22.30	-30.56	0.90	0.35

续表

编号	基金经理	当前任职公司	任职区间	任职时间（月）	管理基金数量（只）	年化收益率（%）	指数年化收益率（%）	年化波动率（%）	指数年化波动率（%）	最大回撤（%）	指数最大回撤（%）	年化夏普比率	指数年化夏普比率
51	夏钦	财通	2016/05~2020/12	56	8	14.85	7.60	18.86	16.87	-27.29	-30.56	0.71	0.36
52	曹春林	创金合信	2017/07~2020/12	42	13	15.86	6.77	18.03	18.53	-16.99	-30.56	0.80	0.28
53	董梁	创金合信	2013/09~2020/12	42	20	24.81	24.41	16.68	18.14	-11.10	-7.73	1.40	1.23
54	胡尧盛	创金合信	2017/12~2020/12	37	3	18.44	6.97	19.69	19.64	-19.86	-29.52	0.86	0.28
55	李游	创金合信	2016/11~2020/12	50	4	21.10	5.08	26.49	17.54	-39.56	-30.56	0.74	0.20
56	王妍	创金合信	2016/02~2020/12	38	26	25.23	19.74	16.17	16.25	-7.65	-13.90	1.47	1.12
57	周志敏	创金合信	2017/12~2020/12	37	2	24.86	6.97	26.63	19.64	-29.75	-29.52	0.88	0.28
58	戴军	大成	2015/05~2020/12	68	3	10.29	-0.04	20.64	24.61	-35.34	-48.44	0.43	-0.06
59	侯春燕	大成	2015/12~2020/12	61	8	11.70	3.74	20.40	21.80	-25.68	-34.44	0.50	0.10
60	李博	大成	2014/12~2020/12	73	11	14.34	10.13	25.83	26.84	-47.07	-48.44	0.49	0.32
61	李林益	大成	2015/07~2020/12	66	3	9.07	4.81	22.67	23.57	-31.25	-34.44	0.33	0.14
62	刘旭	大成	2015/07~2020/12	66	8	18.79	4.81	21.49	23.57	-28.23	-34.44	0.80	0.14
63	黄万青	大成	2010/04~2020/12	105	21	3.94	3.43	14.87	24.55	-36.68	-48.44	0.13	-0.03
64	李富强	大成	2015/11~2020/12	46	10	12.69	12.13	11.25	23.88	-5.36	-34.44	0.99	0.45
65	苏秉毅	大成	2014/01~2020/12	60	4	12.69	10.12	14.82	17.97	-24.99	-30.56	0.77	0.48
66	孙丹	大成	2017/05~2020/12	44	14	7.58	8.24	2.70	18.23	-0.85	-30.56	2.25	0.37
67	王磊	大成	2008/08~2020/12	116	38	13.47	17.77	17.85	28.30	-32.07	-48.44	0.64	0.56
68	魏庆国	大成	2015/04~2020/12	69	11	15.11	2.61	27.61	25.23	-45.01	-48.44	0.49	0.04
69	夏高	大成	2017/03~2020/12	46	4	10.28	6.34	15.83	18.00	-29.10	-30.56	0.55	0.27

附录六　在职基金经理与同期万得全A指数业绩对比表(按当前任职公司排序):1998~2020年

续表

编号	基金经理	当前任职公司	任职区间	任职时间(月)	管理基金数量(只)	年化收益率(%)	指数年化收益率(%)	年化波动率(%)	指数年化波动率(%)	最大回撤(%)	指数最大回撤(%)	年化复利率普比率	指数年化复利率普比率
70	徐彦	大成	2012/10~2020/12	85	11	19.59	15.77	19.99	26.50	-30.39	-44.57	0.89	0.48
71	杨挺	大成	2014/06~2020/12	79	4	11.96	16.03	28.96	26.66	-57.23	-48.44	0.35	0.54
72	张钟玉	大成	2015/03~2020/12	71	1	12.13	5.87	21.48	26.24	-33.53	-48.44	0.49	0.16
73	张烨	大成	2017/09~2020/12	40	3	23.83	5.78	19.78	18.95	-25.02	-30.56	1.13	0.23
74	戴鹤忠	德邦	2016/06~2020/12	55	2	16.65	6.96	17.02	16.97	-20.50	-30.56	0.89	0.32
75	黎莹	德邦	2015/06~2020/12	67	10	14.41	1.87	22.62	24.38	-28.54	-42.38	0.57	0.01
76	汪晖	德邦	2007/05~2020/12	97	5	13.28	9.03	24.83	29.52	-36.12	-68.61	0.43	0.18
77	王本昌	德邦	2012/03~2020/12	84	11	14.98	15.46	17.09	20.20	-28.63	-30.56	0.76	0.67
78	刘明	东方阿尔法	2004/10~2020/12	147	16	16.56	14.50	25.41	30.16	-61.01	-68.61	0.56	0.41
79	唐雷	东方阿尔法	2016/07~2020/12	47	5	10.37	6.66	17.31	17.68	-12.38	-30.56	0.53	0.17
80	蒋茜	东方	2017/07~2020/12	42	6	14.46	6.77	20.61	18.53	-34.43	-30.56	0.63	0.28
81	李瑞	东方	2017/12~2020/12	37	6	14.33	6.97	13.59	19.64	-15.00	-29.52	0.94	0.28
82	许文波	东方	2015/08~2020/12	61	24	14.84	10.84	12.12	23.22	-9.80	-34.44	1.12	0.47
83	王然	东方	2015/05~2020/12	68	10	7.64	-0.04	26.09	24.61	-47.45	-48.44	0.23	-0.06
84	薛子徵	东方	2015/04~2020/12	69	12	-0.63	2.61	24.10	25.23	-52.33	-48.44	-0.09	0.04
85	张玉坤	东方	2016/08~2020/12	53	7	7.00	6.02	12.85	17.18	-24.48	-30.56	0.43	0.26
86	胡德军	东海	2015/10~2020/12	63	3	2.98	5.85	19.80	21.70	-42.94	-34.44	0.07	0.20
87	刘元海	东吴	2011/10~2020/12	101	8	20.42	16.81	21.06	20.81	-33.04	-48.44	0.88	0.72
88	彭敢	东吴	2010/11~2020/12	117	11	14.99	9.64	28.74	24.74	-56.83	-48.44	0.45	0.30

· 249 ·

续表

编号	基金经理	当前任职公司	任职区间	任职时间（月）	管理基金数量（只）	年化收益率（%）	指数年化收益率（%）	年化波动率（%）	指数年化波动率（%）	最大回撤（%）	指数最大回撤（%）	年化夏普比率	指数年化夏普比率
89	徐嶒	东吴	2015/05~2020/12	68	4	6.17	-0.04	20.98	24.61	-35.87	-48.44	0.22	-0.06
90	赵梅玲	东吴	2016/05~2020/12	56	5	18.92	7.60	13.42	16.87	-20.60	-30.56	1.30	0.36
91	周健	东吴	2012/10~2020/12	87	7	15.60	20.63	19.91	21.01	-28.05	-46.95	0.70	0.94
92	邬炜	东吴	2015/03~2020/12	60	7	8.29	1.17	23.83	27.32	-44.20	-48.44	0.29	-0.03
93	李兵伟	东兴	2016/06~2020/12	55	5	3.85	6.96	13.04	16.97	-26.32	-30.56	0.18	0.32
94	李晨辉	东兴	2016/06~2020/12	55	9	3.28	6.96	13.70	16.97	-31.33	-30.56	0.13	0.32
95	孙继青	东兴	2015/09~2020/12	64	7	7.80	9.01	15.71	22.72	-26.35	-34.44	0.40	0.33
96	张旭	东兴	2012/03~2020/12	100	16	12.17	13.59	25.54	25.73	-45.13	-48.44	0.40	0.45
97	崔建波	方正富邦	2010/03~2020/12	126	20	10.35	7.39	19.46	24.51	-35.09	-48.44	0.43	0.21
98	吴昊	方正富邦	2012/04~2020/12	105	100	16.63	12.73	20.66	25.21	-33.43	-48.44	0.71	0.42
99	孙绍冰	富安达	2015/05~2020/12	68	2	8.90	-0.04	26.43	24.61	-51.13	-48.44	0.28	-0.06
100	纪青	富安达	2016/12~2020/12	49	2	16.22	6.52	18.56	17.48	-26.47	-30.56	0.79	0.29
101	李守峰	富安达	2015/12~2020/12	61	2	13.30	3.74	15.26	21.80	-21.90	-34.44	0.77	0.10
102	吴战峰	富安达	2008/04~2020/12	106	7	10.33	3.47	19.86	27.07	-40.05	-57.51	0.42	0.21
103	毕天宇	富国	2005/12~2020/12	182	6	19.42	18.34	28.65	30.38	-59.31	-68.61	0.59	0.52
104	蔡卡尔	富国	2017/01~2020/12	48	3	20.10	6.73	18.80	17.66	-23.35	-30.56	0.99	0.30
105	蔡耀华	富国	2016/12~2020/12	49	10	4.20	6.20	8.56	17.65	-15.63	-30.56	0.34	0.35
106	曹晋	富国	2013/04~2020/12	90	7	22.29	12.24	29.61	26.01	-39.24	-48.44	0.70	0.39
107	曹文俊	富国	2013/08~2020/12	80	6	23.42	15.89	25.12	26.75	-35.19	-48.44	0.87	0.55

附录六　在职基金经理与同期万得全A指数业绩对比表(按当前任职公司排序):1998~2020年

续表

编号	基金经理	当前任职公司	任职区间	任职时间(月)	管理基金数量(只)	年化收益率(%)	指数年化收益率(%)	年化波动率(%)	指数年化波动率(%)	最大回撤(%)	指数最大回撤(%)	年化夏普比率	指数年化夏普比率
108	方旻	富国	2014/11~2020/12	74	12	15.68	11.84	21.95	26.98	-31.76	-48.44	0.64	0.38
109	方纬	富国	2014/08~2020/12	74	12	25.04	14.18	19.33	27.20	-27.49	-48.44	1.23	0.39
110	于鹏	富国	2015/11~2020/12	62	7	8.78	4.72	11.18	21.73	-23.36	-34.44	0.65	0.15
111	侯梧	富国	2014/11~2020/12	47	4	32.12	19.22	21.77	28.91	-27.16	-48.44	1.43	0.66
112	李笑薇	富国	2009/12~2020/12	133	2	10.00	8.32	22.22	24.43	-31.97	-48.44	0.35	0.25
113	李元博	富国	2014/06~2020/12	76	7	29.96	20.13	34.17	24.60	-48.01	-48.44	0.84	0.72
114	厉叶淼	富国	2015/08~2020/12	65	4	26.27	7.76	27.65	22.72	-35.63	-34.44	0.90	0.28
115	林庆	富国	2015/05~2020/12	68	1	16.53	-0.04	28.88	24.61	-43.26	-48.44	0.52	-0.06
116	牛志冬	富国	2016/11~2020/12	50	5	14.21	5.08	21.36	17.54	-32.29	-30.56	0.59	0.20
117	孙彬	富国	2012/01~2020/12	108	18	18.15	13.06	23.76	25.13	-47.41	-48.44	0.68	0.44
118	汪孟海	富国	2015/10~2020/12	63	5	18.58	5.85	15.82	21.70	-19.11	-34.44	1.08	0.20
119	王园园	富国	2017/06~2020/12	43	3	33.16	7.07	25.82	18.31	-24.50	-30.56	1.23	0.30
120	魏伟	富国	2011/12~2020/12	106	5	21.06	13.69	28.12	25.45	-41.59	-48.44	0.68	0.42
121	徐幼华	富国	2011/05~2020/12	116	10	11.13	10.39	21.03	24.78	-33.17	-48.44	0.43	0.33
122	许炎	富国	2016/08~2020/12	53	3	31.86	6.02	23.87	17.18	-22.41	-30.56	1.27	0.26
123	杨栋	富国	2015/08~2020/12	65	4	26.22	7.76	22.77	22.72	-25.01	-34.44	1.09	0.28
124	易智泉	富国	2017/10~2020/12	39	5	22.09	5.59	14.90	19.21	-13.58	-30.56	1.38	0.21
125	俞晓斌	富国	2017/11~2020/12	38	18	21.90	6.69	18.67	19.37	-25.51	-29.52	1.09	0.27
126	袁宜	富国	2012/10~2020/12	99	4	18.66	14.93	21.76	25.73	-36.92	-48.44	0.77	0.50

续表

编号	基金经理	当前任职公司	任职区间	任职时间（月）	管理基金数量（只）	年化收益率(%)	指数年化收益率(%)	年化波动率(%)	指数年化波动率(%)	最大回撤(%)	指数最大回撤(%)	年化夏普比率	指数年化夏普比率
127	章旭峰	富国	2011/08~2020/12	109	5	19.85	8.56	23.89	22.67	-32.88	-34.44	0.75	0.36
128	张啸伟	富国	2015/08~2020/12	65	4	14.79	7.76	22.57	22.72	-39.33	-34.44	0.59	0.28
129	朱少醒	富国	2005/11~2020/12	182	3	23.70	18.54	26.49	30.30	-55.78	-68.61	0.80	0.53
130	邓宇翔	富荣	2017/11~2020/12	38	32	11.60	6.69	14.15	19.37	-22.46	-29.52	0.71	0.27
131	李会忠	格林	2014/07~2020/12	71	14	26.04	15.61	27.84	27.80	-29.50	-48.44	0.89	0.46
132	陈小鹭	工银瑞信	2016/09~2020/12	52	4	11.92	6.55	19.81	17.32	-36.27	-30.56	0.53	0.29
133	单文	工银瑞信	2016/06~2020/12	55	5	18.43	6.96	22.82	16.97	-44.79	-30.56	0.74	0.32
134	杜洋	工银瑞信	2015/02~2020/12	71	9	21.03	9.01	26.50	27.13	-45.14	-48.44	0.74	0.27
135	袁芳	工银瑞信	2015/12~2020/12	61	6	27.18	3.74	17.59	21.80	-17.13	-34.44	1.46	0.10
136	何肖颉	工银瑞信	2005/02~2020/12	124	8	24.79	22.43	25.04	30.58	-40.14	-48.44	0.92	0.68
137	何秀红	工银瑞信	2015/10~2020/12	63	2	9.86	5.85	5.80	21.70	-2.09	-34.44	1.44	0.20
138	黄安乐	工银瑞信	2011/11~2020/12	110	8	19.03	12.38	30.50	25.06	-64.37	-48.44	0.56	0.41
139	胡志利	工银瑞信	2015/08~2020/12	65	11	15.89	7.76	16.76	22.72	-24.97	-34.44	0.86	0.28
140	李昱	工银瑞信	2011/01~2020/12	108	20	14.16	9.53	22.54	22.54	-47.43	-48.44	0.53	0.31
141	林梦	工银瑞信	2017/10~2020/12	39	4	29.15	5.59	19.46	19.21	-16.48	-30.56	1.42	0.21
142	林念	工银瑞信	2016/09~2020/12	52	1	19.27	6.55	18.79	17.32	-28.56	-30.56	0.95	0.29
143	宋炳珅	工银瑞信	2014/01~2020/12	84	7	22.71	15.33	26.91	25.91	-49.77	-48.44	0.78	0.52
144	谭冬寒	工银瑞信	2016/09~2020/12	52	3	25.82	6.55	22.95	17.32	-31.65	-30.56	1.06	0.29
145	魏欣	工银瑞信	2015/05~2020/12	68	2	12.98	-0.04	10.80	24.61	-11.43	-48.44	1.06	-0.06

附录六 在职基金经理与同期万得全A指数业绩对比表(按当前任职公司排序):1998~2020年

续表

编号	基金经理	当前任职公司	任职区间	任职时间(月)	管理基金数量(只)	年化收益率(%)	指数年化收益率(%)	年化波动率(%)	指数年化波动率(%)	最大回撤(%)	指数最大回撤(%)	年化夏普比率	指数年化夏普比率
146	王君正	工银瑞信	2013/08~2020/12	89	8	24.24	14.83	19.96	25.38	-23.96	-48.44	1.12	0.51
147	王筱苓	工银瑞信	2007/01~2020/12	125	12	17.56	18.75	18.02	28.04	-34.04	-51.55	0.86	0.58
148	杨柯	工银瑞信	2013/04~2020/12	93	6	18.48	14.86	29.42	25.78	-56.58	-48.44	0.56	0.50
149	杨鑫鑫	工银瑞信	2013/06~2020/12	88	5	15.79	16.43	14.25	25.51	-16.04	-46.95	0.99	0.48
150	游凛峰	工银瑞信	2012/04~2020/12	105	10	7.83	12.73	11.53	25.21	-20.83	-48.44	0.50	0.42
151	欧阳凯	工银瑞信	2013/06~2020/12	91	7	13.87	15.88	9.53	25.18	-8.78	-48.44	1.26	0.56
152	张剑峰	工银瑞信	2016/09~2020/12	52	1	17.10	6.55	21.39	17.32	-36.27	-30.56	0.73	0.29
153	张宇帆	工银瑞信	2016/03~2020/12	58	3	24.11	6.84	17.93	16.61	-18.48	-30.56	1.26	0.32
154	张玮升	工银瑞信	2017/10~2020/12	39	4	29.15	5.59	19.46	19.21	-16.48	-30.56	1.42	0.21
155	张洋	工银瑞信	2015/08~2020/12	65	4	7.61	7.76	5.17	22.72	-1.73	-34.44	1.18	0.28
156	赵蓓	工银瑞信	2014/11~2020/12	74	7	24.89	11.84	31.67	26.98	-52.68	-48.44	0.73	0.38
157	鄢耀	工银瑞信	2013/08~2020/12	89	7	18.90	14.83	17.58	25.38	-23.69	-48.44	0.97	0.51
158	闫思倩	工银瑞信	2017/10~2020/12	39	3	25.87	5.59	25.36	19.21	-36.58	-30.56	0.96	0.21
159	陈栋	光大保德信	2015/04~2020/12	69	7	8.85	2.61	24.79	25.23	-41.88	-48.44	0.30	0.04
160	戴奇雷	光大保德信	2008/05~2020/12	116	7	10.56	14.35	24.90	29.90	-45.18	-54.05	0.35	0.38
161	翟云飞	光大保德信	2016/02~2020/12	59	12	7.18	10.12	15.46	17.97	-36.38	-30.56	0.37	0.48
162	房雷	光大保德信	2016/12~2020/12	49	10	12.62	6.52	8.94	17.48	-5.31	-30.56	1.24	0.29
163	金昉毅	光大保德信	2014/10~2020/12	62	15	27.42	16.54	25.99	27.72	-30.41	-44.57	1.01	0.59
164	魏晓雪	光大保德信	2012/11~2020/12	98	6	22.75	15.82	24.66	25.74	-42.05	-48.44	0.84	0.54

续表

编号	基金经理	当前任职公司	任职区间	任职时间（月）	管理基金数量（只）	年化收益率（%）	指数年化收益率（%）	年化波动率（%）	指数年化波动率（%）	最大回撤（%）	指数最大回撤（%）	年化夏普比率	指数年化夏普比率
165	徐晓杰	光大保德信	2015/05~2020/12	66	8	17.04	-1.74	21.67	24.38	-34.72	-48.44	0.73	-0.14
166	陈少平	广发	2006/12~2020/12	163	10	14.00	10.86	25.74	30.55	-55.71	-68.61	0.46	0.26
167	程琨	广发	2013/02~2020/12	95	9	17.50	13.59	17.92	25.64	-30.66	-48.44	0.87	0.46
168	费逸	广发	2017/07~2020/12	42	5	28.54	6.77	21.96	18.53	-21.90	-30.56	1.23	0.28
169	傅友兴	广发	2013/02~2020/12	95	11	15.26	13.59	19.51	25.64	-34.25	-48.44	0.68	0.46
170	季峰	广发	2015/09~2020/12	64	7	9.85	9.01	17.90	22.72	-23.13	-34.44	0.47	0.33
171	李巍	广发	2011/09~2020/12	112	20	16.86	12.07	26.49	24.94	-50.79	-48.44	0.56	0.40
172	李耀柱	广发	2016/11~2020/12	50	9	21.76	5.08	16.06	17.54	-24.81	-30.56	1.26	0.20
173	李琛	广发	2007/06~2020/12	163	10	10.17	9.19	21.59	29.20	-60.33	-68.61	0.36	0.23
174	林英睿	广发	2015/05~2020/12	63	8	7.27	-2.82	18.72	25.56	-21.38	-48.44	0.31	-0.13
175	刘格菘	广发	2013/08~2020/12	84	17	24.96	13.51	32.54	25.96	-61.43	-48.44	0.73	0.37
176	苗宇	广发	2015/02~2020/12	71	6	20.59	9.01	29.45	27.13	-44.58	-48.44	0.65	0.27
177	邱璟旻	广发	2016/04~2020/12	57	7	15.16	7.36	20.34	16.72	-35.19	-30.56	0.67	0.35
178	孙迪	广发	2017/12~2020/12	37	3	33.14	6.97	24.34	19.64	-27.74	-29.52	1.30	0.28
179	谭昌杰	广发	2015/01~2020/12	72	6	6.55	9.94	4.05	27.03	-1.15	-48.44	1.23	0.31
180	唐晓斌	广发	2014/12~2020/12	73	5	18.05	10.13	32.85	26.84	-57.38	-48.44	0.50	0.32
181	王颂	广发	2014/12~2020/12	58	7	18.60	16.12	26.52	28.08	-45.77	-44.57	0.65	0.46
182	吴兴武	广发	2015/02~2020/12	71	7	22.91	9.01	31.09	27.13	-43.99	-48.44	0.69	0.27
183	谢军	广发	2016/02~2020/12	59	17	7.17	10.12	2.40	17.97	-0.92	-30.56	2.36	0.48

附录六 在职基金经理与同期万得全A指数业绩对比表(按当前任职公司排序):1998~2020年

续表

编号	基金经理	当前任职公司	任职区间	任职时间(月)	管理基金数量(只)	年化收益率(%)	指数年化收益率(%)	年化波动率(%)	指数年化波动率(%)	最大回撤(%)	指数最大回撤(%)	年化夏普比率	指数年化夏普比率
184	余昊	广发	2016/06~2020/12	55	4	11.32	6.96	15.78	16.97	-26.07	-30.56	0.62	0.32
185	张东一	广发	2016/07~2020/12	54	11	17.23	6.98	16.35	17.13	-25.03	-30.56	0.96	0.32
186	陈甄璞	广发	2014/11~2020/12	58	14	7.90	15.63	6.40	28.32	-2.80	-44.57	1.00	0.50
187	张芊	广发	2015/11~2020/12	62	9	8.08	4.72	6.79	21.73	-11.05	-34.44	0.97	0.15
188	王予柯	广发	2015/12~2020/12	61	9	7.04	3.74	3.98	21.80	-2.47	-34.44	1.39	0.10
189	代宇	广发	2015/02~2020/12	71	8	9.01	9.01	6.12	27.13	-3.87	-48.44	1.22	0.27
190	尹德才	国都	2017/07~2020/12	42	2	6.98	6.77	18.49	18.53	-43.34	-30.56	0.30	0.28
191	张崴	国都	2017/09~2020/12	40	3	9.83	5.78	18.48	18.95	-38.36	-30.56	0.45	0.23
192	杜飞	国海富兰克林	2015/07~2020/12	66	5	3.84	4.81	20.31	23.57	-30.56	-34.44	0.11	0.14
193	刘晓	国海富兰克林	2017/02~2020/12	47	4	10.91	6.05	10.45	17.80	-23.10	-30.56	0.90	0.26
194	王晓宁	国海富兰克林	2013/07~2020/12	90	2	15.43	15.55	24.71	25.31	-45.94	-48.44	0.55	0.54
195	赵晓东	国海富兰克林	2009/09~2020/12	136	5	14.50	9.98	18.13	24.41	-24.42	-48.44	0.68	0.32
196	徐成	国海富兰克林	2017/07~2020/12	42	3	30.97	6.77	18.55	18.53	-19.08	-30.56	1.59	0.28
197	徐荔蓉	国海富兰克林	2004/11~2020/12	143	7	24.73	24.02	23.78	28.27	-42.67	-51.55	0.96	0.77
198	张志强	国海富兰克林	2013/03~2020/12	94	5	14.53	14.43	22.25	25.67	-38.34	-48.44	0.57	0.49
199	宫雪	国金	2015/06~2020/12	67	8	11.09	1.87	14.31	24.38	-26.26	-42.38	0.67	0.01
200	刘斌	国联安	2009/11~2020/12	134	13	9.49	8.11	15.03	24.40	-26.61	-48.44	0.49	0.26
201	潘明	国联安	2014/02~2020/12	83	5	23.82	15.39	38.46	26.06	-64.10	-48.44	0.57	0.52
202	王欢	国联安	2017/12~2020/12	37	5	6.78	6.97	8.03	19.64	-14.30	-29.52	0.66	0.28

续表

编号	基金经理	当前任职公司	任职区间	任职时间（月）	管理基金数量（只）	年化收益率（%）	指数年化收益率（%）	年化波动率（%）	指数年化波动率（%）	最大回撤（%）	指数最大回撤（%）	年化夏普比率	指数年化夏普比率
203	魏东	国联安	2004/05~2020/12	197	5	17.12	14.48	22.38	29.14	-56.78	-68.61	0.66	0.41
204	薛琳	国联安	2015/06~2020/12	67	8	7.87	1.87	7.57	24.38	-17.22	-42.38	0.84	0.01
205	张汉毅	国联安	2016/12~2020/12	49	3	24.23	6.52	18.49	17.48	-26.35	-30.56	1.23	0.29
206	邹新进	国联安	2010/03~2020/12	130	3	12.05	8.78	20.54	24.53	-29.23	-48.44	0.48	0.27
207	李丹	国寿安保	2016/02~2020/12	59	6	9.34	10.12	14.80	17.97	-26.66	-30.56	0.53	0.48
208	李捷	国寿安保	2016/09~2020/12	52	2	18.44	6.55	17.20	17.32	-20.54	-30.56	0.99	0.29
209	吴坚	国寿安保	2015/09~2020/12	64	5	24.79	9.01	20.29	22.72	-19.50	-34.44	1.15	0.33
210	张琦	国寿安保	2010/06~2020/12	127	27	13.72	11.24	16.46	24.38	-29.93	-48.44	0.70	0.37
211	艾小军	国泰	2017/03~2020/12	46	11	11.26	6.34	14.72	18.00	-24.48	-30.56	0.66	0.27
212	程洲	国泰	2008/04~2020/12	153	18	9.56	8.63	20.29	28.00	-53.88	-57.51	0.36	0.23
213	樊利安	国泰	2014/10~2020/12	75	51	10.35	13.14	6.94	26.99	-12.39	-48.44	1.26	0.43
214	彭凌志	国泰	2015/12~2020/12	61	7	19.72	3.74	26.97	21.80	-33.66	-34.44	0.68	0.10
215	李海	国泰	2013/01~2020/12	95	9	12.31	14.20	25.65	25.75	-51.70	-48.44	0.41	0.46
216	李恒	国泰	2017/01~2020/12	48	4	27.47	6.73	22.21	17.66	-27.81	-30.56	1.17	0.30
217	林小聪	国泰	2017/06~2020/12	43	2	26.33	7.07	25.46	18.31	-37.61	-30.56	0.98	0.30
218	饶玉涵	国泰	2015/09~2020/12	64	5	20.42	9.01	22.49	22.72	-32.90	-34.44	0.84	0.33
219	申坤	国泰	2015/06~2020/12	67	3	15.51	1.87	24.41	24.38	-43.78	-42.38	0.57	0.01
220	王琳	国泰	2017/01~2020/12	48	14	11.50	6.73	9.85	17.66	-9.21	-30.56	1.02	0.30
221	谢东旭	国泰	2015/01~2020/12	50	8	15.08	11.07	23.56	30.35	-33.06	-44.57	0.60	0.33

附录六 在职基金经理与同期万得全A指数业绩对比表(按当前任职公司排序):1998~2020年

续表

编号	基金经理	当前任职公司	任职区间	任职时间(月)	管理基金数量(只)	年化收益率(%)	指数年化收益率(%)	年化波动率(%)	指数年化波动率(%)	最大回撤(%)	指数最大回撤(%)	年化夏普比率	指数年化夏普比率
222	徐治彪	国泰	2015/08~2020/12	62	8	17.96	6.13	27.07	23.37	-47.24	-34.44	0.62	0.19
223	杨飞	国泰	2014/10~2020/12	75	7	25.25	13.14	29.23	26.99	-45.20	-48.44	0.81	0.43
224	殷瑞飞	国投瑞银	2015/11~2020/12	62	7	13.69	4.72	14.30	21.73	-9.12	-34.44	0.85	0.15
225	吉莉	国投瑞银	2017/06~2020/12	43	4	20.53	7.07	14.99	18.31	-11.93	-30.56	1.27	0.30
226	吴潇	国投瑞银	2016/12~2020/12	49	8	13.75	6.52	16.15	17.48	-25.22	-30.56	0.76	0.29
227	李轩	国投瑞银	2015/12~2020/12	61	2	9.80	3.74	28.77	21.80	-41.85	-34.44	0.29	0.10
228	桑俊	国投瑞银	2014/12~2020/12	73	15	12.10	10.13	11.75	26.84	-24.39	-48.44	0.89	0.32
229	宋璐	国投瑞银	2017/05~2020/12	44	7	24.29	8.24	18.14	18.23	-10.10	-30.56	1.26	0.37
230	孙文龙	国投瑞银	2015/01~2020/12	72	6	19.36	9.94	20.98	27.03	-23.60	-48.44	0.85	0.31
231	王鹏	国投瑞银	2007/07~2020/12	112	36	12.43	5.04	22.03	30.47	-49.90	-68.61	0.48	0.00
232	伍智勇	国投瑞银	2015/05~2020/12	68	3	11.95	-0.04	19.65	24.61	-29.82	-48.44	0.53	-0.06
233	张佳荣	国投瑞银	2015/12~2020/12	61	2	15.75	3.74	22.82	21.80	-28.25	-34.44	0.62	0.10
234	綦缚鹏	国投瑞银	2010/04~2020/12	129	10	10.09	9.57	18.74	24.49	-34.53	-48.44	0.42	0.30
235	杜晓海	海富通	2016/09~2020/12	52	23	3.95	6.55	4.74	17.32	-8.33	-30.56	0.52	0.29
236	高峰	海富通	2017/08~2020/12	41	1	14.22	6.02	18.76	18.71	-24.87	-30.56	0.68	0.24
237	吕越超	海富通	2014/11~2020/12	71	10	22.59	11.36	27.80	27.68	-33.54	-48.44	0.77	0.33
238	黄峰	海富通	2014/12~2020/12	73	6	20.29	10.13	28.33	26.84	-54.32	-48.44	0.66	0.32
239	李志	海富通	2017/05~2020/12	44	1	22.89	8.24	21.53	18.23	-35.85	-30.56	0.99	0.37
240	施敏佳	海富通	2015/10~2020/12	63	5	10.83	5.85	26.41	21.70	-44.77	-34.44	0.35	0.20

· 257 ·

续表

编号	基金经理	当前任职公司	任职区间	任职时间（月）	管理基金数量（只）	年化收益率（%）	指数年化收益率（%）	年化波动率（%）	指数年化波动率（%）	最大回撤（%）	指数最大回撤（%）	年化夏普比率	指数年化夏普比率
241	王智慧	海富通	2012/01~2020/12	104	6	17.84	13.97	21.82	23.03	-38.37	-48.44	0.73	0.53
242	谈云飞	海富通	2016/09~2020/12	52	7	8.03	6.55	6.68	17.32	-7.04	-30.56	0.98	0.29
243	周雪军	海富通	2014/01~2020/12	81	5	14.06	7.14	19.99	23.91	-24.47	-42.38	0.63	0.30
244	赵耀	红塔红土	2015/05~2020/12	68	17	8.59	-0.04	9.51	24.61	-14.64	-48.44	0.74	-0.06
245	盖俊龙	红土创新	2014/05~2020/12	69	6	24.57	24.09	30.30	27.63	-49.65	-48.44	0.77	0.85
246	侯世晨	红土创新	2015/09~2020/12	64	2	9.63	9.01	20.93	22.72	-33.17	-34.44	0.39	0.33
247	庞世恩	红土创新	2016/01~2020/12	53	14	8.54	6.51	14.36	15.83	-24.75	-22.40	0.50	0.35
248	朱然	红土创新	2017/11~2020/12	38	3	35.04	6.69	22.67	19.37	-14.86	-29.52	1.48	0.27
249	蔡丞丰	泓德	2017/07~2020/12	42	5	24.10	6.77	16.31	18.53	-16.93	-30.56	1.39	0.28
250	李倩	泓德	2015/10~2020/12	63	7	19.24	5.85	13.38	21.70	-16.00	-34.44	1.33	0.20
251	秦毅	泓德	2017/06~2020/12	43	5	27.23	7.07	17.02	18.31	-16.94	-30.56	1.51	0.30
252	苏昌景	泓德	2016/04~2020/12	57	3	22.06	7.36	16.99	16.72	-24.39	-30.56	1.21	0.35
253	王克玉	泓德	2010/07~2020/12	122	9	19.25	13.87	18.22	22.78	-33.53	-40.69	0.94	0.44
254	邬传雁	泓德	2015/06~2020/12	67	7	20.54	1.87	16.00	24.38	-17.71	-42.38	1.19	0.01
255	崔莹	华安	2015/06~2020/12	67	6	23.60	1.87	26.77	24.38	-28.11	-42.38	0.82	0.01
256	高钥群	华安	2017/04~2020/12	45	3	25.83	7.28	15.87	18.11	-18.12	-30.56	1.53	0.32
257	贺涛	华安	2015/05~2020/12	68	9	5.26	-0.04	2.81	24.61	-1.76	-48.44	1.33	-0.06
258	胡宜斌	华安	2015/11~2020/12	62	4	19.33	4.72	29.26	21.73	-28.06	-34.44	0.61	0.15
259	蒋璆	华安	2015/06~2020/12	67	7	14.51	1.87	19.51	24.38	-28.38	-42.38	0.67	0.01

附录六　在职基金经理与同期万得全A指数业绩对比表(按当前任职公司排序):1998~2020年

续表

编号	基金经理	当前任职公司	任职区间	任职时间(月)	管理基金数量(只)	年化收益率(%)	指数年化收益率(%)	年化波动率(%)	指数年化波动率(%)	最大回撤(%)	指数最大回撤(%)	年化夏普比率	指数年化夏普比率
260	李欣	华安	2015/07~2020/12	66	16	19.96	4.81	24.98	23.57	-29.78	-34.44	0.74	0.14
261	陆秋渊	华安	2017/06~2020/12	43	5	30.45	7.07	18.89	18.31	-8.28	-30.56	1.53	0.30
262	饶晓鹏	华安	2013/12~2020/12	81	8	29.91	17.09	26.43	22.81	-28.00	-34.44	1.08	0.72
263	石雨欣	华安	2016/02~2020/12	59	8	6.64	10.12	3.43	17.97	-0.89	-30.56	1.50	0.48
264	孙晨进	华安	2015/03~2020/12	70	13	7.38	5.87	23.98	26.24	-47.46	-48.44	0.24	0.16
265	孙丽娜	华安	2016/10~2020/12	51	4	13.57	5.92	15.79	17.44	-24.52	-30.56	0.76	0.25
266	翁启森	华安	2007/04~2020/12	128	7	17.41	14.96	23.61	30.22	-51.18	-68.61	0.65	0.39
267	许之彦	华安	2014/03~2020/12	82	5	15.47	16.00	25.95	26.18	-53.16	-48.44	0.53	0.54
268	杨明	华安	2008/04~2020/12	153	7	4.82	8.63	26.37	28.00	-56.06	-57.51	0.10	0.23
269	郑可成	华安	2013/06~2020/12	91	9	21.44	15.88	19.99	25.18	-24.07	-48.44	0.98	0.56
270	朱才敏	华安	2013/05~2020/12	92	13	7.79	13.73	5.12	25.73	-2.00	-48.44	1.15	0.46
271	蔡目荣	华安	2015/05~2020/12	68	9	6.10	-0.04	2.73	24.61	-0.97	-48.44	1.68	-0.06
272	陈建华	华宝	2012/08~2020/12	101	7	9.73	14.81	19.59	25.49	-35.63	-48.44	0.40	0.50
273	代云锋	华宝	2015/04~2020/12	69	4	5.14	2.61	26.12	25.23	-51.52	-48.44	0.14	0.04
274	高文庆	华宝	2017/10~2020/12	39	3	32.77	5.59	31.00	19.21	-29.69	-30.56	1.01	0.21
275	光磊	华宝	2017/03~2020/12	46	1	8.11	6.34	4.11	18.00	-3.17	-30.56	1.61	0.27
276	胡戈游	华宝	2015/04~2020/12	69	7	12.60	2.61	26.20	25.23	-49.10	-48.44	0.42	0.04
277	季鹏	华宝	2009/05~2020/12	140	7	11.60	10.70	21.70	25.55	-39.38	-48.44	0.43	0.33
278	季鹏	华宝	2013/08~2020/12	89	4	12.89	14.83	21.32	25.38	-45.36	-48.44	0.52	0.51

续表

编号	基金经理	当前任职公司	任职区间	任职时间（月）	管理基金数量（只）	年化收益率（%）	指数年化收益率（%）	年化波动率（%）	指数年化波动率（%）	最大回撤（%）	指数最大回撤（%）	年化夏普比率	指数年化夏普比率
279	夏林锋	华宝	2014/10~2020/12	75	6	19.10	13.14	23.20	26.99	-34.89	-48.44	0.75	0.43
280	林昊	华宝	2017/03~2020/12	46	6	10.30	6.34	5.24	18.00	-5.21	-30.56	1.68	0.27
281	刘自强	华宝	2008/03~2020/12	154	5	10.69	8.78	26.71	27.92	-47.94	-57.51	0.31	0.23
282	毛文博	华宝	2015/04~2020/12	69	2	7.29	2.61	21.82	25.23	-43.47	-48.44	0.26	0.04
283	李栋梁	华宝	2015/10~2020/12	63	9	11.06	5.85	6.81	21.70	-7.61	-34.44	1.40	0.20
284	徐林明	华宝	2014/09~2020/12	76	6	1.89	13.30	20.59	26.81	-47.22	-48.44	0.01	0.43
285	易镜明	华宝	2015/04~2020/12	69	1	10.57	2.61	30.01	25.23	-56.79	-48.44	0.30	0.04
286	曾蒙	华宝	2017/12~2020/12	37	2	25.41	6.97	20.23	19.64	-19.71	-29.52	1.18	0.28
287	闫旭	华宝	2007/06~2020/12	150	8	7.74	8.37	24.47	30.18	-55.99	-68.44	0.22	0.19
288	陈启明	华富	2014/09~2020/12	76	8	19.98	13.30	28.37	26.81	-47.15	-48.44	0.65	0.43
289	高靖瑜	华富	2014/12~2020/12	73	5	11.60	10.13	28.28	26.84	-59.93	-48.44	0.35	0.32
290	龚炜	华富	2010/01~2020/12	129	15	11.94	9.80	26.42	24.55	-53.07	-48.44	0.37	0.26
291	尹培俊	华富	2016/05~2020/12	56	4	12.54	7.60	15.91	16.87	-22.90	-30.56	0.69	0.36
292	张惠	华富	2016/06~2020/12	55	11	8.96	6.96	3.52	16.97	-1.47	-30.56	2.12	0.32
293	张亮	华富	2012/10~2020/12	89	4	15.02	10.42	25.24	26.49	-52.12	-48.44	0.53	0.30
294	范贵龙	华融	2015/04~2020/12	69	3	4.12	2.61	9.99	25.23	-18.50	-48.44	0.26	0.04
295	陈恒	华商	2017/07~2020/12	42	3	13.49	6.77	21.70	18.53	-31.99	-30.56	0.55	0.28
296	邓默	华商	2015/09~2020/12	64	7	18.10	9.01	21.21	22.72	-26.34	-34.44	0.78	0.33
297	高兵	华商	2015/04~2020/12	61	7	0.91	-1.32	31.08	25.27	-66.82	-46.95	-0.02	-0.11

附录六　在职基金经理与同期万得全A指数业绩对比表(按当前任职公司排序):1998~2020年

续表

编号	基金经理	当前任职公司	任职区间	任职时间(月)	管理基金数量(只)	年化收益率(%)	指数年化收益率(%)	年化波动率(%)	指数年化波动率(%)	最大回撤(%)	指数最大回撤(%)	年化夏普比率	指数年化夏普比率
298	何奇峰	华商	2015/01~2020/12	72	5	14.85	9.94	29.78	27.03	-52.22	-48.44	0.45	0.31
299	李双全	华商	2015/04~2020/12	69	5	2.15	2.61	24.23	25.23	-48.96	-48.44	0.03	0.04
300	梁皓	华商	2017/07~2020/12	42	4	27.27	6.77	25.07	18.53	-36.68	-30.56	1.03	0.28
301	彭欣杨	华商	2016/04~2020/12	57	3	10.77	7.36	17.88	16.72	-34.05	-30.56	0.52	0.35
302	童立	华商	2016/04~2020/12	57	7	10.90	7.36	19.74	16.72	-34.93	-30.56	0.48	0.35
303	王东旋	华商	2015/09~2020/12	64	4	12.89	9.01	20.71	22.72	-33.26	-34.44	0.55	0.33
304	周海栋	华商	2014/05~2020/12	80	8	19.04	16.29	22.74	26.50	-38.99	-48.44	0.76	0.55
305	何奇	华泰柏瑞	2017/07~2020/12	42	1	22.72	6.77	20.71	18.53	-24.84	-30.56	1.02	0.28
306	陆从珍	华泰柏瑞	2012/08~2020/12	41	4	17.55	42.49	15.56	24.61	-7.93	-20.49	0.98	1.49
307	吕慧建	华泰柏瑞	2009/11~2020/12	134	5	15.82	8.52	26.47	24.35	-44.32	-48.44	0.51	0.26
308	牛勇	华泰柏瑞	2010/09~2020/12	121	14	13.51	11.04	23.94	24.73	-37.27	-48.44	0.48	0.36
309	沈雪峰	华泰柏瑞	2007/05~2020/12	90	13	16.53	19.50	26.02	28.46	-39.55	-49.22	0.55	0.55
310	盛豪	华泰柏瑞	2015/10~2020/12	63	23	12.44	5.85	17.49	21.70	-22.05	-34.44	0.63	0.20
311	田汉卿	华泰柏瑞	2013/08~2020/12	89	16	17.16	14.83	20.06	25.38	-30.57	-48.44	0.76	0.51
312	杨景涵	华泰柏瑞	2015/04~2020/12	69	28	3.49	2.61	10.10	25.23	-19.55	-48.44	0.19	0.04
313	普鸿	华泰柏瑞	2017/08~2020/12	41	1	4.01	6.02	4.23	18.71	-3.97	-30.56	0.59	0.24
314	张慧	华泰柏瑞	2013/09~2020/12	88	10	18.11	14.26	24.96	25.48	-46.46	-48.44	0.65	0.49
315	尚烁徽	华泰保兴	2017/03~2020/12	46	10	28.34	6.34	21.49	18.00	-27.14	-30.56	1.25	0.27
316	蔡向阳	华夏	2016/04~2020/12	53	7	16.03	7.56	17.77	17.40	-23.44	-29.52	0.84	0.35

续表

编号	基金经理	当前任职公司	任职区间	任职时间（月）	管理基金数量（只）	年化收益率（%）	指数年化收益率（%）	年化波动率（%）	指数年化波动率（%）	最大回撤（%）	指数最大回撤	年化夏普比率	指数年化夏普比率
317	陈斌	华夏	2015/02~2020/12	71	4	18.96	9.01	27.32	27.13	-38.21	-48.44	0.64	0.27
318	陈伟彦	华夏	2016/09~2020/12	52	24	10.98	6.55	15.35	17.32	-23.73	-30.56	0.62	0.29
319	代端亮	华夏	2015/07~2020/12	66	3	4.11	4.81	28.90	23.57	-57.26	-34.44	0.09	0.14
320	董阳阳	华夏	2013/03~2020/12	94	7	12.57	14.43	19.02	25.67	-39.44	-48.44	0.56	0.49
321	黄文倩	华夏	2016/02~2020/12	59	5	26.16	10.12	18.74	17.97	-24.39	-30.56	1.32	0.48
322	季新星	华夏	2017/01~2020/12	45	3	30.10	4.53	20.86	16.84	-29.09	-30.56	1.41	0.12
323	李湘杰	华夏	2013/09~2020/12	75	4	17.70	14.24	24.43	23.05	-39.36	-48.44	0.66	0.54
324	林晶	华夏	2017/03~2020/12	46	11	18.98	6.34	18.11	18.00	-18.63	-30.56	0.97	0.27
325	刘平	华夏	2015/11~2020/12	62	2	8.43	4.72	23.15	21.73	-34.23	-34.44	0.31	0.15
326	吕佳玮	华夏	2017/08~2020/12	41	1	26.37	6.02	28.46	18.71	-36.08	-30.56	0.87	0.24
327	彭海伟	华夏	2014/01~2020/12	84	4	17.18	15.33	24.45	25.91	-38.27	-48.44	0.63	0.52
328	宋洋	华夏	2016/11~2020/12	50	4	13.20	5.08	16.26	17.54	-24.57	-30.56	0.72	0.20
329	孙铁佳	华夏	2015/11~2020/12	62	4	15.61	4.72	23.17	21.73	-34.20	-34.44	0.61	0.15
330	王晓李	华夏	2015/09~2020/12	64	4	14.73	9.01	29.57	22.72	-52.72	-34.44	0.45	0.33
331	许利明	华夏	2007/07~2020/12	78	10	-0.73	2.32	21.25	30.48	-59.57	-68.61	-0.13	0.04
332	阳琨	华夏	2007/06~2020/12	163	6	11.82	9.19	25.05	29.20	-47.29	-68.61	0.38	0.23
333	张城源	华夏	2017/05~2020/12	44	4	-0.61	8.24	6.81	18.23	-13.17	-30.56	-0.31	0.37
334	张弘弢	华夏	2016/11~2020/12	50	4	7.13	5.08	14.36	17.54	-26.11	-30.56	0.39	0.20
335	赵航	华夏	2003/04~2020/12	175	6	6.50	2.36	21.27	27.00	-50.79	-54.05	0.21	0.08

附录六 在职基金经理与同期万得全A指数业绩对比表(按当前任职公司排序):1998~2020年

续表

编号	基金经理	当前任职公司	任职区间	任职时间(月)	管理基金数量(只)	年化收益率(%)	指数年化收益率(%)	年化波动率(%)	指数年化波动率(%)	最大回撤(%)	指数最大回撤(%)	年化夏普比率	指数年化夏普比率
336	郑晓辉	华夏	2006/12~2020/12	110	4	20.03	22.13	26.25	30.14	-47.30	-48.70	0.69	0.63
337	郑泽鸿	华夏	2017/06~2020/12	43	3	34.44	7.07	31.87	18.31	-35.63	-30.56	1.03	0.30
338	郑煜	华夏	2006/08~2020/12	173	7	17.27	15.93	23.48	30.46	-48.12	-68.61	0.63	0.44
339	佟巍	华夏	2015/02~2020/12	71	15	12.73	9.01	24.18	27.13	-40.07	-48.44	0.46	0.27
340	陈欣	汇安	2009/12~2020/12	53	18	13.12	3.73	17.98	20.57	-35.73	-25.85	0.64	0.10
341	戴杰	汇安	2017/01~2020/12	48	26	24.95	6.73	16.36	17.66	-23.90	-30.56	1.43	0.30
342	刘田	汇安	2015/12~2020/12	58	12	-5.90	2.35	20.30	21.91	-47.76	-34.44	-0.37	-0.09
343	沈云伟	汇安	2017/07~2020/12	42	3	-3.36	6.77	9.57	18.53	-26.83	-30.56	-0.51	0.28
344	周加文	汇安	2016/10~2020/12	47	4	-3.67	4.25	11.62	14.88	-34.55	-22.40	-0.45	0.05
345	邹唯	汇安	2006/08~2020/12	151	22	17.89	18.54	28.00	31.63	-60.62	-68.61	0.56	0.54
346	陈平	汇丰晋信	2015/07~2020/12	66	2	12.91	4.81	31.09	23.57	-45.81	-34.44	0.37	0.14
347	程彧	汇丰晋信	2016/11~2020/12	50	4	16.90	5.08	17.74	17.54	-29.93	-30.56	0.87	0.20
348	方磊	汇丰晋信	2016/03~2020/12	58	4	8.91	6.84	11.58	16.61	-19.24	-30.56	0.64	0.32
349	是星涛	汇丰晋信	2016/02~2020/12	59	4	23.07	10.12	16.65	17.97	-17.77	-30.56	1.30	0.48
350	吴培文	汇丰晋信	2015/09~2020/12	64	4	11.22	9.01	21.00	22.72	-23.83	-34.44	0.46	0.33
351	顾耀强	汇添富	2009/12~2020/12	133	7	11.55	8.32	24.13	24.43	-48.30	-48.44	0.39	0.25
352	胡昕炜	汇添富	2016/04~2020/12	57	5	31.62	7.36	20.07	16.72	-21.55	-30.56	1.50	0.35
353	赖中立	汇添富	2017/05~2020/12	44	2	19.13	8.24	20.01	18.23	-26.99	-30.56	0.88	0.37
354	劳杰男	汇添富	2015/07~2020/12	66	9	17.52	4.81	19.16	23.57	-22.95	-34.44	0.84	0.14

续表

编号	基金经理	当前任职公司	任职区间	任职时间(月)	管理基金数量(只)	年化收益率(%)	指数年化收益率(%)	年化波动率(%)	指数年化波动率(%)	最大回撤(%)	指数最大回撤(%)	年化夏普比率	指数年化夏普比率
355	李威	汇添富	2015/01~2020/12	72	2	20.79	9.94	35.61	27.03	-63.35	-48.44	0.54	0.31
356	刘江	汇添富	2015/06~2020/12	67	5	11.10	1.87	17.62	24.38	-24.82	-42.38	0.54	0.01
357	刘伟林	汇添富	2015/12~2020/12	61	4	4.85	3.74	11.58	21.80	-16.76	-34.44	0.29	0.10
358	马翔	汇添富	2016/03~2020/12	58	9	16.36	6.84	19.24	16.61	-34.89	-30.56	0.77	0.32
359	谭志强	汇添富	2015/08~2020/12	65	2	12.00	7.76	20.09	22.72	-37.28	-34.44	0.52	0.28
360	王栩	汇添富	2010/02~2020/12	131	5	16.31	8.95	25.06	24.44	-46.19	-48.44	0.56	0.28
361	雷鸣	汇添富	2014/03~2020/12	82	5	28.28	16.00	25.69	26.18	-37.12	-48.44	1.03	0.54
362	吴江宏	汇添富	2016/04~2020/12	57	5	6.18	7.36	3.13	16.72	-2.29	-30.56	1.50	0.35
363	吴振翔	汇添富	2015/02~2020/12	71	2	12.16	9.01	24.85	27.13	-35.68	-48.44	0.43	0.27
364	许一尊	汇添富	2015/11~2020/12	62	2	10.64	4.72	21.50	21.73	-27.18	-34.44	0.43	0.15
365	袁建军	汇添富	2007/03~2020/12	38	3	22.20	23.55	30.80	42.48	-58.16	-68.61	0.65	0.46
366	赵鹏程	汇添富	2016/07~2020/12	54	4	18.60	6.98	17.50	17.13	-25.14	-30.56	0.98	0.32
367	赵鹏飞	汇添富	2016/06~2020/12	55	7	17.83	6.96	15.31	16.97	-22.71	-30.56	1.07	0.32
368	郑磊	汇添富	2014/12~2020/12	65	20	31.00	15.04	30.20	28.16	-50.49	-48.44	0.99	0.53
369	何旻	汇添富	2007/08~2020/12	99	4	4.44	5.32	6.14	28.45	-9.20	-68.61	0.39	0.11
370	张一甫	惠升	2017/01~2020/12	45	6	21.39	7.54	15.44	18.43	-17.94	-30.56	1.32	0.22
371	常蓁	嘉实	2015/03~2020/12	70	6	16.83	5.87	23.10	26.24	-37.99	-48.44	0.66	0.16
372	方晗	嘉实	2017/10~2020/12	39	2	9.58	6.23	17.09	19.44	-28.72	-30.56	0.49	0.12
373	归凯	嘉实	2016/03~2020/12	58	8	22.75	6.84	17.50	16.61	-21.95	-30.56	1.21	0.32

附录六 在职基金经理与同期万得全A指数业绩对比表(按当前任职公司排序):1998~2020年

续表

编号	基金经理	当前任职公司	任职区间	任职时间(月)	管理基金数量(只)	年化收益率(%)	指数年化收益率(%)	年化波动率(%)	指数年化波动率(%)	最大回撤(%)	指数最大回撤(%)	年化复普比率	指数年化复普比率
374	胡涛	嘉实	2009/06~2020/12	135	7	17.48	9.28	24.69	25.78	-38.80	-48.44	0.63	0.27
375	胡永青	嘉实	2014/10~2020/12	75	11	7.98	13.14	3.98	26.99	-2.45	-48.44	1.60	0.43
376	刘宁	嘉实	2015/12~2020/12	61	20	5.31	3.74	3.28	21.80	-4.17	-34.44	1.16	0.10
377	龙昌伦	嘉实	2017/06~2020/12	43	7	11.65	7.07	16.50	18.31	-26.47	-30.56	0.61	0.30
378	洪流	嘉实	2014/11~2020/12	67	10	25.96	9.36	22.04	27.05	-26.07	-48.44	1.12	0.29
379	曲盛伟	嘉实	2017/12~2020/12	37	2	27.07	6.97	25.83	19.64	-25.27	-29.52	0.99	0.28
380	谭丽	嘉实	2017/04~2020/12	45	6	17.75	7.28	14.55	18.11	-26.42	-30.56	1.12	0.32
381	王凯	嘉实	2016/09~2020/12	52	8	17.40	6.55	21.32	17.32	-28.86	-30.56	0.75	0.29
382	肖觅	嘉实	2016/12~2020/12	49	8	15.68	6.52	12.95	17.48	-15.24	-30.56	1.09	0.29
383	谢泽林	嘉实	2015/09~2020/12	64	5	17.35	9.01	20.22	22.72	-21.43	-34.44	0.78	0.33
384	颜媛	嘉实	2015/03~2020/12	63	4	20.75	6.03	26.34	27.71	-36.56	-48.44	0.74	0.17
385	姚志鹏	嘉实	2016/05~2020/12	57	7	22.93	7.60	21.92	16.87	-38.18	-30.56	0.98	0.36
386	张丹华	嘉实	2017/05~2020/12	44	11	21.36	8.24	19.26	18.23	-29.92	-30.56	1.03	0.37
387	张金涛	嘉实	2015/10~2020/12	63	6	18.02	5.85	20.85	21.70	-31.33	-34.44	0.79	0.20
388	张露	嘉实	2017/08~2020/12	41	5	18.47	6.02	18.16	18.71	-25.89	-30.56	0.93	0.24
389	张自力	嘉实	2015/06~2020/12	67	3	9.84	1.87	22.89	24.38	-38.68	-42.38	0.36	0.01
390	张淼	嘉实	2015/02~2020/12	71	2	13.55	9.01	21.66	27.13	-34.81	-48.44	0.55	0.27
391	何珅华	建信	2015/04~2020/12	69	6	11.39	2.61	18.50	25.23	-31.66	-48.44	0.53	0.04
392	姜锋	建信	2011/07~2020/12	114	5	12.10	10.43	20.50	24.99	-43.29	-48.44	0.49	0.33

续表

编号	基金经理	当前任职公司	任职区间	任职时间（月）	管理基金数量（只）	年化收益率（%）	指数年化收益率（%）	年化波动率（%）	指数年化波动率（%）	最大回撤（%）	指数最大回撤（%）	年化夏普比率	指数年化夏普比率
393	梁洪昀	建信	2012/03~2020/12	106	8	12.71	13.28	22.07	25.14	-37.06	-48.44	0.48	0.45
394	王东杰	建信	2015/05~2020/12	68	10	19.96	-0.04	14.74	24.61	-24.58	-48.44	1.25	-0.06
395	牛兴华	建信	2015/04~2020/12	69	12	9.56	2.61	11.60	25.23	-8.85	-48.44	0.69	0.04
396	潘龙玲	建信	2016/03~2020/12	58	2	17.02	6.84	21.69	16.61	-31.12	-30.56	0.72	0.32
397	邱宇航	建信	2011/07~2020/12	114	4	11.26	10.43	20.23	24.99	-39.95	-48.44	0.45	0.33
398	邵卓	建信	2015/03~2020/12	70	7	18.48	5.87	24.12	26.24	-26.37	-48.44	0.70	0.16
399	孙晟	建信	2016/03~2020/12	58	3	18.77	6.84	18.57	16.61	-29.07	-30.56	0.93	0.32
400	陶灿	建信	2011/07~2020/12	114	8	16.12	10.43	21.47	24.99	-38.32	-48.44	0.65	0.33
401	吴尚伟	建信	2014/11~2020/12	74	6	22.50	11.84	24.30	26.98	-39.79	-48.44	0.86	0.38
402	薛玲	建信	2017/05~2020/12	44	4	12.03	8.24	11.31	18.23	-20.21	-30.56	0.93	0.37
403	姚锦	建信	2009/12~2020/12	125	10	17.70	11.15	21.79	24.74	-32.13	-48.44	0.72	0.34
404	叶乐天	建信	2014/01~2020/12	84	12	15.67	15.33	25.28	25.91	-45.84	-48.44	0.55	0.52
405	朱虹	建信	2015/10~2020/12	52	4	33.10	5.54	99.98	21.00	-69.34	-29.50	0.32	0.19
406	王安良	江信	2016/02~2020/12	59	2	6.31	10.12	15.42	17.97	-29.40	-30.56	0.31	0.48
407	陈俊华	交银施罗德	2016/11~2020/12	50	2	20.27	5.08	14.61	17.54	-23.07	-30.56	1.28	0.20
408	陈孜铎	交银施罗德	2014/10~2020/12	75	3	16.01	13.14	22.80	26.99	-37.00	-48.44	0.63	0.43
409	郭斐	交银施罗德	2017/09~2020/12	40	3	33.58	5.78	26.03	18.95	-24.36	-30.56	1.23	0.23
410	韩威俊	交银施罗德	2016/01~2020/12	60	5	29.37	9.40	20.76	17.89	-26.48	-30.56	1.34	0.44
411	何帅	交银施罗德	2015/07~2020/12	66	3	22.97	4.81	20.15	23.57	-23.13	-34.44	1.07	0.14

附录六 在职基金经理与同期万得全A指数业绩对比表(按当前任职公司排序):1998~2020年

续表

编号	基金经理	当前任职公司	任职区间	任职时间(月)	管理基金数量(只)	年化收益率(%)	指数年化收益率(%)	年化波动率(%)	指数年化波动率(%)	最大回撤(%)	指数最大回撤(%)	年化夏普比率	指数年化夏普比率
412	李娜	交银施罗德	2015/08~2020/12	65	21	7.58	7.76	2.89	22.72	-0.78	-34.44	2.10	0.28
413	沈楠	交银施罗德	2015/05~2020/12	68	3	12.81	-0.04	19.57	24.61	-24.64	-48.44	0.58	-0.06
414	王崇	交银施罗德	2014/10~2020/12	75	3	28.28	13.14	23.64	26.99	-33.48	-48.44	1.13	0.43
415	王少成	交银施罗德	2010/09~2020/12	122	10	11.09	8.12	23.13	24.28	-44.56	-48.44	0.39	0.27
416	杨浩	交银施罗德	2015/08~2020/12	65	4	29.32	7.76	19.85	22.72	-23.80	-34.44	1.40	0.28
417	芮晨	交银施罗德	2015/05~2020/12	68	3	7.62	-0.04	32.34	24.61	-50.30	-48.44	0.19	-0.06
418	孔学兵	金信	2011/09~2020/12	89	10	6.48	6.48	29.21	25.57	-58.65	-48.44	0.15	0.18
419	刘榕俊	金信	2016/04~2020/12	41	7	1.27	3.04	14.61	14.89	-29.63	-28.55	-0.01	0.10
420	陈立	金鹰	2013/08~2020/12	89	10	20.48	14.83	30.49	25.38	-46.83	-48.44	0.61	0.51
421	陈颖	金鹰	2015/06~2020/12	67	6	3.02	1.87	27.37	24.38	-44.66	-42.38	0.06	0.01
422	倪超	金鹰	2015/06~2020/12	67	7	13.72	1.87	25.02	24.38	-28.56	-42.38	0.49	0.01
423	乔春	金鹰	2014/09~2020/12	57	6	23.51	18.36	22.79	28.76	-22.21	-44.57	0.98	0.60
424	吴德瑄	金鹰	2016/12~2020/12	49	3	-3.37	6.52	20.18	17.48	-39.68	-30.56	-0.24	0.29
425	闫杭	金元顺安	2015/10~2020/12	63	4	7.79	5.85	15.77	21.70	-25.29	-34.44	0.40	0.20
426	缪玮彬	金元顺安	2016/12~2020/12	49	2	8.96	6.52	13.14	17.48	-23.78	-30.56	0.57	0.29
427	鲍无可	景顺长城	2014/06~2020/12	79	7	19.26	16.03	15.38	26.66	-21.08	-48.44	1.14	0.54
428	江科宏	景顺长城	2014/08~2020/12	77	4	21.49	14.65	27.50	26.85	-49.28	-48.44	0.72	0.48
429	黎海威	景顺长城	2013/10~2020/12	87	13	18.84	14.81	24.77	25.58	-37.76	-48.44	0.69	0.51
430	李孟海	景顺长城	2015/03~2020/12	70	3	13.50	5.87	34.38	26.24	-50.53	-48.44	0.35	0.16

续表

编号	基金经理	当前任职公司	任职区间	任职时间（月）	管理基金数量（只）	年化收益率（%）	指数年化收益率（%）	年化波动率（%）	指数年化波动率（%）	最大回撤（%）	指数最大回撤（%）	年化夏普比率	指数年化夏普比率
431	刘苏	景顺长城	2011/12~2020/12	106	8	22.97	16.88	18.81	23.37	-28.22	-40.69	1.12	0.67
432	刘彦春	景顺长城	2008/07~2020/12	141	10	15.92	5.42	25.20	27.28	-40.03	-48.44	0.55	0.06
433	万梦	景顺长城	2015/07~2020/12	66	14	6.60	4.81	2.87	23.57	-1.04	-34.44	1.78	0.14
434	徐喻军	景顺长城	2017/01~2020/12	48	14	12.92	6.73	13.49	17.66	-20.58	-30.56	0.85	0.30
435	杨锐文	景顺长城	2014/10~2020/12	75	10	23.92	13.14	25.04	26.99	-39.62	-48.44	0.89	0.43
436	余广	景顺长城	2010/05~2020/12	128	7	16.54	10.43	23.82	24.43	-47.58	-48.44	0.60	0.34
437	詹成	景顺长城	2015/12~2020/12	61	5	16.76	3.74	20.90	21.80	-27.15	-34.44	0.73	0.10
438	张靖	景顺长城	2011/05~2020/12	108	3	14.54	8.81	22.59	25.45	-26.69	-48.44	0.56	0.26
439	孟亚强	九泰	2016/06~2020/12	55	14	10.38	6.96	15.68	16.97	-20.81	-30.56	0.57	0.32
440	林柏川	九泰	2017/01~2020/12	48	4	10.58	6.73	14.15	17.66	-22.67	-30.56	0.64	0.30
441	刘开运	九泰	2015/07~2020/12	66	11	10.62	4.81	17.45	23.57	-28.13	-34.44	0.52	0.14
442	刘心任	九泰	2016/11~2020/12	50	2	12.35	5.08	16.71	17.54	-23.34	-30.56	0.65	0.20
443	吴祖尧	九泰	2015/12~2020/12	41	12	-4.67	3.99	16.92	22.55	-34.63	-29.50	-0.37	0.21
444	徐占杰	九泰	2016/09~2020/12	52	1	15.05	6.55	15.96	17.32	-24.44	-30.56	0.85	0.29
445	张鹏程	九泰	2017/11~2020/12	38	4	9.60	6.69	11.23	19.37	-9.62	-29.52	0.72	0.27
446	蔡晓	民生加银	2016/05~2020/12	56	2	17.43	7.60	15.70	16.87	-23.04	-30.56	1.01	0.36
447	高松	民生加银	2015/01~2020/12	68	7	21.35	8.76	31.72	27.92	-52.97	-48.44	0.63	0.30
448	金耀	民生加银	2017/12~2020/12	37	2	28.40	6.97	20.17	19.64	-19.79	-29.52	1.33	0.28
449	柳世庆	民生加银	2016/08~2020/12	53	5	20.92	6.02	16.50	17.18	-23.90	-30.56	1.18	0.26

附录六　在职基金经理与同期万得全A指数业绩对比表(按当前任职公司排序):1998~2020年

续表

编号	基金经理	当前任职公司	任职区间	任职时间(月)	管理基金数量(只)	年化收益率(%)	指数年化收益率(%)	年化波动率(%)	指数年化波动率(%)	最大回撤(%)	指数最大回撤(%)	年化复普比率	指数年化夏普比率
450	邱世磊	民生加银	2016/01~2020/12	60	6	10.21	9.40	4.16	17.89	-1.66	-30.56	2.10	0.44
451	吴鹏飞	民生加银	2013/12~2020/12	58	10	18.12	13.09	15.11	28.43	-13.11	-44.57	1.12	0.44
452	孙伟	民生加银	2014/07~2020/12	78	17	29.33	14.90	24.61	26.68	-30.22	-48.44	1.12	0.50
453	王亮	民生加银	2017/11~2020/12	38	5	27.63	6.69	20.27	19.37	-22.32	-29.52	1.29	0.27
454	何晓春	摩根士丹利华鑫	2012/07~2020/12	83	14	23.07	15.60	24.13	27.96	-33.53	-48.44	0.88	0.51
455	王大鹏	摩根士丹利华鑫	2015/01~2020/12	72	7	17.49	9.94	25.57	27.03	-45.99	-48.44	0.62	0.31
456	徐达	摩根士丹利华鑫	2016/06~2020/12	55	3	18.21	6.96	18.80	16.97	-27.71	-30.56	0.89	0.32
457	余斌	摩根士丹利华鑫	2017/06~2020/12	42	8	13.87	5.46	16.69	18.28	-23.06	-30.56	0.76	0.22
458	缪东航	摩根士丹利华鑫	2017/01~2020/12	48	5	15.34	6.73	16.44	17.66	-26.92	-30.56	0.84	0.30
459	陈乐	南方	2017/12~2020/12	37	7	10.28	6.97	6.70	19.64	-6.96	-29.52	1.31	0.28
460	黄春逢	南方	2015/12~2020/12	61	16	13.75	3.74	18.65	21.80	-32.20	-34.44	0.66	0.10
461	黄俊	南方	2015/11~2020/12	54	6	14.89	12.67	9.70	22.12	-9.24	-34.44	1.41	0.49
462	卢玉珊	南方	2015/12~2020/12	61	6	14.86	3.74	11.79	21.80	-6.89	-34.44	1.13	0.10
463	李佳亮	南方	2016/08~2020/12	53	18	10.15	6.02	16.92	17.18	-33.53	-30.56	0.51	0.26
464	李振兴	南方	2014/04~2020/12	72	18	22.25	15.81	13.85	23.51	-23.56	-48.44	1.50	0.57

续表

编号	基金经理	当前任职公司	任职区间	任职时间(月)	管理基金数量(只)	年化收益率(%)	指数年化收益率(%)	年化波动率(%)	指数年化波动率(%)	最大回撤(%)	指数最大回撤(%)	年化夏普比率	指数年化夏普比率
465	林乐峰	南方	2017/12~2020/12	37	4	23.86	6.97	19.35	19.64	-25.92	-29.52	1.16	0.28
466	罗安安	南方	2015/07~2020/12	66	24	20.24	4.81	25.40	23.57	-33.73	-34.44	0.74	0.14
467	骆帅	南方	2015/05~2020/12	68	34	13.92	-0.04	22.44	24.61	-29.70	-48.44	0.55	-0.06
468	茅炜	南方	2016/02~2020/12	59	40	13.62	10.12	10.26	17.97	-15.35	-30.56	1.18	0.48
469	蒋秋洁	南方	2014/12~2020/12	73	26	18.91	10.13	19.70	26.84	-33.10	-48.44	0.88	0.32
470	肖勇	南方	2015/07~2020/12	43	16	31.53	9.10	27.79	28.38	-24.19	-34.44	1.11	0.34
471	吴剑毅	南方	2015/05~2020/12	68	22	10.74	-0.04	9.27	24.61	-8.50	-48.44	0.99	-0.06
472	应帅	南方	2007/05~2020/12	164	14	10.72	8.48	24.30	29.23	-58.81	-68.61	0.34	0.21
473	章晖	南方	2015/05~2020/12	68	12	17.99	-0.04	22.15	24.61	-30.40	-48.44	0.74	-0.06
474	张磊	南方	2017/06~2020/12	43	42	10.42	7.07	12.80	18.31	-18.83	-30.56	0.70	0.30
475	史博	南方	2004/07~2020/12	154	28	10.48	7.00	25.07	29.51	-61.98	-68.61	0.33	0.09
476	张延闽	南方	2014/10~2020/12	72	8	19.39	14.16	22.77	27.52	-30.38	-48.44	0.79	0.46
477	张原	南方	2010/02~2020/12	131	22	13.51	8.95	23.30	24.44	-40.73	-48.44	0.48	0.28
478	郑迎迎	南方	2015/08~2020/12	55	8	11.15	8.70	18.93	24.49	-30.96	-34.44	0.52	0.27
479	刘斐	南华	2017/08~2020/12	41	4	15.03	6.02	25.49	18.71	-38.72	-30.56	0.53	0.24
480	徐超	南华	2015/11~2020/12	57	9	14.24	4.66	24.65	22.33	-28.94	-34.44	0.53	0.14
481	陈富权	农银汇理	2013/08~2020/12	89	5	22.21	14.83	21.63	25.38	-29.99	-48.44	0.94	0.51
482	韩林	农银汇理	2016/05~2020/12	56	4	15.91	7.60	20.11	16.87	-30.64	-30.56	0.72	0.36
483	宋永安	农银汇理	2012/09~2020/12	100	2	13.23	14.67	22.35	25.61	-46.58	-48.44	0.50	0.50

附录六　在职基金经理与同期万得全A指数业绩对比表(按当前任职公司排序):1998~2020年

续表

编号	基金经理	当前任职公司	任职区间	任职时间(月)	管理基金数量(只)	年化收益率(%)	指数年化收益率(%)	年化波动率(%)	指数年化波动率(%)	最大回撤(%)	指数最大回撤(%)	年化夏普比率	指数夏普比率
484	徐文卉	农银汇理	2017/05~2020/12	44	5	26.13	8.24	19.71	18.23	-26.34	-30.56	1.25	0.37
485	颜伟鹏	农银汇理	2015/03~2020/12	70	4	26.54	5.87	28.92	26.24	-42.58	-48.44	0.86	0.16
486	张峰	农银汇理	2015/06~2020/12	67	8	21.38	1.87	18.54	24.38	-21.85	-42.38	1.07	0.01
487	张燕	农银汇理	2015/05~2020/12	65	17	16.14	-0.33	18.89	25.19	-23.99	-48.44	0.79	-0.07
488	赵伟	农银汇理	2017/06~2020/12	43	6	33.62	7.07	26.54	18.31	-28.96	-30.56	1.21	0.30
489	赵诣	农银汇理	2017/03~2020/12	46	4	29.45	6.34	28.06	18.00	-37.24	-30.56	1.00	0.27
490	蔡宇滨	诺安	2017/12~2020/12	37	3	12.51	6.97	14.03	19.64	-14.05	-29.52	0.78	0.28
491	韩冬燕	诺安	2015/11~2020/12	62	4	14.73	4.72	15.86	21.73	-17.44	-34.44	0.83	0.15
492	李玉良	诺安	2015/07~2020/12	66	6	11.17	4.81	19.57	23.57	-27.27	-34.44	0.49	0.14
493	罗春蕾	诺安	2015/09~2020/12	64	5	16.75	9.01	19.00	22.72	-21.40	-34.44	0.80	0.33
494	梅律吾	诺安	2007/11~2020/12	103	5	2.49	-0.33	25.94	30.70	-60.24	-67.56	0.02	-0.07
495	裴禹翔	诺安	2016/08~2020/12	53	4	3.93	6.02	7.68	17.18	-14.92	-30.56	0.32	0.26
496	史高飞	诺安	2015/01~2020/12	72	4	6.96	9.94	33.51	27.03	-66.79	-48.44	0.16	0.31
497	宋德舜	诺安	2011/04~2020/12	99	4	10.30	12.70	25.67	25.59	-49.57	-44.57	0.32	0.37
498	王创练	诺安	2015/03~2020/12	70	6	17.61	5.87	27.73	26.24	-37.47	-48.44	0.58	0.16
499	吴博俊	诺安	2014/06~2020/12	79	9	7.03	16.03	5.15	26.66	-3.65	-48.44	1.04	0.54
500	杨谷	诺安	2006/06~2020/12	175	4	14.86	15.63	25.46	30.34	-59.22	-68.61	0.49	0.44
501	杨琨	诺安	2014/06~2020/12	55	5	35.32	26.50	23.61	23.43	-27.25	-48.44	1.45	1.05
502	张堃	诺安	2015/08~2020/12	65	3	11.94	7.76	18.58	22.72	-21.90	-34.44	0.56	0.28

续表

编号	基金经理	当前任职公司	任职区间	任职时间（月）	管理基金数量（只）	年化收益率（%）	指数年化收益率（%）	年化波动率（%）	指数年化波动率（%）	最大回撤（%）	指数最大回撤（%）	年化夏普比率	指数年化夏普比率
503	张强	诺安	2017/03~2020/12	46	1	13.25	6.34	18.74	18.00	-28.63	-30.56	0.63	0.27
504	谢志华	诺安	2013/05~2020/12	92	10	8.91	13.73	6.84	25.73	-4.42	-48.44	1.03	0.46
505	顾钰	诺德	2017/12~2020/12	37	2	9.11	6.97	21.16	19.64	-25.70	-29.52	0.36	0.28
506	郝旭东	诺德	2015/07~2020/12	66	4	15.75	4.81	13.78	23.57	-18.02	-34.44	1.03	0.14
507	胡志伟	诺德	2009/09~2020/12	71	4	5.68	9.52	18.01	20.92	-31.97	-34.26	0.17	0.32
508	罗世锋	诺德	2014/11~2020/12	74	6	27.95	11.84	26.73	26.98	-37.67	-48.44	0.99	0.38
509	杨霞辉	诺德	2017/04~2020/12	45	1	13.48	7.28	17.30	18.11	-21.92	-30.56	0.69	0.32
510	曾文宏	诺德	2017/08~2020/12	41	4	10.28	6.02	11.75	18.71	-14.64	-30.56	0.75	0.24
511	朱红	诺德	2014/04~2020/12	81	2	21.36	16.31	22.69	26.33	-34.74	-48.44	0.87	0.55
512	陈璇淼	鹏华	2016/03~2020/12	58	4	23.41	6.84	17.79	16.61	-22.54	-30.56	1.23	0.32
513	蒋鑫	鹏华	2016/06~2020/12	55	5	24.14	6.96	20.04	16.97	-24.43	-30.56	1.13	0.32
514	金笑非	鹏华	2016/06~2020/12	55	3	20.05	6.96	20.84	16.97	-32.95	-30.56	0.89	0.32
515	李君	鹏华	2009/07~2020/12	99	26	0.65	-1.08	11.27	25.16	-32.03	-48.44	-0.11	-0.12
516	梁浩	鹏华	2011/07~2020/12	114	14	15.47	10.43	21.34	24.99	-42.52	-48.44	0.62	0.33
517	刘方正	鹏华	2015/03~2020/12	70	32	6.98	5.87	5.48	26.24	-7.49	-30.56	0.99	0.16
518	聂毅翔	鹏华	2017/08~2020/12	41	3	22.69	6.02	20.25	18.71	-22.97	-30.56	1.05	0.24
519	汤志彦	鹏华	2017/07~2020/12	42	5	14.79	6.77	9.51	18.53	-5.59	-30.56	1.40	0.28
520	王宗合	鹏华	2010/12~2020/12	121	18	10.21	9.57	13.88	24.42	-28.43	-48.44	0.58	0.30
521	伍旋	鹏华	2011/12~2020/12	109	6	13.88	13.30	21.72	25.02	-37.30	-48.44	0.54	0.45

附录六 在职基金经理与同期万得全A指数业绩对比表（按当前任职公司排序）：1998~2020年

续表

编号	基金经理	当前任职公司	任职区间	任职时间（月）	管理基金数量（只）	年化收益率（%）	指数年化收益率（%）	年化波动率（%）	指数年化波动率（%）	最大回撤（%）	指数最大回撤（%）	年化夏普比率	指数年化夏普比率
522	谢书英	鹏华	2014/04~2020/12	81	6	16.04	16.31	19.96	26.33	-28.45	-48.44	0.72	0.55
523	李韵怡	鹏华	2015/07~2020/12	66	26	7.81	4.81	6.23	23.57	-6.03	-34.44	1.01	0.14
524	尤柏年	鹏华	2016/12~2020/12	49	1	18.60	6.52	17.41	17.48	-15.76	-30.56	0.98	0.29
525	袁航	鹏华	2010/12~2020/12	98	16	9.57	6.85	15.92	25.07	-31.63	-48.44	0.48	0.15
526	张栓伟	鹏华	2016/08~2020/12	53	19	8.04	6.02	4.39	17.18	-3.87	-30.56	1.49	0.26
527	赵强	鹏华	2014/03~2020/12	58	12	29.28	21.62	19.98	19.84	-29.19	-30.56	1.40	1.05
528	戴钢	鹏华	2012/06~2020/12	103	5	8.09	13.58	6.88	25.37	-5.88	-48.44	0.89	0.46
529	邓彬彬	鹏扬	2015/03~2020/12	42	8	30.03	13.63	24.39	23.34	-32.91	-48.44	1.23	0.41
530	赵世宏	鹏扬	2016/03~2020/12	53	5	24.51	11.54	14.99	16.28	-6.37	-28.66	1.57	0.59
531	李化松	平安	2015/12~2020/12	57	36	32.44	6.67	21.57	22.32	-14.91	-34.44	1.46	0.30
532	黄维	平安	2016/08~2020/12	53	26	26.02	6.02	17.98	17.18	-12.65	-30.56	1.36	0.26
533	刘杰	平安	2015/03~2020/12	70	9	9.55	5.87	28.47	26.24	-58.38	-48.44	0.28	0.16
534	乔海英	平安	2014/09~2020/12	76	10	22.36	13.30	28.34	26.81	-42.28	-48.44	0.73	0.43
535	神爱前	平安	2016/07~2020/12	54	12	18.11	6.98	22.70	17.13	-32.86	-30.56	0.73	0.32
536	薛冀颖	平安	2015/06~2020/12	63	3	9.46	-1.62	20.25	24.24	-28.40	-42.38	0.41	-0.16
537	张俊生	平安	2011/06~2020/12	62	10	25.02	13.12	25.47	21.49	-26.69	-28.08	0.92	0.54
538	张文平	平安	2015/06~2020/12	62	22	5.95	5.71	4.22	25.05	-3.63	-42.38	1.05	0.17
539	陈士俊	浦银安盛	2010/12~2020/12	121	3	10.78	9.57	21.23	24.42	-36.15	-48.44	0.40	0.30
540	陈蔚丰	浦银安盛	2015/05~2020/12	68	3	14.36	-0.04	26.32	24.61	-35.27	-48.44	0.49	-0.06

续表

编号	基金经理	当前任职公司	任职区间	任职时间（月）	管理基金数量（只）	年化收益率（%）	指数年化收益率（%）	年化波动率（%）	指数年化波动率（%）	最大回撤（%）	指数最大回撤（%）	年化复普比率	指数年化复普比率
541	蒋佳良	浦银安盛	2017/01~2020/12	44	10	31.35	13.86	19.44	16.75	-10.98	-30.56	1.58	0.72
542	褚艳辉	浦银安盛	2014/06~2020/12	79	8	13.54	16.03	10.31	26.66	-13.74	-48.44	1.15	0.54
543	吴勇	浦银安盛	2010/04~2020/12	129	9	13.85	9.57	30.01	24.49	-53.21	-48.44	0.39	0.30
544	杨岳斌	浦银安盛	2011/12~2020/12	104	16	14.87	13.63	23.24	25.71	-51.53	-48.44	0.55	0.44
545	黄玥	前海开源	2017/07~2020/12	42	5	19.77	6.77	21.95	18.53	-17.26	-30.56	0.83	0.28
546	范洁	前海开源	2017/09~2020/12	40	8	39.05	5.78	22.54	18.95	-12.77	-30.56	1.67	0.23
547	谢屹	前海开源	2015/07~2020/12	66	9	6.00	4.81	19.11	23.57	-31.28	-34.44	0.23	0.14
548	曲扬	前海开源	2015/04~2020/12	69	36	15.36	2.61	13.96	25.23	-13.47	-48.44	0.99	0.04
549	邱杰	前海开源	2015/01~2020/12	72	13	15.71	9.94	15.66	27.03	-16.14	-48.44	0.90	0.31
550	史程	前海开源	2016/04~2020/12	57	17	21.91	7.36	16.80	16.72	-16.70	-30.56	1.21	0.35
551	李妍智	前海开源	2017/01~2020/12	48	8	10.27	6.73	7.42	17.66	-8.07	-30.56	1.18	0.30
552	王霞	前海开源	2014/12~2020/12	73	10	12.21	10.13	14.20	26.84	-19.93	-48.44	0.75	0.32
553	吴国清	前海开源	2015/09~2020/12	64	13	9.42	9.01	15.51	22.72	-21.44	-34.44	0.51	0.33
554	蔡志伟	融通	2015/02~2020/12	71	6	11.47	9.01	23.21	27.13	-42.22	-48.44	0.43	0.27
555	范琨	融通	2016/02~2020/12	59	3	19.34	10.12	19.03	17.97	-21.12	-30.56	0.94	0.48
556	关山	融通	2016/06~2020/12	55	6	19.59	6.96	14.98	16.97	-16.62	-30.56	1.21	0.32
557	何龙	融通	2015/08~2020/12	65	8	12.90	7.76	21.78	22.72	-41.36	-34.44	0.53	0.28
558	何天翔	融通	2016/08~2020/12	53	2	18.30	6.02	19.32	17.18	-27.61	-30.56	0.87	0.26
559	蒋秀蕾	融通	2012/09~2020/12	85	6	27.77	16.75	32.00	27.62	-50.47	-48.44	0.81	0.53

附录六 在职基金经理与同期万得全A指数业绩对比表(按当前任职公司排序):1998~2020年

续表

编号	基金经理	当前任职公司	任职区间	任职时间(月)	管理基金数量(只)	年化收益率(%)	指数年化收益率(%)	年化波动率(%)	指数年化波动率(%)	最大回撤(%)	指数最大回撤(%)	年化夏普比率	指数年化夏普比率
560	林清源	融通	2015/05~2020/12	68	5	8.81	-0.04	29.02	24.61	-54.74	-48.44	0.26	-0.06
561	彭炜	融通	2017/08~2020/12	41	9	25.97	6.02	21.80	18.71	-21.12	-30.56	1.12	0.24
562	万民远	融通	2016/08~2020/12	53	4	23.92	6.02	24.77	17.18	-25.44	-30.56	0.91	0.26
563	伍文友	融通	2015/08~2020/12	65	4	17.31	7.76	25.14	22.72	-38.85	-34.44	0.64	0.28
564	余志勇	融通	2012/08~2020/12	100	12	8.55	13.49	9.87	25.50	-14.43	-48.44	0.68	0.43
565	张一格	融通	2013/12~2020/12	77	6	10.99	24.64	5.23	20.73	-3.86	-48.44	1.79	1.10
566	朱丹	融通	2010/07~2020/12	122	8	9.75	5.77	21.73	22.55	-38.39	-34.44	0.35	0.23
567	邹曦	融通	2007/06~2020/12	158	9	11.53	9.21	28.48	29.54	-65.22	-68.61	0.33	0.25
568	傅鹏博	睿远	2009/01~2020/12	133	4	24.23	15.27	24.25	25.90	-38.47	-44.57	0.91	0.48
569	赵枫	睿远	2001/09~2020/12	76	4	38.44	29.69	22.73	29.03	-15.29	-49.46	1.64	0.97
570	刚登峰	上海东方证券	2015/05~2020/12	68	9	19.05	-0.04	17.69	24.61	-26.33	-48.44	0.99	-0.06
571	韩冬	上海东方证券	2016/01~2020/12	60	4	26.99	9.40	17.32	17.89	-21.83	-30.56	1.47	0.44
572	张锋	上海东方证券	2008/06~2020/12	45	3	18.00	8.49	22.75	33.50	-20.42	-42.52	0.67	0.17
573	孔令超	上海东方证券	2016/08~2020/12	53	2	7.53	6.02	4.30	17.18	-1.94	-30.56	1.40	0.26
574	秦绪文	上海东方证券	2016/01~2020/12	60	3	24.62	9.40	17.64	17.89	-24.34	-30.56	1.31	0.44
575	饶刚	上海东方证券	2016/07~2020/12	54	2	7.48	6.98	4.26	17.13	-1.94	-30.56	1.40	0.32
576	王延飞	上海东方证券	2015/06~2020/12	67	5	19.47	1.87	20.09	24.38	-24.88	-42.38	0.89	0.01
577	徐觅	上海东方证券	2017/09~2020/12	40	2	8.43	5.78	4.75	18.95	-1.94	-30.56	1.46	0.23
578	周云	上海东方证券	2015/09~2020/12	64	4	17.16	9.01	17.73	22.72	-20.80	-34.44	0.88	0.33

· 275 ·

续表

编号	基金经理	当前任职公司	任职区间	任职时间（月）	管理基金数量（只）	年化收益率（%）	指数年化收益率（%）	年化波动率（%）	指数年化波动率（%）	最大回撤（%）	指数最大回撤（%）	年化夏普比率	指数年化夏普比率
579	纪文静	上海东方证券	2015/07~2020/12	66	3	8.91	4.81	5.64	23.57	-6.46	-34.44	1.31	0.14
580	陈思郁	上投摩根	2015/08~2020/12	65	2	20.85	7.76	22.78	22.72	-32.33	-34.44	0.85	0.28
581	周战海	上投摩根	2015/12~2020/12	61	2	13.95	3.74	22.36	21.80	-38.99	-34.44	0.56	0.10
582	杜猛	上投摩根	2011/07~2020/12	114	6	19.88	10.43	30.29	24.99	-56.02	-48.44	0.59	0.33
583	郭晨	上投摩根	2011/12~2020/12	107	8	19.40	11.13	31.33	24.99	-56.90	-48.44	0.56	0.36
584	李德辉	上投摩根	2016/11~2020/12	50	8	29.51	5.08	21.38	17.54	-26.89	-30.56	1.31	0.20
585	倪权生	上投摩根	2015/03~2020/12	67	5	15.25	6.36	16.94	27.03	-19.24	-48.44	0.82	0.13
586	孙芳	上投摩根	2012/11~2020/12	98	4	26.11	15.82	29.80	25.74	-50.26	-48.44	0.81	0.54
587	杨景喻	上投摩根	2015/08~2020/12	65	3	19.20	7.76	26.29	22.72	-44.26	-34.44	0.67	0.28
588	征茂平	上投摩根	2013/07~2020/12	90	3	12.49	15.55	25.56	25.31	-51.45	-48.44	0.42	0.54
589	卢扬	上银	2014/10~2020/12	54	7	9.74	10.87	31.62	30.69	-48.79	-48.44	0.27	0.32
590	赵治烨	上银	2015/05~2020/12	68	5	16.77	-0.04	23.49	24.61	-27.96	-48.44	0.65	-0.06
591	付娟	申万菱信	2012/04~2020/12	103	5	20.42	10.32	27.32	25.11	-47.11	-48.44	0.68	0.36
592	任琳娜	申万菱信	2017/11~2020/12	38	1	32.74	6.69	30.49	19.37	-30.91	-29.52	1.02	0.27
593	孙琳	申万菱信	2014/01~2020/12	84	7	19.51	15.33	26.28	25.91	-50.20	-48.44	0.67	0.52
594	唐俊杰	申万菱信	2016/06~2020/12	40	6	8.14	20.08	5.77	16.93	-2.84	-27.87	1.19	1.08
595	俞诚	申万菱信	2016/04~2020/12	57	7	12.59	7.36	18.08	16.72	-29.09	-30.56	0.61	0.35
596	梁鹏	太平	2017/12~2020/12	37	1	19.15	6.97	18.99	19.64	-22.68	-29.52	0.93	0.28
597	林开盛	太平	2017/05~2020/12	44	3	14.66	8.24	16.73	18.23	-20.46	-30.56	0.79	0.37

附录六 在职基金经理与同期万得全A指数业绩对比表(按当前任职公司排序):1998~2020年

续表

编号	基金经理	当前任职公司	任职区间	任职时间(月)	管理基金数量(只)	年化收益率(%)	指数年化收益率(%)	年化波动率(%)	指数年化波动率(%)	最大回撤(%)	指数最大回撤(%)	年化夏普比率	指数年化夏普比率
598	傅浩	泰达宏利	2016/08~2020/12	53	13	5.07	6.02	9.18	17.18	-15.90	-30.56	0.39	0.26
599	冀楠	泰达宏利	2017/06~2020/12	43	2	34.17	7.07	22.25	18.31	-24.91	-30.56	1.47	0.30
600	赖庆鑫	泰达宏利	2017/02~2020/12	46	2	9.65	6.03	20.90	18.00	-33.08	-30.56	0.40	0.13
601	刘洋	泰达宏利	2017/07~2020/12	42	32	17.48	6.77	15.86	18.53	-16.78	-30.56	1.01	0.28
602	刘欣	泰达宏利	2003/07~2020/12	141	23	20.11	12.14	18.50	24.83	-24.38	-48.44	0.99	0.42
603	吴华	泰达宏利	2014/03~2020/12	82	6	18.66	16.00	23.78	26.18	-44.73	-48.44	0.71	0.54
604	张勋	泰达宏利	2014/11~2020/12	74	7	17.27	11.84	31.33	26.98	-64.47	-48.44	0.50	0.38
605	周琦凯	泰达宏利	2015/05~2020/12	68	3	1.07	-0.04	28.85	24.61	-58.93	-48.44	-0.02	-0.06
606	庄腾飞	泰达宏利	2015/05~2020/12	68	16	5.14	-0.04	24.04	24.61	-53.58	-48.44	0.15	-0.06
607	陈怡	泰康	2017/11~2020/12	38	5	23.52	6.69	17.02	19.37	-15.72	-29.52	1.29	0.27
608	黄成扬	泰康	2017/11~2020/12	38	2	14.37	6.69	16.48	19.37	-20.00	-29.52	0.78	0.27
609	金宏伟	泰康	2017/08~2020/12	41	5	19.13	6.02	16.10	18.71	-24.21	-30.56	1.10	0.24
610	刘伟	泰康	2017/05~2020/12	44	6	14.54	8.24	15.17	18.23	-24.62	-30.56	0.86	0.37
611	薛小波	泰康	2015/02~2020/12	60	11	23.08	10.42	17.46	27.58	-17.29	-44.57	1.25	0.38
612	任慧娟	泰康	2016/05~2020/12	56	4	16.06	7.60	13.00	16.87	-22.47	-30.56	1.12	0.36
613	桂跃强	泰康	2011/06~2020/12	112	11	16.74	10.38	17.93	24.00	-30.59	-48.44	0.82	0.32
614	董山青	泰信	2015/03~2020/12	70	5	11.06	5.87	18.96	26.24	-29.44	-48.44	0.50	0.16
615	钱鑫	泰信	2014/05~2020/12	80	8	14.96	16.29	27.46	26.50	-58.16	-48.44	0.48	0.55
616	王博强	泰信	2015/03~2020/12	70	3	8.61	5.87	25.46	26.24	-48.05	-48.44	0.28	0.16

续表

编号	基金经理	当前任职公司	任职区间	任职时间（月）	管理基金数量（只）	年化收益率（%）	指数年化收益率（%）	年化波动率（%）	指数年化波动率（%）	最大回撤（%）	指数最大回撤（%）	年化夏普比率	指数年化夏普比率
617	张彦	泰信	2017/11~2020/12	38	1	2.96	6.69	19.75	19.37	-36.71	-29.52	0.07	0.27
618	朱志权	泰信	2008/06~2020/12	151	4	7.28	11.14	26.32	27.31	-62.92	-48.44	0.19	0.32
619	陈国光	天弘	2012/04~2020/12	101	9	20.78	17.06	27.51	23.34	-39.64	-48.44	0.69	0.62
620	姜晓丽	天弘	2014/03~2020/12	82	15	7.12	16.00	4.68	26.18	-8.91	-48.44	1.15	0.54
621	田俊维	天弘	2015/06~2020/12	67	4	12.55	1.87	21.40	24.38	-30.50	-42.38	0.52	0.01
622	于洋	天弘	2017/10~2020/12	39	51	36.64	5.59	20.55	19.21	-22.46	-30.56	1.71	0.21
623	胡耀文	天治	2015/06~2020/12	67	2	14.53	1.87	26.33	24.38	-39.70	-42.38	0.49	0.01
624	许家涵	天治	2015/06~2020/12	67	2	2.29	1.87	24.44	24.38	-49.96	-42.38	0.03	0.01
625	尹维国	天治	2015/02~2020/12	71	3	8.78	9.01	15.05	27.13	-29.02	-48.44	0.48	0.27
626	卞亚军	同泰	2010/10~2020/12	50	7	6.28	8.92	19.82	20.55	-33.07	-33.01	0.18	0.46
627	高源	万家	2015/07~2020/12	63	14	14.95	5.00	21.86	24.16	-25.75	-34.44	0.63	0.12
628	侯慧娣	万家	2015/12~2020/12	56	7	1.95	8.61	3.73	21.88	-5.88	-34.44	0.13	0.38
629	黄兴亮	万家	2014/02~2020/12	79	13	23.22	15.03	24.58	25.64	-37.27	-44.57	0.88	0.48
630	李文宾	万家	2017/01~2020/12	48	19	18.34	6.73	18.81	17.66	-26.25	-30.56	0.90	0.30
631	莫海波	万家	2015/05~2020/12	68	15	14.39	-0.04	23.12	24.61	-29.71	-48.44	0.56	-0.06
632	苏谋东	万家	2015/05~2020/12	62	16	5.14	1.42	3.16	21.39	-3.27	-48.44	1.17	0.00
633	何奇	西部利得	2015/08~2020/12	61	9	9.37	4.75	23.43	22.50	-33.65	-34.44	0.34	0.14
634	林静	西部利得	2017/03~2020/12	46	5	9.76	6.34	6.02	18.00	-4.84	-30.56	1.37	0.27
635	刘莹	西部利得	2016/01~2020/12	60	13	13.58	9.40	11.74	17.89	-15.47	-30.56	1.03	0.44

附录六　在职基金经理与同期万得全A指数业绩对比表(按当前任职公司排序):1998~2020年

续表

编号	基金经理	当前任职公司	任职区间	任职时间(月)	管理基金数量(只)	年化收益率(%)	指数年化收益率(%)	年化波动率(%)	指数年化波动率(%)	最大回撤(%)	指数最大回撤(%)	年化夏普比率	指数年化夏普比率
636	张翔	西部利得	2015/07~2020/12	59	5	14.60	3.90	13.29	24.94	-10.20	-34.44	1.00	0.09
637	韩丽楠	西部利得	2015/08~2020/12	65	10	9.02	7.76	7.19	22.72	-5.39	-34.44	1.05	0.28
638	车广路	湘财	2012/03~2020/12	102	12	9.99	12.90	26.96	25.53	-64.83	-48.44	0.30	0.43
639	蔡春红	新华	2015/07~2020/12	66	4	11.06	4.81	20.02	23.57	-27.63	-34.44	0.48	0.14
640	付伟	新华	2015/08~2020/12	65	7	18.23	7.76	23.34	22.72	-32.60	-34.44	0.72	0.28
641	王永明	新华	2017/02~2020/12	47	4	12.40	6.05	19.14	17.80	-34.66	-30.56	0.57	0.26
642	姚秋	新华	2015/01~2020/12	72	3	9.64	9.94	9.52	27.03	-17.37	-48.44	0.85	0.31
643	栾超	新华	2015/11~2020/12	59	8	22.60	5.38	19.46	22.29	-14.78	-34.44	1.11	0.16
644	林材	新疆前海联合	2012/08~2020/12	86	14	19.12	19.68	18.91	21.90	-14.60	-48.44	0.91	0.79
645	王静	新疆前海联合	2017/06~2020/12	43	16	12.11	7.07	13.69	18.31	-20.51	-30.56	0.78	0.30
646	陈乐华	新沃	2014/10~2020/12	61	5	10.36	14.33	37.56	28.33	-61.32	-44.57	0.24	0.50
647	丁玥	鑫元	2017/09~2020/12	40	10	12.10	5.78	13.25	18.95	-12.68	-30.56	0.80	0.23
648	王美芹	鑫元	2017/12~2020/12	37	2	15.57	6.97	15.14	19.64	-11.17	-29.52	0.93	0.28
649	冯明远	信达澳银	2016/10~2020/12	51	7	30.06	5.92	22.73	17.44	-22.22	-30.56	1.26	0.25
650	杨超	信达澳银	2014/10~2020/12	69	34	16.02	10.22	21.81	27.07	-25.01	-48.44	0.66	0.32
651	王咏辉	信达澳银	2010/04~2020/12	60	18	12.00	1.86	19.62	20.56	-29.56	-28.04	0.51	0.07
652	曾国富	信达澳银	2008/07~2020/12	139	7	14.03	7.79	27.07	28.04	-47.53	-48.44	0.44	0.18
653	冯垣	兴业	2017/05~2020/12	44	3	15.42	8.24	17.02	18.23	-18.10	-30.56	0.82	0.37
654	刘方旭	兴业	2015/12~2020/12	61	5	17.48	3.74	18.43	21.80	-22.33	-34.44	0.87	0.10

续表

编号	基金经理	当前任职公司	任职区间	任职时间（月）	管理基金数量（只）	年化收益率（%）	指数年化收益率（%）	年化波动率（%）	指数年化波动率（%）	最大回撤（%）	指数最大回撤（%）	年化夏普比率	指数年化夏普比率
655	徐青	兴业	2017/01~2020/12	48	3	8.72	6.73	4.12	17.66	-3.95	-30.56	1.75	0.30
656	腊博	兴业	2015/05~2020/12	68	9	9.71	-0.04	5.05	24.61	-6.72	-48.44	1.62	-0.06
657	陈宇	兴证全球	2017/09~2020/12	40	1	32.08	5.78	21.80	18.95	-20.58	-30.56	1.40	0.23
658	董理	兴证全球	2015/03~2020/12	58	7	16.96	5.06	24.00	28.75	-30.68	-48.44	0.65	0.15
659	季文华	兴证全球	2016/03~2020/12	55	5	23.06	1.99	18.01	14.34	-21.06	-28.55	1.22	0.06
660	林翠萍	兴证全球	2016/04~2020/12	46	3	14.13	8.77	12.45	17.49	-21.52	-30.56	1.04	0.42
661	乔迁	兴证全球	2017/07~2020/12	42	3	22.95	6.77	17.42	18.53	-22.57	-30.56	1.23	0.28
662	任相栋	兴证全球	2015/01~2020/12	57	4	30.06	13.02	27.58	28.19	-28.12	-44.57	1.05	0.41
663	申庆	兴证全球	2010/11~2020/12	122	3	11.24	9.40	22.02	24.32	-37.66	-48.44	0.41	0.30
664	邹欣	兴证全球	2015/12~2020/12	61	2	17.19	3.74	17.91	21.80	-23.98	-34.44	0.88	0.10
665	季侃乐	兴证全球	2014/11~2020/12	74	2	23.12	11.84	22.54	26.98	-31.05	-48.44	0.95	0.38
666	王晶	兴证全球	2009/06~2020/12	123	4	11.48	9.65	20.39	26.82	-35.74	-48.44	0.46	0.27
667	谢治宇	兴证全球	2013/01~2020/12	96	7	27.41	13.61	20.27	25.50	-22.90	-48.44	1.26	0.46
668	董承非	兴证全球	2007/02~2020/12	167	5	17.72	12.03	21.61	30.20	-49.68	-68.61	0.71	0.32
669	陈皓	易方达	2012/09~2020/12	100	9	19.97	14.67	24.77	25.61	-37.98	-48.44	0.73	0.50
670	冯波	易方达	2010/01~2020/12	132	4	18.39	9.17	25.28	24.36	-47.17	-48.44	0.64	0.29
671	付浩	易方达	2004/02~2020/12	154	5	14.20	12.77	21.95	29.81	-54.16	-68.61	0.54	0.34
672	官泽帆	易方达	2016/09~2020/12	52	5	17.34	6.55	16.25	17.32	-26.12	-30.56	0.97	0.29
673	郭杰	易方达	2012/10~2020/12	95	6	18.37	16.74	27.84	26.29	-45.61	-48.44	0.60	0.56

附录六　在职基金经理与同期万得全A指数业绩对比表(按当前任职公司排序):1998~2020年

续表

编号	基金经理	当前任职公司	任职区间	任职时间(月)	管理基金数量(只)	年化收益率(%)	指数年化收益率(%)	年化波动率(%)	指数年化波动率(%)	最大回撤(%)	指数最大回撤(%)	年化夏普比率	指数年化夏普比率
674	胡剑	易方达	2016/02~2020/12	59	13	4.71	10.12	3.58	17.97	-3.39	-30.56	0.90	0.48
675	李一硕	易方达	2016/08~2020/12	53	5	7.60	6.02	3.33	17.18	-1.50	-30.56	1.83	0.26
676	张清华	易方达	2015/04~2020/12	69	23	20.44	2.61	15.06	25.23	-13.84	-48.44	1.26	0.04
677	林高榜	易方达	2017/05~2020/12	44	3	15.90	8.24	20.23	18.23	-30.51	-30.56	0.71	0.37
678	林森	易方达	2016/03~2020/12	58	12	14.86	6.84	7.04	16.61	-5.67	-30.56	1.90	0.32
679	祁禾	易方达	2017/12~2020/12	37	5	24.97	6.97	18.95	19.64	-22.44	-29.52	1.24	0.28
680	武阳	易方达	2015/08~2020/12	65	4	11.33	7.76	24.25	22.72	-40.56	-34.44	0.41	0.28
681	萧楠	易方达	2012/09~2020/12	100	10	23.64	14.67	18.72	25.61	-28.38	-48.44	1.16	0.50
682	杨嘉文	易方达	2017/12~2020/12	37	2	23.32	6.97	18.76	19.64	-22.80	-29.52	1.16	0.28
683	杨桢霄	易方达	2016/08~2020/12	53	2	25.68	6.02	21.51	17.18	-26.13	-30.56	1.12	0.26
684	张坤	易方达	2012/09~2020/12	100	4	21.86	14.67	23.33	25.61	-38.21	-48.44	0.85	0.50
685	张胜记	易方达	2012/09~2020/12	100	2	20.57	14.67	23.94	25.61	-32.43	-48.44	0.78	0.50
686	郑希	易方达	2012/09~2020/12	100	6	21.43	14.67	27.46	25.61	-41.30	-48.44	0.71	0.50
687	吕伟	益民	2015/06~2020/12	67	4	10.49	1.87	29.11	24.38	-42.89	-42.38	0.31	0.01
688	赵若琼	益民	2017/02~2020/12	47	2	19.14	6.05	17.04	17.80	-20.99	-30.56	1.04	0.26
689	蒋磊	银河	2016/08~2020/12	53	14	7.04	6.02	5.18	17.18	-3.93	-30.56	1.07	0.26
690	刘铭	银河	2017/05~2020/12	45	22	9.38	8.24	4.81	18.23	-2.31	-30.56	1.64	0.37
691	楼华锋	银河	2016/12~2020/12	49	15	15.75	6.52	16.70	17.48	-13.75	-30.56	0.85	0.29
692	卢轶乔	银河	2012/12~2020/12	97	16	13.13	14.10	23.93	25.41	-47.48	-48.44	0.47	0.48

续表

编号	基金经理	当前任职公司	任职区间	任职时间(月)	管理基金数量(只)	年化收益率(%)	指数年化收益率(%)	年化波动率(%)	指数年化波动率(%)	最大回撤(%)	指数最大回撤(%)	年化夏普比率	指数年化夏普比率
693	钱睿南	银河	2008/02~2020/12	155	9	13.18	7.24	21.51	28.37	-44.33	-64.72	0.51	0.17
694	王海华	银河	2013/12~2020/12	85	4	24.36	14.98	32.12	25.77	-53.26	-48.44	0.70	0.51
695	袁曦	银河	2015/12~2020/12	61	7	17.27	3.74	23.75	21.80	-26.07	-34.44	0.66	0.10
696	杨琪	银河	2017/01~2020/12	48	10	17.24	6.73	17.09	17.66	-19.26	-30.56	0.92	0.30
697	罗博	银河	2013/03~2020/12	94	10	10.20	14.43	18.41	25.67	-33.28	-48.44	0.45	0.49
698	神玉飞	银河	2012/12~2020/12	97	4	19.60	14.10	23.13	25.41	-41.50	-48.44	0.76	0.48
699	余科苗	银河	2017/12~2020/12	37	8	14.05	6.97	7.28	19.64	-5.10	-29.52	1.72	0.28
700	张杨	银河	2011/10~2020/12	111	7	17.68	11.71	27.01	25.03	-53.88	-48.44	0.58	0.38
701	韩晶	银河	2015/04~2020/12	69	41	6.63	2.61	4.72	25.23	-2.11	-48.44	1.08	0.04
702	祝建辉	银河	2015/12~2020/12	61	6	17.60	3.74	20.04	21.80	-28.66	-34.44	0.80	0.10
703	薄官辉	银华	2015/04~2020/12	69	8	15.64	2.61	23.15	25.23	-34.55	-48.44	0.61	0.04
704	陈梦舒	银华	2017/12~2020/12	37	3	17.16	6.97	17.90	19.64	-25.34	-29.52	0.87	0.28
705	程程	银华	2015/08~2020/12	60	5	13.29	6.48	20.59	21.91	-27.95	-29.50	0.58	0.16
706	贾鹏	银华	2016/05~2020/12	56	4	22.52	7.60	16.99	16.87	-20.58	-30.56	1.24	0.36
707	焦巍	银华	2011/12~2020/12	67	22	33.31	15.17	28.66	25.48	-39.99	-48.44	1.12	0.37
708	李旻	银华	2017/11~2020/12	38	3	27.43	6.69	23.11	19.37	-25.34	-29.52	1.12	0.27
709	李晓星	银华	2015/07~2020/12	66	12	22.74	4.81	25.12	23.57	-29.07	-34.44	0.85	0.14
710	刘辉	银华	2012/07~2020/12	92	9	27.81	17.79	24.70	23.59	-42.31	-40.69	1.07	0.85
711	马君	银华	2013/12~2020/12	60	15	20.41	23.72	19.35	22.59	-31.60	-48.44	0.97	0.97

附录六 在职基金经理与同期万得全A指数业绩对比表(按当前任职公司排序):1998~2020年

续表

编号	基金经理	当前任职公司	任职区间	任职时间(月)	管理基金数量(只)	年化收益率(%)	指数年化收益率(%)	年化波动率(%)	指数年化波动率(%)	最大回撤(%)	指数最大回撤(%)	年化夏普比率	指数年化夏普比率
712	倪明	银华	2008/01~2020/12	152	10	10.27	8.55	24.91	28.65	-56.25	-64.72	0.32	0.25
713	秦锋	银华	2017/09~2020/12	40	3	21.02	5.78	24.64	18.95	-31.08	-30.56	0.79	0.23
714	苏静然	银华	2017/08~2020/12	41	6	19.42	6.02	21.82	18.71	-33.93	-30.56	0.82	0.24
715	孙慧	银华	2016/10~2020/12	51	3	17.36	5.92	17.22	17.44	-23.65	-30.56	0.92	0.25
716	孙蓓琳	银华	2012/07~2020/12	98	9	21.66	13.64	23.01	26.01	-33.37	-48.44	0.86	0.47
717	唐能	银华	2015/05~2020/12	68	4	12.94	-0.04	24.25	24.61	-44.13	-48.44	0.47	-0.06
718	王斌	银华	2016/02~2020/12	59	10	22.48	10.12	16.88	17.97	-24.54	-30.56	1.24	0.48
719	王海峰	银华	2016/03~2020/12	58	4	16.99	6.84	16.29	16.61	-19.73	-30.56	0.95	0.32
720	王浩	银华	1999/12~2020/12	77	14	16.96	12.30	20.42	21.54	-36.15	-34.44	0.76	0.50
721	张凯	银华	2013/11~2020/12	86	5	12.74	14.25	24.49	25.69	-59.62	-48.44	0.45	0.48
722	周大鹏	银华	2013/05~2020/12	76	8	13.64	14.87	17.24	28.13	-39.87	-48.44	0.69	0.46
723	周晶	银华	2013/02~2020/12	79	7	26.48	21.61	18.20	20.30	-18.60	-40.69	1.38	0.97
724	贲兴振	银华	2013/02~2020/12	91	9	14.81	12.99	19.80	26.28	-29.81	-48.44	0.66	0.41
725	易祺坤	英大	2017/12~2020/12	37	2	16.54	6.97	17.15	19.64	-12.92	-29.52	0.88	0.28
726	常远	永赢	2016/01~2020/12	49	5	16.86	7.08	20.25	16.91	-25.42	-28.55	0.80	0.22
727	李永兴	永赢	2012/03~2020/12	72	17	23.49	24.73	21.07	23.12	-22.45	-48.44	1.02	0.97
728	于航	永赢	2015/04~2020/12	67	6	17.70	2.87	36.39	25.56	-62.04	-48.44	0.45	-0.01
729	范妍	圆信永丰	2015/10~2020/12	63	16	22.15	5.85	15.64	21.70	-23.94	-34.44	1.32	0.20
730	李明阳	圆信永丰	2017/12~2020/12	37	6	19.22	6.97	20.97	19.64	-25.65	-29.52	0.85	0.28

· 283 ·

续表

编号	基金经理	当前任职公司	任职区间	任职时间（月）	管理基金数量（只）	年化收益率（%）	指数年化收益率（%）	年化波动率（%）	指数年化波动率（%）	最大回撤（%）	指数最大回撤（%）	年化夏普比率	指数年化夏普比率
731	肖世源	圆信永丰	2017/06~2020/12	43	6	13.23	7.07	17.01	18.31	-18.92	-30.56	0.69	0.30
732	林忠晶	长安	2015/05~2020/12	68	17	19.74	-0.04	15.20	24.61	-21.26	-48.44	1.20	-0.06
733	徐小勇	长安	2008/08~2020/12	112	38	30.05	20.67	25.15	26.66	-37.97	-48.44	1.11	0.72
734	储雯玉	长城	2015/08~2020/12	65	6	13.56	7.76	15.99	22.72	-14.83	-34.44	0.75	0.28
735	陈良栋	长城	2015/11~2020/12	62	8	16.52	4.72	15.57	21.73	-14.76	-34.44	0.97	0.15
736	何以广	长城	2015/05~2020/12	68	7	15.28	-0.04	26.89	24.61	-39.61	-48.44	0.51	-0.06
737	雷俊	长城	2015/06~2020/12	56	26	20.82	9.47	23.94	25.81	-25.31	-42.38	0.82	0.30
738	龙宇飞	长城	2017/10~2020/12	39	3	14.93	5.59	20.50	19.21	-21.97	-30.56	0.66	0.21
739	谭小兵	长城	2016/02~2020/12	59	4	25.32	10.12	16.30	17.97	-15.17	-30.56	1.46	0.48
740	杨建华	长城	2004/05~2020/12	200	14	17.82	14.66	26.57	29.78	-64.58	-68.61	0.58	0.41
741	马强	长城	2015/06~2020/12	67	11	8.37	1.87	8.72	24.38	-3.94	-42.38	0.79	0.01
742	赵波	长城	2014/04~2020/12	81	6	13.15	16.31	25.81	26.33	-57.21	-48.44	0.44	0.55
743	冯雨生	长盛	2015/04~2020/12	69	13	7.90	2.61	24.19	25.23	-40.69	-48.44	0.26	0.04
744	付海宁	长盛	2017/02~2020/12	40	6	5.57	3.07	18.13	17.99	-20.28	-30.56	0.23	-0.14
745	郭堃	长盛	2015/11~2020/12	57	10	20.99	4.27	18.82	22.28	-19.76	-34.44	1.06	0.12
746	李琪	长盛	2016/09~2020/12	52	8	6.20	6.55	9.66	17.32	-26.08	-30.56	0.49	0.29
747	钱文礼	长盛	2017/10~2020/12	39	6	19.35	5.59	22.33	19.21	-24.72	-30.56	0.80	0.21
748	乔培涛	长盛	2016/08~2020/12	53	11	12.57	6.02	16.72	17.18	-24.22	-30.56	0.66	0.26
749	赵楠	长盛	2011/12~2020/12	77	7	3.28	2.16	20.09	24.68	-37.57	-48.44	0.08	-0.08

附录六 在职基金经理与同期万得全A指数业绩对比表(按当前任职公司排序):1998~2020年

续表

编号	基金经理	当前任职公司	任职区间	任职时间(月)	管理基金数量(只)	年化收益率(%)	指数年化收益率(%)	年化波动率(%)	指数年化波动率(%)	最大回撤(%)	指数最大回撤(%)	年化夏普比率	指数年化夏普比率
750	吴达	长盛	2016/07~2020/12	54	4	17.05	6.98	15.20	17.13	-17.69	-30.56	1.02	0.32
751	杨衡	长盛	2015/06~2020/12	67	38	6.81	1.87	10.91	24.38	-15.35	-42.38	0.49	0.01
752	周思聪	长盛	2014/01~2020/12	80	9	12.11	14.98	19.41	25.47	-44.72	-44.57	0.54	0.48
753	安昀	长信	2011/10~2020/12	81	8	22.98	16.54	21.30	22.15	-25.11	-40.69	0.98	0.67
754	高远	长信	2017/01~2020/12	48	2	20.55	6.73	15.82	17.66	-20.34	-30.56	1.20	0.30
755	黄韵	长信	2014/10~2020/12	75	15	11.93	13.14	8.33	26.99	-10.00	-48.44	1.24	0.43
756	李家春	长信	2016/10~2020/12	46	5	16.03	12.20	9.70	16.78	-5.50	-30.56	1.54	0.73
757	叶松	长信	2011/03~2020/12	118	11	14.21	9.46	20.82	24.67	-29.61	-48.44	0.58	0.29
758	祝昱丰	长信	2017/10~2020/12	39	3	19.89	5.59	18.31	19.21	-21.51	-30.56	1.00	0.21
759	左金保	长信	2015/03~2020/12	70	19	14.84	5.87	27.71	26.24	-38.11	-48.44	0.48	0.16
760	白海峰	招商	2017/05~2020/12	44	1	16.81	8.24	15.55	18.23	-19.33	-30.56	0.98	0.37
761	姚爽	招商	2016/12~2020/12	49	5	23.97	6.52	16.43	17.48	-9.15	-30.56	1.37	0.29
762	付斌	招商	2015/01~2020/12	72	14	17.38	9.94	20.00	27.03	-28.20	-48.44	0.79	0.31
763	郭锐	招商	2012/07~2020/12	102	10	19.33	14.37	20.87	25.39	-35.41	-48.44	0.83	0.49
764	韩冰	招商	2015/05~2020/12	68	2	10.80	-0.04	27.91	24.61	-49.75	-48.44	0.33	-0.06
765	王景	招商	2011/12~2020/12	108	14	17.57	10.91	18.01	24.61	-34.30	-48.44	0.87	0.34
766	贾成东	招商	2013/11~2020/12	71	10	20.88	13.38	20.21	17.04	-28.38	-30.56	0.96	0.66
767	李佳存	招商	2015/01~2020/12	72	7	23.00	9.94	31.21	27.03	-51.70	-48.44	0.69	0.31
768	李亚	招商	2014/12~2020/12	73	8	16.59	10.13	18.57	26.84	-31.15	-48.44	0.81	0.32

续表

编号	基金经理	当前任职公司	任职区间	任职时间（月）	管理基金数量（只）	年化收益率（%）	指数年化收益率（%）	年化波动率（%）	指数年化波动率（%）	最大回撤（%）	指数最大回撤（%）	年化夏普比率	指数年化夏普比率
769	王刚	招商	2017/07~2020/12	42	15	7.38	6.77	6.21	18.53	-5.65	-30.56	0.95	0.28
770	马龙	招商	2015/07~2020/12	66	7	4.07	4.81	2.08	23.57	-1.70	-34.44	1.23	0.14
771	潘明曦	招商	2015/10~2020/12	63	5	14.73	5.85	19.04	21.70	-26.91	-34.44	0.69	0.20
772	王超	招商	2013/05~2020/12	93	22	13.49	13.73	18.26	25.73	-27.74	-48.44	0.64	0.46
773	王平	招商	2016/03~2020/12	58	14	11.41	6.84	14.32	16.61	-22.89	-30.56	0.69	0.32
774	王奇玮	招商	2016/12~2020/12	49	4	24.47	6.52	23.12	17.48	-26.11	-30.56	0.99	0.29
775	吴亮谷	招商	2013/05~2020/12	60	9	-0.04	2.37	7.56	16.23	-15.93	-30.56	-0.23	0.06
776	姚飞军	招商	2016/06~2020/12	55	5	3.33	6.96	3.49	16.97	-6.17	-30.56	0.53	0.32
777	尹晓红	招商	2017/12~2020/12	37	2	5.27	6.97	2.35	19.64	-0.69	-29.52	1.60	0.28
778	余芳芳	招商	2017/04~2020/12	45	14	6.85	7.28	5.40	18.11	-8.80	-30.56	0.99	0.32
779	张林	招商	2015/07~2020/12	66	9	11.24	4.81	23.86	23.57	-32.12	-34.44	0.41	0.14
780	张西林	招商	2017/04~2020/12	45	4	13.95	7.28	14.23	18.11	-29.38	-30.56	0.88	0.32
781	张韵	招商	2016/01~2020/12	60	12	6.96	9.40	5.25	17.89	-4.44	-30.56	1.04	0.44
782	钟赟	招商	2017/02~2020/12	47	4	29.40	6.05	21.50	17.80	-14.05	-30.56	1.30	0.26
783	马斌博	浙江浙商证券	2017/12~2020/12	37	3	21.32	6.97	16.70	19.64	-13.78	-29.52	1.19	0.28
784	查晓磊	浙商	2016/03~2020/12	58	12	17.10	6.84	16.16	16.61	-20.74	-30.56	0.97	0.32
785	刘宏达	浙商	2017/12~2020/12	37	5	22.37	6.97	18.65	19.64	-19.28	-29.52	1.12	0.28
786	丘栋荣	中庚	2014/09~2020/12	69	7	28.50	18.21	20.51	27.33	-19.61	-48.44	1.33	0.65
787	左剑	中海	2015/05~2020/12	68	3	16.06	-0.04	20.81	24.61	-34.15	-48.44	0.70	-0.06

附录六 在职基金经理与同期万得全A指数业绩对比表(按当前任职公司排序):1998~2020年

续表

编号	基金经理	当前任职公司	任职区间	任职时间(月)	管理基金数量(只)	年化收益率(%)	指数年化收益率(%)	年化波动率(%)	指数年化波动率(%)	最大回撤(%)	指数最大回撤(%)	年化夏普比率	指数年化夏普比率
788	陈玮	中海	2015/05~2020/12	52	6	9.95	2.23	10.26	25.36	-11.18	-44.57	0.82	0.03
789	刘俊	中海	2014/05~2020/12	80	6	11.19	16.29	11.25	26.50	-12.18	-48.44	0.84	0.55
790	彭海平	中海	2013/01~2020/12	96	4	11.81	13.61	23.58	25.50	-39.58	-48.44	0.42	0.46
791	邱红丽	中海	2014/03~2020/12	82	3	15.87	16.00	26.88	26.18	-48.90	-48.44	0.53	0.54
792	许定晴	中海	2010/03~2020/12	130	12	9.96	8.78	24.32	24.53	-52.51	-48.44	0.32	0.27
793	姚晨曦	中海	2015/04~2020/12	69	3	8.60	2.61	32.13	25.23	-56.36	-48.44	0.22	0.04
794	杜晓安	中航	2017/12~2020/12	37	4	9.66	6.97	11.63	19.64	-9.28	-29.52	0.70	0.28
795	韩浩	中航	2002/07~2020/12	81	8	10.67	-2.63	14.19	19.71	-15.52	-48.49	0.63	-0.23
796	李坤元	中加	2010/05~2020/12	110	7	-2.01	0.64	24.91	22.96	-65.04	-48.44	-0.18	-0.14
797	闫沛贤	中加	2015/12~2020/12	61	2	5.42	3.74	2.47	21.80	-1.45	-34.44	1.59	0.10
798	刘重晋	中金	2017/08~2020/12	41	7	18.69	6.02	19.42	18.71	-19.36	-30.56	0.89	0.24
799	魏孛	中金	2017/03~2020/12	46	18	10.25	6.34	12.00	18.00	-15.61	-30.56	0.73	0.27
800	曹名长	中欧	2006/07~2020/12	170	17	20.12	18.75	25.02	29.62	-63.74	-68.61	0.71	0.54
801	葛兰	中欧	2015/01~2020/12	68	14	34.47	9.53	26.92	27.94	-33.55	-48.44	1.24	0.30
802	蓝小康	中欧	2017/05~2020/12	44	5	11.42	8.24	18.76	18.23	-22.72	-30.56	0.53	0.37
803	曲径	中欧	2016/01~2020/12	68	11	15.47	9.40	16.51	17.89	-19.22	-30.56	0.85	0.44
804	王健	中欧	2009/10~2020/12	135	14	15.70	9.22	18.86	24.36	-28.94	-48.44	0.72	0.29
805	王培	中欧	2011/06~2020/12	99	16	22.72	9.37	26.54	26.06	-47.27	-48.44	0.78	0.27
806	魏博	中欧	2012/08~2020/12	101	10	22.31	14.81	22.99	25.49	-29.34	-48.44	0.89	0.50

续表

编号	基金经理	当前任职公司	任职区间	任职时间（月）	管理基金数量（只）	年化收益率（%）	指数年化收益率（%）	年化波动率（%）	指数年化波动率（%）	最大回撤（%）	指数最大回撤（%）	年化夏普比率	指数年化夏普比率
807	张跃鹏	中欧	2015/11~2020/12	62	25	8.96	4.72	6.07	21.73	-4.59	-34.44	1.23	0.15
808	袁维德	中欧	2016/12~2020/12	49	8	13.42	6.52	16.93	17.48	-20.42	-30.56	0.70	0.29
809	周蔚文	中欧	2006/11~2020/12	167	16	20.69	15.07	23.26	30.91	-52.65	-68.61	0.79	0.43
810	周应波	中欧	2015/11~2020/12	62	9	27.09	4.72	19.87	21.73	-17.00	-34.44	1.29	0.15
811	甘传琦	中融	2017/06~2020/12	43	9	18.73	7.07	19.84	18.31	-20.47	-30.56	0.87	0.30
812	柯海东	中融	2016/07~2020/12	50	13	24.04	11.92	18.16	16.67	-8.40	-28.66	1.27	0.60
813	吴刚	中融	2002/09~2020/12	96	12	24.21	14.56	17.67	26.84	-13.70	-45.44	1.32	0.53
814	姜诚	中泰证券（上海）	2014/08~2020/12	46	6	29.55	29.50	16.26	33.17	-9.32	-48.44	1.75	0.90
815	提云涛	中信保诚	2016/09~2020/12	52	19	9.33	6.55	5.80	17.32	-4.43	-30.56	1.35	0.29
816	王颖	中信保诚	2017/02~2020/12	47	11	10.59	6.05	6.64	17.80	-8.69	-30.56	1.37	0.26
817	王睿	中信保诚	2015/04~2020/12	69	9	14.93	2.61	26.02	25.23	-34.06	-48.44	0.51	0.04
818	杨立春	中信保诚	2015/06~2020/12	67	14	13.18	1.87	16.92	24.38	-2.54	-42.38	0.69	0.01
819	郑伟	中信保诚	2013/08~2020/12	89	5	22.74	14.83	31.03	25.38	-52.07	-48.44	0.67	0.51
820	闫志刚	中信保诚	2010/02~2020/12	131	5	8.32	8.95	21.06	24.44	-41.90	-48.44	0.29	0.28
821	周广	中信建投	2017/01~2020/12	48	4	3.55	6.73	13.88	17.66	-26.96	-30.56	0.15	0.30
822	周紫光	中信建投	2017/05~2020/12	44	2	24.81	8.24	26.40	18.23	-35.28	-30.56	0.88	0.37
823	栾江伟	中信建投	2015/07~2020/12	59	13	22.46	10.74	24.21	24.07	-31.05	-32.65	0.88	0.37
824	王玉玺	中银国际	2017/01~2020/12	48	9	8.93	6.73	13.09	17.66	-13.00	-30.56	0.57	0.30
825	张少华	中银国际	2011/06~2020/12	47	5	-3.37	-5.45	21.08	20.14	-35.77	-28.08	-0.29	-0.31

附录六　在职基金经理与同期万得全A指数业绩对比表(按当前任职公司排序):1998~2020年

续表

编号	基金经理	当前任职公司	任职区间	任职时间(月)	管理基金数量(只)	年化收益率(%)	指数年化收益率(%)	年化波动率(%)	指数年化波动率(%)	最大回撤(%)	指数最大回撤(%)	年化夏普比率	指数夏普比率
826	钱亚风云	中银	2015/07~2020/12	66	10	15.54	4.81	18.73	23.57	-29.93	-34.44	0.75	0.14
827	李建	中银	2012/09~2020/12	100	4	10.39	14.67	5.49	25.61	-2.53	-48.44	1.53	0.50
828	刘腾	中银	2017/09~2020/12	40	2	16.03	5.78	14.74	18.95	-21.07	-30.56	0.99	0.23
829	苗婷	中银	2016/08~2020/12	53	14	8.27	6.02	3.83	17.18	-2.42	-30.56	1.77	0.26
830	涂海强	中银	2016/01~2020/12	60	10	7.85	9.40	5.15	17.89	-3.13	-30.56	1.23	0.44
831	王帅	中银	2006/09~2020/12	79	14	31.13	22.59	25.66	29.58	-32.06	-34.44	1.16	0.80
832	吴印	中银	2010/07~2020/12	117	10	8.45	8.16	20.99	24.90	-48.49	-48.44	0.30	0.21
833	严菲	中银	2007/03~2020/12	160	7	15.01	13.16	21.84	29.50	-56.93	-68.61	0.58	0.44
834	杨成	中银	2015/09~2020/12	64	7	9.00	9.01	5.34	22.72	-2.66	-34.44	1.41	0.33
835	赵建忠	中银	2015/06~2020/12	67	5	8.29	1.87	18.43	24.38	-30.48	-42.38	0.37	0.01
836	赵志华	中银	2015/07~2020/12	66	6	11.32	4.81	21.42	23.57	-32.21	-34.44	0.46	0.14
837	曹思	中邮创业	2014/05~2020/12	80	2	22.49	16.29	30.61	26.50	-45.47	-48.44	0.68	0.55
838	国晓雯	中邮创业	2017/01~2020/12	48	9	18.73	6.73	19.35	17.66	-32.14	-30.56	0.89	0.30
839	陈梁	中邮创业	2014/07~2020/12	78	5	23.06	14.90	25.02	26.68	-36.23	-48.44	0.85	0.50
840	王曼	中邮创业	2016/01~2020/12	60	2	19.31	9.40	19.04	17.89	-15.98	-30.56	0.94	0.44
841	王喆	中邮创业	2015/01~2020/12	72	17	9.11	9.94	14.18	27.03	-23.89	-48.44	0.53	0.31
842	许忠海	中邮创业	2015/04~2020/12	69	5	4.79	2.61	34.05	25.23	-70.98	-48.44	0.10	0.04
843	杨欢	中邮创业	2015/06~2020/12	67	12	8.18	1.87	26.34	24.38	-42.39	-42.38	0.25	0.01
844	张腾	中邮创业	2015/03~2020/12	70	2	5.70	5.87	29.67	26.24	-56.55	-48.44	0.14	0.16
845	周楠	中邮创业	2015/05~2020/12	68	4	5.84	-0.04	29.01	24.61	-52.15	-48.44	0.15	-0.06

附录七 离职基金经理与同期万得全A指数业绩对比表（按离职前任职公司排序）：1998~2020年

本表展示离职基金经理与同期万得全A指数的收益和风险指标。其中，收益指标包括年化收益率，夏普比率，风险指标包括年化波动率，最大回撤。表中展示的指数收益和风险指标是基于基金经理任职履历对应的同期指数数据计算得出，如果某月基金经理未管理基金产品，指数的收益不计算。本表中的基金经理管理以下类型基金的经理：股票多空型、偏股混合型、普通股票型、平衡混合型、灵活配置型。管理规模加权平均后的业绩。表中"离职前任职公司"指的是截至2020年12月31日时已离职基金经理前任职的公司。

编号	基金经理	离职前任职公司	任职区间	任职时间（月）	管理基金数量（只）	年化收益率(%)	指数年化收益率(%)	年化波动率(%)	指数年化波动率(%)	最大回撤(%)	指数最大回撤(%)	夏普比率	指数年化夏普比率
1	蓝雁书	安信	2013/12~2019/05	67	10	5.40	13.45	7.97	28.06	-21.42	-48.44	0.44	0.41
2	龙川	安信	2016/10~2019/12	40	7	11.01	0.89	13.82	16.95	-19.77	-30.56	0.69	-0.04
3	杨凯珅	安信	2014/09~2020/03	58	5	16.67	9.57	13.02	24.58	-7.00	-48.44	1.17	0.32
4	陈茂仁	宝盈	2003/01~2010/07	78	2	2.84	-2.46	23.18	32.40	-54.54	-67.56	0.02	-0.08
5	段鹏程	宝盈	2007/06~2018/10	44	6	1.20	3.75	23.92	27.64	-32.76	-32.54	-0.03	0.01
6	牛春晖	宝盈	2004/10~2008/02	39	2	26.97	32.68	23.76	30.33	-14.21	-24.64	1.05	0.91
7	温胜普	宝盈	2010/02~2015/06	66	1	7.61	16.25	24.39	24.52	-35.19	-33.01	0.19	0.54
8	杨凯	宝盈	2013/02~2016/07	43	4	17.40	22.15	33.17	33.70	-44.57	-44.57	0.45	0.58
9	余述胜	宝盈	2009/07~2014/01	56	2	-3.77	-2.20	21.59	23.79	-38.85	-34.26	-0.31	-0.21
10	张小仁	宝盈	2013/08~2017/02	44	6	17.30	24.45	32.23	31.68	-46.40	-44.57	0.47	0.70
11	陈亮	博时	2007/01~2010/03	40	2	25.04	26.00	31.44	44.65	-48.11	-68.61	0.70	0.51
12	高阳	博时	2002/10~2008/01	65	3	40.26	26.45	22.33	30.58	-17.70	-43.54	1.72	0.79

附录七　离职基金经理与同期万得全A指数业绩对比表(按离职前任职公司排序):1998~2020年

续表

编号	基金经理	离职前任职公司	任职区间	任职时间(月)	管理基金数量(只)	年化收益率(%)	指数年化收益率(%)	年化波动率(%)	指数年化波动率(%)	最大回撤(%)	指数最大回撤(%)	年化复夏普比率	指数年化复夏普比率
13	邹志新	博时	2002/01~2010/10	107	4	17.47	17.04	23.32	33.36	-56.05	-68.61	0.64	0.44
14	周力	博时	2005/02~2011/06	78	2	25.35	26.03	26.22	36.33	-52.33	-68.61	0.86	0.64
15	肖华	博时	2000/08~2006/11	73	3	14.61	0.27	19.12	22.11	-27.29	-61.69	0.66	-0.04
16	李培刚	博时	2008/07~2012/12	55	2	-1.30	5.30	25.32	30.86	-45.68	-42.52	-0.16	0.08
17	邓晓峰	博时	2007/03~2014/11	94	1	14.47	10.75	25.23	32.58	-52.66	-68.61	0.45	0.24
18	刘建伟	博时	2010/12~2015/08	50	6	-5.91	-5.91	15.89	23.60	-34.98	-36.20	-0.57	-0.55
19	刘小山	博时	1999/10~2002/12	55	3	10.27	-1.79	30.82	22.71	-26.76	-41.28	0.27	-0.17
20	聂挺进	博时	2010/03~2014/11	58	3	5.45	4.80	15.32	21.09	-20.77	-33.01	0.16	0.09
21	陈丰	博时	2003/08~2008/11	66	2	24.30	13.94	28.39	36.56	-58.67	-68.61	0.76	0.31
22	苏永超	博时	2013/10~2018/03	55	3	10.99	18.59	29.84	28.54	-51.51	-44.57	0.30	0.58
23	孙占军	博时	2008/02~2014/01	73	4	0.18	-2.23	22.53	30.97	-43.36	-64.72	-0.12	-0.17
24	王燕	博时	2011/02~2016/07	67	3	3.89	11.38	22.70	29.40	-38.29	-44.57	0.05	0.29
25	温宁峰	博时	2010/10~2014/06	46	3	-4.25	-3.71	15.36	19.08	-21.17	-33.01	-0.48	-0.36
26	夏春	博时	2008/12~2012/07	44	2	8.87	14.13	18.14	27.47	-18.83	-29.39	0.34	0.41
27	尹哲	博时	2014/10~2019/05	41	4	10.09	10.37	34.58	28.24	-60.09	-48.44	0.25	0.32
28	余洋	博时	2007/02~2011/04	52	2	11.63	17.47	29.67	40.34	-54.78	-68.61	0.30	0.36
29	李权胜	博时	2012/08~2020/07	97	5	17.35	15.41	22.01	26.01	-33.35	-48.44	0.70	0.52
30	招扬	博时	2014/12~2018/02	40	6	9.43	11.62	31.49	32.05	-45.63	-44.57	0.25	0.31
31	周枫	博时	2001/04~2005/01	47	2	1.48	-18.35	12.97	20.85	-17.48	-55.86	-0.04	-0.98

续表

编号	基金经理	离职前任职公司	任职区间	任职时间（月）	管理基金数量（只）	年化收益率（%）	指数年化收益率（%）	年化波动率（%）	指数年化波动率（%）	最大回撤（%）	指数最大回撤（%）	年化复普比率	指数年化复普比率
32	姚思劼	财通	2016/03~2019/06	41	7	-3.51	1.19	13.42	16.63	-29.19	-30.56	-0.37	-0.02
33	程志田	创金合信	2011/11~2019/06	62	13	-2.47	-0.82	20.24	22.85	-35.27	-34.44	-0.22	-0.17
34	李晗	创金合信	2015/08~2019/11	52	9	1.42	2.82	17.52	23.54	-25.34	-34.44	0.00	0.06
35	陈玉辉	创金合信	2012/11~2019/08	80	6	16.87	14.13	18.22	25.09	-20.36	-34.44	0.83	0.59
36	张荣	创金合信	2015/08~2019/01	43	8	0.14	-2.52	13.46	23.68	-20.36	-34.44	-0.10	-0.17
37	曹雄飞	大成	2006/01~2014/05	66	5	16.13	18.75	34.81	37.98	-61.35	-68.15	0.40	0.34
38	冯文光	大成	2011/03~2016/10	63	4	4.74	1.17	22.63	26.62	-46.38	-31.71	0.09	0.06
39	何光明	大成	2004/12~2013/02	77	2	-1.33	-5.05	23.53	30.61	-51.58	-64.72	-0.18	-0.20
40	黎新平	大成	2016/09~2020/09	49	3	3.74	5.61	9.93	17.77	-18.87	-30.56	0.23	0.23
41	李本刚	大成	2012/09~2019/12	89	12	17.65	13.68	26.32	26.48	-41.62	-48.44	0.59	0.44
42	刘安田	大成	2010/04~2015/03	61	4	10.05	13.90	20.49	22.43	-37.66	-33.01	0.34	0.49
43	刘泽兵	大成	2007/09~2015/02	86	2	2.63	3.94	22.66	30.70	-55.72	-68.61	-0.01	0.06
44	施永辉	大成	2006/01~2013/10	95	1	16.88	20.68	30.29	34.39	-63.29	-68.61	0.46	0.52
45	汤义峰	大成	2010/03~2015/03	58	3	15.52	15.75	18.53	23.13	-19.23	-33.01	0.69	0.62
46	王文祥	大成	2011/10~2015/12	49	4	24.00	22.88	28.25	29.51	-43.15	-39.98	0.79	0.62
47	徐彬	大成	2002/01~2008/06	79	4	19.24	15.65	22.85	31.66	-41.31	-50.22	0.73	0.42
48	杨丹	大成	2008/08~2014/06	72	2	6.11	8.43	20.97	27.51	-34.85	-34.26	0.16	0.20
49	杨建勋	大成	2004/08~2015/07	125	7	11.28	16.23	26.21	32.44	-54.67	-68.61	0.33	0.40
50	石国武	大成	2013/04~2017/08	54	7	18.50	21.66	19.99	30.15	-25.49	-44.57	0.82	0.65

附录七 离职基金经理与同期万得全 A 指数业绩对比表(按离职前任职公司排序):1998~2020 年

续表

编号	基金经理	离职前任职公司	任职区间	任职时间(月)	管理基金数量(只)	年化收益率(%)	指数年化收益率	年化波动率(%)	指数年化波动率	最大回撤(%)	指数最大回撤	最大年化复普比率	指数年化复普比率
51	周德昕	大成	2009/12~2017/11	61	3	-6.23	-6.32	24.32	26.66	-56.36	-44.57	-0.35	-0.32
52	周建春	大成	2002/01~2012/12	77	3	11.24	12.86	20.86	24.93	-36.46	-34.26	0.43	0.34
53	周志超	大成	2013/11~2019/12	68	14	11.88	20.27	29.13	24.57	-45.77	-48.44	0.36	0.68
54	朱哲	大成	2016/08~2019/08	38	4	2.49	-1.13	2.98	16.95	-2.87	-30.56	0.33	-0.16
55	呼振翼	东方	2011/12~2015/07	45	6	21.94	26.13	30.21	26.94	-33.76	-24.63	0.63	0.86
56	庞飒	东方	2005/08~2013/02	86	3	26.32	24.86	28.54	34.89	-54.37	-68.61	0.83	0.63
57	于鑫	东方	2007/07~2014/12	91	5	2.47	5.90	22.65	30.50	-62.06	-68.61	-0.02	0.09
58	张岗	东方	2010/09~2015/04	56	3	12.73	19.15	18.47	23.36	-29.98	-33.01	0.52	0.69
59	徐钧君	东方	2013/12~2017/04	42	5	8.50	23.45	3.26	32.24	-0.57	-44.57	1.96	0.66
60	周薇	东方	2015/04~2020/04	62	7	3.17	-1.73	3.00	25.74	-6.24	-48.44	0.55	-0.13
61	朱晓栋	东方	2013/01~2019/02	75	15	6.36	12.43	12.25	27.66	-24.27	-48.44	0.35	0.37
62	程涛	东吴	2010/04~2019/04	80	9	4.45	12.65	23.10	20.87	-46.32	-33.01	0.09	0.41
63	戴斌	东吴	2013/12~2020/03	77	7	15.43	12.19	25.70	26.47	-52.16	-48.44	0.53	0.39
64	付琦	东吴	2013/08~2019/12	63	6	4.01	17.24	20.00	29.11	-49.02	-48.44	0.10	0.53
65	秦斌	东吴	2016/07~2020/06	49	4	4.69	4.18	13.26	16.61	-25.58	-30.56	0.24	0.16
66	任壮	东吴	2009/01~2013/12	61	3	-2.39	10.90	28.21	26.02	-56.30	-34.26	-0.19	0.31
67	王炯	东吴	2006/12~2011/04	54	2	17.90	23.48	31.45	40.60	-53.01	-68.61	0.48	0.51
68	吴广利	东吴	2009/05~2014/11	43	3	1.78	15.38	19.88	24.46	-31.95	-24.44	-0.04	0.57
69	张能进	东吴	2016/05~2019/12	45	2	9.22	3.61	14.93	16.30	-23.77	-30.56	0.52	0.13

续表

编号	基金经理	离职前任职公司	任职区间	任职时间（月）	管理基金数量（只）	年化收益率（%）	指数年化收益率（%）	年化波动率（%）	指数年化波动率（%）	最大回撤（%）	指数最大回撤（%）	年化夏普比率	指数夏普比率
70	程远	东兴	2015/12~2019/08	46	7	-13.30	-2.95	16.26	23.09	-43.57	-34.44	-0.91	-0.19
71	沈毅	方正富邦	2014/01~2018/11	60	2	12.99	12.03	30.00	28.16	-41.37	-46.95	0.37	0.36
72	黄强	富安达	2012/04~2015/07	41	1	25.13	25.93	37.48	27.64	-41.46	-24.63	0.59	0.83
73	毛矛	富安达	2015/05~2020/07	64	5	4.76	-0.31	21.91	25.38	-47.17	-48.44	0.15	-0.07
74	戴益强	富国	2012/10~2018/01	65	5	12.75	19.58	30.69	28.52	-51.29	-44.57	0.34	0.61
75	徐大成	富国	2002/11~2007/05	57	3	35.59	31.17	20.09	27.72	-15.03	-43.54	1.70	1.10
76	金涛	富国	1999/05~2002/10	42	1	12.48	8.43	33.20	29.27	-27.02	-35.12	0.31	0.21
77	李文忠	富国	2000/07~2008/10	82	3	20.56	8.13	35.82	35.40	-50.65	-68.61	0.51	0.17
78	李晓铭	富国	2009/10~2019/07	119	10	10.57	7.61	22.46	25.29	-49.43	-48.44	0.37	0.21
79	尚鹏岳	富国	2008/01~2015/05	86	4	14.27	12.67	25.88	31.12	-49.00	-64.72	0.44	0.26
80	陈戈	富国	2005/04~2014/03	109	1	19.62	18.91	25.39	32.63	-49.61	-68.61	0.66	0.49
81	汪鸣	富国	2014/01~2018/03	52	3	21.02	19.68	31.32	29.18	-35.68	-44.57	0.61	0.61
82	王海军	富国	2012/06~2019/05	85	5	5.41	12.06	26.29	27.11	-56.03	-48.44	0.13	0.37
83	许达	富国	2005/03~2010/12	71	2	21.20	30.85	23.14	37.46	-49.00	-68.61	0.81	0.75
84	于江勇	富国	2008/05~2018/03	120	2	12.86	9.44	21.31	29.88	-33.99	-54.05	0.49	0.23
85	贺轶	富国	2006/08~2016/01	87	3	21.22	24.15	24.38	31.87	-38.83	-43.03	0.77	0.72
86	钟智伦	富国	2015/05~2019/02	47	14	4.25	-8.64	2.76	27.44	-2.95	-48.44	0.98	-0.37
87	曹冠业	工银瑞信	2007/11~2014/05	80	4	3.40	-1.11	25.44	30.49	-47.50	-67.56	0.02	-0.13
88	陈守红	工银瑞信	2005/03~2011/03	66	3	36.24	44.11	27.21	34.31	-23.08	-68.61	1.26	1.33

附录七　离职基金经理与同期万得全A指数业绩对比表（按离职前任职公司排序）：1998~2020年

续表

编号	基金经理	离职前任职公司	任职区间	任职时间（月）	管理基金数量（只）	年化收益率（%）	指数年化收益率（%）	年化波动率（%）	指数年化波动率（%）	最大回撤（%）	指数最大回撤（%）	年化夏普比率	指数年化夏普比率
89	江晖	工银瑞信	2000/09~2007/04	59	3	33.72	27.80	24.64	28.10	-16.91	-60.08	1.33	0.85
90	张翎	工银瑞信	2005/05~2010/03	57	4	32.45	37.11	27.73	39.50	-49.25	-68.61	1.09	0.86
91	高喜阳	工银瑞信	2011/04~2015/01	44	3	4.03	9.96	17.49	19.79	-22.64	-30.76	0.06	0.40
92	郝康	工银瑞信	2016/12~2020/03	41	6	4.88	-0.79	13.73	16.71	-22.40	-30.56	0.25	-0.14
93	胡文彪	工银瑞信	2010/02~2018/03	99	9	6.09	9.02	24.75	25.81	-41.19	-44.57	0.15	0.25
94	温震宇	工银瑞信	2005/02~2009/08	50	3	24.60	26.24	31.76	41.33	-51.97	-67.56	0.70	0.67
95	刘珂	工银瑞信	2014/11~2018/06	45	5	7.86	10.00	38.02	31.09	-53.16	-44.57	0.16	0.27
96	刘天任	工银瑞信	2013/11~2017/07	46	5	12.24	21.22	38.97	31.00	-61.21	-44.57	0.26	0.62
97	曲丽	工银瑞信	2007/11~2012/12	63	1	-4.58	-2.51	23.69	32.95	-52.95	-67.56	-0.32	-0.17
98	王烁杰	工银瑞信	2014/04~2017/04	38	3	20.75	27.35	43.38	33.81	-59.52	-44.57	0.43	0.75
99	修世宇	工银瑞信	2014/10~2018/12	51	2	1.55	6.79	39.51	29.82	-64.16	-48.44	0.00	0.17
100	何江旭	工银瑞信	2002/11~2014/06	138	7	18.06	12.23	25.87	30.64	-61.22	-68.61	0.60	0.34
101	高宏华	光大保德信	2007/08~2013/06	71	2	-4.56	-5.18	27.95	32.40	-60.41	-68.61	-0.27	-0.25
102	黄素丽	光大保德信	2010/04~2013/04	38	1	-4.79	-3.94	20.27	20.65	-34.86	-33.01	-0.39	-0.34
103	李阳	光大保德信	2010/07~2014/06	49	2	-4.79	0.52	24.36	19.52	-43.86	-33.01	-0.33	-0.13
104	董伟炜	光大保德信	2015/05~2020/10	67	4	12.17	-0.84	26.15	24.93	-41.61	-48.44	0.41	-0.09
105	许春茂	光大保德信	2006/06~2010/03	47	2	35.40	35.26	37.71	42.72	-63.83	-68.61	0.86	0.76
106	钱钧	光大保德信	2007/09~2013/12	77	3	0.56	-3.32	29.36	31.60	-62.17	-68.61	-0.08	-0.20
107	盛松	光大保德信	2017/01~2020/01	38	1	-0.49	1.41	15.46	16.99	-33.60	-30.56	-0.13	-0.01

· 295 ·

续表

编号	基金经理	离职前任职公司	任职区间	任职时间（月）	管理基金数量（只）	年化收益率（%）	指数年化收益率（%）	年化波动率（%）	指数年化波动率（%）	最大回撤（%）	指数最大回撤（%）	年化夏普比率	指数年化夏普比率
108	田大伟	光大保德信	2014/02~2018/02	50	2	14.85	20.31	26.59	29.78	-33.01	-44.57	0.49	0.62
109	王维诚	光大保德信	2016/04~2019/11	45	5	2.36	1.38	16.53	15.83	-36.84	-30.56	0.05	-0.01
110	常昊	光大保德信	2002/11~2007/05	53	3	34.69	35.12	21.39	28.07	-23.88	-43.54	1.55	1.15
111	周炜炜	光大保德信	2005/08~2014/07	102	4	22.02	19.86	28.01	33.49	-51.30	-68.61	0.70	0.51
112	于进杰	光大保德信	2009/10~2016/03	78	5	12.81	10.98	23.12	28.90	-30.76	-44.57	0.44	0.28
113	袁宏隆	光大保德信	2007/06~2011/03	47	2	6.70	8.47	38.96	38.92	-68.93	-68.61	0.10	0.14
114	陈任德	广发	2005/02~2015/05	125	2	25.67	25.59	31.54	32.33	-66.12	-68.61	0.72	0.70
115	何震	广发	2004/07~2008/01	44	2	57.56	45.50	27.61	33.63	-15.40	-27.00	1.99	1.28
116	江涌	广发	2005/02~2009/08	56	2	29.71	32.15	29.37	40.82	-54.11	-68.61	0.93	0.72
117	冯永欢	广发	2007/03~2014/11	94	4	11.22	10.75	25.88	32.58	-60.06	-68.61	0.32	0.24
118	刘晓龙	广发	2010/11~2017/02	77	4	15.09	11.46	27.51	27.67	-36.58	-44.57	0.45	0.32
119	王小松	广发	2014/12~2019/05	55	6	6.85	6.51	26.43	29.83	-44.64	-48.44	0.20	0.16
120	许雪梅	广发	2008/02~2013/01	61	3	-6.73	-3.03	28.43	32.48	-50.86	-64.72	-0.34	-0.18
121	易阳方	广发	2003/12~2020/01	195	11	16.85	14.15	26.52	30.13	-60.91	-68.61	0.54	0.39
122	朱纪刚	广发	2009/09~2015/01	66	4	11.68	10.03	20.82	21.34	-33.45	-34.26	0.42	0.33
123	祝俭	广发	2010/12~2015/01	51	2	-0.83	9.04	12.98	20.33	-23.69	-31.71	-0.30	0.29
124	程广飞	国都	2015/12~2019/06	44	4	2.17	-2.84	8.24	23.65	-19.66	-34.44	0.08	-0.18
125	游典宗	国都	2015/12~2020/03	53	2	3.88	-2.35	12.25	21.99	-29.85	-34.44	0.19	-0.18
126	邓钟锋	国海富兰克林	2016/06~2019/09	41	14	4.64	0.81	3.33	16.50	-4.48	-30.56	0.94	-0.04

附录七　离职基金经理与同期万得全A指数业绩对比表（按离职前任职公司排序）：1998~2020年

续表

编号	基金经理	离职前任职公司	任职区间	任职时间（月）	管理基金数量（只）	年化收益率（%）	指数年化收益率（%）	年化波动率（%）	指数年化波动率（%）	最大回撤（%）	指数最大回撤（%）	年化复夏普比率	指数年化复夏普比率
127	吴西燕	国海富兰克林	2015/06~2018/08	40	14	4.17	-10.09	2.91	26.76	-2.15	-38.05	0.91	-0.43
128	朱国庆	国海富兰克林	2007/03~2014/01	84	2	8.36	7.08	25.36	34.02	-52.69	-68.61	0.21	0.12
129	郭晓	国金	2015/08~2019/02	39	4	3.65	1.74	18.91	27.24	-26.86	-34.44	0.12	0.07
130	李安心	国金	2009/10~2018/08	61	2	-2.81	-6.09	14.36	17.36	-36.06	-29.39	-0.36	-0.55
131	杨雨龙	国金	2015/06~2020/05	49	12	-1.72	-1.55	23.57	27.16	-26.84	-42.38	-0.14	-0.12
132	滕祖光	国金	2014/04~2020/04	74	1	21.79	14.22	17.90	27.00	-32.63	-48.44	1.12	0.46
133	陈苏桥	国联安	2003/09~2011/03	66	3	-3.02	-2.61	26.13	34.08	-61.71	-68.61	-0.22	-0.24
134	冯天戈	国联安	2004/03~2010/04	65	4	19.52	18.40	25.24	36.97	-36.84	-57.51	0.69	0.54
135	李洪波	国联安	2005/12~2009/09	47	2	38.03	43.43	39.88	43.23	-61.31	-68.61	0.88	0.94
136	吕中凡	国联安	2015/05~2018/12	44	3	1.33	-14.78	6.43	26.15	-14.61	-48.44	-0.03	-0.62
137	王超伟	国联安	2016/02~2019/06	42	5	4.31	6.09	9.20	18.70	-15.96	-30.56	0.31	0.25
138	韦明亮	国联安	2010/12~2015/03	53	3	9.98	14.58	18.44	21.89	-22.68	-31.71	0.37	0.52
139	陈列敏	国泰	2004/03~2007/04	38	1	24.98	34.33	22.57	31.71	-26.13	-43.54	1.01	1.01
140	邓时锋	国泰	2008/04~2020/07	133	5	10.06	10.31	24.32	29.00	-48.68	-57.51	0.32	0.28
141	范迪钊	国泰	2009/12~2014/12	62	3	8.88	6.15	19.31	21.38	-21.71	-34.26	0.31	0.15
142	黄刚	国泰	2002/05~2008/04	47	3	10.02	3.85	22.02	32.01	-28.28	-38.60	0.35	-0.21
143	黄焱	国泰	2005/01~2016/06	139	11	19.81	21.07	24.14	33.74	-57.12	-68.61	0.71	0.54
144	王航	国泰	2008/05~2016/05	98	7	9.88	10.26	23.99	32.80	-42.74	-54.05	0.30	0.23
145	周传锋	国泰	2013/06~2020/07	87	10	25.51	16.62	26.31	25.75	-36.83	-48.44	0.90	0.57

续表

编号	基金经理	离职前任职公司	任职区间	任职时间（月）	管理基金数量（只）	年化收益率（%）	指数年化收益率（%）	年化波动率（%）	指数年化波动率（%）	最大回撤（%）	指数最大回撤（%）	年化夏普比率	指数年化夏普比率
146	吴晨	国泰	2016/01~2019/05	41	4	1.82	4.27	1.94	18.71	-2.30	-30.56	0.16	0.15
147	徐学标	国泰	2002/05~2007/02	46	2	17.85	17.71	19.67	27.28	-28.57	-50.22	0.82	0.55
148	徐智麟	国泰	1998/03~2001/05	40	1	33.25	21.56	41.18	28.85	-29.01	-23.50	0.73	0.64
149	余荣权	国泰	2003/07~2011/05	59	6	21.38	27.61	28.51	34.69	-53.88	-57.51	0.69	0.67
150	陈小玲	国投瑞银	2014/01~2017/12	49	3	17.15	21.74	18.78	29.92	-21.19	-44.57	0.81	0.66
151	狄晓娇	国投瑞银	2016/06~2019/10	42	8	4.28	1.03	9.12	16.29	-11.09	-30.56	0.31	-0.03
152	康晓云	国投瑞银	2006/04~2011/01	59	4	24.85	32.09	33.23	40.30	-59.23	-68.61	0.66	0.73
153	马少章	国投瑞银	2009/04~2014/11	69	4	12.03	10.28	16.45	23.97	-19.29	-34.26	0.56	0.31
154	徐栎	国投瑞银	2016/11~2020/10	49	2	21.13	4.19	22.64	17.82	-30.61	-30.56	0.87	0.15
155	徐炜哲	国投瑞银	2008/11~2014/11	63	3	17.35	20.84	23.89	25.60	-30.93	-34.26	0.62	0.69
156	杨冬冬	国投瑞银	2015/02~2020/10	69	7	11.46	8.51	25.35	27.49	-49.83	-48.44	0.39	0.25
157	于雷	国投瑞银	2013/03~2020/06	85	6	14.18	18.71	23.54	23.84	-42.30	-48.44	0.53	0.67
158	李怡文	国投瑞银	2014/03~2019/01	60	5	7.86	12.00	5.45	28.24	-4.54	-48.44	1.11	0.36
159	陈绍胜	海富通	2004/03~2012/03	98	3	11.85	14.36	24.82	34.25	-58.17	-68.61	0.37	0.34
160	程荣	海富通	2010/04~2013/11	44	1	5.60	0.33	23.66	21.98	-38.74	-33.01	0.11	-0.12
161	丁俊	海富通	2007/08~2016/07	86	6	3.91	6.26	24.95	35.49	-53.01	-68.61	0.05	0.11
162	康赛波	海富通	2003/04~2011/03	82	3	11.86	15.22	26.87	35.76	-62.40	-68.61	0.36	0.32
163	刘璎	海富通	2008/04~2018/07	103	2	4.43	8.80	30.07	31.29	-56.06	-57.51	0.07	0.21
164	牟永宁	海富通	2009/01~2013/09	58	4	9.49	11.81	20.21	26.49	-32.70	-34.26	0.34	0.34

附录七　离职基金经理与同期万得全A指数业绩对比表(按离职前任职公司排序):1998~2020年

续表

编号	基金经理	离职前任职公司	任职区间	任职时间(月)	管理基金数量(只)	年化收益率(%)	指数年化收益率(%)	年化波动率(%)	指数年化波动率(%)	最大回撤(%)	指数最大回撤(%)	年化复夏普比率	指数年化复夏普比率
165	邵佳民	海富通	2006/05~2017/01	130	1	10.74	19.13	24.97	33.74	-59.43	-68.61	0.32	0.49
166	陈洪	海富通	2003/08~2014/05	131	5	15.32	13.44	21.97	31.23	-54.29	-68.61	0.58	0.36
167	张炳炜	海富通	2015/06~2018/07	39	4	-7.47	-8.30	18.96	26.94	-32.22	-38.05	-0.47	-0.36
168	蒋征	海富通	2003/01~2013/12	127	8	13.01	13.18	22.91	30.96	-62.94	-68.61	0.46	0.34
169	陈嘉平	合煦智远	2011/12~2019/08	54	6	24.38	23.21	16.78	22.80	-11.57	-29.44	1.32	0.91
170	张鸿羽	弘毅远方	2012/04~2020/08	52	2	21.88	19.72	18.64	20.83	-19.13	-16.56	1.07	0.82
171	季雷	红塔红土	2007/03~2015/04	65	4	0.06	27.48	30.24	36.52	-60.82	-64.13	-0.10	0.63
172	罗薇	红塔红土	2016/05~2019/08	41	8	3.69	1.64	11.14	16.60	-15.54	-30.56	0.20	0.01
173	陈俏宇	华安	2007/03~2015/05	100	6	17.08	18.94	23.29	33.34	-45.45	-68.61	0.61	0.48
174	陈迹	华安	2012/05~2015/05	38	6	34.58	36.87	23.61	25.53	-15.79	-16.52	1.34	1.33
175	刘光华	华安	2005/05~2009/05	50	3	35.92	39.82	33.60	39.76	-63.84	-68.61	0.98	0.93
176	李匆	华安	1999/06~2003/08	52	2	10.56	-4.36	23.02	21.21	-20.52	-41.28	0.37	-0.31
177	廖发达	华安	2015/08~2019/03	45	4	4.93	4.80	17.10	25.33	-26.51	-34.44	0.20	0.13
178	刘伟亭	华安	2011/07~2018/05	81	4	17.60	14.92	28.48	24.58	-33.26	-36.22	0.54	0.55
179	王嘉	华安	2015/07~2018/10	41	4	-0.40	-7.37	21.81	25.49	-30.18	-32.54	-0.09	-0.35
180	尚志民	华安	1999/06~2015/01	189	6	17.57	10.86	22.84	28.50	-51.63	-68.61	0.66	0.29
181	谢振东	华安	2015/03~2019/10	57	6	8.86	1.28	23.33	27.85	-39.73	-48.44	0.31	-0.01
182	汪光成	华安	2008/02~2013/09	69	5	-3.52	-1.88	22.39	31.75	-49.76	-64.72	-0.29	-0.15
183	王国卫	华安	1998/06~2005/04	84	3	18.57	-2.47	35.84	25.68	-29.17	-58.38	0.45	-0.19

· 299 ·

续表

编号	基金经理	离职前任职公司	任职区间	任职时间（月）	管理基金数量（只）	年化收益率（%）	指数年化收益率（%）	年化波动率（%）	指数年化波动率（%）	最大回撤（%）	指数最大回撤（%）	年化复普比率	指数年化夏普比率
184	刘新勇	华安	2002/11~2009/02	77	3	21.73	14.26	23.36	34.42	-50.40	-68.61	0.83	0.34
185	张壅	华安	2009/12~2013/02	40	1	-1.49	-4.73	17.03	20.98	-31.84	-34.26	-0.26	-0.37
186	范红兵	华宝	2009/02~2016/08	92	4	10.38	16.88	25.56	29.75	-39.49	-44.57	0.30	0.48
187	郭鹏飞	华宝	2010/06~2015/03	59	2	22.65	17.75	23.06	22.00	-29.84	-33.01	0.85	0.67
188	蒋宁	华宝	2010/07~2013/07	38	1	5.94	-3.05	18.72	21.21	-25.35	-33.01	0.15	-0.29
189	楼鸿强	华宝	2014/10~2020/01	65	2	22.11	11.22	36.40	28.16	-52.99	-48.44	0.56	0.34
190	牟旭东	华宝	2007/10~2013/01	65	4	-4.22	-4.23	25.99	33.10	-46.81	-68.15	-0.28	-0.22
191	区伟良	华宝	2015/04~2018/06	40	3	2.84	-6.75	30.89	28.59	-42.25	-44.57	0.04	-0.29
192	任志强	华宝	2007/09~2013/01	66	1	-3.86	-4.44	26.88	32.84	-59.67	-68.61	-0.26	-0.23
193	邵喆阳	华宝	2015/12~2015/01	57	3	14.32	12.93	20.77	20.70	-25.52	-33.01	0.54	0.48
194	陈德义	华富	2009/09~2012/12	41	2	-5.23	-0.16	20.88	21.79	-44.85	-34.26	-0.39	-0.14
195	孔庆卿	华富	2013/08~2017/08	50	2	12.41	22.17	14.43	29.85	-14.39	-44.57	0.71	0.67
196	刘文正	华富	2013/06~2017/02	46	3	18.21	26.17	32.27	31.03	-45.23	-44.57	0.49	0.77
197	翁海波	华富	2015/12~2018/12	38	6	-14.61	-11.35	16.69	22.20	-38.49	-34.44	-0.99	-0.58
198	朱蓓	华富	2011/04~2017/08	78	2	5.80	11.61	30.22	27.53	-50.50	-44.57	0.11	0.33
199	袁华涛	华润元大	2015/09~2019/09	50	5	0.82	4.65	14.99	24.06	-34.67	-34.44	-0.05	0.13
200	蔡建军	华商	2013/12~2017/11	49	4	12.30	21.50	29.12	29.94	-52.38	-44.57	0.35	0.65
201	梁永强	华商	2008/09~2018/06	119	5	16.15	12.70	30.12	28.56	-58.41	-44.57	0.46	0.36
202	刘宏	华商	2011/05~2017/01	69	4	14.78	12.93	31.05	28.80	-47.72	-44.57	0.39	0.36

附录七 离职基金经理与同期万得全A指数业绩对比表(按离职前任职公司排序):1998~2020年

续表

编号	基金经理	离职前任职公司	任职区间	任职时间(月)	管理基金数量(只)	年化收益率(%)	指数年化收益率(%)	年化波动率(%)	指数年化波动率(%)	最大回撤(%)	指数最大回撤(%)	年化夏普比率	指数年化夏普比率
203	马国江	华商	2015/04~2019/02	48	4	1.14	-4.53	35.46	28.31	-49.88	-48.44	-0.01	-0.21
204	申艳丽	华商	2010/08~2015/03	57	2	16.34	15.25	21.74	21.85	-34.69	-33.01	0.61	0.56
205	孙建波	华商	2008/05~2013/01	52	3	0.26	-5.45	22.83	30.20	-37.74	-54.05	-0.12	-0.35
206	田明圣	华商	2010/07~2015/10	64	4	17.21	14.47	26.24	26.61	-40.86	-39.98	0.54	0.43
207	赵媛媛	华商	2013/03~2017/11	44	4	0.97	-1.90	27.54	27.69	-38.83	-29.50	-0.04	0.03
208	方伦煜	华泰柏瑞	2012/04~2020/07	101	4	12.92	13.20	23.03	25.71	-48.65	-48.44	0.47	0.43
209	黄明仁	华泰柏瑞	2016/11~2019/12	39	1	16.38	-0.37	17.58	17.04	-24.84	-30.56	0.85	-0.11
210	梁丰	华泰柏瑞	2004/03~2010/04	73	4	18.55	16.90	28.77	35.96	-59.41	-68.61	0.56	0.31
211	李灿	华泰柏瑞	2015/06~2018/12	44	4	-7.39	-12.13	24.16	25.98	-35.47	-42.38	-0.37	-0.53
212	秦岭松	华泰柏瑞	2007/05~2012/01	58	2	-2.14	-0.26	26.23	35.90	-49.16	-68.61	-0.20	-0.09
213	陈虎	华夏	2014/11~2020/05	67	6	8.50	8.94	24.19	27.53	-46.35	-48.44	0.28	0.27
214	程海泳	华夏	2004/09~2013/08	56	3	1.71	-8.61	20.48	21.96	-41.80	-33.01	-0.05	-0.56
215	丁鎏	华夏	1999/04~2006/10	86	4	19.93	6.58	27.63	26.45	-24.79	-61.69	0.65	0.15
216	巩怀志	华夏	2005/10~2013/05	93	4	26.57	23.18	28.19	34.22	-49.46	-68.61	0.85	0.59
217	张益驰	华夏	2004/09~2009/06	59	5	35.38	30.07	28.64	38.47	-51.65	-68.61	1.16	0.71
218	王志华	华夏	2001/11~2007/08	55	4	29.94	32.06	21.59	31.01	-17.09	-40.05	1.31	0.96
219	王亚伟	华夏	1998/04~2012/04	163	4	30.71	11.62	32.07	31.32	-44.71	-68.61	0.88	0.28
220	孙建冬	华夏	2005/06~2010/01	57	2	45.55	39.73	31.75	40.09	-46.82	-68.61	1.35	0.92
221	刘金玉	华夏	2010/03~2016/12	78	4	8.03	8.65	24.12	28.76	-36.59	-44.57	0.23	0.22

续表

编号	基金经理	离职前任职公司	任职区间	任职时间（月）	管理基金数量（只）	年化收益率(%)	指数年化收益率(%)	年化波动率(%)	指数年化波动率(%)	最大回撤(%)	指数最大回撤(%)	年化夏普比率	指数年化夏普比率
222	刘文动	华夏	2006/05~2012/02	70	5	21.61	21.06	29.99	36.90	-47.98	-68.61	0.62	0.49
223	任竞辉	华夏	2010/10~2015/09	49	3	10.70	11.30	22.81	27.72	-38.09	-39.98	0.35	0.23
224	石波	华夏	2001/01~2004/02	38	2	5.44	-9.74	14.00	21.14	-22.57	-46.10	0.24	-0.56
225	孙萌	华夏	2015/11~2019/02	41	3	-8.71	-2.51	18.42	23.99	-41.98	-34.44	-0.57	-0.17
226	谭琦	华夏	2007/09~2014/04	81	3	0.84	-3.75	23.71	30.81	-48.92	-68.61	-0.09	-0.22
227	童汀	华夏	2007/04~2014/05	87	4	7.08	2.54	22.54	31.62	-48.44	-68.61	0.19	-0.02
228	王海雄	华夏	2011/03~2015/01	48	2	8.45	8.73	18.09	20.81	-23.74	-31.71	0.29	0.27
229	罗泽萍	华夏	2005/04~2014/02	108	4	19.32	19.41	25.55	32.75	-51.90	-68.61	0.66	0.50
230	郭树强	华夏	2002/01~2007/12	73	2	28.36	26.11	20.92	29.50	-24.22	-50.22	1.24	0.81
231	王怡欢	华夏	2011/02~2020/11	119	3	10.26	9.45	19.48	24.67	-34.81	-48.44	0.41	0.29
232	严鸿堂	华夏	2010/02~2014/09	57	2	0.97	3.03	17.80	20.90	-37.76	-33.01	-0.11	0.00
233	杨明韬	华夏	2012/01~2015/05	42	3	32.17	35.01	20.00	25.01	-9.75	-17.71	1.50	1.28
234	杨泽辉	华夏	2009/01~2012/02	38	1	10.02	15.93	26.88	27.83	-31.84	-27.75	0.27	0.48
235	张龙	华夏	2004/09~2010/01	66	2	26.03	29.10	30.03	38.72	-56.52	-68.61	0.78	0.68
236	魏镇江	华夏	2016/04~2020/05	51	7	4.45	2.81	4.45	15.83	-3.99	-30.56	0.66	0.08
237	曹庆	汇丰晋信	2012/08~2018/08	73	10	18.94	13.53	25.70	27.37	-40.53	-44.57	0.66	0.41
238	侯玉琦	汇丰晋信	2013/04~2020/06	88	1	16.90	13.88	26.52	26.14	-50.78	-48.44	0.56	0.46
239	廖志峰	汇丰晋信	2010/03~2013/05	40	2	-1.89	-3.07	17.40	21.31	-35.03	-33.01	-0.28	-0.29
240	林彤彤	汇丰晋信	1998/06~2013/12	183	7	17.52	7.99	30.88	30.05	-59.49	-68.61	0.49	0.17

附录七　离职基金经理与同期万得全A指数业绩对比表(按离职前任职公司排序):1998~2020年

续表

编号	基金经理	离职前任职公司	任职区间	任职时间(月)	管理基金数量(只)	年化收益率(%)	指数年化收益率(%)	年化波动率(%)	指数年化波动率(%)	最大回撤(%)	指数最大回撤(%)	年化夏普比率	指数年化夏普比率
241	邵骥咏	汇丰晋信	2009/05~2012/07	40	3	2.45	0.95	19.40	26.12	-29.68	-29.39	-0.02	-0.07
242	陈晓翔	汇添富	2009/01~2015/12	85	3	23.19	20.21	25.23	28.28	-28.48	-39.98	0.81	0.62
243	张晖	汇添富	2002/11~2007/11	48	3	40.60	27.47	23.49	31.96	-13.92	-36.44	1.71	0.77
244	韩贤旺	汇添富	2012/03~2018/12	83	2	7.48	9.41	31.51	26.51	-59.88	-48.44	0.17	0.27
245	欧阳沁春	汇添富	2007/06~2018/12	140	3	5.90	6.20	33.67	30.51	-72.38	-68.61	0.10	0.12
246	齐东超	汇添富	2009/07~2014/03	58	2	3.23	-2.53	19.54	23.39	-25.17	-34.26	0.02	-0.23
247	苏竞	汇添富	2007/10~2013/10	74	3	-2.68	-3.44	24.64	32.15	-54.62	-68.15	-0.23	-0.20
248	叶从飞	汇添富	2012/03~2018/12	83	3	6.81	9.41	27.72	26.51	-57.10	-48.44	0.17	0.27
249	曾刚	汇添富	2015/11~2020/08	59	9	9.62	5.18	5.43	22.24	-1.78	-34.44	1.50	0.17
250	周睿	汇添富	2012/03~2019/03	86	2	15.47	13.15	27.11	26.95	-48.64	-48.44	0.49	0.41
251	佘中强	汇添富	2013/07~2019/07	68	4	15.88	18.23	24.94	24.55	-38.80	-48.44	0.57	0.64
252	刘天君	嘉实	2006/08~2013/05	83	4	23.61	18.40	26.01	35.18	-50.20	-68.61	0.79	0.44
253	霍琳琳	嘉实	2014/02~2017/10	46	5	17.81	23.86	21.97	30.81	-31.71	-44.57	0.72	0.71
254	丁杰人	嘉实	2011/10~2017/11	72	3	19.45	14.92	29.98	28.20	-49.73	-44.57	0.58	0.47
255	忻怡	嘉实	2006/12~2010/09	47	2	20.53	24.74	29.49	43.11	-56.55	-68.61	0.61	0.51
256	顾义河	嘉实	2009/06~2014/10	66	2	7.03	5.89	18.18	23.70	-32.34	-34.26	0.23	0.13
257	郭东谋	嘉实	2014/04~2018/06	52	6	11.84	17.42	13.81	29.61	-22.32	-44.57	0.72	0.53
258	焦云	嘉实	2009/12~2017/10	83	4	3.56	3.23	24.85	27.49	-38.26	-44.57	0.05	-0.07
259	党开宇	嘉实	2005/01~2010/05	63	6	29.82	32.34	22.19	38.82	-21.94	-68.61	1.27	0.76

续表

编号	基金经理	离职前任职公司	任职区间	任职时间（月）	管理基金数量（只）	年化收益率（%）	指数年化收益率（%）	年化波动率（%）	指数年化波动率（%）	最大回撤（%）	指数最大回撤（%）	年化夏普比率	指数年化夏普比率
260	孙林	嘉实	2003/01~2007/03	52	2	31.40	19.90	19.71	25.20	-15.44	-43.54	1.48	0.70
261	刘美玲	嘉实	2013/12~2020/07	81	5	11.62	15.72	27.09	26.40	-57.78	-48.44	0.36	0.53
262	齐海滔	嘉实	2009/03~2020/06	119	4	17.81	14.53	24.94	26.70	-41.89	-48.44	0.64	0.49
263	邵秋涛	嘉实	2010/11~2020/05	116	5	10.48	7.58	24.35	24.49	-37.34	-48.44	0.34	0.22
264	陶羽	嘉实	2009/03~2017/06	101	2	10.24	13.28	29.08	27.98	-42.79	-44.57	0.27	0.38
265	詹凌蔚	嘉实	2002/09~2014/03	106	4	16.40	8.11	23.23	30.90	-54.86	-68.15	0.61	0.24
266	李帅	嘉实	2015/07~2020/09	64	2	15.61	4.00	21.77	24.08	-33.03	-34.44	0.65	0.10
267	吴云峰	嘉实	2014/11~2020/05	68	5	10.32	8.94	24.94	27.53	-43.13	-48.44	0.36	0.27
268	魏上云	嘉实	2002/01~2006/07	52	2	7.17	-3.35	16.11	23.13	-28.26	-50.22	0.32	-0.14
269	徐狄	嘉实	2000/06~2006/11	79	3	14.22	0.54	20.51	22.36	-20.95	-61.69	0.61	0.01
270	邵健	嘉实	2004/04~2015/06	136	3	21.50	20.64	25.31	31.96	-56.20	-68.61	0.74	0.56
271	陈勤	嘉实	2006/10~2015/05	102	4	22.52	25.73	24.54	33.67	-48.42	-68.61	0.82	0.75
272	张弢	嘉实	2009/01~2015/03	76	5	24.45	20.22	19.05	25.37	-22.23	-34.26	1.15	0.68
273	赵勇	嘉实	2009/08~2014/06	60	2	-0.86	2.73	13.73	20.87	-30.31	-34.26	-0.28	-0.01
274	顾中汉	建信	2011/10~2017/02	66	4	10.20	15.79	25.20	29.22	-36.24	-44.57	0.30	0.45
275	李华	建信	2001/09~2007/09	48	4	39.90	32.58	20.88	30.67	-12.92	-31.78	1.85	0.97
276	马志强	建信	2008/12~2015/04	74	5	22.57	27.48	23.11	26.97	-20.61	-34.26	0.87	0.96
277	王新艳	建信	2002/11~2013/11	117	6	17.40	11.05	23.79	30.61	-57.63	-68.61	0.63	0.30
278	田擎	建信	2004/02~2010/03	52	3	-8.38	-12.33	28.01	35.89	-67.34	-68.15	-0.40	-0.41

附录七 离职基金经理与同期万得全A指数业绩对比表(按离职前任职公司排序):1998~2020年

续表

编号	基金经理	离职前任职公司	任职区间	任职时间(月)	管理基金数量(只)	年化收益率(%)	指数年化收益率(%)	年化波动率(%)	指数年化波动率(%)	最大回撤(%)	指数最大回撤(%)	年化夏普比率	指数年化夏普比率
279	万志勇	建信	2008/10~2015/08	80	8	14.45	19.40	20.14	28.35	-28.06	-36.20	0.59	0.62
280	汪沛	建信	2007/03~2011/04	51	1	12.98	14.89	33.97	40.41	-59.26	-68.61	0.30	0.30
281	徐杰	建信	2008/03~2011/06	41	1	0.58	4.55	27.66	35.69	-49.11	-57.51	-0.08	0.05
282	许杰	建信	2010/02~2020/06	121	8	7.80	8.08	20.37	24.82	-37.05	-48.44	0.28	0.27
283	钟敬棣	建信	2013/09~2018/04	57	1	10.25	16.49	5.29	28.18	-4.03	-44.57	1.56	0.51
284	朱建华	建信	2016/03~2019/07	42	3	0.71	1.12	3.14	16.42	-4.76	-30.56	-0.25	-0.02
285	盖婷婷	交银施罗德	2015/07~2018/08	39	3	13.26	-5.24	16.99	25.68	-21.16	-29.50	0.69	-0.26
286	郑拓	交银施罗德	2005/04~2009/07	50	5	35.41	35.24	29.33	38.17	-51.61	-68.61	1.14	0.73
287	管华雨	交银施罗德	2007/05~2015/04	93	7	13.76	13.45	24.24	32.15	-51.26	-68.61	0.45	0.28
288	崔海峰	交银施罗德	2003/01~2010/05	86	7	27.70	24.33	25.78	33.62	-38.94	-68.61	1.01	0.69
289	李立	交银施罗德	2007/04~2012/04	62	2	3.82	2.99	28.80	35.33	-55.25	-68.61	0.03	0.00
290	李旭利	交银施罗德	2000/03~2009/05	104	8	10.69	3.53	25.51	30.67	-55.77	-68.61	0.33	-0.04
291	龙向东	交银施罗德	2012/08~2015/08	38	1	21.88	27.33	29.53	29.78	-36.99	-36.20	0.64	0.82
292	史伟	交银施罗德	2005/11~2013/05	80	3	30.54	33.82	26.10	30.43	-29.87	-51.55	1.08	1.01
293	唐倩	交银施罗德	2011/04~2018/06	84	3	15.88	5.81	26.38	26.80	-48.99	-44.57	0.52	0.15
294	张媚钗	交银施罗德	2010/06~2014/09	53	1	2.21	8.23	15.83	20.51	-27.76	-33.01	-0.05	0.25
295	林华显	金鹰	2011/03~2015/02	49	1	1.04	10.14	15.12	20.77	-32.48	-31.71	-0.14	0.34
296	彭培祥	金鹰	2009/07~2013/03	46	2	-8.93	-4.27	25.81	23.80	-50.50	-34.26	-0.46	-0.30
297	杨绍基	金鹰	2008/12~2015/01	74	4	12.86	18.54	20.37	24.94	-39.07	-34.26	0.49	0.63

续表

编号	基金经理	离职前任职公司	任职区间	任职时间（月）	管理基金数量（只）	年化收益率（%）	指数年化收益率（%）	年化波动率（%）	指数年化波动率（%）	最大回撤（%）	指数最大回撤（%）	年化夏普比率	指数年化夏普比率
298	于利强	金鹰	2015/01~2019/12	61	8	9.34	7.51	20.35	28.47	-38.42	-48.44	0.38	0.21
299	冼鸿鹏	金鹰	2010/12~2017/10	84	2	1.52	11.42	37.15	26.58	-63.06	-44.57	-0.03	0.33
300	侯斌	金元顺安	2010/12~2018/08	93	5	0.40	6.98	18.83	25.61	-39.67	-44.57	-0.11	0.18
301	黄奕	金元顺安	2009/05~2013/03	48	3	0.39	3.17	16.28	25.46	-28.02	-34.26	-0.15	0.01
302	潘江	金元顺安	2009/03~2014/02	57	3	6.72	9.46	19.41	24.83	-19.58	-34.26	0.21	0.34
303	李学文	景顺长城	2003/08~2007/08	48	4	52.81	43.25	25.42	31.70	-16.26	-43.54	2.03	1.28
304	李志嘉	景顺长城	2006/06~2010/04	48	2	25.45	32.49	34.98	42.59	-55.79	-68.61	0.64	0.69
305	陈晖	景顺长城	2006/12~2013/11	85	2	8.74	13.66	28.32	34.88	-62.09	-68.61	0.20	0.30
306	邓春鸣	景顺长城	2007/09~2014/09	86	4	-4.05	0.14	25.02	30.33	-56.97	-68.61	-0.28	-0.09
307	杨兵兵	景顺长城	2003/10~2007/08	48	2	44.64	43.28	21.42	31.26	-9.57	-43.54	1.98	1.31
308	贾殿村	景顺长城	2012/11~2016/04	43	3	14.91	27.37	36.25	34.44	-54.02	-44.57	0.34	0.72
309	刘晓明	景顺长城	2014/11~2020/04	67	5	10.80	8.97	19.42	27.74	-32.13	-48.44	0.47	0.26
310	唐咸德	景顺长城	2008/09~2014/09	68	2	13.99	11.48	23.11	27.68	-34.15	-34.26	0.49	0.33
311	王鹏辉	景顺长城	2007/09~2014/12	89	5	7.84	3.22	28.32	30.27	-61.44	-68.61	0.17	0.01
312	张继荣	景顺长城	2004/07~2015/06	104	7	2.68	-0.70	21.64	29.96	-54.35	-67.56	-0.01	0.03
313	黄敬东	九泰	2006/09~2015/11	45	6	27.41	10.55	32.22	42.35	-54.13	-57.73	0.80	0.33
314	王玥晰	九泰	2015/08~2018/11	41	10	-2.66	-2.00	5.47	24.10	-12.13	-32.54	-0.76	-0.15
315	蔡锋亮	民生加银	2011/04~2016/06	64	5	15.22	12.05	31.02	30.09	-40.57	-44.57	0.40	0.31
316	黄钦来	民生加银	2003/11~2010/10	50	4	13.34	8.65	18.72	26.88	-16.68	-43.54	0.61	0.20

附录七　离职基金经理与同期万得全A指数业绩对比表(按离职前任职公司排序):1998~2020年

续表

编号	基金经理	离职前任职公司	任职区间	任职时间(月)	管理基金数量(只)	年化收益率(%)	指数年化收益率(%)	年化波动率(%)	指数年化波动率(%)	最大回撤(%)	指数最大回撤(%)	年化夏普比率	指数年化夏普比率
317	黄一明	民生加银	2013/08~2020/05	66	7	10.06	19.57	27.52	28.02	-37.19	-48.44	0.30	0.63
318	江国华	民生加银	2011/12~2015/02	40	2	9.69	21.20	21.12	20.75	-16.79	-17.71	0.31	0.88
319	刘旭明	民生加银	2014/09~2019/02	52	12	11.02	16.01	20.99	30.75	-29.90	-48.44	0.45	0.46
320	宋磊	民生加银	2009/12~2018/02	75	8	10.14	4.94	22.57	27.47	-25.09	-44.57	0.36	0.09
321	吴剑飞	民生加银	2005/04~2018/10	136	4	18.40	22.27	26.91	33.22	-57.49	-68.61	0.60	0.57
322	项志群	摩根士丹利华鑫	2005/03~2010/08	49	3	44.38	49.71	27.32	32.23	-17.88	-44.30	1.57	1.45
323	何滨	摩根士丹利华鑫	2008/04~2013/07	65	2	6.11	-1.15	21.05	31.42	-32.76	-57.51	0.15	-0.13
324	刘钊	摩根士丹利华鑫	2012/07~2015/07	38	4	34.66	31.64	27.72	28.04	-21.47	-24.63	1.15	1.03
325	钱斌	摩根士丹利华鑫	2010/07~2014/08	47	4	6.56	5.42	17.83	20.12	-22.36	-29.06	0.20	-0.08
326	盛军锋	摩根士丹利华鑫	2009/07~2014/02	49	4	6.11	4.81	21.05	24.51	-28.79	-34.26	0.16	0.05
327	司巍	摩根士丹利华鑫	2015/01~2018/11	48	3	-6.81	2.85	31.38	30.16	-70.16	-46.95	-0.27	0.04
328	孙海波	摩根士丹利华鑫	2013/10~2017/05	45	6	9.72	21.38	26.39	31.38	-45.81	-44.57	0.29	0.61
329	蔡望鹏	南方	2015/01~2020/01	62	2	8.99	7.34	24.65	28.23	-36.66	-48.44	0.30	0.20

· 307 ·

续表

编号	基金经理	离职前任职公司	任职区间	任职时间（月）	管理基金数量（只）	年化收益率（%）	指数年化收益率（%）	年化波动率（%）	指数年化波动率（%）	最大回撤（%）	指数最大回撤（%）	年化夏普比率	指数年化夏普比率
330	杜冬松	南方	2012/03~2016/02	49	12	9.08	17.19	23.92	32.04	-29.29	-44.57	0.27	0.45
331	蒋朋宸	南方	2008/04~2015/05	87	8	9.91	15.47	25.36	30.41	-45.85	-57.51	0.28	0.41
332	李源海	南方	2006/02~2015/01	105	10	14.04	24.76	14.38	32.21	-29.00	-68.61	0.78	0.67
333	刘霄汉	南方	2010/05~2018/05	94	10	12.08	7.39	19.24	22.89	-39.97	-33.01	0.51	0.31
334	马北雁	南方	2008/04~2014/03	73	4	-5.75	0.23	20.19	29.95	-43.82	-57.51	-0.43	-0.09
335	彭砚	南方	2010/06~2015/06	55	8	18.02	22.78	26.73	23.93	-29.64	-33.01	0.58	0.86
336	苏彦祝	南方	2006/11~2010/01	40	2	33.07	34.51	39.35	46.05	-58.78	-68.61	0.76	0.68
337	谈建强	南方	2006/12~2015/06	104	8	19.14	21.78	27.08	33.78	-60.68	-68.61	0.60	0.56
338	汪澂	南方	2002/05~2013/10	139	8	12.36	11.23	27.02	30.92	-59.49	-68.61	0.36	0.28
339	王宏远	南方	1999/08~2008/03	64	8	39.90	31.56	45.13	31.68	-34.24	-60.08	0.84	0.93
340	蒋峰	南方	2003/11~2012/11	91	6	13.31	11.26	21.92	24.07	-34.18	-43.54	0.49	0.36
341	陈键	南方	2005/04~2015/12	130	6	21.35	24.18	25.28	33.00	-48.20	-68.61	0.74	0.65
342	付柏瑞	农银汇理	2009/04~2014/03	61	1	6.60	4.36	19.99	24.62	-31.06	-34.26	0.19	0.06
343	顾旭俊	农银汇理	2016/03~2019/07	42	3	-0.46	1.12	12.68	16.42	-27.09	-30.56	-0.15	-0.02
344	郭世凯	农银汇理	2014/01~2019/12	73	5	8.48	14.23	27.33	27.00	-51.84	-48.44	0.24	0.46
345	栾杰	农银汇理	2003/07~2011/03	84	5	35.24	29.38	21.52	32.96	-22.57	-67.10	1.55	0.91
346	李洪雨	农银汇理	2008/09~2014/09	70	3	3.36	10.21	20.94	27.36	-38.12	-34.26	0.02	0.30
347	凌晨	农银汇理	2013/11~2017/02	41	4	10.37	23.92	30.89	32.69	-42.68	-44.57	0.27	0.67
348	盛震山	诺安	2015/09~2018/12	41	7	11.69	-1.66	19.82	24.03	-26.10	-34.44	0.51	-0.13

附录七　离职基金经理与同期万得全A指数业绩对比表（按离职前任职公司排序）：1998~2020年

续表

编号	基金经理	离职前任职公司	任职区间	任职时间（月）	管理基金数量（只）	年化收益率（%）	指数年化收益率（%）	年化波动率（%）	指数年化波动率（%）	最大回撤（%）	指数最大回撤（%）	年化夏普比率	指数年化夏普比率
349	李嘉	诺安	2014/06~2018/05	49	3	9.67	19.49	31.39	30.13	-52.19	-44.57	0.25	0.59
350	林健标	诺安	2008/01~2011/04	41	3	0.66	0.82	24.24	37.17	-41.51	-64.72	-0.09	-0.05
351	刘红辉	诺安	2008/05~2018/12	125	3	6.64	6.36	21.07	29.39	-46.10	-54.05	0.20	0.09
352	刘魁	诺安	2012/05~2015/10	39	6	24.07	27.51	25.13	31.87	-31.44	-39.98	0.88	0.77
353	王永宏	诺安	2009/03~2013/03	40	2	2.15	5.53	27.54	27.32	-41.21	-34.26	-0.02	0.16
354	夏俊杰	诺安	2010/03~2017/02	85	3	11.06	10.30	19.62	27.66	-33.62	-44.57	0.43	0.28
355	邹翔	诺安	1999/07~2015/01	96	4	8.13	12.71	20.74	26.48	-52.98	-51.55	0.26	0.17
356	王赟	诺德	2015/08~2020/02	56	1	9.32	4.28	25.01	23.12	-37.90	-34.44	0.31	0.12
357	向朝勇	诺德	2005/02~2012/05	78	5	3.07	4.23	27.97	33.38	-65.97	-68.61	0.01	0.07
358	周勇	诺德	2012/06~2015/06	38	2	34.32	35.05	27.73	26.31	-15.36	-15.00	1.13	1.22
359	胡东健	鹏华	2015/06~2019/06	50	4	-0.48	-4.59	22.98	26.66	-31.60	-42.38	-0.09	-0.23
360	黄鑫	鹏华	2007/08~2015/08	98	4	1.74	5.94	25.99	32.09	-55.65	-68.61	-0.05	0.09
361	冀洪涛	鹏华	2005/09~2011/11	71	2	37.46	37.04	28.18	35.18	-30.70	-68.61	1.25	1.12
362	林宇坤	鹏华	2007/08~2010/08	38	2	-4.44	-4.92	32.01	40.36	-58.12	-68.61	-0.24	-0.20
363	程世杰	鹏华	2005/05~2015/06	123	5	21.13	27.07	25.41	32.41	-56.96	-68.61	0.73	0.75
364	黄中	鹏华	2001/09~2006/10	63	1	8.10	-0.05	15.19	22.70	-26.28	-51.50	0.39	-0.10
365	易贵海	鹏华	2003/01~2007/07	54	3	34.25	34.74	19.46	29.27	-13.08	-43.54	1.68	1.17
366	吴昱村	鹏华	2009/07~2012/12	43	1	-7.01	-4.88	19.02	24.33	-34.47	-34.26	-0.52	-0.32
367	谢可	鹏华	2009/10~2014/06	58	1	-4.84	-0.26	17.50	20.67	-32.62	-34.26	-0.44	-0.16

续表

编号	基金经理	离职前任职公司	任职区间	任职时间（月）	管理基金数量（只）	年化收益率（%）	指数年化收益率（%）	年化波动率（%）	指数年化波动率（%）	最大回撤（%）	指数最大回撤（%）	年化夏普比率	指数夏普比率
368	张卓	鹏华	2007/08~2017/06	120	4	4.50	6.53	24.64	31.57	-59.57	-68.61	0.07	0.12
369	郑川江	鹏华	2015/06~2019/06	50	6	-5.14	-4.59	20.93	26.66	-31.83	-42.38	-0.32	-0.23
370	周恩源	鹏华	2016/02~2019/07	43	10	3.41	5.90	1.97	18.47	-2.30	-30.56	0.97	0.24
371	刘俊廷	平安	2015/07~2020/08	63	32	0.78	5.24	24.82	24.12	-49.46	-34.44	-0.03	0.15
372	孙健	平安	2012/09~2018/02	67	26	10.30	17.91	12.60	28.23	-15.67	-44.57	0.64	0.56
373	汪澳	平安	2016/09~2020/07	48	12	8.01	6.90	10.63	17.83	-15.95	-30.56	0.61	0.30
374	施旭	平安	2016/05~2019/10	43	38	6.16	2.02	8.70	16.19	-19.39	-30.56	0.54	0.03
375	蒋建伟	浦银安盛	2010/07~2020/06	121	6	12.28	9.25	31.27	24.42	-68.05	-48.44	0.32	0.29
376	丁骏	前海开源	2006/12~2020/04	140	7	8.61	14.18	22.91	32.42	-56.84	-68.61	0.28	0.34
377	唐文杰	前海开源	2009/07~2014/12	44	2	-6.99	6.99	22.04	23.65	-32.44	-24.44	-0.45	0.24
378	徐立平	前海开源	2014/09~2018/02	43	5	14.42	17.31	22.10	31.61	-25.64	-44.57	0.57	0.49
379	赵誉平	前海开源	2016/01~2020/06	55	8	6.76	7.20	10.05	17.56	-17.01	-30.56	0.52	0.32
380	陈鹤明	融通	2006/11~2013/01	53	3	18.70	27.51	33.35	41.37	-60.47	-68.61	0.47	0.59
381	管文浩	融通	2004/06~2013/01	89	4	11.01	9.95	28.97	33.07	-74.30	-68.61	0.29	0.21
382	郭恒	融通	2011/03~2014/08	43	1	2.05	-0.15	21.07	20.04	-33.14	-31.71	-0.05	-0.17
383	付伟琦	融通	2015/06~2020/01	57	5	11.20	-2.58	21.57	25.17	-24.65	-42.38	0.45	-0.16
384	郝继伦	融通	2001/09~2010/01	71	2	13.73	9.95	25.61	37.01	-55.72	-68.61	0.44	0.14
385	易万军	融通	2003/09~2007/02	43	1	25.83	24.65	18.13	26.34	-23.45	-43.54	1.30	0.85
386	刘模林	融通	2004/03~2011/03	86	3	20.96	19.83	26.65	35.76	-53.38	-68.61	0.69	0.48

附录七 离职基金经理与同期万得全 A 指数业绩对比表(按离职前任职公司排序):1998~2020 年

续表

编号	基金经理	离职前任职公司	任职区间	任职时间(月)	管理基金数量(只)	年化收益率(%)	指数年化收益率(%)	年化波动率(%)	指数年化波动率(%)	最大回撤(%)	指数最大回撤(%)	年化夏普比率	指数年化夏普比率
387	鲁万峰	融通	2007/09~2011/12	53	2	-18.41	-8.38	30.44	35.15	-65.08	-68.61	-0.70	-0.32
388	汪忠远	融通	2010/04~2014/10	56	2	-0.55	4.69	14.91	20.74	-29.92	-33.01	-0.24	0.08
389	吴巍	融通	2011/04~2014/10	44	3	0.23	3.60	14.43	20.46	-19.84	-30.76	-0.20	0.02
390	张野	融通	2005/05~2009/04	49	1	33.53	39.28	37.06	40.18	-69.32	-68.61	0.83	0.90
391	姚昆	融通	2012/07~2015/07	38	1	21.42	31.64	21.65	28.04	-17.21	-24.63	0.86	1.03
392	周珺	融通	2012/01~2015/03	40	3	20.61	26.11	19.11	22.84	-16.71	-17.71	0.92	1.01
393	蔡文	山西	2014/10~2020/03	56	3	10.58	11.11	21.63	26.39	-34.16	-48.44	0.42	0.36
394	林鹏	上海东方	2014/09~2020/04	69	8	23.54	10.69	18.87	27.55	-23.71	-48.44	1.16	0.33
395	孙延群	上投摩根	2004/06~2009/06	58	3	39.81	30.30	30.33	38.96	-55.19	-68.61	1.24	0.72
396	董红波	上投摩根	2007/02~2015/01	91	4	16.92	22.14	28.64	29.77	-34.61	-59.41	0.49	0.59
397	黄栋	上投摩根	2015/06~2019/11	55	3	1.71	-4.33	22.47	25.37	-32.63	-42.38	0.01	-0.23
398	吕俊	上投摩根	2002/05~2007/07	60	4	44.96	30.94	24.75	29.08	-10.99	-50.22	1.76	0.97
399	罗建辉	上投摩根	2009/10~2015/01	64	4	4.43	8.41	16.14	21.18	-26.83	-34.26	0.09	0.26
400	孟亮	上投摩根	2012/03~2019/02	80	8	12.49	11.36	23.79	23.37	-43.21	-34.44	0.44	0.44
401	帅虎	上投摩根	2014/12~2019/03	53	3	11.84	8.61	34.42	30.21	-53.40	-48.44	0.30	0.23
402	王孝德	上投摩根	2007/04~2014/11	89	3	13.74	13.20	23.75	29.82	-34.07	-68.61	0.46	0.38
403	冯刚	上投摩根	2006/06~2014/11	87	3	27.83	21.29	30.76	34.71	-60.81	-68.61	0.82	0.56
404	王振州	上投摩根	2007/11~2011/11	50	3	-2.58	-3.09	29.54	35.38	-57.70	-67.56	-0.19	-0.17
405	许俊哲	上投摩根	2015/04~2018/05	39	1	-8.86	-4.23	30.81	28.62	-49.39	-44.57	-0.34	-0.20

续表

编号	基金经理	离职前任职公司	任职区间	任职时间（月）	管理基金数量（只）	年化收益率（%）	指数年化收益率（%）	年化波动率（%）	指数年化波动率（%）	最大回撤（%）	指数最大回撤（%）	年化夏普比率	指数年化夏普比率
406	杨安乐	上投摩根	2007/08~2013/05	71	1	-4.03	-2.65	30.71	32.05	-63.47	-68.61	-0.23	-0.18
407	张飞	上投摩根	2015/01~2018/01	38	2	13.48	13.23	36.06	32.77	-48.13	-44.57	0.33	0.35
408	赵艮申	上投摩根	2013/08~2017/07	46	3	29.20	29.46	31.15	27.12	-40.13	-44.57	0.89	0.97
409	常永涛	申万菱信	2003/12~2009/08	59	3	27.59	34.24	33.39	40.55	-61.53	-68.61	0.76	0.79
410	古平	申万菱信	2010/10~2015/10	42	5	1.28	2.70	2.49	29.64	-6.07	-39.98	-0.66	-0.01
411	刘忠勋	申万菱信	2011/08~2015/04	46	2	23.02	24.00	25.49	24.54	-29.11	-23.84	0.78	0.85
412	欧庆铃	申万菱信	2005/10~2015/08	106	6	11.18	12.17	24.45	31.98	-42.35	-68.15	0.35	0.31
413	谭涛	申万菱信	2011/06~2015/06	50	1	18.51	21.73	24.17	25.44	-22.69	-28.08	0.64	0.73
414	魏立	申万菱信	2009/06~2012/07	39	2	-4.70	-2.77	25.56	25.61	-37.51	-29.39	-0.29	-0.22
415	袁英杰	申万菱信	2017/01~2020/03	40	10	6.63	-0.74	15.92	16.94	-28.63	-30.56	0.32	-0.13
416	徐爽	申万菱信	2008/01~2015/05	90	3	12.74	13.16	24.85	30.84	-47.12	-64.72	0.39	0.33
417	丁杰科	申万菱信	2016/03~2019/03	38	4	3.30	2.77	2.75	16.77	-2.28	-30.56	0.65	0.08
418	赵梓峰	太平	2007/03~2016/02	65	2	3.31	13.68	33.51	42.68	-58.75	-68.61	0.02	0.26
419	陈丹琳	泰达宏利	2014/01~2019/07	68	3	7.87	14.06	26.84	27.85	-55.93	-48.44	0.22	0.44
420	陈桥宁	泰达宏利	2011/03~2014/10	45	3	-1.40	3.13	18.14	20.24	-30.65	-31.71	-0.25	0.00
421	邓艺颖	泰达宏利	2011/06~2018/12	92	6	6.49	5.93	27.59	26.01	-55.12	-48.44	0.15	0.14
422	丁宇佳	泰达宏利	2015/06~2018/10	42	14	3.80	-11.92	5.82	26.49	-10.56	-40.71	0.39	-0.51
423	李泽刚	泰达宏利	2005/09~2009/05	46	3	28.88	41.01	31.17	41.27	-62.25	-68.61	0.83	0.92
424	庞宝臣	泰达宏利	2016/08~2019/12	42	12	4.89	1.27	12.27	16.63	-23.93	-30.56	0.28	-0.01

附录七　离职基金经理与同期万得全A指数业绩对比表(按离职前任职公司排序):1998~2020年

续表

编号	基金经理	离职前任职公司	任职区间	任职时间(月)	管理基金数量(只)	年化收益率(%)	指数年化收益率(%)	年化波动率(%)	指数年化波动率(%)	最大回撤(%)	指数最大回撤(%)	年化夏普比率	指数年化夏普比率
425	刘青山	泰达宏利	2003/04~2013/01	119	2	21.24	13.15	27.76	32.16	-57.54	-68.61	0.67	0.35
426	吴俊峰	泰达宏利	2009/03~2014/08	67	3	8.27	7.67	22.21	23.83	-26.64	-34.26	0.24	0.20
427	梁辉	泰达宏利	2005/04~2015/03	121	10	21.50	24.49	23.88	31.85	-52.19	-68.61	0.78	0.68
428	彭一博	泰康	2012/01~2017/11	68	8	19.34	23.31	16.37	25.25	-15.07	-44.57	1.07	0.80
429	崔海鸿	泰信	2005/10~2009/12	47	3	23.68	31.92	30.86	39.86	-38.37	-68.61	0.71	0.61
430	戴宇虹	泰信	2012/03~2016/11	58	3	14.67	20.46	31.55	30.29	-50.77	-44.57	0.39	0.59
431	刘强	泰信	2007/02~2012/11	71	1	2.35	6.70	34.57	35.69	-64.42	-68.61	-0.02	0.10
432	刘毅	泰信	2010/12~2014/05	43	2	-1.37	-3.38	18.70	19.57	-25.73	-31.71	-0.24	-0.33
433	柳菁	泰信	2009/04~2015/08	78	2	14.74	13.90	28.33	27.74	-40.43	-36.20	0.42	0.40
434	袁园	泰信	2012/03~2014/05	66	1	10.04	17.46	29.17	28.67	-55.30	-44.57	0.26	0.53
435	姜文涛	天弘	2005/04~2016/10	81	10	28.22	34.36	24.23	31.72	-23.81	-51.55	1.09	1.14
436	王林	天弘	2015/12~2018/12	38	4	-1.57	-11.35	5.18	22.20	-14.65	-34.44	-0.59	-0.58
437	肖志刚	天弘	2013/09~2019/07	72	7	7.67	12.79	24.56	27.23	-49.32	-48.44	0.23	0.40
438	秦海燕	天治	2010/05~2015/05	62	2	19.43	22.13	21.01	23.97	-27.60	-33.01	0.78	0.80
439	吴涛	天治	2008/04~2011/08	42	2	-2.47	1.95	26.16	35.32	-47.33	-57.51	-0.20	-0.02
440	谢京	天治	2005/08~2010/04	58	1	31.13	37.01	29.03	39.84	-55.54	-68.61	0.97	0.86
441	曾海	天治	2015/06~2019/02	46	1	-16.55	-5.97	25.49	27.26	-55.05	-42.38	-0.71	-0.27
442	刘芳洁	万家	2007/07~2014/10	83	4	4.11	0.86	23.65	30.73	-47.97	-68.61	0.05	0.00
443	吕宜振	万家	2006/11~2012/12	63	5	20.59	29.07	29.33	34.71	-30.73	-51.55	0.63	0.72

·313·

续表

编号	基金经理	离职前任职公司	任职区间	任职时间（月）	管理基金数量（只）	年化收益率（%）	指数年化收益率（%）	年化波动率（%）	指数年化波动率（%）	最大回撤（%）	指数最大回撤（%）	年化夏普比率	指数年化夏普比率
444	孙远慧	万家	2016/03~2020/10	57	9	9.05	6.09	17.71	16.99	-21.44	-30.56	0.44	0.27
445	高翰昆	万家	2015/05~2018/07	40	25	4.18	-11.40	4.31	27.14	-3.80	-44.57	0.61	-0.48
446	朱颖	万家	2011/11~2015/01	40	2	0.85	16.93	16.72	21.18	-20.82	-17.71	-0.13	0.65
447	傅明笑	西部利得	2008/08~2014/11	70	3	1.88	12.32	17.71	26.81	-36.82	-34.26	-0.05	0.32
448	张维文	西部利得	2015/06~2018/09	41	6	1.65	-9.41	4.28	26.43	-5.31	-38.05	0.04	-0.41
449	王建强	先锋	2009/05~2019/05	90	8	4.66	7.00	26.12	23.44	-42.42	-34.26	0.08	0.18
450	王颢	先锋	2017/06~2020/06	38	8	2.13	3.43	16.54	17.86	-28.12	-30.56	0.04	0.11
451	蒋畅	新华	2001/02~2006/06	47	2	8.98	2.38	17.10	22.90	-22.56	-60.08	0.41	0.01
452	王卫东	新华	2008/07~2013/12	67	3	17.38	5.79	24.54	29.50	-28.46	-42.52	0.59	0.10
453	张霖	新华	2016/07~2019/07	38	2	-5.30	0.69	17.19	17.18	-37.29	-30.56	-0.40	-0.05
454	张永超	新华	2016/11~2020/05	44	11	1.12	-0.61	7.63	16.60	-9.86	-30.56	-0.05	-0.13
455	杜蜀鹏	信达澳银	2012/04~2015/12	46	4	17.83	24.99	31.75	29.13	-49.07	-39.98	0.47	0.76
456	曾昭雄	信达澳银	2003/04~2008/12	55	6	6.00	-5.44	29.74	36.99	-62.78	-68.61	0.12	-0.30
457	李朗伟	信达澳银	2016/01~2020/01	50	5	9.13	6.03	16.33	17.52	-24.22	-30.56	0.47	0.26
458	孔学峰	信达澳银	2016/10~2020/09	48	1	17.30	4.92	16.23	17.91	-21.87	-30.56	0.97	0.19
459	王战强	信达澳银	2008/07~2015/07	86	3	15.42	15.74	24.12	30.09	-32.75	-42.52	0.52	0.43
460	冯士祯	信达澳银	2015/05~2019/04	49	6	-6.24	-6.60	26.15	27.20	-47.39	-48.44	-0.30	-0.30
461	吴卫东	兴业	2015/01~2020/10	70	6	6.89	9.47	19.99	27.39	-35.24	-48.44	0.27	0.29
462	熊伟	兴业	2007/10~2019/01	82	3	-4.89	-6.28	22.69	29.06	-55.19	-68.15	-0.32	-0.32

附录七　离职基金经理与同期万得全A指数业绩对比表(按离职前任职公司排序):1998~2020年

续表

编号	基金经理	离职前任职公司	任职区间	任职时间(月)	管理基金数量(只)	年化收益率(%)	指数年化收益率(%)	年化波动率(%)	指数年化波动率(%)	最大回撤(%)	指数最大回撤(%)	年化夏普比率	指数年化夏普比率
463	陈锦泉	兴证全球	2011/05~2015/01	46	1	20.11	11.13	18.40	20.95	-20.63	-28.08	0.92	0.38
464	陈扬帆	兴证全球	2009/03~2014/12	71	2	13.11	12.79	24.04	24.06	-28.84	-34.26	0.43	0.41
465	王晓明	兴证全球	2005/11~2013/09	96	2	26.52	22.51	25.72	34.27	-43.85	-68.61	0.92	0.57
466	吴圣涛	兴证全球	2008/03~2018/06	116	6	6.99	6.40	24.86	30.43	-52.56	-57.51	0.19	0.11
467	杨大力	兴证全球	2008/12~2014/11	44	2	18.72	36.88	17.70	26.87	-17.20	-34.26	0.93	1.28
468	张惠萍	兴证全球	2008/01~2013/01	62	4	2.09	-2.29	23.99	32.25	-39.00	-64.72	-0.04	-0.16
469	蔡海洪	易方达	2011/09~2015/06	47	3	17.75	27.04	14.96	25.39	-10.75	-19.88	0.99	0.95
470	梁天喜	易方达	2004/04~2007/12	46	3	57.65	42.42	27.98	33.14	-13.46	-37.52	1.97	1.20
471	申华	易方达	2004/02~2007/12	48	1	50.90	38.91	26.05	33.09	-13.60	-43.54	1.86	1.10
472	何云峰	易方达	2008/01~2014/11	84	2	0.99	3.55	22.01	29.53	-47.09	-64.72	-0.09	0.02
473	侯清濯	易方达	2006/01~2012/08	81	3	17.44	21.72	25.80	35.82	-44.25	-68.61	0.56	0.52
474	肖坚	易方达	2002/03~2007/12	71	3	41.06	25.16	25.74	29.86	-14.99	-50.22	1.50	0.76
475	王义克	易方达	2014/12~2018/02	40	1	21.16	11.62	34.75	32.05	-46.55	-44.57	0.56	0.31
476	李文健	易方达	2011/01~2015/02	51	1	11.08	11.07	18.51	20.46	-21.06	-31.71	0.43	0.39
477	陈志民	易方达	2001/06~2011/03	120	4	22.22	9.97	25.27	32.76	-53.21	-68.61	0.80	0.26
478	梁裕宁	易方达	2016/01~2020/05	54	4	9.58	5.39	18.74	17.32	-34.43	-30.56	0.43	0.22
479	江作良	易方达	2001/06~2007/06	72	2	23.88	11.31	16.36	28.20	-8.89	-61.69	1.35	0.32
480	罗山	易方达	2013/01~2016/09	46	1	14.42	21.80	27.96	32.59	-36.27	-44.57	0.43	0.59
481	潘峰	易方达	2007/04~2014/11	93	1	6.82	7.02	27.30	31.07	-58.45	-68.61	0.14	0.13

· 315 ·

续表

编号	基金经理	离职前任职公司	任职区间	任职时间（月）	管理基金数量（只）	年化收益率（%）	指数年化收益率（%）	年化波动率（%）	指数年化波动率（%）	最大回撤（%）	指数最大回撤（%）	年化夏普比率	指数年化夏普比率
482	宋昆	易方达	2010/09~2018/12	101	5	7.31	6.04	30.70	25.37	-65.28	-48.44	0.16	0.14
483	吴欣荣	易方达	2004/02~2014/03	123	3	16.03	12.53	25.81	31.93	-53.94	-68.61	0.51	0.30
484	伍卫	易方达	2006/09~2011/09	61	6	21.83	22.38	30.78	39.01	-46.10	-68.61	0.63	0.50
485	肖林	易方达	2016/05~2019/08	41	2	7.52	1.64	6.61	16.60	-7.06	-30.56	0.91	0.01
486	马骏	易方达	2001/06~2007/12	80	2	29.18	17.47	23.14	29.75	-21.11	-61.69	1.16	0.51
487	林飞	易方达	2007/05~2015/05	101	1	11.73	20.20	33.05	33.37	-67.64	-68.61	0.26	0.52
488	韩宁	益民	2012/03~2016/06	53	3	10.03	19.97	27.02	31.66	-49.09	-44.57	0.27	0.55
489	侯燕琳	益民	2010/12~2014/08	42	3	-2.17	-1.60	17.95	18.60	-23.71	-27.69	-0.30	-0.34
490	蒋俊国	益民	2011/08~2015/05	47	1	8.68	27.48	21.61	25.18	-34.80	-23.84	0.26	0.97
491	李勇钢	益民	2011/09~2014/11	40	1	5.15	12.53	15.49	20.78	-23.97	-19.88	0.13	0.45
492	成胜	银河	2010/09~2015/05	58	4	37.00	22.04	30.48	23.97	-27.49	-33.01	1.11	0.79
493	刘凤华	银河	2007/01~2013/01	74	2	12.61	11.50	25.35	35.68	-51.42	-68.61	0.38	0.24
494	李昇	银华	2002/09~2009/07	85	4	24.58	19.58	24.28	34.54	-48.34	-68.61	0.92	0.49
495	陈秀峰	银华	2010/09~2017/02	79	1	2.81	12.38	22.31	27.73	-37.24	-44.57	0.01	0.35
496	郭建兴	银华	2009/12~2016/06	76	2	12.87	11.63	23.37	29.31	-39.81	-44.57	0.44	0.36
497	许翔	银华	2003/05~2009/10	75	4	25.25	21.85	29.56	36.90	-58.61	-68.61	0.79	0.58
498	沉群峰	银华	2006/09~2011/08	61	3	26.58	24.56	32.39	39.04	-58.19	-68.61	0.73	0.55
499	金斌	银华	2009/02~2013/06	54	2	8.72	7.75	17.90	27.13	-17.58	-34.26	0.33	0.18
500	刘春雨	银华	2012/04~2015/04	38	1	32.07	31.84	21.66	24.57	-16.72	-16.56	1.34	1.17

附录七 离职基金经理与同期万得全 A 指数业绩对比表(按离职前任职公司排序):1998~2020 年

续表

编号	基金经理	离职前任职公司	任职区间	任职时间(月)	管理基金数量(只)	年化收益率(%)	指数年化收益率(%)	年化波动率(%)	指数年化波动率(%)	最大回撤(%)	指数最大回撤(%)	年化复夏普比率	指数年化复夏普比率
501	路志刚	银华	2006/11~2010/08	39	2	8.69	25.46	36.69	43.71	-62.06	-54.73	0.16	0.44
502	陆文俊	银华	2006/07~2013/08	83	4	26.57	24.65	28.34	33.65	-36.56	-68.61	0.85	0.77
503	王鑫钢	银华	2013/02~2019/11	83	5	5.74	11.42	22.80	26.60	-52.17	-48.44	0.16	0.35
504	周可彦	银华	2008/02~2018/11	96	7	2.02	-2.61	24.03	30.06	-58.44	-64.72	-0.01	-0.15
505	邹积建	银华	2008/07~2016/06	71	2	21.97	20.49	31.19	34.02	-36.15	-44.57	0.63	0.56
506	袁忠伟	英大	2015/05~2019/10	55	10	5.68	-6.37	9.01	25.82	-19.19	-48.44	0.46	-0.31
507	张韦	英大	2005/12~2017/02	112	7	21.46	24.07	23.47	29.25	-41.17	-54.05	0.82	0.77
508	顾晓飞	长安	2014/08~2020/06	63	8	2.49	16.22	27.39	28.18	-55.83	-47.04	0.03	0.48
509	栾绍菲	长安	2015/05~2018/11	44	3	-1.62	-13.75	13.65	26.40	-28.33	-46.95	-0.23	-0.58
510	蒋劲刚	长城	2010/01~2019/05	114	9	3.47	7.29	15.37	25.52	-30.13	-48.44	0.07	0.19
511	杨毅平	长城	2002/03~2013/05	123	5	14.79	17.92	29.21	33.96	-60.78	-68.61	0.41	0.44
512	刘颖芳	长城	2010/01~2015/02	63	2	0.69	9.35	12.94	20.96	-24.27	-33.01	-0.18	0.30
513	秦玲萍	长城	2006/03~2009/04	40	1	39.70	42.75	33.85	44.64	-52.95	-68.61	1.08	0.89
514	史彦刚	长城	2013/04~2016/11	45	10	14.01	26.01	9.04	32.69	-4.43	-44.57	1.29	0.72
515	吴文庆	长城	2013/12~2017/02	40	8	13.90	25.79	16.27	32.95	-16.81	-44.57	0.72	0.72
516	徐九龙	长城	2008/02~2016/02	98	5	6.39	5.49	19.70	33.20	-46.83	-64.72	0.18	0.08
517	郑帮强	长城	2015/07~2018/07	38	4	7.97	-3.27	31.57	25.81	-31.12	-29.50	0.20	-0.19
518	邓永明	长盛	2006/05~2014/09	101	6	21.04	21.19	23.89	32.26	-36.01	-68.61	0.77	0.66
519	侯继雄	长盛	2007/10~2014/03	79	2	-0.47	-3.50	22.47	31.20	-55.19	-68.15	-0.16	-0.21
520	许彤	长盛	2004/10~2009/04	56	1	28.73	29.24	28.21	39.08	-55.66	-68.61	0.92	0.68

续表

编号	基金经理	离职前任职公司	任职区间	任职时间（月）	管理基金数量（只）	年化收益率（%）	指数年化收益率（%）	年化波动率（%）	指数年化波动率（%）	最大回撤（%）	指数最大回撤（%）	年化夏普比率	指数年化夏普比率
521	乔林建	长盛	2013/01~2017/10	56	7	22.92	26.41	20.35	26.28	-25.26	-36.22	1.04	0.99
522	宋炳山	长盛	2001/04~2008/06	62	5	-10.57	-18.66	18.55	26.78	-45.67	-61.69	-0.74	-0.95
523	田间	长盛	2013/07~2018/02	57	5	4.88	19.94	23.50	28.22	-50.01	-44.57	0.12	0.63
524	吴博文	长盛	2014/06~2019/05	57	5	9.19	14.40	23.84	28.36	-46.10	-48.44	0.32	0.67
525	肖强	长盛	2002/11~2010/02	78	5	16.58	19.78	26.02	36.94	-56.89	-68.61	0.55	0.38
526	许良胜	长盛	2002/04~2008/08	50	2	-18.92	-25.01	22.22	27.65	-58.16	-53.21	-0.98	-1.17
527	王宁	长盛	2001/07~2017/03	175	9	14.67	14.18	23.12	31.44	-52.32	-68.61	0.53	0.35
528	赵宏宇	长盛	2013/05~2019/07	76	8	7.65	12.22	19.92	27.44	-40.02	-48.44	0.29	0.37
529	闵昱	长盛	2002/06~2006/04	47	5	7.92	-7.60	15.32	20.33	-18.94	-50.22	0.40	-0.48
530	常松	长信	2008/11~2018/08	68	6	17.27	14.51	27.24	27.11	-26.70	-29.50	0.57	0.51
531	胡志宝	长信	2006/12~2015/02	100	4	10.45	17.49	27.51	32.77	-61.19	-68.61	0.27	0.44
532	胡倩	长信	2011/04~2015/02	48	3	7.94	10.71	21.12	20.97	-33.60	-30.76	0.23	0.36
533	李小羽	长信	2016/01~2019/01	37	4	-6.25	-1.26	10.96	15.68	-25.40	-30.56	-0.71	-0.18
534	宋小龙	长信	2006/12~2016/06	112	7	13.25	16.34	30.41	35.55	-53.52	-68.61	0.35	0.38
535	付勇	长信	2006/01~2012/10	80	3	28.07	24.13	31.96	35.87	-63.46	-68.61	0.80	0.63
536	普芒	长信	2006/11~2010/07	46	2	21.60	28.13	35.45	44.05	-60.99	-68.61	0.53	0.57
537	游海	招商	2007/01~2010/06	43	2	17.02	17.18	29.18	43.91	-46.05	-68.61	0.48	0.32
538	何文韬	招商	2014/04~2019/05	63	14	5.29	15.10	5.54	28.90	-7.85	-48.44	0.63	0.46
539	贺庆	招商	2003/04~2006/12	46	1	25.21	11.96	20.37	24.12	-18.06	-43.54	1.13	0.41
540	胡军华	招商	2005/08~2008/12	41	1	30.11	30.96	29.89	42.08	-51.64	-68.61	0.91	0.66

附录七　离职基金经理与同期万得全A指数业绩对比表(按离职前任职公司排序):1998~2020年

续表

编号	基金经理	离职前任职公司	任职区间	任职时间(月)	管理基金数量(只)	年化收益率(%)	指数年化收益率(%)	年化波动率(%)	指数年化波动率(%)	最大回撤(%)	指数最大回撤(%)	年化复普比率	指数年化复普比率
541	吕一凡	招商	2003/12~2014/12	72	14	30.20	31.31	23.33	31.18	-24.67	-48.70	1.22	1.05
542	孙振峰	招商	2009/07~2017/05	88	8	11.03	9.73	20.21	27.33	-27.23	-44.57	0.44	0.39
543	唐祝益	招商	2009/12~2014/12	57	4	7.00	7.23	18.86	22.27	-33.64	-34.26	0.22	0.17
544	涂冰云	招商	2008/03~2011/11	46	2	-4.13	-0.12	25.58	34.17	-38.50	-57.51	-0.27	-0.09
545	张冰	招商	2004/06~2011/06	86	3	20.30	22.50	28.36	35.24	-57.97	-68.61	0.62	0.56
546	袁野	招商	2007/03~2015/04	96	5	14.06	20.19	20.34	33.43	-45.57	-68.61	0.55	0.51
547	张慎平	招商	2008/01~2014/05	74	12	-6.78	-1.95	23.87	30.84	-51.60	-64.72	-0.41	-0.15
548	赵龙	招商	2006/08~2013/12	62	4	16.90	21.73	30.67	37.47	-58.89	-68.61	0.46	0.53
549	唐光英	浙江浙商	2015/08~2018/12	42	1	-10.73	-3.40	18.32	23.93	-40.22	-34.44	-0.67	-0.21
550	赵语涛	浙江浙商	2016/03~2019/03	39	3	-1.46	2.77	9.59	16.77	-17.54	-30.56	-0.31	0.08
551	姜培正	浙商	2011/05~2015/05	50	1	12.15	24.96	18.80	24.65	-23.67	-28.08	0.48	0.89
552	唐桦	浙商	2013/11~2019/01	60	2	-0.62	0.50	17.23	24.43	-31.49	-34.44	-0.15	0.08
553	陈志龙	浙商	2007/08~2014/09	66	3	7.91	0.89	24.40	32.90	-49.15	-68.61	0.21	-0.02
554	李道滢	中国人保	2015/06~2020/05	51	9	7.87	-3.01	16.60	27.17	-17.57	-42.38	0.39	-0.17
555	陈明星	中海	2010/03~2015/05	64	2	14.57	18.32	23.21	24.34	-38.92	-33.01	0.50	0.63
556	李延刚	中海	2008/01~2012/01	50	3	-8.32	-5.04	25.77	34.33	-50.10	-64.72	-0.44	-0.23
557	骆泽斌	中海	2011/11~2015/03	42	3	26.98	23.60	21.71	22.85	-13.66	-17.71	1.10	0.90
558	王雄辉	中海	2001/06~2008/03	67	3	11.49	7.76	22.60	30.54	-37.40	-61.69	0.42	0.04
559	夏春晖	中海	2010/12~2018/05	81	3	-7.93	-0.57	29.71	25.43	-56.84	-44.57	-0.36	-0.24
560	周其源	中海	2013/10~2016/11	39	1	19.79	27.71	26.11	33.31	-27.18	-44.57	0.67	0.76

续表

编号	基金经理	离职前任职公司	任职区间	任职时间(月)	管理基金数量(只)	年化收益率(%)	指数年化收益率(%)	年化波动率(%)	指数年化波动率(%)	最大回撤(%)	指数最大回撤(%)	年化夏普比率	指数年化夏普比率
561	笪菲	中海	2011/02~2014/10	46	2	-0.20	3.11	18.30	20.00	-27.05	-31.71	-0.18	0.00
562	郭党钰	中金	2015/06~2019/10	54	13	1.54	-4.07	20.43	25.61	-30.36	-42.38	0.00	-0.22
563	乐端祺	中科沃土	2011/11~2019/12	45	6	6.75	0.01	16.06	19.71	-20.22	-30.51	0.27	-0.14
564	曹剑飞	中欧	2008/08~2016/03	90	8	17.04	14.96	27.67	32.48	-45.48	-44.57	0.53	0.37
565	苟开红	中欧	2009/10~2015/05	68	4	20.12	18.48	20.45	24.00	-18.01	-34.26	0.84	0.65
566	刘晨	中欧	2012/08~2020/05	53	6	15.95	4.80	21.36	19.85	-24.22	-30.56	0.67	0.13
567	刘明月	中欧	2009/06~2016/11	87	7	4.34	4.93	33.54	27.81	-56.16	-44.57	0.05	0.01
568	卢博森	中欧	2016/12~2020/07	44	5	9.53	6.89	17.67	18.04	-23.08	-30.56	0.45	0.30
569	殷觅智	中欧	2002/11~2009/06	42	2	9.87	24.18	30.95	42.52	-62.64	-68.61	0.23	0.37
570	庄波	中欧	2015/03~2019/08	55	4	5.63	0.97	17.21	28.37	-29.37	-48.44	0.24	-0.02
571	姜涛	中融	2015/06~2020/04	60	18	2.82	-2.72	8.32	24.79	-20.50	-42.38	0.16	-0.17
572	解静	中融	2014/12~2020/04	66	7	3.00	7.00	20.32	27.58	-47.81	-48.44	0.07	0.20
573	秦娟	中融	2011/12~2017/07	60	4	5.73	13.00	5.73	23.39	-4.55	-29.50	0.58	0.45
574	易海波	中融	2017/01~2020/02	40	9	6.46	1.36	15.24	16.75	-22.50	-30.56	0.33	-0.01
575	岳爱民	中信保诚	2006/04~2009/06	40	2	31.43	43.50	28.31	44.07	-49.93	-68.61	1.00	0.92
576	黄小坚	中信保诚	2004/08~2014/02	91	5	24.61	19.84	23.82	28.04	-39.42	-51.55	0.95	0.71
577	刘浩	中信保诚	2008/06~2012/08	52	2	3.99	3.81	24.74	30.79	-31.86	-42.52	0.05	0.03
578	谭鹏万	中信保诚	2011/09~2015/05	45	3	28.89	30.53	26.59	24.76	-13.27	-19.88	0.97	1.11
579	杨建标	中信保诚	2011/03~2015/04	51	3	18.70	18.97	22.09	23.86	-29.64	-31.71	0.71	0.67
580	殷孝东	中信保诚	2016/12~2020/04	42	3	-0.23	0.80	12.12	16.75	-25.28	-30.56	-0.14	-0.04

附录七 离职基金经理与同期万得全A指数业绩对比表(按离职前任职公司排序):1998~2020年

续表

编号	基金经理	离职前任职公司	任职区间	任职时间(月)	管理基金数量(只)	年化收益率(%)	指数年化收益率(%)	年化波动率(%)	指数年化波动率(%)	最大回撤(%)	指数最大回撤(%)	年化复夏普比率	指数年化复夏普比率
581	张光成	中信保诚	2009/03~2019/10	126	6	11.87	11.56	24.02	26.29	-43.30	-48.44	0.41	0.34
582	张伟	中信保诚	2008/02~2020/09	46	3	5.81	3.71	29.93	36.15	-52.60	-64.72	0.12	0.03
583	罗众球	中银国际	2016/09~2019/09	38	8	1.37	-0.30	2.51	16.93	-3.00	-30.56	-0.05	-0.11
584	陈军	中银	2006/10~2020/01	161	9	13.09	15.04	23.99	31.28	-48.86	-68.61	0.44	0.40
585	甘霖	中银	2007/08~2015/07	97	5	8.44	7.94	22.26	31.75	-48.86	-68.61	0.25	0.16
586	辜岚	中银	2013/09~2020/02	79	5	7.74	12.66	25.60	26.12	-48.69	-48.44	0.23	0.41
587	李志磊	中银	2008/04~2011/09	43	2	6.57	-0.69	21.59	35.21	-26.46	-57.51	0.18	-0.10
588	史彬	中银	2012/07~2018/05	72	3	8.19	15.97	33.54	27.34	-63.26	-44.57	0.18	0.50
589	孙庆瑞	中银	2006/10~2013/07	83	4	17.00	15.70	24.21	35.74	-45.08	-68.61	0.58	0.35
590	吴域	中银	2007/08~2010/09	39	2	1.74	-4.44	27.94	39.81	-46.62	-68.61	-0.04	-0.19
591	俞岱曦	中银	2008/04~2011/08	42	2	1.07	1.95	27.67	35.32	-44.53	-57.51	-0.06	-0.02
592	张发余	中银	2010/08~2015/03	57	3	10.55	15.25	17.55	21.85	-33.65	-33.01	0.43	0.56
593	周小丹	中银	2010/11~2015/05	56	1	12.12	21.13	24.64	23.75	-29.13	-31.71	0.37	0.76
594	邓立新	中邮创业	2011/05~2017/08	77	5	5.23	12.72	30.12	27.57	-50.83	-44.57	0.09	0.37
595	纪云飞	中邮创业	2017/09~2020/09	46	2	7.81	5.71	17.15	18.17	-27.44	-30.56	0.37	0.23
596	任泽松	中邮创业	2012/12~2018/05	67	6	28.53	15.69	36.72	27.51	-48.06	-44.57	0.72	0.49
597	盛军	中邮创业	2008/01~2011/02	39	1	-3.92	1.25	36.84	38.18	-59.64	-64.72	-0.18	-0.04
598	许进财	中邮创业	2012/12~2018/09	71	4	14.56	12.51	29.32	27.17	-48.96	-44.57	0.42	0.38
599	俞科进	中邮创业	2015/12~2019/12	56	4	-2.24	-0.80	3.39	22.45	-15.68	-34.44	-1.11	-0.10
600	张萌	中邮创业	2015/05~2019/03	48	1	4.28	-6.37	2.33	27.50	-1.44	-48.44	1.18	-0.29

附录八 在职股票型基金经理选股与择时能力（按当前任职公司排序）：1998~2020年

本表展示的是基于 Carhart 四因子模型改进得到的 Treynor-Mazuy 四因子模型对任职三年以上的在职股票型基金经理管理的所有基金产品的收益进行回归拟合所得结果，所用模型为：

$$R_{i,t} - R_{f,t} = \alpha_i + \beta_{i,mkt} \times (R_{mkt,t} - R_{f,t}) + \gamma_i \times (R_{mkt,t} - R_{f,t})^2 + \beta_{i,smb} \times SMB_t + \beta_{i,hml} \times HML_t + \beta_{i,mom} \times MOM_t + \varepsilon_{i,t}$$

其中，i 指的是第 i 位基金经理，$R_{i,t} - R_{f,t}$ 为 i 基金经理管理的所有股票型基金产品的超额收益率，$R_{mkt,t}$ 为 t 月无风险收益率。SMB_t 为规模因子，代表小盘股与大盘股之间的溢价，是第 t 月小公司的收益率与大公司的收益率之差；HML_t 为价值因子，代表价值股与成长股之间的溢价，是第 t 月价值股（高账面市值比公司）收益率与成长股（低账面市值比公司）收益率之差；MOM_t 为动量因子，代表过去一年收益率最高的第一（前 30%）股票与收益率最低的（后 30%）股票第 t 月收益率之差。基金经理在 t 月管理的所有产品收益率是以月度规模为权重计算出的加权平均收益。如果第 i 基金经理未管理产品，则本月基金经理管理的产品收益率默认为零，本月指数的收益率默认为零，回归中我们将忽略这些月份的数据。我们用 A 股所有上市公司的数据自行计算规模因子、价值因子和动量因子。α_i 代表基金经理的选股能力给投资者带来的超额收益，γ_i 代表基金经理的择时能力。本表还展示基金经理每位任职公司的收益和风险指标。其中，收益指标包括年化收益率、夏普比率，风险指标包括年化收益率波动率、最大回撤。β_{mkt}、β_{smb}、β_{hml}、β_{mom} 代表基金经理的风险暴露。本表中也给出每位基金经理管理基金的年化收益率和风险指标。表中"当前任职公司"指的是截至 2020 年 12 月 31 日时任职基金经理的公司，表中"*"代表选股能力或择时能力在 5% 的显著水平下显著的公司。

编号	基金经理	当前任职公司	任职区间	任职时间（月）	管理基金数量（只）	选股能力 $\alpha(\%)$	$t(\alpha)$	择时能力 γ	$t(\gamma)$	β_{mkt}	β_{smb}	β_{hml}	β_{mom}	年化收益率（%）	年化波动率（%）	年化夏普比率	最大回撤率（%）	调整后 R^2（%）
1	陈一峰	安信	2014/04~2020/12	81	10	11.20	3.14*	-0.04	-2.56	0.70	-0.07	0.01	0.14	21.93	19.90	1.02	-25.54	84
2	陈振宇	安信	2012/06~2020/12	54	6	8.86	1.54	0.07	0.11	0.70	-0.06	0.01	0.10	15.59	17.06	0.81	-23.27	74
3	聂世林	安信	2016/02~2020/12	59	7	8.56	5.97*	-0.68	-3.76	0.27	0.02	-0.08	0.22	12.10	6.62	1.60	-3.08	51
4	谭丽娜	安信	2017/12~2020/12	37	6	17.02	3.34*	-1.90	-2.44	0.83	0.35	0.08	0.61	22.10	18.39	1.12	-24.57	83

附录八　在职股票型基金经理选股与择时能力（按当前任职公司排序）：1998~2020 年

续表

编号	基金经理	当前任职公司	任职区间	任职时间（月）	管理基金数量（只）	选股能力 年化 α（%）	选股能力 $t(\alpha)$	择时能力 γ	择时能力 $t(\gamma)$	β_{mkt}	β_{smb}	β_{hml}	β_{mom}	年化收益率（%）	年化波动率（%）	年化夏普比率	最大回撤率（%）	调整后 R^2（%）
5	徐黄玮	安信	2017/11~2020/12	38	8	8.70	4.11*	-0.25	-1.92	0.77	-0.25	-0.19	-0.04	14.28	15.00	0.85	-19.73	92
6	袁玮	安信	2016/04~2020/12	57	10	9.71	4.11*	-1.00	-2.68	0.84	-0.18	0.08	-0.14	12.18	16.15	0.66	-25.00	67
7	张竞	安信	2017/12~2020/12	37	5	27.75	1.67*	-1.74	-1.32	0.96	0.30	0.75	0.52	25.73	20.34	1.19	-23.06	82
8	张明	安信	2017/05~2020/12	44	20	12.37	2.78*	-0.72	-0.94	0.49	0.11	0.21	0.34	16.35	10.16	1.46	-6.76	79
9	钟光正	安信	2012/08~2020/12	84	6	5.49	3.27*	0.09	-2.87	0.03	0.01	0.12	0.00	10.20	7.08	1.16	-6.02	13
10	张翼飞	安信	2015/05~2020/12	68	6	1.84	0.70	0.40	2.35*	0.13	0.04	0.03	-0.02	6.94	3.14	1.73	-1.41	36
11	庄园	安信	2014/05~2020/12	80	15	8.32	4.87*	0.13	-3.18	0.13	-0.12	0.07	-0.14	12.20	6.85	1.53	-2.27	58
12	蔡丹	宝盈	2017/08~2020/12	41	3	9.86	1.58	-2.48	-2.85	1.05	-0.04	-0.44	0.47	17.20	20.91	0.75	-32.88	84
13	李健伟	宝盈	2017/01~2020/12	48	4	8.46	0.94	0.07	0.05	1.10	0.13	-0.58	0.18	21.26	24.95	0.79	-27.29	68
14	李进	宝盈	2016/10~2020/12	51	8	10.74	1.39	0.07	0.06	0.87	0.26	-0.73	0.34	22.89	21.64	0.99	-22.91	66
15	肖肖	宝盈	2017/01~2020/12	48	12	14.32	5.10*	-0.32	-1.74	0.84	0.32	0.34	0.39	19.92	19.83	0.93	-32.58	61
16	张仲维	宝盈	2014/03~2020/12	67	10	2.64	0.32	0.41	0.35	0.94	0.07	-0.84	0.22	26.97	25.30	1.01	-28.10	61
17	朱建明	宝盈	2017/01~2020/12	48	5	3.06	0.41	0.13	0.11	0.96	0.18	-0.83	0.21	17.11	22.37	0.70	-22.99	73
18	黄祥斌	北信瑞丰	2013/12~2020/12	74	6	2.69	0.42	0.65	1.55	0.62	0.12	0.09	0.11	18.18	21.29	0.79	-30.04	63
19	王忠波	北信瑞丰	2008/04~2020/12	114	9	8.45	1.58	0.24	0.85	0.81	-0.01	-0.27	0.31	20.15	27.57	0.66	-39.73	80
20	袁争光	博道	2015/05~2020/12	77	26	13.97	5.10*	-0.34	-1.74	0.81	-0.10	-0.23	-0.06	15.18	23.50	0.59	-31.64	90
21	张迎军	博道	2009/01~2020/12	92	8	1.71	0.31	0.60	1.35	0.52	-0.05	-0.03	0.29	17.62	17.78	0.85	-21.86	57
22	蔡滨	博时	2014/12~2020/12	73	12	12.02	3.89*	-0.15	-0.91	0.62	0.00	-0.22	-0.08	18.88	17.91	0.96	-27.17	84
23	陈鹏扬	博时	2015/08~2020/12	65	7	11.00	3.84*	-0.02	-2.79	0.83	0.06	-0.28	-0.01	19.36	21.15	0.84	-22.95	85

· 323 ·

续表

编号	基金经理	当前任职公司	任职区间	任职时间(月)	管理基金数量(只)	选股能力 年化α(%)	选股能力 t(α)	择时能力 γ	择时能力 t(γ)	β_{mkt}	β_{smb}	β_{hml}	β_{mom}	年化收益率(%)	年化波动率(%)	年化夏普比率	最大回撤率(%)	调整后R^2(%)
24	桂征辉	博时	2017/09~2020/12	40	2	3.20	0.94	-0.29	-0.60	0.98	0.07	-0.17	0.17	11.58	19.11	0.53	-27.18	94
25	郭晓林	博时	2016/07~2020/12	54	3	4.72	0.76	0.62	0.60	1.00	0.14	-0.29	0.62	19.88	21.79	0.84	-33.87	76
26	过钧	博时	2016/03~2020/12	59	18	11.96	3.54*	-0.44	-1.56	0.54	-0.13	0.04	0.12	16.03	11.93	1.22	-10.53	53
27	韩茂华	博时	2013/01~2020/12	96	8	2.79	0.63	-0.56	-1.77	0.70	0.00	-0.23	-0.03	9.66	20.75	0.37	-35.77	73
28	黄瑞庆	博时	2009/05~2020/12	100	12	5.42	3.60*	-0.28	-2.63	0.65	-0.09	0.26	0.12	8.19	19.56	0.33	-33.89	86
29	蒋娜	博时	2016/09~2020/12	52	8	5.19	1.28	0.00	-0.01	0.66	-0.21	-0.26	0.06	13.00	13.16	0.87	-23.58	74
30	金晟哲	博时	2016/10~2020/12	51	8	6.99	3.68*	0.53	-2.63	0.73	-0.01	0.01	0.18	15.17	14.53	0.94	-21.94	84
31	兰乔	博时	2015/11~2020/12	62	6	10.01	4.49*	-0.74	-3.12	0.79	-0.08	-0.56	-0.29	11.53	20.71	0.48	-26.03	75
32	林景艺	博时	2015/05~2020/12	68	5	3.11	1.39	-0.04	-0.23	0.82	0.06	0.15	0.19	2.91	21.17	0.07	-36.14	95
33	刘阳	博时	2015/07~2020/12	66	1	8.79	1.43	-1.13	-2.56	0.83	0.00	-0.54	-0.12	9.23	24.77	0.31	-41.00	75
34	沙炜	博时	2015/05~2020/12	68	2	16.21	2.64*	-0.18	-2.29	0.99	-0.13	-0.31	0.11	16.34	26.69	0.56	-36.40	86
35	孙少锋	博时	2015/09~2020/12	64	1	7.66	2.75*	-0.17	-0.77	0.80	-0.08	-0.23	0.16	15.79	19.13	0.75	-27.02	92
36	王俊	博时	2015/01~2020/12	72	20	8.95	1.98*	0.05	-0.83	0.73	-0.19	-0.12	0.11	15.51	20.12	0.69	-28.43	89
37	王诗瑶	博时	2017/06~2020/12	43	1	22.88	2.92*	-0.05	-2.02	0.95	-0.31	0.02	-0.12	28.28	18.99	1.41	-19.04	81
38	王增财	博时	2013/10~2020/12	83	8	6.91	1.29	-0.02	-0.05	0.85	0.12	-0.35	0.28	21.62	26.16	0.77	-41.12	80
39	吴丰树	博时	2008/09~2020/12	123	9	5.98	2.84*	0.44	-1.64	0.18	-0.07	0.03	0.11	13.00	22.55	0.48	-33.56	34
40	周心鹏	博时	2010/10~2020/12	118	8	0.35	0.13	0.08	0.51	0.73	0.02	0.15	-0.15	11.60	18.23	0.52	-19.04	90
41	吴渭	博时	2013/12~2020/12	60	4	-9.68	-2.16	0.41	1.84*	0.76	0.05	0.14	0.30	22.58	16.16	1.31	-12.13	92
42	肖瑞瑾	博时	2017/01~2020/12	48	12	10.84	5.06*	-0.74	-1.56	0.60	-0.09	-0.61	0.35	22.53	20.66	1.02	-31.36	53

附录八　在职股票型基金经理选股与择时能力(按当前任职公司排序):1998~2020年

续表

编号	基金经理	当前任职公司	任职区间	任职时间(月)	管理基金数量(只)	选股能力 年化α(%)	$t(\alpha)$	择时能力 γ	$t(\gamma)$	β_{mkt}	β_{smb}	β_{hml}	β_{mom}	年化收益率(%)	年化波动率(%)	年化夏普比率	最大回撤率(%)	调整后R^2(%)
43	杨鹏	博时	2010/08~2020/12	110	20	7.73	1.42	1.27	1.50	0.97	0.09	-0.11	0.36	12.55	22.67	0.46	-40.06	83
44	杨永光	博时	2016/12~2020/12	49	8	5.05	1.04	-0.42	-1.14	0.77	-0.01	-0.18	0.25	9.67	4.32	1.89	-1.74	70
45	王曦	博时	2015/09~2020/12	64	26	8.02	3.93*	-0.65	-0.06	0.20	-0.08	-0.09	0.01	11.06	7.21	1.33	-5.20	49
46	曾鹏	博时	2013/01~2020/12	96	8	1.61	0.31	0.57	1.56	0.90	-0.10	-0.72	0.09	17.74	25.52	0.62	-48.71	76
47	吴鹏	博时	2006/09~2020/12	69	12	1.18	0.27	0.64	1.92*	0.56	0.00	-0.20	-0.19	0.39	25.85	-0.10	-55.86	59
48	金梓才	财通	2014/11~2020/12	74	12	8.74	0.93	0.47	0.77	0.94	0.00	-0.20	0.32	23.18	32.30	0.67	-46.21	64
49	谈洁颖	财通	2012/07~2020/12	95	10	3.80	0.85	0.45	1.49	0.78	-0.04	-0.36	0.24	18.94	22.88	0.75	-31.59	79
50	吴迪	财通	2016/04~2020/12	57	4	11.13	2.78*	-0.72	-0.15	0.88	-0.26	0.26	0.04	15.36	15.48	0.90	-22.30	85
51	夏钦	财通	2016/05~2020/12	56	8	1.72	0.45	-0.19	-0.29	1.03	-0.29	-0.59	0.30	14.85	18.86	0.71	-27.29	87
52	曹春林	创金合信	2017/07~2020/12	42	13	9.03	1.17	-1.33	-1.22	0.83	-0.30	-0.39	0.15	15.86	18.03	0.80	-16.99	65
53	董梁	创金合信	2013/09~2020/12	42	20	12.12	4.17*	-1.56	-2.23	0.98	-0.33	-0.23	-0.02	24.81	16.68	1.40	-11.10	88
54	胡尧盛	创金合信	2017/12~2020/12	37	3	12.02	1.56	-1.25	-1.21	0.86	0.08	0.04	0.55	18.44	19.69	0.86	-19.86	76
55	李游	创金合信	2016/11~2020/12	50	4	12.77	1.20	-0.76	-0.46	1.12	-0.20	0.38	0.61	21.10	26.49	0.74	-39.56	59
56	王妍	创金合信	2016/02~2020/12	38	26	7.71	1.08	-0.97	-0.65	0.60	0.13	0.00	0.85	25.23	16.17	1.47	-7.65	63
57	周志敏	创金合信	2017/12~2020/12	37	2	7.02	0.52	-0.03	-0.01	0.95	0.13	-0.92	0.08	24.86	26.63	0.88	-29.75	59
58	戴军	大成	2015/05~2020/12	68	3	10.78	3.31*	-0.40	-1.69	0.75	-0.15	-0.43	-0.03	10.29	20.64	0.43	-35.34	83
59	侯春燕	大成	2015/12~2020/12	61	8	6.66	3.84*	0.15	-3.46	0.89	-0.14	-0.05	0.09	11.70	20.40	0.50	-25.68	90
60	李博	大成	2014/12~2020/12	73	11	-2.43	-0.51	0.84	2.20*	0.38	-0.03	0.01	0.13	14.34	25.83	0.49	-47.07	36
61	李林益	大成	2015/07~2020/12	66	3	7.27	1.46	-0.28	-0.89	0.89	-0.04	-0.07	0.09	9.07	22.67	0.33	-31.25	84

续表

编号	基金经理	当前任职公司	任职区间	任职时间(月)	管理基金数量(只)	选股能力 年化α(%)	$t(\alpha)$	择时能力 γ	$t(\gamma)$	β_{mkt}	β_{smb}	β_{hml}	β_{mom}	年化收益率(%)	年化波动率(%)	年化夏普比率	最大回撤率(%)	调整后R^2(%)
62	刘旭	大成	2015/07~2020/12	66	8	1.24	0.25	0.81	2.48*	0.24	0.23	0.26	0.66	18.79	21.49	0.80	-28.23	53
63	黄万青	大成	2010/04~2020/12	105	21	5.27	1.17	-0.72	-2.26	0.79	0.00	-0.57	0.23	3.94	14.87	0.13	-36.68	84
64	李富强	大成	2015/11~2020/12	46	10	17.86	4.58*	-0.55	-3.76	0.79	-0.01	0.10	0.12	12.69	11.25	0.99	-5.36	80
65	苏秉毅	大成	2014/01~2020/12	60	4	6.64	4.38*	0.47	-4.24	0.83	0.01	0.23	0.01	12.69	14.82	0.77	-24.99	94
66	孙丹	大成	2017/05~2020/12	44	14	5.79	3.14*	-0.26	-2.65	0.11	-0.01	-0.01	0.03	7.58	2.70	2.25	-0.85	45
67	王磊	大成	2008/08~2020/12	116	38	7.82	1.94*	-0.32	-1.86	0.50	-0.15	-0.37	0.01	13.47	17.85	0.64	-32.07	63
68	魏庆国	大成	2015/04~2020/12	69	11	10.44	1.61	0.01	0.03	0.89	0.12	-0.11	0.35	15.11	27.61	0.49	-45.01	77
69	夏高	大成	2017/03~2020/12	46	4	4.29	0.80	-0.73	-0.90	0.81	-0.34	-0.32	-0.09	10.28	15.83	0.55	-29.10	74
70	徐彦	大成	2012/10~2020/12	85	11	10.67	2.31*	-0.04	0.47	0.70	-0.12	-0.21	0.02	19.59	19.99	0.89	-30.39	80
71	杨挺	大成	2014/06~2020/12	79	4	0.89	0.14	-0.50	-1.19	0.89	0.08	-0.44	0.44	11.96	28.96	0.35	-57.23	78
72	张钟玉	大成	2015/03~2020/12	71	1	6.69	3.10*	0.12	-2.11	0.77	0.04	0.19	0.17	12.13	21.48	0.49	-33.53	94
73	张烨	大成	2017/09~2020/12	40	3	19.37	2.37*	-1.80	-1.08	0.95	0.21	0.08	0.53	23.83	19.78	1.13	-25.02	81
74	戴鹤忠	德邦	2016/06~2020/12	55	2	4.97	1.32	0.48	0.76	0.90	-0.22	-0.39	0.17	16.65	17.02	0.89	-20.50	85
75	黎莹	德邦	2015/06~2020/12	67	10	15.82	2.48*	-0.59	-1.09	0.87	-0.14	-0.12	-0.03	14.41	22.62	0.57	-28.54	89
76	汪晖	德邦	2007/05~2020/12	97	5	1.04	0.19	0.83	2.53*	0.74	-0.06	-0.01	0.56	13.28	24.83	0.43	-36.12	79
77	王本昌	德邦	2012/03~2020/12	84	11	1.03	0.31	0.18	0.44	0.79	-0.06	-0.16	0.08	14.98	17.09	0.76	-28.63	83
78	刘明	东方阿尔法	2004/10~2020/12	147	16	5.14	1.29	0.06	0.28	0.77	-0.12	-0.17	0.31	16.56	25.41	0.56	-61.01	81
79	唐雷	东方阿尔法	2016/07~2020/12	47	5	6.93	0.66	-0.20	-0.12	0.18	0.02	-0.30	0.50	10.37	17.31	0.53	-12.38	10
80	蒋茜	东方	2017/07~2020/12	42	6	6.91	0.86	-1.56	-1.37	0.93	0.17	-0.11	0.53	14.46	20.61	0.63	-34.43	71

附录八 在职股票型基金经理选股与择时能力（按当前任职公司排序）：1998~2020 年

续表

编号	基金经理	当前任职公司	任职区间	任职时间（月）	管理基金数量（只）	选股能力 年化 α(%)	选股能力 $t(\alpha)$	择时能力 γ	择时能力 $t(\gamma)$	β_{mkt}	β_{smb}	β_{hml}	β_{mom}	年化收益率(%)	年化波动率(%)	年化夏普比率	最大回撤率(%)	调整后 R^2(%)
81	李瑞	东方	2017/12~2020/12	37	6	8.50	1.03	-0.34	-0.31	0.33	0.29	0.25	0.58	14.33	13.59	0.94	-15.00	41
82	许文波	东方	2015/08~2020/12	61	24	9.00	3.69*	-0.59	-0.68	0.91	-0.02	-0.33	0.27	14.84	12.12	1.12	-9.80	86
83	王然	东方	2015/05~2020/12	68	10	4.73	0.93	0.77	2.16*	0.29	-0.06	-0.06	0.35	7.64	26.09	0.23	-47.45	39
84	薛子徽	东方	2015/04~2020/12	69	12	1.95	0.36	-0.79	-2.06	0.76	0.18	0.33	0.19	-0.63	24.10	-0.09	-52.33	79
85	张玉坤	东方	2016/08~2020/12	53	7	7.27	4.26*	-1.73	-3.43	0.70	-0.32	0.04	-0.07	7.00	12.85	0.43	-24.48	72
86	胡德军	东海	2015/10~2020/12	63	3	-3.60	-0.99	-0.74	-2.67	0.64	0.27	-0.36	0.79	2.98	19.80	0.07	-42.94	87
87	刘元海	东海	2011/10~2020/12	101	8	5.99	1.23	-0.63	-1.05	0.91	0.06	-0.24	0.25	20.42	21.06	0.88	-33.04	69
88	彭敢	东吴	2010/11~2020/12	117	11	1.81	0.42	0.03	0.08	1.05	0.15	-0.55	0.11	14.99	28.74	0.45	-56.83	85
89	徐嶒	东吴	2015/05~2020/12	68	4	7.35	4.02*	-0.53	-0.77	0.75	-0.07	-0.35	0.08	6.17	20.98	0.22	-35.87	85
90	赵梅玲	东吴	2016/05~2020/12	56	5	9.34	3.00*	-0.15	-2.01	0.67	0.03	-0.30	0.37	18.92	13.42	1.30	-20.60	80
91	周健	东吴	2012/10~2020/12	87	7	-4.69	-0.96	0.11	0.18	0.82	0.01	-0.16	0.36	15.60	19.91	0.70	-28.05	71
92	邬炜	东吴	2015/03~2020/12	60	7	10.27	1.58	-0.27	-0.66	0.70	0.04	-0.18	0.45	8.29	23.83	0.29	-44.20	75
93	李兵伟	东兴	2016/06~2020/12	55	5	0.37	0.07	-0.51	-0.62	0.57	0.14	0.19	0.19	3.85	13.04	0.18	-26.32	56
94	李晨辉	东兴	2016/06~2020/12	55	9	-1.31	-0.36	-0.58	-0.95	0.75	-0.02	-0.11	0.07	3.28	13.70	0.13	-31.33	79
95	孙继青	东兴	2015/09~2020/12	64	7	4.50	1.01	-0.60	-1.88	0.56	-0.16	-0.25	0.03	7.80	15.71	0.40	-26.35	69
96	张旭	东兴	2012/03~2020/12	100	16	-5.02	-1.00	0.53	1.51	0.81	0.24	0.00	0.19	12.17	25.54	0.40	-45.13	77
97	崔建波	方正富邦	2010/03~2020/12	126	20	4.99	2.73*	-0.28	-2.11	0.72	0.12	-0.09	0.05	10.35	19.46	0.43	-35.09	85
98	吴昊	方正富邦	2012/04~2020/12	105	100	0.14	0.03	0.93	3.14*	0.61	0.20	0.39	0.43	16.63	20.66	0.71	-33.43	75
99	孙绍冰	富安达	2015/05~2020/12	68	2	1.95	0.34	0.31	0.35	0.79	-0.03	-1.08	0.07	8.90	26.43	0.28	-51.13	76

续表

编号	基金经理	当前任职公司	任职区间	任职时间（月）	管理基金数量（只）	选股能力 年化 α(%)	$t(\alpha)$	择时能力 γ	$t(\gamma)$	β_{mkt}	β_{smb}	β_{hml}	β_{mom}	年化收益率（%）	年化波动率（%）	年化夏普比率	最大回撤率（%）	调整后 R^2（%）
100	纪青	富安达	2016/12~2020/12	49	2	1.88	0.41	0.88	2.53*	0.47	0.24	-0.65	0.36	16.22	18.56	0.79	-26.47	67
101	李守峰	富安达	2015/12~2020/12	61	2	-3.56	-0.32	1.72	2.16*	0.55	-0.04	-0.27	0.22	13.30	15.26	0.77	-21.90	28
102	吴战峰	富安达	2008/04~2020/12	106	7	-0.25	-0.08	0.17	0.76	0.75	0.18	-0.33	0.37	10.33	19.86	0.42	-40.05	84
103	毕天宇	富国	200512~2020/12	182	6	7.15	4.35*	-0.39	-1.59	0.87	-0.06	-0.60	0.10	19.42	28.65	0.59	-59.31	82
104	蔡卡尔	富国	2017/01~2020/12	48	3	9.12	1.58	-0.66	-0.73	0.79	0.35	-0.60	0.43	20.10	18.80	0.99	-23.35	77
105	蔡耀华	富国	2016/12~2020/12	49	10	6.84	3.67*	-2.09	-1.26	0.46	-0.01	-0.09	-0.05	4.20	8.56	0.34	-15.63	65
106	曹晋	富国	2013/04~2020/12	90	7	9.09	1.56	0.00	0.00	0.96	0.14	-0.44	0.40	22.29	29.61	0.70	-39.24	80
107	曹文俊	富国	2013/08~2020/12	80	6	10.11	3.32*	-0.19	-1.23	0.83	0.03	-0.41	-0.02	23.42	25.12	0.87	-35.19	79
108	方旻	富国	2014/11~2020/12	74	12	8.57	5.01*	-0.08	-2.03	0.77	-0.18	0.29	-0.01	15.68	21.95	0.64	-31.76	94
109	方纬	富国	2014/08~2020/12	74	12	13.45	1.87*	0.62	0.17	0.55	-0.18	-0.49	-0.08	25.04	19.33	1.23	-27.49	53
110	于鹏	富国	2015/11~2020/12	62	7	15.13	3.75*	0.23	-1.61	0.67	-0.14	-0.50	0.05	8.78	11.18	0.65	-23.36	74
111	侯梧	富国	2014/11~2020/12	47	4	5.36	3.97*	0.12	-0.65	0.86	-0.25	0.17	-0.02	32.12	21.77	1.43	-27.16	93
112	李笑薇	富国	2009/12~2020/12	133	2	8.73	1.04	-0.44	-0.78	1.16	0.22	-0.84	0.25	10.00	22.22	0.35	-31.97	73
113	李元博	富国	2014/06~2020/12	76	7	15.31	3.10*	-0.38	-4.13	1.02	0.06	-0.69	0.26	29.96	34.17	0.84	-48.01	83
114	厉叶淼	富国	2015/08~2020/12	65	4	16.51	3.46*	-0.27	-4.28	1.06	-0.03	-0.31	0.15	26.27	27.65	0.90	-35.63	87
115	林庆	富国	2015/05~2020/12	68	1	1.50	0.27	0.06	0.07	0.94	0.35	-0.74	0.41	16.53	28.88	0.52	-43.26	83
116	牛志冬	富国	2016/11~2020/12	50	5	5.29	3.84*	0.05	1.55	0.90	0.02	-0.25	0.22	14.21	21.36	0.59	-32.29	89
117	孙彬	富国	2012/01~2020/12	108	18	10.25	3.87*	0.40	-0.30	0.55	-0.05	-0.16	0.46	18.15	23.76	0.68	-47.41	67
118	汪孟海	富国	2015/10~2020/12	63	5	17.97	4.02*	0.24	-3.73	1.13	0.14	-0.24	0.44	18.58	15.82	1.08	-19.11	71

附录八　在职股票型基金经理选股与择时能力（按当前任职公司排序）：1998~2020年

续表

编号	基金经理	当前任职公司	任职区间	任职时间（月）	管理基金数量（只）	选股能力 年化 α(%)	选股能力 $t(\alpha)$	择时能力 γ	择时能力 $t(\gamma)$	β_{mkt}	β_{smb}	β_{hml}	β_{mom}	年化收益率（%）	年化波动率（%）	年化夏普比率	最大回撤率（%）	调整后 R^2(%)
119	王园园	富国	2017/06~2020/12	43	3	12.73	3.11*	-0.73	-1.47	0.73	0.29	0.05	0.40	33.16	25.82	1.23	-24.50	57
120	魏伟	富国	2011/12~2020/12	106	5	2.91	2.64*	0.00	-2.64	0.82	-0.04	0.15	-0.01	21.06	28.12	0.68	-41.59	95
121	徐幼华	富国	2011/05~2020/12	116	10	20.21	3.33*	-1.45	-2.55	1.03	0.22	-0.56	0.77	11.13	21.03	0.43	-33.17	67
122	许炎	富国	2016/08~2020/12	53	3	14.35	4.66*	0.15	-0.18	0.91	-0.06	-0.57	0.24	31.86	23.87	1.27	-22.41	89
123	杨栋	富国	2015/08~2020/12	65	4	16.34	3.28*	-1.26	-0.05	0.71	0.20	-0.10	0.44	26.22	22.77	1.09	-25.01	87
124	易智泉	富国	2017/10~2020/12	39	5	-2.23	-0.62	1.31	4.80*	0.35	0.26	0.01	0.43	22.09	14.90	1.38	-13.58	62
125	俞晓斌	富国	2017/11~2020/12	38	18	15.21	4.03*	-1.41	-0.03	0.90	0.20	-0.06	0.45	21.90	18.67	1.09	-25.51	87
126	袁宜	富国	2012/10~2020/12	99	4	3.95	0.95	0.38	1.31	0.72	0.07	-0.08	0.33	18.66	21.76	0.77	-36.92	78
127	章旭峰	富国	2011/08~2020/12	109	5	7.12	1.55	0.50	1.31	0.98	-0.20	-0.39	0.35	19.85	23.89	0.75	-32.88	75
128	张啸伟	富国	2015/08~2020/12	65	4	7.76	3.18*	-0.59	-0.39	0.91	-0.08	-0.60	-0.07	14.79	22.57	0.59	-39.33	89
129	朱少醒	富国	200511~2020/12	182	3	9.40	1.99*	-0.14	-0.97	0.81	0.01	-0.44	0.16	23.70	26.49	0.80	-55.78	82
130	邓宇翔	富国	2017/11~2020/12	38	32	7.51	1.08	-1.12	-1.17	0.62	-0.33	-0.61	-0.20	11.60	14.15	0.71	-22.46	59
131	李会忠	格林	2014/07~2020/12	71	14	15.36	2.57*	0.02	-2.30	0.80	0.18	-0.10	0.22	26.04	27.84	0.89	-29.50	71
132	陈小鹭	工银瑞信	2016/09~2020/12	52	4	8.66	1.24	-1.29	-1.14	0.95	0.15	0.25	0.28	11.92	19.81	0.53	-36.27	65
133	单文	工银瑞信	2016/06~2020/12	55	5	4.00	0.60	0.31	0.28	1.06	0.11	-0.65	0.43	18.43	22.82	0.74	-44.79	73
134	杜洋	工银瑞信	2015/02~2020/12	71	9	15.89	2.13*	-0.54	-1.82	0.91	-0.12	-0.47	0.09	21.03	26.50	0.74	-45.14	85
135	袁芳	工银瑞信	2015/12~2020/12	61	6	9.82	2.87*	0.09	-2.37	0.76	-0.18	-0.15	0.26	27.18	17.59	1.46	-17.13	84
136	何肖颉	工银瑞信	200502~2020/12	124	8	5.83	3.06*	0.21	-1.67	0.16	-0.02	-0.01	0.20	24.79	25.04	0.92	-40.14	46
137	何秀红	工银瑞信	2015/10~2020/12	63	2	3.51	0.59	1.10	2.59*	0.48	-0.07	-0.14	0.48	9.86	5.80	1.44	-2.09	51

· 329 ·

续表

编号	基金经理	当前任职公司	任职区间	任职时间（月）	管理基金数量（只）	选股能力 年化α(%)	选股能力 $t(\alpha)$	择时能力 γ	择时能力 $t(\gamma)$	β_{mkt}	β_{smb}	β_{hml}	β_{mom}	年化收益率(%)	年化波动率(%)	年化夏普比率	最大回撤率(%)	调整后R^2(%)
138	黄安乐	工银瑞信	2011/11~2020/12	110	8	3.61	0.66	0.17	0.44	1.08	-0.01	-0.69	0.41	19.03	30.50	0.56	-64.37	79
139	胡志利	工银瑞信	2015/08~2020/12	65	11	3.67	0.77	0.07	0.15	0.82	0.11	-0.13	0.42	15.89	16.76	0.86	-24.97	73
140	李昱	工银瑞信	2011/01~2020/12	108	20	25.35	1.82*	-1.19	0.71	1.00	0.06	-0.04	0.19	14.16	22.54	0.53	-47.43	89
141	林梦	工银瑞信	2017/10~2020/12	39	4	12.08	2.19*	-2.44	-0.09	1.03	-0.10	-0.23	0.60	29.15	19.46	1.42	-16.48	85
142	林念	工银瑞信	2016/09~2020/12	52	1	7.57	5.03*	0.44	-3.59	0.21	-0.15	-0.32	0.16	19.27	18.79	0.95	-28.56	39
143	宋炳珅	工银瑞信	2014/01~2020/12	84	7	10.35	3.16*	-0.38	-1.25	0.98	-0.14	-0.66	0.07	22.71	26.91	0.78	-49.77	86
144	谭冬寒	工银瑞信	2016/09~2020/12	52	3	10.83	1.34	-0.24	-0.19	0.79	0.24	-1.29	0.37	25.82	22.95	1.06	-31.65	66
145	魏欣	工银瑞信	2015/05~2020/12	68	2	15.79	3.46*	0.06	0.16	0.68	-0.24	0.31	-0.02	12.98	10.80	1.06	-11.43	82
146	王君正	工银瑞信	2013/08~2020/12	89	8	5.76	1.41	0.41	1.63	0.49	-0.09	-0.01	0.20	24.24	19.96	1.12	-23.96	62
147	王筱苓	工银瑞信	2007/01~2020/12	125	12	5.97	1.53	0.75	2.68*	0.24	-0.06	-0.23	0.32	17.56	18.02	0.86	-34.04	47
148	杨柯	工银瑞信	2013/04~2020/12	93	6	3.51	0.61	-0.03	-0.07	1.00	0.01	-0.33	0.35	18.48	29.42	0.56	-56.58	79
149	杨鑫鑫	工银瑞信	2013/06~2020/12	88	5	10.08	2.92*	-0.14	-1.52	0.50	-0.12	0.10	-0.11	15.79	14.25	0.99	-16.04	77
150	游凛峰	工银瑞信	2012/04~2020/12	105	10	0.50	0.15	0.33	1.35	0.31	-0.02	-0.02	0.13	7.83	11.53	0.50	-20.83	46
151	欧阳凯	工银瑞信	2013/06~2020/12	91	7	12.93	3.22*	1.60	-0.72	0.62	0.22	-0.30	0.47	13.87	9.53	1.26	-8.78	68
152	张剑峰	工银瑞信	2016/09~2020/12	52	1	8.92	1.26	-0.89	-0.78	1.00	0.28	0.24	0.67	17.10	21.39	0.73	-36.27	70
153	张宇帆	工银瑞信	2016/03~2020/12	58	3	3.39	1.60	0.32	2.09*	0.12	-0.01	0.02	0.14	17.93	17.93	1.26	-18.48	33
154	张玮升	工银瑞信	2017/10~2020/12	39	4	16.06	3.21*	-0.10	-2.10	0.87	-0.04	0.01	0.27	24.11	19.46	1.42	-16.48	65
155	张洋	工银瑞信	2015/08~2020/12	65	4	25.35	2.45*	-1.19	0.06	1.03	0.06	-0.04	0.19	29.15	5.17	1.18	-1.73	89
156	赵蓓	工银瑞信	2014/11~2020/12	74	7	12.15	4.07*	-0.33	-2.27	1.03	-0.09	-1.17	0.15	24.89	31.67	0.73	-52.68	81

附录八 在职股票型基金经理选股与择时能力(按当前任职公司排序):1998~2020年

续表

编号	基金经理	当前任职公司	任职区间	任职时间(月)	管理基金数量(只)	选股能力 年化α(%)	$t(\alpha)$	择时能力 γ	$t(\gamma)$	β_{mkt}	β_{smb}	β_{hml}	β_{mom}	年化收益率(%)	年化波动率(%)	年化夏普比率	最大回撤率(%)	调整后R^2(%)
157	鄢耀	工银瑞信	2013/08~2020/12	89	7	11.90	2.71*	-0.28	0.34	0.63	-0.11	0.11	0.03	18.90	17.58	0.97	-23.69	83
158	闫思倩	工银瑞信	2017/10~2020/12	39	3	20.98	3.75*	-2.78	-1.32	1.10	0.01	-0.08	0.73	25.87	25.36	0.96	-36.58	68
159	陈栋	光大保德信	2015/04~2020/12	69	7	5.75	1.58	0.05	0.21	0.95	-0.09	-0.18	0.01	8.85	24.79	0.30	-41.88	91
160	戴奇雷	光大保德信	2008/05~2020/12	116	7	-2.14	-0.60	0.07	0.36	0.78	0.05	-0.31	0.07	10.56	24.90	0.35	-45.18	87
161	翟云飞	光大保德信	2016/02~2020/12	59	12	2.16	0.59	-1.63	-2.78	0.86	0.10	0.12	0.29	7.18	15.46	0.37	-36.38	81
162	房雷	光大保德信	2016/12~2020/12	49	10	7.67	2.30*	-1.00	0.78	0.34	0.14	-0.14	0.42	12.62	8.94	1.24	-5.31	67
163	金昉毅	光大保德信	2014/10~2020/12	62	15	11.37	3.28*	0.25	-0.50	0.87	-0.29	0.16	-0.04	27.42	25.99	1.01	-30.41	88
164	魏晓雪	光大保德信	2012/11~2020/12	98	6	9.47	3.57*	-0.13	-0.70	0.91	-0.06	-0.36	0.25	22.75	24.66	0.84	-42.05	88
165	徐晓杰	光大保德信	2015/05~2020/12	66	8	10.47	4.10*	0.47	-1.93	0.66	-0.10	-0.95	0.13	17.04	21.67	0.73	-34.72	68
166	陈少平	广发	2006/12~2020/12	163	10	3.52	0.85	0.07	0.35	0.73	0.12	-0.22	0.35	14.00	25.74	0.46	-55.71	77
167	程琨	广发	2013/02~2020/12	95	9	2.39	0.77	0.37	1.99*	0.09	0.02	0.09	0.05	17.50	17.92	0.87	-30.66	28
168	费逸	广发	2017/07~2020/12	42	5	5.81	1.39	0.45	1.52	0.58	0.00	-0.09	0.14	28.54	21.96	1.23	-21.90	69
169	傅友兴	广发	2013/02~2020/12	95	11	4.30	2.90*	0.33	-3.04	0.10	-0.03	-0.05	0.11	15.26	19.51	0.68	-34.25	28
170	李巍	广发	2015/09~2020/12	64	7	14.04	2.76*	0.21	-0.10	0.87	0.40	0.06	0.85	9.85	17.90	0.47	-23.13	75
171	李魏	广发	2011/09~2020/12	112	20	6.24	1.34	-0.18	-0.55	0.62	0.05	-0.26	0.06	16.86	26.49	0.56	-50.79	67
172	李耀柱	广发	2016/11~2020/12	50	9	-0.91	-0.16	0.50	1.27	0.60	-0.08	-0.17	0.40	21.76	16.06	1.26	-24.81	63
173	李琛	广发	2007/06~2020/12	163	10	4.19	0.86	0.08	0.22	0.94	-0.02	-0.58	0.34	10.17	21.59	0.36	-60.33	77
174	林英睿	广发	2015/05~2020/12	63	8	19.77	3.06*	-2.49	-2.38	0.89	-0.24	-0.17	0.24	7.27	18.72	0.31	-21.38	78
175	刘格崧	广发	2013/08~2020/12	84	17	2.93	0.82	0.05	0.23	0.65	-0.02	-0.24	0.17	24.96	32.54	0.73	-61.43	75

续表

编号	基金经理	当前任职公司	任职区间	任职时间(月)	管理基金数量(只)	选股能力 年化α(%)	选股能力 t(α)	择时能力 γ	择时能力 t(γ)	β_{mkt}	β_{smb}	β_{hml}	β_{mom}	年化收益率(%)	年化波动率(%)	年化夏普比率	最大回撤率(%)	调整后R^2(%)
176	苗宇	广发	2015/02~2020/12	71	6	9.21	3.10*	-0.06	-1.66	0.68	0.00	0.03	-0.17	20.59	29.45	0.65	-44.58	83
177	邱璟旻	广发	2016/04~2020/12	57	7	6.65	0.96	0.58	1.28	1.10	-0.02	-0.70	0.23	15.16	20.34	0.67	-35.19	79
178	孙迪	广发	2017/12~2020/12	37	3	10.59	1.50	-0.01	-0.01	0.93	-0.11	-0.57	0.35	33.14	24.34	1.30	-27.74	76
179	谭昌杰	广发	2015/01~2020/12	72	6	7.11	1.26	-2.69	-2.78	0.98	0.18	-0.59	0.72	6.55	4.05	1.23	-1.15	75
180	唐晓斌	广发	2014/12~2020/12	73	5	26.22	3.13*	-1.19	1.23	1.06	0.13	0.27	0.70	18.05	32.85	0.50	-57.38	76
181	王颂	广发	2014/12~2020/12	58	7	4.48	4.20*	0.09	-2.17	0.04	-0.07	-0.10	-0.10	18.60	26.52	0.65	-45.77	16
182	吴兴武	广发	2015/02~2020/12	71	7	5.72	0.72	-0.03	-0.05	0.99	0.21	-0.01	0.34	22.91	31.09	0.69	-43.99	76
183	谢军	广发	2016/02~2020/12	59	17	-0.16	-0.03	0.73	2.60*	0.89	-0.17	-0.46	0.40	7.17	2.40	2.36	-0.92	91
184	余昊	广发	2016/06~2020/12	55	4	3.48	4.40*	0.34	0.22	0.12	-0.12	-0.11	-0.06	11.32	15.78	0.62	-26.07	45
185	张东一	广发	2016/07~2020/12	54	11	10.08	1.30	0.16	0.33	0.95	0.05	-0.57	0.30	17.23	16.35	0.96	-25.03	75
186	陈甄璞	广发	2014/11~2020/12	58	14	5.84	2.93*	-0.54	-0.29	0.11	-0.05	-0.07	0.04	7.90	6.40	1.00	-2.80	52
187	张芊	广发	2015/11~2020/12	62	9	8.37	2.55*	-2.76	0.18	0.82	-0.10	0.09	0.58	8.08	6.79	0.97	-11.05	75
188	王子阳	广发	2015/12~2020/12	61	9	16.15	2.78*	-2.81	-2.83	0.87	-0.14	-0.26	0.15	7.04	3.98	1.39	-2.47	65
189	代宇	广发	2015/02~2020/12	71	8	7.01	3.21*	-0.31	-1.38	0.24	-0.12	-0.20	-0.12	9.01	6.12	1.22	-3.87	62
190	尹德才	国都	2017/07~2020/12	42	2	-8.40	-1.17	-0.54	-0.54	0.77	-0.21	-0.85	0.27	6.98	18.49	0.30	-43.34	71
191	张威	国都	2017/09~2020/12	40	3	-3.52	-0.45	-0.17	-0.16	0.75	-0.04	-0.68	0.17	9.83	18.48	0.45	-38.36	68
192	杜飞	国海富兰克林	2015/07~2020/12	66	5	3.54	0.82	-0.84	-2.74	0.73	-0.07	-0.21	0.09	3.84	20.31	0.11	-30.56	82
193	刘晓	国海富兰克林	2017/02~2020/12	47	4	14.53	3.10*	-2.90	0.62	0.59	-0.18	-0.14	-0.05	10.91	10.45	0.90	-23.10	71
194	王晓宁	国海富兰克林	2013/07~2020/12	90	2	1.06	0.24	0.11	0.34	0.90	-0.07	-0.30	0.07	15.43	24.71	0.55	-45.94	82

附录八 在职股票型基金经理选股与择时能力(按当前任职公司排序):1998~2020年

续表

编号	基金经理	当前任职公司	任职区间	任职时间(月)	管理基金数量(只)	选股能力 年化α(%)	$t(\alpha)$	择时能力 γ	$t(\gamma)$	β_{mkt}	β_{smb}	β_{hml}	β_{mom}	年化收益率(%)	年化波动率(%)	年化夏普比率	最大回撤率(%)	调整后R^2(%)
195	赵晓东	国海富兰克林	2009/09~2020/12	136	5	28.25	3.28*	-2.51	-2.29	1.02	-0.05	-0.11	0.32	14.50	18.13	0.68	-24.42	88
196	徐成	国海富兰克林	2017/07~2020/12	42	3	8.84	3.02*	-0.27	-1.87	0.78	-0.09	-0.13	0.21	30.97	18.55	1.59	-19.08	82
197	徐荔蓉	国海富兰克林	2004/11~2020/12	143	7	5.88	2.04*	0.01	0.04	0.82	-0.29	0.13	0.04	24.73	23.78	0.96	-42.67	90
198	张志强	国海富兰克林	2013/03~2020/12	94	5	4.74	1.58	0.63	2.64*	0.65	-0.09	0.00	-0.01	14.53	22.25	0.57	-38.34	77
199	宫雪	国金	2015/06~2020/12	67	8	4.71	0.86	0.88	2.22*	0.31	-0.49	-0.26	-0.38	11.09	14.31	0.67	-26.26	40
200	刘斌	国联安	2009/11~2020/12	134	13	2.61	0.98	0.22	1.04	0.55	-0.04	-0.17	0.03	9.49	15.03	0.49	-26.61	75
201	潘明	国联安	2014/02~2020/12	83	5	3.09	0.33	0.14	0.23	1.18	0.13	-1.04	0.20	23.82	38.46	0.57	-64.10	71
202	王欢	国联安	2017/12~2020/12	37	5	8.32	2.40*	-1.33	0.87	0.39	0.00	0.07	0.07	6.78	8.03	0.66	-14.30	70
203	魏东	国联安	2004/05~2020/12	197	5	7.94	2.65*	0.02	-0.91	0.67	-0.11	-0.15	0.06	17.12	22.38	0.66	-56.78	73
204	薛琳	国联安	2015/06~2020/12	67	8	4.41	1.52	0.32	1.53	0.21	-0.09	-0.04	0.05	7.87	7.57	0.84	-17.22	40
205	张汉毅	国联安	2016/12~2020/12	49	3	15.45	1.76*	-1.69	1.55	0.96	0.07	-0.34	0.53	24.23	18.49	1.23	-26.35	83
206	邹新进	国联安	2010/03~2020/12	130	3	2.90	1.02	0.34	1.51	0.77	-0.02	-0.03	0.01	12.05	20.54	0.48	-29.23	85
207	李丹	国寿安保	2016/02~2020/12	59	6	6.00	1.45	-2.19	-3.33	0.82	0.09	-0.02	0.28	9.34	14.80	0.53	-26.66	74
208	李捷	国寿安保	2016/09~2020/12	52	2	10.30	2.97*	-0.99	-2.01	0.87	0.09	-0.03	0.53	18.44	17.20	0.99	-20.54	78
209	吴坚	国寿安保	2015/09~2020/12	64	5	11.85	4.25*	0.42	-1.33	0.63	0.13	-0.13	0.76	24.79	20.29	1.15	-19.50	68
210	张琦	国寿安保	2010/06~2020/12	127	27	2.64	0.73	0.59	2.09*	0.52	0.04	-0.07	0.26	13.72	16.46	0.70	-29.93	63
211	艾小军	国泰	2017/03~2020/12	46	11	6.20	1.85*	-0.82	-0.44	0.80	-0.01	0.12	0.28	11.26	14.72	0.66	-24.48	88
212	程洲	国泰	2008/04~2020/12	153	18	4.21	1.43	-0.25	-1.38	0.66	-0.01	-0.32	-0.09	9.56	20.29	0.36	-53.88	81
213	樊利安	国泰	2014/10~2020/12	75	51	6.21	2.69*	0.07	-1.47	0.13	-0.02	-0.15	-0.05	10.35	6.94	1.26	-12.39	26

续表

编号	基金经理	当前任职公司	任职区间	任职时间（月）	管理基金数量（只）	选股能力 年化α(%)	选股能力 $t(\alpha)$	择时能力 γ	择时能力 $t(\gamma)$	β_{mkt}	β_{smb}	β_{hml}	β_{mom}	年化收益率（%）	年化波动率（%）	年化夏普比率	最大回撤率（%）	调整后R^2（%）
214	彭凌志	国泰	2015/12~2020/12	61	7	-3.32	-0.63	0.40	1.10	0.87	0.04	-0.19	0.15	19.72	26.97	0.68	-33.66	77
215	李海	国泰	2013/01~2020/12	95	9	28.06	1.81*	-3.19	1.86*	1.14	-0.06	-0.01	0.13	12.31	25.65	0.41	-51.70	65
216	李恒	国泰	2017/01~2020/12	48	4	17.05	1.88*	-2.11	0.38	1.32	-0.14	-0.71	0.05	27.47	22.21	1.17	-27.81	80
217	林小聪	国泰	2017/06~2020/12	43	2	4.06	0.66	1.10	2.36*	1.00	0.13	-0.22	1.04	26.33	25.46	0.98	-37.61	81
218	饶玉涵	国泰	2015/09~2020/12	64	5	12.48	1.96*	-0.47	-1.35	0.88	0.15	0.02	0.38	20.42	22.49	0.84	-32.90	90
219	申坤	国泰	2015/06~2020/12	67	3	14.31	2.30*	-0.33	0.92	0.84	0.05	-0.20	0.16	15.51	24.41	0.57	-43.78	80
220	王琳	国泰	2017/01~2020/12	48	14	4.55	2.93*	0.72	-0.91	0.48	-0.11	-0.19	-0.09	11.50	9.85	1.02	-9.21	85
221	谢东旭	国泰	2015/01~2020/12	50	8	9.89	3.11*	0.16	-3.53	0.77	-0.27	-0.11	0.19	15.08	23.56	0.60	-33.06	93
222	徐治彪	国泰	2015/08~2020/12	62	8	8.04	1.25	-0.30	-0.66	0.95	0.05	-0.99	-0.17	17.96	27.07	0.62	-47.24	80
223	杨飞	国泰	2014/10~2020/12	75	7	8.62	1.27	0.52	1.17	0.91	0.06	-0.50	0.32	25.25	29.23	0.81	-45.20	76
224	殷瑞飞	国投瑞银	2015/11~2020/12	62	7	11.52	2.42*	-0.79	-1.30	0.71	0.20	-0.11	0.51	13.69	14.30	0.85	-9.12	87
225	吉莉	国投瑞银	2017/06~2020/12	43	4	0.42	0.04	0.90	1.18	0.97	0.15	-0.45	-0.08	20.53	14.99	1.27	-11.93	54
226	吴潇	国投瑞银	2016/12~2020/12	49	8	5.94	1.47	0.13	0.52	0.32	-0.11	-0.42	-0.03	13.75	16.15	0.76	-25.22	50
227	李轩	国投瑞银	2015/12~2020/12	61	2	10.73	2.84*	1.24	-2.59	0.71	0.48	0.36	0.68	9.80	28.77	0.29	-41.85	80
228	桑俊	国投瑞银	2014/12~2020/12	73	15	10.31	1.87*	-0.09	-1.34	0.63	0.14	-0.31	0.14	12.10	11.75	0.89	-24.39	77
229	宋璐	国投瑞银	2017/05~2020/12	44	7	2.37	0.48	0.71	2.47*	0.64	0.06	-0.23	0.01	24.29	18.14	1.26	-10.10	71
230	孙文龙	国投瑞银	2015/01~2020/12	72	6	4.20	1.04	1.08	1.69*	0.75	0.17	-0.15	0.09	19.36	20.98	0.85	-23.60	84
231	王鹏	国投瑞银	2007/07~2020/12	112	36	8.20	2.65*	0.34	0.13	0.70	-0.08	-0.24	0.25	12.43	22.03	0.48	-49.90	81
232	伍智勇	国投瑞银	2015/05~2020/12	68	3	0.21	0.05	1.97	5.90*	0.48	0.26	0.23	0.42	11.95	19.65	0.53	-29.82	65

附录八　在职股票型基金经理选股与择时能力（按当前任职公司排序）：1998~2020年

续表

编号	基金经理	当前任职公司	任职区间	任职时间（月）	管理基金数量（只）	选股能力 年化 α(%)	选股能力 t(α)	择时能力 γ	择时能力 t(γ)	β_{mkt}	β_{smb}	β_{hml}	β_{mom}	年化收益率(%)	年化波动率(%)	年化夏普比率	最大回撤率(%)	调整后 R^2 (%)
233	张佳荣	国投瑞银	2015/12~2020/12	61	2	8.78	4.08*	0.11	-1.67	0.85	0.40	-0.75	-0.01	15.75	22.82	0.62	-28.25	82
234	綦缚鹏	国投瑞银	2010/04~2020/12	129	10	3.36	1.40	-0.30	-1.59	0.71	0.09	-0.06	-0.03	10.09	18.74	0.42	-34.53	87
235	杜晓海	海富通	2016/09~2020/12	52	23	3.09	1.64	-1.06	-3.49	0.23	-0.05	-0.11	0.05	3.95	4.74	0.52	-8.33	56
236	高峰	海富通	2017/08~2020/12	41	1	17.52	2.49*	-2.45	-1.35	0.99	-0.25	0.17	0.09	14.22	18.76	0.68	-24.87	77
237	吕越超	海富通	2014/11~2020/12	71	10	14.28	2.95*	-0.37	-2.06	0.88	-0.04	0.06	0.43	22.59	27.80	0.77	-33.54	77
238	黄峰	海富通	2014/12~2020/12	73	6	12.54	3.98*	-1.48	-5.19	1.09	0.11	-0.18	0.49	20.29	28.33	0.66	-54.32	83
239	李志	海富通	2017/05~2020/12	44	1	5.96	0.51	1.25	1.73*	0.58	-0.19	-0.33	0.11	22.89	21.53	0.99	-35.85	33
240	施敏佳	海富通	2015/10~2020/12	63	5	-2.34	-0.33	0.51	0.94	0.94	0.30	-0.17	0.85	10.83	26.41	0.35	-44.77	73
241	王智慧	海富通	2012/01~2020/12	104	6	2.94	1.47	0.65	2.02*	0.29	0.02	0.05	0.05	17.84	21.82	0.73	-38.37	75
242	谈云飞	海富通	2016/09~2020/12	52	7	4.27	1.09	0.05	0.14	0.87	-0.01	-0.30	0.25	8.03	6.68	0.98	-7.04	81
243	周雪军	海富通	2014/01~2020/12	81	5	6.39	1.59	0.11	0.35	0.75	-0.01	-0.27	0.16	14.06	19.99	0.63	-24.47	80
244	赵耀	红塔红土	2015/05~2020/12	68	17	4.80	1.31	0.55	2.09*	0.25	-0.08	0.04	0.01	8.59	9.51	0.74	-14.64	39
245	盖俊龙	红土创新	2014/05~2020/12	69	6	4.23	0.61	-0.42	-0.99	0.94	0.05	-0.54	0.34	24.57	30.30	0.77	-49.65	81
246	侯世霞	红土创新	2015/09~2020/12	64	2	6.27	0.86	-0.60	-1.16	0.63	-0.12	0.11	0.35	9.63	20.93	0.39	-33.17	54
247	庞世恩	红土创新	2016/01~2020/12	53	14	3.56	1.33	-0.55	-1.08	0.88	0.16	0.10	0.13	8.54	14.36	0.50	-24.75	91
248	朱然	红土创新	2017/11~2020/12	38	3	23.49	3.00*	-1.34	-1.55	0.76	-0.10	-0.50	0.60	35.04	22.67	1.48	-14.86	53
249	蔡丞丰	泓德	2017/07~2020/12	42	5	13.32	2.59*	-0.99	-1.39	0.79	0.01	-0.55	0.26	24.10	16.31	1.39	-16.93	84
250	李倩	泓德	2015/10~2020/12	63	7	5.86	1.56	1.40	4.87*	0.48	0.05	-0.40	0.31	19.24	13.38	1.33	-16.00	70
251	秦毅	泓德	2017/06~2020/12	43	5	18.42	3.81*	-0.99	0.56	0.81	0.11	-0.22	0.40	27.23	17.02	1.51	-16.94	78

续表

编号	基金经理	当前任职公司	任职区间	任职时间（月）	管理基金数量（只）	选股能力 年化 α(%)	选股能力 t(α)	择时能力 γ	择时能力 t(γ)	β_{mkt}	β_{smb}	β_{hml}	β_{mom}	年化收益率（%）	年化波动率（%）	年化夏普比率	最大回撤率（%）	调整后 R^2（%）
252	苏昌景	泓德	2016/04~2020/12	57	3	13.59	1.83*	-1.17	-0.27	0.97	0.03	-0.27	0.41	22.06	16.99	1.21	-24.39	89
253	王克玉	泓德	2010/07~2020/12	122	9	5.56	2.65*	0.45	-0.86	0.77	0.10	-0.21	0.19	19.25	18.22	0.94	-33.53	87
254	邬传雁	泓德	2015/06~2020/12	67	7	13.26	2.55*	0.61	-2.96	0.47	-0.16	-0.46	0.09	20.54	16.00	1.19	-17.71	53
255	崔莹	华安	2015/06~2020/12	67	6	20.07	2.14*	-0.26	-0.88	0.93	0.11	-0.55	0.03	23.60	26.77	0.82	-28.11	83
256	高钥群	华安	2017/04~2020/12	45	3	22.44	1.94*	-1.78	-0.87	0.83	-0.10	-0.03	0.21	25.83	15.87	1.53	-18.12	75
257	贺涛	华安	2015/05~2020/12	68	9	3.54	2.57*	0.03	-2.06	0.06	-0.01	-0.02	0.05	5.26	2.81	1.33	-1.76	34
258	胡宜斌	华安	2015/11~2020/12	62	4	15.20	3.43*	-0.28	-0.33	1.07	-0.04	-1.01	-0.76	19.33	29.26	0.61	-28.06	70
259	蒋璆	华安	2015/06~2020/12	67	7	6.57	1.21	0.58	1.49	0.56	0.15	-0.38	0.41	14.51	19.51	0.67	-28.38	68
260	李欣	华安	2015/07~2020/12	66	16	15.73	1.75*	-0.48	0.18	0.92	0.04	-0.40	0.02	19.96	24.98	0.74	-29.78	85
261	陆秋渊	华安	2017/06~2020/12	43	5	25.28	3.14*	-0.86	-1.22	0.92	-0.31	0.09	0.19	30.45	18.89	1.53	-8.28	75
262	饶晓鹏	华安	2013/12~2020/12	81	8	10.59	2.08*	-0.05	-0.48	0.95	0.26	-0.40	0.17	29.91	26.43	1.08	-28.00	78
263	石雨欣	华安	2016/02~2020/12	59	8	4.18	3.17*	-0.02	0.32	0.12	0.04	0.05	0.03	6.64	3.43	1.50	-0.89	43
264	孙晨进	华安	2015/03~2020/12	70	13	2.24	0.95	-0.07	-0.44	0.89	-0.08	-0.13	0.19	7.38	23.98	0.24	-47.46	96
265	孙丽娜	华安	2016/10~2020/12	51	4	4.48	1.16	0.26	0.43	0.82	-0.10	-0.12	0.20	13.57	15.79	0.76	-24.52	84
266	王春	华安	2007/04~2020/12	128	7	7.91	3.32*	0.34	-1.34	0.66	-0.30	0.13	0.03	17.41	23.61	0.65	-51.18	72
267	翁启森	华安	2014/03~2020/12	82	5	0.96	0.22	-0.27	-0.92	0.93	-0.02	-0.72	-0.04	15.47	25.95	0.53	-53.16	87
268	许之彦	华安	2008/04~2020/12	153	7	-0.98	-0.53	-0.13	-1.18	0.93	-0.06	0.03	0.13	4.82	26.37	0.10	-56.06	96
269	杨明	华安	2013/06~2020/12	91	9	11.07	2.87*	0.05	-1.37	0.74	-0.21	-0.11	0.10	21.44	19.99	0.98	-24.07	83
270	郑可成	华安	2013/05~2020/12	92	13	3.82	2.62*	0.15	-2.71	0.12	-0.02	0.06	-0.04	7.79	5.12	1.15	-2.00	42

附录八 在职股票型基金经理选股与择时能力(按当前任职公司排序):1998~2020 年

续表

编号	基金经理	当前任职公司	任职区间	任职时间(月)	管理基金数量(只)	选股能力 年化α(%)	$t(\alpha)$	择时能力 γ	$t(\gamma)$	β_{mkt}	β_{smb}	β_{hml}	β_{mom}	年化收益率(%)	年化波动率(%)	年化夏普比率	最大回撤率(%)	调整后R^2(%)
271	朱才敏	华安	2015/05~2020/12	68	9	4.12	3.03*	0.11	-2.03	0.06	-0.02	0.01	0.05	6.10	2.73	1.68	-0.97	33
272	蔡目荣	华宝	2012/08~2020/12	101	7	2.47	0.61	-0.19	-0.68	0.65	-0.14	0.17	-0.05	9.73	19.59	0.40	-35.63	74
273	陈建华	华宝	2015/04~2020/12	69	4	3.25	0.79	-0.15	-0.52	0.99	-0.13	-0.22	0.07	5.14	26.12	0.14	-51.52	90
274	代云锋	华宝	2017/10~2020/12	39	3	3.38	0.27	1.76	1.03	1.11	0.08	-0.98	0.63	32.77	31.00	1.01	-29.69	72
275	高文庆	华宝	2017/03~2020/12	46	1	6.41	3.01*	-0.53	2.86*	0.20	0.00	0.03	0.10	8.11	4.11	1.61	-3.17	69
276	光磊	华宝	2015/04~2020/12	69	7	9.38	4.26*	-0.47	-2.15	0.86	-0.11	-0.81	0.27	12.60	26.20	0.42	-49.10	81
277	胡戈游	华宝	2009/05~2020/12	140	7	1.60	0.51	0.02	0.10	0.78	-0.05	-0.59	0.25	11.60	21.70	0.43	-39.38	82
278	季鹏	华宝	2013/08~2020/12	89	4	3.26	1.08	-0.27	-1.27	0.81	-0.10	-0.27	0.13	12.89	21.32	0.52	-45.36	89
279	夏林锋	华宝	2014/10~2020/12	75	6	5.16	3.70*	0.62	-0.73	0.23	-0.04	-0.03	0.11	19.10	23.20	0.75	-34.89	52
280	林昊	华宝	2017/03~2020/12	46	6	7.18	1.90*	-0.32	-0.62	0.28	-0.14	-0.10	0.00	10.30	5.24	1.68	-5.21	78
281	刘自强	华宝	2008/03~2020/12	154	5	-0.27	-0.08	0.15	0.74	0.89	0.12	-0.17	0.29	10.69	26.71	0.31	-47.94	87
282	毛文博	华宝	2015/04~2020/12	69	2	4.81	1.27	0.06	0.24	0.81	0.00	0.07	0.03	7.29	21.82	0.26	-43.47	88
283	李栋梁	华宝	2015/10~2020/12	63	9	1.12	0.19	1.06	2.79*	0.72	-0.02	-0.12	-0.05	11.06	6.81	1.40	-7.61	72
284	徐林明	华宝	2014/09~2020/12	76	6	-1.63	-0.42	-0.94	-3.70	0.69	-0.02	-0.37	0.08	1.89	20.59	0.01	-47.22	84
285	易镜明	华宝	2015/04~2020/12	69	1	0.93	0.15	0.64	1.45	1.02	-0.03	-0.48	0.49	10.57	30.01	0.30	-56.79	82
286	曾豪	华宝	2017/12~2020/12	37	2	11.26	2.09*	-0.15	1.46	0.91	0.16	-0.27	0.50	25.41	20.23	1.18	-19.71	91
287	闫旭	华宝	2007/06~2020/12	150	8	0.41	0.16	0.11	0.72	0.78	0.02	-0.09	0.21	7.74	24.47	0.22	-55.99	91
288	陈启明	华富	2014/09~2020/12	76	8	5.78	1.08	-0.04	-0.12	0.95	0.04	-0.77	0.16	19.98	28.37	0.65	-47.15	84
289	高靖瑜	华富	2014/12~2020/12	73	5	-0.67	-0.14	0.12	0.40	0.99	-0.11	-0.47	0.21	11.60	28.28	0.35	-59.93	88

· 337 ·

续表

编号	基金经理	当前任职公司	任职区间	任职时间（月）	管理基金数量（只）	选股能力 年化α(%)	选股能力 $t(\alpha)$	择时能力 γ	择时能力 $t(\gamma)$	β_{mkt}	β_{smb}	β_{hml}	β_{mom}	年化收益率（%）	年化波动率（%）	年化复普夏比率	最大回撤率（%）	调整后R^2（%）
290	龚炜	华富	2010/01~2020/12	129	15	-1.11	-0.31	0.29	1.03	1.00	0.09	-0.50	0.36	11.94	26.42	0.37	-53.07	86
291	尹培俊	华富	2016/05~2020/12	56	4	1.40	0.40	1.05	1.76*	0.82	-0.07	-0.27	0.02	12.54	15.91	0.69	-22.90	85
292	张惠	华富	2016/06~2020/12	55	11	6.80	2.18*	-0.22	-1.97	0.13	-0.11	-0.08	-0.02	8.96	3.52	2.12	-1.47	38
293	张亮	华富	2012/10~2020/12	89	4	0.19	0.03	0.67	1.58	0.75	0.08	-0.05	0.27	15.02	25.24	0.53	-52.12	68
294	范贵龙	华融	2015/04~2020/12	69	3	-0.68	-0.23	0.56	2.68*	0.32	-0.05	0.07	0.12	4.12	9.99	0.26	-18.50	64
295	陈恒	华商	2017/07~2020/12	42	3	-5.38	-0.83	0.60	0.66	0.91	0.30	-0.51	0.51	13.49	21.70	0.55	-31.99	83
296	邓默	华商	2015/09~2020/12	64	7	6.02	1.49	0.14	0.48	0.82	-0.02	-0.43	0.35	18.10	21.21	0.78	-26.34	86
297	高兵	华商	2015/04~2020/12	61	7	-2.70	-0.36	0.22	0.40	1.02	-0.02	-0.63	0.34	0.91	31.08	-0.02	-66.82	80
298	何奇峰	华商	2015/01~2020/12	72	5	3.46	0.68	-0.29	-0.91	0.98	0.10	-0.64	0.23	14.85	29.78	0.45	-52.22	88
299	李双全	华商	2015/04~2020/12	69	4	-2.35	-0.50	-0.11	-0.34	0.82	0.16	-0.26	0.10	2.15	24.23	0.03	-48.96	85
300	梁皓	华商	2017/07~2020/12	42	4	5.07	0.54	1.66	1.26	0.85	0.58	-0.80	0.17	27.27	25.07	1.03	-36.68	74
301	彭欣杨	华商	2016/04~2020/12	57	3	0.98	0.22	-0.79	-1.06	0.92	0.17	-0.44	0.41	10.77	17.88	0.52	-34.05	81
302	童立	华商	2016/04~2020/12	57	7	0.59	0.09	1.18	1.04	0.76	0.37	-0.37	0.00	10.90	19.74	0.48	-34.93	63
303	王东旌	华商	2015/09~2020/12	64	4	2.35	0.59	0.05	0.18	0.82	-0.05	-0.35	0.23	12.89	20.71	0.55	-33.26	86
304	周海栋	华商	2014/05~2020/12	80	8	7.17	1.81*	-0.35	-1.36	0.78	0.03	-0.45	-0.03	19.04	22.74	0.76	-38.99	84
305	何琦	华泰柏瑞	2017/07~2020/12	42	1	23.13	2.83*	-1.89	-1.49	1.00	0.17	0.39	0.34	22.72	20.71	1.02	-24.84	71
306	陆从珍	华泰柏瑞	2012/08~2020/12	41	4	8.23	1.06	-1.68	-2.31	0.59	-0.12	0.04	0.25	17.55	15.56	0.98	-7.93	54
307	吕慧建	华泰柏瑞	2009/11~2020/12	134	5	6.29	1.37	0.30	0.81	0.98	-0.15	-0.49	0.13	15.82	26.47	0.51	-44.32	75
308	牛勇	华泰柏瑞	2010/09~2020/12	121	14	6.67	2.43*	0.03	1.55	0.90	-0.34	-0.26	0.18	13.51	23.94	0.48	-37.27	81

附录八　在职股票型基金经理选股与择时能力(按当前任职公司排序):1998~2020年

续表

编号	基金经理	当前任职公司	任职区间	任职时间(月)	管理基金数量(只)	选股能力 年化α(%)	$t(\alpha)$	择时能力 γ	$t(\gamma)$	β_{mkt}	β_{smb}	β_{hml}	β_{mom}	年化收益率(%)	年化波动率(%)	年化夏普比率	最大回撤率(%)	调整后R^2(%)
309	沈雪峰	华泰柏瑞	2007/05~2020/12	90	13	1.13	0.19	0.43	1.03	0.81	-0.06	-0.06	0.45	16.53	26.02	0.55	-39.55	80
310	盛豪	华泰柏瑞	2015/10~2020/12	63	23	6.60	2.61*	0.18	-1.64	0.78	0.01	0.17	0.20	12.44	17.49	0.63	-22.05	95
311	田汉卿	华泰柏瑞	2013/08~2020/12	89	16	8.36	2.90*	-0.22	-0.21	0.75	-0.15	0.12	-0.06	17.16	20.06	0.76	-30.57	91
312	杨景涵	华泰柏瑞	2015/04~2020/12	69	28	1.28	0.39	0.47	2.05*	0.31	-0.13	0.29	-0.06	3.49	10.10	0.19	-19.55	56
313	曾鸿	华泰柏瑞	2017/08~2020/12	41	1	1.02	0.34	0.25	0.60	-0.03	0.08	-0.01	0.06	4.01	4.23	0.59	-3.97	6
314	张慧	华泰柏瑞	2013/09~2020/12	88	10	8.49	2.51*	-0.31	-1.01	0.89	-0.11	-0.30	0.25	18.11	24.96	0.65	-46.46	82
315	尚烁徽	华泰保兴	2017/03~2020/12	46	10	18.67	2.88*	-2.18	-0.55	1.06	-0.15	-0.48	0.52	28.34	21.49	1.25	-27.14	77
316	蔡向阳	华夏	2016/04~2020/12	53	7	10.72	2.66*	-1.45	-0.92	0.89	0.01	-0.24	0.33	16.03	17.77	0.84	-23.44	71
317	陈斌	华夏	2015/02~2020/12	71	4	5.77	0.94	0.27	0.69	0.87	0.02	-0.73	0.17	18.96	27.32	0.64	-38.21	79
318	陈伟彦	华夏	2016/09~2020/12	52	24	7.51	3.69*	-1.04	-0.18	0.83	-0.07	0.02	0.06	10.98	15.35	0.62	-23.73	78
319	代瑞亮	华夏	2015/07~2020/12	66	3	-3.24	-0.45	0.20	0.39	1.03	0.10	-0.55	0.12	4.11	28.90	0.09	-57.26	75
320	董阳阳	华夏	2013/03~2020/12	94	7	2.89	1.17	0.00	-0.01	0.71	-0.09	0.01	0.10	12.57	19.02	0.56	-39.44	90
321	黄文倩	华夏	2016/02~2020/12	59	5	22.08	1.88*	-3.17	2.02*	0.97	-0.15	-0.15	0.57	26.16	18.74	1.32	-24.39	69
322	季新星	华夏	2017/01~2020/12	45	3	23.35	2.58*	-2.46	-0.14	1.05	0.00	-0.23	0.62	30.10	20.86	1.41	-29.09	71
323	李湘杰	华夏	2013/09~2020/12	75	4	7.20	1.05	-0.38	-0.56	0.81	0.12	-0.03	0.50	17.70	24.43	0.66	-39.36	68
324	林晶	华夏	2017/03~2020/12	46	11	8.70	2.19*	-0.90	-1.30	0.91	0.06	-0.36	0.44	18.98	18.11	0.97	-18.63	86
325	刘平	华夏	2015/11~2020/12	62	2	-0.75	-0.16	0.44	1.15	0.95	0.06	-0.49	0.60	8.43	23.15	0.31	-34.23	84
326	吕佳玮	华夏	2017/08~2020/12	41	1	16.79	1.29	-1.92	-1.06	1.16	0.28	-0.20	0.69	26.37	28.46	0.87	-36.08	61
327	彭海伟	华夏	2014/01~2020/12	84	4	2.76	0.61	0.27	0.89	0.86	-0.06	-0.29	0.25	17.18	24.45	0.63	-38.27	83

续表

编号	基金经理	当前任职公司	任职区间	任职时间(月)	管理基金数量(只)	选股能力 年化α(%)	选股能力 t(α)	择时能力 γ	择时能力 t(γ)	β_{mkt}	β_{smb}	β_{hml}	β_{mom}	年化收益率(%)	年化波动率(%)	年化夏普比率	最大回撤率(%)	调整后R^2(%)
328	宋洋	华夏	2016/11~2020/12	50	4	10.93	2.50*	-1.58	4.07*	0.95	-0.15	0.13	0.21	13.20	16.26	0.72	-24.57	92
329	孙轶佳	华夏	2015/11~2020/12	62	4	8.33	2.30*	0.06	2.20*	0.95	0.05	-0.29	0.22	15.61	23.17	0.61	-34.20	82
330	王晓李	华夏	2015/09~2020/12	64	4	2.65	0.33	0.07	0.13	1.05	0.23	-0.02	0.23	14.73	29.57	0.45	-52.72	71
331	许利明	华夏	2007/07~2020/12	78	10	1.65	0.40	-0.40	-1.77	0.60	-0.04	0.05	0.30	-0.73	21.25	-0.13	-59.57	85
332	阳琨	华夏	2007/06~2020/12	163	6	0.03	0.01	0.45	1.98*	0.77	0.03	-0.16	0.19	11.82	25.05	0.38	-47.29	78
333	张城源	华夏	2017/05~2020/12	44	4	1.18	0.28	-1.18	-1.90	0.18	-0.15	-0.16	-0.20	-0.61	6.81	-0.31	-13.17	20
334	张弘弢	华夏	2016/11~2020/12	50	4	6.70	3.58*	-1.90	-1.96	0.81	0.09	0.19	0.31	7.13	14.36	0.39	-26.11	85
335	赵航	华夏	200304~2020/12	175	6	0.65	0.27	0.22	1.34	0.77	0.02	-0.07	0.24	6.50	21.27	0.21	-50.79	87
336	郑晓辉	华夏	2006/12~2020/12	110	4	4.23	0.85	0.15	0.55	1.26	-0.06	-0.32	0.23	20.03	26.25	0.69	-47.30	77
337	郑泽鸿	华夏	2017/06~2020/12	43	3	26.79	4.36*	-3.08	-2.67	0.74	-0.02	-0.52	0.42	34.44	31.87	1.03	-35.63	47
338	郑煜	华夏	2006/08~2020/12	173	7	6.18	2.85*	-0.03	-0.61	0.83	-0.08	-0.18	0.08	17.27	23.48	0.63	-48.12	90
339	佟魏	华夏	2015/02~2020/12	71	15	8.10	2.75*	-0.41	0.18	0.71	-0.11	-0.23	0.01	12.73	24.18	0.46	-40.07	84
340	陈欣	汇安	2009/12~2020/12	53	18	9.86	2.39*	-1.60	-2.08	0.90	0.06	-0.22	0.63	13.12	17.98	0.64	-35.73	80
341	戴杰	汇安	2017/01~2020/12	48	26	18.02	1.72*	-1.14	-1.38	0.82	0.01	-0.06	0.35	24.95	16.36	1.43	-23.90	88
342	刘田	汇安	2015/12~2020/12	58	12	-6.53	-1.37	-0.39	-0.98	0.27	-0.05	-0.55	0.35	-5.90	20.30	-0.37	-47.76	81
343	沈宏伟	汇安	2017/07~2020/12	42	3	-7.77	-1.33	-0.04	-0.05	0.42	-0.24	-0.20	-0.05	-3.36	9.57	-0.51	-26.83	29
344	周加文	汇安	2016/10~2020/12	47	4	-4.21	-0.59	-0.70	-0.41	0.74	0.02	-0.10	-0.03	-3.67	11.62	-0.45	-34.55	26
345	邹唯	汇安	2006/08~2020/12	151	22	4.21	0.80	-0.03	-0.13	0.74	0.07	-0.46	0.33	17.89	28.00	0.56	-60.62	72
346	陈平	汇丰晋信	2015/07~2020/12	66	2	-1.25	-0.17	0.75	1.40	1.10	-0.10	-0.86	0.31	12.91	31.09	0.37	-45.81	77

· 340 ·

附录八　在职股票型基金经理选股与择时能力（按当前任职公司排序）：1998~2020 年

续表

编号	基金经理	当前任职公司	任职区间	任职时间（月）	管理基金数量（只）	选股能力 α（%）	选股能力 $t(\alpha)$	择时能力 γ	择时能力 $t(\gamma)$	β_{mkt}	β_{smb}	β_{hml}	β_{mom}	年化收益率（%）	年化波动率（%）	年化夏普比率	最大回撤率（%）	调整后 R^2（%）
347	程彧	汇丰晋信	2016/11~2020/12	50	4	14.76	1.93*	-2.11	-1.09	0.96	-0.16	0.14	0.35	16.90	17.74	0.87	-29.93	78
348	方磊	汇丰晋信	2016/03~2020/12	58	4	8.59	1.96*	-1.58	-1.26	0.70	-0.32	-0.12	-0.19	8.91	11.58	0.64	-19.24	81
349	是星涛	汇丰晋信	2016/02~2020/12	59	4	16.26	2.03*	-0.91	-3.23	0.88	-0.18	-0.03	0.04	23.07	16.65	1.30	-17.77	78
350	吴培文	汇丰晋信	2015/09~2020/12	64	4	6.92	1.29	-0.29	-0.75	0.82	-0.23	0.06	-0.07	11.22	21.00	0.46	-23.83	75
351	顾耀强	汇添富	2009/12~2020/12	133	7	2.62	0.72	-0.19	-0.66	0.88	0.12	-0.35	0.22	11.55	24.13	0.39	-48.30	81
352	胡昕炜	汇添富	2016/04~2020/12	57	5	1.56	0.81	0.22	1.75*	0.15	-0.10	0.00	0.11	31.62	20.07	1.50	-21.55	49
353	赖中立	汇添富	2017/05~2020/12	44	2	24.35	2.68*	-1.83	-2.30	0.95	0.11	-0.10	0.61	19.13	20.01	0.88	-26.99	62
354	劳杰男	汇添富	2015/07~2020/12	66	9	5.15	1.00	-0.07	-0.09	0.98	-0.01	-0.20	0.43	17.52	19.16	0.84	-22.95	85
355	李威	汇添富	2015/01~2020/12	72	2	13.00	2.08*	-0.04	-1.66	0.74	0.01	0.04	0.30	20.79	35.61	0.54	-63.35	86
356	刘江	汇添富	2015/06~2020/12	67	5	10.35	2.38*	0.67	-0.50	0.85	0.01	-0.26	0.35	11.10	17.62	0.54	-24.82	79
357	刘伟林	汇添富	2015/12~2020/12	61	4	6.91	0.86	0.06	0.11	1.12	0.12	-0.26	0.29	4.85	11.58	0.29	-16.76	78
358	马翔	汇添富	2016/03~2020/12	58	9	11.14	2.16*	-0.94	0.50	0.52	-0.01	-0.73	-0.05	16.36	19.24	0.77	-34.89	75
359	谭志强	汇添富	2015/08~2020/12	65	2	3.46	0.73	-0.26	-0.73	0.31	-0.01	-0.01	0.07	12.00	20.09	0.52	-37.28	38
360	王栩	汇添富	2010/02~2020/12	131	5	9.61	2.15*	-2.25	0.37	1.12	0.01	-0.40	0.46	16.31	25.06	0.56	-46.19	87
361	雷鸣	汇添富	2014/03~2020/12	82	5	2.90	0.65	0.01	0.03	0.79	-0.16	-0.46	0.15	28.28	25.69	1.03	-37.12	80
362	吴江宏	汇添富	2016/04~2020/12	57	5	5.12	1.31	0.14	0.45	0.92	0.04	-0.49	0.34	6.18	3.13	1.50	-2.29	81
363	吴振翔	汇添富	2015/02~2020/12	71	2	4.15	3.37*	-0.42	-1.76	0.13	-0.04	-0.09	0.06	12.16	24.85	0.43	-35.68	45
364	许一尊	汇添富	2015/11~2020/12	62	2	5.18	1.54	-0.51	-2.38	0.83	0.16	-0.30	0.14	10.64	21.50	0.43	-27.18	92
365	袁建军	汇添富	2007/03~2020/12	38	3	3.48	2.51*	0.22	-0.39	0.94	0.33	-0.01	0.29	22.20	30.80	0.65	-58.16	96

续表

编号	基金经理	当前任职公司	任职区间	任职时间(月)	管理基金数量(只)	选股能力 年化α(%)	选股能力 t(α)	择时能力 γ	择时能力 t(γ)	β_{mkt}	β_{smb}	β_{hml}	β_{mom}	年化收益率(%)	年化波动率(%)	年化夏普比率	最大回撤率(%)	调整后R^2(%)
366	赵鹏程	汇添富	2016/07~2020/12	54	4	14.76	1.37	-0.38	-1.11	0.64	-0.16	-0.52	0.01	18.60	17.50	0.98	-25.14	84
367	赵鹏飞	汇添富	2016/06~2020/12	55	7	10.52	3.03*	-1.59	-0.64	0.89	-0.07	-0.51	0.42	17.83	15.31	1.07	-22.71	76
368	郑磊	汇添富	2014/12~2020/12	65	20	12.32	3.92*	-1.36	-1.53	0.73	-0.09	-0.09	0.38	31.00	30.20	0.99	-50.49	62
369	何旻	汇添富	2007/08~2020/12	99	4	16.86	2.29*	-0.04	-1.51	0.82	0.08	-0.24	0.77	4.44	6.14	0.39	-9.20	78
370	张一甫	惠升	2017/01~2020/12	45	6	16.65	1.93*	-0.99	-0.81	0.75	0.00	-0.30	0.23	21.39	15.44	1.32	-17.94	75
371	常蓁	嘉实	2015/03~2020/12	70	6	15.38	2.78*	-0.62	-1.07	0.75	-0.06	-0.22	0.21	16.83	23.10	0.66	-37.99	80
372	方晗	嘉实	2017/10~2020/12	39	2	10.86	1.87*	-1.62	0.78	0.88	-0.09	-0.01	0.10	9.58	17.09	0.49	-28.72	79
373	归凯	嘉实	2016/03~2020/12	58	8	13.76	1.85*	-1.13	-0.78	0.84	0.23	-0.50	0.51	22.75	17.50	1.21	-21.95	75
374	胡涛	嘉实	2009/06~2020/12	135	7	13.61	2.70*	0.84	-2.06	0.75	-0.08	-0.12	0.20	17.48	24.69	0.63	-38.80	84
375	胡永青	嘉实	2014/10~2020/12	75	11	6.41	1.35	-0.03	-0.08	0.81	0.07	-0.76	0.15	7.98	3.98	1.60	-2.45	71
376	刘宁	嘉实	2015/12~2020/12	61	20	6.19	2.80*	-0.01	-3.52	0.03	0.00	0.02	0.04	5.31	3.28	1.16	-4.17	8
377	龙昌伦	嘉实	2017/06~2020/12	43	7	5.06	3.47*	-0.29	-0.67	0.08	-0.08	0.03	-0.01	11.65	16.50	0.61	-26.47	57
378	洪流	嘉实	2014/11~2020/12	67	10	6.55	2.65*	-0.35	-0.57	0.86	0.14	0.30	0.28	25.96	22.04	1.12	-26.07	92
379	曲盛伟	嘉实	2017/12~2020/12	37	2	12.48	1.19	0.24	0.17	1.06	0.23	-0.48	0.03	27.07	25.83	0.99	-25.27	74
380	谭丽	嘉实	2017/04~2020/12	45	6	21.57	3.89*	-3.11	-1.33	0.81	-0.32	0.04	-0.07	17.75	14.55	1.12	-26.42	75
381	王凯	嘉实	2016/09~2020/12	52	8	3.47	0.52	0.24	0.22	1.00	-0.06	-0.73	0.22	17.40	21.32	0.75	-28.86	73
382	肖觅	嘉实	2016/12~2020/12	49	8	16.18	2.81*	-1.20	-0.16	0.69	0.00	0.28	0.00	15.68	12.95	1.09	-15.24	76
383	谢泽林	嘉实	2015/09~2020/12	64	5	4.90	1.05	0.41	1.23	0.77	-0.03	-0.36	0.30	17.35	20.22	0.78	-21.43	80
384	颜媛	嘉实	2015/03~2020/12	63	4	10.20	1.43	-0.11	-0.26	0.75	0.02	-1.02	0.18	20.75	26.34	0.74	-36.56	76

附录八 在职股票型基金经理选股与择时能力(按当前任职公司排序):1998~2020 年

续表

编号	基金经理	当前任职公司	任职区间	任职时间(月)	管理基金数量(只)	选股能力 年化 α(%)	$t(\alpha)$	择时能力 γ	$t(\gamma)$	β_{mkt}	β_{smb}	β_{hml}	β_{mom}	年化收益率(%)	年化波动率(%)	年化夏普比率	最大回撤率(%)	调整后 R^2(%)
385	姚志鹏	嘉实	2016/05~2020/12	57	7	17.12	2.36*	−2.59	0.85	1.14	0.15	−0.27	0.45	22.93	21.92	0.98	−38.18	71
386	张丹华	嘉实	2017/05~2020/12	44	11	14.82	1.78*	−2.49	−1.55	1.05	−0.07	−0.25	0.39	21.36	19.26	1.03	−29.92	87
387	张金涛	嘉实	2015/10~2020/12	63	6	12.83	2.04*	−0.21	1.00	0.83	−0.11	0.05	0.36	18.02	20.85	0.79	−31.33	82
388	张露	嘉实	2017/08~2020/12	41	5	16.85	1.84*	−1.69	−0.93	1.00	−0.04	0.24	0.37	18.47	18.16	0.93	−25.89	94
389	张自力	嘉实	2015/06~2020/12	67	3	5.48	1.14	0.11	0.32	0.83	−0.08	−0.37	0.18	9.84	22.89	0.36	−38.68	82
390	张淼	嘉实	2015/02~2020/12	71	2	6.09	1.96*	−0.01	2.47*	0.76	−0.11	−0.28	0.22	13.55	21.66	0.55	−34.81	91
391	何珅华	建信	2015/04~2020/12	69	6	5.01	0.94	0.38	1.04	0.57	−0.12	−0.47	0.23	11.39	18.50	0.53	−31.66	66
392	姜锋	建信	2011/07~2020/12	114	5	7.17	3.05*	−0.30	−1.44	0.75	−0.24	−0.33	−0.04	12.10	20.50	0.49	−43.29	77
393	梁洪昀	建信	2012/03~2020/12	106	8	3.81	1.61	−0.15	−0.88	0.86	−0.17	−0.08	−0.01	12.71	22.07	0.48	−37.06	93
394	王东杰	建信	2015/05~2020/12	68	10	10.76	2.50*	−0.51	−0.10	0.11	0.04	0.01	0.07	19.96	14.74	1.25	−24.58	13
395	牛兴华	建信	2015/04~2020/12	69	12	3.94	0.54	−0.01	−0.01	0.81	0.38	−0.86	0.47	9.56	11.60	0.69	−8.85	63
396	潘龙玲	建信	2016/03~2020/12	58	2	1.38	0.51	0.22	1.09	0.77	−0.04	−0.21	0.20	17.02	21.69	0.72	−31.12	88
397	邱宇航	建信	2011/07~2020/12	114	4	15.20	1.95*	−0.54	2.35*	0.74	0.17	−0.09	0.20	11.26	20.23	0.45	−39.95	77
398	邵卓	建信	2015/03~2020/12	70	7	11.39	1.90*	−1.22	−1.77	1.02	−0.04	−0.57	0.14	18.48	24.12	0.70	−26.37	79
399	孙晟	建信	2016/03~2020/12	58	3	6.93	2.44*	0.22	−1.52	0.81	−0.16	−0.37	0.25	18.77	18.57	0.93	−29.07	82
400	陶灿	建信	2011/07~2020/12	114	8	12.93	2.24*	0.89	0.78	0.38	−0.03	−0.13	0.15	16.12	21.47	0.65	−38.32	41
401	吴尚伟	建信	2014/11~2020/12	74	6	17.00	2.11*	−0.60	−1.43	0.80	−0.08	−0.18	0.03	22.50	24.30	0.86	−39.79	77
402	薛玲	建信	2017/05~2020/12	44	4	5.53	2.31*	−0.64	−0.23	0.61	−0.02	−0.17	0.15	12.03	11.31	0.93	−20.21	92
403	姚锦	建信	2009/12~2020/12	125	10	7.05	2.18*	0.39	1.77*	0.80	−0.08	−0.25	0.32	17.70	21.79	0.72	−32.13	79

· 343 ·

续表

编号	基金经理	当前任职公司	任职区间	任职时间(月)	管理基金数量(只)	选股能力 年化α(%)	选股能力 t(α)	择时能力 γ	择时能力 t(γ)	β_{mkt}	β_{smb}	β_{hml}	β_{mom}	年化收益率(%)	年化波动率(%)	年化夏普比率	最大回撤率(%)	调整后R^2(%)
404	叶乐天	建信	2014/01~2020/12	84	12	1.13	0.35	0.01	0.05	0.92	0.09	-0.05	0.14	15.67	25.28	0.55	-45.84	92
405	朱虹	建信	2015/10~2020/12	52	4	61.85	1.09	-3.06	-0.70	-0.29	-2.12	-1.52	-3.03	33.10	99.98	0.32	-69.34	8
406	王安良	江信	2016/02~2020/12	59	2	2.64	0.48	-2.17	-2.47	0.74	0.01	0.01	0.40	6.31	15.42	0.31	-29.40	58
407	陈俊华	交银施罗德	2016/11~2020/12	50	2	17.68	3.13*	-2.57	-0.18	0.74	-0.01	-0.09	0.51	20.27	14.61	1.28	-23.07	77
408	陈玫铮	交银施罗德	2014/10~2020/12	75	3	8.29	2.70*	-0.45	-3.74	0.80	-0.01	-0.10	0.02	16.01	22.80	0.63	-37.00	89
409	郭斐	交银施罗德	2017/09~2020/12	40	3	15.29	1.50	1.30	0.92	1.08	-0.06	-0.54	0.16	33.58	26.03	1.23	-24.36	73
410	韩威俊	交银施罗德	2016/01~2020/12	60	5	24.73	2.53*	-2.87	-2.97	1.08	0.17	-0.08	0.50	29.37	20.76	1.34	-26.48	68
411	何帅	交银施罗德	2015/07~2020/12	66	3	17.31	3.35*	-0.01	-1.26	0.73	0.15	-0.23	-0.04	22.97	20.15	1.07	-23.13	82
412	李娜	交银施罗德	2015/08~2020/12	65	21	5.24	1.91*	0.09	-1.17	0.08	-0.04	0.01	0.02	7.58	2.89	2.10	-0.78	35
413	沈楠	交银施罗德	2015/05~2020/12	68	3	13.53	2.94*	-0.19	-1.71	0.74	-0.05	-0.08	-0.09	12.81	19.57	0.58	-24.64	86
414	王崇	交银施罗德	2014/10~2020/12	75	3	17.33	2.63*	-0.02	-1.87	0.78	-0.03	-0.30	0.08	28.28	23.64	1.13	-33.48	78
415	王少成	交银施罗德	2010/09~2020/12	122	10	2.24	0.60	-0.11	-0.36	0.84	0.12	-0.40	0.12	11.09	23.13	0.39	-44.56	80
416	杨浩	交银施罗德	2015/08~2020/12	65	4	22.98	3.21*	-0.51	0.20	0.73	0.02	-0.54	-0.04	29.32	19.85	1.40	-23.80	79
417	芮晨	交银施罗德	2015/05~2020/12	68	3	4.92	0.71	-0.19	-0.37	1.15	-0.03	-0.88	-0.39	7.62	32.34	0.19	-50.30	81
418	孔学兵	金信	2011/09~2020/12	89	10	1.76	0.24	-0.28	-0.53	0.88	0.23	-0.37	0.25	6.48	29.21	0.15	-58.65	68
419	刘榕俊	金信	2016/04~2020/12	41	7	6.56	0.97	-3.13	-2.05	0.75	0.02	0.05	-0.10	1.27	14.61	-0.01	-29.63	61
420	陈立	金鹰	2013/08~2020/12	89	10	0.90	0.14	0.58	1.30	1.04	0.05	-0.38	0.19	20.48	30.49	0.61	-46.83	76
421	陈颖	金鹰	2015/06~2020/12	67	6	-0.24	-0.04	-0.17	-0.43	0.93	0.33	-0.28	-0.02	3.02	27.37	0.06	-44.66	84
422	倪超	金鹰	2015/06~2020/12	67	7	8.79	2.53*	0.03	-0.94	0.95	-0.10	-0.62	-0.10	13.72	25.02	0.49	-28.56	87

附录八　在职股票型基金经理选股与择时能力（按当前任职公司排序）：1998~2020年

续表

编号	基金经理	当前任职公司	任职区间	任职时间（月）	管理基金数量（只）	选股能力 年化 α (%)	选股能力 $t(\alpha)$	择时能力 γ	择时能力 $t(\gamma)$	β_{mkt}	β_{smb}	β_{hml}	β_{mom}	年化收益率（%）	年化波动率（%）	年化夏普比率	最大回撤率（%）	调整后 R^2 (%)
423	乔春	金鹰	2014/09~2020/12	57	6	11.20	1.51	0.19	0.43	0.65	-0.17	-0.47	0.31	23.51	22.79	0.98	-22.21	69
424	吴德瑄	金鹰	2016/12~2020/12	49	3	-16.39	-1.67	2.02	1.31	0.60	-0.32	-0.08	0.03	-3.37	20.18	-0.24	-39.68	39
425	闵昱	金元顺安	2015/10~2020/12	63	4	6.33	2.65*	-0.59	-0.07	0.61	-0.19	-0.02	0.10	7.79	15.77	0.40	-25.29	81
426	缪玮彬	金元顺安	2016/12~2020/12	49	2	5.70	0.83	1.48	1.37	0.15	0.48	0.54	0.22	8.96	13.14	0.57	-23.78	30
427	鲍无可	景顺长城	2014/06~2020/12	79	7	11.88	2.17*	-0.05	0.13	0.47	-0.08	-0.02	0.07	19.26	15.38	1.14	-21.08	65
428	江科宏	景顺长城	2014/08~2020/12	77	4	9.17	1.61	-0.26	-0.69	0.92	0.00	-0.36	0.15	21.49	27.50	0.72	-49.28	81
429	黎海威	景顺长城	2013/10~2020/12	87	13	7.14	3.79*	-0.02	-3.48	0.93	-0.17	0.23	-0.01	18.84	24.77	0.69	-37.76	93
430	李孟海	景顺长城	2015/03~2020/12	70	3	4.28	0.59	-0.22	-0.48	1.08	0.34	-0.34	0.05	13.50	34.38	0.35	-50.53	82
431	刘苏	景顺长城	2011/12~2020/12	106	8	9.49	1.74*	0.01	-1.92	0.73	-0.04	-0.12	0.21	22.97	18.81	1.12	-28.22	77
432	刘彦春	景顺长城	2008/07~2020/12	141	10	12.83	1.73*	0.05	-0.69	0.82	-0.18	-0.47	0.29	15.92	25.20	0.55	-40.03	73
433	万梦	景顺长城	2015/07~2020/12	66	14	4.56	2.88*	0.08	0.58	0.07	-0.03	0.03	0.04	6.60	2.87	1.78	-1.04	39
434	徐喻军	景顺长城	2017/01~2020/12	48	14	8.99	2.57*	-0.93	-1.32	0.75	-0.05	0.16	0.21	12.92	13.49	0.85	-20.58	89
435	杨锐文	景顺长城	2014/10~2020/12	75	10	17.50	2.15*	-0.87	0.47	0.83	0.00	-0.54	-0.05	23.92	25.04	0.89	-39.62	81
436	余广	景顺长城	2010/05~2020/12	128	7	11.09	2.01*	-0.50	-1.37	0.90	-0.14	-0.12	0.15	16.54	23.82	0.60	-47.58	80
437	詹成	景顺长城	2015/12~2020/12	61	5	13.24	1.94*	-0.63	1.51	0.77	0.02	-0.38	0.28	16.76	20.90	0.73	-27.15	78
438	张靖	景顺长城	2011/05~2020/12	108	3	5.07	1.02	0.19	0.52	0.72	0.13	-0.17	0.25	14.54	22.59	0.56	-26.69	69
439	孟亚强	九泰	2016/06~2020/12	55	14	4.09	0.80	0.18	0.23	0.63	0.11	-0.02	0.13	10.38	15.68	0.57	-20.81	68
440	林柏川	九泰	2017/01~2020/12	48	4	4.60	1.13	0.18	0.63	0.64	0.03	-0.10	0.23	10.58	14.15	0.64	-22.67	78
441	刘开运	九泰	2015/07~2020/12	66	11	8.43	1.40	0.85	0.90	0.70	0.08	0.32	-0.02	10.62	17.45	0.52	-28.13	67

续表

编号	基金经理	当前任职公司	任职区间	任职时间（月）	管理基金数量（只）	选股能力 年化α(%)	选股能力 $t(\alpha)$	择时能力 γ	择时能力 $t(\gamma)$	β_{mkt}	β_{smb}	β_{hml}	β_{mom}	年化收益率(%)	年化波动率(%)	年化夏普比率	最大回撤率(%)	调整后R^2(%)
442	刘心任	九泰	2016/11~2020/12	50	2	-0.85	-0.26	1.00	1.81*	0.76	0.23	-0.01	0.40	12.35	16.71	0.65	-23.34	86
443	吴祖尧	九泰	2015/12~2020/12	41	12	-6.77	-1.31	-0.43	-1.19	0.64	-0.13	0.13	-0.10	-4.67	16.92	-0.37	-34.63	80
444	徐占杰	九泰	2016/09~2020/12	52	1	8.18	1.58	-0.52	-0.63	0.78	0.05	-0.29	0.15	15.05	15.96	0.85	-24.44	71
445	张鹏程	九泰	2017/11~2020/12	38	4	8.21	3.09*	-0.74	-2.69	0.50	0.09	0.05	0.03	9.60	11.23	0.72	-9.62	68
446	蔡晓	民生加银	2016/05~2020/12	56	7	8.73	1.82*	-0.80	-1.51	0.83	0.05	-0.35	0.34	17.43	15.70	1.01	-23.04	81
447	高松	民生加银	2015/01~2020/12	68	7	12.73	2.77*	-0.44	3.72*	0.94	0.17	-0.02	0.59	21.35	31.72	0.63	-52.97	84
448	金耀	民生加银	2017/12~2020/12	37	2	20.46	2.66*	-1.26	-0.14	0.88	-0.24	-0.42	0.29	28.40	20.17	1.33	-19.79	71
449	柳世庆	民生加银	2016/08~2020/12	53	5	12.96	1.65*	-0.11	-1.59	0.82	-0.03	-0.24	0.17	20.92	16.50	1.18	-23.90	74
450	邱世磊	民生加银	2016/01~2020/12	60	6	6.79	1.87*	-0.06	-0.12	0.19	-0.01	-0.03	0.08	10.21	4.16	2.10	-1.66	62
451	吴鹏飞	民生加银	2013/12~2020/12	58	10	15.70	1.86*	0.21	-0.55	0.81	0.05	-0.09	0.24	18.12	15.11	1.12	-13.11	80
452	孙伟	民生加银	2014/07~2020/12	78	17	16.37	2.34*	0.06	-0.81	0.93	-0.04	-0.26	0.22	29.33	24.61	1.12	-30.22	82
453	王亮	民生加银	2017/11~2020/12	38	5	5.20	0.92	0.80	2.31*	0.38	0.06	-0.05	0.00	27.63	20.27	1.29	-22.32	58
454	何晓春	摩根士丹利华鑫	2012/07~2020/12	83	14	6.19	1.23	0.30	0.96	0.79	0.01	-0.31	-0.07	23.07	24.13	0.88	-33.53	81
455	王大鹏	摩根士丹利华鑫	2015/01~2020/12	72	7	11.11	2.74*	-0.43	-1.26	0.80	0.06	-0.11	0.26	17.49	25.57	0.62	-45.99	78
456	徐达	摩根士丹利华鑫	2016/06~2020/12	55	3	12.69	2.13*	-1.82	-1.94	1.06	0.00	-0.23	0.28	18.21	18.80	0.89	-27.71	81
457	余斌	摩根士丹利华鑫	2017/06~2020/12	42	8	4.58	0.86	-0.83	-1.12	0.72	0.19	0.07	0.74	13.87	16.69	0.76	-23.06	82

附录八 在职股票型基金经理选股与择时能力(按当前任职公司排序):1998~2020 年

续表

编号	基金经理	当前任职公司	任职区间	任职时间(月)	管理基金数量(只)	选股能力 年化α(%)	t(α)	择时能力 γ	t(γ)	β_{mkt}	β_{smb}	β_{hml}	β_{mom}	年化收益率(%)	年化波动率(%)	年化夏普比率	最大回撤率(%)	调整后R^2(%)
458	缪东航	摩根士丹利华鑫	2017/01~2020/12	48	5	11.09	4.62*	-1.23	-2.30	0.90	0.01	-0.18	0.06	15.34	16.44	0.84	-26.92	84
459	陈乐	南方	2017/12~2020/12	37	7	8.31	1.65*	-0.84	1.03	0.36	-0.09	-0.16	0.03	10.28	6.70	1.31	-6.96	90
460	黄春逢	南方	2015/12~2020/12	61	16	8.46	4.57*	0.03	-0.78	0.75	-0.11	-0.18	0.20	13.75	18.65	0.66	-32.20	79
461	黄俊	南方	2015/11~2020/12	54	6	8.70	2.28*	0.07	-1.22	0.36	-0.17	-0.13	0.04	14.89	9.70	1.41	-9.24	69
462	卢玉珊	南方	2015/12~2020/12	61	6	5.38	1.14	0.75	2.51*	0.56	0.10	-0.08	0.47	14.86	11.79	1.13	-6.89	76
463	李佳亮	南方	2016/08~2020/12	53	18	6.41	1.45	-1.65	-2.29	0.96	-0.13	-0.16	0.15	10.15	16.92	0.51	-33.53	80
464	李振兴	南方	2014/04~2020/12	72	18	15.78	1.93*	-0.15	1.84*	0.41	-0.01	-0.30	0.00	22.25	13.85	1.50	-23.56	43
465	林乐峰	南方	2017/12~2020/12	37	4	24.11	2.10*	-2.37	-0.30	0.95	0.17	0.23	0.41	23.86	19.35	1.16	-25.92	81
466	罗安安	南方	2015/07~2020/12	66	24	4.76	1.08	1.12	3.34*	0.28	0.30	0.15	0.64	20.24	25.40	0.74	-33.73	48
467	茅帅	南方	2015/05~2020/12	68	34	14.45	2.14*	-0.55	-1.28	0.86	0.10	-0.63	0.25	13.92	22.44	0.55	-29.70	81
468	茅炜	南方	2016/02~2020/12	59	40	13.86	2.19*	-0.40	1.11	0.82	-0.16	-0.57	-0.05	13.62	10.26	1.18	-15.35	86
469	蒋秋洁	南方	2014/12~2020/12	73	26	10.73	2.43*	-1.49	0.56	0.52	-0.09	-0.33	0.01	18.91	19.70	0.88	-33.10	62
470	肖勇	南方	2015/07~2020/12	43	16	3.57	1.02	0.38	1.80*	0.80	0.02	-0.12	0.30	31.53	27.79	1.11	-24.19	83
471	吴剑毅	南方	2015/05~2020/12	68	22	6.54	2.23*	0.55	-3.06	0.34	-0.02	0.00	0.01	10.74	9.27	0.99	-8.50	75
472	应帅	南方	2007/05~2020/12	164	14	15.00	1.86*	0.33	-0.54	0.89	0.05	-0.35	0.26	10.72	24.30	0.34	-58.81	89
473	章晖	南方	2015/05~2020/12	68	12	4.66	1.62	-0.03	-0.16	0.78	-0.10	-0.31	0.17	17.99	22.15	0.74	-30.40	87
474	张磊	南方	2017/06~2020/12	43	42	16.19	3.36*	-0.23	-0.63	0.77	-0.23	-0.71	0.16	10.42	12.80	0.70	-18.83	83
475	史博	南方	2004/07~2020/12	154	28	4.35	0.85	-0.77	-1.03	0.55	0.00	0.00	0.40	10.48	25.07	0.33	-61.98	67

·347·

续表

编号	基金经理	当前任职公司	任职区间	任职时间(月)	管理基金数量(只)	选股能力 年化α(%)	选股能力 t(α)	择时能力 γ	择时能力 t(γ)	β_{mkt}	β_{smb}	β_{hml}	β_{mom}	年化收益率(%)	年化波动率(%)	年化夏普比率	最大回撤率(%)	调整后 R^2 (%)
476	张延闽	南方	2014/10~2020/12	72	8	8.62	1.56	0.24	0.69	0.71	-0.13	0.33	0.15	19.39	22.77	0.79	-30.38	76
477	张原	南方	2010/02~2020/12	131	22	2.68	0.85	0.18	0.72	0.89	0.05	-0.33	0.21	13.51	23.30	0.48	-40.73	85
478	郑迎迎	南方	2015/08~2020/12	55	8	12.71	2.06*	-1.28	0.52	0.57	-0.02	-0.16	-0.14	11.15	18.93	0.52	-30.96	68
479	刘斐	南华	2017/08~2020/12	41	4	-5.34	-0.60	-0.54	-0.43	1.03	0.12	-0.78	0.74	15.03	25.49	0.53	-38.72	77
480	徐超	南华	2015/11~2020/12	57	9	2.38	0.43	0.24	0.60	0.83	-0.23	-0.79	0.78	14.24	24.65	0.53	-28.94	84
481	陈富权	农银汇理	2013/08~2020/12	89	5	12.40	2.47*	-0.14	0.44	0.71	-0.08	-0.60	0.19	22.21	21.63	0.94	-29.99	72
482	韩林	农银汇理	2016/05~2020/12	56	4	3.75	0.64	-0.73	-0.74	0.97	0.03	-0.44	0.58	15.91	20.11	0.72	-30.64	73
483	宋永安	农银汇理	2012/09~2020/12	100	2	5.05	1.88*	-0.48	-1.83	0.85	-0.12	-0.02	0.17	13.23	22.35	0.50	-46.58	94
484	徐文卉	农银汇理	2017/05~2020/12	44	5	13.51	2.22*	-0.66	-1.82	0.87	0.15	-0.34	0.47	26.13	19.71	1.25	-26.34	71
485	颜伟鹏	农银汇理	2015/03~2020/12	70	4	16.26	2.10*	0.36	3.65*	0.91	0.07	-0.26	0.36	26.54	28.92	0.86	-42.58	75
486	张峰	农银汇理	2015/06~2020/12	67	8	17.72	1.67*	-0.10	0.94	0.63	-0.20	-0.56	0.13	21.38	18.54	1.07	-21.85	75
487	张燕	农银汇理	2015/05~2020/12	65	17	12.52	1.93*	0.20	1.40	0.59	-0.09	-0.39	0.13	16.14	18.89	0.79	-23.99	66
488	赵伟	农银汇理	2017/06~2020/12	43	6	8.78	0.94	0.21	0.16	0.94	0.23	-1.55	0.28	33.62	26.54	1.21	-28.96	74
489	赵诣	农银汇理	2017/03~2020/12	46	4	12.78	1.16	-0.90	-0.53	1.15	0.04	-0.86	0.57	29.45	28.06	1.00	-37.24	64
490	蔡宇滨	诺安	2017/12~2020/12	37	3	14.62	2.35*	-0.81	0.73	0.69	0.01	0.45	0.05	12.51	14.03	0.78	-14.05	90
491	韩冬燕	诺安	2015/11~2020/12	62	4	7.85	1.79*	0.43	-2.28	0.63	-0.11	-0.15	0.13	14.73	15.86	0.83	-17.44	72
492	李玉良	诺安	2015/07~2020/12	66	6	7.32	2.83*	-0.34	-1.55	0.74	-0.01	-0.26	0.14	11.17	19.57	0.49	-27.27	88
493	罗春蕾	诺安	2015/09~2020/12	64	5	7.24	1.49	-0.32	-0.91	0.61	0.19	-0.52	0.29	16.75	19.00	0.80	-21.40	75
494	梅律吾	诺安	2007/11~2020/12	103	5	0.27	0.09	0.07	0.38	0.83	-0.13	-0.37	-0.07	2.49	25.94	0.02	-60.24	92

附录八 在职股票型基金经理选股与择时能力(按当前任职公司排序):1998~2020 年

续表

编号	基金经理	当前任职公司	任职区间	任职时间(月)	管理基金数量(只)	选股能力 年化 $\alpha(\%)$	$t(\alpha)$	择时能力 γ	$t(\gamma)$	β_{mkt}	β_{smb}	β_{hml}	β_{mom}	年化收益率(%)	年化波动率(%)	年化夏普比率	最大回撤率(%)	调整后 R^2(%)
495	裴禹翔	诺安	2016/08~2020/12	53	4	0.86	0.43	-0.65	-2.00	0.43	-0.07	-0.14	0.05	3.93	7.68	0.32	-14.92	81
496	史高飞	诺安	2015/01~2020/12	72	4	-3.05	-0.40	-0.33	-0.68	1.09	0.08	-0.26	-0.21	6.96	33.51	0.16	-66.79	78
497	宋德舜	诺安	2011/04~2020/12	99	4	-1.85	-0.50	0.19	0.70	0.96	-0.04	-0.08	0.12	10.30	25.67	0.32	-49.57	88
498	王创练	诺安	2015/03~2020/12	70	6	11.65	2.60*	-0.38	0.45	0.90	-0.05	-0.71	0.18	17.61	27.73	0.58	-37.47	79
499	吴博俊	诺安	2014/06~2020/12	79	9	3.00	1.51	0.14	1.05	0.10	-0.01	-0.01	0.03	7.03	5.15	1.04	-3.65	29
500	杨谷	诺安	2006/06~2020/12	175	4	2.83	1.30	0.35	2.30*	0.17	0.00	-0.03	0.09	14.86	25.46	0.49	-59.22	44
501	杨琨	诺安	2014/06~2020/12	55	5	2.77	1.11	-0.06	-0.46	0.81	-0.04	-0.38	0.16	35.32	23.61	1.45	-27.25	90
502	张堃	诺安	2015/08~2020/12	65	3	13.31	1.51	-0.21	-0.21	0.88	-0.10	-0.19	0.23	11.94	18.58	0.56	-21.90	65
503	张强	诺安	2017/03~2020/12	46	1	3.80	0.99	0.00	0.00	0.74	-0.10	-0.28	0.22	13.25	18.74	0.63	-28.63	83
504	谢志华	诺安	2013/05~2020/12	92	10	12.38	1.44	-2.10	-1.61	0.85	-0.22	-0.13	0.00	8.91	6.84	1.03	-4.42	51
505	顾钰	诺德	2017/12~2020/12	37	2	2.98	0.37	-1.75	-1.63	0.97	-0.16	-0.21	0.46	9.11	21.16	0.36	-25.70	77
506	郝旭东	诺德	2015/07~2020/12	66	4	10.84	1.88*	0.15	-1.14	0.49	-0.09	-0.28	-0.02	15.75	13.78	1.03	-18.02	70
507	胡志伟	诺德	2009/09~2020/12	71	4	-1.63	-0.51	-0.21	-0.50	0.85	-0.02	-0.18	-0.04	5.68	18.01	0.17	-31.97	91
508	罗世锋	诺德	2014/11~2020/12	74	6	16.27	2.08*	0.13	1.13	0.87	-0.11	-0.51	0.32	27.95	26.73	0.99	-37.67	78
509	杨霞辉	诺德	2017/04~2020/12	45	4	3.83	0.62	-1.71	-1.86	0.79	-0.02	-0.63	0.35	13.48	17.30	0.69	-21.92	72
510	曾文宏	诺德	2017/08~2020/12	41	4	8.86	1.65*	-0.92	-1.05	0.66	-0.28	-0.14	-0.13	10.28	11.75	0.75	-14.64	92
511	朱红	诺德	2014/04~2020/12	81	2	9.31	2.50*	-0.22	-3.41	0.74	0.13	-0.17	0.05	21.36	22.69	0.87	-34.74	78
512	陈璇淼	鹏华	2016/03~2020/12	58	4	12.53	1.68*	-0.45	-0.08	0.81	0.22	-0.33	0.64	23.41	17.79	1.23	-22.54	71
513	蒋鑫	鹏华	2016/06~2020/12	55	5	3.28	1.46	0.31	1.92*	0.14	-0.07	0.05	0.02	24.14	20.04	1.13	-24.43	33

续表

编号	基金经理	当前任职公司	任职区间	任职时间(月)	管理基金数量(只)	选股能力 年化α(%)	选股能力 $t(\alpha)$	择时能力 γ	择时能力 $t(\gamma)$	β_{mkt}	β_{smb}	β_{hml}	β_{mom}	年化收益率(%)	年化波动率(%)	年化夏普比率	最大回撤率(%)	调整后R^2(%)
514	金笑非	鹏华	2016/06~2020/12	55	3	13.08	2.33*	-0.89	-0.62	0.91	0.42	-0.34	0.82	20.05	20.84	0.89	-32.95	79
515	李君	鹏华	2009/07~2020/12	99	26	7.02	1.11	-0.04	-0.04	0.84	0.23	-1.06	0.36	0.65	11.27	-0.11	-32.03	72
516	梁浩	鹏华	2011/07~2020/12	114	14	0.17	0.05	0.19	0.66	0.28	-0.02	0.18	0.11	15.47	21.34	0.62	-42.52	38
517	刘方正	鹏华	2015/03~2020/12	70	32	2.12	1.00	0.45	2.97*	0.13	0.05	0.01	0.34	6.98	5.48	0.99	-7.49	53
518	聂毅翔	鹏华	2017/08~2020/12	41	3	5.21	1.45	0.10	0.36	0.77	0.04	-0.47	0.15	22.69	20.25	1.05	-22.97	80
519	汤志彦	鹏华	2017/07~2020/12	42	5	3.91	3.16*	0.17	-0.34	0.11	-0.03	-0.04	0.00	14.79	9.51	1.40	-5.59	27
520	王宗合	鹏华	2010/07~2020/12	121	18	12.73	2.64*	-1.15	0.05	0.89	0.39	-0.14	0.65	10.21	13.88	0.58	-28.43	81
521	伍旋	鹏华	2011/12~2020/12	109	6	12.90	2.66*	-1.00	-0.51	0.44	0.11	0.15	0.31	13.88	21.72	0.54	-37.30	73
522	谢书英	鹏华	2014/04~2020/12	81	6	4.34	1.11	0.17	0.57	0.37	-0.04	-0.21	0.09	16.04	19.96	0.72	-28.45	40
523	李韵怡	鹏华	2015/07~2020/12	66	26	6.38	2.66*	-0.51	2.63*	0.83	-0.06	-0.04	0.02	7.81	6.23	1.01	-6.03	89
524	尤柏年	鹏华	2016/12~2020/12	49	1	8.35	2.69*	-0.55	-0.77	0.68	-0.14	-0.50	0.02	18.60	17.41	0.98	-15.76	76
525	袁航	鹏华	2010/12~2020/12	98	16	6.63	0.92	0.52	0.46	0.63	0.14	0.05	0.62	9.57	15.92	0.48	-31.63	56
526	张栓伟	鹏华	2016/08~2020/12	53	19	2.20	0.42	0.44	1.15	0.40	-0.04	-0.36	-0.07	8.04	4.39	1.49	-3.87	37
527	赵强	鹏华	2014/03~2020/12	58	12	5.63	1.68*	-0.39	-1.21	0.22	-0.04	-0.08	0.05	29.28	19.98	1.40	-29.19	63
528	戴钢	鹏华	2012/06~2020/12	103	5	11.44	2.77*	-1.50	-0.27	1.01	-0.05	-0.40	0.27	8.09	6.88	0.89	-5.88	73
529	邓彬彬	鹏扬	2015/03~2020/12	42	8	31.36	1.93*	-2.97	-0.68	1.12	0.09	-0.11	0.43	30.03	24.39	1.23	-32.91	72
530	赵世宏	鹏扬	2016/03~2020/12	53	5	8.25	1.63	0.42	0.46	0.57	0.21	-0.33	0.68	24.51	14.99	1.57	-6.37	69
531	李化松	平安	2015/12~2020/12	57	36	11.87	2.21*	0.70	-0.20	0.77	0.20	-0.37	0.60	32.44	21.57	1.46	-14.91	78
532	黄维	平安	2016/08~2020/12	53	26	12.24	1.46	2.12	3.49*	0.65	0.24	-0.11	0.67	26.02	17.98	1.36	-12.65	53

附录八　在职股票型基金经理选股与择时能力(按当前任职公司排序)：1998~2020 年

续表

编号	基金经理	当前任职公司	任职区间	任职时间(月)	管理基金数量(只)	选股能力 年化 α(%)	$t(\alpha)$	择时能力 γ	$t(\gamma)$	β_{mkt}	β_{smb}	β_{hml}	β_{mom}	年化收益率(%)	年化波动率(%)	年化夏普比率	最大回撤率(%)	调整后 R^2(%)
533	刘杰	平安	2015/03~2020/12	70	9	2.49	0.49	-0.19	-0.57	0.94	0.23	-0.10	0.17	9.55	28.47	0.28	-58.38	87
534	乔海英	平安	2014/09~2020/12	76	10	8.97	1.57	-0.04	-0.11	0.95	-0.06	-0.68	0.21	22.36	28.34	0.73	-42.28	82
535	神爱前	平安	2016/07~2020/12	54	12	6.02	0.92	-0.87	-0.80	1.13	-0.06	-0.78	0.35	18.11	22.70	0.73	-32.86	75
536	薛冀颖	平安	2015/06~2020/12	63	3	7.78	1.56	0.19	0.53	0.71	-0.04	-0.42	0.31	9.46	20.25	0.41	-28.40	79
537	张俊生	平安	2011/06~2020/12	62	10	12.61	1.48	0.18	0.17	0.93	-0.37	-0.07	0.10	25.02	25.47	0.92	-26.69	69
538	张文平	平安	2015/06~2020/12	62	22	2.27	1.30	0.22	1.79*	0.06	-0.02	-0.10	0.15	5.95	4.22	1.05	-3.63	38
539	陈士俊	浦银安盛	2010/12~2020/12	121	3	5.84	1.86*	0.01	-1.69	0.81	-0.29	0.16	-0.02	10.78	21.23	0.40	-36.15	90
540	陈蔚丰	浦银安盛	2015/05~2020/12	68	3	8.70	1.43	-0.21	-0.48	0.82	0.05	-1.15	0.12	14.36	26.32	0.49	-35.27	78
541	蒋佳良	浦银安盛	2017/01~2020/12	44	10	13.96	3.10*	-0.58	-2.07	1.00	0.22	-0.32	0.31	31.35	19.44	1.58	-10.98	75
542	褚艳辉	浦银安盛	2014/06~2020/12	79	8	1.69	0.30	-0.20	-0.45	1.00	0.22	-0.56	0.24	13.54	10.31	1.15	-13.74	71
543	吴勇	浦银安盛	2010/04~2020/12	129	9	3.96	1.16	0.02	0.10	0.87	-0.10	-0.27	0.02	13.85	30.01	0.39	-53.21	87
544	杨岳斌	浦银安盛	2011/12~2020/12	104	16	2.58	0.85	0.69	3.47*	0.28	0.00	-0.17	0.04	14.87	23.24	0.55	-51.53	60
545	黄玥	前海开源	2017/07~2020/12	42	5	15.15	1.70*	2.15	-1.33	0.80	0.17	-0.64	0.41	19.77	21.95	0.83	-17.26	76
546	范洁	前海开源	2017/09~2020/12	40	8	2.89	0.33	2.70	2.20*	0.80	0.11	-0.07	0.13	39.05	22.54	1.67	-12.77	70
547	谢屹	前海开源	2015/07~2020/12	66	9	3.75	1.38	0.71	1.69*	0.31	-0.10	-0.24	-0.07	6.00	19.11	0.23	-31.28	67
548	曲扬	前海开源	2015/04~2020/12	69	36	10.18	2.79*	0.15	0.26	0.51	-0.14	-0.07	-0.16	15.36	13.96	0.99	-13.47	70
549	邱杰	前海开源	2015/01~2020/12	72	13	8.07	1.64	0.86	2.50*	0.34	-0.21	-0.22	0.36	15.71	15.66	0.90	-16.14	49
550	史程	前海开源	2016/04~2020/12	57	17	9.95	3.58*	0.96	-2.65	0.70	-0.20	-0.19	0.30	21.91	16.80	1.21	-16.70	59
551	李炳智	前海开源	2017/01~2020/12	48	8	5.81	0.96	0.61	1.59	0.26	-0.16	0.01	0.04	10.27	7.42	1.18	-8.07	24

续表

编号	基金经理	当前任职公司	任职区间	任职时间（月）	管理基金数量（只）	选股能力 年化 α (%)	选股能力 $t(\alpha)$	择时能力 γ	择时能力 $t(\gamma)$	β_{mkt}	β_{smb}	β_{hml}	β_{mom}	年化收益率 (%)	年化波动率 (%)	年化夏普比率	最大回撤率 (%)	调整后 R^2 (%)
552	王霞	前海开源	2014/12~2020/12	73	10	2.40	0.62	0.03	0.11	0.59	-0.15	-0.16	0.22	12.21	14.20	0.75	-19.93	76
553	吴国清	前海开源	2015/09~2020/12	64	13	-2.53	-0.37	1.11	2.29*	0.59	-0.07	0.23	0.17	9.42	15.51	0.51	-21.44	49
554	蔡志伟	融通	2015/02~2020/12	71	6	3.70	0.88	0.21	0.78	0.82	-0.27	-0.27	0.21	11.47	23.21	0.43	-42.22	87
555	范琨	融通	2016/02~2020/12	59	3	11.86	2.50*	-1.64	-1.23	0.90	0.01	-0.18	0.40	19.34	19.03	0.94	-21.12	60
556	关山	融通	2016/06~2020/12	55	6	12.29	2.26*	-0.79	1.01	0.78	-0.13	-0.29	0.24	19.59	14.98	1.21	-16.62	73
557	何龙	融通	2015/08~2020/12	65	8	6.12	1.28	-0.68	-1.99	0.82	-0.13	-0.36	0.31	12.90	21.78	0.53	-41.36	82
558	何天翔	融通	2016/08~2020/12	53	2	6.96	1.95*	0.24	0.10	0.99	0.11	-0.42	0.29	18.30	19.32	0.87	-27.61	87
559	蒋秀蕾	融通	2012/09~2020/12	85	6	10.62	1.43	-0.30	-0.63	0.93	0.09	-1.22	0.30	27.77	32.00	0.81	-50.47	75
560	林清源	融通	2015/05~2020/12	68	5	7.97	1.13	-0.69	-1.38	0.98	-0.22	-0.86	0.03	8.81	29.02	0.26	-54.74	77
561	彭炜	融通	2017/08~2020/12	41	9	13.37	1.75*	-1.40	0.29	0.96	0.19	-0.48	0.61	25.97	21.80	1.12	-21.12	79
562	万民远	融通	2016/08~2020/12	53	4	11.04	1.56	1.04	0.90	0.84	0.74	-1.00	0.16	23.92	24.77	0.91	-25.44	77
563	伍文友	融通	2015/08~2020/12	65	4	7.86	1.55	-0.35	-0.96	1.01	-0.37	-0.92	-0.03	17.31	25.14	0.64	-38.85	84
564	余志勇	融通	2012/08~2020/12	100	12	2.68	0.78	0.30	1.27	0.21	-0.04	0.00	0.13	8.55	9.87	0.68	-14.43	31
565	张一格	融通	2013/12~2020/12	77	6	7.56	2.25*	-0.53	-1.22	0.21	-0.07	-0.15	0.03	10.99	5.23	1.79	-3.86	36
566	朱丹	融通	2010/07~2020/12	122	8	1.14	0.36	-0.09	-0.33	0.89	0.15	-0.22	0.23	9.75	21.73	0.35	-38.39	84
567	邹曦	融通	2007/06~2020/12	158	9	4.52	1.19	0.03	0.15	0.90	-0.16	-0.26	0.14	11.53	28.48	0.33	-65.22	85
568	傅鹏博	睿远	2009/01~2020/12	133	4	7.67	2.72*	0.46	-0.57	0.82	-0.04	-0.69	0.28	24.25	24.23	0.91	-38.47	74
569	赵枫	睿远	200109~2020/12	76	4	17.79	1.94*	-0.21	-1.33	0.70	-0.33	-0.02	0.33	38.44	22.73	1.64	-15.29	85
570	刚登峰	上海东方证券	2015/05~2020/12	68	9	15.87	2.75*	0.45	0.32	0.60	-0.20	-0.14	0.13	19.05	17.69	0.99	-26.33	66

附录八 在职股票型基金经理选股与择时能力（按当前任职公司排序）：1998~2020年

续表

编号	基金经理	当前任职公司	任职区间	任职时间（月）	管理基金数量（只）	选股能力 年化α(%)	t(α)	择时能力 γ	t(γ)	β_{mkt}	β_{smb}	β_{hml}	β_{mom}	年化收益率（%）	年化波动率（%）	年化夏普比率	最大回撤率（%）	调整后R^2（%）
571	韩冬	上海东方证券	2016/01~2020/12	60	4	25.41	2.30*	-2.65	1.12	0.96	-0.24	-0.10	0.06	26.99	17.32	1.47	-21.83	70
572	张锋	上海东方证券	2008/06~2011/09	45	3	5.17	1.76*	0.27	-1.34	0.19	-0.03	-0.06	0.00	18.00	22.75	0.67	-20.42	57
573	孔令超	上海东方证券	2016/08~2020/12	53	2	5.46	2.18*	-0.24	-1.71	0.23	-0.08	-0.06	-0.03	7.53	4.30	1.40	-1.94	69
574	秦绪文	上海东方证券	2016/01~2020/12	60	3	21.97	3.09*	-2.88	-3.29	1.01	-0.16	-0.12	0.25	24.62	17.64	1.31	-24.34	75
575	饶刚	上海东方证券	2016/07~2020/12	54	2	5.02	3.20*	-0.20	-0.43	0.22	-0.08	-0.06	-0.02	7.48	4.26	1.40	-1.94	68
576	王延飞	上海东方证券	2015/06~2020/12	67	5	19.77	3.38*	-0.27	-1.68	0.71	-0.16	0.03	0.09	19.47	20.09	0.89	-24.88	76
577	徐觅	上海东方证券	2017/09~2020/12	40	2	7.19	2.14*	-0.36	0.46	0.24	-0.09	-0.04	-0.04	8.43	4.75	1.46	-1.94	74
578	周云	上海东方证券	2015/09~2020/12	64	4	9.35	0.84	1.12	2.29*	0.62	-0.10	-0.08	0.74	17.73	17.16	0.88	-20.80	70
579	纪文静	上海东方证券	2015/07~2020/12	66	3	12.38	1.87*	-0.19	-0.98	0.71	-0.15	0.05	0.00	8.91	5.64	1.31	-6.46	79
580	陈思郁	上投摩根	2015/08~2020/12	65	2	12.94	2.28*	-0.55	2.76*	0.78	-0.06	-0.62	0.29	20.85	22.78	0.85	-32.33	73
581	周歧海	上投摩根	2015/12~2020/12	61	2	6.67	1.02	0.15	0.31	0.97	0.10	-0.69	0.35	13.95	22.36	0.56	-38.99	68
582	杜猛	上投摩根	2011/07~2020/12	114	6	3.81	0.59	0.30	0.65	1.06	0.05	-0.31	0.37	19.88	30.29	0.59	-56.02	74
583	郭晨	上投摩根	2011/12~2020/12	107	8	15.78	1.91*	0.17	0.09	0.94	0.30	-0.29	0.73	19.40	31.33	0.56	-56.90	78
584	李德辉	上投摩根	2016/11~2020/12	50	8	4.73	0.76	0.92	2.36*	0.39	0.05	-0.14	0.31	29.51	21.38	1.31	-26.89	50
585	倪权生	上投摩根	2015/03~2020/12	67	5	9.59	1.85*	-0.03	-3.65	1.02	0.02	-0.40	0.32	15.25	16.94	0.82	-19.24	79
586	孙芳	上投摩根	2012/11~2020/12	98	4	9.01	1.47	-0.25	-0.56	0.93	0.15	-0.27	0.58	26.11	29.80	0.81	-50.26	78
587	杨景喻	上投摩根	2015/08~2020/12	65	3	0.49	0.10	-0.21	-0.64	0.92	-0.09	-0.44	0.24	19.20	26.29	0.67	-44.26	81
588	征茂平	上投摩根	2013/07~2020/12	90	3	-3.01	-0.42	1.95	3.61*	0.75	0.33	-0.48	0.48	12.49	25.56	0.42	-51.45	63
589	卢扬	上银	2014/10~2020/12	54	7	9.64	0.94	-0.61	-1.08	0.85	0.06	-0.47	0.26	9.74	31.62	0.27	-48.79	72

· 353 ·

续表

编号	基金经理	当前任职公司	任职区间	任职时间(月)	管理基金数量(只)	选股能力 年化 $\alpha(\%)$	$t(\alpha)$	择时能力 γ	$t(\gamma)$	β_{mkt}	β_{smb}	β_{hml}	β_{mom}	年化收益率(%)	年化波动率(%)	年化夏普比率	最大回撤率(%)	调整后 R^2 (%)
590	赵治烨	上银	2015/05~2020/12	68	5	11.22	3.27*	0.66	−1.20	0.85	0.07	−0.19	0.04	16.77	23.49	0.65	−27.96	80
591	付娟	申万菱信	2012/04~2020/12	103	5	6.47	1.24	0.49	1.28	0.95	0.01	−0.50	0.52	20.42	27.32	0.68	−47.11	77
592	任琳娜	申万菱信	2017/11~2020/12	38	1	19.91	1.27	−2.20	−1.02	1.11	−0.18	−0.73	0.64	32.74	30.49	1.02	−30.91	55
593	孙琳	申万菱信	2014/01~2020/12	84	7	10.00	1.88*	−0.56	−1.84	0.96	−0.22	−0.42	0.12	19.51	26.28	0.67	−50.20	85
594	唐俊杰	申万菱信	2016/06~2020/12	40	6	2.68	0.92	−0.63	−1.19	0.25	0.02	0.06	0.21	8.14	5.77	1.19	−2.84	48
595	俞诚	申万菱信	2016/04~2020/12	57	7	1.76	0.50	−0.06	−0.10	1.00	0.05	−0.19	0.36	12.59	18.08	0.61	−29.09	88
596	梁鹏	太平	2017/12~2020/12	37	1	14.75	1.65*	−1.43	0.14	0.82	0.22	0.20	0.54	19.15	18.99	0.93	−22.68	72
597	林平盛	太平	2017/05~2020/12	44	3	1.08	0.18	0.05	0.06	0.69	0.00	−0.19	0.55	14.66	16.73	0.79	−20.46	73
598	傅浩	泰达宏利	2016/08~2020/12	53	13	−0.77	−0.23	0.72	1.33	0.39	−0.12	−0.11	−0.05	5.07	9.18	0.39	−15.90	62
599	冀楠	泰达宏利	2017/06~2020/12	43	2	27.51	4.08*	−2.60	0.99	1.11	0.06	−0.04	0.70	34.17	22.25	1.47	−24.91	81
600	赖庆鑫	泰达宏利	2017/02~2020/12	46	2	9.10	1.52	−1.92	−2.10	1.18	−0.12	−0.01	0.19	9.65	20.90	0.40	−33.08	81
601	刘洋	泰达宏利	2017/07~2020/12	42	32	9.41	2.38*	0.71	−2.82	0.59	−0.22	0.18	−0.04	17.48	15.86	1.01	−16.78	70
602	刘欣	泰达宏利	200307~2020/12	141	23	10.98	4.92*	0.09	−3.69	0.75	0.08	0.09	0.18	20.11	18.50	0.99	−24.38	81
603	吴华	泰达宏利	2014/03~2020/12	82	6	13.42	2.29*	−0.82	−1.89	0.75	−0.20	−0.08	0.07	18.66	23.78	0.71	−44.73	67
604	张勋	泰达宏利	2014/11~2020/12	74	3	7.79	1.39	−0.46	−1.27	1.09	−0.12	−0.42	0.23	17.27	31.33	0.50	−64.47	86
605	周啸凯	泰达宏利	2015/05~2020/12	68	16	1.46	0.23	−0.41	−0.91	1.05	−0.17	−0.63	−0.26	1.07	28.85	−0.02	−58.93	81
606	庄腾飞	泰达宏利	2015/05~2020/12	68	5	4.36	1.18	−0.03	−0.12	0.88	−0.30	−0.35	0.36	5.14	24.04	0.15	−53.58	90
607	陈怡	泰康	2017/11~2020/12	38	2	16.64	3.03*	−1.19	−0.66	0.76	0.18	0.06	0.58	23.52	17.02	1.29	−15.72	81
608	黄成扬	泰康	2017/11~2020/12	38	2	4.22	1.21	0.80	3.01*	0.63	0.08	−0.04	0.23	14.37	16.48	0.78	−20.00	75

附录八　在职股票型基金经理选股与择时能力(按当前任职公司排序):1998~2020年

续表

编号	基金经理	当前任职公司	任职区间	任职时间(月)	管理基金数量(只)	选股能力 年化α(%)	选股能力 t(α)	择时能力 γ	择时能力 t(γ)	β_{mkt}	β_{smb}	β_{hml}	β_{mom}	年化收益率(%)	年化波动率(%)	年化夏普比率	最大回撤率(%)	调整后R^2(%)
609	金宏伟	泰康	2017/08~2020/12	41	5	17.78	1.69*	-3.25	-1.11	0.84	-0.14	0.06	0.33	19.13	16.10	1.10	-24.21	79
610	刘伟	泰康	2017/05~2020/12	44	6	14.56	1.94*	-1.43	1.12	0.81	0.08	-0.12	0.28	14.54	15.17	0.86	-24.62	83
611	薛小波	泰康	2015/02~2020/12	60	11	11.20	2.30*	-2.30	-2.15	0.84	-0.11	-0.12	0.25	23.08	17.46	1.25	-17.29	84
612	任慧娟	泰康	2016/05~2020/12	56	4	9.86	1.72*	-0.91	-1.72	0.69	0.06	-0.18	0.29	16.06	13.00	1.12	-22.47	77
613	桂跃强	泰康	2011/06~2020/12	112	11	10.47	1.62	0.89	2.26*	0.48	-0.15	-0.28	0.20	16.74	17.93	0.82	-30.59	56
614	董山青	泰信	2015/03~2020/12	70	5	0.41	0.06	1.04	2.17*	0.45	-0.12	-0.30	-0.17	11.06	18.96	0.50	-29.44	38
615	钱鑫	泰信	2014/05~2020/12	80	8	1.70	0.30	-0.39	-1.06	0.91	0.08	-0.33	0.09	14.96	27.46	0.48	-58.16	80
616	王博强	泰信	2015/03~2020/12	70	3	-0.09	-0.02	0.34	0.87	0.75	0.30	0.34	0.39	8.61	25.46	0.28	-48.05	78
617	张彦	泰信	2017/11~2020/12	38	1	-10.65	-1.77	-0.58	-0.70	0.83	0.31	-0.57	0.36	2.96	19.75	0.07	-36.71	84
618	朱志权	泰信	2008/06~2020/12	151	4	-7.27	-1.84	0.28	1.10	0.84	0.19	-0.22	0.27	7.28	26.32	0.19	-62.92	80
619	陈国光	天弘	2012/04~2020/12	101	9	2.66	0.48	-0.14	-0.33	1.02	0.15	-0.26	0.30	20.78	27.51	0.69	-39.64	75
620	姜晓丽	天弘	2014/03~2020/12	82	15	3.30	1.71*	0.13	-1.36	0.08	0.01	-0.04	0.05	7.12	4.68	1.15	-8.91	26
621	田俊维	天弘	2015/06~2020/12	67	4	10.57	4.17*	-0.22	-2.14	0.72	-0.03	-0.30	0.02	12.55	21.40	0.52	-30.50	71
622	于洋	天弘	2017/10~2020/12	39	51	22.47	1.93*	-0.17	-1.58	0.75	0.27	-0.97	0.02	36.64	20.55	1.71	-22.46	73
623	胡耀文	天治	2015/06~2020/12	67	2	8.69	1.54	0.23	0.57	0.97	-0.25	-0.61	0.13	14.53	26.33	0.49	-39.70	81
624	许家涵	天治	2015/06~2020/12	67	2	0.02	0.00	-0.10	-0.27	0.87	-0.03	-0.15	0.32	2.29	24.44	0.03	-49.96	83
625	尹维国	天治	2015/02~2020/12	71	3	0.76	0.13	0.51	1.35	0.31	-0.12	-0.36	0.24	8.78	15.05	0.48	-29.02	37
626	卞亚军	同泰	2010/10~2020/12	50	7	-8.12	-0.96	0.71	0.63	0.71	0.26	-0.14	0.38	6.28	19.82	0.18	-33.07	64
627	高源	万家	2015/07~2020/12	63	14	16.40	2.81*	-0.73	-0.68	0.78	-0.23	-0.14	0.11	14.95	21.86	0.63	-25.75	81

· 355 ·

续表

编号	基金经理	当前任职公司	任职区间	任职时间（月）	管理基金数量（只）	选股能力 年化α(%)	选股能力 $t(\alpha)$	择时能力 γ	择时能力 $t(\gamma)$	β_{mkt}	β_{smb}	β_{hml}	β_{mom}	年化收益率（%）	年化波动率（%）	年化夏普比率	最大回撤率（%）	调整后R^2(%)
628	侯慧娣	万家	2015/12~2020/12	56	7	0.93	0.45	-0.12	-0.80	0.04	-0.02	0.00	-0.03	1.95	3.73	0.13	-5.88	7
629	黄兴亮	万家	2014/02~2020/12	79	13	9.91	1.48	0.19	0.42	0.81	-0.06	-0.54	-0.02	23.22	24.58	0.88	-37.27	66
630	李文宾	万家	2017/01~2020/12	48	19	15.06	2.36*	-1.61	-0.13	0.88	-0.05	0.10	0.24	18.34	18.81	0.90	-26.25	59
631	莫海波	万家	2015/05~2020/12	68	15	14.64	2.33*	0.05	0.09	0.84	-0.14	-0.01	-0.06	14.39	23.12	0.56	-29.71	77
632	苏谋东	万家	2015/05~2020/12	62	16	2.23	1.63	0.32	2.21*	0.08	-0.05	-0.01	0.03	5.14	3.16	1.17	-3.27	40
633	何奇	西部利得	2015/08~2020/12	61	9	3.11	1.22	0.33	1.78*	0.17	-0.02	-0.13	0.27	9.37	23.43	0.34	-33.65	50
634	林静	西部利得	2017/03~2020/12	46	5	9.42	1.30	-0.50	-0.94	0.84	-0.19	0.23	-0.10	9.76	6.02	1.37	-4.84	66
635	刘莛	西部利得	2016/01~2020/12	60	13	5.92	1.66*	-0.41	1.29	0.26	0.00	-0.12	0.13	13.58	11.74	1.03	-15.47	63
636	张翔	西部利得	2015/07~2020/12	59	5	6.07	1.80*	0.27	1.28	0.52	0.04	0.16	0.25	14.60	13.29	1.00	-10.20	68
637	韩丽楠	西部利得	2015/08~2020/12	65	10	7.31	1.27	0.90	2.38*	0.33	-0.01	0.09	0.21	9.02	7.19	1.05	-5.39	40
638	车广路	湘财	2012/03~2020/12	102	12	-1.57	-0.33	-0.21	-0.61	0.93	0.10	0.07	-0.14	9.99	26.96	0.30	-64.83	81
639	蔡春红	新华	2015/07~2020/12	66	4	8.00	1.83*	-0.47	-1.24	0.71	0.08	-0.04	0.37	11.06	20.02	0.48	-27.63	83
640	付伟	新华	2015/08~2020/12	65	7	13.69	1.71*	-1.03	-0.58	0.88	-0.20	-0.79	-0.27	18.23	23.34	0.72	-32.60	80
641	王永明	新华	2017/02~2020/12	47	4	4.30	0.71	-0.15	-0.16	0.87	0.34	0.06	0.46	12.40	19.14	0.57	-34.66	76
642	姚秋	新华	2015/01~2020/12	72	3	6.58	2.07*	-0.02	-2.16	0.25	-0.11	-0.18	-0.07	9.64	9.52	0.85	-17.37	44
643	栾超	新华	2015/11~2020/12	59	8	9.91	2.75*	0.52	-0.90	0.74	-0.07	-0.99	-0.03	22.60	19.46	1.11	-14.78	77
644	林材	新疆前海联合	2012/08~2020/12	86	14	5.39	1.32	0.31	0.65	0.75	-0.29	-0.21	-0.04	19.12	18.91	0.91	-14.60	78
645	王静	新疆前海联合	2017/06~2020/12	43	16	7.31	1.23	-1.02	-1.17	0.56	0.18	0.08	0.43	12.11	13.69	0.78	-20.51	61
646	陈乐华	新沃	2014/10~2020/12	61	5	-3.77	-0.31	-0.08	-0.10	1.00	0.20	-0.10	0.49	10.36	37.56	0.24	-61.32	68

附录八 在职股票型基金经理选股与择时能力(按当前任职公司排序):1998~2020年

续表

编号	基金经理	当前任职公司	任职区间	任职时间(月)	管理基金数量(只)	选股能力 年化α(%)	选股能力 t(α)	择时能力 γ	择时能力 t(γ)	β_{mkt}	β_{smb}	β_{hml}	β_{mom}	年化收益率(%)	年化波动率(%)	年化夏普比率	最大回撤率(%)	调整后R^2(%)
647	丁玥	鑫元	2017/09~2020/12	40	10	8.16	2.36*	-1.13	0.20	0.63	0.01	0.03	0.35	12.10	13.25	0.80	-12.68	77
648	王美芹	鑫元	2017/12~2020/12	37	2	11.00	1.52	-1.42	-1.46	0.56	0.07	0.03	0.58	15.57	15.14	0.93	-11.17	64
649	冯明远	信达澳银	2016/10~2020/12	51	7	23.69	1.84*	-1.05	2.02*	0.99	0.31	-0.16	0.40	30.06	22.73	1.26	-22.22	61
650	杨超	信达澳银	2014/10~2020/12	69	34	5.72	1.18	0.42	0.63	0.89	-0.38	-0.44	-0.02	16.02	21.81	0.66	-25.01	85
651	王咏辉	信达澳银	2010/04~2020/12	60	18	2.60	0.45	1.23	3.25*	0.63	-0.29	0.33	0.11	12.00	19.62	0.51	-29.56	73
652	曾国富	信达澳银	2008/07~2020/12	139	7	-0.89	-0.18	0.66	2.12*	0.81	0.15	-0.24	0.51	14.03	27.07	0.44	-47.53	74
653	冯烜	兴业	2017/05~2020/12	44	3	8.12	1.61	1.20	1.60	0.75	0.01	0.27	-0.09	15.42	17.02	0.82	-18.10	81
654	刘方旭	兴业	2015/12~2020/12	61	5	4.86	2.54*	0.53	0.40	0.04	-0.07	-0.13	-0.11	17.48	18.43	0.87	-22.33	30
655	徐青	兴业	2017/01~2020/12	48	3	8.80	2.38*	0.30	-1.97	0.73	-0.17	-0.45	0.36	8.72	4.12	1.75	-3.95	83
656	腊博	兴业	2015/05~2020/12	68	9	6.56	1.73*	-0.38	1.44	0.14	0.06	0.00	0.12	9.71	5.05	1.62	-6.72	41
657	陈宇	兴证全球	2017/09~2020/12	40	1	23.90	2.74*	-2.36	-0.85	1.10	-0.20	-0.58	0.35	32.08	21.80	1.40	-20.58	84
658	董理	兴证全球	2015/03~2020/12	58	7	7.44	2.39*	0.28	1.99*	0.68	-0.08	-0.08	0.04	16.96	24.00	0.65	-30.68	88
659	季文华	兴证全球	2016/03~2020/12	55	5	12.50	3.82*	0.12	-1.81	0.73	0.04	0.20	0.27	23.06	18.01	1.22	-21.06	83
660	林翠萍	兴证全球	2016/04~2020/12	46	3	17.59	1.72*	-2.04	-1.48	0.97	-0.16	-0.43	0.49	14.13	12.45	1.04	-21.52	74
661	乔迁	兴证全球	2017/07~2020/12	42	3	8.13	1.61	0.71	2.16*	0.75	-0.09	-0.34	0.04	22.95	17.42	1.23	-22.57	78
662	任相栋	兴证全球	2015/01~2020/12	57	4	17.76	3.06*	-3.56	2.15*	0.65	-0.26	0.02	-0.02	30.06	27.58	1.05	-28.12	58
663	申庆	兴证全球	2010/11~2020/12	122	3	18.52	5.51*	-0.95	-2.63	0.92	0.02	0.10	0.25	11.24	22.02	0.41	-37.66	89
664	邹欣	兴证全球	2015/12~2020/12	61	2	17.30	1.84*	-0.12	-1.84	0.90	0.08	-0.36	0.00	17.91	17.19	0.88	-23.98	88
665	季佩乐	兴证全球	2014/11~2020/12	74	2	7.74	2.17*	-0.20	-1.41	0.83	-0.30	0.24	0.02	23.12	22.54	0.95	-31.05	88

· 357 ·

续表

编号	基金经理	当前任职公司	任职区间	任职时间（月）	管理基金数量（只）	选股能力 年化 α(%)	选股能力 $t(\alpha)$	择时能力 γ	择时能力 $t(\gamma)$	β_{mkt}	β_{smb}	β_{hml}	β_{mom}	年化收益率（%）	年化波动率（%）	年化夏普比率	最大回撤率（%）	调整后 R^2（%）
666	王品	兴证全球	2009/06~2020/12	123	4	1.65	0.52	0.33	1.50	0.72	-0.01	-0.29	0.20	11.48	20.39	0.46	-35.74	84
667	谢治宇	兴证全球	2013/01~2020/12	96	7	17.34	1.92*	-0.05	0.16	0.73	-0.04	-0.28	0.07	27.41	20.27	1.26	-22.90	80
668	董承非	兴证全球	2007/02~2020/12	167	5	8.47	1.81*	0.78	-2.65	0.75	0.16	-0.13	0.25	17.72	21.61	0.71	-49.68	84
669	陈皓	易方达	2012/09~2020/12	100	9	4.60	1.09	0.13	0.45	0.86	0.09	-0.61	0.13	19.97	24.77	0.73	-37.98	83
670	冯波	易方达	2010/01~2020/12	132	4	9.50	3.97*	-0.20	-1.44	0.92	0.06	-0.22	0.32	18.39	25.28	0.64	-47.17	79
671	付浩	易方达	2004/02~2020/12	154	5	6.08	1.40	0.02	0.08	0.61	-0.05	0.08	0.33	14.20	21.95	0.54	-54.16	69
672	官泽帆	易方达	2016/09~2020/12	52	5	12.87	4.42*	-1.27	-1.31	0.94	-0.12	0.21	0.27	17.34	16.25	0.97	-26.12	91
673	郭杰	易方达	2012/10~2020/12	95	6	6.39	1.10	-0.42	-1.05	0.95	-0.13	-0.41	0.19	18.37	27.84	0.60	-45.61	77
674	胡剑	易方达	2016/02~2020/12	59	13	3.43	1.70*	-0.39	-1.23	0.13	-0.12	-0.13	-0.12	4.71	3.58	0.90	-3.39	35
675	李一硕	易方达	2016/08~2020/12	53	5	7.37	1.89*	-0.57	-1.07	0.16	-0.09	-0.03	-0.08	7.60	3.33	1.83	-1.50	54
676	张清华	易方达	2015/04~2020/12	69	23	5.82	1.29	-1.70	-2.54	1.11	-0.17	-0.49	0.23	20.44	15.06	1.26	-13.84	89
677	林高榜	易方达	2017/05~2020/12	44	3	10.46	1.89*	-0.31	-1.91	0.34	-0.01	-0.11	0.18	15.90	20.23	0.71	-30.51	65
678	林森	易方达	2016/03~2020/12	58	12	22.32	2.49*	-1.54	-0.11	0.94	-0.19	-0.13	0.12	14.86	7.04	1.90	-5.67	80
679	祁禾	易方达	2017/12~2020/12	37	5	4.70	1.04	-0.78	-2.40	0.96	-0.22	-0.62	0.15	24.97	18.95	1.24	-22.44	87
680	武阳	易方达	2015/08~2020/12	65	4	15.35	1.90*	0.39	1.38	0.41	-0.14	-0.16	0.09	11.33	24.25	0.41	-40.56	29
681	萧楠	易方达	2012/09~2020/12	100	10	23.90	3.26*	-2.24	-1.90	0.97	0.13	0.15	0.24	23.64	18.72	1.16	-28.38	87
682	杨嘉文	易方达	2017/12~2020/12	37	2	10.24	1.50	0.44	0.39	0.84	0.20	-1.01	0.43	23.32	18.76	1.16	-22.80	71
683	杨桢霄	易方达	2016/08~2020/12	53	2	14.89	2.35*	-0.33	0.14	0.80	-0.29	-0.41	0.04	25.68	21.51	1.12	-26.13	71
684	张坤	易方达	2012/09~2020/12	100	4	11.46	1.98*	0.96	0.95	0.31	-0.10	-0.26	0.38	21.86	23.33	0.85	-38.21	38

附录八 在职股票型基金经理选股与择时能力(按当前任职公司排序):1998~2020年

续表

编号	基金经理	当前任职公司	任职区间	任职时间(月)	管理基金数量(只)	选股能力 年化α(%)	选股能力 t(α)	择时能力 γ	择时能力 t(γ)	β_{mkt}	β_{smb}	β_{hml}	β_{num}	年化收益率(%)	年化波动率(%)	年化夏普比率	最大回撤率(%)	调整后R^2(%)
685	张胜记	易方达	2012/09~2020/12	100	2	13.93	3.93*	0.10	-2.11	0.77	-0.48	0.27	-0.01	20.57	23.94	0.78	-32.43	80
686	郑希	易方达	2012/09~2020/12	100	6	5.49	1.07	0.23	0.64	0.94	-0.01	-0.70	0.35	21.43	27.46	0.71	-41.30	79
687	吕伟	益民	2015/06~2020/12	67	4	4.04	0.55	0.30	0.57	0.96	-0.18	-0.55	0.47	10.49	29.11	0.31	-42.89	74
688	赵若琼	益民	2017/02~2020/12	47	2	14.59	1.70*	-1.21	0.36	0.84	-0.05	0.15	0.36	19.14	17.04	1.04	-20.99	72
689	蒋磊	银河	2016/08~2020/12	53	14	3.36	1.99*	0.31	0.83	0.10	-0.06	0.00	0.11	7.04	5.18	1.07	-3.93	34
690	刘铭	银河	2017/05~2020/12	45	22	3.16	1.91*	-0.10	-1.75	0.23	0.05	0.01	0.19	9.38	4.81	1.64	-2.31	69
691	楼华锋	银河	2016/12~2020/12	49	15	6.99	1.95*	-0.56	-2.67	0.22	0.03	0.03	0.15	15.75	16.70	0.85	-13.75	70
692	卢轶乔	银河	2012/12~2020/12	97	16	6.03	1.14	-0.59	-0.71	0.78	0.01	0.02	0.58	13.13	23.93	0.47	-47.48	74
693	钱睿南	银河	2008/02~2020/12	155	9	1.56	0.27	-0.08	-0.19	0.67	0.21	0.35	0.39	13.18	21.51	0.51	-44.33	66
694	王海华	银河	2013/12~2020/12	85	4	-1.48	-0.53	0.47	2.39*	0.69	-0.18	-0.13	0.09	24.36	32.12	0.70	-53.26	87
695	袁曦	银河	2015/12~2020/12	61	7	6.49	4.29*	0.07	-0.83	0.70	0.01	-0.26	0.29	17.27	23.75	0.66	-26.07	83
696	杨琪	银河	2017/01~2020/12	48	10	4.07	1.04	0.46	1.65*	0.83	-0.03	-0.51	0.22	17.09	17.24	0.92	-19.26	83
697	罗博	银河	2013/03~2020/12	94	10	9.36	1.32	-0.06	-0.13	1.01	-0.04	-0.95	0.48	10.20	18.41	0.45	-33.28	75
698	神玉飞	银河	2012/12~2020/12	97	4	10.14	4.83*	-2.17	-0.29	0.86	0.11	-0.20	0.63	19.60	23.13	0.76	-41.50	82
699	余科苗	银河	2017/12~2020/12	37	8	10.49	1.91*	-0.70	-3.46	0.33	0.07	-0.04	0.23	14.05	7.28	1.72	-5.10	84
700	张杨	银河	2011/10~2020/12	111	7	5.62	1.19	0.69	1.94*	0.97	0.02	-0.34	0.58	17.68	27.01	0.58	-53.88	85
701	韩晶	银河	2015/04~2020/12	69	41	5.73	1.17	0.00	0.00	0.96	-0.07	-0.70	0.35	6.63	4.72	1.08	-2.11	78
702	祝建辉	银河	2015/12~2020/12	61	6	9.70	2.52*	0.40	0.69	0.78	0.17	0.03	0.53	17.60	20.04	0.80	-28.66	80
703	薄官辉	银华	2015/04~2020/12	69	8	13.06	1.72*	-0.17	0.11	0.83	-0.08	-0.32	0.12	15.64	23.15	0.61	-34.55	84

· 359 ·

续表

编号	基金经理	当前任职公司	任职区间	任职时间(月)	管理基金数量(只)	选股能力 年化α(%)	选股能力 t(α)	择时能力 γ	择时能力 t(γ)	β_{mkt}	β_{smb}	β_{hml}	β_{mom}	年化收益率(%)	年化波动率(%)	年化夏普比率	最大回撤率(%)	调整后R^2(%)
704	陈梦舒	银华	2017/12~2020/12	37	3	14.15	1.99*	-1.53	0.60	0.86	-0.01	0.17	0.47	17.16	17.90	0.87	-25.34	85
705	程桯	银华	2015/08~2020/12	60	5	4.68	1.15	0.01	0.02	0.81	0.03	-0.25	0.43	13.29	20.59	0.58	-27.95	87
706	贾鹏	银华	2016/05~2020/12	56	4	10.05	2.96*	0.30	-2.38	0.84	0.09	-0.30	0.46	22.52	16.99	1.24	-20.58	82
707	焦巍	银华	2011/12~2020/12	67	22	16.96	3.17*	0.57	1.31	0.95	-0.05	-0.47	0.34	33.31	28.66	1.12	-39.99	68
708	李旻	银华	2017/11~2020/12	38	3	23.87	3.53*	-2.84	1.20	1.07	-0.01	-0.10	0.57	27.43	23.11	1.12	-25.34	74
709	李晓星	银华	2015/07~2020/12	66	12	18.43	3.18*	-0.45	1.11	0.93	-0.01	-0.30	0.22	22.74	25.12	0.85	-29.07	84
710	刘辉	银华	2012/07~2020/12	92	9	3.49	0.55	0.31	0.41	0.98	0.03	-0.69	0.39	27.81	24.70	1.07	-42.31	66
711	马君	银华	2013/12~2020/12	60	15	6.83	1.40	-2.09	-3.49	0.93	0.06	-0.48	0.16	20.41	19.35	0.97	-31.60	81
712	倪明	银华	2008/01~2020/12	152	10	1.00	0.31	0.17	0.86	0.83	-0.01	-0.23	0.26	10.27	24.91	0.32	-56.25	86
713	秦锋	银华	2017/09~2020/12	40	3	-0.43	-0.04	-0.07	-0.05	0.89	0.15	-1.35	0.19	21.02	24.64	0.79	-31.08	71
714	苏静然	银华	2017/08~2020/12	41	6	14.29	1.88*	-2.33	-0.08	1.11	0.15	0.06	0.69	19.42	21.82	0.82	-33.93	88
715	孙蕙	银华	2016/10~2020/12	51	3	6.44	1.25	-0.68	-0.83	0.80	-0.05	-0.74	0.32	17.36	17.22	0.92	-23.65	76
716	孙蓓琳	银华	2012/07~2020/12	98	9	8.70	3.27*	0.29	-1.20	0.83	-0.08	-0.28	0.23	21.66	23.01	0.86	-33.37	85
717	唐能	银华	2015/05~2020/12	68	4	9.46	1.49	0.27	0.60	0.76	-0.17	-0.30	0.56	12.94	24.25	0.47	-44.13	72
718	王斌	银华	2016/02~2020/12	59	10	13.05	2.05*	-0.72	-0.75	0.81	0.25	-0.01	0.51	22.48	16.88	1.24	-24.54	72
719	王海峰	银华	2016/03~2020/12	58	4	6.61	1.48	1.19	1.55	0.72	0.41	0.30	0.45	16.99	16.29	0.95	-19.73	75
720	王浩	银华	1999/12~2020/12	77	14	8.66	2.85*	-0.51	3.33*	0.74	0.20	-0.22	0.21	16.96	20.42	0.76	-36.15	73
721	张凯	银华	2013/11~2020/12	86	5	-0.72	-0.21	0.19	0.82	0.92	-0.12	-0.37	0.23	12.74	24.49	0.45	-59.62	90
722	周大鹏	银华	2013/05~2020/12	76	8	3.63	0.60	0.24	0.64	0.42	-0.04	-0.40	0.17	13.64	17.24	0.69	-39.87	49

附录八 在职股票型基金经理选股与择时能力(按当前任职公司排序):1998~2020年

续表

编号	基金经理	当前任职公司	任职区间	任职时间(月)	管理基金数量(只)	选股能力 年化 α(%)	$t(\alpha)$	择时能力 γ	$t(\gamma)$	β_{mkt}	β_{smb}	β_{hml}	β_{mom}	年化收益率(%)	年化波动率(%)	年化夏普比率	最大回撤率(%)	调整后 R^2(%)
723	周晶	银华	2013/02~2020/12	79	7	10.56	2.18*	-0.44	0.40	0.81	-0.17	0.04	0.38	26.48	18.20	1.38	-18.60	73
724	贲兴振	银华	2013/02~2020/12	91	9	8.63	1.85*	-0.46	-1.84	0.65	-0.07	-0.53	0.28	14.81	19.80	0.66	-29.81	79
725	易祺坤	英大	2017/12~2020/12	37	2	10.61	1.82*	-1.38	-1.07	0.71	0.08	0.10	0.70	16.54	17.15	0.88	-12.92	77
726	常远	永赢	2016/01~2020/12	49	5	7.99	1.06	-0.19	-0.14	0.92	-0.01	-0.21	0.57	16.86	20.25	0.80	-25.42	67
727	李永兴	永赢	2012/03~2020/12	72	17	11.36	4.25*	-0.83	-2.34	0.83	-0.25	0.01	-0.09	23.49	21.07	1.02	-22.45	76
728	于航	永赢	2015/04~2020/12	67	6	12.16	1.27	0.72	1.07	1.18	-0.11	-0.52	0.87	17.70	36.39	0.45	-62.04	73
729	范妍	圆信永丰	2015/10~2020/12	63	16	10.70	2.29*	1.10	-2.47	0.63	0.02	-0.10	0.36	22.15	15.64	1.32	-23.94	77
730	李明阳	圆信永丰	2017/12~2020/12	37	6	20.86	1.78*	-1.91	-2.17	1.02	0.18	0.60	0.46	19.22	20.97	0.85	-25.65	84
731	肖世源	圆信永丰	2017/06~2020/12	43	6	-0.39	-0.08	-0.03	-0.04	0.73	0.25	-0.27	0.57	13.23	17.01	0.69	-18.92	83
732	林忠晶	长安	2015/05~2020/12	68	17	11.57	1.93*	1.05	1.43	0.32	-0.18	-0.24	0.35	19.74	15.20	1.20	-21.26	38
733	徐小勇	长安	2008/08~2020/12	112	38	12.29	2.18*	0.34	0.40	0.74	0.02	0.25	0.47	30.05	25.15	1.11	-37.97	60
734	储雯玉	长城	2015/08~2020/12	65	6	1.69	0.31	1.59	3.79*	0.30	0.56	0.11	1.01	13.56	15.99	0.75	-14.83	53
735	陈良栋	长城	2015/11~2020/12	62	8	3.63	0.58	0.50	1.10	0.27	0.00	-0.33	0.65	16.52	15.57	0.97	-14.76	39
736	何以广	长城	2015/05~2020/12	68	7	14.53	1.89*	0.54	-1.64	0.90	0.00	-0.61	0.38	15.28	26.89	0.51	-39.61	87
737	雷俊	长城	2015/06~2020/12	56	26	11.48	3.38*	0.03	-0.07	0.86	0.03	-0.29	-0.02	20.82	23.94	0.82	-25.31	89
738	龙宇飞	长城	2017/10~2020/12	39	3	8.65	1.29	1.78	-1.93	0.95	0.23	-0.05	0.61	14.93	20.50	0.66	-21.97	82
739	谭小兵	长城	2016/02~2020/12	59	4	3.61	1.04	0.43	1.73*	0.16	-0.06	-0.11	0.27	25.32	16.30	1.46	-15.17	35
740	杨建华	长城	2004/05~2020/12	200	14	13.24	2.59*	-0.16	-0.23	0.64	0.35	-0.61	0.46	17.82	26.57	0.58	-64.58	74
741	马强	长城	2015/06~2020/12	67	11	7.99	4.54*	-0.11	-2.12	0.85	-0.17	-0.21	0.18	8.37	8.72	0.79	-3.94	87

续表

编号	基金经理	当前任职公司	任职区间	任职时间（月）	管理基金数量（只）	选股能力 年化α(%)	选股能力 t(α)	择时能力 γ	择时能力 t(γ)	β_{mkt}	β_{smb}	β_{hml}	β_{mom}	年化收益率（%）	年化波动率（%）	年化夏普比率	最大回撤率（%）	调整后R^2（%）
742	赵波	长城	2014/04~2020/12	81	6	−0.84	−0.17	−0.16	−0.48	0.91	−0.07	−0.52	0.14	13.15	25.81	0.44	−57.21	83
743	冯雨生	长盛	2015/04~2020/12	69	13	3.42	0.89	0.11	0.41	0.89	0.00	−0.20	0.18	7.90	24.19	0.26	−40.69	90
744	付海宁	长盛	2017/02~2020/12	40	6	9.63	1.88*	−0.94	−0.03	1.05	0.28	0.10	0.52	5.57	18.13	0.23	−20.28	80
745	郭堃	长盛	2015/11~2020/12	57	10	9.96	1.68*	1.29	0.47	0.75	0.10	−0.41	0.28	20.99	18.82	1.06	−19.76	79
746	李琪	长盛	2016/09~2020/12	52	8	1.21	0.47	−0.69	−1.65	0.53	−0.12	−0.24	0.10	6.20	9.66	0.49	−26.08	80
747	钱文礼	长盛	2017/10~2020/12	39	6	3.21	0.35	−0.22	−0.17	0.85	0.17	−0.60	0.51	19.35	22.33	0.80	−24.72	71
748	乔培涛	长盛	2016/08~2020/12	53	11	2.47	0.54	−0.18	−0.25	0.83	0.01	−0.24	0.42	12.57	16.72	0.66	−24.22	78
749	赵楠	长盛	2011/12~2020/12	77	7	7.80	2.01*	−0.44	2.06*	0.71	0.05	−0.05	0.58	3.28	20.09	0.08	−37.57	73
750	吴达	长盛	2016/07~2020/12	54	4	6.92	2.84*	−0.46	−0.84	0.29	−0.11	−0.22	0.10	17.05	15.20	1.02	−17.69	55
751	杨衡	长盛	2015/06~2020/12	67	38	−2.93	−0.54	0.74	1.83*	0.68	0.01	−0.23	0.28	6.81	10.91	0.49	−15.35	68
752	周思聪	长盛	2014/01~2020/12	80	9	0.46	0.10	0.43	1.29	0.60	−0.13	−0.74	0.37	12.11	19.41	0.54	−44.72	71
753	安昀	长信	2011/10~2020/12	81	8	5.85	0.90	0.14	0.19	0.76	0.08	−0.52	0.27	22.98	21.30	0.98	−25.11	60
754	高远	长信	2017/01~2020/12	48	2	15.21	2.46*	−0.74	−1.14	0.85	0.13	0.15	0.30	20.55	15.82	1.20	−20.34	87
755	黄韵	长信	2014/10~2020/12	75	15	7.68	2.01*	0.08	0.06	0.20	−0.07	0.01	−0.05	11.93	8.33	1.24	−10.00	42
756	李家春	长信	2016/10~2020/12	46	5	6.27	6.39*	0.85	−3.70	0.45	−0.25	−0.27	−0.17	16.03	9.70	1.54	−5.50	74
757	叶松	长信	2011/03~2020/12	118	11	6.48	2.42*	−0.29	0.05	0.72	0.18	−0.12	−0.01	14.21	20.82	0.58	−29.61	79
758	祝昱丰	长信	2017/10~2020/12	39	3	15.99	2.68*	−1.72	1.29	0.93	0.05	−0.11	0.33	19.89	18.31	1.00	−21.51	86
759	左金保	长信	2015/03~2020/12	70	19	3.65	0.91	0.33	1.27	0.92	0.29	−0.13	0.26	14.84	27.71	0.48	−38.11	91
760	白海峰	招商	2017/05~2020/12	44	1	15.75	4.26*	−2.37	−1.28	0.76	0.18	0.17	0.38	16.81	15.55	0.98	−19.33	71

附录八　在职股票型基金经理选股与择时能力（按当前任职公司排序）：1998~2020 年

续表

编号	基金经理	当前任职公司	任职区间	任职时间（月）	管理基金数量（只）	选股能力 年化 α(%)	选股能力 $t(\alpha)$	择时能力 γ	择时能力 $t(\gamma)$	β_{mkt}	β_{smb}	β_{hml}	β_{mom}	年化收益率(%)	年化波动率(%)	年化夏普比率	最大回撤率(%)	调整后 R^2(%)
761	姚爽	招商	2016/12~2020/12	49	5	7.28	1.38	0.39	1.16	0.63	−0.09	−0.33	0.11	23.97	16.43	1.37	−9.15	71
762	付斌	招商	2015/01~2020/12	72	14	7.32	3.57*	0.04	−1.50	0.74	0.01	−0.41	0.12	17.38	20.00	0.79	−28.20	79
763	郭锐	招商	2012/07~2020/12	102	10	8.96	2.29*	−0.50	2.26*	0.98	−0.35	−1.24	−0.06	19.33	20.87	0.83	−35.41	85
764	韩冰	招商	2015/05~2020/12	68	2	4.73	0.84	0.67	0.65	0.97	−0.20	−0.50	0.18	10.80	27.91	0.33	−49.75	69
765	王景	招商	2011/12~2020/12	108	14	10.05	1.36	−0.22	−0.48	0.93	0.10	−1.01	0.29	17.57	18.01	0.87	−34.30	77
766	贾成东	招商	2013/11~2020/12	71	10	7.35	1.04	0.38	0.85	0.43	−0.11	−0.47	0.14	20.88	20.21	0.96	−28.38	39
767	李佳存	招商	2015/01~2020/12	72	7	2.43	2.48*	0.04	−1.94	0.04	−0.01	0.00	−0.04	23.00	31.21	0.69	−51.70	25
768	李亚	招商	2014/12~2020/12	73	8	4.21	1.11	0.37	1.29	0.74	0.24	−0.22	0.56	16.59	18.57	0.81	−31.15	85
769	王刚	招商	2017/07~2020/12	42	15	0.33	0.07	0.74	2.31*	0.56	−0.01	0.07	0.01	7.38	6.21	0.95	−5.65	65
770	马龙	招商	2015/07~2020/12	66	7	1.76	0.96	0.91	3.51*	0.25	−0.06	−0.06	−0.09	4.07	2.08	1.23	−1.70	83
771	潘明曦	招商	2015/10~2020/12	63	5	3.64	0.87	1.20	3.86*	0.60	−0.07	−0.29	0.10	14.73	19.04	0.69	−26.91	66
772	王超	招商	2013/05~2020/12	93	22	3.57	1.62	0.22	0.58	0.79	0.17	0.07	0.25	13.49	18.26	0.64	−27.74	92
773	王平	招商	2016/03~2020/12	58	14	10.52	1.41	−1.10	−0.94	1.07	0.03	−0.65	0.58	11.41	14.32	0.69	−22.89	74
774	王奇玮	招商	2016/12~2020/12	49	4	1.71	0.52	−1.09	−1.74	0.28	−0.09	−0.16	−0.14	24.47	23.12	0.99	−26.11	44
775	吴亮谷	招商	2013/05~2020/12	60	9	2.83	3.80*	−0.55	0.90	0.13	−0.05	0.04	−0.01	−0.04	7.56	−0.23	−15.93	35
776	姚飞军	招商	2016/06~2020/12	55	5	12.99	3.88*	2.19	−1.03	0.46	0.46	0.37	0.48	3.33	3.49	0.53	−6.17	55
777	尹晓红	招商	2017/12~2020/12	37	2	5.37	1.68*	−0.29	−1.37	0.08	−0.05	0.03	−0.04	5.27	2.35	1.60	−0.69	41
778	余芽芳	招商	2017/04~2020/12	45	14	4.67	3.77*	−0.42	−1.52	0.26	−0.10	−0.14	−0.09	6.85	5.40	0.99	−8.80	60
779	张林	招商	2015/07~2020/12	66	9	5.16	1.01	−0.15	−0.42	0.86	0.00	−0.26	0.39	11.24	23.86	0.41	−32.12	82

· 363 ·

续表

编号	基金经理	当前任职公司	任职区间	任职时间（月）	管理基金数量（只）	选股能力 年化α(%)	选股能力 $t(\alpha)$	择时能力 γ	择时能力 $t(\gamma)$	β_{mkt}	β_{smb}	β_{hml}	β_{mom}	年化收益率（%）	年化波动率（%）	年化复普比率	最大回撤率（%）	调整后 R^2（%）
780	张西林	招商	2017/04~2020/12	45	4	7.84	1.55	-0.95	-1.27	0.73	-0.24	-0.45	-0.11	13.95	14.23	0.88	-29.38	72
781	张韵	招商	2016/01~2020/12	60	12	2.96	1.61	-0.30	-1.04	0.21	0.06	-0.02	0.25	6.96	5.25	1.04	-4.44	59
782	钟赟	招商	2017/02~2020/12	47	4	17.19	2.59*	-1.28	0.72	0.75	0.32	-0.32	0.95	29.40	21.50	1.30	-14.05	62
783	马斌博	浙江浙商证券	2017/12~2020/12	37	3	14.27	1.74*	-0.86	0.24	0.69	-0.05	-0.14	0.40	21.32	16.70	1.19	-13.78	69
784	查晓磊	浙商	2016/03~2020/12	58	12	10.55	4.49*	-0.84	1.03	0.91	-0.02	-0.15	0.22	17.10	16.16	0.97	-20.74	81
785	刘宏达	浙商	2017/12~2020/12	37	5	25.93	2.79*	-3.07	2.07*	0.92	-0.25	-0.08	0.18	22.37	18.65	1.12	-19.28	71
786	丘栋荣	中庚	2014/09~2020/12	69	7	16.65	2.14*	0.05	3.35*	0.65	-0.07	0.27	-0.04	28.50	20.51	1.33	-19.61	79
787	左剑	中海	2015/05~2020/12	68	3	3.01	0.63	0.94	2.80*	0.20	-0.12	0.13	0.34	16.06	20.81	0.70	-34.15	37
788	陈珂	中海	2015/05~2020/12	52	6	4.50	1.05	0.42	1.48	0.17	-0.11	-0.43	0.22	9.95	10.26	0.82	-11.18	31
789	刘俊	中海	2014/05~2020/12	80	6	4.36	1.08	0.09	0.31	0.81	-0.37	0.04	-0.26	11.19	11.25	0.84	-12.18	83
790	彭海平	中海	2013/01~2020/12	96	4	-0.40	-0.07	0.31	0.85	0.93	-0.13	-0.46	0.28	11.81	23.58	0.42	-39.58	80
791	邱红丽	中海	2014/03~2020/12	82	3	3.04	0.79	-0.33	-1.05	0.90	0.08	-0.39	0.27	15.87	26.88	0.53	-48.90	80
792	许定晴	中海	2010/03~2020/12	130	12	6.47	0.81	0.04	0.08	1.03	0.06	0.40	0.51	9.96	24.32	0.32	-52.51	75
793	姚晨曦	中海	2015/04~2020/12	69	3	3.31	0.42	1.78	3.18*	0.52	-0.06	-0.23	0.34	8.60	32.13	0.22	-56.36	42
794	杜晓安	中航	2017/12~2020/12	37	4	7.19	1.32	-0.43	-0.58	0.51	-0.23	-0.12	-0.07	9.66	11.63	0.70	-9.28	65
795	韩浩	中航	2002/07~2020/12	81	8	8.51	4.51*	0.26	-3.35	0.61	-0.11	0.18	0.27	10.67	14.19	0.63	-15.52	70
796	李坤元	中加	2010/05~2020/12	110	7	3.72	0.76	-1.09	-2.68	0.95	-0.03	-0.33	0.17	-2.01	24.91	-0.18	-65.04	77
797	闫沛贤	中加	2015/12~2020/12	61	2	2.91	2.19*	0.12	-2.96	0.05	0.02	-0.05	0.03	5.42	2.47	1.59	-1.45	26
798	刘重晋	中金	2017/08~2020/12	41	7	0.66	0.11	1.70	2.06*	0.81	-0.02	-0.36	0.31	18.69	19.42	0.89	-19.36	83

附录八　在职股票型基金经理选股与择时能力（按当前任职公司排序）：1998~2020 年

续表

编号	基金经理	当前任职公司	任职区间	任职时间（月）	管理基金数量（只）	选股能力 年化α(%)	$t(\alpha)$	择时能力 γ	$t(\gamma)$	β_{mkt}	β_{smb}	β_{hml}	β_{mom}	年化收益率（%）	年化波动率（%）	年化夏普比率	最大回撤率（%）	调整后R^2（%）
799	魏孚	中金	2017/03~2020/12	46	18	6.49	3.57*	-0.98	-0.88	0.61	0.09	0.13	0.33	10.25	12.00	0.73	-15.61	80
800	曹名长	中欧	2006/07~2020/12	170	17	7.00	1.76*	0.02	-1.28	0.79	-0.18	-0.14	-0.01	20.12	25.02	0.71	-63.74	86
801	葛兰	中欧	2015/01~2020/12	68	14	15.27	2.33*	0.82	3.57*	0.69	-0.04	-1.27	0.18	34.47	26.92	1.24	-33.55	63
802	蓝小康	中欧	2017/05~2020/12	44	5	12.82	2.03*	-1.65	-1.22	0.99	-0.05	0.22	-0.23	11.42	18.76	0.53	-22.72	82
803	曲径	中欧	2016/01~2020/12	68	11	8.19	4.06*	-1.22	0.98	0.92	0.03	-0.32	0.15	15.47	16.51	0.85	-19.22	84
804	王健	中欧	2009/10~2020/12	135	14	8.23	1.90*	-0.14	1.93*	0.74	-0.03	-0.32	0.05	15.70	18.86	0.72	-28.94	83
805	王培	中欧	2011/06~2020/12	99	16	10.77	2.48*	0.16	0.76	0.90	0.03	-0.51	0.32	22.72	26.54	0.78	-47.27	80
806	魏博	中欧	2012/08~2020/12	101	10	7.72	1.68*	0.62	2.02*	0.82	0.01	-0.10	0.33	22.31	22.99	0.89	-29.34	80
807	张跃鹏	中欧	2015/11~2020/12	62	25	13.67	2.95*	-1.44	-0.09	0.94	-0.07	0.10	-0.17	8.96	6.07	1.23	-4.59	82
808	袁维德	中欧	2016/12~2020/12	49	8	3.07	1.34	0.54	3.08*	0.15	0.07	0.03	0.29	13.42	16.93	0.70	-20.42	47
809	周蔚文	中欧	2006/11~2020/12	167	16	9.50	3.21*	-0.05	-1.89	0.70	0.02	-0.24	0.14	20.69	23.26	0.79	-52.65	84
810	周应波	中欧	2015/11~2020/12	62	9	17.76	2.28*	0.55	2.89*	0.82	-0.09	-0.35	0.20	27.09	19.87	1.29	-17.00	80
811	甘传琦	中融	2017/06~2020/12	43	9	8.36	1.32	-1.43	-1.55	0.92	0.15	-0.26	0.60	18.73	19.84	0.87	-20.47	79
812	柯海东	中融	2016/07~2020/12	50	13	7.18	1.20	0.54	0.52	0.85	0.09	-0.44	0.32	24.04	18.16	1.27	-8.40	72
813	吴刚	中融	2002/09~2020/12	96	12	14.13	3.73*	-0.11	1.33	0.57	-0.08	0.10	0.32	24.21	17.67	1.32	-13.70	74
814	姜诚	中泰证券（上海）	2014/08~2020/12	46	6	20.89	1.69*	0.20	1.13	0.28	-0.15	0.16	-0.07	29.55	16.26	1.75	-9.32	43
815	提云涛	中信保诚	2016/09~2020/12	52	19	5.94	2.33*	-0.28	1.35	0.27	-0.07	0.00	0.10	9.33	5.80	1.35	-4.43	64
816	王颖	中信保诚	2017/02~2020/12	47	11	7.98	3.14*	-0.07	0.42	0.24	-0.04	-0.05	-0.03	10.59	6.64	1.37	-8.69	38

· 365 ·

续表

编号	基金经理	当前任职公司	任职区间	任职时间(月)	管理基金数量(只)	选股能力 年化α(%)	选股能力 t(α)	择时能力 γ	择时能力 t(γ)	β_{mkt}	β_{smb}	β_{hml}	β_{mom}	年化收益率(%)	年化波动率(%)	年化夏普比率	最大回撤率(%)	调整后R^2(%)
817	王睿	中信保诚	2015/04~2020/12	69	9	10.07	2.27*	0.18	2.90*	0.89	0.14	0.10	0.41	14.93	26.02	0.51	-34.06	86
818	杨立春	中信保诚	2015/06~2020/12	67	14	8.69	1.35	0.24	0.53	0.02	-0.58	-0.74	-0.78	13.18	16.92	0.69	-2.54	41
819	郑伟	中信保诚	2013/08~2020/12	89	5	6.69	1.12	-0.02	-0.04	1.10	-0.01	-0.38	0.14	22.74	31.03	0.67	-52.07	80
820	闾志刚	中信保诚	2010/02~2020/12	131	5	-1.30	-0.34	0.20	0.66	0.75	0.04	-0.23	0.12	8.32	21.06	0.29	-41.90	74
821	周户	中信建投	2017/01~2020/12	48	4	-1.34	-0.30	-0.89	-1.28	0.70	0.08	-0.06	0.22	3.55	13.88	0.15	-26.96	74
822	周紫光	中信建投	2017/05~2020/12	44	2	8.24	0.73	-0.81	-0.49	1.04	0.15	-0.63	0.55	24.81	26.40	0.88	-35.28	60
823	栾江伟	中信建投	2015/07~2020/12	59	13	14.82	1.65*	-0.53	1.39	0.83	0.19	0.00	0.28	22.46	24.21	0.88	-31.05	79
824	王玉玺	中银国际	2017/01~2020/12	48	9	4.43	0.75	-1.04	-1.14	0.48	0.20	0.17	0.52	8.93	13.09	0.57	-13.00	50
825	张少华	中银国际	2011/06~2020/12	47	5	0.80	0.14	-0.20	-0.28	0.98	0.46	0.28	0.39	-3.37	21.08	-0.29	-35.77	89
826	钱亚风云	中银	2015/07~2020/12	66	10	6.63	2.16*	0.16	-1.53	0.12	-0.08	-0.17	-0.01	15.54	18.73	0.75	-29.93	29
827	李建	中银	2012/09~2020/12	100	4	21.54	1.77*	-2.52	2.36*	0.68	-0.17	0.35	0.22	10.39	5.49	1.53	-2.53	61
828	刘腾	中银	2017/09~2020/12	40	2	6.18	1.82*	-0.47	1.02	0.19	-0.08	-0.08	0.04	16.03	14.74	0.99	-21.07	64
829	苗婷	中银	2016/08~2020/12	53	14	0.99	0.17	1.37	3.22*	0.53	-0.04	-0.43	0.55	8.27	3.83	1.77	-2.42	60
830	涂海强	中银	2016/01~2020/12	60	10	6.66	1.85*	-0.86	-0.36	0.21	-0.10	-0.14	0.02	7.85	5.15	1.23	-3.13	36
831	王帅	中银	2006/09~2020/12	79	14	11.06	1.68*	-0.22	0.02	0.85	-0.14	-0.37	0.16	31.13	25.66	1.16	-32.06	87
832	吴印	中银	2010/07~2020/12	117	10	1.77	0.43	-0.08	-0.27	0.73	-0.09	-0.52	0.32	8.45	20.99	0.30	-48.49	76
833	严菲	中银	2007/03~2020/12	160	7	3.67	1.16	0.19	1.04	0.70	-0.14	-0.21	0.30	15.01	21.84	0.58	-56.93	81
834	杨成	中银	2015/09~2020/12	64	7	4.13	2.64*	0.38	1.41	0.17	-0.14	-0.13	0.05	9.00	5.34	1.41	-2.66	55
835	赵建忠	中银	2015/06~2020/12	67	5	7.74	1.75*	0.05	-2.04	0.71	-0.16	0.23	0.18	8.29	18.43	0.37	-30.48	87

附录八　在职股票型基金经理选股与择时能力（按当前任职公司排序）：1998~2020年

续表

编号	基金经理	当前任职公司	任职区间	任职时间（月）	管理基金数量（只）	选股能力 年化 α(%)	选股能力 $t(\alpha)$	择时能力 γ	择时能力 $t(\gamma)$	β_{mkt}	β_{smb}	β_{hml}	β_{mom}	年化收益率(%)	年化波动率(%)	年化夏普比率	最大回撤率(%)	调整后 R^2(%)
836	赵志华	中银	2015/07~2020/12	66	6	4.84	1.59	-0.02	-0.08	0.85	-0.06	-0.46	0.07	11.32	21.42	0.46	-32.21	92
837	曹思	中邮创业	2014/05~2020/12	80	2	3.87	0.51	0.21	0.41	0.92	0.10	-0.86	0.19	22.49	30.61	0.68	-45.47	71
838	国晓雯	中邮创业	2017/01~2020/12	48	9	3.07	0.47	1.21	2.80*	0.71	0.07	-0.43	0.36	18.73	19.35	0.89	-32.14	68
839	陈梁	中邮创业	2014/07~2020/12	78	5	12.30	2.70*	-0.80	0.58	0.97	0.00	-0.22	0.08	23.06	25.02	0.85	-36.23	73
840	王曼	中邮创业	2016/01~2020/12	60	2	1.03	0.25	0.60	2.28*	0.39	-0.06	0.17	0.26	19.31	19.04	0.94	-15.98	64
841	王喆	中邮创业	2015/01~2020/12	72	17	3.13	0.52	0.62	0.64	0.68	0.16	-0.91	0.47	9.11	14.18	0.53	-23.89	66
842	许忠海	中邮创业	2015/04~2020/12	69	5	-3.31	-0.39	0.12	0.20	1.11	0.11	-0.71	0.01	4.79	34.05	0.10	-70.98	74
843	杨欢	中邮创业	2015/06~2020/12	67	12	4.56	0.87	-0.14	-0.37	0.96	0.01	-0.48	0.03	8.18	26.34	0.25	-42.39	84
844	张腾	中邮创业	2015/03~2020/12	70	2	-6.24	-0.94	0.56	1.30	1.01	-0.04	-0.57	-0.05	5.70	29.67	0.14	-56.55	79
845	周楠	中邮创业	2015/05~2020/12	68	4	1.48	0.19	0.08	0.15	0.97	-0.12	-0.92	-0.38	5.84	29.01	0.15	-52.15	71

· 367 ·

附录九 离职股票型基金经理选股与择时能力（按离职前任职公司排序）：1998~2020年

本表展示的是基于Carhart四因子模型改进得到的Treynor-Mazuy四因子模型对任职三年以上的离职股票型基金经理管理的所有基金产品的收益进行回归拟合所得结果，所用模型为：

$$R_{i,t} - R_{f,t} = \alpha_i + \beta_{i,mkt} \times (R_{mkt,t} - R_{f,t}) + \gamma_i \times (R_{mkt,t} - R_{f,t})^2 + \beta_{i,smb} \times SMB_t + \beta_{i,hml} \times HML_t + \beta_{i,mom} \times MOM_t + \varepsilon_{i,t}$$

其中，i 指的是第 i 位基金经理，$R_{i,t} - R_{f,t}$ 为第 t 月基金经理 i 的超额收益率，$R_{f,t}$ 为 t 月无风险收益率；SMB_t 为规模因子，代表小盘股与大盘股之间的溢价，是第 t 月大盘股（万得全A指数）的收益率与小公司的收益率之差；HML_t 为价值因子，代表价值股与成长股之间的溢价，是第 t 月价值股（高账面市值比公司）与成长股（低账面市值比公司）收益率之差；MOM_t 为动量因子，代表过去一年收益率最高的股票与收益率最低的股票之间的溢价，是过去一年（$t-1$个月到$t-11$个月）收益率最高的（前30%）股票与收益率最低的（后30%）股票第 t 月收益率之差。基金经理在 t 月管理的所有产品收益是以每只基金 $t-1$ 期规模为权重计算出的加权平均收益。如果第 t 月基金经理未管理产品，则基金月基金所管理的产品收益默认为零，本月指数的收益默认为零。回归中我们将忽略这些月份的数据。我们用A股所有上市公司的数据自行计算规模因子、价值因子和动量因子。α_i 代表基金经理的选股能力给投资者带来的超额收益，γ_i 代表基金经理的择时能力。本表中也给出每位基金经理管理基金的收益和风险指标，收益指标包括年化收益率、夏普比率，风险指标包括年化波动率、最大回撤。表中*代表选股能力或择时能力在5%的显著水平下显著。表中"离职前任职公司"指的是截至2020年12月31日时已离职基金经理前任职的公司。

编号	基金经理	离职前任职公司	任职区间	任职时间（月）	管理基金数量（只）	选股能力 年化α(%)	选股能力 t(α)	择时能力 γ	择时能力 t(γ)	β_{mkt}	β_{smb}	β_{hml}	β_{mom}	年化收益率(%)	年化波动率(%)	年化夏普比率	最大回撤率(%)	调整后 R^2 (%)
1	蓝雁书	安信	2013/12~2019/05	67	10	0.71	0.22	0.21	1.07	0.18	-0.05	-0.07	0.04	5.40	7.97	0.44	-21.42	38
2	龙川	安信	2016/10~2019/12	40	7	3.79	0.74	-0.25	-0.87	0.83	-0.25	0.14	0.02	11.01	13.82	0.69	-19.77	83
3	杨凯珥	安信	2014/09~2020/03	58	5	2.02	0.36	-0.22	-0.53	0.22	0.19	0.41	0.03	16.67	13.02	1.17	-7.00	88
4	陈茂仁	宝盈	2003/01~2010/07	78	2	1.43	0.11	0.88	0.92	0.66	-0.03	0.34	0.25	2.84	23.18	0.02	-54.54	61

附录九 离职股票型基金经理选股与择时能力(按离职前任职公司排序):1998~2020年

续表

编号	基金经理	离职前任职公司	任职区间	任职时间(月)	管理基金数量(只)	选股能力 年化α(%)	选股能力 t(α)	择时能力 γ	择时能力 t(γ)	β_{mkt}	β_{smb}	β_{hml}	β_{mom}	年化收益率(%)	年化波动率(%)	年化夏普比率	最大回撤率(%)	调整后R^2(%)
5	段鹏程	宝盈	2007/06~2018/10	44	6	0.60	0.14	0.42	0.94	0.80	0.15	-0.05	0.19	1.20	23.92	-0.03	-32.76	90
6	牛春晖	宝盈	2004/10~2008/02	39	2	-0.99	-0.13	-0.48	-1.28	0.55	-0.11	0.53	0.26	26.97	23.76	1.05	-14.21	91
7	温胜普	宝盈	2010/02~2015/06	66	1	-8.38	-1.82	0.45	1.03	0.77	-0.36	0.42	-0.01	7.61	24.39	0.19	-35.19	89
8	杨凯	宝盈	2013/02~2016/07	43	4	-5.04	-0.57	-0.28	-0.63	0.91	0.04	-0.55	0.18	17.40	33.17	0.45	-44.21	87
9	余述胜	宝盈	2009/07~2014/01	56	2	10.77	2.43*	0.23	1.23	0.86	0.07	0.09	0.23	-3.77	21.59	-0.31	-38.85	92
10	张小仁	宝盈	2013/08~2017/02	44	6	18.26	1.47	-0.03	-0.08	0.96	0.03	-0.33	-0.18	17.30	32.23	0.47	-46.40	80
11	陈亮	博时	2007/01~2010/03	40	2	12.23	2.98*	0.02	0.11	0.72	-0.35	-0.08	0.15	25.04	31.44	0.70	-48.11	88
12	高阳	博时	2002/10~2008/01	65	3	20.88	3.34*	0.27	0.62	0.59	-0.66	-0.03	-0.30	40.26	22.33	1.72	-17.70	75
13	邹志新	博时	2002/01~2010/10	107	4	-9.13	-2.04	0.27	1.07	0.71	-0.37	-0.09	-0.11	17.47	23.32	0.64	-56.05	92
14	周力	博时	2005/02~2011/06	78	2	-15.99	-2.39	2.82	3.70*	0.56	-0.53	0.24	-0.05	25.35	26.22	0.86	-52.33	62
15	肖华	博时	2000/08~2006/11	73	3	11.07	0.42	-0.68	-0.20	0.82	0.07	-0.27	0.13	14.61	19.12	0.66	-27.29	17
16	李培刚	博时	2008/07~2012/12	55	2	1.26	0.29	-0.07	-0.13	0.80	-0.07	-0.22	0.06	-1.30	25.32	-0.16	-45.68	81
17	邓晓峰	博时	2007/03~2014/11	94	1	-3.30	-0.47	-0.47	-1.12	0.57	0.01	0.17	0.16	14.47	25.23	0.45	-52.66	83
18	刘建伟	博时	2010/12~2015/08	50	6	-9.35	-2.06	0.49	1.93*	0.50	-0.36	-1.42	-0.22	-5.91	15.89	-0.57	-34.98	87
19	刘小山	博时	1999/10~2002/12	55	3	-1.91	-0.48	-0.66	-2.72	0.62	0.00	0.20	0.10	10.27	30.82	0.27	-26.76	89
20	聂挺进	博时	2010/03~2014/11	58	3	1.92	0.48	0.22	0.39	0.92	0.09	-0.72	0.16	5.45	15.32	0.16	-20.77	86
21	陈丰	博时	2003/08~2008/11	66	2	4.24	1.07	-0.30	-0.98	0.68	0.22	0.12	-0.01	24.30	28.39	0.76	-58.67	91
22	苏永超	博时	2013/10~2018/03	55	3	15.11	2.09*	-0.71	-0.82	0.74	0.01	-0.44	-0.09	10.99	29.84	0.30	-51.51	50
23	孙占军	博时	2008/02~2014/01	73	4	-2.12	-0.17	0.18	0.19	0.81	-0.29	-0.36	-0.01	0.18	22.53	-0.12	-43.36	79

续表

编号	基金经理	离职前任职公司	任职区间	任职时间(月)	管理基金数量(只)	选股能力 年化α(%)	$t(\alpha)$	择时能力 γ	$t(\gamma)$	β_{mkt}	β_{smb}	β_{hml}	β_{mom}	年化收益率(%)	年化波动率(%)	年化夏普比率	最大回撤率(%)	调整后R^2(%)
24	王燕	博时	2011/02~2016/07	67	3	6.70	0.96	-0.08	-0.32	0.64	-0.21	-0.42	-0.04	3.89	22.70	0.05	-38.29	89
25	温宇峰	博时	2010/10~2014/06	46	3	7.24	0.99	-1.21	-2.97	0.60	-0.42	-0.14	0.06	-4.25	15.36	-0.48	-21.17	89
26	夏春	博时	2008/12~2012/07	44	2	5.16	1.19	0.68	1.05	1.11	0.01	-0.21	0.17	8.87	18.14	0.34	-18.83	80
27	尹哲	博时	2014/10~2019/05	41	4	13.75	2.41*	-0.25	-1.05	0.70	-0.11	-0.24	0.15	10.09	34.58	0.25	-60.09	83
28	余洋	博时	2007/02~2011/04	52	2	17.45	4.18*	-0.83	-4.05	0.93	-0.13	-0.49	-0.40	11.63	29.67	0.30	-54.78	82
29	李权胜	博时	2012/08~2020/07	97	5	-5.45	-2.01	0.22	0.50	0.58	-0.02	0.51	0.18	17.35	22.01	0.70	-33.35	91
30	招扬	博时	2014/12~2018/02	40	6	8.73	2.34*	-0.01	-0.05	0.63	-0.28	0.15	-0.04	9.43	31.49	0.25	-45.63	81
31	周枫	博时	2001/04~2005/01	47	2	-1.22	-0.50	0.13	0.64	0.63	-0.21	-0.37	0.19	1.48	12.97	-0.04	-17.48	95
32	姚思劼	财通	2016/03~2019/06	41	7	5.29	0.77	0.27	1.04	0.76	0.03	-0.07	0.03	-3.51	13.42	-0.37	-29.19	91
33	程志田	创金合信	2011/11~2019/06	62	13	-6.44	-1.11	0.44	1.10	0.60	-0.03	0.58	-0.04	-2.47	20.24	-0.22	-35.27	80
34	李晗	创金合信	2015/08~2019/11	52	9	-1.94	-0.55	0.26	1.21	0.84	0.11	0.19	-0.09	1.42	17.52	0.00	-25.34	92
35	陈玉辉	创金合信	2012/11~2019/08	80	6	-6.15	-1.42	0.36	0.70	0.64	-0.26	0.20	-0.46	16.87	18.22	0.83	-20.36	87
36	张荣	创金合信	2015/08~2019/01	43	8	-4.54	-0.83	-0.26	-0.80	0.46	-0.27	0.11	-0.31	0.14	13.46	-0.10	-20.36	78
37	曹雄飞	大成	2006/01~2014/05	66	5	2.93	0.62	0.01	0.02	0.89	-0.21	-0.26	0.38	16.13	34.81	0.40	-61.35	89
38	冯文光	大成	2011/03~2016/10	63	4	5.74	1.92*	-0.25	-1.41	0.74	0.28	0.91	0.21	4.74	22.63	0.09	-46.38	94
39	何光明	大成	2004/12~2013/02	77	2	1.35	0.36	0.17	0.40	0.78	0.05	-0.01	0.37	-1.33	23.53	-0.18	-51.58	90
40	黎新平	大成	2016/09~2020/09	49	3	-3.65	-0.39	0.42	0.61	0.47	-0.04	0.07	0.07	3.74	9.93	0.23	-18.87	80
41	李本刚	大成	2012/09~2019/12	89	12	7.15	1.40	0.08	0.28	0.87	0.06	-0.08	0.27	17.65	26.32	0.59	-41.62	79
42	刘安田	大成	2010/04~2015/03	61	4	9.77	2.29*	-0.12	-0.42	0.90	0.04	-0.47	0.07	10.05	20.49	0.34	-37.66	83

附录九　离职股票型基金经理选股与择时能力(按离职前任职公司排序):1998~2020年

续表

编号	基金经理	离职前任职公司	任职区间	任职时间(月)	管理基金数量(只)	选股能力 年化α(%)	$t(\alpha)$	择时能力 γ	$t(\gamma)$	β_{mkt}	β_{smb}	β_{hml}	β_{mom}	年化收益率(%)	年化波动率(%)	年化夏普比率	最大回撤率(%)	调整后R^2(%)
43	刘泽兵	大成	2007/09~2015/02	86	2	-6.80	-1.29	0.26	0.79	0.65	0.19	-0.61	-0.14	2.63	22.66	-0.01	-55.72	79
44	施永辉	大成	2006/01~2013/10	95	1	3.34	0.80	-0.18	-0.86	0.84	-0.20	-0.43	0.13	16.88	30.29	0.46	-63.29	84
45	汤义峰	大成	2010/03~2015/03	58	3	-2.00	-0.41	0.47	1.24	0.64	-0.01	-0.02	-0.12	15.52	18.53	0.69	-19.23	87
46	王文祥	大成	2011/10~2015/12	49	4	2.92	0.70	-0.22	-0.56	0.79	-0.06	-0.20	-0.02	24.00	28.25	0.79	-43.15	85
47	徐彬	大成	2002/01~2008/06	79	4	0.78	0.37	0.10	0.30	0.88	-0.01	-0.49	-0.01	19.24	22.85	0.73	-41.31	2
48	杨丹	大成	2008/08~2014/06	72	2	-7.57	-0.79	-0.37	-0.48	0.56	-0.54	0.14	0.04	6.11	20.97	0.16	-34.85	79
49	杨建勋	大成	2004/08~2015/07	125	7	12.97	2.22*	-0.05	-0.21	0.71	0.13	-0.30	0.20	11.28	26.21	0.33	-54.67	82
50	石国武	大成	2013/04~2017/08	54	7	5.10	2.59*	0.01	0.09	0.75	-0.16	0.07	0.12	18.50	19.99	0.82	-25.49	32
51	周德昕	大成	2009/12~2017/11	61	3	2.25	0.62	-0.55	-2.53	0.88	0.15	0.06	0.17	-6.23	24.32	-0.35	-56.36	89
52	周建春	大成	2002/01~2012/12	77	3	-3.47	-0.90	0.16	0.39	0.82	0.17	0.05	0.39	11.24	20.86	0.43	-36.46	88
53	周志超	大成	2013/11~2019/12	68	14	-0.76	-0.26	-0.17	-0.88	0.96	0.28	-0.32	0.14	11.88	29.13	0.36	-45.77	75
54	朱哲	大成	2016/08~2019/08	38	4	-12.52	-1.98	1.17	1.37	-0.01	-0.04	-0.12	-0.06	2.49	2.98	0.33	-2.87	70
55	呼振翼	东方	2011/12~2015/07	45	6	-15.29	-1.79	0.03	0.05	0.96	0.32	-0.40	0.05	21.94	30.21	0.63	-33.76	76
56	庞飒	东方	2005/08~2013/02	86	3	-7.29	-0.79	1.01	3.19*	0.74	-0.22	-0.27	0.27	26.32	28.54	0.83	-54.37	82
57	于鑫	东方	2007/07~2014/12	91	5	-4.97	-0.69	-0.54	-1.12	0.05	0.01	-0.04	0.01	2.47	22.65	-0.02	-62.06	85
58	张岗	东方	2010/09~2015/04	56	3	3.29	0.48	0.12	0.28	0.66	-0.01	0.20	0.03	12.73	18.47	0.52	-29.98	82
59	徐昀君	东方	2013/12~2017/04	42	5	-11.13	-0.76	0.74	0.65	0.74	0.01	-0.04	0.16	8.50	3.26	1.96	-0.57	73
60	周薇	东方	2015/04~2020/04	62	7	10.35	2.24*	-0.11	-0.50	0.04	0.00	0.01	-0.03	3.17	3.00	0.55	-6.24	82
61	朱晓栋	东方	2013/01~2019/02	75	15	-10.66	-1.28	0.64	1.22	0.35	0.11	-0.01	-0.15	6.36	12.25	0.35	-24.27	73

· 371 ·

续表

编号	基金经理	离职前任职公司	任职区间	任职时间（月）	管理基金数量（只）	选股能力 年化α(%)	选股能力 $t(\alpha)$	择时能力 γ	择时能力 $t(\gamma)$	β_{mkt}	β_{smb}	β_{hml}	β_{mom}	年化收益率(%)	年化波动率(%)	年化夏普比率	最大回撤率(%)	调整后R^2(%)
62	程涛	东吴	2010/04~2019/04	80	9	6.12	1.84*	-0.49	-2.89	0.77	0.34	-0.46	0.25	4.45	23.10	0.09	-46.32	92
63	戴斌	东吴	2013/12~2020/03	77	7	-2.19	-0.11	1.19	1.01	0.77	0.17	-0.18	0.26	15.43	25.70	0.53	-52.16	37
64	付琦	东吴	2013/08~2019/12	63	6	25.05	1.60	-0.69	-1.02	0.47	-0.04	0.64	0.33	4.01	20.00	0.10	-49.02	33
65	秦斌	东吴	2016/07~2020/06	49	4	3.32	1.24	-0.28	-1.38	0.70	0.04	-0.28	0.08	4.69	13.26	0.24	-25.58	90
66	任壮	东吴	2009/01~2013/12	61	3	-4.28	-0.75	0.57	1.86*	0.96	0.15	-0.03	0.17	-2.39	28.21	-0.19	-56.30	80
67	王炯	东吴	2006/12~2011/04	54	2	2.26	0.34	-0.25	-0.65	0.68	0.19	-0.15	0.72	17.90	31.45	0.48	-53.01	87
68	吴广利	东吴	2009/05~2014/11	43	3	-1.54	-0.25	-0.41	-0.99	0.72	-0.15	0.02	0.36	1.78	19.88	-0.04	-31.95	72
69	张能进	东吴	2016/05~2019/12	45	2	14.52	3.22*	-0.48	-1.23	0.80	-0.17	-0.25	0.25	9.22	14.93	0.52	-23.77	85
70	程远	东兴	2015/12~2019/08	46	7	10.22	1.40	-0.29	-1.01	0.42	-0.27	-0.60	-0.67	-13.30	16.26	-0.91	-43.57	69
71	沈毅	方正富邦	2014/01~2018/11	60	2	3.09	1.16	0.12	0.79	1.01	-0.17	-0.47	0.14	12.99	30.00	0.37	-41.37	90
72	黄强	富安达	2012/04~2015/07	41	1	3.46	2.24*	-0.07	-0.73	1.24	-0.05	-0.79	0.33	25.13	37.48	0.59	-41.46	14
73	毛矛	富安达	2015/05~2020/07	64	5	-1.27	-0.25	0.12	0.42	0.69	-0.20	-0.03	0.27	4.76	21.91	0.15	-47.17	86
74	戴益强	富国	2012/10~2018/01	65	5	-4.98	-0.74	0.90	3.10*	0.70	-0.21	-0.10	0.26	12.75	30.69	0.34	-51.29	82
75	徐大成	富国	2002/11~2007/05	57	3	3.27	0.49	-3.31	-2.96	0.87	0.13	-0.40	0.42	35.59	20.09	1.70	-15.03	78
76	金涛	富国	1999/05~2002/10	42	1	6.73	2.47*	-0.07	-0.50	0.76	-0.04	-0.30	0.18	12.48	33.20	0.31	-27.02	92
77	李文忠	富国	2000/07~2008/10	82	3	-3.66	-1.08	-0.13	-0.52	0.43	-0.32	-0.92	-0.36	20.56	35.82	0.51	-50.65	89
78	李晓铭	富国	2009/10~2019/07	119	10	19.62	1.86*	-0.25	-0.30	0.57	-0.23	-0.37	-0.07	10.57	22.46	0.37	-49.43	46
79	尚鹏岳	富国	2008/01~2015/05	86	4	-8.17	-0.76	0.91	1.52	0.85	0.06	-0.43	0.06	14.27	25.88	0.44	-49.00	81
80	陈戈	富国	2005/04~2014/03	109	1	-6.88	-0.70	0.01	0.01	0.76	0.18	-0.18	0.04	19.62	25.39	0.66	-49.61	86

附录九　离职股票型基金经理选股与择时能力(按离职前任职公司排序):1998~2020 年

续表

编号	基金经理	离职前任职公司	任职区间	任职时间(月)	管理基金数量(只)	选股能力 年化α(%)	t(α)	择时能力 γ	t(γ)	β_{mkt}	β_{smb}	β_{hml}	β_{mom}	年化收益率(%)	年化波动率(%)	年化复普比率	最大回撤率(%)	调整后R^2(%)
81	汪鸣	富国	2014/01~2018/03	52	3	-5.80	-1.50	0.09	0.46	0.96	0.19	-0.65	-0.02	21.02	31.32	0.61	-35.68	92
82	王海军	富国	2012/06~2019/05	85	5	-4.88	-0.38	0.15	0.24	0.82	-0.18	-0.38	-0.26	5.41	26.29	0.13	-56.03	87
83	许达	富国	2005/03~2010/12	71	2	14.53	1.87*	-0.32	-1.20	0.75	-0.14	-0.15	0.26	21.20	23.14	0.81	-49.00	88
84	于江勇	富国	2008/05~2018/03	120	2	-2.57	-0.28	-0.04	-0.08	0.51	-0.15	-0.15	-0.01	12.86	21.31	0.49	-33.99	84
85	贺轶	富国	2006/08~2016/01	87	3	16.39	2.55*	-0.29	-1.26	0.70	0.05	-0.41	0.17	21.22	24.38	0.77	-38.83	88
86	钟智伦	富国	2015/05~2019/02	47	14	9.17	2.21*	-0.46	-1.29	0.03	0.02	0.09	0.00	4.25	2.76	0.98	-2.95	90
87	曹冠业	工银瑞信	2007/11~2014/05	80	4	-1.93	-0.59	0.19	1.02	0.79	0.20	0.01	0.38	3.40	25.44	0.02	-47.50	96
88	陈守红	工银瑞信	2005/03~2011/03	66	3	-5.41	-1.42	0.76	1.33	0.69	-0.07	0.24	0.33	36.24	27.21	1.26	-23.08	95
89	江晖	工银瑞信	2000/09~2007/04	59	3	-17.46	-2.25	0.71	0.66	0.73	0.33	-0.40	-0.15	33.72	24.64	1.33	-16.91	79
90	张翎	工银瑞信	2005/05~2010/03	57	4	1.74	0.72	0.21	1.52	0.75	-0.29	0.35	-0.10	32.45	27.73	1.09	-49.25	98
91	高喜阳	工银瑞信	2011/04~2015/01	44	3	-2.16	-0.60	-0.01	-0.03	0.82	-0.01	0.08	0.32	4.03	17.49	0.06	-22.64	95
92	郝康	工银瑞信	2016/12~2020/03	41	6	13.00	2.13*	-0.33	-1.69	0.92	0.06	-0.39	0.15	4.88	13.73	0.25	-22.40	95
93	胡文彪	工银瑞信	2010/02~2018/03	99	9	5.57	1.56	0.08	0.36	0.63	-0.18	-0.77	0.46	6.09	24.75	0.15	-41.19	90
94	温震宇	工银瑞信	2005/02~2009/08	50	3	9.92	1.61	-0.26	-1.00	1.11	-0.01	-0.53	0.52	24.60	31.76	0.70	-51.97	96
95	刘珂	工银瑞信	2014/11~2018/06	45	5	8.61	1.96*	0.14	0.72	1.14	0.03	-0.62	0.30	7.86	38.02	0.16	-53.16	89
96	刘天任	工银瑞信	2013/11~2017/07	46	5	1.34	0.30	-0.03	-0.13	0.71	0.09	-0.17	0.10	12.24	38.97	0.26	-61.21	87
97	曲丽	工银瑞信	2007/11~2012/12	63	1	2.14	0.46	0.12	0.54	1.21	-0.01	-0.65	0.20	-4.58	23.69	-0.32	-52.95	85
98	王烁杰	工银瑞信	2014/04~2017/04	38	3	19.97	2.53*	0.71	1.46	0.75	-0.09	-0.31	0.53	20.75	43.38	0.43	-59.52	83
99	修世宇	工银瑞信	2014/10~2018/12	51	2	18.04	2.32*	-0.28	-1.00	1.22	0.04	-0.66	0.37	1.55	39.51	0.00	-64.16	84

续表

编号	基金经理	离职前任职公司	任职区间	任职时间（月）	管理基金数量（只）	选股能力 年化α(%)	$t(\alpha)$	择时能力 γ	$t(\gamma)$	β_{mkt}	β_{smb}	β_{hml}	β_{mom}	年化收益率（%）	年化波动率（%）	年化夏普比率	最大回撤率（%）	调整后R^2（%）
100	何江旭	工银瑞信	2002/11~2014/06	138	7	0.70	0.18	0.50	1.93*	0.64	-0.14	-0.08	0.22	18.06	25.87	0.60	-61.22	91
101	高宏华	光大保德信	2007/08~2013/06	71	2	5.71	1.01	-0.68	-2.05	0.79	-0.19	0.19	0.31	-4.56	27.95	-0.27	-60.41	86
102	黄素丽	光大保德信	2010/04~2013/04	38	1	-13.51	-2.45	0.88	2.93*	0.96	-0.05	-0.05	0.40	-4.79	20.27	-0.39	-34.86	90
103	李阳	光大保德信	2010/07~2014/06	49	2	-2.73	-0.36	0.17	0.17	0.86	-0.01	-0.07	0.14	-4.79	24.36	-0.33	-43.86	63
104	董伟炜	光大保德信	2015/05~2020/10	67	4	-4.94	-0.99	-0.75	-1.09	0.90	-0.03	0.05	0.03	12.17	26.15	0.41	-41.61	67
105	许春茂	光大保德信	2006/06~2010/03	47	2	-2.48	-0.77	0.74	2.71*	0.97	0.52	0.39	0.58	35.40	37.71	0.86	-63.83	60
106	钱钧	光大保德信	2007/09~2013/12	77	3	2.67	1.95*	0.09	0.90	0.93	-0.03	0.06	0.03	0.56	29.36	-0.08	-62.17	50
107	盛松	光大保德信	2017/01~2020/01	38	1	4.61	1.10	-0.17	-0.94	0.90	0.11	0.20	0.34	-0.49	15.46	-0.13	-33.60	89
108	田大伟	光大保德信	2014/02~2018/02	50	2	4.72	1.06	-0.24	-0.90	0.85	0.09	-0.16	0.08	14.85	26.59	0.49	-33.01	89
109	王维诚	光大保德信	2016/04~2019/11	45	5	-3.95	-0.96	1.28	1.50	0.81	-0.55	0.01	-0.26	2.36	16.53	0.05	-36.84	80
110	常昊	光大保德信	2002/11~2007/05	53	3	3.34	0.63	-0.16	-0.52	0.86	-0.16	-0.17	-0.13	34.69	21.39	1.55	-23.88	89
111	周栋炜	光大保德信	2005/08~2014/07	102	4	3.03	0.51	0.40	1.63	0.78	-0.14	-0.14	0.03	22.02	28.01	0.70	-51.30	83
112	于进杰	光大保德信	2009/10~2016/03	78	5	3.12	0.37	0.09	0.34	0.95	-0.30	0.03	0.01	12.81	23.12	0.44	-30.76	92
113	袁宏隆	光大保德信	2007/06~2011/03	47	2	3.15	0.81	-1.06	-1.87	0.78	-0.20	-0.06	0.28	6.70	38.96	0.10	-68.93	60
114	陈仕德	广发	2005/02~2015/05	125	3	6.77	1.35	-1.24	-2.12	0.91	0.05	0.08	0.24	25.67	31.54	0.72	-66.12	81
115	何震	广发	2004/07~2008/01	44	2	2.38	0.41	-1.11	-2.61	0.75	0.02	-0.28	0.23	57.56	27.61	1.99	-15.40	87
116	江湧	广发	2005/02~2009/08	56	2	1.18	0.25	-0.04	-0.06	0.63	-0.25	-0.04	0.39	29.71	29.37	0.93	-54.11	85
117	冯永欢	广发	2007/03~2014/11	94	4	10.62	1.70*	-0.30	-0.66	0.65	-0.19	-0.05	0.20	11.22	25.88	0.32	-60.06	86
118	刘晓龙	广发	2010/11~2017/02	77	4	6.70	1.20	0.05	0.18	0.91	0.04	0.34	0.14	15.09	27.51	0.45	-36.58	62

附录九 离职股票型基金经理选股与择时能力（按离职前任职公司排序）：1998～2020 年

续表

编号	基金经理	离职前任职公司	任职区间	任职时间（月）	管理基金数量（只）	选股能力 年化 α(%)	选股能力 $t(\alpha)$	择时能力 γ	择时能力 $t(\gamma)$	β_{mkt}	β_{smb}	β_{hml}	β_{mom}	年化收益率（%）	年化波动率（%）	年化夏普比率	最大回撤率（%）	调整后 R^2（%）
119	王小松	广发	2014/12～2019/05	55	6	5.57	1.37	-0.18	-0.91	0.82	-0.01	-0.33	-0.10	6.85	26.43	0.20	-44.64	87
120	许雪梅	广发	2008/02～2013/01	61	3	5.82	0.96	-0.88	-1.47	0.89	0.08	0.09	0.23	-6.73	28.43	-0.34	-50.86	83
121	易阳方	广发	2003/12～2020/01	195	11	25.03	0.65	0.75	0.35	0.81	-0.04	-0.21	0.29	16.85	26.52	0.54	-60.91	18
122	朱纪刚	广发	2009/09～2015/01	66	4	4.12	0.76	-0.12	-0.51	0.76	0.24	-0.55	0.25	11.68	20.82	0.42	-33.45	92
123	祝俭	广发	2010/12～2015/01	51	2	8.12	1.29	-0.28	-0.77	0.50	0.06	-0.26	0.09	-0.83	12.98	-0.30	-23.69	71
124	程广飞	国都	2015/12～2019/06	44	4	12.58	1.83*	-0.21	-0.87	0.27	0.15	0.19	0.13	2.17	8.24	0.08	-19.66	90
125	游典宗	国都	2015/12～2020/03	53	2	4.64	1.92*	-0.04	-0.23	0.44	0.26	0.07	0.31	3.88	12.25	0.19	-29.85	31
126	邓钟锋	国海富兰克林	2016/06～2019/09	41	14	-2.21	-0.56	0.62	1.77*	0.17	-0.11	-0.03	-0.06	4.64	3.33	0.94	-4.48	83
127	吴西燕	国海富兰克林	2015/06～2018/08	40	14	1.68	0.29	-0.64	-1.35	0.09	-0.05	0.04	-0.03	4.17	2.91	0.91	-2.15	85
128	朱国庆	国海富兰克林	2007/03～2014/01	84	2	6.65	2.52*	-0.11	-0.83	0.72	0.03	-0.27	0.19	8.36	25.36	0.21	-52.69	90
129	郭晓	国金	2015/08～2019/02	39	4	1.84	0.53	0.03	0.20	0.67	-0.10	0.20	0.14	3.65	18.91	0.12	-26.86	90
130	李安心	国金	2009/10～2018/08	61	2	1.89	0.46	0.38	1.67*	0.75	0.19	0.15	0.33	-2.81	14.36	-0.36	-36.06	27
131	杨雨龙	国金	2015/06～2020/05	49	12	-6.19	-0.74	0.88	0.84	0.42	-0.03	0.40	-0.18	-1.72	23.57	-0.14	-26.84	77
132	滕祖光	国金	2014/04～2020/04	74	1	-0.92	-0.22	0.12	0.61	0.83	0.10	0.05	-0.13	21.79	17.90	1.12	-32.63	90
133	陈苏桥	国联安	2003/09～2011/03	66	3	4.16	1.61	-0.19	-1.43	0.73	-0.14	-0.22	0.14	-3.02	26.13	-0.22	-61.71	92
134	冯天戈	国联安	2004/03～2010/04	65	4	13.76	2.85*	-0.74	-3.44	0.64	-0.29	-0.08	0.29	19.52	25.24	0.69	-36.84	88
135	李洪波	国联安	2005/12～2009/09	47	2	-3.35	-0.88	-0.11	-0.38	0.88	0.02	-0.10	0.50	38.03	39.88	0.88	-61.31	92
136	吕中凡	国联安	2015/05～2018/12	44	3	-2.01	-0.66	-0.04	-0.26	0.05	0.04	0.07	-0.17	1.33	6.43	-0.03	-14.61	90
137	王超伟	国联安	2016/02～2019/06	42	5	-2.54	-0.61	0.09	0.31	0.46	-0.14	-0.09	0.11	4.31	9.20	0.31	-15.96	89

续表

编号	基金经理	离职前任职公司	任职区间	任职时间（月）	管理基金数量（只）	选股能力 年化 α(%)	选股能力 t(α)	择时能力 γ	择时能力 t(γ)	β_{mkt}	β_{smb}	β_{hml}	β_{mom}	年化收益率（%）	年化波动率（%）	年化夏普比率	最大回撤率（%）	调整后 R^2（%）
138	韦明亮	国联安	2010/12~2015/03	53	3	10.15	1.54	-0.25	-0.36	0.70	-0.19	0.23	0.07	9.98	18.44	0.37	-22.68	60
139	陈列敏	国泰	2004/03~2007/04	38	1	-11.08	-1.54	-0.21	-0.68	0.83	0.28	0.04	0.74	24.98	22.57	1.01	-26.13	85
140	邓时锋	国泰	2008/04~2020/07	133	5	-3.17	-0.70	0.38	1.81*	0.77	0.10	-0.31	0.18	10.06	24.32	0.32	-48.68	81
141	范迪钊	国泰	2009/12~2014/12	62	3	-1.37	-0.29	0.34	0.79	0.82	0.10	0.09	0.26	8.88	19.31	0.31	-21.71	93
142	黄刚	国泰	2002/05~2008/04	47	3	14.16	1.02	-0.38	-0.20	0.66	-0.42	0.05	0.11	10.02	22.02	0.35	-28.28	27
143	黄焱	国泰	2005/01~2016/06	139	11	2.96	0.77	-0.15	-0.58	0.55	-0.16	-0.05	-0.01	19.81	24.14	0.71	-57.12	87
144	王航	国泰	2008/05~2016/05	98	7	16.89	3.64*	-0.67	-4.04	0.69	-0.05	-0.11	0.21	9.88	23.99	0.30	-42.74	96
145	周伟锋	国泰	2013/06~2020/07	87	10	0.25	0.05	-0.32	-0.89	0.07	-0.05	0.00	-0.03	25.51	26.31	0.90	-36.83	85
146	吴晨	国泰	2016/01~2019/05	41	4	8.76	1.81*	0.27	1.21	0.79	0.43	0.15	0.73	1.82	1.94	0.16	-2.30	83
147	徐学标	国泰	2002/05~2007/02	46	2	10.70	2.76*	-0.09	-0.39	0.37	-0.47	-0.54	0.15	17.85	19.67	0.82	-28.57	69
148	徐智麟	国泰	1998/03~2001/05	40	1	-3.80	-1.23	0.13	0.69	0.82	-0.05	-0.30	0.16	33.25	41.18	0.73	-29.01	94
149	余荣权	国泰	2003/07~2011/02	59	6	9.70	0.68	1.27	1.38	0.89	0.08	-0.19	0.09	21.38	28.51	0.69	-53.88	27
150	陈小玲	国投瑞银	2014/01~2017/12	49	3	11.04	1.92*	-1.14	-2.76	0.54	-0.02	-0.43	0.01	17.15	18.78	0.81	-21.19	84
151	狄晓娇	国投瑞银	2016/06~2019/10	42	8	-0.67	-0.24	0.13	0.80	0.44	-0.10	-0.18	-0.16	4.28	9.12	0.31	-11.09	91
152	康晓云	国投瑞银	2006/04~2011/01	59	4	-3.45	-0.78	-0.23	-0.37	0.76	-0.26	-0.08	0.33	24.85	33.23	0.66	-59.23	90
153	马少章	国投瑞银	2009/04~2014/11	69	4	-2.54	-0.73	-0.01	-0.07	0.11	-0.06	-0.21	-0.11	12.03	16.45	0.56	-19.29	91
154	徐栋	国投瑞银	2016/11~2020/10	49	2	-1.74	-0.30	0.46	0.67	0.64	0.13	-0.18	0.10	21.13	22.64	0.87	-30.61	81
155	徐炜哲	国投瑞银	2008/11~2014/11	63	3	-1.44	-0.26	0.91	1.30	1.04	0.08	-0.53	0.49	17.35	23.89	0.62	-30.93	85
156	杨冬冬	国投瑞银	2015/02~2020/10	69	7	-11.82	-2.31	0.58	2.12*	0.89	0.06	-0.35	0.06	11.46	25.35	0.39	-49.83	89

附录九　离职股票型基金经理选股与择时能力（按离职前任职公司排序）：1998~2020 年

续表

编号	基金经理	离职前任职公司	任职区间	任职时间（月）	管理基金数量（只）	选股能力 年化 α(%)	选股能力 $t(\alpha)$	择时能力 γ	择时能力 $t(\gamma)$	β_{mkt}	β_{smb}	β_{hml}	β_{mom}	年化收益率(%)	年化波动率(%)	年化夏普比率	最大回撤率(%)	调整后 R^2(%)
157	于雷	国投瑞银	2013/03~2020/06	85	6	1.84	0.23	0.83	1.56	0.76	0.11	-0.56	0.26	14.18	23.54	0.53	-42.30	85
158	李怡文	国投瑞银	2014/03~2019/01	60	5	0.43	0.12	-0.05	-0.27	0.78	-0.19	-0.39	-0.19	7.86	5.45	1.11	-4.54	95
159	陈绍胜	海富通	2004/03~2012/03	98	3	0.92	0.12	0.28	0.26	0.68	-0.08	-0.02	0.24	11.85	24.82	0.37	-58.17	64
160	程岽	海富通	2010/04~2013/11	44	1	-7.38	-1.26	-0.69	-0.84	0.71	0.04	-0.06	0.37	5.60	23.66	0.11	-38.74	89
161	丁俊	海富通	2007/08~2016/07	86	6	2.44	0.30	0.46	0.97	0.94	0.18	-0.24	0.23	3.91	24.95	0.05	-53.01	18
162	康赛波	海富通	2003/04~2011/03	82	3	-6.44	-0.79	0.34	0.80	0.67	0.03	-0.02	0.19	11.86	26.87	0.36	-62.40	88
163	刘璎	海富通	2008/04~2018/07	103	2	-7.60	-1.70	0.16	0.34	0.72	-0.03	-0.01	0.34	4.43	30.07	0.07	-56.06	85
164	牟永宁	海富通	2009/01~2013/09	58	4	-7.09	-1.32	-0.11	-0.29	0.74	-0.01	-0.18	0.28	9.49	20.21	0.34	-32.70	86
165	邵佳民	海富通	2006/05~2017/01	130	1	0.19	0.03	-0.83	-2.52	0.93	0.02	-0.06	0.10	10.74	24.97	0.32	-59.43	90
166	陈洪	海富通	2003/08~2014/05	131	5	-8.02	-1.42	0.83	2.41*	0.76	0.12	-0.18	0.25	15.32	21.97	0.58	-54.29	76
167	张炳炜	海富通	2015/06~2018/07	39	4	-0.57	-0.08	0.08	0.18	0.71	-0.05	-0.12	0.04	-7.47	18.96	-0.47	-32.22	80
168	蒋征	海富通	2003/01~2013/12	127	8	0.31	0.04	0.44	0.85	0.68	-0.18	0.02	0.17	13.01	22.91	0.46	-62.94	85
169	陈嘉平	合煦智远	2011/12~2019/08	54	6	4.73	0.61	-0.27	-0.29	0.61	0.01	-0.30	0.12	24.38	16.78	1.32	-11.57	63
170	张鸿羽	弘毅远方	2012/04~2020/08	52	2	-4.89	-0.76	0.13	0.37	0.76	-0.20	-0.65	0.48	21.88	18.64	1.07	-19.13	82
171	季雷	红塔红土	2007/03~2015/04	65	4	2.83	0.46	-0.25	-0.47	0.76	-0.13	0.01	0.37	0.06	30.24	-0.10	-60.82	83
172	罗薇	红塔红土	2016/05~2019/08	41	8	0.29	0.03	0.32	0.43	0.59	-0.29	-0.26	-0.21	3.69	11.14	0.20	-15.54	68
173	陈俏宇	华安	2007/03~2015/05	100	6	6.33	1.24	-0.64	-1.71	0.63	0.16	-0.21	0.09	17.08	23.29	0.61	-45.45	88
174	陈逊	华安	2012/05~2015/05	38	6	14.32	2.53*	-0.22	-0.80	0.83	0.03	0.01	-0.09	34.58	23.61	1.34	-15.79	89
175	刘光华	华安	2005/05~2009/05	50	3	-4.99	-0.74	0.37	1.15	0.49	-0.25	-0.81	0.04	35.92	33.60	0.98	-63.84	84

续表

编号	基金经理	离职前任职公司	任职区间	任职时间(月)	管理基金数量(只)	选股能力 年化α(%)	t(α)	择时能力 γ	t(γ)	β_{mkt}	β_{smb}	β_{hml}	β_{mom}	年化收益率(%)	年化波动率(%)	年化夏普比率	最大回撤率(%)	调整后R^2(%)
176	李旬	华安	1999/06~2003/08	52	2	-1.91	-0.38	0.28	0.80	0.60	0.09	-0.14	0.22	10.56	23.02	0.37	-20.52	85
177	廖发达	华安	2015/08~2019/03	45	4	-1.82	-0.31	0.81	2.37*	0.80	-0.40	-0.07	-0.20	4.93	17.10	0.20	-26.51	78
178	刘伟亭	华安	2011/07~2018/05	81	4	-4.64	-0.78	1.12	1.50	1.03	0.03	-0.20	-0.32	17.60	28.48	0.54	-33.26	82
179	王嘉	华安	2015/07~2018/10	41	4	9.50	0.91	0.89	1.31	0.60	-0.24	0.14	0.20	-0.40	21.81	-0.09	-30.18	32
180	尚志民	华安	1999/06~2015/01	189	6	4.55	1.01	0.25	1.24	0.67	-0.08	-0.14	0.24	17.57	22.84	0.66	-51.63	88
181	谢振东	华安	2015/03~2019/10	57	6	10.63	2.26*	-0.12	-0.34	0.73	0.10	-0.03	0.29	8.86	23.33	0.31	-39.73	81
182	汪光成	华安	2008/02~2013/09	69	5	1.09	0.24	-0.17	-0.58	0.53	-0.20	-0.77	0.05	-3.52	22.39	-0.29	-49.76	86
183	王国卫	华安	1998/06~2005/04	84	3	8.28	1.22	0.02	0.09	0.57	0.24	-0.46	0.42	18.57	35.84	0.45	-29.17	83
184	刘新勇	华安	2002/11~2009/02	77	3	9.41	1.90*	-0.18	-0.78	0.79	0.01	-0.13	0.05	21.73	23.36	0.83	-50.40	81
185	张蕾	华安	2009/12~2013/02	40	1	8.63	1.20	-0.23	-0.37	0.74	0.39	0.13	0.17	-1.49	17.03	-0.26	-31.84	79
186	范红兵	华宝	2009/02~2016/08	92	4	4.99	0.82	0.62	0.66	0.84	-0.04	-0.27	0.22	10.38	25.56	0.30	-39.49	71
187	郭鹏飞	华宝	2010/06~2015/03	59	2	12.68	2.16*	0.38	1.83*	0.79	0.36	-0.16	0.12	22.65	23.06	0.85	-29.84	92
188	蒋宁	华宝	2010/07~2013/07	38	1	-5.28	-1.60	-0.44	-1.58	0.78	0.22	-0.13	0.03	5.94	18.72	0.15	-25.35	93
189	楼鸿强	华宝	2014/10~2020/01	65	2	-2.85	-0.95	0.60	3.47*	1.15	0.11	-0.60	0.29	22.11	36.40	0.56	-52.99	94
190	牟旭东	华宝	2007/10~2013/01	65	4	1.16	0.29	0.25	1.13	0.77	0.25	-0.03	0.21	-4.22	25.99	-0.28	-46.81	88
191	区伟良	华宝	2015/04~2018/06	40	3	1.16	0.20	-0.46	-0.61	1.06	-0.04	0.02	-0.08	2.84	30.89	0.04	-42.25	79
192	任志强	华宝	2007/09~2013/01	66	1	13.39	1.86*	0.76	2.17*	0.80	-0.02	-0.20	0.07	-3.86	26.88	-0.26	-59.67	54
193	邵喆阳	华宝	2010/06~2015/01	57	3	13.70	2.38*	-0.92	-2.20	0.78	0.05	-0.43	0.46	14.32	20.77	0.54	-25.52	83
194	陈德义	华富	2009/09~2012/12	41	2	-6.94	-1.73	-0.35	-0.67	0.89	0.29	0.10	0.48	-5.23	20.88	-0.39	-44.85	89

附录九　离职股票型基金经理选股与择时能力(按离职前任职公司排序):1998~2020年

续表

编号	基金经理	离职前任职公司	任职区间	任职时间(月)	管理基金数量(只)	选股能力 年化α(%)	$t(\alpha)$	择时能力 γ	$t(\gamma)$	β_{mkt}	β_{smb}	β_{hml}	β_{mom}	年化收益率(%)	年化波动率(%)	年化夏普比率	最大回撤率(%)	调整后R^2(%)
195	孔庆卿	华富	2013/08~2017/08	50	2	0.95	0.15	0.06	0.10	0.17	0.07	0.03	0.08	12.41	14.43	0.71	-14.39	81
196	刘文正	华富	2013/06~2017/02	46	3	3.07	0.57	-1.05	-2.71	0.94	0.08	-0.39	0.32	18.21	32.27	0.49	-45.23	94
197	翁海波	华富	2015/12~2018/12	38	6	2.81	0.48	0.34	1.53	0.69	0.19	-0.35	0.59	-14.61	16.69	-0.99	-38.49	89
198	朱蓓	华富	2011/04~2017/08	78	2	15.32	2.43*	0.17	0.69	1.03	0.10	-0.40	0.07	5.80	30.22	0.11	-50.50	88
199	袁华涛	华润元大	2015/09~2019/09	50	5	7.59	1.29	0.10	0.25	0.44	-0.06	-0.12	-0.17	0.82	14.99	-0.05	-34.67	78
200	蔡建军	华商	2013/12~2017/11	49	4	-8.88	-1.88	0.59	0.87	0.88	0.09	-0.24	0.03	12.30	29.12	0.35	-52.38	90
201	梁永强	华商	2008/09~2018/06	119	5	7.12	1.05	0.42	1.20	0.89	0.32	-0.38	0.23	16.15	30.12	0.46	-58.41	50
202	刘宏	华商	2011/05~2017/01	69	4	-7.57	-2.01	0.08	0.26	0.95	0.12	-0.48	0.19	14.78	31.05	0.39	-47.72	94
203	马国江	华商	2015/04~2019/02	48	4	7.95	1.52	-0.17	-0.44	1.08	0.27	-0.36	0.08	1.14	35.46	-0.01	-49.88	82
204	申艳丽	华商	2010/08~2015/03	57	2	-5.36	-0.84	0.09	0.21	0.81	0.02	0.23	0.40	16.34	21.74	0.61	-34.69	80
205	孙建波	华商	2008/05~2013/01	52	3	-7.99	-1.36	0.60	1.79*	0.64	0.53	0.00	0.31	0.26	22.83	-0.12	-37.74	76
206	田明圣	华商	2010/07~2015/10	64	4	2.14	0.51	-0.92	-2.29	0.91	0.11	-0.54	0.14	17.21	26.24	0.54	-40.86	88
207	赵媛媛	华商	2013/03~2017/11	44	4	-0.91	-0.17	0.46	0.94	0.83	-0.13	-0.29	0.46	0.97	27.54	-0.04	-38.83	84
208	方伦煜	华泰柏瑞	2012/04~2020/07	101	4	-7.65	-1.48	0.41	1.45	0.81	-0.11	0.12	0.05	12.92	23.03	0.47	-48.65	86
209	黄明仁	华泰柏瑞	2016/11~2019/12	39	4	-5.06	-1.05	0.11	0.33	0.91	0.24	-0.10	0.53	16.38	17.58	0.85	-24.84	85
210	梁丰	华泰柏瑞	2004/03~2010/04	73	4	16.22	1.98*	0.25	0.47	0.83	-0.14	-0.31	0.08	18.55	28.77	0.56	-59.41	78
211	李灿	华泰柏瑞	2015/06~2018/12	44	4	4.24	0.83	-0.61	-1.76	0.76	-0.10	-0.05	0.40	-7.39	24.16	-0.37	-35.47	82
212	秦岭松	华泰柏瑞	2007/05~2012/01	58	2	7.69	2.05*	-0.28	-1.59	0.69	0.07	0.11	0.43	-2.14	26.23	-0.20	-49.16	88
213	陈虎	华夏	2014/11~2020/05	67	6	13.71	2.03*	0.41	1.66*	0.84	0.04	-0.16	0.05	8.50	24.19	0.28	-46.35	78

· 379 ·

续表

编号	基金经理	离职前任职公司	任职区间	任职时间（月）	管理基金数量（只）	选股能力 年化α(%)	$t(\alpha)$	择时能力 γ	$t(\gamma)$	β_{mkt}	β_{smb}	β_{hml}	β_{mom}	年化收益率（%）	年化波动率（%）	年化夏普比率	最大回撤率（%）	调整后R^2(%)
214	程海泳	华夏	2004/09~2013/08	56	3	4.25	0.61	0.23	0.50	0.83	0.25	0.27	0.58	1.71	20.48	-0.05	-41.80	79
215	丁镒	华夏	1999/04~2006/10	86	4	-4.58	-0.97	0.16	0.40	0.44	-0.23	-0.33	-0.02	19.93	27.63	0.65	-24.79	81
216	巩怀志	华夏	2005/10~2013/05	93	4	3.37	1.11	0.09	0.49	0.79	0.04	-0.14	0.33	26.57	28.19	0.85	-49.46	87
217	张益驰	华夏	2004/09~2009/06	59	5	0.41	0.09	-0.40	-1.24	0.64	-0.25	0.31	0.07	35.38	28.64	1.16	-51.65	85
218	王志华	华夏	2001/11~2007/08	55	4	19.11	3.33*	-0.43	-1.70	0.76	0.12	-0.14	0.18	29.94	21.59	1.31	-17.09	80
219	王亚伟	华夏	1998/04~2012/04	163	4	8.36	1.83*	-0.23	-0.96	0.75	-0.02	-0.14	0.30	30.71	32.07	0.88	-44.71	77
220	孙建冬	华夏	2005/06~2010/01	57	2	11.00	1.91*	0.59	0.96	0.70	-0.08	0.13	0.26	45.55	31.75	1.35	-46.82	80
221	刘金玉	华夏	2010/03~2016/12	78	4	-7.50	-2.13	0.14	0.60	0.82	-0.13	-0.58	0.13	8.03	24.12	0.23	-36.59	92
222	刘文动	华夏	2006/05~2012/02	70	5	9.17	2.47*	-1.00	-2.33	0.57	-0.11	0.16	0.59	21.61	29.99	0.62	-47.98	89
223	任竞辉	华夏	2010/10~2015/09	49	3	19.60	2.43*	-0.16	-0.63	0.76	-0.09	-0.03	0.24	10.70	22.81	0.35	-38.09	88
224	石波	华夏	2001/01~2004/02	38	2	11.13	1.32	-0.36	-0.35	0.72	0.08	-0.06	0.11	5.44	14.00	0.24	-22.57	38
225	孙萌	华夏	2015/11~2019/02	41	3	3.38	0.82	0.05	0.24	0.80	0.14	-0.17	0.20	-8.71	18.42	-0.57	-41.98	92
226	谭琦	华夏	2007/09~2014/04	81	3	10.19	3.07*	-0.03	-0.17	0.69	0.09	-0.05	0.13	0.84	23.71	-0.09	-48.92	90
227	童汀	华夏	2007/04~2014/05	87	4	7.46	1.59	0.16	0.41	0.82	0.07	-0.43	0.27	7.08	22.54	0.19	-48.44	78
228	王海雄	华夏	2011/03~2015/01	48	2	-7.75	-1.90	-0.04	-0.08	0.71	0.13	0.18	0.22	8.45	18.09	0.29	-23.74	79
229	罗泽萍	华夏	2005/04~2014/02	108	4	-4.48	-0.85	-0.27	-0.82	0.75	-0.11	0.05	0.16	19.32	25.55	0.66	-51.90	85
230	郭树强	华夏	2002/01~2007/12	73	2	9.73	1.63	1.22	2.81*	0.72	-0.27	-0.08	0.39	28.36	20.92	1.24	-24.22	85
231	王怡欢	华夏	2011/02~2020/11	119	3	3.70	0.66	-0.16	-0.39	0.25	-0.11	-0.18	-0.02	10.26	19.48	0.41	-34.81	80
232	严鸿宴	华夏	2010/02~2014/09	57	2	4.62	1.04	-0.02	-0.10	0.76	0.21	0.29	0.29	0.97	17.80	-0.11	-37.76	95

附录九 离职股票型基金经理选股与择时能力(按离职前任职公司排序):1998~2020年

续表

编号	基金经理	离职前任职公司	任职区间	任职时间(月)	管理基金数量(只)	选股能力 年化α(%)	$t(\alpha)$	择时能力 γ	$t(\gamma)$	β_{mkt}	β_{smb}	β_{hml}	β_{mom}	年化收益率(%)	年化波动率(%)	年化夏普比率	最大回撤率(%)	调整后R^2(%)
233	杨明韬	华夏	2012/01~2015/05	42	3	2.82	0.63	-0.07	-0.21	0.77	0.06	-0.67	0.18	32.17	20.00	1.50	-9.75	84
234	杨泽晖	华夏	2009/01~2012/02	38	1	9.92	1.59	-0.40	-1.84	0.97	0.05	-0.67	0.10	10.02	26.88	0.27	-31.84	93
235	张龙	华夏	2004/09~2010/01	66	2	10.29	2.97*	-0.07	-0.37	0.73	-0.03	-0.01	0.45	26.03	30.03	0.78	-56.52	87
236	魏镇江	华夏	2016/04~2020/05	51	7	-7.58	-1.31	0.09	0.34	0.70	0.01	-0.04	0.48	4.45	4.45	0.66	-3.99	94
237	曹庆	汇丰晋信	2012/08~2018/08	73	10	5.43	2.69*	0.07	0.59	0.84	-0.04	-0.21	0.34	18.94	25.70	0.66	-40.53	52
238	侯玉骑	汇丰晋信	2013/04~2020/06	88	1	-0.09	-0.08	-0.31	-1.65	0.96	-0.09	-0.26	0.19	16.90	26.52	0.56	-50.78	69
239	廖志峰	汇丰晋信	2010/03~2013/05	40	2	14.40	2.86*	-0.24	-1.01	0.76	0.25	-0.18	0.21	-1.89	17.40	-0.28	-35.03	84
240	林彤彤	汇丰晋信	1998/06~2013/12	183	7	19.72	3.41*	-0.90	-2.23	0.72	-0.01	-0.23	0.35	17.52	30.88	0.49	-59.49	74
241	邵骥咏	汇丰晋信	2009/05~2012/07	40	3	1.53	0.38	0.36	1.72*	0.69	0.42	0.00	0.21	2.45	19.40	-0.02	-29.68	88
242	陈晓翔	汇添富	2009/01~2015/12	85	3	4.31	0.61	0.18	0.52	0.15	0.07	-0.09	0.25	23.19	25.23	0.81	-28.48	84
243	张晖	汇添富	2002/11~2007/11	48	3	11.10	1.61	0.07	0.19	0.83	-0.03	-0.21	0.10	40.60	23.49	1.71	-13.92	58
244	韩贤旺	汇添富	2012/03~2018/12	83	2	1.88	0.31	0.21	0.49	1.05	0.12	-0.48	0.18	7.48	31.51	0.17	-59.88	93
245	欧阳沁春	汇添富	2007/06~2018/12	140	3	17.26	2.70*	-0.39	-1.13	0.95	0.24	-0.40	0.31	5.90	33.67	0.10	-72.38	90
246	齐东超	汇添富	2009/07~2014/03	58	2	9.11	1.82*	-0.34	-1.09	0.80	0.15	-0.62	0.27	3.23	19.54	0.02	-25.17	85
247	苏竞	汇添富	2007/10~2013/10	74	3	8.70	1.37	0.28	0.63	0.89	0.06	-0.01	0.36	-2.68	24.64	-0.23	-54.62	72
248	叶从飞	汇添富	2012/03~2018/12	83	3	-7.66	-1.91	0.32	0.61	0.74	0.20	-0.33	0.38	6.81	27.72	0.17	-57.10	86
249	曾刚	汇添富	2015/11~2020/08	59	9	-6.38	-1.25	0.41	1.04	0.96	0.10	-0.49	0.16	9.62	5.43	1.50	-1.78	63
250	周睿	汇添富	2012/03~2019/03	86	2	12.60	2.73*	-0.03	-0.10	0.56	-0.55	-0.02	0.15	15.47	27.11	0.49	-48.64	88
251	佘中强	汇添富	2013/07~2019/07	68	4	18.64	2.51*	0.00	0.01	0.86	0.17	-0.82	0.15	15.88	24.94	0.57	-38.80	88

续表

编号	基金经理	离职前任职公司	任职区间	任职时间(月)	管理基金数量(只)	选股能力 年化α(%)	$t(\alpha)$	择时能力 γ	$t(\gamma)$	β_{mkt}	β_{smb}	β_{hml}	β_{mom}	年化收益率(%)	年化波动率(%)	年化夏普比率	最大回撤率(%)	调整后R^2(%)
252	刘天君	嘉实	2006/08~2013/05	83	4	-5.59	-1.17	-0.39	-0.61	0.74	-0.06	-0.24	0.11	23.61	26.01	0.79	-50.20	79
253	翟琳琳	嘉实	2014/02~2017/10	46	5	-15.64	-2.41	0.28	0.45	0.51	-0.14	-0.13	0.29	17.81	21.97	0.72	-31.71	87
254	丁杰人	嘉实	2011/10~2017/11	72	3	-19.93	-2.81	0.19	0.39	0.97	-0.05	-0.44	0.37	19.45	29.98	0.58	-49.73	82
255	忻怡	嘉实	2006/12~2010/09	47	2	-4.33	-0.96	-0.32	-0.81	0.67	0.16	-0.12	0.30	20.53	29.49	0.61	-56.55	83
256	顾义河	嘉实	2009/06~2014/10	66	2	-3.27	-1.06	-0.10	-0.43	0.44	-0.03	-0.08	0.07	7.03	18.18	0.23	-32.34	85
257	郭东谋	嘉实	2014/04~2018/06	52	6	-11.93	-1.75	0.33	0.58	0.86	0.10	-0.78	0.14	11.84	13.81	0.72	-22.32	64
258	焦云	嘉实	2009/12~2017/10	83	4	-3.72	-0.73	-0.55	-1.35	0.80	0.06	0.03	0.48	3.56	24.85	0.05	-38.26	85
259	党开宇	嘉实	2005/01~2010/05	63	6	4.66	1.15	-0.28	-1.58	0.87	0.05	-0.40	0.11	29.82	22.19	1.27	-21.94	92
260	孙林	嘉实	2003/01~2007/03	52	2	-3.74	-0.68	0.00	0.00	0.66	-0.08	-0.09	0.40	31.40	19.71	1.48	-15.44	81
261	刘美玲	嘉实	2013/12~2020/07	81	5	-7.03	-0.69	-0.57	-1.20	0.82	0.12	-0.53	0.19	11.62	27.09	0.36	-57.78	87
262	齐海滔	嘉实	2009/03~2020/06	119	4	23.88	2.99*	-0.23	-0.41	0.72	0.04	-0.29	0.36	17.81	24.94	0.64	-41.89	78
263	邵秋涛	嘉实	2010/11~2020/05	116	5	20.35	2.45*	-0.47	-1.70	0.90	0.01	-0.41	0.11	10.48	24.35	0.34	-37.34	90
264	陶羽	嘉实	2009/03~2017/06	101	2	-0.69	-0.16	0.02	0.07	0.64	-0.34	0.06	0.19	10.24	29.08	0.27	-42.79	90
265	詹凌蔚	嘉实	2002/09~2014/03	106	4	4.22	0.69	0.22	0.58	0.98	0.18	-0.03	0.09	16.40	23.23	0.61	-54.86	80
266	李帅	嘉实	2015/07~2020/09	64	2	16.14	2.57*	0.09	0.19	0.74	0.07	0.46	0.38	15.61	21.77	0.65	-33.03	79
267	吴云峰	嘉实	2014/11~2020/05	68	5	-5.73	-1.21	0.64	2.13*	0.80	0.02	-0.10	0.15	10.32	24.94	0.36	-43.13	76
268	魏上云	嘉实	2002/01~2006/07	52	2	25.79	2.32*	-0.30	-0.71	0.65	-0.32	-0.16	0.01	7.17	16.11	0.32	-28.26	82
269	徐铁	嘉实	2000/06~2006/11	79	3	-3.71	-1.28	-0.10	-0.45	0.59	-0.40	-0.53	0.20	14.22	20.51	0.61	-20.95	31
270	邵健	嘉实	2004/04~2015/06	136	3	-2.36	-0.40	0.35	1.00	0.69	-0.04	-0.29	0.06	21.50	25.31	0.74	-56.20	88

附录九 离职股票型基金经理选股与择时能力(按离职前任职公司排序):1998~2020 年

续表

编号	基金经理	离职前任职公司	任职区间	任职时间(月)	管理基金数量(只)	选股能力 年化 α (%)	选股能力 $t(\alpha)$	择时能力 γ	择时能力 $t(\gamma)$	β_{mkt}	β_{smb}	β_{hml}	β_{mom}	年化收益率(%)	年化波动率(%)	年化夏普比率	最大回撤率(%)	调整后 R^2 (%)
271	陈勤	嘉实	2006/10~2015/05	102	4	8.58	1.29	-0.21	-0.38	0.71	-0.09	0.36	0.11	22.52	24.54	0.82	-48.42	79
272	张弢	嘉实	2009/01~2015/03	76	5	-15.71	-2.26	1.00	1.14	0.68	0.04	-0.05	0.18	24.45	19.05	1.15	-22.23	82
273	赵勇	嘉实	2009/08~2014/06	60	2	2.03	0.44	-0.24	-0.94	0.61	0.10	-0.30	0.17	-0.86	13.73	-0.28	-30.31	88
274	顾中汉	建信	2011/10~2017/02	66	4	3.73	0.83	0.17	0.53	0.75	0.21	-0.33	0.02	10.20	25.20	0.30	-36.24	83
275	李华	建信	2001/09~2007/09	48	4	3.57	0.94	-0.06	-0.33	0.46	-0.35	0.08	0.12	39.90	20.88	1.85	-12.92	86
276	马志强	建信	2008/12~2015/04	74	5	-13.32	-1.53	0.84	0.76	0.80	-0.09	0.14	0.54	22.57	23.11	0.87	-20.61	68
277	王新艳	建信	2002/11~2013/11	117	6	1.95	0.38	0.32	1.18	0.77	-0.03	-0.01	0.38	17.40	23.79	0.63	-57.63	84
278	田擎	建信	2004/02~2010/03	52	3	-2.14	-0.34	-0.11	-0.23	0.62	-0.14	0.19	-0.05	-8.38	28.01	-0.40	-67.34	92
279	万志勇	建信	2008/10~2015/08	80	8	-10.41	-1.49	1.16	1.04	0.80	-0.13	-0.12	-0.08	14.45	20.14	0.59	-28.06	72
280	汪沛	建信	2007/03~2011/04	51	1	-4.88	-0.74	0.74	1.40	0.73	-0.17	-0.07	0.36	12.98	33.97	0.30	-59.26	85
281	徐杰	建信	2008/03~2011/06	41	1	-20.44	-1.88	1.23	1.94*	0.76	0.22	-0.14	0.17	0.58	27.66	-0.08	-49.11	68
282	许杰	建信	2010/02~2020/06	121	8	19.97	1.86*	-0.44	-0.65	0.77	-0.13	-0.26	0.10	7.80	20.37	0.28	-37.05	67
283	钟敬棣	建信	2013/09~2018/04	57	1	7.27	1.98*	0.26	1.46	0.12	0.02	0.09	-0.03	10.25	5.29	1.56	-4.03	86
284	朱建华	建信	2016/03~2019/07	42	3	-5.84	-0.87	-0.39	-1.04	0.17	-0.04	-0.06	-0.03	0.71	3.14	-0.25	-4.76	82
285	盖婷婷	交银施罗德	2015/07~2018/08	39	3	7.58	1.52	-1.22	-2.18	0.69	-0.27	-0.12	0.35	13.26	16.99	0.69	-21.16	83
286	郑拓	交银施罗德	2005/04~2009/07	50	5	-5.63	-1.44	0.30	1.42	0.47	0.10	-0.02	-0.10	35.41	29.33	1.14	-51.61	90
287	管华雨	交银施罗德	2007/05~2015/04	93	7	-1.77	-0.50	0.49	2.86*	0.72	0.08	-0.17	0.34	13.76	24.24	0.45	-51.26	68
288	崔海峰	交银施罗德	2003/01~2010/05	86	7	-0.11	-0.03	0.38	1.39	0.75	-0.15	-0.20	0.26	27.70	25.78	1.01	-38.94	85
289	李立	交银施罗德	2007/04~2012/04	62	2	-7.33	-2.21	0.02	0.12	0.66	-0.17	-0.18	0.41	3.82	28.80	0.03	-55.25	92

· 383 ·

续表

编号	基金经理	离职前任职公司	任职区间	任职时间(月)	管理基金数量(只)	选股能力 年化 α(%)	选股能力 $t(\alpha)$	择时能力 γ	择时能力 $t(\gamma)$	β_{mkt}	β_{smb}	β_{hml}	β_{mom}	年化收益率(%)	年化波动率(%)	年化夏普比率	最大回撤率(%)	调整后 R^2(%)
290	李旭利	交银施罗德	2000/03~2009/05	104	8	-4.58	-0.62	-0.11	-0.12	0.88	-0.22	0.45	0.11	10.69	25.51	0.33	-55.77	81
291	龙向东	交银施罗德	2012/08~2015/08	38	1	20.35	1.61	-0.15	-0.40	0.82	-0.11	-0.32	0.28	21.88	29.53	0.64	-36.99	87
292	史伟	交银施罗德	2005/11~2013/05	80	3	4.28	0.96	0.01	0.04	0.86	-0.11	-0.33	0.41	30.54	26.10	1.08	-29.87	86
293	唐倩	交银施罗德	2011/04~2018/06	84	3	1.72	0.36	0.23	0.87	0.73	0.01	-0.16	0.24	15.88	26.38	0.52	-48.99	77
294	张媚钗	交银施罗德	2010/06~2014/09	53	1	26.32	1.17	-0.36	-0.28	0.70	-0.31	-0.23	0.13	2.21	15.83	-0.05	-27.76	22
295	林华显	金鹰	2011/03~2015/02	49	1	-2.84	-0.63	-0.01	-0.03	0.73	-0.02	-0.40	0.05	1.04	15.12	-0.14	-32.48	87
296	彭培祥	金鹰	2009/07~2013/03	46	2	-1.55	-0.35	-0.52	-0.73	1.02	0.47	-0.29	0.13	-8.93	25.81	-0.46	-50.50	72
297	杨绍基	金鹰	2008/12~2015/01	74	4	-4.23	-0.89	0.31	1.10	1.22	0.28	-0.65	-0.07	12.86	20.37	0.49	-39.07	85
298	于利强	金鹰	2015/01~2019/12	61	8	-3.67	-0.32	-0.03	-0.06	0.75	0.26	-0.07	0.12	9.34	20.35	0.38	-38.42	78
299	冼鸿鹏	金鹰	2010/12~2017/10	84	2	14.59	2.77*	0.26	0.99	0.60	0.13	0.06	0.06	1.52	37.15	-0.03	-63.06	75
300	侯斌	金元顺安	2010/12~2018/08	93	5	-8.94	-1.26	0.06	0.15	0.67	-0.08	0.10	0.19	0.40	18.83	-0.11	-39.67	87
301	黄奕	金元顺安	2009/05~2013/03	48	3	1.79	0.33	0.17	0.73	0.46	0.38	0.00	0.12	0.39	16.28	-0.15	-28.02	93
302	潘江	金元顺安	2009/03~2014/02	57	3	-3.29	-0.97	0.64	3.18*	0.75	0.18	-0.29	0.09	6.72	19.41	0.21	-19.58	82
303	李学文	景顺长城	2003/08~2007/08	48	4	5.90	0.91	-0.09	-0.21	0.81	-0.09	-0.33	0.14	52.81	25.42	2.03	-16.26	91
304	李志嘉	景顺长城	2006/06~2010/04	48	2	16.84	4.44*	-0.83	-2.99	0.75	-0.02	-0.05	0.23	25.45	34.98	0.64	-55.79	91
305	陈晖	景顺长城	2006/12~2013/11	85	2	-7.27	-1.49	-0.40	-1.04	1.01	-0.09	-0.62	0.07	8.74	28.32	0.20	-62.09	96
306	邓春鸣	景顺长城	2007/09~2014/09	86	4	2.81	0.84	0.17	0.75	0.70	-0.55	-0.10	-0.04	-4.05	25.02	-0.28	-56.97	87
307	杨兵兵	景顺长城	2003/10~2007/08	48	2	1.02	0.30	-0.18	-0.59	0.73	-0.33	-0.01	0.34	44.64	21.42	1.98	-9.57	87
308	贾殿村	景顺长城	2012/11~2016/04	43	3	-2.38	-0.73	-0.19	-0.44	0.50	0.00	-0.12	0.02	14.91	36.25	0.34	-54.02	92

附录九　离职股票型基金经理选股与择时能力（按离职前任职公司排序）：1998~2020年

续表

编号	基金经理	离职前任职公司	任职区间	任职时间（月）	管理基金数量（只）	选股能力 年化 α(%)	$t(\alpha)$	择时能力 γ	$t(\gamma)$	β_{mkt}	β_{smb}	β_{hml}	β_{mom}	年化收益率（%）	年化波动率（%）	年化夏普比率	最大回撤率（%）	调整后 R^2（%）
309	刘晓明	景顺长城	2014/11~2020/04	67	5	-4.55	-0.82	0.24	0.85	0.80	0.18	-0.21	0.22	10.80	19.42	0.47	-32.13	87
310	唐咸德	景顺长城	2008/09~2014/09	68	2	-3.30	-0.31	-0.35	-0.38	0.86	0.02	-0.34	0.39	13.99	23.11	0.49	-34.15	76
311	王鹏辉	景顺长城	2007/09~2014/12	89	5	10.96	3.07*	-0.29	-1.49	0.58	-0.37	-0.11	0.18	7.84	28.32	0.17	-61.44	88
312	张继荣	景顺长城	2004/07~2015/06	104	7	1.65	0.33	0.27	0.79	0.70	-0.06	-0.04	0.26	2.68	21.64	-0.01	-54.35	86
313	黄敬东	九泰	2006/09~2015/11	45	6	-4.27	-0.86	-0.02	-0.09	0.69	-0.10	-0.02	0.34	27.41	32.22	0.80	-54.13	83
314	王玥晰	九泰	2015/08~2018/11	41	10	11.33	2.36*	-1.23	-2.16	0.12	-0.03	0.11	-0.13	-2.66	5.47	-0.76	-12.13	71
315	蔡锋亮	民生加银	2011/04~2016/06	64	5	5.76	0.94	0.51	1.63	0.95	0.10	-0.17	0.27	15.22	31.02	0.40	-40.57	85
316	黄钦来	民生加银	2003/11~2010/10	50	4	3.62	0.42	0.21	0.59	0.65	0.00	0.10	0.29	13.34	18.72	0.61	-16.68	93
317	黄一明	民生加银	2013/08~2020/05	66	7	-9.78	-2.18	0.76	1.81*	0.80	0.11	0.08	0.25	10.06	27.52	0.30	-37.19	89
318	江国华	民生加银	2011/12~2015/02	40	2	-8.09	-1.63	-0.04	-0.07	0.94	0.07	0.17	0.36	9.69	21.12	0.31	-16.79	81
319	刘旭明	民生加银	2014/09~2019/02	52	12	10.73	2.29*	-0.48	-1.25	0.64	-0.17	-0.13	-0.09	11.02	20.99	0.45	-29.90	84
320	宋磊	民生加银	2009/12~2018/02	75	8	1.13	0.39	-0.22	-1.34	0.71	0.21	0.11	0.07	10.14	22.57	0.36	-25.09	91
321	吴剑飞	民生加银	2005/04~2018/10	136	4	-0.36	-0.09	-0.21	-0.77	0.77	-0.07	-0.33	0.10	18.40	26.91	0.60	-57.49	90
322	项志群	摩根士丹利华鑫	2005/03~2010/08	49	3	2.32	2.34*	-0.30	-2.07	0.65	0.08	0.01	0.24	44.38	27.32	1.57	-17.88	41
323	何滨	摩根士丹利华鑫	2008/04~2013/07	65	2	-0.59	-0.15	0.15	0.57	0.89	0.37	-0.45	0.03	6.11	21.05	0.15	-32.76	63
324	刘钊	摩根士丹利华鑫	2012/07~2015/07	38	4	-17.28	-2.38	-0.40	-0.61	0.67	0.30	0.08	0.37	34.66	27.72	1.15	-21.47	83

续表

编号	基金经理	离职前任职公司	任职区间	任职时间（月）	管理基金数量（只）	选股能力 年化α(%)	$t(\alpha)$	择时能力 γ	$t(\gamma)$	β_{mkt}	β_{smb}	β_{hml}	β_{mom}	年化收益率（%）	年化波动率（%）	年化夏普比率	最大回撤率（%）	调整后R^2（%）
325	钱斌	摩根士丹利华鑫	2010/07~2014/08	47	4	−13.80	−1.56	2.08	4.13*	0.82	−0.13	−0.04	0.43	6.56	17.83	0.20	−22.36	65
326	盛军锋	摩根士丹利华鑫	2009/07~2014/02	49	4	6.13	0.83	0.04	0.17	0.86	−0.05	0.25	−0.10	6.11	21.05	0.16	−28.79	90
327	司魏	摩根士丹利华鑫	2015/01~2018/11	48	3	1.22	0.23	0.02	0.06	0.72	0.00	0.14	0.20	−6.81	31.38	−0.27	−70.16	86
328	孙海波	摩根士丹利华鑫	2013/10~2017/05	45	6	−3.70	−0.49	0.55	0.54	0.58	−0.31	−0.20	0.38	9.72	26.39	0.29	−45.81	76
329	蔡望鹏	南方	2015/01~2020/01	62	2	12.35	1.96*	−0.32	−1.22	0.85	−0.12	−0.36	−0.13	8.99	24.65	0.30	−36.66	81
330	杜冬松	南方	2012/03~2016/02	49	12	7.44	1.67*	0.18	0.92	0.68	−0.32	0.14	0.05	9.08	23.92	0.27	−29.29	88
331	蒋朋宸	南方	2008/04~2015/05	87	8	−12.39	−1.84	0.30	0.90	0.69	0.04	−0.56	−0.18	9.91	25.36	0.28	−45.85	90
332	李源海	南方	2006/02~2015/01	105	10	−9.15	−1.98	0.06	0.10	0.92	−0.01	0.35	0.47	14.04	14.38	0.78	−29.00	78
333	刘菁汉	南方	2010/05~2018/05	94	10	−6.17	−1.33	0.04	0.07	0.79	0.04	0.14	0.02	12.08	19.24	0.51	−39.97	81
334	马北汇	南方	2008/04~2014/03	73	4	−3.73	−0.76	1.18	3.25*	0.36	0.01	0.03	0.12	−5.75	20.19	−0.43	−43.82	92
335	彭砚	南方	2010/06~2015/06	55	8	13.21	2.58*	−1.43	−2.77	0.78	0.18	0.14	0.13	18.02	26.73	0.58	−29.64	85
336	苏彦祝	南方	2006/11~2010/01	40	2	10.21	2.56*	−0.33	−2.37	0.67	0.00	−0.17	0.20	33.07	39.35	0.76	−58.78	98
337	谈建强	南方	2006/12~2015/06	104	8	1.04	0.15	1.14	1.57	1.07	0.04	−0.75	0.17	19.14	27.08	0.60	−60.68	76
338	汪澂	南方	2002/05~2013/10	139	8	−2.33	−0.47	0.09	0.30	0.79	−0.23	−0.23	0.26	12.36	27.02	0.36	−59.49	86
339	王宏远	南方	1999/08~2008/03	64	8	10.46	2.58*	−0.08	−0.45	0.77	−0.06	−0.26	0.12	39.90	45.13	0.84	−34.24	93
340	蒋峰	南方	2003/11~2012/11	91	6	−5.51	−1.09	0.09	0.13	0.75	−0.14	0.30	0.10	13.31	21.92	0.49	−34.18	73

附录九　离职股票型基金经理选股与择时能力(按离职前任职公司排序):1998~2020年

续表

编号	基金经理	离职前任职公司	任职区间	任职时间(月)	管理基金数量(只)	选股能力 年化 α(%)	选股能力 $t(\alpha)$	择时能力 γ	择时能力 $t(\gamma)$	β_{mkt}	β_{smb}	β_{hml}	β_{mom}	年化收益率(%)	年化波动率(%)	年化夏普比率	最大回撤率(%)	调整后R^2(%)
341	陈健	南方	2005/04~2015/12	130	6	14.23	2.84*	0.45	1.07	0.63	-0.16	-0.37	0.08	21.35	25.28	0.74	-48.20	87
342	付柏瑞	农银汇理	2009/04~2014/03	61	1	2.77	0.46	-0.42	-0.92	0.75	0.15	-0.14	0.49	6.60	19.99	0.19	-31.06	70
343	顾旭俊	农银汇理	2016/03~2019/07	42	3	0.02	0.00	-0.04	-0.08	0.71	0.06	-0.06	0.27	-0.46	12.68	-0.15	-27.09	84
344	郭世凯	农银汇理	2014/01~2019/12	73	5	24.20	3.55*	-0.31	-1.21	0.92	0.05	-0.32	0.20	8.48	27.33	0.24	-51.84	88
345	栾杰	农银汇理	2003/07~2011/03	84	5	-1.05	-0.19	0.11	0.35	0.74	-0.07	-0.12	0.34	35.24	21.52	1.55	-22.57	80
346	李洪雨	农银汇理	2008/09~2014/09	70	3	-3.93	-0.60	0.20	0.67	0.81	0.02	-0.11	0.29	3.36	20.94	0.02	-38.12	92
347	凌晨	农银汇理	2013/11~2017/02	41	4	-13.63	-3.37	0.47	2.36*	0.59	-0.11	-0.24	0.44	10.37	30.89	0.27	-42.68	94
348	盛震山	诺安	2015/09~2018/12	41	7	-4.64	-0.78	-0.01	-0.02	0.99	-0.08	-0.20	0.11	11.69	19.82	0.51	-26.10	92
349	李嘉	诺安	2014/06~2018/05	49	3	0.74	0.14	-0.33	-1.11	0.66	-0.10	0.06	0.25	9.67	31.39	0.25	-52.19	90
350	林健标	诺安	2008/01~2011/04	41	3	-0.61	-0.06	-0.12	-0.23	0.69	-0.01	-0.20	0.05	0.66	24.24	-0.09	-41.51	87
351	刘红辉	诺安	2008/05~2018/12	125	3	3.95	0.48	-0.43	-0.90	0.75	-0.08	0.09	0.03	6.64	21.07	0.20	-46.10	85
352	刘魁	诺安	2012/05~2015/10	39	6	3.52	0.72	-0.01	-0.07	0.72	-0.35	-0.59	0.16	24.07	25.13	0.88	-31.44	95
353	王永宏	诺安	2009/03~2013/03	40	2	3.00	1.95*	-0.62	-2.54	1.00	0.33	-0.17	0.15	2.15	27.54	-0.02	-41.21	35
354	夏俊杰	诺安	2010/03~2017/02	85	3	-2.11	-1.26	0.07	0.53	0.66	-0.01	0.10	0.14	11.06	19.62	0.43	-33.62	29
355	邹翔	诺安	1999/07~2015/01	96	4	-5.56	-1.10	-0.10	-0.21	0.82	0.16	-0.22	0.04	8.13	20.74	0.26	-52.98	91
356	王赟	诺德	2015/08~2020/02	56	1	5.58	0.49	-0.72	-1.22	0.96	-0.07	-0.56	0.49	9.32	25.01	0.31	-37.90	72
357	向朝勇	诺德	2005/02~2012/05	78	5	-0.98	-0.20	0.57	2.18*	0.80	0.16	-0.18	0.45	3.07	27.97	0.01	-65.97	82
358	周勇	诺德	2012/06~2015/06	38	2	-8.10	-1.21	0.55	0.87	0.95	0.21	-0.42	0.06	34.32	27.73	1.13	-15.36	82
359	胡东健	鹏华	2015/06~2019/06	50	4	-11.21	-2.00	0.03	0.07	0.73	-0.32	-0.01	-0.01	-0.48	22.98	-0.09	-31.60	92

· 387 ·

续表

编号	基金经理	离职前任职公司	任职区间	任职时间（月）	管理基金数量（只）	选股能力 年化 α (%)	$t(\alpha)$	择时能力 γ	$t(\gamma)$	β_{mkt}	β_{smb}	β_{hml}	β_{mom}	年化收益率（%）	年化波动率（%）	年化夏普比率	最大回撤率（%）	调整后 R^2 (%)
360	黄鑫	鹏华	2007/08~2015/08	98	4	-6.55	-1.46	0.42	1.70*	0.79	0.03	-0.05	0.25	1.74	25.99	-0.05	-55.65	86
361	冀洪涛	鹏华	2005/09~2011/11	71	2	-5.71	-0.63	0.37	1.27	0.75	0.08	-0.36	0.09	37.46	28.18	1.25	-30.70	82
362	林宇坤	鹏华	2007/08~2010/08	38	2	0.76	0.15	-0.54	-1.68	0.62	0.00	0.13	0.29	-4.44	32.01	-0.24	-58.12	86
363	程世杰	鹏华	2005/05~2015/06	123	5	-3.70	-0.80	0.35	0.57	0.74	-0.07	-0.01	0.46	21.13	25.41	0.73	-56.96	88
364	黄中	鹏华	2001/09~2006/10	63	1	-0.47	-0.08	0.16	0.37	0.80	0.00	-0.14	0.15	8.10	15.19	0.39	-26.28	75
365	易贵海	鹏华	2003/01~2007/07	54	3	8.88	1.21	-0.30	-1.21	0.77	0.02	-0.11	0.05	34.25	19.46	1.68	-13.08	90
366	吴皇村	鹏华	2009/07~2012/12	43	1	7.82	1.91*	-0.27	-1.34	0.81	0.06	-0.28	0.15	-7.01	19.02	-0.52	-34.47	81
367	谢可	鹏华	2009/10~2014/06	58	1	10.92	2.46*	0.00	-0.02	0.66	-0.12	0.14	0.37	-4.84	17.50	-0.44	-32.62	84
368	张卓	鹏华	2007/08~2017/06	120	4	-3.21	-0.52	0.25	0.45	0.74	0.06	-0.01	0.07	4.50	24.64	0.07	-59.57	77
369	郑川江	鹏华	2015/06~2019/06	50	6	-2.64	-0.56	1.17	3.71*	0.70	0.04	-0.33	0.20	-5.14	20.93	-0.32	-31.83	69
370	周恩源	鹏华	2016/02~2019/07	43	10	-4.45	-0.89	-0.11	-0.31	0.08	-0.04	-0.02	-0.02	3.41	1.97	0.97	-2.30	83
371	刘俊廷	平安	2015/07~2020/08	63	32	-17.34	-1.31	1.48	2.59*	0.75	0.33	-0.19	0.58	0.78	24.82	-0.03	-49.46	73
372	孙健	平安	2012/09~2018/02	67	26	-6.06	-0.87	0.05	0.11	0.56	-0.07	-0.02	0.13	10.30	12.60	0.64	-15.67	86
373	汪澳	平安	2016/09~2020/07	48	12	-16.68	-3.15	0.89	3.97*	0.32	0.11	-0.22	0.06	8.01	10.63	0.61	-15.95	92
374	施旭	平安	2016/05~2019/10	43	38	-8.31	-1.50	1.11	1.47	0.40	-0.05	0.04	0.02	6.16	8.70	0.54	-19.39	83
375	蒋建伟	浦银安盛	2010/07~2020/06	121	6	0.38	0.07	-0.21	-0.52	1.10	0.33	-0.34	0.10	12.28	31.27	0.32	-68.05	87
376	丁骏	前海开源	2006/12~2020/04	140	7	-4.15	-0.59	-0.19	-0.43	0.67	-0.07	0.14	0.29	8.61	22.91	0.28	-56.84	79
377	唐文杰	前海开源	2009/07~2014/12	44	2	8.47	1.68*	0.29	1.20	0.87	0.27	-0.20	0.08	-6.99	22.04	-0.45	-32.44	84
378	徐立平	前海开源	2014/09~2018/02	43	5	3.77	0.80	-1.09	-3.82	0.43	0.10	0.73	0.13	14.42	22.10	0.57	-25.64	89

附录九　离职股票型基金经理选股与择时能力（按离职前任职公司排序）：1998~2020 年

续表

编号	基金经理	离职前任职公司	任职区间	任职时间（月）	管理基金数量（只）	选股能力 年化 α(%)	选股能力 $t(\alpha)$	择时能力 γ	择时能力 $t(\gamma)$	β_{mkt}	β_{smb}	β_{hml}	β_{mom}	年化收益率（%）	年化波动率（%）	年化夏普比率	最大回撤率（%）	调整后 R^2（%）
379	赵雪芹	前海开源	2016/01~2020/06	55	8	−2.38	−0.53	−0.19	−0.67	0.53	−0.13	−0.25	−0.11	6.76	10.05	0.52	−17.01	86
380	陈鹤明	融通	2006/11~2011/02	53	3	−7.97	−1.26	−0.27	−0.65	0.77	−0.08	−0.27	0.42	18.70	33.35	0.47	−60.47	83
381	管文浩	融通	2004/06~2013/01	89	4	−1.30	−0.27	0.37	0.73	0.67	0.09	−0.35	−0.20	11.01	28.97	0.29	−74.30	84
382	郭恒	融通	2011/03~2014/08	43	1	8.12	1.28	0.12	0.52	0.82	0.02	−0.13	0.39	2.05	21.07	−0.05	−33.14	89
383	付伟琦	融通	2015/06~2020/01	57	5	4.26	2.15*	0.00	−0.01	0.89	0.13	0.06	0.40	11.20	21.57	0.45	−24.65	53
384	郝继伦	融通	2001/09~2010/01	71	2	−4.52	−0.81	0.09	0.27	0.62	−0.10	0.00	−0.03	13.73	25.61	0.44	−55.72	80
385	易万军	融通	2003/09~2007/02	43	1	0.56	0.08	−0.24	−0.71	0.70	−0.16	−0.07	0.38	25.83	18.13	1.30	−23.45	86
386	刘模林	融通	2004/03~2011/03	86	3	5.95	1.29	0.88	1.16	0.84	0.10	−0.37	0.39	20.96	26.65	0.69	−53.38	83
387	鲁万峰	融通	2007/09~2011/12	53	2	−10.23	−1.80	−0.63	−0.86	0.63	0.12	−0.14	0.25	−18.41	30.44	−0.70	−65.08	80
388	汪忠远	融通	2010/04~2014/10	56	2	−12.13	−2.69	0.27	0.94	0.62	0.10	−0.05	0.18	−0.55	14.91	−0.24	−29.92	80
389	吴魏	融通	2011/04~2014/10	44	3	4.11	1.18	−0.45	−1.33	0.73	−0.24	−0.23	0.25	0.23	14.43	−0.20	−19.84	92
390	张野	融通	2005/05~2009/04	49	1	−9.08	−1.55	2.35	3.88*	0.71	−0.10	−0.46	0.39	33.53	37.06	0.83	−69.32	77
391	姚昆	融通	2012/07~2015/07	38	1	−4.99	−0.77	1.91	4.96*	0.88	−0.54	−0.21	−0.14	21.42	21.65	0.86	−17.21	79
392	周珺	融通	2012/01~2015/03	40	3	−7.41	−1.40	0.82	1.02	0.62	−0.22	0.34	0.23	20.61	19.11	0.92	−16.71	82
393	蔡文	山西	2014/10~2020/03	56	3	15.83	2.09*	−0.34	−1.15	0.70	−0.20	0.31	−0.14	10.58	21.63	0.42	−34.16	87
394	林鹏	上海东方	2014/09~2020/04	69	8	1.73	0.20	−0.73	−1.18	0.59	−0.14	−0.22	0.09	23.54	18.87	1.16	−23.71	86
395	孙延群	上投摩根	2004/06~2009/06	58	3	7.48	1.71*	−1.27	−4.34	0.89	−0.02	−0.01	0.21	39.81	30.33	1.24	−55.19	92
396	董红波	上投摩根	2007/02~2015/01	91	4	−2.82	−0.45	1.14	3.10*	0.87	0.01	−0.17	0.30	16.92	28.64	0.49	−34.61	72
397	黄栋	上投摩根	2015/06~2019/11	55	3	5.07	0.86	0.98	1.26	0.80	0.17	0.04	0.09	1.71	22.47	0.01	−32.63	80

· 389 ·

续表

编号	基金经理	离职前任职公司	任职区间	任职时间(月)	管理基金数量(只)	选股能力 年化α(%)	选股能力 $t(\alpha)$	择时能力 γ	择时能力 $t(\gamma)$	β_{mkt}	β_{smb}	β_{hml}	β_{mom}	年化收益率(%)	年化波动率(%)	年化夏普比率	最大回撤率(%)	调整后R^2(%)
398	吕俊	上投摩根	2002/05~2007/07	60	4	-2.86	-0.34	0.17	0.21	0.67	0.11	-0.33	0.20	44.96	24.75	1.76	-10.99	60
399	罗建辉	上投摩根	2009/10~2015/01	64	4	5.81	1.65*	0.55	3.45*	0.74	-0.18	-0.02	0.44	4.43	16.14	0.09	-26.83	91
400	孟亮	上投摩根	2012/03~2019/02	80	8	4.45	1.19	-0.30	-1.41	0.84	0.04	-0.06	0.19	12.49	23.79	0.44	-43.21	86
401	帅虎	上投摩根	2014/12~2019/03	53	3	7.42	1.11	-0.68	-1.86	1.05	0.00	-0.50	-0.18	11.84	34.42	0.30	-53.40	85
402	王孝德	上投摩根	2007/04~2014/11	89	3	3.48	0.97	-0.18	-0.54	0.73	-0.14	-0.17	0.26	13.74	23.75	0.46	-34.07	54
403	冯刚	上投摩根	2006/06~2014/11	87	3	-5.00	-0.86	0.72	2.28*	0.72	0.15	-0.36	0.14	27.83	30.76	0.82	-60.81	84
404	王振州	上投摩根	2007/11~2011/11	50	3	-4.26	-1.52	-0.11	-0.56	0.81	0.01	-0.18	-0.14	-2.58	29.54	-0.19	-57.70	66
405	许俊哲	上投摩根	2015/04~2018/05	39	1	-0.67	-0.17	0.62	1.65*	0.87	-0.10	-0.16	-0.01	-8.86	30.81	-0.34	-49.39	84
406	杨安乐	上投摩根	2007/08~2013/05	71	3	11.96	2.95*	0.24	1.16	1.05	-0.08	0.00	-0.23	-4.03	30.71	-0.23	-63.47	84
407	张飞	上投摩根	2015/01~2018/01	38	2	-8.86	-1.98	0.30	1.15	1.00	-0.08	-0.20	-0.14	13.48	36.06	0.33	-48.13	84
408	赵艰申	上投摩根	2013/08~2017/07	46	3	4.46	0.79	0.08	0.35	0.80	0.25	0.14	0.22	29.20	31.15	0.89	-40.13	81
409	常永涛	申万菱信	2003/12~2009/08	59	3	11.92	3.11*	0.35	1.20	0.10	-0.12	-0.08	0.24	27.59	33.39	0.76	-61.53	81
410	古平	申万菱信	2010/10~2015/10	42	5	4.24	0.54	-1.42	-1.33	0.04	-0.05	0.00	0.00	1.28	2.49	-0.66	-6.07	60
411	刘忠勋	申万菱信	2011/08~2015/04	46	2	24.45	3.03*	0.20	0.39	0.90	0.01	0.04	-0.02	23.02	25.49	0.78	-29.11	82
412	欧庆铃	申万菱信	2005/10~2015/08	106	6	8.99	2.15*	-0.33	-1.71	0.68	0.46	-0.15	-0.10	11.18	24.45	0.35	-42.35	92
413	谭涛	申万菱信	2011/06~2015/06	50	1	4.90	0.80	0.22	0.73	0.76	-0.13	0.50	0.26	18.51	24.17	0.64	-22.69	91
414	魏立	申万菱信	2009/06~2012/07	39	2	7.90	2.00*	0.74	2.64*	0.94	0.18	0.20	0.02	-4.70	25.56	-0.29	-37.51	88
415	袁英杰	申万菱信	2017/01~2020/03	40	10	-4.15	-1.06	0.55	2.52*	0.42	0.37	-0.18	0.37	6.63	15.92	0.32	-28.63	91
416	徐爽	申万菱信	2008/01~2015/05	90	3	23.11	2.79*	-0.06	-0.12	0.75	0.23	-0.27	0.20	12.74	24.85	0.39	-47.12	77

附录九　离职股票型基金经理选股与择时能力(按离职前任职公司排序):1998~2020年

续表

编号	基金经理	离职前任职公司	任职区间	任职时间(月)	管理基金数量(只)	选股能力 年化α(%)	选股能力 t(α)	择时能力 γ	择时能力 t(γ)	β_{mkt}	β_{smb}	β_{hml}	β_{mom}	年化收益率(%)	年化波动率(%)	年化夏普比率	最大回撤率(%)	调整后R^2(%)
417	丁杰科	申万菱信	2016/03~2019/03	38	4	-0.19	-0.03	0.10	0.23	0.95	0.07	0.30	0.34	3.30	2.75	0.65	-2.28	80
418	赵梓峰	太平	2007/03~2016/02	65	2	12.14	1.47	-0.29	-0.63	0.72	-0.12	-0.21	0.27	3.31	33.51	0.02	-58.75	88
419	陈丹琳	泰达宏利	2014/01~2019/07	68	3	3.66	1.07	0.31	1.77*	0.89	-0.16	0.13	0.02	7.87	26.84	0.22	-55.93	89
420	陈桥宁	泰达宏利	2011/03~2014/10	45	3	6.86	0.93	0.00	0.00	0.84	-0.11	0.04	0.26	-1.40	18.14	-0.25	-30.65	85
421	邓艺颖	泰达宏利	2011/06~2018/12	92	6	14.98	3.05*	0.47	1.32	0.92	0.03	-0.48	0.50	6.49	27.59	0.15	-55.12	87
422	丁宇佳	泰达宏利	2015/06~2018/10	42	14	9.45	2.57*	-1.22	-2.09	0.10	-0.13	0.12	0.08	3.80	5.82	0.39	-10.56	32
423	李泽刚	泰达宏利	2005/09~2009/05	46	3	-6.04	-1.10	0.00	0.01	0.71	-0.22	-0.12	0.14	28.88	31.17	0.83	-62.25	90
424	庞宝臣	泰达宏利	2016/08~2019/12	42	12	-5.95	-0.75	-0.01	0.00	0.69	-0.04	-0.09	0.26	4.89	12.27	0.28	-23.93	68
425	刘青山	泰达宏利	2003/04~2013/01	119	2	-16.60	-3.40	-0.15	-0.31	0.80	-0.11	-0.14	0.42	21.24	27.76	0.67	-57.54	89
426	吴俊峰	泰达宏利	2009/03~2014/08	67	3	-12.51	-2.52	1.39	2.17*	0.68	-0.18	0.04	0.10	8.27	22.21	0.24	-26.64	83
427	梁辉	泰达宏利	2005/04~2015/03	121	10	9.36	1.05	-0.30	-0.33	0.87	0.09	-0.51	0.32	21.50	23.88	0.78	-52.19	75
428	彭一博	泰康	2012/01~2017/11	68	8	10.03	1.95*	0.04	0.18	0.48	0.17	0.04	0.07	19.34	16.37	1.07	-15.07	83
429	崔海鸿	泰信	2005/10~2009/12	47	3	0.45	0.10	0.05	0.15	0.74	0.09	0.27	0.70	23.68	30.86	0.71	-38.37	82
430	戴宇虹	泰信	2012/03~2016/11	58	3	2.98	0.65	-0.29	-1.01	0.96	0.00	-0.08	0.15	14.67	31.55	0.39	-50.77	85
431	刘强	泰信	2007/02~2012/11	71	1	4.84	1.43	-0.55	-2.09	0.93	0.28	-0.13	0.47	2.35	34.57	-0.02	-64.42	92
432	刘毅	泰信	2010/12~2014/05	43	2	15.41	2.23*	0.04	0.15	0.71	0.31	0.45	0.22	-1.37	18.70	-0.24	-25.73	88
433	柳菁	泰信	2009/04~2015/08	78	2	6.81	1.08	-0.26	-0.45	0.95	0.14	-0.07	0.22	14.74	28.33	0.42	-40.43	85
434	袁园	泰信	2012/03~2017/07	66	1	-0.53	-0.14	0.29	1.38	0.89	0.05	-0.35	0.28	10.04	29.17	0.26	-55.30	93
435	姜艾涛	天弘	2005/04~2016/10	81	10	-2.12	-0.28	-0.29	-1.12	0.66	-0.37	-0.33	0.29	28.22	24.23	1.09	-23.81	95

· 391 ·

续表

编号	基金经理	离职前任职公司	任职区间	任职时间(月)	管理基金数量(只)	选股能力 年化α(%)	选股能力 t(α)	择时能力 γ	择时能力 t(γ)	β_{mkt}	β_{smb}	β_{hml}	β_{mom}	年化收益率(%)	年化波动率(%)	年化夏普比率	最大回撤率(%)	调整后R^2(%)
436	王林	天弘	2015/12~2018/12	38	4	14.08	2.51*	-0.28	-1.22	0.14	0.15	0.05	0.08	-1.57	5.18	-0.59	-14.65	88
437	肖志刚	天弘	2013/09~2019/07	72	7	7.81	1.59	-0.54	-1.89	0.82	0.06	-0.28	0.06	7.67	24.56	0.23	-49.32	78
438	秦海燕	天治	2010/05~2015/05	62	2	-1.69	-0.33	0.09	0.39	0.76	0.07	-0.22	0.49	19.43	21.01	0.78	-27.60	92
439	吴涛	天治	2008/04~2011/08	42	2	-3.20	-0.51	0.60	1.30	0.84	-0.05	-0.22	0.21	-2.47	26.16	-0.20	-47.33	45
440	谢京	天治	2005/08~2010/04	58	1	-0.41	-0.13	-0.30	-1.30	0.73	0.04	-0.06	0.35	31.13	29.03	0.97	-55.54	73
441	曾海	天治	2015/06~2019/02	46	1	-5.97	-1.22	-0.37	-0.55	0.67	-0.08	0.10	0.42	-16.55	25.49	-0.71	-55.05	61
442	刘芳洁	万家	2007/07~2014/10	83	4	18.09	1.45	-0.10	-0.27	0.12	-0.03	0.08	-0.06	4.11	23.65	0.05	-47.97	82
443	吕宜振	万家	2006/11~2012/12	63	5	10.77	1.80*	-0.05	-0.18	0.70	0.26	-0.03	0.11	20.59	29.33	0.63	-30.73	22
444	孙远慧	万家	2016/03~2020/10	57	9	9.67	1.53	-0.45	-1.55	0.81	0.19	-0.19	0.51	9.05	17.71	0.44	-21.44	78
445	高翰昆	万家	2015/05~2018/07	40	25	-2.45	-0.52	0.08	0.34	0.87	-0.21	0.01	-0.33	4.18	4.31	0.61	-3.80	73
446	朱颖	万家	2011/11~2015/01	40	2	13.67	3.31*	-0.62	-3.21	0.77	0.02	-0.33	0.02	0.85	16.72	-0.13	-20.82	90
447	傅明笑	西部利得	2008/08~2014/11	70	3	10.57	1.23	-0.54	-0.91	0.59	0.22	-0.07	0.10	1.88	17.71	-0.05	-36.82	84
448	张维文	西部利得	2015/06~2018/09	41	6	3.51	0.76	0.14	0.60	0.08	-0.04	-0.08	-0.03	1.65	4.28	0.04	-5.31	82
449	王建强	先锋	2009/05~2019/05	90	8	-0.53	-0.14	0.11	0.53	0.80	0.04	-0.11	0.15	4.66	26.12	0.08	-42.42	91
450	王颢	先锋	2017/06~2020/06	38	8	6.58	1.15	-0.01	-0.01	0.99	-0.38	-0.30	-0.29	2.13	16.54	0.04	-28.12	79
451	蒋畅	新华	2001/02~2006/06	47	2	2.10	0.57	-0.16	-0.73	0.51	0.07	0.40	0.50	8.98	17.10	0.41	-22.56	91
452	王卫东	新华	2008/07~2013/12	67	3	3.44	0.66	-0.52	-1.15	0.78	0.07	0.28	0.31	17.38	24.54	0.59	-28.46	80
453	张霖	新华	2016/07~2019/07	38	2	-5.68	-1.08	-0.70	-2.12	0.82	-0.01	-0.18	-0.26	-5.30	17.19	-0.40	-37.29	84
454	张永超	新华	2016/11~2020/05	44	11	7.86	2.99*	-0.07	-0.53	0.34	-0.10	0.32	-0.07	1.12	7.63	-0.05	-9.86	88

附录九　离职股票型基金经理选股与择时能力(按离职前任职公司排序):1998~2020 年

续表

编号	基金经理	离职前任职公司	任职区间	任职时间(月)	管理基金数量(只)	选股能力 年化 $\alpha(\%)$	选股能力 $t(\alpha)$	择时能力 γ	择时能力 $t(\gamma)$	β_{mkt}	β_{smb}	β_{hml}	β_{mom}	年化收益率(%)	年化波动率(%)	年化夏普比率	最大回撤率(%)	调整后 R^2 (%)
455	杜蜀鹏	信达澳银	2012/04~2015/12	46	4	-5.12	-0.70	-0.33	-0.47	0.74	-0.15	0.02	0.31	17.83	31.75	0.47	-49.07	72
456	曾昭雄	信达澳银	2003/04~2008/12	55	6	6.83	1.55	0.20	1.02	1.02	-0.12	0.21	-0.03	6.00	29.74	0.12	-62.78	90
457	李朝伟	信达澳银	2016/01~2020/01	50	5	1.33	0.24	-0.48	-0.97	0.86	-0.11	0.00	-0.13	9.13	16.33	0.47	-24.22	88
458	孔学峰	信达澳银	2016/10~2020/09	48	1	10.65	1.45	-0.04	-0.14	0.88	-0.14	-0.42	0.04	17.30	16.23	0.97	-21.87	83
459	王战强	信达澳银	2008/07~2015/07	86	3	-4.16	-0.69	0.23	0.59	0.83	-0.02	-0.40	0.12	15.42	24.12	0.52	-32.75	59
460	冯士祯	信达澳银	2015/05~2019/04	49	6	9.25	1.26	-0.10	-0.43	0.68	-0.09	0.24	0.25	-6.24	26.15	-0.30	-47.39	93
461	吴卫东	兴业	2015/01~2020/10	70	6	0.72	0.14	0.19	0.59	0.70	-0.05	-0.02	-0.16	6.89	19.99	0.27	-35.24	88
462	熊伟	兴业	2007/10~2019/01	82	3	6.55	1.56	-0.14	-0.81	0.69	0.06	0.16	0.27	-4.89	22.69	-0.32	-55.19	94
463	陈锦泉	兴证全球	2011/05~2015/01	46	1	-4.13	-1.21	-0.15	-0.34	0.72	0.01	0.33	0.22	20.11	18.40	0.92	-20.63	95
464	陈扬帆	兴证全球	2009/03~2014/12	71	2	-3.14	-0.90	-0.05	-0.29	0.63	0.37	0.67	0.69	13.11	24.04	0.43	-28.84	92
465	王晓明	兴证全球	2005/11~2013/09	96	2	-1.35	-0.21	-2.23	-1.93	0.71	-0.13	-0.08	0.15	26.52	25.72	0.92	-43.85	33
466	吴圣涛	兴证全球	2008/03~2018/06	116	6	3.94	0.76	-0.64	-2.93	0.77	-0.01	-0.15	0.08	6.99	24.86	0.19	-52.56	85
467	杨大力	兴证全球	2008/12~2014/11	44	2	1.28	0.64	0.00	-0.02	0.60	-0.09	-0.16	0.46	18.72	17.70	0.93	-17.20	53
468	张惠萍	兴证全球	2008/01~2013/01	62	4	3.18	0.59	1.16	1.96*	0.73	0.07	-0.09	0.21	2.09	23.99	-0.04	-39.00	86
469	蔡海洪	易方达	2011/09~2015/06	47	3	10.58	1.65*	0.06	0.30	0.52	-0.08	-0.07	0.09	17.75	14.96	0.99	-10.75	92
470	梁天喜	易方达	2004/04~2007/12	46	3	8.49	1.75*	0.41	1.40	0.71	-0.11	-0.07	0.56	57.65	27.98	1.97	-13.46	86
471	冉华	易方达	2004/02~2007/12	48	1	-3.69	-0.89	0.36	0.97	0.70	0.20	-0.14	0.23	50.90	26.05	1.86	-13.60	82
472	何云峰	易方达	2008/01~2014/11	84	2	1.00	0.19	-0.33	-0.49	0.63	-0.18	0.13	0.34	0.99	22.01	-0.09	-47.09	83
473	侯清濯	易方达	2006/01~2012/08	81	3	-4.28	-0.71	0.31	1.09	0.48	-0.25	0.17	0.19	17.44	25.80	0.56	-44.25	91

续表

编号	基金经理	离职前任职公司	任职区间	任职时间（月）	管理基金数量（只）	选股能力 年化α(%)	选股能力 t(α)	择时能力 γ	择时能力 t(γ)	β_{mkt}	β_{smb}	β_{hml}	β_{mom}	年化收益率(%)	年化波动率(%)	年化夏普比率	最大回撤率(%)	调整后R^2(%)
474	肖坚	易方达	2002/03~2007/12	71	3	20.85	2.70*	−0.26	−1.08	0.57	0.21	−0.47	0.04	41.06	25.74	1.50	−14.99	90
475	王义克	易方达	2014/12~2018/02	40	1	2.66	0.92	0.13	1.00	0.69	−0.47	−0.10	0.21	21.16	34.75	0.56	−46.55	91
476	李文健	易方达	2011/01~2015/02	51	1	8.55	1.88*	−0.23	−1.14	1.14	−0.02	−0.42	0.32	11.08	18.51	0.43	−21.06	89
477	陈志民	易方达	2001/06~2011/03	120	4	−6.75	−1.92	0.28	1.44	0.89	−0.58	−0.10	−0.18	22.22	25.27	0.80	−53.21	93
478	梁裕宁	易方达	2016/01~2020/05	54	4	6.44	1.04	−0.28	−1.16	0.78	−0.24	0.45	0.05	9.58	18.74	0.43	−34.43	89
479	江作良	易方达	2001/06~2007/06	72	2	−4.34	−0.79	−1.11	−2.74	0.62	−0.61	0.03	0.02	23.88	16.36	1.35	−8.89	77
480	罗山	易方达	2013/01~2016/09	46	1	−2.35	−0.57	−0.09	−0.13	0.86	−0.02	−0.10	0.18	14.42	27.96	0.43	−36.27	62
481	潘峰	易方达	2007/04~2014/11	93	1	8.87	1.81*	−0.27	−1.11	0.66	−0.28	0.22	0.21	6.82	27.30	0.14	−58.45	90
482	宋昆	易方达	2010/09~2018/12	101	5	−8.37	−1.86	0.94	2.14*	1.12	−0.02	−0.86	0.31	7.31	30.70	0.16	−65.28	86
483	吴欣荣	易方达	2004/02~2014/03	123	3	0.52	0.09	0.56	1.58	1.06	−0.23	−0.51	0.05	16.03	25.81	0.51	−53.94	48
484	伍卫	易方达	2006/09~2011/09	61	6	−5.23	−1.38	0.05	0.18	0.76	−0.10	0.14	0.35	21.83	30.78	0.63	−46.10	83
485	肖林	易方达	2016/05~2019/08	41	2	−1.33	−0.37	−0.30	−0.83	0.77	−0.10	−0.24	0.34	7.52	6.61	0.91	−7.06	93
486	马骏	易方达	2001/06~2007/12	80	2	−8.98	−1.91	1.05	1.67*	0.73	−0.34	0.05	0.40	29.18	23.14	1.16	−21.11	87
487	林飞	易方达	2007/02~2015/05	101	1	−3.04	−0.52	−0.09	−0.29	0.23	−0.08	0.00	−0.13	11.73	33.05	0.26	−67.64	90
488	韩宁	益民	2012/03~2016/06	53	3	18.12	3.25*	−3.21	−3.61	0.84	−0.08	−0.34	0.07	10.03	27.02	0.27	−49.09	62
489	侯燕琳	益民	2010/12~2014/08	42	3	3.21	0.38	0.48	0.54	0.71	0.24	0.04	0.16	−2.17	17.95	−0.30	−23.71	70
490	蒋俊国	益民	2011/08~2015/05	47	1	11.16	2.13*	−0.43	−1.11	0.73	0.23	0.21	0.09	8.68	21.61	0.26	−34.80	86
491	李勇钢	益民	2011/09~2014/11	40	1	−8.44	−1.25	0.62	1.17	0.58	0.20	0.06	−0.05	5.15	15.49	0.13	−23.97	77
492	成胜	银河	2010/09~2015/05	58	4	7.95	0.78	−0.32	−0.70	1.01	0.37	−0.70	0.30	37.00	30.48	1.11	−27.49	79

附录九　离职股票型基金经理选股与择时能力（按离职前任职公司排序）：1998～2020年

续表

编号	基金经理	离职前任职公司	任职区间	任职时间（月）	管理基金数量（只）	选股能力 年化 α(%)	$t(\alpha)$	择时能力 γ	$t(\gamma)$	β_{mkt}	β_{smb}	β_{hml}	β_{mom}	年化收益率（%）	年化波动率（%）	年化夏普比率	最大回撤率（%）	调整后 R^2（%）
493	刘凤华	银河	2007/01~2013/01	74	2	3.24	0.50	0.64	1.93*	0.63	-0.37	0.22	-0.06	12.61	25.35	0.38	-51.42	78
494	李昇	银河	2002/09~2009/07	85	4	0.26	0.06	-0.23	-0.53	0.67	0.18	-0.07	0.43	24.58	24.28	0.92	-48.34	86
495	陈秀峰	银华	2010/09~2017/02	79	1	-1.55	-0.18	-0.19	-0.32	0.66	-0.32	0.46	0.06	2.81	22.31	0.01	-37.24	72
496	郭建兴	银华	2009/12~2016/06	76	2	6.01	1.00	0.78	2.24*	0.74	0.04	-0.31	0.21	12.87	23.37	0.44	-39.81	58
497	许翔	银华	2003/05~2009/10	75	4	10.85	1.57	-0.66	-2.87	0.68	0.06	-0.42	0.12	25.25	29.56	0.79	-58.61	92
498	沈群峰	银华	2006/09~2011/08	61	3	7.57	1.32	-0.56	-1.61	0.76	-0.20	-0.12	0.45	26.58	32.39	0.73	-58.19	65
499	金斌	银华	2009/02~2013/06	54	2	-2.31	-0.32	-0.42	-0.80	0.96	-0.21	-0.71	0.16	8.72	17.90	0.33	-17.58	71
500	刘春雨	银华	2012/04~2015/04	38	1	1.47	0.54	0.16	0.75	0.85	0.00	-0.12	0.12	32.07	21.66	1.34	-16.72	26
501	路志刚	银华	2006/11~2010/08	39	2	-0.13	-0.02	0.25	0.59	0.82	-0.08	-0.04	0.11	8.69	36.69	0.16	-62.06	77
502	陆文俊	银华	2006/07~2013/08	83	4	-5.48	-1.03	0.31	1.06	0.78	0.00	-0.13	-0.08	26.57	28.34	0.85	-36.56	90
503	王鑫钢	银华	2013/02~2019/11	83	5	-3.45	-0.46	2.34	3.25*	0.74	-0.29	-0.19	0.31	5.74	22.80	0.16	-52.17	83
504	周可彦	银华	2008/02~2018/11	96	7	5.03	0.78	-0.85	-1.32	0.66	0.01	-0.14	0.07	2.02	24.03	-0.01	-58.44	79
505	邹积建	银华	2008/07~2016/06	71	2	1.57	0.66	0.17	1.03	0.87	0.05	-0.18	-0.08	21.97	31.19	0.63	-36.15	28
506	袁忠伟	英大	2015/05~2019/10	55	10	17.21	2.13*	-0.31	-1.28	0.23	-0.08	0.21	-0.01	5.68	9.01	0.46	-19.19	89
507	张菲	英大	2005/12~2017/02	112	7	9.51	0.87	1.10	2.25*	0.77	0.11	-0.17	0.28	21.46	23.47	0.82	-41.17	70
508	顾晓飞	长安	2014/08~2020/06	63	8	2.79	0.74	0.02	0.09	0.79	-0.30	0.36	-0.18	2.49	27.39	0.03	-55.83	87
509	荣绍菲	长安	2015/05~2018/11	44	3	3.49	0.60	0.41	1.66*	0.37	-0.22	-0.02	-0.13	-1.62	13.65	-0.23	-28.33	91
510	蒋劲刚	长城	2010/01~2019/05	114	9	-9.93	-1.19	-0.06	-0.10	0.50	0.05	-0.06	0.06	3.47	15.37	0.07	-30.13	75
511	杨毅平	长城	2002/03~2013/05	123	5	2.38	0.68	0.11	0.75	0.54	0.05	-0.48	0.00	14.79	29.21	0.41	-60.78	92

续表

编号	基金经理	离职前任职公司	任职区间	任职时间（月）	管理基金数量（只）	选股能力 年化 α(%)	$t(\alpha)$	择时能力 γ	$t(\gamma)$	β_{mkt}	β_{smb}	β_{hml}	β_{mom}	年化收益率(%)	年化波动率(%)	年化夏普比率	最大回撤率(%)	调整后 R^2(%)
512	刘颖芳	长城	2010/01~2015/02	63	2	7.13	1.06	-0.31	-0.76	0.65	-0.40	0.05	0.05	0.69	12.94	-0.18	-24.27	76
513	秦玲萍	长城	2006/03~2009/04	40	1	8.89	1.34	0.15	0.52	0.12	0.00	-0.07	0.08	39.70	33.85	1.08	-52.95	94
514	史彦刚	长城	2013/04~2016/11	45	10	3.11	0.65	-0.20	-1.01	0.43	0.03	-0.64	-0.07	14.01	9.04	1.29	-4.43	96
515	吴文庆	长城	2013/12~2017/02	40	8	-2.18	-0.54	-0.12	-0.25	0.51	0.12	-0.43	-0.03	13.90	16.27	0.72	-16.81	85
516	徐九龙	长城	2008/02~2016/02	98	5	0.65	0.15	0.42	0.96	0.79	-0.46	-0.24	-0.25	6.39	19.70	0.18	-46.83	92
517	郑带强	长城	2015/07~2018/07	38	4	-11.08	-2.56	-0.13	-0.45	1.00	0.13	-0.51	-0.14	7.97	31.57	0.20	-31.12	91
518	邓永明	长盛	2006/05~2014/09	101	6	-0.35	-0.03	0.42	0.61	0.69	-0.07	0.08	0.25	21.04	23.89	0.77	-36.01	68
519	侯继雄	长盛	2007/10~2014/03	79	2	-3.61	-0.71	0.41	1.85*	0.70	0.02	-0.03	0.14	-0.47	22.47	-0.16	-55.19	98
520	许彤	长盛	2004/10~2009/04	56	7	-0.72	-0.13	0.02	0.05	0.75	0.07	0.29	0.55	28.73	28.21	0.92	-55.66	85
521	乔林建	长盛	2013/01~2017/10	56	5	0.28	-0.14	1.02	0.06	0.76	0.02	-0.33	0.11	22.92	20.35	1.04	-25.26	85
522	宋炳山	长盛	2001/04~2008/06	62	5	1.28	-0.15	2.02	0.07	0.58	-0.20	0.08	0.23	-10.57	18.55	-0.74	-45.67	85
523	田间	长盛	2013/07~2018/02	57	5	2.28	-0.16	3.02	0.08	0.72	-0.02	0.40	0.07	4.88	23.50	0.12	-50.01	85
524	吴博文	长盛	2014/06~2019/05	57	5	3.28	-0.17	4.02	0.09	0.68	-0.17	0.16	0.20	9.19	23.84	0.32	-46.10	85
525	肖强	长盛	2002/11~2010/02	78	5	4.28	-0.18	5.02	0.10	0.77	0.19	0.31	0.15	16.58	26.02	0.55	-56.89	85
526	许良胜	长盛	2002/04~2008/08	50	2	5.28	-0.19	6.02	0.11	0.69	-0.14	0.10	0.36	-18.92	22.22	-0.98	-58.16	85
527	王宁	长盛	2001/07~2017/03	175	9	6.28	-0.20	7.02	0.12	0.72	-0.32	0.15	0.23	14.67	23.12	0.53	-52.32	85
528	赵宏宇	长盛	2013/05~2019/07	76	8	7.28	-0.21	8.02	0.13	0.65	-0.10	0.15	0.25	7.65	19.92	0.29	-40.02	85
529	闵昱	长盛	2002/06~2006/04	47	5	8.28	-0.22	9.02	0.14	0.52	0.13	-0.11	-0.14	7.92	15.32	0.40	-18.94	85
530	常松	长信	2008/11~2018/08	68	6	9.28	-0.23	10.02	0.15	0.76	-0.26	0.09	0.20	17.27	27.24	0.57	-26.70	85

附录九 离职股票型基金经理选股与择时能力（按离职前任职公司排序）：1998~2020年

续表

编号	基金经理	离职前任职公司	任职区间	任职时间（月）	管理基金数量（只）	选股能力 年化α(%)	选股能力 $t(\alpha)$	择时能力 γ	择时能力 $t(\gamma)$	β_{mkt}	β_{smb}	β_{hml}	β_{mom}	年化收益率（%）	年化波动率（%）	年化夏普比率	最大回撤率（%）	调整后R^2(%)
531	胡志宝	长信	2006/12~2015/02	100	4	10.28	-0.24	11.02	0.16	0.95	0.10	0.23	0.03	10.45	27.51	0.27	-61.19	85
532	胡倩	长信	2011/04~2015/02	48	3	11.28	-0.25	12.02	0.17	0.86	0.01	0.07	-0.02	7.94	21.12	0.23	-33.60	85
533	李小羽	长信	2016/01~2019/01	37	4	12.28	-0.26	13.02	0.18	0.97	0.23	0.11	0.12	-6.25	10.96	-0.71	-25.40	85
534	宋小龙	长信	2006/12~2016/06	112	7	13.28	-0.27	14.02	0.19	0.82	0.00	-0.16	0.19	13.25	30.41	0.35	-53.52	85
535	付勇	长信	2006/01~2012/10	80	3	14.28	-0.28	15.02	0.20	0.38	0.14	0.02	0.04	28.07	31.96	0.80	-63.46	85
536	曾芒	长信	2006/11~2010/07	46	2	15.28	-0.29	16.02	0.21	0.76	-0.03	-0.11	-0.24	21.60	35.45	0.53	-60.99	85
537	游海	招商	2007/01~2010/06	43	2	16.28	-0.30	17.02	0.22	0.12	0.03	-0.14	-0.06	17.02	29.18	0.48	-46.05	85
538	何文韬	招商	2014/04~2019/05	63	14	17.28	-0.31	18.02	0.23	0.72	-0.12	0.33	0.37	5.29	5.54	0.63	-7.85	85
539	贺庆	招商	2003/04~2006/12	46	1	18.28	-0.32	19.02	0.24	0.65	-0.25	0.04	0.21	25.21	20.37	1.13	-18.06	85
540	胡军华	招商	2005/08~2008/12	41	1	19.28	-0.33	20.02	0.25	0.65	-0.24	-0.15	0.32	30.11	29.89	0.91	-51.64	85
541	吕一凡	招商	2003/12~2014/12	72	14	20.28	-0.34	21.02	0.26	0.75	0.03	-0.17	0.21	30.20	23.33	1.22	-24.67	85
542	孙振峰	招商	2009/07~2017/05	88	8	21.28	-0.35	22.02	0.27	0.82	0.05	-0.22	0.19	11.03	20.21	0.44	-27.23	85
543	唐祝益	招商	2009/12~2014/12	57	4	22.28	-0.36	23.02	0.28	0.75	0.02	0.11	0.52	7.00	18.86	0.22	-33.64	85
544	涂冰云	招商	2008/03~2011/11	46	2	23.28	-0.37	24.02	0.29	0.62	-0.23	0.00	0.19	-4.13	25.58	-0.27	-38.50	85
545	张冰	招商	2004/06~2011/06	86	3	24.28	-0.38	25.02	0.30	0.59	-0.11	-0.07	0.16	20.30	28.36	0.62	-57.97	85
546	袁野	招商	2007/03~2015/04	96	5	25.28	-0.39	26.02	0.31	0.76	-0.06	-0.07	0.46	14.06	20.34	0.55	-45.57	85
547	张俊平	招商	2008/01~2014/05	74	12	26.28	-0.40	27.02	0.32	0.78	-0.08	-0.06	0.18	-6.78	23.87	-0.41	-51.60	85
548	赵龙	招商	2006/08~2013/12	62	4	27.28	-0.41	28.02	0.33	0.78	-0.20	-0.16	0.19	16.90	30.67	0.46	-58.89	85
549	唐光英	浙江浙商	2015/08~2018/12	42	1	28.28	-0.42	29.02	0.34	0.59	-0.10	-0.01	-0.09	-10.73	18.32	-0.67	-40.22	85

续表

编号	基金经理	离职前任职公司	任职区间	任职时间(月)	管理基金数量(只)	选股能力 年化α(%)	选股能力 $t(\alpha)$	择时能力 γ	择时能力 $t(\gamma)$	β_{mkt}	β_{smb}	β_{hml}	β_{mom}	年化收益率(%)	年化波动率(%)	年化夏普比率	最大回撤率(%)	调整后R^2(%)
550	赵语涛	浙江浙商	2016/03~2019/03	39	3	29.28	-0.43	30.02	0.35	0.42	0.22	0.07	0.16	-1.46	9.59	-0.31	-17.54	85
551	姜培正	浙商	2011/05~2015/05	50	1	30.28	-0.44	31.02	0.36	0.69	0.00	0.11	0.23	12.15	18.80	0.48	-23.67	85
552	唐桦	浙商	2013/11~2019/01	60	2	31.28	-0.45	32.02	0.37	0.58	-0.12	0.31	-0.02	-0.62	17.23	-0.15	-31.49	85
553	陈志龙	浙商	2007/08~2014/09	66	3	32.28	-0.46	33.02	0.38	0.65	-0.02	0.16	-0.18	7.91	24.40	0.21	-49.15	85
554	李道滢	中国人保	2015/06~2020/05	51	9	33.28	-0.47	34.02	0.39	0.49	-0.04	-0.39	-0.14	7.87	16.60	0.39	-17.57	85
555	陈明星	中海	2010/03~2015/05	64	2	34.28	-0.48	35.02	0.40	0.93	0.03	-0.07	-0.08	14.57	23.21	0.50	-38.92	85
556	李延刚	中海	2008/01~2012/01	50	3	35.28	-0.49	36.02	0.41	0.76	0.13	0.29	0.23	-8.32	25.77	-0.44	-50.10	85
557	骆泽斌	中海	2011/11~2015/03	42	3	36.28	-0.50	37.02	0.42	0.72	0.11	0.21	0.39	26.98	21.71	1.10	-13.66	85
558	王雄辉	中海	2001/06~2008/03	67	3	37.28	-0.51	38.02	0.43	0.74	0.09	0.10	0.37	11.49	22.60	0.42	-37.40	85
559	夏春晖	中海	2010/12~2018/05	81	3	38.28	-0.52	39.02	0.44	0.72	0.01	-0.10	0.46	-7.93	29.71	-0.36	-56.84	85
560	周其源	中海	2013/10~2016/11	39	1	39.28	-0.53	40.02	0.45	1.10	-0.14	-0.35	0.43	19.79	26.11	0.67	-27.18	85
561	曾菲	中海	2011/02~2014/10	46	2	40.28	-0.54	41.02	0.46	0.70	-0.02	-0.55	0.08	-0.20	18.30	-0.18	-27.05	85
562	郜党钰	中金	2015/06~2019/10	54	13	41.28	-0.55	42.02	0.47	0.71	-0.10	-0.23	-0.15	1.54	20.43	0.00	-30.36	85
563	乐瑞祺	中科沃土	2011/11~2019/12	45	6	42.28	-0.56	43.02	0.48	0.84	0.02	-0.54	0.16	6.75	16.06	0.27	-20.22	85
564	曹剑飞	中欧	2008/08~2016/03	90	8	43.28	-0.57	44.02	0.49	0.77	-0.09	-0.19	0.47	17.04	27.67	0.53	-45.48	85
565	苟开红	中欧	2009/10~2015/05	68	4	44.28	-0.58	45.02	0.50	0.77	0.23	-0.20	0.09	20.12	20.45	0.84	-18.01	85
566	刘晨	中欧	2012/08~2020/05	53	6	45.28	-0.59	46.02	0.51	0.82	0.05	-0.51	-0.35	15.95	21.36	0.67	-24.22	85
567	刘明月	中欧	2009/06~2016/11	87	7	46.28	-0.60	47.02	0.52	1.01	0.06	-1.08	0.40	4.34	33.54	0.05	-56.16	85
568	卢博森	中欧	2016/12~2020/07	44	5	47.28	-0.61	48.02	0.53	1.01	-0.24	0.00	-0.15	9.53	17.67	0.45	-23.08	85

附录九　离职股票型基金经理选股与择时能力(按离职前任职公司排序):1998~2020年

续表

编号	基金经理	离职前任职公司	任职区间	任职时间(月)	管理基金数量(只)	选股能力 年化α(%)	选股能力 t(α)	择时能力 γ	择时能力 t(γ)	β_{mkt}	β_{smb}	β_{hml}	β_{mom}	年化收益率(%)	年化波动率(%)	年化夏普比率	最大回撤率(%)	调整后R^2(%)
569	殷觅智	中欧	2002/11~2009/06	42	2	48.28	-0.62	49.02	0.54	0.72	-0.23	-0.24	-0.06	9.87	30.95	0.23	-62.64	85
570	庄波	中欧	2015/03~2019/08	55	4	49.28	-0.63	50.02	0.55	0.48	-0.07	-0.21	-0.14	5.63	17.21	0.24	-29.37	85
571	姜涛	中融	2015/06~2020/04	60	18	50.28	-0.64	51.02	0.56	0.21	-0.03	-0.07	-0.04	2.82	8.32	0.16	-20.50	85
572	解静	中融	2014/12~2020/04	66	7	51.28	-0.65	52.02	0.57	0.55	0.17	0.07	0.55	3.00	20.32	0.07	-47.81	85
573	秦娟	中融	2011/12~2017/07	60	4	52.28	-0.66	53.02	0.58	0.12	0.00	0.07	0.12	5.73	5.73	0.58	-4.55	85
574	易海波	中融	2017/01~2020/02	40	9	53.28	-0.67	54.02	0.59	0.89	0.00	0.31	0.05	6.46	15.24	0.33	-22.50	85
575	岳爱民	中信保诚	2006/04~2009/06	40	2	54.28	-0.68	55.02	0.60	0.78	0.03	-0.24	0.51	31.43	28.31	1.00	-49.93	85
576	黄小坚	中信保诚	2004/08~2014/02	91	5	55.28	-0.69	56.02	0.61	0.78	0.18	-0.07	0.25	24.61	23.82	0.95	-39.42	85
577	刘浩	中信保诚	2008/06~2012/08	52	2	56.28	-0.70	57.02	0.62	0.70	-0.40	0.41	0.14	3.99	24.74	0.05	-31.86	85
578	谭鹏万	中信保诚	2011/09~2015/05	45	3	57.28	-0.71	58.02	0.63	0.86	0.03	-0.11	0.15	28.89	26.59	0.97	-13.27	85
579	杨建标	中信保诚	2011/03~2015/04	51	3	58.28	-0.72	59.02	0.64	0.61	0.10	0.02	0.29	18.70	22.09	0.71	-29.64	85
580	殷孝东	中信保诚	2016/12~2020/04	42	3	59.28	-0.73	60.02	0.65	0.60	-0.14	-0.08	0.22	-0.23	12.12	-0.14	-25.28	85
581	张光成	中信保诚	2009/03~2019/10	126	6	60.28	-0.74	61.02	0.66	0.81	0.19	0.08	0.20	11.87	24.02	0.41	-43.30	85
582	张伟	中信保诚	2008/02~2020/09	46	3	61.28	-0.75	62.02	0.67	0.80	-0.02	-0.32	0.29	5.81	29.93	0.12	-52.60	85
583	罗众球	中银国际	2016/09~2019/09	38	8	62.28	-0.76	63.02	0.68	0.11	0.02	0.00	-0.01	1.37	2.51	-0.05	-3.00	85
584	陈军	中银	2006/10~2020/01	161	9	63.28	-0.77	64.02	0.69	0.71	0.08	-0.15	0.18	13.09	23.99	0.44	-48.86	85
585	甘霖	中银	2007/08~2015/07	97	5	64.28	-0.78	65.02	0.70	0.66	-0.02	-0.07	0.17	8.44	22.26	0.25	-48.86	85
586	莘岚	中银	2013/09~2020/02	79	5	65.28	-0.79	66.02	0.71	0.85	-0.18	0.29	0.23	7.74	25.60	0.23	-48.69	85
587	李志磊	中银	2008/04~2011/09	43	2	66.28	-0.80	67.02	0.72	0.63	-0.05	-0.02	0.21	6.57	21.59	0.18	-26.46	85

续表

编号	基金经理	离职前任职公司	任职区间	任职时间(月)	管理基金数量(只)	选股能力 年化α(%)	选股能力 t(α)	择时能力 γ	择时能力 t(γ)	β_{mkt}	β_{smb}	β_{hml}	β_{mom}	年化收益率(%)	年化波动率(%)	年化夏普比率	最大回撤率(%)	调整后R^2(%)
588	史彬	中银	2012/07~2018/05	72	3	67.28	-0.81	68.02	0.73	1.06	0.08	-0.40	0.20	8.19	33.54	0.18	-63.26	85
589	孙庆瑞	中银	2006/10~2013/07	83	4	68.28	-0.82	69.02	0.74	0.66	0.13	-0.11	0.26	17.00	24.21	0.58	-45.08	85
590	吴域	中银	2007/08~2010/09	39	2	69.28	-0.83	70.02	0.75	0.69	-0.13	-0.09	0.20	1.74	27.94	-0.04	-46.62	85
591	俞岱曦	中银	2008/04~2011/08	42	2	70.28	-0.84	71.02	0.76	0.77	0.04	0.11	0.31	1.07	27.67	-0.06	-44.53	85
592	张发余	中银	2010/08~2015/03	57	3	71.28	-0.85	72.02	0.77	0.70	0.06	0.25	0.15	10.55	17.55	0.43	-33.65	85
593	周小丹	中银	2010/11~2015/05	56	1	72.28	-0.86	73.02	0.78	0.82	-0.49	0.35	-0.06	12.12	24.64	0.37	-29.13	85
594	邓立新	中邮创业	2011/05~2017/08	77	5	73.28	-0.87	74.02	0.79	1.02	0.19	-0.31	-0.05	5.23	30.12	0.09	-50.83	85
595	纪云飞	中邮创业	2017/01~2020/09	46	2	74.28	-0.88	75.02	0.80	0.82	0.16	0.06	0.31	7.81	17.15	0.37	-27.44	85
596	任泽松	中邮创业	2012/12~2018/05	67	6	75.28	-0.89	76.02	0.81	1.01	0.29	-0.96	0.14	28.53	36.72	0.72	-48.06	85
597	盛军	中邮创业	2008/01~2011/02	39	1	76.28	-0.90	77.02	0.82	1.01	-0.22	0.14	0.36	-3.92	36.84	-0.18	-59.64	85
598	许进财	中邮创业	2012/12~2018/09	71	4	77.28	-0.91	78.02	0.83	0.99	0.10	-0.47	0.12	14.56	29.32	0.42	-48.96	85
599	俞科松	中邮创业	2015/12~2019/12	56	4	78.28	-0.92	79.02	0.84	0.04	0.04	-0.22	0.09	-2.24	3.39	-1.11	-15.68	85
600	张萌	中邮创业	2015/05~2019/03	48	1	79.28	-0.93	80.02	0.85	0.03	-0.01	0.02	-0.04	4.28	2.33	1.18	-1.44	85

参 考 文 献

［1］李鑫、姚爽:《中国开放式基金选时和选股能力的实证分析》,载于《技术经济与管理研究》2011 年第 10 期。

［2］李悦、黄温柔:《中国股票型基金业绩持续性实证研究》,载于《经济理论与经济管理》2011 年第 12 期。

［3］罗荣华、兰伟、杨云红:《基金的主动性管理提升了业绩吗?》,载于《金融研究》2011 年第 1 期。

［4］王向阳、袁定:《开放式基金业绩持续性的实证研究》,载于《统计与决策》2006 年第 1 期。

［5］肖奎喜、杨义群:《我国开放式基金业绩持续性的实证检验》,载于《财贸研究》2005 年第 2 期。

［6］Bollen, N., Busse, J., "On the Timing Ability of Mutual Fund Managers", *Journal of Finance*, 2001 (56): 1075-1094.

［7］Brown, S., Goetzmann, W., "Performance Persistence", *Journal of Finance*, 1995 (50): 679-698.

［8］Cao, C., Simin, T., Wang, Y., "Do Mutual Fund Managers Time Market Liquidity?", *Journal of Financial Markets*, 2013 (16): 279-307.

［9］Cao, C., Chen, Y., Liang, B., Lo, A., "Can Hedge Funds Time Market Liquidity?", *Journal of Financial Economics*, 2013 (109): 493-516.

［10］Carhart, M., "On Persistence in Mutual Fund Performance", *Journal of Finance*, 1997 (52): 57-82.

［11］Fama, E. F., French, K., "The Cross-section of Expected Stock Returns", *Journal of Finance*, 1992 (47): 427-465.

［12］Fama, E., French, K., "Common Risk Factors in the Returns on Stocks and Bonds", *Journal of Financial Economics*, 1993 (33): 53-56.

［13］Fama, E., French, K., "Luck Versus Skill in the Cross Section of Mutual Fund Returns", *Journal of Finance*, 2010 (65): 1915-1947.

［14］Henriksson, R., "Market Timing and Mutual Fund Performance: An Empirical

Investigation", *Journal of Business*, 1984 (57): 73-96.

[15] Jensen, M., "The Performance of Mutual Funds in the Period 1945–1964", *Journal of Finance*, 1968 (23): 389-416.

[16] Kosowski, R., Timmermann, A., White, H., Wermers, R., "Can Mutual Fund 'Stars' Really Pick Stocks? New Evidence from a Bootstrap Analysis", *Journal of Finance*, 2006 (61): 2551-2595.

[17] Malkiel, B., "Returns from Investing in Equity Mutual Funds 1971 to 1991", *Journal of Finance*, 1995 (50): 549-572.

[18] Treynor, J., Mazuy, K., "Can Mutual Funds Outguess the Market?", *Harvard Business Review*, 1966 (44): 131-136.

后　记

本书是清华大学五道口金融学院民生财富管理研究中心经过多年积累的研究成果，是我中心2016~2020年历年出版的《中国公募基金研究报告》和《中国私募基金研究报告》的后续报告。2021年，我们进一步完善了研究方法、样本和结果，出版《2021年中国公募基金研究报告》和《2021年中国私募基金研究报告》，以飨读者。

本书凝聚着研究中心所有工作人员的心血和智慧。整个书稿的撰写及审阅过程，中国民生银行李彬副行长给予了大力支持，报告由研究中心主任曹泉伟教授和副主任陈卓教授共同主持指导，由中心的研究人员门垚、王平凡、石界、李想、姜白杨和滕立雅共同撰写完成。

本书的完成离不开清华大学五道口金融学院的大力支持，以及来自学界、业界、监管机构的各方人士在书稿写作过程中提供的帮助。在此特别鸣谢中国民生银行对民生财富管理研究中心的慷慨捐赠，正是因为中国民生银行的大力支持，民生财富管理研究中心才能专注于运用现代经济金融理论，结合前沿量化研究方法，分析研究金融市场的产品与投资策略，搭建学术研究与金融业界交流的平台。此外，我们感谢富国基金管理有限公司和汇添富基金管理股份有限公司的领导在我们实地调研时提供的大力支持，感谢廖理、李彬、于江勇、王立新、史炎、朱民、李剑桥、严弘、张晓燕、杨爱斌、余剑锋、钟蓉萨、俞文宏等为本书提供许多有价值的建议。最后，我们由衷感谢来自各方的支持与帮助，在此一并致谢！

作者
2021年1月

图书在版编目（CIP）数据

2021 年中国公募基金研究报告 / 曹泉伟等著 . —北京：经济科学出版社，2021.3（2021.12 重印）
ISBN 978-7-5218-2432-2

Ⅰ.①2… Ⅱ.①曹… Ⅲ.①投资基金-研究报告-中国-2021　Ⅳ.①F832.51

中国版本图书馆 CIP 数据核字（2021）第 043345 号

责任编辑：齐伟娜　初少磊
责任校对：齐　杰
责任印制：李　鹏　范　艳

2021 年中国公募基金研究报告

曹泉伟　陈卓　等/著

经济科学出版社出版、发行　新华书店经销
社址：北京市海淀区阜成路甲 28 号　邮编：100142
总编部电话：010-88191217　发行部电话：010-88191540
网址：www.esp.com.cn
电子邮箱：esp@esp.com.cn
天猫网店：经济科学出版社旗舰店
网址：http://jjkxcbs.tmall.com
北京季蜂印刷有限公司印装
787×1092　16 开　25.75 印张　530000 字
2021 年 4 月第 1 版　2021 年 12 月第 2 次印刷
ISBN 978-7-5218-2432-2　定价：88.00 元
（图书出现印装问题，本社负责调换。电话：010-88191510）
（版权所有　侵权必究　打击盗版　举报热线：010-88191661
QQ：2242791300　营销中心电话：010-88191537
电子邮箱：dbts@esp.com.cn）